Hilpert

Das Fußballstrafrecht des Deutschen Fußball-Bundes (DFB)

Kommentar

zur Rechts- und Verfahrensordnung des Deutschen Fußball-Bundes (RuVO) nebst Erläuterungen von weiteren Rechtsbereichen des DFB, der FIFA, der UEFA, der Landesverbände

von
Horst Hilpert
Präsident des Landesarbeitsgerichts a. D.
Vorsitzender des Kontrollausschusses des DFB (bis 10/2007)

De Gruyter Recht · Berlin

Zitiervorschlag: *Hilpert*, Fußballstrafrecht, § 15 Rn. 12 bis § 40 bzw. IV ff. Rn. 1 ff.

♾ Gedruckt auf säurefreiem Papier,
das die US-ANSI-Norm über Haltbarkeit erfüllt.

ISBN 978-3-11-048448-9

Bibliografische Information der Deutschen Nationalbibliothek

Die Deutsche Nationalbibliothek verzeichnet diese Publikation in der Deutschen
Nationalbibliografie; detaillierte bibliografische Daten sind im Internet
über http://dnb.d-nb.de abrufbar.

© Copyright 2009 by De Gruyter Rechtswissenschaften Verlags-GmbH, D-10785 Berlin

Dieses Werk einschließlich aller seiner Teile ist urheberrechtlich geschützt. Jede Verwertung außerhalb
der engen Grenzen des Urheberrechtsgesetzes ist ohne Zustimmung des Verlages unzulässig und
strafbar. Das gilt insbesondere für Vervielfältigungen, Übersetzungen, Mikroverfilmungen und die
Einspeicherung und Verarbeitung in elektronischen Systemen.

Printed in Germany
Einbandgestaltung: Martin Zech, Bremen
Titelbilder: Kai Krüger/matton images (oben), boing/photocase (unten)
Datenkonvertierung: jürgen ullrich typosatz, Nördlingen
Druck und buchbinderische Verarbeitung: Hubert & Co., Göttingen

Horst Hilpert
Das Fußballstrafrecht
des Deutschen Fußball-Bundes (DFB)

de Gruyter Kommentar

„Von Gutenberg über Goethe bis Oliver Kahn,
es gibt viele, worauf Deutschland stolz sein kann."
(Jacques Rogge, 2003)

Vorwort

Als ich mich entschloss, dieses für viele provozierende Namenstrio aus dem Munde des
IOC-Präsidenten an die Spitze des Werkes zu stellen, lag es mir fern, den Fußball-Titan
Oliver Kahn gleichzusetzen mit den deutschen Geistesgrößen Gutenberg und Goethe. Ich
wollte vielmehr als Vorspann für einen Kommentar zum Fußballrecht einen Fußballer mit
Leib und Seele und gleichzeitig mit Weltruf (dreimal Welttorwart des Jahres) präsentieren.
Er wurde von der DFB-Gerichtsbarkeit zu Recht verurteilt – er wurde zu Unrecht nicht
verurteilt. Er war in seinem Tor Opfer von Würfen von Zuschauern hinter ihm – mit
Golfbällen, Kastanien und mit ... Bananen. Die Fans titulierten ihn mit unflätigen Worten
– er revanchierte sich manchmal verbal. Im Spiel lebte er seine Emotionen aus gegen
Schiedsrichter, Gegenspieler – auch gegen Mitspieler. Insoweit war er ein Prototyp für
die Fußballgerichtsbarkeit.

Die nachfolgende Kommentierung der Rechts- und Verfahrensordnung (RuVO) will zeigen,
dass die Gerichtsinstanzen des DFB mittlerweile eine ständige Rechtsprechung entwickelt
haben, die nationales und internationales Ansehen erreicht hat. Hinzu kommen die Urteile
der Rechtsinstanzen der Landesverbände, gleichsam der Amtsgerichte der Fußballgerichtsbarkeit, die ca. 400.000 Verfahren pro Jahr bewältigen. Abgerundet wird die Rechtspre-
chungsübersicht durch die Judikatur der FIFA und der UEFA sowie das Recht der nationalen und internationalen Schiedsgerichte. Zu diesem weitgefächerten Bereich und den
dazu gehörenden Verfahrensvorschriften soll ein Handkommentar präsentiert werden.
Weil manchmal die Entscheidungen an schwer zugänglichen Stellen oder überhaupt nicht
veröffentlicht sind, werden wichtige Passagen aus Urteilen ausführlich wiedergegeben,
aber auch Schwerpunkte des Meinungsstandes aus der mittlerweile umfangreichen Sportrechtsliteratur breit dargelegt, sodass das Werk teilweise den Charakter eines Lehrkom-
mentars hat.

In Deutschland ist Fußball ein Massenphänomen – es ist ein Land der Fußballfreunde und
einer gleichen Zahl von Fußballexperten, die meinen, sie wüssten, wie die von ihnen am
Fernsehen miterlebten Fußballvergehen gerecht abzuurteilen sind. Die DFB-Rechtsprechung, die zu kommentieren ist, hat damit Millionen von Kritikern im Lande.

Es ist ein Anliegen des Autors, das Buch im Geiste des Fair Play, einem Urprinzip des
Rechts, zu erstellen. Der Sport ist im Zuge der Professionalisierung und Kommerzialisierung zu den Juristen gekommen. Diese haben nach einem längere Zeit dauernden Zweikampf zwischen Sport und Recht erreicht, dass der Deutsche Fußball-Bund in Sachen
Fußballrecht *„gut aufgestellt ist"* (Udo Steiner).

Um diese These zu belegen, ist ein Kompendium angehängt zu verwandten Rechtsbereichen, zu denen der DFB eigene Rechtsstandpunkte entwickelt hat: zur Bekämpfung von
Zuschauerausschreitungen außerhalb der RuVO, zum Recht der Fußballerinnen, der
Schiedsrichter, der Trainer, zur zivilrechtlichen Haftung bei Sportverletzungen, zum Recht
an Bewegtbildern von Amateurfußballspielern, zur Frage der Kostentragung bei Polizeieinsätzen sowie zur höchst aktuellen Problematik „Geld als Gefahr für den Fußball".

Sportrichter und Verteidiger in Sportstrafsachen, Verbands- und Vereinsfunktionäre, Berufssportler, Schiedsrichter, Trainer, aber auch Journalisten finden in dem Kommentar und den angeschlossenen Erläuterungen den Einstieg in die Materie „Fußballstrafrecht" in der Praxis mit den einschlägigen Rechtsquellen und den ergangenen Entscheidungen dazu nebst einem Überblick über wichtige damit zusammenhängende Rechtsbereiche.

An der Erstellung des Manuskripts und der äußeren Gestaltung des Werks haben Cäcilia und Jörg Kreutzer wertvolle Hilfe geleistet. Dafür herzlichen Dank.

Bexbach (Saar), im September 2008   *Horst Hilpert*

Inhaltsübersicht

Literaturverzeichnis

(Das Literaturverzeichnis ist in der in der juristischen Literatur üblichen Form ausgestaltet. Fundstellen aus Lehrbüchern, Handbüchern, Kommentaren, Büchern, Zeitschriften u. a. werden in alphabetischer Reihenfolge aufgeführt. Belege aus Medienberichten werden als allgemeinkundige Tatsachen nicht abgedruckt.)

Adolphsen, Jens	Internationale Dopingstrafe, 2003, 561 ff.
derselbe	Anforderungen an Dopingstrafen nationaler Sportverbände – am Beispiel des Falles Dieter Baumann, SpuRt 2000, 97 ff.
Arens, Wolfgang	„Der deutsche Bosman", SpuRt 1997, 126 ff.
Baecker, Wolfgang	Zur Nachprüfbarkeit von Vereinsstrafen, NJW 1984, 506.
Bahners, Frank/Schöne, Sven	Finanzielle Sanktionen für Dopingtäter, Wirksamkeit der UCI-Verpflichtungserklärung, SpuRt 2006, 227.
Boutellier, Roman/Müller, David	Doping: Zielkonflikt zwischen Chancengleichheit und Sicherheit, CaS 2007, 263 ff.
Breucker, Marius	Sicherheitsmaßnahmen für die Fußballweltmeisterschaft 2006, NJW 2006, 1233 ff.
Breucker, Marius/Thumm, Frank/ Wüterich, Christoph	Der Fall Webster – Konsequenzen für Lizenzspieler in Deutschland, SpuRt 2008, 102 ff.
Breucker, Marius/Wüterich, Christoph	Quotierung von Nicht-EU-Sportlern, SpuRt 2004, 10 ff.
Bruder, Florian/Knecht, Matthias/ Moser, Dominik	Symposium „Die Reform des World Anti-Doping Code", 5. Oktober 2007 in Hamburg, SpuRt 2008, 43 ff.
Brüschweiler, Philipp	Spielervermittler bei der FIFA – Spielervermittlerreglementierung, CaS 2008, 32 ff.
Buchberger, Markus	Das Verbandsstrafverfahren deutscher Sportverbände – zur Anwendung rechtsstaatlicher Verfahrensgrundsätze, SpuRt 1996, S. 122 ff. und 157 ff.
Burmeister, Joachim	Sportverbandswesen und Verfassungsrecht, in DÖV 1978, 1 ff.
Cherkeh, Rainer/Schroeder, Hans-P.	Einstweiliger Rechtsschutz durch staatliche Gerichte im Anwendungsbereich einer Athletenvereinbarung, SpuRt 2007, 101 ff.
dieselben	Haftungsregress von Sportveranstaltern bei störenden Zuschauern nach deutschem Recht, CaS 2006, 400 ff.
Dietz, Florian M.	4. Interuniversitäre Tagung Sportrecht im Deutschen Olympischen Institut, Bericht in SpuRt 2004, 46.
Eilers, Goetz	Doppelpass mit Justitia – Sport-Rechtsprechung und Rechtsprechung zum Sport, „100 Jahre DFB", S. 538 ff.
derselbe	Tatsachenentscheidung oder Regelverstoß? SpuRt 1994, 79 ff.
Engelbrecht, Georg	Sportgerichtsbarkeit versus ordentliche Gerichtsbarkeit, AnwBl 12/2001, S. 637 ff.
Englisch, Jörg	(Fußball-)Spielbetriebskapitalgesellschaften in der Fußballregionalliga, SpuRt 2005, 46 ff.
Eufe, Tillmann	Die Unschuldsvermutung in Dopingverfahren, 2004.
Fahl, Christian	Sportverbandsgerichtsbarkeit und Doppelbestrafungsverbot, SpuRt 2001, 181 ff.
Fenn, Herbert	Erfassung der Sportler durch die Disziplinargewalt der Sportverbände, SpuRt 1997, 77 ff.
Fenn, Herbert/Petri, Grischka	Unschuldsvermutung und Anscheinsbeweis im Verbandsstrafverfahren, SpuRt 2000, 232 ff.

Fischer, Thomas	Strafgesetzbuch, 55. Auflage, 2008.
Fischer, Ulrich	Ist der schwarze Mann noch weiß? Über pfeifende Wetter und wettende Pfeifer, SpuRt 2005, 45 ff.
Fritzweiler, Jochen	Doping – Sanktionen, Beweise, Ansprüche, 2000.
Fritzweiler, Jochen/Pfister, Bernhard/ Summerer, Thomas	Praxishandbuch Sportrecht, 2. Auflage, 2006 – abgekürzt: PHB-Verfasser
Giebel, Christoph M.	Frühwarnsysteme im Sportwettenbereich unter datenschutzrechtlicher Perspektive, SpuRt 2006, 7 ff.
Goetze, Stephan/Lauterbach Kathrin	Rechtsfragen der Anwendung des Videobeweises im Fußballsport, SpuRt 2003, 145 ff.
Grotz, Stefan	Zur Betrugsstrafbarkeit des gesponserten und gedopten Sportlers, SpuRt 2005, 93 ff.
Grunsky, Wolfgang	Sportrecht heute – aus zivilrechtlicher und zivilprozessualer Sicht, Schriftenreihe Baden-Württembergischer Fußballverband (WFV) Heft 43, S. 136 ff.
Haas, Ulrich	Schiedsklauseln in Vereinssatzungen, SpuRt 2006, 139 ff.
derselbe	Zur Vereinbarkeit des FIFA Anti-Doping-Regelwerks mit dem Welt Anti-Doping Code (WADC), SpuRt 2006, 231 ff.
derselbe	Die Vereinbarung von „Rechtsregeln" im (Berufungs-) Schiedsverfahren vor dem Court of Arbitration for Sport, CaS 2007, 271 ff.
Haas, Ulrich/Adolphsen, Jens	Sanktionen der Sportverbände vor ordentlichen Gerichten, NJW 1996, 2351 ff.
Haas, Ulrich/Haug, Tanja/ Reschke Eike	Handbuch des Sportrechts, 2006, abgekürzt: SportR
Haas, Ulrich/Jansen, Julia	Verbandsstrafen zur Bekämpfung von Zuschauerausschreitungen im Fußball, CaS 2007, 316 ff.
Haas, Ulrich/Prokop, Clemens	Zu den formellen Grenzen der vereinsrechtlichen Disziplinargewalt im Rahmen von Unterwerfungsvereinbarungen, SpuRt 1998, 15 ff.
dieselben	Sind Staatsanwälte verpflichtet, gegen Dopingärzte Ermittlungsverfahren einzuleiten? SpuRt 1997, 56 ff.
dieselben	Aktuelle Entwicklungen in der Dopingbekämpfung, SpuRt 2000, 139 ff.
Hantke, Dietmar	Brauchen wir eine Sport-Schiedsgerichtsbarkeit? SpuRt 1998, S. 186 ff.
Hebeler, Timo	Das Staatsziel Sport – verfehlte Verfassungsgebung, SpuRt 2003, 221 ff.
Heermann, Peter W.	Mehrheitsbeteiligung an einer deutschen Fußballkapitalgesellschaft im Lichte der 50+1-Klausel, CaS 2007, 420 ff.
derselbe	Kartellrechtliche Betrachtungen zu Europa- und Weltmeisterschaften im Fußball, CaS 2008, 111 ff.
Heger, Martin	Zum Rechtsgut einer Strafnorm gegen Selbstdoping, SpuRt 2007, 153 ff.
Hesselmann, Markus	Zum Guten des Spiels, in Schiedsrichterzeitung, Heft 5/2006, S. 4.
Hilpert, Horst	Organisation und Tätigkeit von Verbandsgerichten, Bayerische Verwaltungsblätter 1988, 161 ff., 198 ff.
derselbe	Notwendigkeit einer Anklageinstanz, SpuRt 1996, 50 ff.; ferner abgedruckt: Schriftenreihe WFV Nr. 38, 43 ff.
derselbe	Sport und Arbeitsrecht, RdA 1997, 92 ff.
derselbe	Tatsachenentscheidung und Fernsehbeweis in Sportgerichtsverfahren, Schriftenreihe WFV Nr. 38, 25 ff.,
derselbe	Tatsachenentscheidung und Regelverstoß im Fußball – Neuere Entwicklungen und Tendenzen, SpuRt 1999, 49 ff.
derselbe	Sportrecht und Sportrechtsprechung im In- und Ausland, Verlag De Gruyter, 2007.

derselbe	Eilrechtsschutz im Sport, SpuRt 2007, 223 ff. und 2008, 18 ff.
Hofmann, Karsten	Das Internationale Sportschiedsgericht (CAS) in Lausanne, SpuRt 2002, 7 ff.
Holzke, Frank	Die Gleichstellung drittstaatenangehöriger Berufssportler nach der „Kolpak"-Entscheidung des Europäischen Gerichtshofs, SpuRt 2004, 1 ff.
Jakob, Anne/Benninger Anja	Die wichtigsten Änderungen des WADA-Code, SpuRt 2008, 61 f.
Jenny, Christian	Kein „Fußball-Erdbeben" nach CAS-Urteil im „Fall Webster", CaS 2008, 26 ff.
Ketteler, Gerd	Sport als Rechtsbegriff, SpuRt 2007, 73 ff.
Knöfel, Oliver	Anforderungen an Schiedsklauseln, SpuRt 2002, 49 f.
König, Bernhard	Sind Schiedsabreden auf den CAS/TAS wirksam? in SpuRt 2004, 137 ff.
Koppehel, Carl	Schiedsrichter im Fußball, Limpert-Verlag Frankfurt, 6. Auflage, 1969.
Körner, Harald Hans	Kronzeugenregelung zur Dopingbekämpfung nur durch die Justiz, in SpuRt 2002, S. 226 ff.
Krähe, Christian	Sportschiedsgerichtsverfahren im Arbeitsrecht, SpuRt 2004, 204 ff.
Krogmann, Mario	Zur Dopinggesetzgebung im Ausland, SpuRt 1999, 148 ff.; 2000, 13 ff.; 106 ff.
Kröninger, Holger	Provisionsansprüche von Spielervermittlern gegenüber Fußballvereinen, SpuRt 2004, 223 ff.
Kummer, Max	Spielregel und Rechtsregel, 1973.
Lammert, Joachim	Mehrheitliche Kontrolle im deutschen Profi-Fußball – Der Fall Hoffenheim, SpuRt 2008, 137 ff.
Legit, Florian	Die Angst des Tormanns vor dem Strafrichter, CaS 2008, 133 ff.
Lindemann, Hannsjörg	Sportgerichtsbarkeit – Aufbau, Zugang, Verfahren, SpuRt 1994, 17 ff.
Lukes, Rudolf	Erstreckung der Vereinsgewalt auf Nichtmitglieder durch Rechtsgeschäft, Festschrift für Harry Westermann 1974, 325 ff.
derselbe	Der Satzungsinhalt beim eingetragenen Verein und die Abgrenzung zu sonstigen Vereinsregelungen, NJW 1972, 121 ff.
Martens, Dirk-Reiner/Oschütz, Frank	Die Entscheidungen des TAS in Athen, SpuRt 2005, 59 ff.
Mertens, Karsten	Jan Ullrich und die Unschuldsvermutung, SpuRt 2006, 177, 179.
derselbe	Das Deutsche Sportschiedsgericht im Vergleich, SpuRt 2008, 140 ff.
Meyer, Peter	Rechtsmittel gegen vermeintliche Schiedssprüche, SpuRt 2005, 97 ff.
Meyer-Goßner, Lutz	Strafprozessordnung, 50. Auflage, 2007.
Monheim, Dirk	Die Freiwilligkeit von Schiedsabreden im Sport und das Rechtsstaatsprinzip, SpuRt 2008, 8 ff.
Muresan, Remus	Das „Weißbuch Sport" der Kommission der Europäischen Gemeinschaften, CaS 2007, 281 ff.
Netzle, Stephan	Harmonisierung als wirksames Rezept gegen Doping, SpuRt 2003, 186 ff.
Nolte, Martin	Sport und Recht, 2004.
derselbe	Perspektiven des Sportrechts, in Beiträgen zum Sportrecht, Hrsg. Klaus Vieweg, S. 128.
derselbe	Die Aufnahme des Sports in das Grundgesetz der Bundesrepublik Deutschland, CaS 2007, 290 ff.
derselbe	Bericht über 2. Stuttgarter Sportgespräch, CaS 2008, 86.
Paepke, Jürgen	Aus Webster wird Matuzalem, Bundesliga-Magazin 2008, Heft 6, 53 ff.

Paepke, Jürgen/Zierold, Oliver	Webster ist nicht Bosman, Bundesliga-Magazin 2008, Heft 6, 46 ff.
Palandt-Bearbeiter	BGB, 67. Auflage, 2008.
Paul, Rudolf	Ausgliederung des Lizenzspielerbetriebs von Vereinen in Kapitalgesellschaften – Gründe, Risiken und haftungsrechtliche Auswirkungen, CaS 2007, 298.
Petri, Grischka	Die Sanktionsregeln des World Anti-Doping-Codes, SpuRt 2003, 183 ff.; 230 ff.
derselbe	Das Instrument der Schutzsperre und seine Legitimität, SpuRt 2006, 105 ff.
Pfister, Bernhard/Steiner, Udo	Sportrecht von A – Z
Pfister, Bernhard	Autonomie des Sports, sporttypisches Verhalten und staatliches Recht, Festschrift für Werner Lorenz zum 70. Geburtstag, 199.
derselbe	Die persönliche Verantwortlichkeit des Schiedsrichters in zivil- und strafrechtlicher Hinsicht, Schriftenreihe WFV Nr. 25, 61 ff.
derselbe	Ein grundlegendes Urteil des TAS zu Dopingregeln des IOC, in SpuRt 2003, 16.
derselbe	Schiedsgerichtsverfahren vor dem TAS in (Sport-)Arbeitssachen, in Spurt 2006, 137.
derselbe	Der Fall Webster – Überlegungen nach deutschem Recht, CaS 2008, 29 ff.
derselbe	Die Rechtsprechung des Tribunal Arbitral du Sport von 1986–1998, von 1998–2000, von 2001–2003, SpuRt 2003, 7 ff.; 2004, 17 ff.; 2008, 9 ff., 2008, 93 ff.
Prokop, Clemens	Anti-Doping-Gesetz – Pro und Contra, SpuRt 2006, 192 ff.
Radbruch, Gustav	Einführung in die Rechtswissenschaft, 1952, 9. Auflage, S. 177.
derselbe	Gesetzliches Recht und übergesetzliches Recht, SJZ 1946, 105 f.
Rauball, Reinhard	Bundesliga-Skandal 1972.
Reichert, Bernhard	Handbuch des Vereins- und Verbandsrechts, 11. Auflage, 2007.
derselbe	Erstmalige Verhängung einer Vereinsstrafe durch ein Schiedsgericht als Vereinsorgan, SpuRt 2004, 50 ff.
derselbe	Zur Satzungsqualität von Spielordnungen und sonstigen Ordnungen, SpuRt 2008, 7 ff.
Reif, Marcel	Medien im Spannungsfeld von Sport, Show und Kommerz, CaS 2007, 247 ff.
Reinhart, Michael	Sportverbandsgerichtsbarkeit und Doppelbestrafungsverbot, in SpuRt 2001, S. 45 ff.
derselbe	Öffentliches Strafverfolgungsinteresse bei Sportverletzungen und -unfällen, SpuRt 1998, 11 ff.
derselbe	Das Hoyzer-Urteil des BGH, Genugtuung für den Sport oder Gefahr für die Betrugsdogmatik? SpuRt 2007, 50 ff.
Reschke, Eike	Erwiderung auf Reinhart (SpuRt 2001, 45 ff.), SpuRt 2001, 183 ff.
Reuther, Christian	Zur Strafbarkeit des Blutdopings nach § 95 in Verbindung mit § 6 a AMG, SpuRt 2008, 145 ff.
Riemer, Hans-Michael	Dopingkontrollen im Training und im Privatleben, CaS 2008, 126 ff.
Röhricht, Volker	Sport und Recht, Heft 22, Sportgerichtsbarkeit.
derselbe	Probleme des Beweisrechts im Sport – Verbandssanktionen, Schriftenreihe WFV, Heft 43, 15 ff.
Röhricht, Volker/Vieweg, Klaus	Sportgerichtsbarkeit, Boorberg 1997.
Röthel, Anne	Das Recht der französischen Sportverbände, SpuRt 2001, 89 ff.
Rybak, Frank	Das Rechtsverhältnis zwischen dem Lizenzfußballspieler und seinem Verein, 1999.
Saner, Eugen/Schweyer, Gerhard/ Waldner, Wolfram	Der eingetragene Verein, 17. Auflage, 2001.

Schauhoff, Karl-Friedrich	Was ist eigentlich ein Schiedsgericht? SpuRt 1995, 24 f.
Scherrer, Urs	Dopingkontrolle während der EURO 2008, CaS 2008, 125 ff.
derselbe	Spielregel und Rechtsregel, Bestandsaufnahme und Ausblick, CaS 2008, 181 ff.
Schily, Otto	Auswirkungen eines Sportanlasses auf das Gastgeberland, CaS 2007, 243.
Sengle, Alfred	Sportrecht damals und heute, Schriftenreihe WFV Nr. 43.
derselbe	Verbandsgerichtsbarkeit und Vereinsgerichtsbarkeit im nationalen Fußball, Festschrift für Röhricht, 1205 ff.
Sidler, Oliver	Sport am Bildschirm, ein Menschenrecht? SpuRt 1997, 176 ff.
Stein, Andreas	Das Weißbuch der EU-Kommission zum Sport, SpuRt 2008, 46 f.
Stein/Jonas/Schlosser	Kommentar zur ZPO, 2002.
Steiner, Udo	Verfassungsfragen des Sports, NJW 1991, 2729 ff.
derselbe	Die Autonomie des Sports, Beiträge zum Sportrecht, Bd. 17, 228 ff.
derselbe	Gegenwartsfragen des Sportrechts, Hrsg: Tettinger/Vieweg, 2004.
derselbe	Sport auf dem Weg ins Verfassungsrecht, Sportförderung als Staatsziel, SpuRt 2004, 21 ff.
derselbe	Staatsziel Anti-Doping-Staat? SpuRt 2006, 244 ff.
Stöber, Kurt	Handbuch zum Vereinsrecht, 7. Auflage, 1992.
Streinz, Rudolph	Die Auswirkungen des EG-Rechts auf den Sport, SpuRt 1998, 89 ff.
Tännler, Heinz	Weshalb die FIFA-Abstellungsregelung unerlässlich ist, CaS 2006, 315 ff.
Tettinger, Peter J.	10 Jahre Sport in der Verfassung des Landes NRW, SpuRt 2003, 45 ff.
Tettinger, Peter J./Vieweg, Klaus	Gegenwartsfragen des Sportrechts, Ausgewählte Schriften von Udo Steiner, 2004.
Thaler, Daniel	Der Traum vom Fußballweltmeistertitel: Wieviel Einsatz und Risiko ist zulässig, um zu siegen? Eine international-haftungsrechtliche Betrachtung des Fouls, CaS 2006, 172 ff.
Thomas, Heinz/Putzo, Hans	Zivilprozessrecht, 26. Auflage.
Valerius, Brian	Schneller, höher, reicher? SpuRt 2005, 90 ff.
Venutti, Dario	Die Ultras – radikale Fans – Beobachtungen zur Züricher Szene.
Vieweg, Klaus	Die gerichtliche Nachprüfung von Vereinsstrafen und -entscheidungen, in JZ 1984, 167 ff., 172.
derselbe	Doping und Verbandsrecht, NJW 1991, 1511 ff.
derselbe	Disziplinargewalt und Inhaltskontrolle – Zum „Reiter-Urteil" des Bundesgerichtshofs, SpuRt 1995, 97 ff.
derselbe	Faszination Sportrecht, 2007.
Villinger, Marco	Frühwarnsysteme im Wettbereich – ein wirksamer Beitrag zur Sicherung der Integrität des Fußballs, CaS 2007, 3841.
Walter, Gerhard	Sport(schieds)gerichtsbarkeit und Rechtsmittelverzicht in der Schweiz, SpuRt 2008, 133 ff.
Waske, Thomas	Die Angst des DFB-Sportgerichts vor der Tatsachenentscheidung, SpuRt 1994, 189 ff.
Wassmer, Sven	Das neue spanische Anti-Doping-Gesetz (Ley Antidopaje), SpuRt 2007, 60 ff.
Weber, Christian	Schiedsgerichtsausschluss bei einstweiligem Rechtsschutz, CaS 2006, 283 ff.
Weiler, Simon	Multi-Club Ownership-Regelungen im deutschen Profifußball, SpuRt 2007, 133 ff.
Wertenbruch, Johannes	Kein Angriff auf die Vertragsstabilität, FAZ vom 7. 2. 2008, S. 27.
Westermann, Harm-Peter	Verbandsrechtsprechung und staatliches Rechtsprechungsmonopol, Schriftenreihe WFV Nr. 19, 70 ff.

Wolf, Manfred	In dubio pro arbitro, Schriftenreihe WFV Nr. 19, 70 ff.
Würtenberger, Thomas	Erstattung von Polizeikosten, NVwZ 1983, 192 ff.
Wüterich, Christoph/Breucker, Matthias	Plädoyer für eine Kronzeugenregelung zur Dopingbekämpfung, in SpuRt 2002, S. 123 ff.
dieselben	Das Arbeitsrecht im Sport, 2006.
Zöller, Richard	ZPO, 26. Auflage, 2007.

Abkürzungsverzeichnis

$	US-Dollar
£	Englische Pfund
€	Euro
a. A.	anderer Ansicht
a. E.	am Ende
a. F.	alte Fassung
aaO.	am angegebenen Ort
AG	Amtsgericht
AGB	Allgemeine Geschäftsbedingungen
AMG	Arzneimittelgesetz in der Fassung vom 5. 6. 2007
ArbGG	Arbeitsgerichtsgesetz
ATGB	Allgemeine Geschäftsbedingungen des DFB
BayVBl.	Bayerische Verwaltungsblätter
BFV	Berliner Fußballverband
BGB	Bürgerliches Gesetzbuch
BGH	Bundesgerichtshof
BGHZ	Entscheidungen des BGH in Zivilsachen
BVF	Bayerischer Fußballverband
CAS	Court of Arbitration for Sport (Sportschiedsgerichtshof des IOC)
CaS	Causa Sport (Sport-Zeitschrift)
CHF	Schweizer Franken
DEB	Deutscher Eishockey-Bund
DEU	Deutsche Eislauf-Union
DFB	Deutscher Fußball-Bund
DFB-Sicherheits-RL	Richtlinien zur Verbesserung der Sicherheit bei Bundesspielen vom 31. 3. 2008
DFL	Deutsche Fußball Liga GmbH
DHB	Deutscher Handball-Bund
DIS	Deutsche Institution für Schiedsgerichtsbarkeit in Köln
DLV	Deutscher Leichtathletik-Verband
DOSB	Deutscher Olympischer Sportbund
DSV	Deutscher Ski-Verband
e. V.	einstweilige Verfügung
ECA	European Club Association
EG	Entscheidungsgründe
EGV	Vertrag zur Gründung der europäischen Gemeinschaft vom 25. 3. 1957
EM	Europameisterschaft
EMRK	Europäische Menschenrechtskonvention
EuG	Europäisches Gericht 1. Instanz
EuGH	Gerichtshof der Europäischen Gemeinschaften
FAZ	Frankfurter Allgemeine Zeitung
FDC	FIFA-Disziplinarreglement
FIFA	Fédération Internationale de Football Association (Internationaler Fußball-Verband)

FIGC	Federzione Italiana Giuoco Calcio (Internationaler Fußballverband Italiens)
Fn.	Fußnote
GG	Grundgesetz
GVG	Gerichtsverfassungsgesetz
h. M.	herrschende Meinung
Hrsg.	Herausgeber
HS	Halbsatz
IAAF	International Association of Athletics Federations (Internationaler Leicht-athletik-Verband)
ICAS	Council of Arbitration for Sport
IFAB	International Football Association Board
IMK	Innenministerkonferenz
IOC/IOK	International Olympic Commitee/Internationales Olympisches Komitee
IPRG	Schweizerisches Gesetz über das Internationale Privatrecht
JuS	Juristische Schulung
KBS	Kammer zur Beilegung von Streitigkeiten nach Art. 24 RSTS
lat.	lateinisch
LG	Landgericht
LOS	Lizenzordnung Spieler
LPZD	Landesamt für Zentrale Polizeiliche Dienste Nordrhein-Westfalen
m. w. N.	mit weiteren Nachweisen
Mio.	Millionen
n. F.	neue Fassung
NADA	Nationale Anti-Doping-Agentur
NADC	Nationaler Anti-Doping-Code
NASS	Nationaler Ausschuss Sport und Sicherheit
NFV	Niedersächsischer Fußballverband
NJW	Neue Juristische Wochenschrift
NJW-RR	NJW Rechtsprechungs-Report – Zivilrecht
NPD	Nationaldemokratische Partei Deutschlands
NStZ	Neue Zeitschrift für Strafrecht
NVwZ	Neue Zeitschrift für Verwaltungsrecht
NZA	Neue Zeitschrift für Arbeitsrecht
OK	Organisationskomitee des DFB
OLG	Oberlandesgericht
OR	Schweizerisches Obligationsrecht
PassG	Passgesetz
PHB	Praxishandbuch Sport von Josef Fritzweiler, Bernhard Pfister, Thomas Summerer
RBG	Rechtsberatungsmissbrauchsgesetz
RdA	Recht der Arbeit
Rn.	Randnummer
RPO	Rechts- und Verfahrensordnung (UEFA)
RSTS	FIFA-Reglement bezüglich Status und Transfer von Spielern

XVI

RuVO	Rechts- und Verfahrensordnung des DFB
SchiedsVfG	Schiedsverfahrens-Neuregelungsgesetz vom 1.1.1998
scil.	scilicet (= nämlich)
SFV	Saarländischer Fußballverband
Sicherheits-RL	Sicherheitsrichtlinien
SJZ	Süddeutsche Juristenzeitung
Slg.	Rechtsprechungssammlung des EuGH
SpielO	Spielordnung
SportR	Sportrecht
SpuRt	Zeitschrift für Sport und Recht
StPO	Strafprozessordnung
TAS	Tribunal Arbitral du Sport (Sportschiedsgerichtshof des IOC)
TUE	Standardverfahren für medizinische Ausnahmegenehmigung
TzBfG	Gesetz über Teilzeitarbeit und befristete Arbeitsverträge
u.Ä.	und Ähnliches
UCI	Union Cycliste Internationale (Internationale Radfahrer-Union)
UEFA	Union des Associations Européennes de Football (Europäische Fußball-Union)
UIC	UEFA-Intertoto-Cup
UmwG	Umwandlungsgesetz
UWG	Gesetz gegen den unlauteren Wettbewerb
VdV	Verband der Vertragsspieler
VersR	Zeitschrift für Versicherungsrecht
WADA	World Anti-Doping Association
WADC	World-Anti-Doping-Code
WFV	Schriftenreihe des Württembergischen Fußballverbands e.V. (mit Heft-Nr.)
WM	Weltmeisterschaft
WpHG	Wertpapierhandelsgesetz
z.B.	zum Beispiel
ZIS	Zentrale Informationsstelle Sporteinsätze
ZPO	Zivilprozessordnung
ZuSEG	Zeugen- und Sachverständigen-Entschädigungsgesetz

Teil I: Rechtsprechung in Fußballsachen

§ 1 RuVO
Grundregel

1. Der Deutsche Fußball-Bund, seine Mitgliedsverbände, ihre Mitgliedsvereine und Tochtergesellschaften sowie die Spieler, Trainer, Schiedsrichter, Funktionsträger und Einzelmitglieder bekennen sich zu den Grundsätzen der Integrität, Loyalität, Solidarität und Fairness und sorgen für die Einhaltung dieser Grundsätze und für Ordnung und Recht im Fußballsport.

2. Spielern, Trainern und Funktionsträgern von Vereinen und Tochtergesellschaften – letzteren nur, wenn sie unmittelbar auf den Spielbetrieb einwirken können – ist es untersagt, auf Gewinnerzielung gerichtete Sportwetten – selbst oder durch Dritte, insbesondere nahe Angehörige, für eigene oder fremde Rechnung – auf den Ausgang oder den Verlauf von Fußballspielen oder Fußballwettbewerben, an denen ihre Mannschaften mittelbar oder unmittelbar beteiligt sind, abzuschließen oder dieses zu versuchen. Sie dürfen auch Dritte nicht dazu anleiten oder dabei unterstützen, solche Wetten abzuschließen. Sie sind verpflichtet, sich auf solche Sportwetten beziehende, nicht allgemein zugängliche Informationen oder ihr Sonderwissen Dritten nicht zur Verfügung zu stellen. Verstöße stellen eine Form unsportlichen Verhaltens dar.

3. Schiedsrichtern (§ 13 Absatz 1, Sätze 1 und 2 der Schiedsrichterordnung des DFB) der Spielklassen, in denen Wettangebote gemacht werden, ist es untersagt, auf Spiele dieser Spielklassen zu wetten. Im Übrigen findet Nr. 2. entsprechend Anwendung.

4. Sportliche Vergehen, d. h. alle Formen unsportlichen Verhaltens aller in Nr. 1. genannten Angehörigen des DFB, werden mit den in § 44 der Satzung des DFB aufgeführten Strafen geahndet.

Leitideen 1

Der RuVO vorweggestellt ist ein Bekenntnis auf die vier Grundwerte Integrität, Loyalität, Solidarität und Fairness, das der Deutsche Fußball-Bund (DFB) selbst, seine Mitgliedsverbände, das sind die fünf Regional- und die 21 Landesverbände sowie der Ligaverband (§ 1 Nr. 1 Satzung) einerseits und die Spieler, Trainer, Schiedsrichter, Funktionsträger und sonstigen Einzelmitglieder andererseits ablegen. Alle genannten Verbände und Einzelpersonen sorgen für die Einhaltung der genannten Grundsätze und für Ordnung und Recht im Fußballsport. Diese hehren Postulate sind Programmsätze, manchmal auch Auslegungsregeln bei Grenzfällen.

Vereinsautonomie 2

a) Der DFB schwört in Nummer 1 der RuVO seine Mitglieder auf die Einhaltung der vier Leitideen und von Recht und Ordnung im Fußballsport ein. Der Staat hat ihm überlassen, solche Prinzipien für seinen Bereich zu schaffen und das Begriffspaar „Recht und Ordnung" mit Leben zu umgeben. Es überrascht, dass die Quelle für diese Ermächtigung, die grundgesetzlich geschützte Verbands- und Vereinsautonomie (Art. 9 (1) GG, § 25 BGB) weder in dem mit Grundregel überschriebenen § 1 RuVO noch an irgendeiner Stelle der Satzung Erwähnung findet. Die somit sportrechtlich nicht ausdrücklich verankerte Vereinsautonomie ist das Lebenselixier eines Verbands/Vereins. Diese gestalten mit dieser ihr Innenleben und treten mit den daraus abgeleiteten Befugnissen nach außen auf. Diese Rechte eines Vereins oder Verbands sind nämlich nach deutschem Rechtsverständnis keine staatlichen Aufgaben. Sie haben deshalb auch keinen öffentlich-rechtlichen Bezug, sondern werden vielmehr auf dem Gebiet des Zivilrechts (§§ 21 ff. BGB) ausgeübt.

b) In die Verfassungen der Länder sind seit Anfang der 90er Jahre verfassungsrechtliche Sportklauseln aufgenommen worden; dabei ist aber an keiner Stelle der „Sport" definiert worden. Sie sind jeweils Staatszielbestimmungen. Diese können im Einzelfall auf die Rechtsanwendungen durchschlagen und solchermaßen einen handfesten juristischen Ertrag ergeben[1].

Überraschend angesichts der verfassungsrechtlichen Dimension des Sports ist, dass der Sport im Grundgesetz noch keinen Niederschlag gefunden hat[2]. Er ist mit 27 Millionen Mitgliedern – davon beim DFB als größtem Verband 6,5 Millionen – das größte gesellschaftliche Subsystem der Bundesrepublik überhaupt.

Es sprechen viele Gründe für die Aufnahme einer **sportbezogenen Staatszielbestimmung** in die deutsche Verfassung[3], aber auch manche dagegen (Gefahr einer Verfassungslyrik durch Aufnahme von Staatszielen ins Grundgesetz).

c) Im **europäischen Ausland** ist dies teilweise anders: So wird in Frankreich den Verbänden sogar Hoheitsgewalt eingeräumt (service public nach dem Gesetz vom 16.7.1984) mit der Folge, dass Verwaltungsgerichte für Klagen von und gegen Verbände zuständig sind. Diese Rechtssituation ist in Deutschland mit dem bereits erwähnten System der Vereinsautonomie **auf privatrechtlichem Sektor**, wo sich der Sport zu einer wohl allseits anerkannten Blüte entwickelt hat, nicht beabsichtigt. Die Bundesrepublik ist unbestritten ein Sportstaat! Auch das vereinzelt geforderte Sportverbandsgesetz ist bisher im Deutschen Bundestag auf der Strecke geblieben.

d) Unter Vereinsautonomie wird das Recht von Personen oder Institutionen verstanden, die eigenen Angelegenheiten selbst zu regeln[4]. Ihr Kernstück ist die **Satzungsgestaltungsfreiheit** in einem weitgehend rechtsfreien Raum mit dem Recht, sein Haus selber sauber zu halten. Zuständig hierfür ist nicht der Staat, sondern sind die Verbände. Diese Normsetzungsbefugnis im staatsfreien Raum hat ihren einfachgesetzlichen Niederschlag in § 25 BGB gefunden, wobei die Autonomie auch die Freiheit umschließt, vom allgemeinen Standard abweichenden Wertvorstellungen Geltung zu verschaffen (eigene Sportmoral), mit anderen Worten, es besteht die Befugnis zur staatsfreien Satzung mit sportspezifischen Werten und Maßstäben. Satzung – auch Statut genannt – ist der Oberbegriff für die schriftlich niedergelegte Grundordnung (Verfassung) eines rechtlichen Zusammenhangs im Privatrecht des Vereins. Insoweit ist es nur konsequent, den Sportverbänden, also für unsere Betrachtung den DFB-Sportgerichten auch das Recht der Regeldurchsetzung mit

1 *Hebeler,* aaO., 221 ff.
2 *Nolte,* Causa Sport (im Folgenden: CaS) 2007, 290, 292.
3 *Nolte,* aaO., S. 293.

4 *Reichert,* aaO., Rn. 346; *Haas,* SportR B II, Rn. 3; PHB/*Pfister,* Einf. Rn. 6; *Röhricht,* aaO., S. 20.

Hilfe einer eigenständigen Straf- und Disziplinargewalt zuzubilligen; denn nach unserer aller Erfahrung ist das Recht, Regeln zu schaffen nur so viel wert, wie die Möglichkeit besteht, die Geltung dieser Regeln zu erzwingen (alte Volksweisheit: Die Furcht hütet den Wald!). Soweit staatliches Recht im DFB-Bereich teilweise unumgänglich anwendbar bleibt, gebietet aber die dem Verband verfassungsrechtlich garantierte Autonomie, dass das staatliche Recht die Besonderheit des Sports, **das Sport-Typische**, berücksichtigt. Dazu gehört, dass ein staatliches Gericht zwar die Tatsachenfeststellungen bei einer Maßnahme durch ein Vereinsorgan überprüfen kann, aber bei der Beurteilung verbandsinterner Entscheidungen Zurückhaltung geboten und den Verbänden/Vereinen grundsätzlich ein Ermessensspielraum zuzubilligen ist[5].

e) Als Besonderheit kommt hinzu, dass der Fußballsport nicht nur wohlwollende Behandlung durch das staatliche Recht erfährt, sondern auch in internationales staatliches Recht eingebettet ist. Dabei steht das nationale wie das internationale Verbandsrecht selbstverständlich **unter** dem nationalen staatlichen Recht. Auf europäischer Ebene findet sich eine Art. 9 (1) GG vergleichbare Vorschrift nicht. Andererseits wird weltweit den Sportverbänden eine geschützte Autonomie zugebilligt, mit der z. B. die FIFA manchmal durchaus spürbar und auch teils Widerspruch auslösend in den DFB hineinregiert.

Es ist auch ständige Rechtsprechung des CAS, die Autonomie des Verbandes darin zu beachten und anzuerkennen, dass er seine eigenen Rechtsregeln aufstellen darf, ein Recht, welches in vielen Rechtstraditionen vom diesbezüglichen nationalen Verfassungsrecht abzuleiten ist und mit dieser Begründung auch breite Unterstützung gefunden hat[6].

f) Noch nicht geltendes Recht, aber derzeit im Ratifizierungsprozess bei den 27 Mitgliedsstaaten der Europäischen Union befindet sich der „**EU-Reform-Vertrag**" (Vertrag von Lissabon), der die Nachfolgeregelung für die gescheiterte EU-Verfassung ist. In ihm ist der Sport zwar nicht durch einen eigenen Artikel abgesichert, hat aber doch in knapper Form Eingang in den Entwurf gefunden. Art. III–282 enthält folgende den Sport betreffende Textpassage:

> „(1) *Die Union trägt unter besonderer Berücksichtigung der besonderen Merkmale des Sports, seinen auf freiwilligem Engagement basierenden Strukturen und seiner sozialen und pädagogischen Funktion zur Förderung der europäischen Aspekte des Sports bei ...*"

Der Lissabonner Vertrag ist nach der Ablehnung durch Irland derzeit aufs Eis gelegt.

g) Der EuGH hat mittlerweile eine weitgehend gefestigte „Sportrechtsprechung" entwickelt. Ausgangspunkt ist, dass die Sportverbände aufgrund spezifisch sportlicher Gründe von den an sich bindenden Vorgaben des Europarechts **abweichen** dürfen[7]. Solche besonderen Gründe hat er bisher nur angenommen für die Bildung von Nationalmannschaften und für die Nominierung von Sportlern einer bestimmten Nationalität zu europäischen Wettbewerben[8]. Er hat sie verneint für den Ligaspielbetrieb, für den keine zwingenden Gründe für die Ausländerbeschränkungen der Sportverbände bestehen[9]; dies gilt auch für die Beschränkung drittstaatenangehöriger Sportler[10]. Der EuGH hat weder die von den Verbänden angeführte Nachwuchsförderung als Rechtfertigungsgrund anerkannt

---

5 BGH, NJW 1997, 368 f.; OLG Frankfurt, SpuRt 2001, 28 m. w. N.; Schiedsgericht des DFB, SpuRt 2003, 256.
6 CAS, SpuRt 2006, 30, 31.
7 EuGH Slg. 1995, I 4921, 5076 Rn. 127 – *Bosman*.

8 Siehe Fn. 4; EuGH Slg. 2000, I 2549 ff. – *De-liège*.
9 Siehe Fn. 4, Rn. 128–137.
10 EuGH, Urteil vom 8. 5. 2003, SpuRt 2003, 1534 – *Kolpak*.

noch das Bestreben, durch die Pflicht zum überwiegenden Einsatz einheimischer Spieler eine bestimmte Identität der Vereine zu erreichen[11]. Der EuGH erkennt keinen relevanten Unterschied zwischen Spielern „aus anderen Regionen oder Stadtvierteln", die in den Vereinsmannschaften eingesetzt werden, und Spielern aus Drittstaaten. *Breucker/Wüterich*[12] weisen aber darauf hin, dass die *Kolpak*-Entscheidung kein „zweiter *Bosman*" ist. Die Sportverbände können die ihnen zustehende Bestätigung der fachlichen Qualifikation im Rahmen der Erteilung der Arbeits- bzw. Aufenthaltserlaubnis von eigenen Kriterien abhängig machen. Auf dieser übernationalen Ebene hat die Kommission der Europäischen Gemeinschaft (EG) am 11. Juli 2007 ein „Weißbuch zum Thema Sport in der Europäischen Gemeinschaft" mit einem Aktionsplan und einem Dokument zu „Hintergrund, Kontext und zur Folgenabschätzung" herausgegeben, worin eine Orientierung mit einem Ziel für die sportbezogenen Maßnahmen in den kommenden fünf Jahren erarbeitet worden ist.

h) Zusammenfassend ist auf die etwas pathetische Charakterisierung *Pfisters*[13] hinzuweisen, der die Autonomie des Sports in ihrem Kernbereich treffend **„als speziellen Sozialwert"**, nämlich das Sport-Typische, in dessen Rahmen keine Bindung an die weite Moral der pluralistischen Gesellschaft besteht, kennzeichnet. *Steiner*[14] formuliert: *„Die sportlich richtige Entscheidung ist wegen der Eigenständigkeit des Sports gegenüber staatlichen Ingerenzen grundrechtlich abgesichert."* Der Verein/Verband hat die große Macht, sein Innenleben regeln zu können und zu dürfen.

Er kann dabei davon ausgehen und sich darauf stützen, dass der Sport vom Breitensport bis zum Hochleistungssport ein hohes Gemeinschaftsgut auf europäischer, auf nationaler sowie auf Landes- und kommunaler Ebene ist[15].

3   Statuarische Begründung der Vereinsgewalt

Beim DFB erfolgt die Umsetzung des geschaffenen Rechts regelmäßig durch **statuarische Weitergabe** an seine Mitglieder (Verbände, Vereine und deren Mitglieder). Bei diesem Weg tritt die Geltung ein für das Mitglied an der Basis über den pyramidenförmigen Aufbau des DFB nach unten: Regionalverband – Landesverband – Verein – Einzelmitglied (Spieler), also vom Dachverband aus gesehen „abwärts" über vier Stufen: Es besteht ein lückenloses System korrespondierender Satzungsbestimmungen.

Dem DFB am nächsten stehen die Mitgliedsverbände, die selbst verpflichtet sind, die Satzung, die Ordnungen, die Entscheidungen und Beschlüsse des DFB zu befolgen (§ 14 Nr. 1 b der Satzung). Sie müssen aber darüber hinaus Sorge tragen, dass sie selbst, ihre Mitglieder und deren Einzelmitglieder sowie die Organe und Mitarbeiter der Kapitalgesellschaften das DFB-Recht ausdrücklich oder sinngemäß in ihre Satzungen übernehmen und sich ihm unterwerfen (§ 14 Nr. 1 c Satzung). Bis zur untersten Stufe wird in Form einer **Satzungskette** das Recht des DFB auf die Rechtsunterworfenen durch Verweisung bis zum am Fuße der Satzung stehenden Verein, in dem der Fußballer Mitglied ist, über das Recht der Verbände, in denen der Verein seinerseits Mitglied ist, wirksam in der Verbandspyramide **durchgereicht**[16]. Die insoweit vom DFB empfohlenen Formulierungen, die in die Vereinssatzung umzusetzen sind, müssen *„klar und bestimmt, widerspruchsfrei und verständlich sein"*[17]. Eine solche Regelung sollte etwa wie folgt lauten:

---

11 *Holzke*, aaO., S. 6.
12 AaO., S. 13.
13 FS *Lorenz*, 171 ff., 180.
14 NJW 1991, 2730.

15 *Tettinger*, SpuRt 2003, 45 ff., 48.
16 *Haas*, SportR B II, Rn. 11.
17 *Reichert*, aaO., Rn. 447.

„Der Verein und die Mitglieder unterwerfen sich mit der Fußballabteilung der Satzung, den Ordnungen sowie den Entscheidungen und Weisungen, die der Landesverband und seine Organe treffen. Dasselbe gilt für Satzungen, Ordnungen, Entscheidungen und Weisungen der Verbände, denen der Landesverband angehört."

Aufgrund seiner verfassungsrechtlich garantierten Autonomie (Art. 9 (1) GG, § 25 BGB) ist der DFB berechtigt, auf diesem Weg eine eigene Strafgewalt über die Betroffenen aufzubauen. Insoweit ist eine lückenlose Mehrfachverankerung des Verbandsrechts vom Spitzenverband DFB über die Regional- und die Landesverbände bis hinab zu den Sportlern verpflichtend vorgesehen. Ist dies geschehen, so sind die Fußballspieler an der Basis nicht nur an die Bestimmungen ihres Vereins, sondern über die Brücke des Rechts der Landesverbände an die in das Vereinsregelwerk inkorporierten Verbandsregeln mitgliedschaftlich gebunden[18]. Auf diese Art haben über sechs Millionen Mitglieder das Regelwerk des DFB zu beachten.

Individualrechtliche vertragliche Unterwerfung   **4**

a) Sollte bei der satzungsrechtlichen Lösung eine Lücke geblieben sein oder sie nicht gewollt sein (Lizenzspieler), so bleibt der Weg, den dann statuarisch nicht gebundenen Sportler entweder durch einen Vertragsschluss ausdrücklich oder konkludent an die DFB-Regelungen bis hin zu den Grundregeln in § 1 Nr. 1 RuVO wie auch an die Fußballregeln der FIFA zu binden. Dies könnte sich z. B. einmal bei einem DFB-Pokalspiel mit einem „kleinen Verein" auswirken, wenn es zufällig nicht zu einer vollständigen Regelungskette bis zum Mitglied am Ende der Verbandspyramide gekommen ist und damit ein Nichtmitglied Betroffener eines Sportstrafverfahrens betreffend das Pokalspiel wird. Dann ist eine selbstverständliche Möglichkeit der Abschluss einer ausdrücklichen Individualvereinbarung zwischen Nichtmitglied und Verband mit einem Anerkennungspassus bezüglich dessen Regelwerks und damit mit der Unterwerfung unter dessen Disziplinargewalt. Eine solche „quasi mitgliedschaftliche" Unterwerfung kann auch zusätzlich zu einer statuarischen Bindung getroffen werden (kumulative Bindung). Eine gesonderte vertragliche Regelung nach Mustervorlagen wird von vielen Sportverbänden insbesondere mit Kaderathleten getroffen.

b) In dem berühmten *Reiter*-Urteil hat der BGH[19] zwei weitere für die Praxis denkbare rechtlich unbedenkliche Wege aufgezeigt:

„Außerhalb individueller Vertragsabschlüsse kann dies (scil. die Unterwerfung unter die Disziplinargewalt) rechtsverbindlich durch **Teilnahme** *an einem nach der Sport- und Wettkampfordnung des betreffenden Verbands ausgeschriebenen Wettbewerb oder* **durch Erwerb** *einer generellen Start- oder Spielerlaubnis des zuständigen Sportverbandes (Sportler- bzw. Spielerausweis, Lizenz o. Ä.) geschehen, bei deren Erlangung der Sporttreibende das einschlägige Regelwerk des Verbandes anerkennt. In beiden Fällen muss der Sportler eine zumutbare Möglichkeit der Kenntnisnahme vom Inhalt des Regelwerks haben."*

Das Zustandekommen des Vertrags richtet sich nach §§ 145 ff. BGB[20]. In dem Modell 1 gibt der Sportler seine Meldung zu einem konkreten Wettbewerb ab, der **ausdrücklich** nach der Wettkampf- und Disziplinarordnung des für die betreffende Sportart verantwortlich zeichnenden Verbandes und für den Fall ihrer Verletzung mit angedrohten Sanktionen ausgeschrieben ist; er erkennt sie damit als für sich verbindlich an. Die andere, in der Praxis häufigere Form rechtsgeschäftlicher Unterwerfung besteht darin, dass der Sportler auf seinem Antrag bei dem für seine Sportart zuständigen Verband eine **generelle Sport- oder**

18 *Haas*, SportR B II, Rn. 12.
19 BGHZ 128, 193 = NJW 1995, 583; OLG Frankfurt, SportR Nr. 11161.

20 *Haas*, Sanktionen der Sportverbände, NJW 1996, 2351.

Spielerlaubnis (Sportler- oder Spielerpass oder Lizenz) erwirbt, bei deren Erhalt er verspricht, bei seiner sportlichen Betätigung die von dem Verband für die Ausübung dieser Sportart aufgestellten Regeln zu beachten und sich im Falle von Regelverstößen dessen Sanktionen zu unterstellen.

c) Dieser allseits begrüßten Klarstellung durch den BGH ist auch für den Rechtsbereich durch den DFB zu folgen: Dabei stellen sich drei Adressaten der Regelung, nämlich die **Vereine**, die **Spieler** und die **inaktiven Mitglieder** der Vereine. Für die Rechtsfragen nur selten auslösenden sog. passiven Mitglieder besteht in der Regel eine statuarische Bindung an den Landesverband bzw. den DFB. Auf die gleiche Art wird die Regelungs- und Sanktionskette des Verbandes an die Vereine vermittelt. Zumindest bei den Amateurvereinen tritt dabei keine vertragliche Beziehung zum DFB hinzu. Sehr wohl setzt aber eine Teilnahme eines Vereins an den Spielen einer Lizenzliga den Abschluss eines „Lizenzvertrages des Vereins mit dem Ligaverband" voraus (§ 1 Lizenzierungsordnung – LO). Nach Durchführung eines Lizenzierungsverfahrens erhalten in diesem Fall die Vereine bzw. die Kapitalgesellschaften eine **Lizenz** durch einen **Vertrag mit dem Ligaverband** (§ 1 Nr. 2 LO). Hierfür besteht eine Mustervorlage, in der der Teilnehmer sich „ausdrücklich der Vereinsgewalt des Ligaverbandes und der des DFB (§ 1 Nr. 3 LOS) unterwirft". Das Zustandekommen des Vertrages richtet sich dabei nach §§ 145 ff. BGB[21]. Die Vereinsgewalt umfasst die Satzungen und Ordnungen beider Verbände sowie deren Entscheidungen. Der Teilnehmer erkennt außerdem das internationale Schiedsgericht für Sport (TAS/CAS) als unabhängige schiedsgerichtliche Institution an.

Nach § 1 Lizenzordnung Spieler (LOS) erhält der Spieler die Lizenz durch einen Vertrag mit dem Ligaverband, in dem sich der Sportler der Vereinsgewalt des DFB unterwirft und sich verpflichtet, die Regelwerke des DFB und des Ligaverbandes zu befolgen. In diesem **Dreiecksverhältnis** Ligaverband/Verein/Spieler vollzieht sich in einem Geflecht von Regelungen der Spielbetrieb mit dem Spieler, wobei das Verhältnis Spieler zum Ligaverband doppelspurig auf die Liga- und die DFB-Statuten ausgerichtet ist. In § 1 Nr. 1 Satz 2 LOS wird klargestellt, dass ein Arbeitsverhältnis zwischen Ligaverband und Spieler nicht begründet wird – was rechtlich keine zwingende Aussage ist, da diese Frage nicht der Disposition der DFL unterliegt.

Die Vertragsspieler (§ 8 Nr. 2 Spielordnung) und die Amateure (§ 8 Nr. 1 Spielordnung) dürfen in Lizenzspielermannschaften eingesetzt werden, wobei für diese beiden Spielertypen eine Mitgliedschaft im Verein Pflicht ist, während sie beim Lizenzspieler im Gegensatz zum früheren Recht – steuerliche Gründe waren insoweit maßgeblich – nicht mehr verboten ist. Daraus folgt für die Spielertypen, die das DFB-Recht kennt, dass

- Lizenzspieler,
- Vertragsspieler,
- Amateure

dem Regelwerk des DFB und seiner Sanktionsgewalt unterworfen sind, wobei bei den ersteren beiden diese Rechtsfolge verbandsrechtlich begründet wird, beim Vertragsspieler kumulativ zu einem Vertrag mit seinem Verein, beim Lizenzspieler in erster Linie und zwingend durch einen Vertrag sowie fakultativ bei möglicher Vereinsmitgliedschaft eventuell zusätzlich verbandsrechtlich. Alle, die Fußball im organisierten DFB-Bereich von der Kreisliga bis zur Bundesliga spielen, stehen somit teils in einem mitgliedschaftlichen, teils

---

21 *Haas*, Sanktionen der Sportverbände, NJW 1996, 2351.

in einem mitgliedschaftsähnlichen Verhältnis (so bei vertraglicher Brücke) zum DFB. Das auf diesem Weg für den Fußballspieler als verbindlich aufgestellte Regelwerk des Dachverbandes ist keine „Satzung zu Lasten Dritter", sondern umschreibt das Recht selbst, das dem Nichtverbandsmitglied zugewendet wird. Damit sind Begünstigungen und Belastungen für den Sportler verbunden, wobei erstere ganz oder teilweise durch den Verband bei sportwidrigen Handlungen dem Fußballspieler wieder entzogen werden können (Sperren)[22].

Der BGH hat im *Reiter*-Urteil die Frage nicht entschieden, ob der Sportler auch in der Trainingsphase an das Regelwerk seines Dachverbandes gebunden ist. Die Frage ist aber eindeutig zu bejahen, da die leistungsorientierte Sportausübung auch in der Trainingsphase eine Bindung an das Regelwerk des Dachverbandes bedingt. Der DFB hat sich in seiner Satzung verpflichtet, ein Regelwerk für die einheitliche Ausübung des Fußballs aufzustellen; daraus folgt, dass sich die Sanktion auf das gesamte vereinsmäßige Fußballgeschehen, also auch auf die Trainingsphase erstreckt.

d) In dem *Reiter*-Urteil des BGH[23] ist in lapidarer Form die **dynamische Verweisung** auf die jeweilige Fassung des Regelwerks des Dachverbandes bzw. weiterer Spitzenorganisationen (beim Fußball: FIFA) aus dem Gesichtspunkt des Mitgliederschutzes für unzulässig erklärt worden. Die herrschende Meinung[24] fragt, ob die Unzulässigkeit auch bei mitgliedschaftsähnlichen Verhältnissen zu rechtfertigen ist oder nicht. Auch in letzterem Fall müsste der Sportler jedoch vor der Verbandsmacht geschützt werden. Das Verbot dynamischer Verweisungen verfolge einen doppelten Zweck: einen gewissen Informationsschutz für die Mitglieder zu gewährleisten, da die eigene Vereinssatzung in der Regel leichter zugänglicher ist als die jeweils geltende Fassung eines fremden Regelwerks; zum anderen wolle das Verbot einen Funktions- und Institutionenschutz zugunsten des Vereins[25]. Dem Rechtsinstitut „Verein" liege der Gedanke zugrunde, dass seine Organe die wesentlichen Grundentscheidungen treffen und nicht ein vertragsfremder Dritter. Dynamische Verweisungen in vertraglichen Unterwerfungserklärungen – etwa wenn die jeweilige Fassung seiner Vereinssatzung oder eines fremden Regelwerks zur Vertragsgrundlage gemacht wird – sind dagegen zulässig[26]. Der DFB befindet sich damit mit seinen Lizenzspielern auf dem sicheren Boden der herrschenden Meinung, wenn er im Rahmen der vertraglichen Anerkennung seiner Satzungshoheit durch die Sportler auch die Fußballregeln der FIFA akzeptieren lässt. Ob eine solche Anerkennung bei den satzungsrechtlich unterworfenen Vertragsamateuren (bei ihnen ist kumulativ auch die vertragliche Anerkennung durch Teilnahme am Spielbetrieb denkbar), und insbesondere bezüglich der Millionen von Amateuren ausgeschlossen werden kann, erscheint höchst fraglich. Dem insoweit angeführten Informationsschutz zugunsten der Vereinsmitglieder und dem Funktions- und Institutionenschutz zugunsten des Vereins ist bei diesen das **Universalitätsprinzip** des Weltfußballs entgegenzuhalten. Es ist gewünscht und höchst begrüßenswert, dass auf der ganzen Welt – von Madrid bis Canberra, von Oslo bis Rio de Janeiro – nach den gleichen Regeln Fußball gespielt wird. Wenn der BOARD im Frühjahr eines Jahres die wenigen (!) Änderungen der Fußballregeln jeweils bekannt gibt, darf schwerlich auf Feuerland oder auf Grönland erst nach diesen gespielt werden, wenn sie in die Vereinssatzung des dortigen Verbandes inkorporiert sind, was Monate, wenn nicht Jahre dauern kann. Die Austragung

---

22 *Haas/Adolphsen*: Verbandsmaßnahmen gegenüber Sportlern, NJW 1995, 2146 ff., 2148.
23 Siehe oben Fn. 19; ferner OLG München im *Krabbe*-Fall, SpuRt 2001, 64 ff.
24 *Haas/Prokop*, SpuRt 1998, 15 ff.

25 *Haas/Prokop*, aaO. 17, 18.
26 *Haas/Prokop*, aaO., S. 18 am Ende; ebenso PHB/*Summerer*, II 2, Rn. 16; siehe auch DFB-Bundesgericht, Urteil vom 2. 12. 2005, SpuRt 2006, 128 (Doping-Fall *Vucicévic*).

internationaler Spiele wäre wegen eventuell unterschiedlicher Regelwerke erschwert. Deshalb ist der weltweite Schutz des Fußballs und die Internationalität dieser Sportart – dies gilt auch für andere Sportsparten – ein weit höherrangiges schützenswertes Gut als der für das Verbot der dynamischen Verweisung angeführte Informations-, Funktions- und Institutionenschutz. Gerade letzterer, der für den Verein gelten soll, gebietet gleichsam die Unbedenklichkeit der dynamischen Verweisung auch bei statuarischer Unterwerfung der Mitglieder.

5 Beendigung der Unterwerfung unter das Regelwerk des DFB
In § 39 BGB ist zwingend (s. § 40 BGB) das **Recht zum Austritt** des Mitglieds normiert. Diese Vorschrift ist sogar verfassungsrechtlich durch Art. 9 (1) und (3) GG überlagert[27]. Für die statuarische Unterworfenheit wird überwiegend angenommen, dass der Austritt das Mitgliedschaftsverhältnis mit allen Rechten und Pflichten erlöschen lässt. Konsequent müsse bei der individualrechtlichen Bindung durch den actus contrarius (Rückgabe der Lizenz – des Spielerpasses) Gleiches angenommen werden.

Die DFB-Satzung sieht bei Austritt eines ordentlichen Mitglieds (Landesverbände, Regionalverbände, Ligaverband § 7 Nr. 2, § 9 Nr. 2 Satzung) ausdrücklich eine Kündigungsfrist von sechs Monaten zum Ablauf des Geschäftsjahres vor. Wenn man diese Auslauffrist auf die individualrechtlich begründeten Beziehungen zwischen Verband und Spieler durch Analogie überträgt, bestünde ausreichend Zeit und Gelegenheit, bei „einer Flucht aus dem Verein" auf obigem Weg nach Begehen einer Sportverfehlung ein Sportstrafverfahren durchzuführen. Wenn die in § 9 Nr. 2 Satzung vorgeschriebene Kündigungsfrist für ordentliche Mitglieder auf den Basisbereich nicht analog anzuwenden ist, ist jedoch in Ergänzung des bestehenden Rechtsverhältnisses zumindest eine angemessene Kündigungsfrist (schätzungsweise von vier bis sechs Wochen) zugrunde zu legen, was dem allgemeinen Rechtsgrundsatz entspricht, dass man sich von einem Dauerschuldverhältnis – so die Vereinsmitgliedschaft – nur bei Vorliegen eines wichtigen Grundes fristlos lösen kann. Eine solche Auslauffrist bietet Gelegenheit zur Durchführung eines Sportstrafverfahrens gegen ein „Noch-Mitglied". Für eine außerordentliche Kündigung besteht bei den angenommenen Fallkonstellationen wohl schwerlich Grund. Ein Eingehen auf die einseitige Kündigungserklärung des Mitglieds seitens des Verbandes, um einen Aufhebungsvertrag abzuschließen, ist bei Anstehen eines Vereinsstrafverfahrens nicht angebracht und nicht zu erwarten. Der Verband will vielmehr die Sanktionsgewalt im Interesse der Verfahrensdurchführung und der Wahrung der Gerechtigkeit beibehalten. Wenn dies – wie vorliegend dargelegt – zumindest für eine Zeitdauer von sechs Wochen möglich ist, steht eine solche Auffassung im Gegensatz zu der bisherigen Praxis der DFB-Rechtsinstanzen, die ein Erlöschen der statuarischen und individualrechtlichen Mitgliedschaft mit Zugang der Beendigungserklärung angenommen haben. Man hat § 10 Nr. 2 RuVO „... *entzieht sich ein Betroffener durch Vereinsaustritt dem Strafverfahren, so wird dieses nach Erwerb einer neuen Mitgliedschaft eingeleitet oder fortgesetzt* ..." wörtlich interpretiert – so im *Hoyzer*-Verfahren nach Austritt eines Schiedsrichters bzw. eines Wettbetrügers. Zwingend ist dies wie dargelegt nicht.

6 Inhalt der Leitideen
Die in § Nr. 1 RuVO proklamierten Leitideen decken die zu fordernden moralischen Grundwerte des Einzelnen in der Gemeinschaft ab. Sie beinhalten u. a. Kameradschaft, Redlichkeit, Lauterkeit, Zusammengehörigkeitsgefühl, Glaubwürdigkeit und enthalten insbesondere das ureigene höchste Prinzip des Sports, das des **Fairness-Gedankens.**

---

27 *Reichert*, aaO., Rn. 10, 11.

Man versteht im Sport unter „Fair" Anständigkeit, eine gerechte, ehrliche Haltung sowie ein den Spielregeln entsprechendes, die Chancengleichheit wahrendes kameradschaftliches Gebaren, wobei der Gegner zu achten und eine Wettbewerbsverzerrung zu vermeiden ist („gentlemanlike"). „Fair" gibt dem Sport die Würde und Größe[28]. In unserer modernen Leistungsgesellschaft mit der immer stärker gewordenen Kommerzialisierung und Professionalisierung des Sports ist aber der Begriff „Fair" in Gefahr geraten.

Das die Faszination des Sports ausmachende Leistungsstreben mit fortwährenden, oft unglaublichen Leistungssteigerungen ist gleichwohl mit dem Gedanken des „Fair" in Einklang zu bringen. Blauäugig mag man dabei den nennen, der als Ausfluss der Fairness fordert, vom Gegner her zu denken und zu handeln. Vereinzelt sind solche Fälle im Bundesligafußball Anlass für eine „Fair-Play-Prämierung" gewesen. Trotz des maßlosen Erwartungs- und Erfolgsdrucks bleibt das Postulat, das Mogeln und Täuschen, insbesondere den Einsatz nicht erlaubter Mittel wie Doping aus unseren Fußballstadien zu verbannen. Insbesondere dem Schiedsrichter Respekt zu erweisen, ist in diesem Zusammenhang eine der wichtigsten Tugenden des Spielers, Trainers, insbesondere auch des Vereinsfunktionärs.

Strafzwecke 7

Die zu kommentierende Rechts- und Verfahrensordnung dient dazu, den Regeln durch die Sportrechtsprechung mit ihren Entscheidungen zum Durchbruch zu verhelfen, die Strafe im Einzelfall gerecht festzulegen und dabei auch dem Gesichtspunkt der General- und Spezialprävention Rechnung zu tragen. Kontrollausschuss und Sportgerichte sind bestrebt, die von dem unfairen Sportler gestohlenen Vorteile auf dem grünen Rasen am grünen Tisch zurückzunehmen, durch Strafe dem Täter Leid zuzufügen und so die Sportrechtsordnung wiederherzustellen. Die RuVO kennt die Spielumwertung, den Spielverlust, den Punktabzug als Sanktionen, aber auch die Sperre für Spieler sowie Geldstrafen als die häufigsten Reaktionen auf unsportliches Verhalten, Schiedsrichterbeleidigung, rohes Spiel, Tätlichkeit gegen den Gegner, aber auch gegen den Schiedsrichter pp. So verwirklichen sich das Selbstbestimmungs- und das Selbstverständnisrecht des DFB im staatsfreien Raum. Vorsicht ist dabei walten zu lassen, damit die Selbstregulierungskräfte des Sports nicht an ihre Grenzen stoßen (siehe Dopingproblematik unter Teil II § 6 Rn. 2 ff.).

Sportwetten durch Sportler (§ 1 Nrn. 2 und 3 RuVO): 8

Diese Vorschriften sind als Folge des sog. *Hoyzer*-Skandals im Jahre 2005 in die RuVO aufgenommen worden und stellen das dortige Tatverhalten, erweitert um verwandte Varianten durch Spezialvorschriften für Spieler, Trainer, Funktionsträger einerseits und Schiedsrichter andererseits unter Strafe. Die Verstöße werden ausdrücklich als eine Form des unsportlichen Verhaltens qualifiziert.

Schiedsrichter *Robert Hoyzer* war im ersten Halbjahr 2005 wegen fünf Verfehlungen im Sinne der jetzigen Nr. 3, die damals unter die Generalklausel des **unsportlichen Verhaltens** subsumiert worden sind, bestraft worden: Das Sportgericht des DFB hatte deswegen ein Verbot, auf Dauer ein Amt im DFB, seinen Mitgliedsverbänden und deren Vereinen zu betreiben, ausgesprochen. Außerdem wurde *Hoyzer* auf Dauer aus dem DFB ausgeschlossen. Gegen drei weitere Wettbetrüger wurden ebenfalls lebenslange Strafen verhängt, gegen einen Schiedsrichter eine solche Sanktion vom Kontrollausschuss beantragt; der Betroffene hat sich aber durch Austritt aus seinem Verein und damit aus dem DFB gemäß der damaligen Interpretation des § 10 Nr. 2 (siehe dazu oben § 1 Rn. 5) vorerst der Strafe

---

28 *Hilpert*, Sportrecht X, 2.

entzogen. Bei Wiedereintritt kann das Verfahren weitergeführt werden (§ 10 Nr. 2 RuVO). Gegen am Tatgeschehen beteiligte Spieler wurden zeitige Sperren ausgesprochen. – Das Landgericht Berlin (Az.: Kls 42/05) hat gegen die Hauptbeteiligten wegen Betrugs bzw. Beihilfe zum Betrug in mehreren Fällen hohe Freiheitsstrafen verhängt, die in zwei Fällen (gegen *Robert Hoyzer* und den Kopf der Wettbetrüger *Ante Sapina*) über zwei Jahre lagen und deshalb zu verbüßen waren. Der 4. Strafsenat des Bundesgerichtshofs hat durch Urteil vom 15. 12. 2006 (5 StR 181/06) alle Revisionen als unbegründet verworfen. Überraschenderweise hat der Vertreter der Bundesanwaltschaft aus Rechtsgründen Freispruch für alle Angeklagten gefordert. Das Gericht hat in seiner mündlichen Urteilsbegründung die Einschätzung des Sitzungsstaatsanwalts, es handele sich nur um „ein dreistes Bubenstück" verworfen und ein planvolles Vorgehen von hoher krimineller Energie angenommen. –

9 Das BGH-Urteil vom 15. 12. 2006[29]

a) Die wie immer bei Verfahren von großem öffentlichen Interesse in den Medien und der Fachpresse einsetzende Diskussion – *Reinhart*[30] nennt sie fußballspezifisch „fachjuristische Nachspielzeit" – war heftig: Der BGH nimmt im Rahmen des § 263 StGB eine konkludente Täuschung des Wettanbieters an, weil ein Wettwilliger beim Abschluss einer Sportwette regelmäßig konkludent erkläre, *„dass das wettgegenständliche Risiko* **nicht** *durch eine von ihm veranlasste, dem Vertragspartner unbekannte Manipulation des Spielergebnisses zu seinen Gunsten* **verändert** *ist/wird".* Die Kritik rügt insoweit, dass der BGH dem Tatrichter eine carte blanche[31] bei der Begründung der Täuschung in die Hand gebe. Dieser Ansicht ist nicht zu folgen, denn zur Definition der Täuschung bei einer Wette muss aus dem Wesen des Wettvertrages abgeleitet werden, was der Wetter dem Wettanbieter für diesen erkennbar konkludent erklärt hat, wenn er sagt: *„Ich will wetten."*

b) Hinsichtlich der Begründung des **Betrugsschadens** sind die Angriffe gegen den BGH noch schärfer. Dieser argumentiert: Beim Eingehungsbetrug – wie hier im Falle einer Sportwette mit festen Quoten (sog. Oddset-Wette) – stelle die vom Wettanbieter ermittelte Quote gleichsam „den Verkaufspreis" der Wettchance dar: Die Quote bestimme, mit welchem Faktor der Einsatz im Gewinnfall multipliziert wird. Bei Wetten auf vom Wetter manipulierte Spiele habe der Manipulierer eine erheblich erhöhte Chance beim Wettgewinn. Bei Berücksichtigung der Manipulation wäre die Chance reduziert gewesen. Diese „Quotendifferenz" stelle bereits beim Vertragsabschluss einen nicht unerheblichen Vermögensschaden dar, so der BGH, der fortfährt: *„Der Täuschende verschafft sich eine höhere Gewinnchance, als sie der Wettanbieter ihm für diesen Preis bei richtiger Risikoeinschätzung verkaufen würde."*

c) Kritiker meinen ferner, die vom BGH eingeräumte mangelnde Bezifferung des Schadens sei eine Schwachstelle der Argumentation, die bei Ausbleiben des Gewinns des Wetters zu Unerträglichkeiten bei der Strafzumessung führe, da der BGH auch in dieser Fallkonstellation ein vollendeten Quotenbetrug annehme. Der Strafsenat, so ein fußballbegeisterter Autor, „sei ins Abseits gelaufen". Sein Dilemma sei gewesen, strafen zu wollen, dies aber bei dogmatisch sauberer Konstruktion **nicht** zu können. Hinsichtlich der Strafe im Rahmen der allgemeinen Strafzumessungserwägungen kann man dem BGH aber schwerlich einen „Fehlschuss" vorwerfen, da der Strafrahmen des § 263 StGB dem Tatrichter den nötigen Spielraum lässt.

---

29 SpuRt 2007, 70 ff. = CaS 2007, 29 ff.
30 *Reinhart,* SpuRt 2007, 52 ff., 56.
31 *Jahn/Maier,* JuS 2007, 215, 217.

d) *Reinhart*[32] zieht das Fazit, das „populistische *Hoyzer*-Urteil des BGH" sei sowohl eine Genugtuung für den Fußballsport wie auch eine Gefahr für die allgemeine Betrugsdogmatik. Er und andere zeigen dann aber auf, dass das Ergebnis des BGH auch mit richtiger Begründung erzielbar wäre. Ein Praktiker des Sportrechts begnügt sich angesichts des Theorienstreits mit dem Satz: „*Roma locuta, causa finita*" oder in der Sprache des Fußballs: „*Mit dem Schlusspfiff des BGH ist das Spiel beendet, und das Ergebnis steht fest!*" Der BGH braucht kein Rückspiel[33].

e) Im Sportbereich, den der Verfasser in diesem Werk in erster Linie zu vertreten hat, sind unabhängig von der in der Literatur geführten Diskussion über das richtige Verständnis der Tatbestandsmerkmale des Betrugsparagraphen keine ernsthaften Zweifler auf den Plan getreten, die in Frage gestellt hätten, dass die abgeurteilten Sachverhalte **sportliches Unrecht** in hohem Maße darstellen und deshalb nach sportlichen Regeln auf jeden Fall zu verfolgen und gebührend zu bestrafen sind. Zitate aus der Anklageschrift gegen *Robert Hoyzer*:

> „*Robert Hoyzer hat durch sein Fehlverhalten die ihm als Schiedsrichter obliegende Pflicht zur neutralen Spielleitung in gröbster Weise verletzt und dadurch dem Ansehen der Schiedsrichter groben Schaden zugefügt und den Fußballsport in Deutschland ins Mark getroffen.*" Hinzuzufügen ist, dass er für seine Manipulation eine „Entlohnung" in Höhe von rund 70.000 € von den Wettbetrügern erhalten hat, die diese in Höhe des Vielfachen des an *Hoyzer* gezahlten Betrages von den Wettanstalten abkassiert hatten.

Folgerungen aus der *Hoyzer*-Affäre 10

Zur Tatzeit war die Sanktionierung der Taten lediglich über die Auffangvorschrift des „unsportlichen Verhaltens" (jetzt § 1 Nr. 4 RuVO n. F.), demnach durch Annahme eines sportlichen Vergehens, d. h. einer Form unsportlichen Verhaltens (Strafsanktionen: die in § 44 Satzung aufgeführten Strafen) möglich.

Der DFB hat bereits auf einem auf den 29. April 2005 einberufenen außerordentlichen Bundestag in seiner Satzung u. a. als Zweck und Aufgabe klargestellt (§ 4 j), dass „*die Integrität des sportlichen Wettbewerbs zu gewährleisten ist und hierzu alle notwendigen wettbewerbsichernden Maßnahmen zu treffen sind*". Um dem Bestimmtheitsgrundsatz, der jedenfalls im allgemeinen Strafrecht ein bedeutendes Prinzip darstellt, Rechnung zu tragen, sind Konkretisierungen des allgemein verbotenen unsportlichen Verhaltens im Zusammenhang mit dem Wettgeschäft in § 1 Nr. 2 und 3 RuVO aufgenommen worden. Außerdem ist in § 6 a RuVO n. F. angepasst an die Fälle des *Hoyzer*-Skandals eine Definition der „Spielmanipulation" geschaffen worden, die als unsportliches Verhalten gemäß § 1 Nr. 4 RuVO zu bestrafen ist.

Selbstredend wurden die im Zeitpunkt des a. o. Bundestages noch laufenden Verfahren **nach altem Recht** weitergeführt und somit das Rückwirkungsverbot beachtet. Die neu eingeführten Spezifizierungen sind Verbesserungen des Strafensystems des DFB. Im Gegensatz zum allgemeinen Strafrecht, in dem das aus Art. 103 (2) GG abgeleitete **Bestimmtheitsprinzip** uneingeschränkt gilt, kommt im Vereinsrecht dieser Grundsatz ohnehin nicht voll zum Tragen[34]. Vielmehr wird dem Gedanken der Vorhersehbarkeit der Sanktionen für den Sportler und den Bedürfnissen des sportlichen Lebens angemessen Rechnung getragen, wenn ein Generaltatbestand wie unsportliches Verhalten als Grundlage der Strafverfolgung genommen wird. Das Interesse des Sportlers an einem kontrollierbaren

32 *Reinhart*, SpuRt 2007, 52, 56; ferner *Valerius*, SpuRt 2005, 90 ff.; *Grotz*, Spurt 2005, 93 ff.

33 *Reinhart*, aaO., Rn. 14.

34 *Reichert*, aaO., Rn. 292; *Stöber*, aaO., Rn. 685.

Inhalt der für ihn verbindlichen Normen wird zudem bei sozialmächtigen Verbänden wie dem DFB durch die Überprüfbarkeit von deren Angemessenheit unter dem Gesichtspunkt von Treu und Glauben (§ 242 BGB) geschützt[35].

11 Neues Recht

Für die Zukunft sind aus den Erfahrungen des Skandals gewonnene Erkenntnisse in spezifizierte Neuregelungen umgesetzt worden. Voraussehbar war jedenfalls selbst für einen Schwarzseher im DFB-Rechtsbereich ein Skandal im Schiedsrichterwesen bei den Spitzen-Referees von dem Umfang wie in der *Hoyzer*-Affäre nicht.

Die im April 2005 geschaffenen Vorschriften untersagen das Wetten eines am Sport Beteiligten selbst oder durch vorgeschobene Dritte in Bezug auf Fußballspiele ihrer Mannschaften. Außerdem ist es Schiedsrichtern der Spielklassen, in denen Sportwettangebote gemacht werden, verboten, auf Spiele in diesen Klassen zu wetten. Die Vorschrift ist vergleichbar mit den „Insider-Regeln" in § 14 WpHG des Banken- und Börsenrechts, bis zu deren Einführung es auch lange gedauert hat. Der Schiedsrichter ist typischer Insider und hat deshalb besondere Verhaltens- und Sorgfaltspflichten[36]. Im Einzelnen ist der Text der Normen aufschlussreich und bedarf keiner weiteren Kommentierung.

Die vorgeschriebenen generellen Wettverbote für Schiedsrichter in Bezug auf Spielklassen, in denen Wettangebote erfolgen, sind geboten. Denn charakteristisch für die Teilnahme an Wetten ist die **Unbestimmtheit des Ausgangs des Spiels,** auf das die Wetten abgeschlossen sind. Wenn der Schiedsrichter nach einem Geldeinsatz auf das von ihm geleitete Match auf dem Platz die maßgeblichen Entscheidungen zu treffen hat, besteht die konkrete Gefahr, dass er bei passender Gelegenheit (Grenzfall im Spielablauf etwa bei einem Strafstoß, bei Abseits, bei einer Torentscheidung oder etwa einem Platzverweis) sein grundsätzlich weites Ermessen im Sinne eines gewinnbringenden Ergebnisses unbewusst oder gar bewusst einsetzt. Eine Dunkelziffer bleibt insoweit sicherlich in den Fällen der Nr. 3 RuVO bei Wetten nach Einschalten von Dritten, die in Kontakt zu einem spielleitenden Schiedsrichter stehen.

Aufschlussreich ist, dass immerhin seit der Neuformulierung der Norm keine spätere einschlägige Tat bekannt geworden ist. Dies ist sicherlich eine Folge der strengen staatlichen und verbandsrechtlichen Sanktionen im *Hoyzer*-Verfahren und der Sensibilisierung aller Beteiligten auf die Problematik. Zudem hat der DFB eine spezialisierte Institution der Überwachung des Wettsystems eingeschaltet: *Betradar*[37] bietet als zentrales Instrument ein Frühwarnsystem an. DFB und DFL werden insoweit Unregelmäßigkeiten und Auffälligkeiten im Umfeld des Wettgeschehens in Echtzeit geliefert, wobei Angebotsabschaltungen, Startquotendifferenzen und Quotenwechsel bekannt gegeben werden. Es hat sich dabei herausgestellt, dass nicht Welt- oder Europameisterschaftsbegegnungen oder Spitzenspiele der Bundesliga gefährdet sind, sondern Partien unbekannter Mannschaften aus dem semiprofessionellen Bereich, bei denen sich plötzlich überraschende Ergebnisse einstellen[38]. Der Pilotversuch anlässlich der Weltmeisterschaftsendrunde 2006 in Deutschland wurde als erfolgreich bewertet, weshalb die FIFA im Mai 2007 beschlossen hat, das System weltweit zu institutionalisieren und künftig auszubauen. Auch die Schiedsrichter sind samt ihrem Umfeld mehr ins Blickfeld gerückt, insbesondere vor einem Spiel bzw. nach einem solchen mit Auffälligkeiten. Der DFB kann sich dieser Informationen aufgrund seiner

---

35 *Reiter*-Urteil des BGH, BGHZ 128, 93 = NJW 1995, 583 ff.; siehe ferner OLG Frankfurt, SportR Nr. 11161.
36 *Fischer*, aaO., SpuRt 2005, 45 ff.

37 Interessanter Bericht von *Giebel*, SpuRt 2006, 7 ff.
38 *Villinger*, aaO., CaS 2007, 384 ff.

verbandsrechtlichen Gewährleistungsfunktion für das Schiedsrichterwesen bedienen. Das praktizierte Frühwarnsystem liefert ihm die individuellen Wetteinsätze in anonymisierter Form, sodass datenschutzrechtliche Erwägungen nicht entgegenstehen.

Unsportliches Verhalten   12

Die in § 1 Nr. 4 RuVO angesprochene Grundnorm, dass sportliche Vergehen, d. h. alle Normen des unsportlichen Verhaltens aller der Strafgewalt des DFB Unterworfenen mit den in § 44 Satzung enumerativ aufgeführten Strafen geahndet werden, stellt das Verbindungsstück zu den **Grundentscheidungen** in § 44 der Satzung dar. Es handelt sich dabei zugleich um eine Generalklausel, d. h. eine Norm, durch die bei allgemein gehaltener Formulierung möglichst viele Tatbestände erfasst werden. Danach hat der DFB die Befugnis zu definieren, was nach seinem Fußballverständnis sportlich und was unsportlich ist. Er regelt das Fußballrecht durch seine Statuten und Nebenordnungen im Rahmen der ihm gewährten Autonomie (Art. 9 (1) GG, § 25 BGB), interpretiert es und setzt es durch. Dabei ist die Satzung die höchste verbandsseitig getroffene Grundnorm, die die gesetzlich vorgegebene Grundordnung (§§ 21 ff. BGB) ergänzt oder im Rahmen der Ermächtigung (§ 40 BGB) abändert[39]. Festzuhalten ist insoweit, dass die zu treffenden Sanktionen keine Vertragsstrafen nach §§ 339 ff. BGB sind, sondern **Vereinsstrafen** darstellen – ein eigenständiges verbandsrechtliches Institut, das dem Zivilrecht unterliegt und der Aufrechterhaltung der Vereinsordnung, nicht aber dem Gläubigerinteresse dient[40].

Der DFB entledigt sich dieser Aufgabe außer durch die Wesensentscheidung in § 44 Satzung, die von der Mitgliederversammlung beschlossen ist, insbesondere in seiner Rechts- und Verfahrensordnung, vor allem in den §§ 6 ff. RuVO sowie durch die anderen in § 44 Nr. 1 Satzung im Einzelnen aufgeführten Ordnungen. Darin kann das zur Ahndung führende Fehlverhalten (**die Straftatbestände**) in generalklauselartiger Weise umschrieben werden, während das bei den Ordnungsmitteln – **den Strafarten** – nicht der Fall sein darf[41]. Der DFB hält sich insoweit an die vom BGH[42] in ständiger Rechtsprechung festgeschriebenen Anforderungen, dass für das Vereinsleben bestimmende Entscheidungen, die sog. **Grundsatz- oder Wesensentscheidungen,** in der Satzung geregelt sein müssen (§§ 25, 71 I, 1 BGB) – mit anderen Worten, die **mögliche Strafe** muss darin aufgeführt sein. Insoweit hat der Bundesgerichtshof im Jahr 1967 Neuland betreten. Das liberalistische Vereinsrecht des BGH sah vorher zum Schutz der einzelnen Vereinsmitglieder gegenüber seinem Verein als zwingende Norm das jederzeitige Austrittsrecht (§ 39 BGB) vor. Von der Gemeinschaft, in der man sich in seinen Rechten bzw. nur in seinen Interessen beschränkt fühlte, konnte man sich **ohne Gründe** lösen. Dem BGB-Gesetzgeber schienen darüber hinaus keine Kontrollmaßstäbe erforderlich. Von einem entsprechend freien Innenleben des Vereins ging man folgerichtig bis zur Mitte der 60er Jahre des vorigen Jahrhunderts aus. Mit der dann aber einsetzenden Professionalisierung und Kommerzialisierung des Sportgeschehens ergab sich ein Bedarf nach Abhilfe, die der BGH in der Folgezeit in einigen Entscheidungen vornahm. Er erklärte zu diesem Zweck die Grundsatz- und Wesensentscheidungen in der Satzung für die Vereinsmitglieder für verbindlich, weil diese sich mit dem Eintritt in den Verein der Satzung unterworfen haben. Die obersten Zivilrichter stellen sich einen Idealtyp des beitrittswilligen Mitglieds vor, der vor dem Eintritt sich anhand der zu lesenden Satzung über die ihm drohenden denkbaren Sanktionen informiert, sie dabei wenigstens in groben Zügen erkennen kann und sie als sein Recht

---

39 *Reichert,* aaO., Rn. 386 m. w. N.
40 BGHZ 21, 373; 87, 337; h. M. *Palandt-Heinrichs,* aaO., § 25 BGB Rn. 12.
41 BGHZ 88, 316; *Reichert,* aaO., Rn. 2709.
42 Zuletzt im *Reiter*-Urteil, NJW 1995, 583 ff.

akzeptiert. *Adolphsen*[43] fragt nicht zu Unrecht, welcher Sportler an den Verbandssitz eines internationalen Fachverbands reist – im Fußball zur FIFA nach Zürich –, um sich vor Ort nach dem Inhalt der Verbandssatzung in den Akten des dortigen Registergerichts zu erkundigen. Er bezweifelt somit die Schutz- und Warnfunktion der Grundentscheidungen in der Satzung. Lebensnäher ist es wohl meistens, dass die Mitglieder es versäumen, sich über den Inhalt der Satzung zu unterrichten. In diesem Fall müssen sie sich gleichwohl die betreffenden Bestimmungen entgegenhalten lassen, weil sie sich der Satzung konkludent unterworfen haben. Es wird also auf die **Möglichkeit der Information** abgestellt und der **Informationsschutz**[44] als wichtiger Grund für das Satzungsgebot angesehen. Dieses Abstellen auf die zumutbare Kenntnisnahme des Sportlers ist eine ausgesprochen praxis- und ergebnisorientierte Schlussfolgerung des BGH in dem *Reiter*-Urteil[45]. Aus diesem Zweck der Norm wird abgeleitet, dass nicht nur die drohenden Sanktionen, sondern auch die strafbewehrten Verhaltensnormen (Straftatbestände) zu den Wesensentscheidungen gehören. Die Aufnahme der Straftatbestände in nicht zum Satzungsbestandteil erklärte Nebenordnungen ist hierfür **nicht** ausreichend. Andererseits können durchaus Verfahrensvorschriften und Konkretisierungen der Strafnormen wie auch weniger bedeutsame Angelegenheiten in nachrangigem Recht geregelt werden. Den Bedürfnissen der Praxis entsprechend deren unverzichtbaren Anliegen genügt es nach h. M., dass umfassende Obertatbestände wie die vom DFB gewählte **Generalklausel** *„alle Formen des unsportlichen Verhaltens"* (§ 44 Nr. 1 HS 1 Satzung) insoweit bestehen[46]. Sie sind ausreichende Grundlagen der Disziplinarstrafen trotz ihrer relativen Unbestimmtheit.

Diese Begriffe können sodann, wie beim DFB geschehen, in der Rechts- und Verfahrensordnung, der Spielordnung pp. konkretisiert werden. Dabei ist auch kein Verstoß gegen den Bestimmtheitsgrundsatz gegeben. Bestimmbarkeit durch die zur Ahndung berufenen Organe reicht nämlich insoweit aus. Dabei werden die Weite und die Unbestimmtheit der Generalklausel durch die gemeinsame Überzeugung sowie durch Übung und Praxis ausgefüllt[47].

13 Begriffsbestimmung

In materieller Hinsicht ist anzumerken, dass der in § 1 Nr. 4 RuVO verwendete Begriff *„unsportliches Verhalten"* nicht synonym mit *„unfair"*, der in dem Wort *„Fairness"* in § 1 Nr. 1 RuVO angesprochen ist, zu verstehen ist. Beide Bezeichnungen betreffen nicht deckungsgleiche Verhaltensweisen. *„Unsportliche Handlungen"* sind zwar meist unfair, nicht aber umgekehrt. So fordert ein Verstoß gegen den Fairnessgedanken nämlich nicht stets eine Strafe. Es gibt Arten eines solchen Verhaltens, die einem höheren Ideal des Sports, das im Fair-Play-Gedanken enthalten ist, widersprechen. *Ingo von Münch*[48] leitet das Gebot des Fair Play aus der im Grundgesetz nicht formulierten politischen Kultur der Demokratie ab. Falsche Schiedsrichterentscheidungen mit Anstand hinzunehmen, Niederlagen – auch unglückliche – zu ertragen, stellen Anforderungen an den Edelmut eines Fußballers. Wer Unrecht ohne Widerspruch hinnimmt, handelt gentlemanlike = fair; tut er dies nicht, ist damit noch lange nicht die Schwelle zum Ahnungsbedürfnis nach § 1 Nr. 4 RuVO überschritten. *Vieweg*[49] nimmt aus der Missachtung des Sportethos die FIFA-Verbotsnorm

---

43 AaO., SpuRt 2000, 97 ff.
44 *Haas*, SportR B II, Rn. 14; BGH, NJW 1995, 583, 586.
45 BGH, NJW 1995, 583, 586; siehe auch *Fenn*, aaO., SpuRt 1997, 77 ff., 82.
46 *Reichert*, aaO., Rn. 2685; BGHZ 36, 105, 113; BGHZ 47, 381, 383, 384; *Haas/Prokop*, SpuRt 2000, 6.

47 *Röhricht*, Sportgerichtsbarkeit, S. 29
48 Rechtsgutachten für den Deutschen Sportbund.
49 AaO., S. 26.

heraus, sich nach einem Torerfolg das Trikot auszuziehen – zu Recht (!). Er meint, es sei denkbar, Fairness als private, transnationale Rechtsregel zu qualifizieren (sog. lex sportiva).

Eine Unfairness im hohen Maße war das Verhalten des Jamaikaners *Usain Bolt* im 100-m-Endlauf der Olympischen Spiele in China 2008, der demonstrativ 15 m vor dem Ziel das Tempo drosselte, sein Trikot hochzog und nach dem Ziel in einen „Watschelgang" überwechselte: Mit diesem Dominanzritual würdigte er seine Konkurrenten herab; *Eike Emrich* weist zu Recht darauf hin, dass der schmale Grat im Spitzensport zum Zirkus hier überschritten worden sei. Zur extrovertierten Sieger-Show des Stars aus einer anderen Sprintgeneration gehörte auch das vorstehend erörterte im Fußball geltende Verbot des Trikothochziehens, was aber im Gesamtverhalten *Bolts* ein höchst untergeordnetes Gewicht ausmacht. Das Dominanzritual war eindeutig ein grober Verstoß gegen das Fair-Play-*Prinzip (Jacques Rogge: „Das ist nicht die Art, wie wir Sieger wahrnehmen.")*. Eine Bestrafung hat gleichwohl niemand aus dem IOC-Bereich angestrebt. Es gibt Verhaltensweisen im Sport, die sich selbst disqualifizieren.

§ 2 RuVO

Rechtsprechung

Für alle Vorkommnisse in den Bundesspielen und für alle Verstöße gegen die Spielordnung, das Ligastatut sowie für die Anfechtung von Spielwertungen und Spielberechtigungen bei Bundesspielen, außerdem für finanzielle Streitigkeiten aus Anlass der Durchführung von Bundesspielen sind die Rechtsorgane des DFB nach dessen Rechts- und Verfahrensordnung allein zuständig. Die Rechtsprechung gegen Lizenzspieler obliegt in jedem Falle den Rechtsorganen des DFB.

Norminhalt 14
Eine umfassende Zuständigkeitsregelung legt § 2 RuVO in Verbindung mit § 38 Satzung fest, indem er u. a. für die Vorkommnisse in den Bundesspielen und die Verstöße gegen die Spielordnung und das Ligastatut sowie für Spielwertungsfälle und finanzielle Streitigkeiten die **Rechtsorgane des DFB** für allein zuständig erklärt. Diesen obliegt „in jedem Fall" außerdem die Rechtsprechung gegen Lizenzspieler. Ligaverband und DFL haben keine eigene Rechtsprechung institutionalisiert, was zu einer größeren Distanz und Unvoreingenommenheit der Richterbank führt.

Sprachanleihe 15
Der Begriff „Rechtsprechung" in der Überschrift vor § 2 und das gesamte Begriffsinstrumentarium in den folgenden Bestimmungen („Richter", „Strafen") dürfen streng genommen nur der staatlichen Justiz zukommen.

Die Namensanleihe des Sports stellt dabei keineswegs eine Anmaßung der Staatsgewalt dar, sondern dient der Veranschaulichung der Rechtsfindung im Fußball durch „Richter des Sports", die aber lediglich in Gestalt von **„Vereinsverwaltungsakten"** durch Privatpersonen geschieht. Formulierungen wie „Sportstrafverfahren", „Sperrstrafen", „Geldstrafen", „Sportgericht", „Bundesgericht" u. a. dienen dem sprachlichen Funktionsvergleich. Sie sind handliche Begriffe, die den Beteiligten den Verfahrensgegenstand und die handelnden Akteure veranschaulichen[50]. Mit einer „Vereinsstrafe" soll keine diskriminierende Maßnahme im Sinne der staatlichen Rechtsprechung nach Art. 92 GG verhängt werden, vielmehr handelt es sich um eine privatrechtliche Sanktion. Teilweise bemüht man sich im DFB-Rechtsbereich aber auch um staatsfreie Begriffe, wenn man den zur Rechenschaft gezogenen Sportler nicht als „Beschuldigten" oder „Angeklagten", sondern als „Spieler", „Trainer", „Mannschaftsbetreuer" pp. bzw. in der Sammelbezeichnung als „Betroffene" tituliert.

16 Zivilrecht

Trotz der dem Strafrecht entliehenen Nomenklatur bewegen wir uns bei den Strafen des DFB allein auf dem Gebiet des Zivilrechts. Es überrascht, dass diese unstreitige Erkenntnis von der Sportrechtswissenschaft nur am Rande erwähnt wird und bisher noch nicht vertieft worden ist. So entscheidet auch der CAS, dass Disziplinarstrafen, die von Vereinen/Verbänden ausgesprochen werden, zu dem Zivilrecht gehören und klar von strafrechtlichen Sanktionen abzugrenzen seien[51]. Sicherlich wird überwiegend im Sportrecht angenommen, dass „in dubio pro reo" bzw. die Unschuldsvermutung nicht gelte. Zudem nimmt der BGH eine umfassende Inhalts-, Tatsachen- und Subsumtionskontrolle in Anspruch. Außerdem wird einhellig angenommen, dass die zivilrechtlichen Generalklauseln wie §§ 134, 138, 242, 826 BGB bei den Vereinsstrafen herangezogen werden. Insoweit ist ferner die Ausstrahlungswirkung der Grundrechte der Art. 2 (1), 9 Abs. (1) auf die autonome Zivilrechtsgewalt zu berücksichtigen, wobei bei Grundrechtskonkurrenz die Berufsfreiheit Vorrang vor der Vereinsautonomie hat[52].

17 Regelungsbereich

§ 2 zählt alle im Bereich des DFB denkbaren Verfahrensgegenstände abschließend auf. Man muss sich bewusst sein, dass davon betroffen sein können (Stand April 2008):

    6.500.000 Mitglieder (davon ca. 1/3 Jugendliche),
      26.000 Vereine,
    180.000 Mannschaften,
  2.500.000 Spieler,
     75.000 Schiedsrichter.

Weibliche Mitglieder sind knapp über eine Million in der Gesamtzahl enthalten.

18 Der Kampf ums Recht

Der DFB ist somit der mitgliederstärkste Sportverein der Welt. Entsprechend dieser seiner Bedeutung hat seine Gerichtsbarkeit einen „Kampf ums Recht" in den 70er Jahren in Streitsachen zwischen staatlichen Gerichten und seinen Sportgerichten, ferner in Auseinandersetzungen zwischen den DFB-Instanzen mit Rechtsanwälten und Hochschullehrern, die die Freiheit des Fußballers in größter Gefahr wähnten (*„Versklavung des Fußballers"*, so *Burmeister*) geführt und dabei dokumentiert, dass der Verband und seine Organe bereit sind, staatliches Recht einzuhalten und die Wertordnung des Grundgesetzes zu respektieren. Beide sind entschlossen, das Regelwerk sportgerecht auszulegen und dabei „den Geist des Grundgesetzes" einfließen zu lassen[53]. Somit haben der Fußball und die staatlichen Gerichte ihren Frieden geschlossen. Auch die Lehre ist dem „Friedensvertrag" beigetreten. Der Fußballsport kann im Rahmen der ihm durch Art. 9 (1) GG eröffneten substantiellen Autonomie seine sportethischen Vorstellungen staatsfrei definieren und entwickeln[54]. Die

---

50 *Lindemann*, aaO., SpuRt 1994, 17 ff., 19.
51 CAS 2001/77/1817; 2006/A/1102, SpuRt 2007, 24, 25; *Stöber*, aaO., Rn. 62.
52 BGH, SportR 2000, 196 f.
53 *Hilpert*, Sportrecht, I 3, 30.
54 *Steiner*, NJW 1991, 2729, 2730.

Judikatur des DFB ist dabei bedacht, keine Übermoral zu entwickeln. Sie sieht das Fußball-stadion keineswegs als rechtsfreien Raum an, ist aber stets bemüht, darum zu ringen, dass der Kernbereich des Sports vom Staat und seinen Organen respektiert wird. Die Arena ist insoweit eine „justizberuhigte Zone"[55].

Ein wenig stolz kann der DFB dabei sein, dass ein renommierter Sportrechtsexperte wie *Udo Steiner*[56], Bundesverfassungsrichter a. D., den DFB als *„rechtsoptimierten Verband"* bezeichnet hat. In der Sportwelt hat die DFB-Rechtsprechung unstreitig eine Spitzenstellung unter den Weltsportverbänden inne.

Internationalität   19
Zu beachten ist ferner, dass das nationale Fußballrecht auch eingebunden ist in interna-tionale Bezüge, sei es durch das Regelwerk der FIFA und der UEFA einerseits (s. unten § 5 Rn. 65), aber insbesondere des Europäischen Rechts andererseits. Auf sportlicher Ebene führen Internationalität und Universalität des Fußballs zu einer großen Konkurrenz im Wettbewerb und zu einer Steigerung der Spannung bei den großen Fußballereignissen (WM, EM).

§ 3 RuVO

Rechtsorgane/Kontrollausschuss

1. **Zur Erfüllung der in §§ 1 und 2 genannten Aufgaben sind das Sportgericht, das Bundesgericht und der Kontrollausschuss berufen.**

2. **Die Mitglieder des Sportgerichts und des Bundesgerichts sind unabhängig. Sie sind nur dem geschriebenen und ungeschriebenen Recht des Sports sowie ihrem Gewissen unterworfen.**

3. **Die Mitglieder der Rechtsorgane und des Kontrollausschusses haften nicht für Schäden, die durch ihre Entscheidungen oder Unterlassungen entstehen.**

4. **Der Vorsitzende des Kontrollausschusses und der in der DFB-Zentralverwaltung für Rechtsangelegenheiten zuständige Direktor unterrichten in Fällen sport-politischer Bedeutung aus ihrem Zuständigkeitsbereich unverzüglich den für Rechts- und Satzungsfragen zuständigen Vizepräsidenten und den Generalse-kretär.**

Rechtsprechung   20
Die an die Spitze der RuVO gestellten Leitideen zu verwirklichen und insbesondere sport-liche Vergehen zu ahnden, ist die ureigenste Aufgabe des Sportgerichts (1. Instanz), des Bundesgerichts (Berufungsinstanz) und des Kontrollausschusses, der eine Rolle vergleich-bar der staatlichen Staatsanwaltschaft hat (Nr. 1).

Zweispurigkeit des Verfahrens   21
Die vorgesehene Trennung von Strafverfolgungs- und Rechtsprechungstätigkeit ist im bundesweiten Sportbereich höchst selten: Eine vergleichbare Anklagebehörde haben der

---

55   Vgl. *Sengle*, aaO., S. 91 ff., 106: Zitat von *Stei-ner*.

56   *Steiner* auf der Wangener Sportrechtstagung 09/2007.

Deutsche Eishockey-Bund und der Deutsche Tischtennisbund. Eine solche Waffe, die auch in Eilfällen eine schnelle Eingreiftruppe darstellen kann (entsprechend der Einschätzung der preußischen Staatsanwaltschaft als die „Kavallerie der Justiz"), hat überraschenderweise auch nicht der Weltfußballverband (FIFA) – wohl aber die Europäische Fußballunion (UEFA). Es hat sich im DFB-Bereich bewährt, dass in Parallele zum staatlichen Strafprozess die Trennung von Strafverfolgung und Urteilstätigkeit durchgeführt ist. In Deutschland ist nach längerer Diskussion durch das Gerichtsverfassungsgesetz vom 27. 1. 1877 die Staatsanwaltschaft nach dem Muster wie in den meisten europäischen Staaten eingeführt worden. Die historischen Argumente für die Schaffung einer selbständigen Strafverfolgungsinstanz im Fußballsystem haben erhebliches Gewicht. Die erhöhte Garantie der Rechtsstaatlichkeit des Verfahrens rechtfertigt die verfahrensmäßigen Umstände und Erschwernisse. Das darin angewandte Postulat des „Fair Trial", das in Art. 6 der Menschenrechtskonvention seinen Niederschlag gefunden hat, beinhaltet den aus dem Sport kommenden Begriff des „Fair". Wenn somit dieses Prinzip dem Sport entliehen wurde und als Überschrift für staatliche Verfahrensgesetze herangezogen wird, sollte es auch von den Sportverbänden in deren Verfahrensrecht angestrebt werden. Die damit eng verbundene Forderung nach größtmöglicher Gerechtigkeit begründet die Rechtsmittelbefugnis des Kontrollausschusses des DFB. Vor allem soll aber durch diese Institution vermieden werden, dass ein allkompetenter Richter das Verfahren einleitet, betreibt und aburteilt, statt seine ganze Kraft auf die vornehme Richtertätigkeit der Urteilsfällung zu richten[57].

22 Aufgabe des Kontrollausschusses
Dem Sportstaatsanwalt steht für die Verfolgung der Fußballvergehen ein ähnliches Instrumentarium wie im staatlichen Strafverfahren zur Verfügung: Er vernimmt bei Bedarf Zeugen und Beschuldigte, ermittelt durch schriftliche Anfrage, wenn angebracht durch Einholung von Sachverständigengutachten, wertet die Ermittlungsergebnisse aus, klagt an, plädiert in der mündlichen Verhandlung, erklärt Rechtsmittelverzicht, legt Rechtsmittel ein, stellt Verfahren ein (mit und ohne Auflagen).

23 Vorzüge des Systems
Der zu erwartende Einwand, der Verfahrensgang – zuerst der Kontrollausschuss, dann die Sportgerichtsbarkeit – bewirke eine Komplizierung und damit eine erhebliche zeitliche Verzögerung des Sportstrafverfahrens, das Vorsperren und allwöchentlichem Spielsystem Rechnung zu tragen hat, ist unbegründet. Die Praxis des DFB zeigt, dass diese Besorgnis bei entsprechender Organisation der Rechtspflege unbegründet ist. Unter Ausschöpfen eines streng beschleunigten Verfahrens sind über 90% der DFB-Strafsachen gegen Spieler binnen weniger als 72 Stunden (!) rechtskräftig abgeschlossen. Während somit auf Bundesebene der Kontrollausschuss unverzichtbar ist, ist eine vergleichbare Anklageinstanz auf unterer Ebene (Landes-, Bezirks-, Kreisebene) nicht realisierbar und nicht wünschenswert.

24 Situation der FIFA
Der Verfasser kann und will nicht Ratgeber der FIFA sein bei Überlegungen, ob sie einen Kontrollausschuss in ihr Rechtssystem einbauen will. FIFA-Präsident *Joseph S. Blatter* hat Andeutungen in diese Richtung gemacht im Anschluss an die bedauerlichen Pannen bis zum endgültigen Anlaufen des Verfahrens gegen *Torsten Frings* (Deutschland) während der WM 2006, der sich nach dem Viertelfinalspiel gegen Argentinien in Berlin am 30. Juni 2006 zu einer Tätlichkeit gegen einen argentinischen Spieler hinreißen ließ: Obwohl äußerste Eile wegen des drei Tage später stattfindenden Halbfinalspiels Deutschland gegen Italien

---

[57] *Hilpert*, Sportrecht, II, 16.

herrschte, gab die FIFA-Disziplinarkommission erst 40 Stunden (!) nach Ende der Begegnung in Berlin bekannt, dass aufgrund des Betrachtens **neuer Fernsehbilder** durch die Kommission doch Anhaltspunkte bestehen, dass *Torsten Frings „mit hoher Wahrscheinlichkeit aktiv in die Rangelei involviert war".* Der FIFA-Boss erklärte: *„Ja, wir haben Nachholbedarf in der Auswertung von Fernsehbildern oder Evidenzen, die in einen Disziplinarfall gebracht werden."* Seitdem ist jedoch zu dieser Problematik weder seitens des International Board noch des FIFA-Präsidenten Weiteres verlautbart. Aufgrund seiner positiven Erfahrung bei seiner eigenen Tätigkeit in den letzten 30 Jahren würde sich der Verfasser freuen, wenn insoweit der DFB Geburtshelfer für einen Kontrollausschuss der FIFA sein könnte mit dem Ziel, der FIFA-Disziplinarkommission allein die Jurisdiktion zu übertragen, die Akkusation und die Vorermittlungstätigkeit aber einem Kontrollausschuss (die UEFA nennt ihn Disziplinarinspektor, Art. 21 b, 30 RPO).

Angesichts des Gegensatzes des in der Theorie weisungsabhängigen Kontrollausschussvorsitzenden und des unabhängigen Sportrichters kann ich konstatieren, dass in den letzten 30 Jahren meiner Zugehörigkeit zu diesem Gremium von Seiten der DFB-Spitze nie eine Weisung im Einzelfall erteilt worden ist. Ein Ergebnis der insoweit seit 20 Jahren geführten Diskussion ist dabei die in § 26 Nr. 1 RuVO geschaffene **selbständige** Berufungsmöglichkeit des Präsidiums bei Zweifeln an der Rechtmäßigkeit einer Entscheidung.

Unabhängigkeit der Rechtsprechung (Stellung der Sportrichter)   25

Ein wichtiger Prüfstein für die Rechtsstaatlichkeit eines Vereinsstrafverfahrens ist die Unabhängigkeit der Richter (§ 3 Nr. 2 RuVO) **in persönlicher und sachlicher Hinsicht.** Im Gegensatz zur staatlichen Justiz werden die Sportrichter nicht auf Lebenszeit, sondern auf eine zeitlich festgelegte Wahlperiode ins Amt gerufen. Eine Garantie der Unabsetzbarkeit und Unversetzbarkeit kann deshalb nicht gewährleistet werden. Aber auch staatliche Gerichte kennen Wahlzeitrichter – so z. B. bei den Verfassungsgerichten oder bei den ehrenamtlichen Richtern in den verschiedenen Gerichtsbarkeiten, ohne dass damit eine spürbare Beeinträchtigung der Unabhängigkeit der Rechtspflege zu registrieren ist. Die Sportrichter haben in der Regel keine Qualifikationsnachweise über die Ablegung der juristischen Staatsexamina zu führen, wobei aber zumindest die Vorsitzenden der Spruchinstanzen sowie alle Mitglieder des Kontrollausschusses des Deutschen Fußball-Bundes Volljuristen sein müssen. Selbstverständlich ist, dass die Beisitzer das gleiche Stimmengewicht wie der Vorsitzende haben.

Der DFB und seine Verbände sind bemüht, durch ihre Rechtsgrundlagen und die tatsächlichen Gegebenheiten eine Grundlage für die Unparteilichkeit und Unabhängigkeit der Richter zu schaffen. Dabei wird die persönliche Unabhängigkeit durch regelbare Randpunkte unterstützt, sie wird aber letztlich im Ernstfall nur durch den Richter selbst verkörpert. Den staatlichen Verfahrensordnungen nachgebildete Regelungen über Befangenheit oder Ausschluss von Richtern (§ 19 RuVO) sind zu begrüßen. Der bei der staatlichen Justiz gemäß Art. 101 (2) 2 GG garantierte Anspruch auf den „gesetzlichen Richter" (niemand darf seinem gesetzlichen Richter entzogen werden = justitielles Grundrecht) kann bei den Sportverbänden wegen der Ehrenamtlichkeit der zur Rechtsprechung Berufenen und der dadurch gebotenen Flexibilität der Verfügbarkeit nicht stringent gewährleistet sein. Nach § 38 Nr. 3 Satzung stellen die Vorsitzenden aber dennoch in Anlehnung an die Grundsätze der Geschäftsverteilungspläne nach dem GVG ebensolche auf, die die Heranziehung der Sportrichter nach abstrakten Kriterien vorsehen (gesetzlicher Sportrichter, vgl. Art. 101 (1) 2 GG). Ausnahmegerichte sind unzulässig. Die Richterbank darf nicht im Hinblick auf ein bestimmtes Verfahren verändert werden.

26 Weisungsfreiheit

Ein wichtiges Kennzeichen der Unabhängigkeit der Rechtsprechung ist die Weisungs-
freiheit bei der Spruchtätigkeit. Diese beinhaltet umgekehrt die bereits ausgesprochene
Folge, dass die Entscheidungen der Sportgerichte nicht durch andere Organe des DFB wie
den Bundestag als höchste Instanz oder durch Angehörige der Exekutive aufgehoben oder
abgeändert werden können.

27 Haftungsausschluss

Einen weiteren Schritt zur Unabhängigkeit der Sportrichter stellt die Freiheit von einer
zivilrechtlichen Verantwortlichkeit für die Rechtsprechungsakte (§ 3 Nr. 3 RuVO) dar. Diese
Freistellung in persönlicher Hinsicht wird ergänzt durch § 56 Satzung, wonach aus Entscheidungen der Rechtsorgane keine Ersatzansprüche hergeleitet werden können. Ähnliches
ergibt sich aus dem Rechtsgedanken des § 839 (2) BGB, wonach der Richter außer bei Rechts-
beugung nicht auf Regress in Anspruch genommen werden kann (Spruchrichterprivileg).
Die Freistellung der Anklagevertreter ist anders als im staatlichen Recht ebenfalls festschrie-
ben, was durchaus insbesondere im Hinblick auf das ehrenamtliche Agieren sachgerecht ist.

28 Normenkontrolle

Kaum geregelt ist im Verbandsrecht in Deutschland – so auch nicht beim DFB –, inwieweit
die Sportrichter befugt sind, festzustellen, dass die von ihnen in einem konkreten Fall
heranzuziehende Satzungs- und Ordnungsvorschrift unwirksam ist. Im staatlichen Recht
ist eine richterliche Prüfungskompetenz gegebenenfalls über eine Vorlage an das Bundesverfassungsgericht eröffnet. Das Vereinsrecht ist trotz des Gewaltenteilungsprinzips im
DFB jedoch von den Rechtsprechungsinstanzen jederzeit auf dessen Vereinbarkeit mit
zwingendem staatlichem Recht, insbesondere mit den Grundrechten wie auch mit zwingenden DFB-Bestimmungen zu prüfen und dies **inzidenter** bei der Fallanwendung festzustellen. Der durch Art. 9 (1) GG in Verbindung mit § 25 BGB großzügig gewährleistete
Freiraum für vereinsautonome Regelungen ist durch §§ 134, 138 BGB bei Verstößen gegen
ein Gesetz oder gegen die guten Sitten eingeschränkt und durch den Grundsatz von Treu
und Glauben (§ 242 BGB) beschränkt[58].

29 Auslegung

Darüber hinaus obliegt den Rechtsinstanzen der Verbände bei Mehrdeutigkeit der Satzung
oder unklaren Bestimmungen der Ordnungen die Auslegung derselben. Sie ist aus dem
Empfängerhorizont nach deren objektivem Erklärungswert vorzunehmen[59]. Dem Wortlaut
kommt dabei aber eine erhöhte Aussagekraft zu, nicht jedoch Willensäußerungen der
Gründungsmitglieder oder sonstigen Vorgängen der Entstehungsgeschichte[60]. Im Zweifel
gewinnt der Sinn und Zweck der Regelung, aber auch deren systematischer Bezug Bedeutung. Der Vereinszweck und die Interessen der Mitglieder sind im Rahmen einer teleologischen Auslegung zu berücksichtigen[61]. Die Analogie (Anwendung auf gleichartige Fälle)
und der Umkehrschluss (argumentum e contrario) sind außerdem bewährte Auslegungs-
methoden. Da naturgemäß im Vereinsrecht kein perfektionistisches Regelungswerk besteht,
kommt im Einzelfall der ständigen Verbandspraxis eine große Bedeutung zu[62]. Lücken der
Satzung sind im Wege der ergänzenden Auslegung zu schließen, wobei die in der Satzung
selbst enthaltenen Regelungen zu einem sinnvollen Ganzen zu vervollkommnen sind[63].

---

58 BGHZ 105, 306.
59 *Reichert*, aaO., Rn. 86.
60 Ständige Rechtsprechung, BHGZ 47, 180;
BGHZ 55, 381 ff.

61 BGHZ 47, 172, 180.
62 Ständige Übung, RG JW 36, 2387.
63 Vgl. BGH, NJW-RR 1990, 226.

Bei den Regelungslücken sind die **bewussten** – sie bestanden von Anfang an, wobei der Ordnungsgeber gewollt eine Frage offengelassen hat (beim DFB kaum geschehen) – und die **unbewussten Regelungslücken** – der Ordungsgeber hat ein regelungsbedürftiges Problem übersehen – zu unterscheiden. Nachträgliche Lücken können durch Änderung der Verhältnisse entstehen (z. B. in der Vergangenheit Wegfall des Amateurgedankens). Die Ausfüllung der Regelungslücke ist sinnvoll in möglichst enger Anlehnung an das geltende Recht vorzunehmen[64]. Dabei sind die Analogie bzw. die teleologische Reduktion, ferner § 242 BGB heranzuziehen, wobei unter Umständen mehrere Entscheidungsalternativen vertretbar sind. Insoweit kann auch eine Interpretation durch die Mitgliederversammlung oder das Verbandsgericht sinnvoll und hilfreich sein. Eine authentische Interpretation durch den Gesetzgeber, den Bundestag des DFB, ist rechtlich nämlich nicht verbindlich. Eine ausdrückliche Kompetenz könnte insoweit dem höchsten Verbandsgericht zur Satzungsauslegung übertragen werden (§ 25 BGB). Zu einer solchen Regelung ist es trotz häufiger Diskussion der Problematik bisher beim DFB noch nicht gekommen.

Nebenordnungen 30

Eine größere richterliche Prüfungsbefugnis besteht bezüglich der satzungsnachrangigen Vereinsordnungen und Durchführungsbestimmungen. Diese dürfen die in der Satzung getroffenen Grundentscheidungen und Leitprinzipien erläutern und näher ausgestalten. Insbesondere Wettkampfordnungen und Spielregeln sind Konkretisierungen der sportlichen Betätigung der Mitglieder im Rahmen der Vorgaben der Satzung[65]. Diese Nebenordnungen sind kurzfristig und situationsgerecht anpassbar, was z. B. bei der Doping-Liste im Hinblick auf die ständig sich erweiternden medizinischen Erkenntnisse geboten ist, damit die Strafverfolger den zumeist auch kompetent medizinisch beratenen Dopingsündern auf der Spur bleiben können. Diese Flexibilität wäre, wenn es sich dabei um einen Satzungsbestandteil handeln würde, nicht gegeben. Nebenordnungen können jedoch ohne Einhaltung der §§ 23, 71 BGB geändert werden. Es bedarf somit **nicht** der Eintragung ins Vereinsregister als Wirksamkeitsvoraussetzung.

Gerade im Sportbereich besteht oft das Bedürfnis, die Ordnungen internationaler Organisationen, insbesondere die weltweiten Spielregeln für das nationale Vereinsleben verbindlich werden zu lassen. Soweit in diesen Nebenordnungen Rechte und Pflichten der Mitglieder geregelt werden, müssen sie diesen zur Kenntnis kommen[66]. Bei Erlass neuer Ordnungen kann dies durch Aushändigung derselben an die Mitglieder geschehen bzw. durch Auslage in der Geschäftsstelle. Bei größeren Verbänden erfolgt die Information über Änderungen meist durch Veröffentlichung in der Vereinszeitschrift. Die Möglichkeit zur Kenntniserlangung muss jedenfalls eröffnet sein. Desinteresse des Mitglieds schadet dann nicht.

Gewohnheitsrecht 31

Vereinzelt hat sich in der DFB-Rechtsprechung auch dieses Rechtsinstitut als Rechtsquelle herausgebildet. Seine Entstehung erfordert zunächst eine lange dauernde tatsächliche Übung. Hinzukommen muss die Überzeugung der beteiligten Fußballkreise, dass es Recht ist. Insoweit hat sich beispielsweise die allgemeine Auffassung zur Strafbarkeit der „Schwalbe" unter dem Gerichtspunkt des krass sportwidrigen Verhaltens in den letzten 15 Jahren von der ursprünglichen Nichtahndbarkeit ins Gegenteil verkehrt. Seit etwa fünf Jahren ist die vom Schiedsrichter nicht erkannte Schwalbe, die zum Tor führt, strafbewehrt. Dabei bleibt aber das Tor nach einem Elfmeter, der für die Schwalbe gegeben wird, Tor,

---

64 BVerfGE 37, 81.
65 *Sauter/Schweyer/Waldner*, aaO., Rn. 151.

66 *Reichert*, aaO., Rn. 430 a–c.

obwohl die regelwidrige, ja betrügerische Erzielung in einem Bestrafungsverfahren gegen den schuldigen Spieler festgestellt worden ist (Tatsachenentscheidung).

Auf dem Gebiet des Amateurstatuts hat sich seit den Olympischen Spielen 1972 in München eine völlige Kehrtwende vollzogen.

Mit dem Gewohnheitsrecht eng zusammen hängt ein Gerichtsgebrauch bzw. eine ständige Rechtsprechung, die bei allgemeiner Überzeugung zum Gewohnheitsrecht führen kann. Bei grundlegender Änderung der Bezugs- bzw. Anknüpfungspunkte kann diese von den Sportgerichten für die Zukunft geändert werden.

Bei jeglicher Form der Rechtsfortbildung ist Zurückhaltung angebracht, da dadurch ein Eingriff in die Grundentscheidung des Satzungsgebers, also im Bereich der Legislative erfolgen kann.

32 Grundrechtsüberlegungen

Angesichts der gesteigerten Kommerzialisierung und Professionalisierung besonders des Spitzenfußballs sind oft Grundrechtsüberlegungen anzustellen. Eine Interpretation des Vereinsrechts im Lichte der Grundrechte Art. 2 (1), 9 (1), 12 (1) GG stellt an die Rechtskenntnisse der urteilenden Ehrenamtler oft zu hohe Anforderungen. Eine gezielte Schulung der Sportrichter durch Verbandsjuristen ist insoweit empfehlenswert. Dadurch kann das maßgebliche (§ 3 Nr. 2 Satz 2 RuVO) geschriebene und ungeschriebene Recht des Sports vermittelt werden. Laienrichter, die nach Sachkompetenz zu berufen sind (§ 47 Abs. 3 Satzung), betonen bei der Rechtsfindung öfters, dass sie nach der RuVO „... *nur ihrem Gewissen unterworfen sind* ...“ Diese auch beim staatlichen Richtereid (§ 38 Deutsches Richtergesetz – „... *nach bestem Wissen und Gewissen* ...“) angesprochene Erkenntnisquelle des Richters darf naturgemäß nicht als Freibrief für eigene Rechtsfindung verstanden werden. Ein Sportrichter, der noch dem überholten Amateurbegriff anhängt, kann nicht, weil sein Gewissen ihm dies gebiete, einen Athleten verurteilen, weil er erhebliches Geld für die Mitwirkung in einem bestimmten Spiel (Startgeld) forderte.

33 Sportbezug

Der Sportler als „Gerichtsunterworfener“ bei der Ausübung der schönsten Nebensache der Welt (*Ortega y Gasset*) darf Vertrauen auf seine unabhängigen Sportrichter haben. Er soll darauf bauen können, dass sie unter Beachtung des Geistes des Sports und insbesondere des Fair Trial-Gedankens schnell und urteilssicher Recht sprechen und dabei – wenn möglich – ein feines Gespür für das Gerechte entwickeln.

34 Fachbeisitzer

Positiv wird bezüglich der Zusammensetzung der unabhängigen Richterbank von den „Gerichtsunterworfenen“ empfunden, wenn ähnlich wie z.B. bei der Arbeitsgerichtsbarkeit ein Mitglied des gleichen „Standes“ wie der Betroffene dem Spruchkörper bei der Entscheidung über ihn angehört. So sind nach § 39 Nr. 2 RuVO Frauen-, Jugend-, Schiedsrichter-, Fußball-Lehrer-Beisitzer zu ernennen, die in der Dreierbesetzung des Sport- bzw. Bundesgerichts die Rolle eines vollstimmberechtigten Beisitzers in entsprechenden Verfahren übernehmen.

Zwischenzeitlich hat der DFB jedenfalls auf der Seite der für ihn Rechtsprechenden eine Institution geschaffen, wonach die Zeit des Absolutismus bei der Rechtsprechung vorbei ist und der vom Befehlsempfänger zum mündigen Sportler gewachsene „Gerichtsunterworfene“ eine den Geist des Sports beachtende und dem staatlichen Recht verpflichtete Rechtsprechung erwarten kann. Von Seiten des DFB besteht das Vertrauen in seine unabhängigen Sportrichter und darauf, dass diese Recht sprechen. Wenn es bei der Rechtsfindung zudem gelingt, dass dem Sport kein Schaden zugefügt wird, ist dies zusätzlich begrüßenswert[67].

Anmerkung am Rande: Eine Verbesserung des Status der Mitglieder der Rechtsorgane und vielleicht auch von deren Qualität haben sich wohl die Initiatoren der auf dem DFB-Bundestag 2007 verabschiedeten Regelung des § 19 Nr. 8 der Satzung, wonach die Wahl in ein DFB-Amt *„nur bis zur Vollendung des 70. Lebensjahrs möglich ist"*, versprochen. Ob dieses Ziel auf dem eingeschlagenen Weg erreichbar ist, soll nicht von dem Verfasser als einer, der in eine „Ü-70-Mannschaft" einzuordnen ist, beantwortet werden, sondern von denen, die gemäß ihrem Alter noch das passive Wahlrecht haben.

Gewaltenteilung 35

Eine sehr wichtige **institutionelle** Absicherung der Unabhängigkeit der „Rechtsprechung" ist die Trennung der Rechtsprechungstätigkeit von den sonstigen Verwaltungsaufgaben des DFB bzw. der Legislative, obwohl sie letztlich Vereinsverwaltungsakte setzt (s. oben § 2 Rn. 15, wo auf die Sprachanleihe dieser Verwaltungstätigkeit bei den Begriffen der ordentlichen Justiz hingewiesen ist). Das war nicht immer so. Beim DFB ist sie bereits in der 60er Jahren des vorigen Jahrhunderts eingeführt worden. Vorher war es den Klassenleitern übertragen, die überwiegende Zahl der Feldverweise abzuurteilen. Mittlerweile sind auch viele Landesverbände den Weg zur Gewaltenteilung gegangen. Nach den ursprünglichen Vorstellungen des BGB-Gesetzgebers ist dafür die Mitgliederversammlung berufen, wobei die Satzung aber die „dritte Gewalt" einem anderen Organ wie hier übertragen hat (§ 32 (1) BGB in Verbindung mit §§ 19 Nr. 2, 38 Satzung). In der Rechts- und Verfahrensordnung ist hierfür außer der in § 3 Nr. 2 RuVO normierten Unabhängigkeit die organisatorische Trennung und Selbständigkeit der Rechtsorgane bei der Entscheidungsfindung vorgesehen. Der Gewaltenteilungsgrundsatz gilt an sich nur für staatliche Entscheidungen, ist aber auch in Verbandsverfahren auf jeden Fall erstrebenswert[68] und wird beim DFB praktiziert. In dessen Satzung ist aber für die Gewaltenteilung anders als in § 79 (3) GG keine Ewigkeitsgarantie enthalten, die aber de facto besteht. Überdies ist in § 38 Nr. 2 Satz 1 Satzung eine Inkompatibilitätsregelung verankert, wonach Mitglieder des Bundesgerichts und des Sportgerichts anderen Organen und Ausschüssen grundsätzlich nicht angehören dürfen. *Buchberger*[69] postuliert als selbstverständliche Folgerung aus der Unabhängigkeit der Rechtsprechung, dass kein Verbandsgremium (auch nicht der Bundestag) die Entscheidungen der Rechtsorgane aufheben und durch eigene Ansätze ändern kann. Ähnlich dem Deutschen Bundestag, der, wenn seinen Mitgliedern eine Entscheidung des Bundesverfassungsgerichts nicht zusagt, allenfalls durch Politiker deplatzierte Äußerungen über das höchste Gericht in die Welt setzen kann, bleibt der Legislative allein die Möglichkeit eines neuen Gesetzes, das der misslichen Entscheidung den Boden entzieht.

Zusammenfassende Wertung 36

Bei Betrachtung der Anfänge der Sportgerichtsbarkeit mag man bedauern, dass die zwischenzeitlichen Strukturveränderungen dem Spielerisch-Zweckfreien des Sports, dem mit dem Spiel erstrebten Sich-Lösen von den Zwängen des Alltags, dem lat. „sportare", woher das Wort „Sport" kommt, zuwiderlaufen. Zwischenzeitlich hat der Sport durch die Einrichtung der Richterbank eine Institution geschaffen, die zeigt, dass die Zeit des Absolutismus der Verbände in der gelobten früheren Zeit vorbei ist und der vom Befehlsempfänger

---

67 *Hilpert*, Sportrecht II, 27.
68 So jedenfalls Sportschiedsgerichts-Urteil vom 10. 10. 2002, SpuRt 2003, 212.
69 AaO., S. 157.

zum mündigen Sportler herangewachsene Gerichtsunterworfene sein Recht suchen und erhalten kann.

37 Haftungsfreistellung

Die Haftungsfreistellung (§ 56 Satzung, § 3 Nr. 3 RuVO) ist bereits vorstehend (§ 3, Rn. 27) im Kontext behandelt.

38 Sportpolitisch bedeutsame Fälle

Die Informationspflicht des Vorsitzenden des Kontrollausschusses und des Rechtsdirektors gegenüber dem für Rechts- und Satzungsfragen zuständigen Vizepräsidenten in Fällen „von sportpolitischer Bedeutung" bestand ungeschrieben in bedeutsamen Fällen schon immer, ist aber im Anschluss an die Bewältigung des *Hoyzer*-Skandals in die RuVO aufgenommen worden. Angesichts der allgegenwärtigen modernen Medienlandschaft scheint es nämlich nicht opportun, dass bei öffentlichen Auftritten von Spitzenrepräsentanten des DFB, die bei Ereignissen von Bedeutung den bohrenden Nachfragen der Pressevertreter ausgesetzt sind, die DFB-Vertreter nicht auf dem neuesten Stand der vorhandenen Informationen sind. Das wechselseitige Sich-ins-Bild-Setzen ermöglicht in geeigneten Fällen eine Strategie der Verlautbarungen, wenn dies wegen der Brisanz der Nachricht und des betreffenden Falls sinnvoll ist.

Der Begriff „sportpolitische Bedeutung" ist dabei bewusst nicht abschließend definiert. Darunter fallen sicherlich Spielmanipulationen, erhebliche Gewalttaten, Rassismusfälle von Gewicht sowie im Hinblick auf die betroffenen Personen (z. B. Nationalspieler), allgemein interessierende Geschehnisse wie auch Spielwertungseinsprüche in der obersten Liga. Einzuschalten ist insoweit parallel die DFB-Pressestelle, damit der DFB-Pressesprecher Informationen routiniert und mit Gespür für das Interessante der breiten Öffentlichkeit zukommen lassen kann.

§ 4 RuVO
Vorläufige Sperre bei Feldverweis

Bei einem Feldverweis (Rote Karte) ist der Spieler bis zur Entscheidung durch die zuständige Instanz gesperrt, ohne dass es eines besonderen Verfahrens oder einer besonderen Benachrichtigung bedarf. Ausgenommen von der vorgenannten Regelung sind Feldverweise in Länderspielen, UEFA-Wettbewerben, weiteren offiziellen internationalen Wettbewerben, wie z. B. UEFA-Intertoto-Cup (UIC), und Hallen-Fußballspielen. Auf Antrag des Kontrollausschusses kann der Vorsitzende des Sportgerichts einen Spieler, der in einem solchen Spiel des Feldes verwiesen worden ist, im Wege der einstweiligen Verfügung vorläufig sperren. Eine zu erwartende, bereits erfolgte oder abgelehnte Bestrafung dieses Spielers nach den Bestimmungen der FIFA oder UEFA hindert nicht seine Bestrafung nach den Bestimmungen des DFB.

§ 11 bleibt unberührt.

Erfolgt ein Feldverweis eines Spielers (Rote Karte) einer deutschen Mannschaft bei einem Spiel im Ausland, so kann bei der zuständigen Instanz beantragt werden, die vorläufige Sperre bis zur Ermittlung des Tatbestandes auszusetzen.

Vorsperre   **39**

Seit den Anfängen des Fußballsports ist ein wichtiger Grundsatz des Sportrechts, dass ein Spieler nach einem Feldverweis (Rote Karte) bis zur Entscheidung durch die zuständige Instanz gesperrt ist, ohne dass es eines besonderen Verfahrens oder einer Benachrichtigung darüber bedarf – dieses Institut der **automatischen Vorsperre** ist dem Fußball als schnelllebigem Wettbewerb nach Insiderauffassung im Hinblick auf die Chancengleichheit der an ihm teilnehmenden Vereine immanent, da das Rechtsverständnis für einen sportgerechten Ablauf einer Meisterschaftsrunde nicht zulässt, dass ein des Feldes verwiesener Spieler am folgenden Spieltag teilnehmen darf und dabei eventuell entscheidende Tore erzielt oder verhindert. Ein solches Grundverständnis ist im Rahmen der Vereinsautonomie (§ 25 BGB) als gerichtsfest (national und international) anzuerkennen. Die Vorsperre ist ein unbestreitbarer Bestandteil einer lex sportiva des Fußballs.

Automatische Vorsperre für ein Spiel   **40**

Eine teilweise Entschärfung der Problematik wird dadurch erzielt, dass nach FIFA-Disziplinarreglement (FDC) ein Feldverweis immer zu einer automatischen Sperre für das nächste Spiel führt (Art. 19 Nr. 4 FDC). Diese Vorschrift gilt zwingend für alle FIFA-Mitglieder und aufgrund des Universalitätsprinzips auch für den deutschen Fußball.

Eine bei den DFB-Gerichten bisher nicht bekannte Vorverlagerung einer Dopingsperre hat im Falle des englischen Radsportlers *David Millar* (Weltmeister im Zeitfahren 2003) der TAS[70] akzeptiert, indem er eine Dopingsperre bereits vor dem rechtskräftigen Schiedsspruch laufen ließ, falls es dem Athleten de facto (wegen Inhaftierung durch staatliche Instanzen) nicht möglich war, den Wettkampfsport (konkret Start in der Tour de France) auszuüben. Die vom TAS gleichgesetzte De-jure-Verhinderung an der Wettkampfausübung entspricht der von den Rechtsinstanzen des DFB in ständiger Rechtsprechung praktizierten Anerkennung einer Vorsperre auf die endgültige Sperre.

Aufschiebende Wirkung eines Rechtsbehelfs   **41**

Teilweise wird in der Sportrechtsliteratur[71] das Institut der Vorsperre nach einem Feldverweis als rechtsstaatlichen Grundsätzen widersprechend angesehen, wenn ein vereinsinternes Rechtsmittel gegen eine vorläufige Sperre keine im Zweifel aufschiebende Wirkung hat, was beim DFB die Regel ist.

Die staatliche Rechtsprechung hat sich mit dieser Problematik befasst: Das Bayerische Oberste Landesgericht[72] lässt eine Ausnahme von der aufschiebenden Wirkung des Sportrechtsbehelfs dann zu, wenn die Vereinssatzung dies ausdrücklich vorsieht. Dies ist in § 44 Nr. 1 Satz 2 DFB-Satzung in Übereinstimmung mit § 4 Nr. 1 RuVO geschehen. Nach OLG Köln[73] widerspreche es rechtsstaatlichen Verfahrensgrundsätzen, wenn der sofortige Vollzug nicht auf solche Fälle beschränkt sei, *„in denen besondere Umstände dies rechtfertigen."*

Die DFB-Praxis sieht in ständiger Rechtsprechung das Regel-Ausnahme-Verhältnis umgekehrt. Sie lässt bei besonderen Umständen eine vorläufige Aufhebung der Vorsperre durch den Vorsitzenden (eventuell nach einem Antrag auf Erlass einer einstweiligen Verfügung oder auch von Amts wegen) zu, wenn dies zur Aufrechterhaltung eines geordneten Rechtswesens oder der sportlichen Disziplin notwendig ist (§ 21 RuVO). Von dieser Möglichkeit wird im Bundesligafußball höchst zurückhaltend Gebrauch gemacht. Ein solcher Ausnahmefall liegt dann vor, wenn Fernsehaufnahmen erhebliche Zweifel an der Täterschaft des

---

70 Urteil vom 17. 2. 2005, CAS 2004/A/707.
71 PHB/*Summerer*, II, Rn. 275.
72 BayObLGZ 88, 170.
73 NJW-RR 1993, 89 ff.; ebenso OLG Stuttgart, NJW-RR 1991, 891.

Spielers wecken. Einzustellen ist das Verfahren auf jeden Fall dann, wenn die Videoaufnahmen einen offensichtlichen Irrtum des Schiedsrichters bei der Sachverhaltsfeststellung oder bei der Festlegung der Identität des Spielers (error in persona) ergeben. § 11 Nr. 3 und § 12 RuVO eröffnen bei den Gelb-Roten bzw. Gelben Karten diese Möglichkeit, was erst recht bei Roten Karten gilt – insoweit besteht aber keine ausdrückliche Regelung.

Wenn ein Verein oder ein Spieler gegen eine Vorsperre eines vom Feld gestellten Spielers (Rote Karte) das ordentliche Gericht bzw. das Schiedsgericht anrufen, kann der Verband mit den dargelegten rechtlichen Argumenten und unter Berufung auf die grundgesetzlich garantierte Vereinsautonomie (Art. 9 (1) GG) mit guten Erfolgsaussichten dem Antrag entgegentreten, da die von den Verbandsinstanzen aufrechterhaltene Vorsperre gerichtsfest sein dürfte, da der Spieler schwerlich glaubhaft machen kann, dass die Maßnahme unrechtmäßig ist[74].

Entschärft wird die Problematik in praxi durch eine umgehende Terminierung der mündlichen Verhandlung bzw. durch eine Entscheidung im schriftlichen Verfahren jeweils **vor dem** nächsten Spieltag. Hier zeigt sich zudem ein Phänomen, das ein erfahrener Sportrichter aus dem staatlichen Strafrecht zur Genüge kennt. Ein Strafverfahren, das mit seiner zu erwartenden Folge einem Angeklagten unangenehm ist, wird mit oft durchaus legalen Mitteln um eine geraume Zeit durch Vertagungs- und Beweisanträge hinausgezögert. Das ist ganz anders, wenn der Angeklagte in Untersuchungshaft sitzt: Dann hat er an einer schnellen Verhandlung durchaus ein Interesse. In 30 Jahren Kontrollausschusstätigkeit sind die Fälle an einer Hand abzuzählen, in denen eine mündliche Verhandlung vertagt worden ist, wenn der Spieler vorgesperrt war. Ein solcher Sportler will umgehend wissen, ob und wie lange er gesperrt wird – sein Trainer kann dann entsprechend disponieren[75].

42 Sonderregelungen

Eine automatische Vorsperre tritt nicht ein bei Feldverweisen in Länderspielen, UEFA-Wettbewerben wie z. B. UIC und bei Hallenspielen. In eine Bestrafung fordernden Fällen kann der Vorsitzende des Sportgerichts aber auf Antrag des Kontrollausschusses eine vorläufige Sperre im Wege der einstweiligen Verfügung aussprechen. Klargestellt ist, dass eine Sanktionierung eines solchen Spielers durch UEFA bzw. FIFA eine weitere auch durch den DFB nicht hindert; allerdings dürfte eine Doppelbestrafung nur höchst ausnahmsweise angebracht sein. Die Strafe nach Gelb-Rot (Strafe für das folgende Spiel des gleichen Wettbewerbs, s. § 11 RuVO) bleibt unberührt.

43 Auslandsspiele

Weil bei Feldverweisen eines Spielers einer deutschen Mannschaft (Rote Karte) bei einem Freundschaftsspiel im Ausland die Aufklärung des Sachverhalts öfters sich schwierig oder nach der Erfahrung schier unmöglich gestaltet, kann beim Sportgericht beantragt werden, die Sperre bis zur Ermittlung des Sachverhalts auszusetzen (§ 4 Nr. 3 RuVO). In diesen Fällen wird nicht selten das Verfahren dann endgültig eingestellt, weil verfahrenstechnische Schwierigkeiten bei der Sachverhaltsermittlung nicht überwunden werden. Deswegen erscheint insoweit eine Vorsperre nicht opportun.

---

74 *Hilpert*, Eilrechtsschutz im Sport, SpuRt   75 *Hilpert*, Sportrecht, II, 2 Rn. 33.
2007, 226.

§ 5 RuVO
Zuständigkeit, Strafen, Einstellung

1. Die Zuständigkeiten und zulässigen Strafarten ergeben sich aus §§ 38–44 der Satzung des DFB.

2. Sperren, die gegen Spieler verhängt werden, betreffen im Regelfall nur den Spielverkehr innerhalb des DFB. Sie erstrecken sich auch auf den internationalen Spielverkehr, wenn internationale Wettbewerbsbestimmungen dies gebieten oder wenn dies wegen besonders verwerflicher Tatumstände im Urteil ausdrücklich angeordnet worden ist.

3. Für Geldstrafen, die gegen Einzelmitglieder und Spieler verhängt werden, kann der Verein des Bestraften von dem entscheidenden Rechtsorgan in Anspruch genommen werden.

   Eine verhängte Geldstrafe ist vom Spieler zu zahlen.

4. Für Geldstrafen, die gegen Einzelmitglieder und Spieler im Zusammenhang mit Spielen um den Länderpokal der Frauen und Herren verhängt werden, kann der Landesverband des Bestraften von dem entscheidenden Rechtsorgan in Anspruch genommen werden.

5. In geeigneten Fällen kann der Kontrollausschuss mit Zustimmung des Sportgerichts das Verfahren einstellen, gegebenenfalls unter Bedingungen, Auflagen und einem Hinweis, dass das festgestellte Verhalten verboten ist und im Wiederholungsfall eine Anklageerhebung erfolgen kann.

   Nach Anklageerhebung entscheidet das Sportgericht entsprechend Absatz 1 mit Zustimmung des Kontrollausschusses über die Einstellung.

Zu Nr. 1:

§§ 38–44 der Satzung des DFB

§ 38
Rechtsorgane

1. Rechtsorgane sind das Bundesgericht und das Sportgericht; sie nehmen ihre Aufgaben nach den Bestimmungen der DFB-Satzung, der Ordnungen des DFB (§ 6), insbesondere nach dem Ligastatut, dem DFB-Statut für die 3. Liga und die Regionalliga, dem Regionalliga-Statut, den Anti-Doping-Richtlinien, den Durchführungsbestimmungen zur DFB-Spielordnung, den allgemeinverbindlichen Vorschriften über die Beschaffenheit und Ausgestaltung der Spielkleidung und den vom DFB geschlossenen Verträgen wahr.

2. Mitglieder des Bundesgerichts und des Sportgerichts dürfen anderen Organen und Ausschüssen des DFB nur angehören, soweit dies in der Satzung des DFB vorgesehen ist. Die Vorsitzenden und stellvertretenden Vorsitzenden müssen die Befähigung zum Richteramt besitzen. Die Beisitzer sollen diese Befähigung haben.

3. Die Vorsitzenden stellen für ihre Zuständigkeitsbereiche Geschäftsverteilungspläne auf.

§ 39
Sportgericht

1. Das Sportgericht besteht aus einem Vorsitzenden, einem stellvertretenden Vorsitzenden und 29 Beisitzern.

2. Der Vorsitzende und der stellvertretende Vorsitzende werden vom Bundestag gewählt. Sechs Beisitzer werden vom Bundestag im Benehmen mit den Regional- und Landesverbänden gewählt (DFB-Beisitzer).

Fünf Beisitzer werden vom Bundestag auf Vorschlag des Ligaverbandes gewählt (Ligaverbands-Beisitzer). Darunter können auch Lizenzspieler sein.

Drei Beisitzer werden vom Präsidium im Benehmen mit dem DFB-Spielausschuss berufen (Beisitzer für die 3. Liga und Regionalliga).

Drei Beisitzer werden vom Präsidium im Benehmen mit dem DFB-Ausschuss für Frauen- und Mädchenfußball berufen (Frauenfußball-Beisitzer).

Drei Beisitzer werden vom Präsidium im Benehmen mit dem Schiedsrichter-Ausschuss berufen (Schiedsrichter-Beisitzer).

Fünf Beisitzer werden auf Vorschlag der Regionalverbände vom Bundesjugendtag gewählt und vom Präsidium berufen (Jugend-Beisitzer).

Vier Beisitzer werden vom Bund Deutscher Fußball-Lehrer dem Präsidium zur Berufung vorgeschlagen (Fußball-Lehrer-Beisitzer). Diese müssen im Besitz der Fußball-Lehrer-Lizenz sein.

3. Das Sportgericht entscheidet in Fällen der mündlichen Verhandlung in einer Besetzung mit einem Vorsitzenden, einem DFB-Beisitzer und einem Ligaverbands-Beisitzer, vorbehaltlich der Regelung in Nr. 4.

4. In Verfahren im Zusammenhang mit Spielen von Mannschaften der 3. Liga und der Regionalliga wirkt anstelle des Ligaverbands-Beisitzers ein Beisitzer für die 3. Liga und Regionalliga mit. Ebenfalls wirkt anstelle des Ligaverbands-Beisitzers ein Beisitzer für die 3. Liga und Regionalliga mit, wenn in Verfahren nach § 17 der Rechts- und Verfahrensordnung des DFB (Einspruch gegen die Spielwertung) und § 18 der Rechts- und Verfahrensordnung des DFB (Verfahren bei Nichtaustragung eines Bundesspiels), die im Zusammenhang mit Spielen um den DFB-Vereinspokal der Herren stehen, eine Mannschaft der 3. Liga und eine Regionalliga-Mannschaft oder eine Mannschaft der 3. Liga oder der Regionalliga und eine unterhalb der Regionalliga spielende Mannschaft oder zwei unterhalb der Regionalliga spielende Mannschaften beteiligt sind.

In Verfahren im Zusammenhang mit Spielen von Frauen-Mannschaften wirkt anstelle des Ligaverbands-Beisitzers ein Frauenfußball-Beisitzer mit.

In Verfahren gegen Schiedsrichter im Zusammenhang mit vom DFB und vom Ligaverband veranstalteten Bundesspielen wirkt anstelle des Ligaverbands-Beisitzers ein Schiedsrichter-Beisitzer mit.

In Verfahren gegen Fußball-Lehrer und lizenzierte Trainer wirkt anstelle des Ligaverbands-Beisitzers ein Fußball-Lehrer-Beisitzer mit. Ausnahmsweise wirkt in Verfahren gegen Trainer der Lizenzligen ein Ligaverbands-Beisitzer und ein Fußball-Lehrer-Beisitzer mit.

5. Das Sportgericht entscheidet durch den Einzelrichter in allen Fällen ohne mündliche Verhandlung. Die Einzelrichtertätigkeit wird vom Vorsitzenden, im Falle seiner Verhinderung durch seinen Stellvertreter oder einen vom Vorsitzenden benannten Beisitzer ausgeübt. Das Nähere regelt die Rechts- und Verfahrensordnung des DFB.

§ 40
Bundesgericht

1. Das Bundesgericht besteht aus einem Vorsitzenden, einem stellvertretenden Vorsitzenden und 28 Beisitzern.

2. Der Vorsitzende und der stellvertretende Vorsitzende werden vom Bundestag gewählt. Für die Wahl und die Berufung der für die Verfahren jeweils vorgesehenen Beisitzer gilt § 39 Nr. 2.

3. Das Bundesgericht entscheidet in einer Besetzung mit einem Vorsitzenden, einem DFB-Beisitzer und einem Ligaverbands-Beisitzer, vorbehaltlich der Regelung in § 39 Nr. 4.

4. Für die Zusammensetzung des Bundesgerichts gilt § 39 Nr. 4. entsprechend.

5. Das Bundesgericht entscheidet in Fällen besonderer Bedeutung mit einem Vorsitzenden, zwei DFB-Beisitzern und zwei Ligaverbands-Beisitzern. § 39 Nr. 4. gilt für eventuell zu ersetzende Beisitzer entsprechend.

§ 41
Zuständigkeit der Rechtsorgane

1. Die Rechtsorgane des DFB bestrafen Verstöße gegen das DFB-Recht und entscheiden über Streitigkeiten nach dem DFB-Recht, soweit die Entscheidung nicht ausdrücklich einem anderen DFB-Organ vorbehalten ist.

2. Für die Entscheidung über einen Streit der Mitgliedsverbände innerhalb eines Regionalverbandes ist der jeweils betroffene Regionalverband zuständig.

§ 42
Zuständigkeit Sportgericht

1. Das Sportgericht entscheidet als erste Instanz, soweit nicht die erstinstanzliche Zuständigkeit des Bundesgerichts begründet ist.

2. Dem Sportgericht obliegt insbesondere:

a) die Rechtsprechung über Verstöße von Vereinen und Tochtergesellschaften des Ligaverbandes und Spielern gegen die Vorschriften des Ligastatus und der anderen Rechtsvorschriften des DFB und des Ligaverbandes,

b) die Rechtsprechung bei sportlichen Vergehen in und im Zusammenhang mit Bundesspielen,

c) die Entscheidung über Einsprüche gegen die Wertung von Bundesspielen,

d) die Rechtsprechung in Verfahren gegen Fußball-Lehrer und lizenzierte Trainer gemäß den Bestimmungen der Ausbildungsordnung und der anderen Rechtsvorschriften des DFB,

e) die Rechtsprechung in Verfahren gegen Schiedsrichter gemäß den Bestimmungen der Schiedsrichterordnung und der anderen Rechtsvorschriften des DFB,

f) die Rechtsprechung gemäß den besonderen Bestimmungen der Satzung und den Ordnungen des DFB. Ordnung im Sinne der Vorschriften des DFB ist auch das Statut des Ligaverbandes gemäß § 16 a Abs. 1 Nr. 3.

g) Die Rechtsprechung in Fällen eines diskriminierenden und/oder menschenverachtenden Verhaltens gemäß § 50 Nr. 3. Abs. 3.

§ 43
Zuständigkeit Bundesgericht

Das Bundesgericht ist zuständig zur Entscheidung

1. als Rechtsmittelinstanz

a) gegen Entscheidungen des Sportgerichts,

b) gegen Entscheidungen der obersten Rechtsorgane der Mitgliedsverbände, soweit eine Entscheidung für nachprüfbar erklärt worden ist und die Verletzung von DFB-Recht behauptet wird,

2. in Fällen des § 50 Nr. 3., Abs. 1 und in Fällen eines diskriminierenden und/oder menschenverachtenden Verhaltens gemäß § 40 Nr. 3., Abs. 2.,

3. gemäß den besonderen Bestimmungen in der Satzung und den Ordnungen des DFB,

4. in erster und letzter Instanz

   a) über einen Sachverhalt, der ihm erst in einem vor dem Bundesgericht anhängigen Verfahren bekannt geworden ist und mit diesem Verfahren im Zusammenhang steht. In diesem Falle kann das Verfahren an das sonst zuständige Rechtsorgan abgegeben werden,

   b) über die Rechtsmäßigkeit der Entscheidung eines Verwaltungsorgans des DFB,

   c) über die Zuständigkeit eines DFB-Organs in Zweifelsfällen.

§ 44

Strafgewalt des Verbandes und Strafarten

1. Alle Formen des unsportlichen Verhaltens sowie unter Strafe gestellte Verstöße gegen die Satzung und Ordnungen des DFB und das Ligastatut werden verfolgt. Das Nähere regeln die Rechts- und Verfahrensordnung des DFB, Die DFB-Spielordnung, das DFB-Statut für die 3. Liga und die Regionalliga, die DFB-Schiedsrichterordnung, die DFB-Jugendordnung, die Ausbildungsordnung des DFB, die Durchführungsbestimmungen zur DFB-Spielordnung, die Anti-Doping-Richtlinien des DFB und die ergänzenden Regelungen unterhalb der DFB-Ordnungen, insbesondere die allgemeinverbindlichen Vorschriften über die Beschaffenheit und Ausgestaltung der Spielkleidung und die Richtlinien zur Verbesserung der Sicherheit bei Bundesspielen.
   Bei einem Feldverweis ist der Spieler bis zur Entscheidung durch das zuständige Rechtsorgan vorläufig gesperrt.
   Zur Aufrechterhaltung der sportlichen Disziplin oder eines geordneten Rechtswesens kann durch den Vorsitzenden des zuständigen Rechtsorgans bei Verstößen gegen die Satzung und Ordnungen des DFB eine vorläufige Maßnahme ausgesprochen werden.

2. Als Strafen sind zulässig:

   a) Verwarnung,

   b) Verweis,

   c) Geldstrafe gegen Spieler bis zu € 100.000,00,

   im Übrigen bis zu € 250.000,00,

   d) Verhängung eines Platzverbots für einzelne Personen,

   e) Verbot auf Zeit – längstens drei Jahre – oder Dauer, ein Amt im DFB, seinen Mitgliedsverbänden, deren Vereinen und Kapitalgesellschaften zu bekleiden,

   f) Sperre für Pflichtspieltage, auf Zeit – längstens drei Jahre – oder auf Dauer,

   g) Ausschluss auf Zeit – längstens drei Jahre – oder auf Dauer,

   h) Ausschluss von der Nutzung der Einrichtungen des DFB einschließlich Lizenzentzug,

   i) Verbot – bis zu fünf Spiele – sich während eines oder mehrerer Spiele im Innenraum des Stadions oder der Sportstätte aufzuhalten,

   j) Entzug der Zulassung für Trainer auf Zeit – längstens drei Jahre – oder auf Dauer,

   k) Platzsperre oder Spielaustragung unter Ausschluss der Öffentlichkeit,

   l) Aberkennung von Punkten,

   m) Versetzung in eine tiefere Spielklasse.

3. Die Strafen können auch nebeneinander verhängt werden. Außerdem sind erzieherische Maßnahmen zulässig (z. B. Auflagen und Bußen).

44 Verweisung auf Satzung

Nr. 1 des § 5 RuVO verweist auf die Satzungsregelungen der §§ 38–43 bezüglich der Zuständigkeit und hinsichtlich der zulässigen Strafarten auf § 44. Bezüglich der Rechtsorgane enthält die RuVO insoweit eine Kurzfassung in §§ 2, 3 RuVO.

Hinsichtlich der **Strafarten** ist die Aufnahme in die Satzung zwingend notwendig, da es sich dabei um **Grundsatz- bzw. Wesensentscheidungen** handelt (s. oben § 1 Rn. 12). Zwingend ist die Satzungsverankerung nicht bezüglich der Verfahrensvorschriften in §§ 39–43 der Satzung, wobei aber eine Eingliederung in höherrangiges Vereinsrecht, als es nach der BGH-Rechtsprechung geboten ist, unschädlich ist. An dieser Stelle lässt sich aber veranschaulichen, dass wohl der von den obersten Richtern herangezogene Idealtyp des beitrittswilligen Fußballers ein Wunschbild ist: Er soll sich vor Eintritt in den Verein anhand der Satzung beim Vereinsregister bzw. der Vereinsgeschäftsstelle über die ihm drohenden Regelungen informieren; dann unterwirft er sich ihnen. In den meisten Fällen ist es wohl anders: Allenfalls ein Pedant nimmt diese Prozedur auf sich. Die meisten Beitretenden lesen nicht nach und nehmen die in der Satzung enthaltenen Rechtsnachteile unbesehen in Kauf. Dieses ihr Desinteresse ist rechtlich unschädlich. Die Fiktion der Unterwerfung bleibt ein Beispiel der Theorie. Im Hinblick auf das schnelllebige Vereinsleben wird insbesondere bei Wesensentscheidungen durch fremde Regelwerke (durch die Ordnungen der internationalen Spitzenverbände) nicht die wörtliche Aufführung der in Frage stehenden Bestimmungen gefordert, vielmehr soll eine pauschale Bezugnahme ausreichend sein, wenn sie hinreichend klar, widerspruchsfrei und verständlich ist[76] und sie die einzelne in Bezug genommene Regelung bestimmt bezeichnet[77].

§§ 38–43 Satzung   45

Die einzelnen Zuständigkeitsregelungen sind im Wesentlichen aus sich heraus verständlich und bedürfen deshalb lediglich einer kurzen Kommentierung wie folgt:

§ 38 Satzung   46

Der Aufgabenkatalog der Gerichte der 1. und 2. Instanz entspricht weitgehend der bereits erläuterten Vorschrift des § 2 RuVO und fügt als Grundlage der DFB-Rechtsprechung die DFB-Satzung und das gesamte in Nebenordnungen und Durchführungsbestimmungen geregelte nachrangige DFB-Recht und insbesondere auch das DFL-Ligastatut an.

In Nr. 2 Satz 1 des § 38 Satzung ist eine fast nahtlose Inkompatibilitätsregelung für Mitglieder der Gerichte in anderen Organen und Ausschüssen geregelt.

Im Hinblick auf das mittlerweile in juristischer Hinsicht keineswegs mehr einfache und durchsichtige DFB-Recht einschließlich seiner Einbindung in deutsches und internationales staatliches und Vereinsrecht müssen die Vorsitzenden und ihre Stellvertreter die Befähigung zum Richteramt haben (Nr. 2 Satz 2 Satzung). Die Pflicht zur Aufstellung von Geschäftsverteilungsplänen (Nr. 3) ist bereits oben bei § 3 Rn. 25 erörtert.

§ 39 Satzung   47

Nr. 1 und 2: Das Sportgericht als Eingangsgericht setzt sich aus einem Vorsitzenden, einem Stellvertreter (beide sind vom Bundestag zu wählen) und 29 Beisitzern zusammen. Diese hohe Zahl, die bei der Zusammensetzung der Richterbank im Einzelfall Sorgfalt fordert, ist auf die Vorschlags- und „Im-Benehmen"-Vorschriften und insbesondere auf die Fachbeisitzer (Beisitzer für Frauenfußball, Schiedsrichter, die Jugend und die Fußball-Lehrer) zurückzuführen. Sie werden vom Präsidium berufen. Die sechs DFB-Beisitzer und die fünf Ligaverbands-Beisitzer werden dagegen vom Bundestag gewählt.

Nr. 3 und 4: Die Regelbesetzung in der mündlichen Verhandlung ist die Dreierbesetzung mit einem Vorsitzenden, einem DFB-Beisitzer und grundsätzlich einem Ligaverbands-Bei-

---

76 *Haas*, SportR B II, Rn. 17 m. w. N.   77 *Reichert*, aaO., Rn. 447.

sitzer. Die Ausnahme regelt Nr. 4, wo für die verschiedenen Verfahrensarten eine detaillierte Einzelregelung aufgestellt ist.

Nr. 5: Die häufigste Form der anfallenden Tätigkeiten ist die des Einzelrichters, der alle
Fälle, die ohne mündliche Verhandlung entschieden werden, bearbeitet. Diese Aufgabe
wird vom Vorsitzenden, im Verhinderungsfall durch seinen Stellvertreter oder einem vom
Vorsitzenden benannten Beisitzer ausgeführt. Dieses Einzelrichterverfahren, das im Jahre
2001 eingeführt worden ist, hat sich zwischenzeitlich sehr bewährt und führt zu einer
erheblichen Beschleunigung des Verfahrens.

48   Bundesgericht – § 40 Satzung
In Frankreich rufen die Advokaten nach einem verlorenen erstinstanzlichen Prozess oft aus:
„Vive le deuxième étage!" Bei der DFB-Berufungsinstanz, dem Bundesgericht, ist demgegenüber die Berufungsfreudigkeit recht niedrig. Sie liegt bei unter 5% der erstinstanzlich
entschiedenen Verfahren, was für die begrüßenswerte Akzeptanz der Urteile des Sportgerichts durch Spieler und Vereine spricht.

Nr. 1–5: Die Besetzung und das Ins-Amt-Bringen der Richter geschieht entsprechend den
Regelungen für das Sportgericht. In Fällen „von besonderer Bedeutung" entscheidet das
Bundesgericht dagegen mit einem Vorsitzenden, zwei DFB-Beisitzern und zwei Ligaver-
bands-Beisitzern (Fünfer-Besetzung).

*Aus der Rechtsprechung: Die Fünfer-Besetzung wurde im Januar 2005 einberufen, als ein Berufungsfall
anstand, bei dem ein Spieleinspruch bei dem Oberligaspiel FC Germania Dattenfeld gegen SV Straelen am
12. 8. 2007 wegen deutlich zu niedriger Torhöhe zu verhandeln war. Diesem Fall war „besondere Bedeutung"
beigemessen worden.[78] Zur Entscheidung in der Sache siehe Teil III, Rn. 36 f gg.*

49   § 41 Satzung
Die Zuständigkeitsregelung in dieser Vorschrift ist im Zusammenhang mit den ebenfalls
Zuständigkeitsfragen regelnden § 38 Satzung und §§ 2, 3 RuVO zu sehen. An dieser Stelle
sind die Strafmöglichkeiten bei Verstößen gegen das DFB-Recht sowie die „Entscheidungen
über Streitigkeiten nach dem DFB-Recht" insoweit angesprochen, als sie nicht expressis
verbis einem anderen DFB-Organ vorbehalten sind (so kann der Vorstand eine Amtsent-
hebung eines DFB-Amtsträgers bei grober Pflichtverletzung oder bei Unwürdigkeit bis
zum nächsten Bundestag aussprechen, § 32 Nr. 3 Satzung).

50   § 41 Nr. 2 Satzung
Ein Streit von Mitgliedsverbänden innerhalb eines Regionalverbandes ist durch den betreffenden Regionalverband zu regeln. Ein Umkehrschluss ergibt, dass eine regionalver-
bandsübergreifende Strafsache durch die Rechtsorgane des DFB zu entscheiden ist.

51   Zuständigkeit Sportgericht – § 42 Satzung
Die erstinstanzliche Zuständigkeit ist in dem Aufgabenkatalog des § 42 Nr. 2 Satzung
festgelegt. Es ist dabei durch die Verwendung des Auffangbegriffs „insbesondere" noch
ein Schlupfloch gelassen. Im Übrigen ist der Katalog in den Untergliederungen a) bis g)
umfassend geregelt und enthält in einer groben Zusammenfassung die Rechtsprechung
gegen Vereine, Tochtergesellschaften des Ligaverbands und Spielern nach den Vorschriften
des Ligastatuts und des DFB- bzw. Ligaverbands-Rechts sowie auch die sportlichen Vergehen bei Bundesspielen, die Rechtsprechung gegen Fußball-Lehrer und lizenzierte Trainer sowie gegen Schiedsrichter. Eine Zuständigkeit des Sportgerichts ist insbesondere auch

[78] Urteil des DFB-Bundesgerichts vom
23. 1. 2008.

für Einsprüche gegen die Wertung von Bundesspielen vorgesehen sowie für die Rechtsprechung in Fällen eines diskriminierenden und/oder menschenverachtenden Verhaltens nach § 50 Nr. 3 Abs. 3 Satzung betreffend Rechtsbehelfe des Kontrollausschusses gegen Einstellungen und überprüfbare Entscheidungen der Rechtsorgane der Mitgliedsverbände zu vorstehenden Tatbeständen.

Zuständigkeit Bundesgericht – § 43 Satzung   52

Die primäre Zuständigkeit des Bundesgerichts ist die als Berufungsgericht, und zwar im Regelfall gegen Entscheidungen des Sportgerichts sowie gegen Entscheidungen der obersten Landesverbandsgerichte, die ihre Urteile für nachprüfbar erklärt haben (fakultativ!), wobei die Rechtsmittelführer die Verletzung von DFB-Recht behaupten müssen. Ferner hat das Bundesgericht gegen letztinstanzliche Landesentscheidungen bei Verstoß gegen allgemeinverbindliche Normen des DFB oder bei erheblicher Abweichung von der Rechtspraxis der Rechtsorgane des DFB das Wort (§ 50 Nr. 3 Abs. 1 Satzung in Verbindung mit § 43 Nr. 2 HS 1 Satzung). Außerdem ist das Bundesgericht zuständig bei einer entsprechenden Vorschrift im DFB-Recht. Schließlich hat es erst- und letztinstanzlich zu entscheiden über die Rechtmäßigkeit der Entscheidung eines Verwaltungsorgans des DFB und über die Zuständigkeit eines DFB-Organs, wenn diese zweifelhaft ist. Selbstverständlich bleibt es auch bei seiner Zuständigkeit bei Sachverhalten aus bei ihm anhängigen Verfahren, jedoch mit der Möglichkeit, dieses Verfahren an die zuständige Rechtsinstanz abzugeben. Seit dem letzten Bundestag (2007) ist es auch zuständig bei einer Entscheidung eines Rechtsorgans eines Landesverbandes, falls diese diskriminierendes und/oder menschenverachtendes Verhalten zum Verfahrensgegenstand hatte, und zwar auf „Revisionsantrag" des Kontrollausschusses nach entsprechender Vorlagepflicht der Mitgliederverbände (§ 50 Nr. 3 Abs. 2 in Verbindung mit § 43 Nr. 2 HS 2 Satzung).

Disziplinarstrafen – § 44 Satzung   53

Hier sind die disziplinarrechtlich zu ahndenden Formen des unsportlichen Verhaltens angesprochen. Daneben gibt es pro Spiel in weit größerer Zahl verhängte **Spielstrafen**, die der Richter auf dem Spielfeld, der Schiedsrichter, erkennt, ahndet und sofort vollstreckt. Dies sind die Freistöße und die Strafstöße, die Eckbälle und die Abseitsentscheidungen sowie Ermahnungen gegen Spieler, also Verstöße gegen die Fußballregeln, die § 44 Satzung nicht einmal erwähnt. Es handelt sich um spielleitende Entscheidungen des Referees, die zudem fast immer den Charakter einer unangreifbaren Tatsachenentscheidung haben.

Die Disziplinarstrafen- sie wirken über das Ende des einzelnen Spiels hinaus – werden durch die Anklageinstanz des DFB (Kontrollausschuss) und seine Sportgerichte verfolgt. Dabei ist vorweg klarzustellen, dass am Spielbetrieb des DFB drei Gruppen von Fußballspielern teilnehmen (§ 8 SpielO):

a) der **Amateur**, der aufgrund eines Mitgliedschaftsverhältnisses zu seinem Verein Fußball spielt und kein Entgelt erhält (allenfalls einen pauschalierten Aufwendungsersatz von bis zu 149,99 € im Monat);

b) der **Vertragsspieler**, der Vereinsmitglied ist und zudem mit seinem Club einen Vertrag geschlossen hat und über seine Auslagen hinaus geldwerte Leistungen bzw. Vergütungen von mindestens 150,00 € bezieht;

c) der **Lizenzspieler**, der einen Lizenzvertrag mit einem Lizenzverein oder einer Kapitalgesellschaft abgeschlossen hat und durch einen weiteren Vertrag mit dem Ligaverband durch die Lizenzerteilung zum Spielbetrieb gebunden ist; daneben haben Verein und die Lizenzspieler einen Arbeitsvertrag abgeschlossen (§§ 2 Nr. 2, 6 ff. LOS). Durch den Lizenzvertrag mit dem Ligaverband unterwirft sich der Spieler den besonderen Benutzungsvorschriften von DFL und DFB. So ist eine zweiseitige Verpflichtung der Lizenzspieler auf die Liga- und die DFB-Statute gewährleistet. Die Jurisdiktion ist aber allein den DFB-Rechtsorganen vorbehalten. Der **Ligaverband** als Zusammenschluss der lizenzierten Vereine und Kapitalgesellschaften der deutschen Fußball-Lizenzliga nimmt seine Aufgaben im Zusammenwirken mit der Deutschen Fußball Liga GmbH (DFL) wahr. Die DFL GmbH kann bei Nichterfüllen von Auflagen Vertragsstrafen gegen Lizenzspieler festsetzen (§ 11 Nr. 4 Lizenzierungsordnung).

54   **Reichweite der Strafgewalt – § 44 Satzung**

In § 44 Nr. 1 Satz 1 ist deckungsgleich mit § 1 Nr. 4 RuVO die pauschale Regelung enthalten, dass alle Formen des unsportlichen Verhaltens und sonstige strafbare Verfehlungen verfolgt werden. Damit ist die Grundsatzregelung in der Satzung verankert (s. oben § 1 Rn. 12), die durch die Rechts- und Verfahrensordnung näher ausgestaltet wird. Hinzu kommt das in Nr. 1 Satz 2 im Einzelnen aufgezählte DFB-Recht.

Durch diese Regelung ist dem Grundsatz *„nulla poena sine lege“*, der häufig als Magna Charta des Straftäters bezeichnet wird, Rechnung getragen. Er gilt auch für das Recht der Vereinsstrafe, wie bereits das Reichsgericht[79] gefordert hat, das im Übrigen sehr zurückhaltend bezüglich der Prüfung von Vereinsstrafen war (zur Entwicklung der Rechtsprechung des RG und des BGH bis zum Jahre 1967 s. oben § 1 Rn. 12).

In Nr. 1 Abs. 2 wird die zu § 4 RuVO kommentierte Vorsperre durch die Satzung legitimiert.

In verfahrensmäßiger Hinsicht folgt dann (Nr. 1 Abs. 3) die Zulassung von vorläufigen Maßnahmen im Eilrechtsschutzverfahren durch den Vorsitzenden, wenn dies zur Aufrechterhaltung der sportlichen Disziplin oder eines geordneten Rechtswesens geboten ist. Näheres dazu regelt § 21 RuVO.

55   **Strafarten – § 44 Nr. 2 Satzung**

Er ist das Herzstück des Vereinsstrafensystems und zählt abschließend die zulässigen Strafarten auf, die auch nebeneinander verhängt werden können. Wie im Jugendstrafrecht sind ferner erzieherische Maßnahmen möglich (Auflagen, Bußen). Eine Geldbuße wird bei Spielern nur bei leichteren Vergehen außerhalb des Spiels, häufiger gegenüber bisher unbelasteten Funktionären mit großen Verdiensten um den Fußball bei einmaligen Entgleisungen festgelegt.

56   **Strafenkatalog – § 44 Nr. 2 Satzung**

Unter den Buchstaben a) bis m) werden 13 verschiedene Strafarten aufgezählt – von der Verwarnung bis zur Versetzung eines Vereins in eine tiefere Spielklasse. Falls man den Bestimmtheitsgrundsatz im Vereinsrecht für anwendbar erklärt (streitig), ist diesem jedenfalls Rechnung getragen: Die Obergrenzen für die einzelnen Strafarten sind bis auf die Fälle d), k) und l) jeweils bei den Geldbeträgen bzw. Ausschlussmaßnahmen genannt. Bei Fehlen einer solchen Begrenzung einer Sanktion nach oben ist bei einem Eishockey-Meisterschaftsspiel von dem Schiedsgericht des DEB[80] der Punktabzug durch den Verband für den schuldigen Verein (3 Punkte und 0:5 Tore) aufgehoben worden. Dem Verfasser erscheint diese Entscheidung spitzfindig, da mit dem Begriff „Punktabzug" zumindest ein solcher im einstelligen Zahlenbereich nach Treu und Glauben nach dem Verständnis eines

---

[79] RGZ 125, 338, 340.
[80] Schiedsspruch vom 27. 2. 2004, SpuRt 2004, 265.

fair denkenden Sportlers erkennbar gemeint ist. Vorsichtshalber sollte der DFB aber, um Streitstoff wie in dem zitierten Eishockey-Fall zu vermeiden, das Platzverbot für einzelne Personen und die Austragung von Spielen unter Ausschluss der Öffentlichkeit (Fälle d und k) nach oben begrenzen sowie die Höchstzahl der abzuerkennenden Punkte (Fall l) limitieren.

Spielsperre – § 44 Nr. 2 Satzung   57

Aus der Palette der Strafen wird im Fußballrecht am häufigsten verhängt die Sperre für eine bestimmte Zahl von Pflichtspieltagen, ferner die Sperre auf Zeit (bis zu drei Jahren) oder auf Dauer. Die Sperre für eine bestimmte Anzahl von Freundschaftsspielen ist in die Satzung bei einer Änderung der Bestimmung versehentlich nicht aufgenommen worden – sie wird aber praktiziert. Die Festlegung auf Pflichtspiele (Meisterschaftsspiele, Pokalspiele) macht die Sperre auch bei Spielpausen spürbar und ist frei von Zufallsfolgen (z. B. bei Spielausfällen)[81]. Sie trägt dem Gleichheitsgedanken Rechnung, der bei unterschiedlichen Sperren von Spielern bei gleichen Tathandlungen verletzt scheint. Die Sperre ist der Ausschluss der Teilnahme des Fußballspielers an einem Spiel. Sie wird in der Regel am unteren Rand der für die einzelnen Tatbestände des Besonderen Teils des Fußballstrafrechts (§§ 6–12 RuVO) vorgesehenen Strafen eingeordnet.

Urmeter des Strafens – § 44 Satzung   58

Die Suche nach dem Urmeter des Strafens ist im Einzelfall nicht immer leicht. Auf Landesebene haben die Sportrichter vor Ort bei ihrem Massengeschäft der Fußballstrafen (im Jahresschnitt im Bereich des DFB ca. 350.000 bis 400.000 Verfahren)[82] ein Hilfsmittel gewählt, das sie der Verfahrensflut einigermaßen Herr werden lässt und im Einzelfall jedenfalls kein Unrecht zum Nachteil des Sportlers auslöst: Sie sprechen bei Fehlen von Strafschärfungsgründen die Mindeststrafe eines Sporttatbestands als Regelstrafe aus. Dies führt zur Stabilisierung des Normbewusstseins und der sportlichen Grundhaltung der „kleinen Fußballsünder". Auch im staatlichen Strafrecht fällt es nicht immer leicht, in dem Parallelogramm zwischen Gerechtigkeit und Rechtssicherheit die rechte Mitte zu finden. Insgesamt herrscht jedenfalls auf den Fußballfeldern weitgehend Rechtsfrieden. Die Zahl der Anfechtungen der Strafen vor staatlichen Gerichten (Schiedsgerichten) ist extrem niedrig.

An dieser Stelle braucht man den eigentlichen Urmeter des Strafens, den Verhältnismäßigkeitsgrundsatz, noch nicht abschließend auf seine Einhaltung zu untersuchen, da hierfür die konkrete Verfehlung im Rahmen des Besonderen Teils der RuVO (§§ 6–12) betrachtet werden muss. Bei einer gleichwohl hier bereits möglichen und auch gebotenen Prüfung, ob die in § 44 Nr. 2 Satzung vorgesehenen Strafarten bereits per se gegen das **Übermaßverbot** verstoßen, kommt man zu keinem Mangel. Auch Geldstrafen gegen Spieler von bis zu 100.000 €[83], bis zu 250.000 € gegen Vereine oder sonstige Personen und Institutionen sind angesichts der Umsätze im Bundesligafußball bzw. der Spielergehälter teilweise in Millionenhöhe nicht übersetzt. Die Sanktionen unter b) bis m) sind zwar zum Teil weitreichend, beginnen aber durchweg mit dem Mindestmaß der konkreten Sanktionsart. Dieses oder höhere Strafen sind nach dem Grad des Verschuldens und nach den Gesamtumständen zu verhängen.

81 Konstanzer Arbeitskreis, SpuRt 1999, 132: *„Eine Wettkampfsperre während der Wettkampfpause verfehlt ihre Wirkung."*
82 *Hilpert*, Sportrecht I, 2, 73.
83 Bezeichnend ist die Reaktion des früheren Lizenzspielers Krassimir Balakow (VfB Stuttgart), als ich als Anklagevertreter einen Strafantrag in dieser Größenordnung gegen ihn stellte. Er sagte bloß: *„So viel habe ich heute nicht bei mir."*

59 Vereinsausschluss – § 44 Satzung

Nicht genannt ist in dem ausgefeilten Sanktionsinstrumentarium des § 44 Nr. 2 Satzung der Ausschluss aus dem Verein. Es gilt aber insoweit der allgemeine Rechtsgrundsatz, dass alle auf Dauer angelegten Rechtsverhältnisse – wie die Mitgliedschaft in einem Verein – jedenfalls bei Vorliegen eines wichtigen Grundes einseitig mit dem Ausschluss des Mitglieds beendet werden können[84]. Dies ist demnach auch dann möglich, wenn der Vereinsausschluss nicht in der Satzung als Vereinsstrafe vorgesehen ist. Er ist ungeschrieben jeder Satzung immanent.

60 „Eingeschränktes Geisterspiel" – § 44 Satzung

Diskutiert wird in der Literatur, dass bei den Vereinsstrafen in der Satzung ein Schluss a maiore ad minus nicht zulässig sein soll[85].

Das Sportgericht des DFB hat *nach schwerwiegenden Ausschreitungen der Anhänger des 1. FC Dynamo Dresden beim Zweitligaspiel in Karlsruhe und ebensolchen Exzessen der Zuschauer von Empor Rostock beim Auswärtsspiel bei Rot Weiß Essen (2. Liga) auf der Suche nach ausgewogenen Sanktionen – hier zudem jeweils im wiederholten Rückfall – die Form des „eingeschränkten Geisterspiels" gewählt. Das Urteil lautete im Falle Dresden auf Schließung des Stehplatzbereichs für ein Heimspiel. Im Falle von Empor Rostock handelte es sich um das letzte Heimspiel der Spielzeit 2006/2007, wobei für den Platzverein der Aufstieg in die 1. Liga, für den Gast SpVgg Unterhaching der Abstieg auf dem Spiel stand. Bei Rostock wurden die bis zum Tage der Anhörung des Vereins (zwei Tage nach dem Spiel in Essen) verkauften Stehplatzkarten sowie die entsprechenden Sitzplatzkarten für gültig erklärt; die Inhaber der Karten auf den Stehrängen mussten jedoch auf den Sitzplätzen der Tribüne Platz nehmen. So war eine weit bessere Kontrolle und ein schnelles Eingreifen bei Exzessen zu gewährleisten. Es durften aber ab dem Stichtag weder weitere Sitzplatz- noch Stehplatzkarten abgegeben werden, sodass das Stadion, das ohne diese Maßnahme am Spieltag ausverkauft gewesen wäre, zur Hälfte leer blieb. Es ist tatsächlich zu keinem nennenswerten Vorfall gekommen. Diese* Teilausschlüsse *der Öffentlichkeit in Form der Sperrung der schwer zu überwachenden Stehplatzbereiche ist nach Auffassung des Sportgerichts ein wesensgleiches Minus zur Spielaustragung bei einem völligen Ausschluss der Öffentlichkeit, wie er primär in § 44 Nr. 2 k) Satzung und § 7 Nr. 3 RuVO gemeint ist. Im Falle von Dynamo Dresden wurde zusätzlich eine Geldstrafe von 40.000 €, im Falle von Empor Rostock von 100.000 € verhängt.* Dem Schutzzweck des Postulats der Satzungsregelung in § 44 Nr. 2 k) Satzung sowie in § 7 Nr. 3 RuVO wird diese minderschwere Ausschlusssanktion durchaus gerecht: Verein und die schuldigen Zuschauer können durch den ihnen möglichen Blick in die Vereinssatzung sich vergegenwärtigen, dass wegen des dem Verein anzulastenden Fehlverhaltens der Rowdys alle (!) Personen aus dem Innenraum des Stadions verbannt werden könnten. Dem von der Rechtsprechung bei der Prüfung der Norm zu berücksichtigenden Informationsinteresse der zu bestrafenden Vereinsmitglieder wird zu deren Gunsten Rechnung getragen, indem nur die Sitzplätze eingenommen werden. Zudem kann man das „eingeschränkte Geisterspiel" außer durch einleuchtende Strafzwecke auch durch polizeiliche Präventivgedanken rechtfertigen (betrifft auch Nichtmitglieder). Es handelt sich bei der Teilausschließung nicht um ein aliud zum völligen Zuschauerausschluss, was eine Subsumtion unter § 44 Nr. 2 k) Satzung ausschließen würde, sondern um ein wesensgleiches, aber **qualitatives Minus** zum totalen Geisterspiel, das zudem ein Ausfluss des Verhältnismäßigkeitsprinzips ist. Die vom Sportgericht gewählte Rechtsfortentwicklung ist daher unbedenklich.

84 *Stöber*, aaO., Rn. 197.   85 *Schlosser*, aaO., S. 57.

Talionsprinzip – § 44 Satzung 61

Im Rahmen des vom DFB für alle seine Sportstraftäter aufgestellten abschließenden Sanktionenkatalogs könnte man die in der Öffentlichkeit bei Sportverletzungen von längerer Dauer immer wieder ins Gespräch gebrachte Erwägung anstellen, dem Täter das gleiche Übel zuzufügen, also die Sperre so lange andauern zu lassen, wie der Verletzte nicht spielen kann. Der Satzungsgeber hat sich aus guten Gründen nicht für dieses mosaische „Auge um Auge, Zahn um Zahn" als reines Zugeständnis an den Rachegedanken entschieden. Ein solches Talionsprinzip war teilweise Leitidee des öffentlichen Strafens im Mittelalter und ist bis vor kurzem bei einigen südländischen Fußballverbänden bei der Strafzumessung herangezogen worden; es ist der Sportrechtsprechung im DFB-Bereich fremd: Diese orientiert sich bei der Höhe der Strafe an dem konkreten Verschulden und an der Gefährlichkeit des Handelns des Verletzers, aber nicht an unverschuldeten Zufallsfolgen kraft unglücklicher Umstände[86].

Bewährung – § 44 Satzung 62

Es überrascht, dass der DFB, der sich stets um ein möglichst fortschrittliches Instrumentarium in seinem Sportrecht bemüht, in seinem Bereich sich bisher noch nicht für die Einführung der Strafaussetzung zur Bewährung entschieden hat. FIFA und UEFA kennen dieses Rechtsinstitut in ihren Bestimmungen. Im staatlichen Strafrecht ist sie zulässig bei Freiheitsstrafen, nicht aber bei Geldstrafen. In vielen Landesverbänden des DFB ist die Bewährung eingeführt – teilweise mit unterschiedlichen Zielrichtungen, so im Bereich des Bayerischen Fußballverbandes für die höheren Strafen (über acht Wochen bis zu 18 Monaten – § 48 a RuVO) mit dem Ziel der Hilfestellung durch Auflagen und Bewährungshelfer. Der Saarländische Fußballverband hat es bereits vor mehr als 20 Jahren bei den „kleinen" Fußballsündern für Strafen bis zu einem Monat eingeführt – außer bei Tätlichkeiten (§ 9 Nr. 2–4 Rechtsordnung SFV). Er will durch das Damoklesschwert des Widerrufs den Täter vor einem Rückfall bewahren helfen. Der Erfolg ist teilweise gegeben, bei Affekttaten oder Sich-Vergessen im Kampf um den Ball ist die Bewährung weniger erfolgversprechend. Beim staatlichen Rechtssystem kommen in den Genuss der Rechtswohltat der Bewährung grundsätzlich alle Ersttäter. Bei dem zum Teil hitzigen Wettkampf unserer Lizenzspieler im Spiel mit Emotionen und Provokationen ist eine bessernde Wirkung der Bewährungsstrafe oder gar eine nachhaltige Resozialisierung des unfairen Sportlers schwerlich zu erwarten. Die Regelung in § 56 Nr. 1 Satz 1 StGB, „... wenn zu erwarten ist, dass der Verurteilte sich schon die Verurteilung zur Warnung dienen lässt und auch ohne Einwirkung des Strafvollzugs keine Straftaten mehr begehen wird", greift wohl kaum. Diese Erwartungsklausel ist dem Abwehrspieler kaum zuzutrauen, der den im Strafraum freistehenden Stürmer beim Stande von 0:0 kurz vor Spielende durch Foul am Torerfolg hindern kann. Die Bewährungsproblematik wurde schlagartig im DFB-Bereich diskutiert, als vor dem Halbfinalspiel Deutschland gegen Italien bei der WM 2006 der deutsche Nationalspieler *Torsten Frings* wegen eines Faustschlags nach dem Viertelfinalspiel gegen Argentinien zu zwei Spielen Sperre von der FIFA-Disziplinarkommission verurteilt wurde[87]. Der erste Teil der Sperre musste in dem dann entscheidenden Halbfinalspiel gegen den späteren Weltmeister Italien abgesessen werden – vielleicht war dies ausschlaggebend für das Nichterreichen des Endspiels im Hinblick auf die damals überragende Form von *Frings* – die Sperre für das zweite Spiel wurde gemäß § 33 Nr. 3 FDC auf die Dauer von sechs Monaten zur Bewährung ausgesetzt. In der Diskussion über die Einführung der Bewährungsstrafe beim DFB wird von Seiten der Bundesligavereine als Gegenargument angeführt, dass ein zu Beginn einer Spielzeit zur

---

86 *Hilpert*, Sportecht, II, 3 Rn. 77.
87 Originalentscheidung vom 3. Juli 2006

(060211 GER BER), abgedruckt bei *Hilpert*, Sportrecht, S. 251 ff.

Bewährung ausgesetzter Strafrest bei einem Rückfälligwerden gegen Ende der Runde durch den Kumulationseffekt von Strafrest und neuer Strafe einen länger dauernden Ausfall eines Spielers auslösen könnte, was bei Schlüsselspielen von den Vereinen als erhebliche Beeinträchtigung ihrer Chancen angesehen werden könnte. Meines Erachtens dürfte aber das Einsetzen der Bewährungsstrafe in Fällen der Zuschauerausschreitungen mit der Aussetzung von verhängten Platzsperren oder der Anordnung eines „Geisterspiels" spezialpräventiv höchst sinnvoll sein, wenn unter dem schwebenden Damoklesschwert des Widerrufs der Bewährung erreicht werden kann, dass die einsichtigen Zuschauer wachsam sind und mit allem Einsatz eventuelle Zuwiderhandlungen von Nachbarn auf den Rängen unterbinden.

Im DFB-Bereich war in den letzten beiden Jahren eine Arbeitsgruppe von Experten zu dieser Problematik eingesetzt, die einen diskussionswürdigen Entwurf zur Strafaussetzung zur Bewährung erstellt hat, über den es auf dem DFB-Bundestag im Oktober 2007 noch nicht zur Abstimmung gekommen ist. Es wird weiter zu diskutieren sein, wobei die spezifischen Sportstrafzwecke auszuloten sein werden und m. E. die Komplexität des Entwurfs aus Gründen der Praktikabilität und Durchsichtigkeit etwas abgebaut werden sollte. Das wichtigste Gegenargument ist, dass die Bewährungszeit auf Landesebene schwerlich im gebotenen Sinne überwacht werden kann.

Der DFB ist offensichtlich in seiner Haltung auf diesem Sektor wohl auch deshalb so zögerlich, weil allgemein noch der Grundsatz vorherrscht, die Strafe müsse der Tat auf dem Fuß folgen – ein Fußballer dürfe erst wieder spielen, wenn er seine Strafe abgesessen hat. Zur zukünftigen Entwicklung der „Rechtswohltat der Bewährung" im Fußballstrafrecht: „videant consules!".

63 Geldstrafe – § 44 Satzung
Von Trainern und Fußballspitzenfunktionären wird bei Sperren immer wieder ins Feld geführt, dass man die Sünder nicht auf der Bank ihre Strafe absitzen lassen soll, sondern sie am Portemonnaie durch eine saftige Geldstrafe „büßen" lassen sollte. *Wie die Spitzenclubs der Bundesliga insoweit die Relation zwischen Sperre und Geld sehen, soll dokumentiert werden durch das Verfahren gegen den Schalker Spieler Lincoln, in dem seitens des Clubs wegen dessen Tätlichkeit gegen den Leverkusener Bernd Schneider in der Saison 2006/2007 im Rechtsgespräch zwischen dem Kontrollausschussvorsitzenden und dem Verteidiger des Spielers vor Erstellung der Anklageschrift das Angebot gemacht wurde, statt der vorgesehenen Sperre von fünf Spielen eine Sperre für vier Spiele und 50.000 € (!) in Erwägung zu ziehen.*

An sich könnte man an eine Kombination zwischen Sperre und Geldstrafe zum Auspendeln des Unwerts der Sportverfehlung durchaus denken. Ein Gegenargument ist aber trotz der Beteuerungen, man würde den Spieler seine Strafe **selbst** bezahlen lassen, die unter Insidern bekannte Nachgiebigkeit der Vereine, auf Drängen ihrer Leistungsträger doch die Bezahlung der Strafe aus der Vereinskasse vorzunehmen. Der Täter spürt dann eine solche Geldstrafe überhaupt nicht. Ein Vorschlag des Verfassers, am Jahresende eine verbindliche Erklärung des Vereins zu fordern, dass er die Strafe im Innenverhältnis zum Spieler **nicht** getragen habe, war nicht konsensfähig.

64 Strafzumessung – § 44 Satzung
a) Wie im staatlichen Strafrecht stellt sich auch im Fußballstrafrecht die Frage nach der richtigen Sanktion im Einzelfall und den Gründen für deren Bemessung. Dem Fußballer ist es letztlich gleichgültig, ob die seinem Feldverweis zugrunde liegende Tat ein „unsportliches Verhalten", ein „rohes Spiel", eine „Tätlichkeit" oder bei anderen Geschehen eine „Schiedsrichterbeleidigung" oder eine „Schiedsrichterbedrohung" war. Ihm kommt es

allein auf die Rechtsfolge an. Er fragt: *„Was steht unter dem Strich?"* – also was ist die konkrete Strafe? Dabei ist es sicher eine Fiktion, wenn man sich eine **Punktstrafe** als die einzig angebrachte Strafe für eine konkrete Tat vorstellt. Wie der staatliche Strafrichter findet auch das Sportgericht des DFB ausgehend von dem Strafrahmen im Besonderen Teil der Strafen (§§ 6 ff. RuVO) die nach seiner Überzeugung gemäß den Wertmaßstäben der Einzelregelungen tat- und schuldangemessene Sanktion. Eine große Hilfe im Einzelfall ist dabei die Heranziehung der bisherigen **ständigen Rechtsprechung** der Sportgerichte zu vergleichbaren Verfehlungen. Wie von dem Amtsrichter gleichsam als Hausapotheke die Linie der bisherigen Judikatur herangezogen wird mit Differenzierungen nach oben bzw. nach unten von einem Standardfall ausgehend, klagt auch der Kontrollausschuss in Orientierung an der bisherigen Strafpraxis eine Tat an, wobei in der Regel eine Strafe festgesetzt wird, die bisher nach ständiger Rechtsprechung verhängt wurde. Im Hinblick auf die von einem Millionenpublikum in Zeitlupenaufnahme und in vielfacher Wiederholung kontrollierbare Vergleichbarkeit von Feldverweisen ist eine höchst gleichmäßige Strafpraxis Glaubwürdigkeitsvoraussetzung – die relative Gerechtigkeit ist anzustreben.

b) Da die Sportrichter des DFB durchweg amtierende oder frühere Tatrichter des Strafprozesses sind, liegt es nahe, dass die anerkannten staatlichen **Strafzwecke** und **Strafzumessungserwägungen** bei der Rechtsfindung für Fußballer teilweise mitschwingen. Der Gedanke der Sühne für begangenes Unrecht ist dabei weniger bedeutsam, vielmehr dürfte *Senecas* berühmter Satz *„nemo prudens punit, quia peccatum est, sed ne peccetur"* oberste Richtschnur sein für die Disziplinarstrafen, die über den Ausschluss aus dem Spiel hinausgehen. Insoweit stehen general- und spezialpräventive Gesichtspunkte wie auch solche der sportlichen Resozialisierung im Vordergrund. Der BGH vertritt für das staatliche Strafrecht in ständiger Rechtsprechung[88] die **„Spielraumtheorie"**. Sie beruht auf dem Gedanken, dass man aus dem Schuldmaß zwar keine feste Strafgröße für eine bestimmte Tat finden könne, wohl aber einen gegenüber den gesetzlichen Strafvorgaben eingegrenzten Strafrahmen; innerhalb dieses sei in richterlicher Wertung die konkrete Strafe unter Berücksichtigung der anerkannten Strafzwecke zu ermitteln. Die verschiedenen Präventionszwecke können innerhalb des Spielraums zur Geltung kommen („Spielraumtheorie" des BGH). Sie können die Bestimmung der Strafe im Einzelfall dergestalt beeinflussen, dass z. B. aus Gründen der Generalprävention eine Strafe im oberen Bereich des Strafrahmens zu wählen ist. Die **Spezialprävention** richtet sich an den Täter, insbesondere an dessen Strafempfänglichkeit und Strafempfindlichkeit, die **Generalprävention** an die übrigen Fußballer des DFB-Spielbetriebs.

Aus der Rechtsprechung: Welche augenfällige Auswirkungen der Strafzweck der Generalprävention haben kann, soll an einem Beispiel aus der Fußballgeschichte demonstriert werden: Als Ende der 70er Jahre die DFB-Rechtsinstanzen die „Tätlichkeiten hinter dem Rücken des Schiedsrichters", die dieser nicht gesehen und deshalb auf dem Feld nicht geahndet hat, unter dem Gesichtspunkt des krass sportwidrigen Verhaltens mit empfindlichen Strafen ahndeten (acht bis zwölf Wochen Sperre), zeigte sich die abschreckende Wirkung schon nach weniger als zehn Präzedenzfällen. Da die Spieler sich mit einem heimlichen Foul, auf das der Schiedsrichter nicht blickte, vor dem Auge der unbestechlichen Fernsehkamera nie unbeobachtet fühlen konnten, wenn Schiedsrichter und Ball auch noch so weit entfernt sein mochten, sind nach der Ahndung mit spürbaren Strafen durch die Sportgerichtsbarkeit solche Fälle nur noch vereinzelt aufgetreten. Einer der Betroffenen erklärte bei seiner Vernehmung durch den Kontrollausschuss, nach seinem versteckten Tritt sei ihm blitzartig der Gedanke gekommen, dass die Fernsehkamera hoffentlich seine Tat nicht konkret aufgenommen habe. Er habe sofort mit seinen Augen die Richtung der Fernsehkamera auszumachen versucht.

---

88 BGHSt 10, 263; 20, 266; 29, 320.

Heute bei 20 Kameras in einem Bundesligastadion ist diese Hoffnung auf Nichterfassen verschwindend klein. Damals zeigte sich, dass die generalpräventive Wirkung von empfindlichen Strafen bei den meisten der potentiellen Täter, die sehr wohl die Sportrechtsprechung von Berufs wegen aufmerksam verfolgen, diesen Gedanken schon vor dem Tritt oder dem Ellenbogencheck auslöst und die grobe Unsportlichkeit von vornherein verhindern half oder derzeit noch hilft[89].

c) Ein entscheidendes Kriterium für die Höhe einer Strafe ist, ob die Schuldform des Vorsatzes oder der Fahrlässigkeit vorliegt. Die Fußballregeln – wegen ihrer Einfachheit allseits gelobt – sind dem Sportler bewusst und auch in der Handlungssituation wegen ihrer Klarheit eingedenk. Ein Fußballspieler, der einen Gegner mittels der sog. „Notbremse" von den Beinen holt, weiß, dass dieses Verhalten nicht regelkonform ist[90]. Überwiegend wird das Regelwerk des DFB/der FIFA (Fußballregeln und Tatbestände der RuVO) vorsätzlich verletzt. Die Fälle der Fahrlässigkeit – etwa in den verschiedenen Formen eines Foulspiels, das als unsportliches Verhalten nach § 8 Nr. 1 a RuVO zu ahnden ist – sind jedenfalls milder zu bestrafen. Dabei ist konkret der Gerechtigkeitsgedanke angesprochen, der über das **Prinzip der Verhältnismäßigkeit**, das aus dem Rechtsstaatsprinzip und aus dem Wesen der Grundrechte abzuleiten ist[91], die Strafzumessung entscheidend bestimmt. In Form des **Übermaßverbots** ist dieser Grundsatz bei der Machtausübung im Verhältnis Verband zum Sportler, konkret bei der Verhängung von Vereinsstrafen, bei der Strafhöhe heranzuziehen. Das berufene Organ hat die geeignete Strafe auszuwählen, die einerseits zur Absicherung des Verbandszwecks und der Verbandsziele (Einhaltung der Spielregeln, Chancengleichheit, Schutz der körperlichen Integrität des Gegners) geboten ist, aber andererseits nicht übermäßig in diese Rechte und in die Sphäre des Sportlers eingreift. Dieser wird durch eine Sperre von der Ausübung seines Berufs (Art. 12 (1) GG) teilweise ausgeschlossen.

Insoweit ist in der Vergangenheit auf Landesebene in Sportstrafverfahren oft zur Wahrung von Formalien „mit Kanonen nach Spatzen geschossen worden". Inzwischen ist auch bei diesen Fallgruppen eine Trendwende zu beobachten, da viele Verbände nicht bereits bei kleineren Formalverstößen zur Höchststrafe (Spielverlust oder Disqualifikation) greifen, sondern mit maßvollen Geldstrafen auf die Einhaltung von sicherlich notwendigen Ordnungsvorschriften hinwirken, sofern diese keine materiellen Wettbewerbsbeeinträchtigungen bewirkt haben.

d) Ernsthaft ist der Verhältnismäßigkeitsgrundsatz zu diskutieren bei Dopingverstößen im nationalen und internationalen Bereich. Nicht zuletzt aus Abschreckungsgründen ist für diese Fälle eine empfindliche Strafe angebracht. Auch bei Berücksichtigung der Tatsache, dass ein Sportler lediglich eine zeitlich limitierte Betätigungszeit als Athlet während seines Lebens hat, ist eine Regelstrafe im internationalen Sport von zwei Jahren wohl nicht zu hoch, insbesondere wenn bei Vorliegen von Strafminderungsgründen in geeigneten Fällen eine Ermäßigung auf ein Jahr in Erwägung gezogen werden darf. Ob im Wiederholungsfall eine lebenslange Sperre unabhängig von den Umständen des Falles auszusprechen ist, wie zahlreiche Weltverbände dies vorsehen, kann im Einzelfall durchaus diskutiert werden.

e) Ein ernsthaft in Betracht zu ziehender Kontrollmaßstab sind die Vorschriften über die Allgemeinen Geschäftsbedingungen (AGB – §§ 305 ff. BGB). Nach zutreffender Auffassung

89 *Hilpert*, Sportrecht, II, 3 Rn. 79.   **91** BVerfGE 23, 127; 29, 360; 70, 311.
90 *Reinhart*, PHB VIII, 3 Rn. 62.

des BGH[92] ist dies aber nicht rechtens, da ein Sportverband sich von dem „typischen AGB-Verwender dadurch unterscheidet, dass im Verhältnis Verband – Sportler die Anwendbarkeit von Normen nicht nur im Interesse des Sportverbands, sondern auch im Interesse des Sportlers liegt. Die Kontrollvorschriften in den AGB beruhen aber darauf, dass der Anwender mit Hilfe der AGB vorrangig eigene Interessen verfolge. Im Sport ziehen Verband und Sportler am gleichen Strang[93]. Wegen der von einem grundsätzlichen Gleichlauf geprägten Interessenlage passen die AGB-Schutzbestimmungen auf die sportlichen Regelwerke und die darauf beruhenden Regelanerkennungsverträge nicht. Der BGH[94] wendet deshalb die §§ 305 ff. BGB nicht an, sondern prüft nach dem allgemeinen Billigkeits- und Gerechtigkeitsmaßstab des § 242 BGB, so auch die herrschende Meinung in der Sportliteratur.

f) Bei der Rechtsfolgenbestimmung im Fußball werden einem Praktiker aus der staatlichen Rechtspflege anlässlich der Einzelfallentscheidung sicherlich häufiger Argumente, Ansatzpunkte und Querverbindungen aus der Lektüre der strafrechtlichen Kommentare und der staatlichen Rechtsprechung in den Sinn kommen, die er als Fußballstrafrichter gewinnbringend heranziehen kann. Er macht sich dann für die noch junge Sparte „Sportstrafrecht" Erkenntnisse des parallelen staatlichen Rechts, die über Jahrhunderte gewachsen sind, zu eigen.

Die Generalvorschrift des Strafgesetzbuchs für die Strafbemessung, der § 46 StGB, liefert insoweit reichliches Material. Vorweg steht der Obersatz, dass die Schuld des Täters die Grundlage für die Zumessung der Strafe ist. Das Maß des persönlichen Vorwurfs, den man einem Fußballsünder machen kann, ergibt sich im Fußballrecht meistens aus dem Tatbild und dessen Begleitumständen bzw. den Folgen im Einzelfall. Wer den durchgebrochenen Stürmer leicht am Trikot zupft, ist milder zu bestrafen als der Abwehrspieler, der dem Angreifer von hinten brutal „die Beine wegsäbelt". Wer im Mittelfeld ein Handspiel ohne Folgen begeht, dem wird lediglich eine Gelbe Karte – fünf Gelbe Karten führen zu **einem** Spiel Sperre – durch den Schiedsrichter als Schnellrichter vor Ort gezeigt. Ein Sportstrafverfahren mit Anklage und Urteil wird nicht durchgeführt, sondern lediglich „Gelb" in einer personenbezogenen Liste notiert. Wenn eine Strafart allein nicht ausreichend erscheint, insbesondere wenn sie im Grenzbereich zwischen einer niedrigeren und einer höheren Strafe anzusiedeln ist, wird oft kumulativ zur Sperre eine Geldstrafe ausgesprochen, was auch in manchen Fällen der Beleidigung des Schiedsrichters sinnvoll erscheint, um dem Spieler seine Unbedachtheit am eigenen Geldbeutel spüren zu lassen.

g) Die **Rechtsfolgenbemessung** erfolgt nach der gängigen Strafpraxis anhand einer Ganzheitsbetrachtung des Tatgeschehens und der Täterpersönlichkeit. Prägend für die persönlichen Verhältnisse des Betroffenen sind insbesondere etwaige Vorbelastungen: Die DFB-Rechtsprechung berücksichtigt dabei in der Regel nur die „Vorstrafen", die seit Jahresfrist verhängt wurden. Dabei wird eine frühere Verurteilung in dieser Zeitspanne schematisch als Grund für eine Erhöhung der ansonsten angebrachten Sperre um **einen** Spieltag herangezogen.

h) Selbst unter Sportrichtern ist umstritten, ob einem langjährigen Nationalspieler seine Verdienste um den deutschen Fußball strafmildernd angerechnet werden können. Ich möchte dies bejahen, kommt doch z. B. einem Ersttäter im staatlichen Strafrecht zugute,

92 NJW 1995, 585, 586 (*Reiter*-Urteil); *Haas*, aaO., SportR B II, Rn. 24; a. M. *Petri*, aaO., SpuRt 2003, 230 f.
93 *Röhricht*, Sportgerichtsbarkeit, S. 35; a. M. *Dietz*, aaO., SpuRt 2004, 44.
94 Siehe Fn. 92.

wenn er jahrzehntelang beim Roten Kreuz oder einer sonstigen gemeinnützigen Organisation tätig war oder sich andere hohe Verdienste um die Allgemeinheit erworben hat. Ähnlich unterschiedlich bewertet wird unter Sportrichtern, ob eine dem Betroffenen zeitnah vor seiner Tat widerfahrene evident falsche Schiedsrichterentscheidung etwas entlastend angerechnet werden darf. Auf jeden Fall ist ein gewichtiger fußballspezifischer Strafminderungsgrund, wenn an einem Spieler unmittelbar vor seinem Fehlverhalten eine sportwidrige Handlung oder gar eine gewollte Provokation (Anspucken, Beleidigung) begangen worden ist (§ 8 Nr. 1 c HS 2 RuVO). Die Milderung kann in diesem Fall bis auf die Hälfte der angeordneten Mindeststrafe erfolgen: In ebensolchem Umfang ist dies nach der gleichen Norm bei einem sog. leichteren Fall möglich. Bei einer unter diesen Voraussetzungen begangenen Tätlichkeit kann die Sperre bis auf drei Spiele, bei einer Kumulation der Milderungsgründe gar auf zwei Spiele herabgesetzt werden.

i) Die **persönlichen Verhältnisse** des Täters sind insbesondere bei der Verhängung einer Geldstrafe relevant. Bei einem Spitzenfußballer mit einem Jahresgehalt von mehreren Millionen Euro muss die Geldstrafe in einer anderen Größenordnung ausfallen als bei einem Zweitliga-Spieler mit einem Monatseinkommen zwischen 5.000 und 10.000 €. Das staatliche **Tagessatzsystem** (§ 40 StGB), das in der Regel von dem Nettoeinkommen ausgeht, das der Täter im Durchschnitt an einem Tag hat oder haben könnte, ist insoweit ein Anhaltspunkt. Jedenfalls hat die Strafempfänglichkeit auch im Sportrecht eine gebührende Rolle zu spielen.

j) Die von den im Besonderen Teil (§§ 6–12 RuVO) für die verschiedenen Tatbestände aufgestellten **Strafrahmen** stellen die generelle Vorwertung der von der Norm erfassten typischen Taten durch den Ordnungsgeber dar. Dabei wird aber der Regelfall nicht als rechnerische Mitte des Strafrahmens eingeordnet. Im Gegenteil erfolgt wie im staatlichen Strafrecht die Festsetzung der konkreten Strafe auch bei Fehlen von erheblichen Strafschärfungsgründen in der Nähe des **unteren Rands** des vorgeschriebenen Strafrahmens. Eine kontinuierliche Schwereskala ist dabei entwickelt worden und wird praktiziert. Beispiel: Ein Fall des rohen Spiels (§ 8 Nr. 1 b RuVO), das von vorne ausgeübt wird – der Gegner kann meistens die Wucht abmildern – kann, wenn folgenlos geblieben, mit der Mindeststrafe von zwei Spielen Sperre belegt werden. Ein Angriff von hinten, z. B. in Kniehöhe mit beiden Füßen (sog. Blutgrätsche), ist dagegen wegen der größeren Gefährlichkeit bei einer Sperre im Bereich von vier bis sechs Wochen einzuordnen, letzteres besonders dann, wenn es zu einer Verletzung des Gegners gekommen ist. Eine Orientierung an den praktisch häufig vorkommenden Fällen ist dabei eine gute Hilfe. Wenn Tatfolge die Verletzung des Gegners für die restliche Dauer des Spiels oder gar für mehrere Wochen ist, liegen auch insoweit zu differenzierende Strafschärfungsgründe vor.

k) Das **Nachtatverhalten** ist ebenfalls gebührend zu berücksichtigen. Wenn ein Spieler, der den Schiedsrichter in unpassender Form beleidigt hat, sich bei diesem mit ehrlicher Absicht entschuldigt, ist dies zu seinen Gunsten zu bedenken. Als Kontrollausschussvorsitzender habe ich manchmal bei groben Schiedsrichterbeleidigungen vor der Fernsehkamera und somit vor einem Millionenpublikum darauf hingewirkt, dass ein Spieler, der bei einem entsprechenden Bekanntheitsgrad die Möglichkeit der Einwirkung auf den Fernsehsender hat, in einer späteren Sendung zur selben Sendezeit eine entsprechende „öffentliche" Entschuldigung gegenüber dem beleidigten Referee ausspricht, was für diesen eine größere Genugtuung darstellt. Schwer zu durchschauen ist dabei aber jeweils, ob es sich bei dem Spieler nicht in Wahrheit „nur" um ein – von einem Vereinsfunktionär gesteuertes – Lippenbekenntnis ohne innere Einsicht handelt.

l) Streiten kann man sich darüber, ob nicht im Bereich des Sports ein hartnäckiges **Leugnen**, das widerlegt ist, anders als im staatlichen Strafprozess strafschärfend bewertet werden darf, da ein fairer Sportler nach begangener Verfehlung nach sportlichem Ethos zu seiner Tat stehen sollte. Auf jeden Fall wirkt ein Geständnis auch im Fußballstrafrecht deutlich strafmindernd.

m) Bei den Überlegungen zum **Strafmaß** ist stets im Auge zu behalten, dass Sinn und Zweck der Vereinstrafe ist, die Aufrechterhaltung der Ordnung und die Funktionsfähigkeit des Verbandes, seiner Einrichtungen und Veranstaltungen sicherzustellen. Zur Wahrung des Eigenwerts des Sports kommt die Wahrung der Chancen- und Wettbewerbsgleichheit sowie des Ansehens des Fußballsports hinzu, ergänzt durch den Gesundheitsschutz der Spieler. Deswegen bleibt die Reichweite einer Strafbestimmung von vornherein auf die Sphäre des Vereins bzw. des Spielbetriebs beschränkt[95]. Grundsätzlich kann deshalb ein Verhalten des Regelunterworfenen außerhalb des Vereinslebens kein Anknüpfungspunkt für eine Sanktion sein. Heute wird dieses Prinzip beim DFB als selbstverständlich angesehen. In früheren Zeiten meinte man teilweise, dass z. B. im privaten Bereich erfolgte Trunkenheitsfahrten oder die Entziehung der Fahrerlaubnis oder etwa öffentlich erörterte Steuerhinterziehungen eines Fußball-Lehrers oder eines Nationalspielers unter Umständen zusätzliche Verbandssanktionen auslösen könnten. Solche Vorgänge im privaten oder im öffentlichen Bereich können nach dem gegenwärtigen allgemeinen Verständnis nur Auswirkungen auf die Vereins-/Verbandssphäre haben, wenn das Verhalten außerhalb des DFB den Vereinsfrieden stört oder das Ansehen des Vereins spürbar schmälert, ein Ansatz, der in der heutigen Zeit nur in seltenen Fällen eine Strafe für solche Verfehlungen trägt: etwa wenn ein Fußball-Lehrer wegen Handels mit Dopingmitteln bestraft worden ist.

n) Aus den einzelnen Strafzumessungserwägungen hat der Sportrichter die für und gegen den Betroffenen sprechenden Gründe gegeneinander abzuwägen. Derselbe Umstand darf dabei nicht zugleich mildernd und schärfend berücksichtigt werden. Eine von Revisionsrichtern gegenüber den Tatrichtern häufig erhobene Rüge ist, dass Merkmale des gesetzlichen Tatbestands nochmals bei der Strafzumessung berücksichtigt werden. Das **Doppelverwertungsverbot** greift z. B. bei einem Verteidiger ein, der eine Notbremse begangen hat. Es darf dann nicht zu seinen Lasten herangezogen werden, dass er eine gute Torchance des Stürmers vereitelt hat. Zulässig ist im Gegensatz dazu, dass zugunsten des Betroffenen berücksichtigt wird, dass der nach der Notbremse gegebene Elfmeter zum Torerfolg geführt hat. In ständiger Rechtsprechung ermäßigt das Sportgericht bei dieser Fallkonstellation die Strafe auf ein Spiel Sperre, da im Endeffekt eine Torchance doch nicht vereitelt worden ist. Ein Rechtsfehler wegen Verstoßes gegen das Doppelverwertungsverbot ist z. B. auch gegeben, wenn die „Rücksichtslosigkeit" der Tat bei dem Tatbestand des rohen Spiels zum Nachteil des Sportlers verwendet wird, da sie Tatbestandsmerkmal dieses Sportdelikts ist. Sehr wohl – und das ist nur folgerichtig – kann aber eine **besondere** Rücksichtslosigkeit, also eine Steigerung des primären Normmerkmals, gebührend berücksichtigt werden.

o) Wenn Erkenntnismöglichkeiten hierfür vorliegen, kann auch die Strafempfänglichkeit des Täters in den Abwägungsprozess einbezogen werden oder auch das Vorliegen einer hohen Hemmschwelle bezüglich Wiederholungsfällen.

p) Die häufige Typizität eines Tatbildes, das zudem durch eine Zeitlupe mehrmals reproduziert werden kann, erleichtert die Straffindung, da der Richter sich am Vergleichsmerk-

95 *Haas*, SportR B II, Rn. 100.

mal früherer abgeurteilter Fälle und deren Einschätzung durch den Vorrichter orientieren kann. So hat sich im Bereich des DFB eine Reihe von Regeltatbildern herausgebildet, die nach dem Gedanken „Gleiches gleich behandeln, Ungleiches entsprechend seiner Ungleichheit ungleich" mit der Videokamera verglichen und dann gleichmäßig geahndet werden. Die Kritik der Vereine geht aber ins Leere, wenn nur scheinbare Übereinstimmungen behauptet werden. Wenn die Vereinsvertreter aber die Einordnung in eine gefestigte Rechtsprechungslinie zu früheren Fällen nachvollziehen können, erleichtert dies die Akzeptanz der Urteile und führt dazu, dass Rechtsmittel unterbleiben.

q) Mehr oder weniger floskelhaft werden oft die Strafzumessungsgründe im Urteil formuliert. Es wird zur Begründung in etwa ausgeführt, dass bei Gesamtwürdigung des Unrechtsgehalts der Tat und des Grades der Schuld der Fall im Hinblick auf den Durchschnitt der erfahrungsgemäß vorkommenden Taten bei der Strafe X einzustufen ist. Kritiker meinen insoweit, dass in diesen Fällen die wahren Strafzumessungsgründe ungenannt sind, und zwar seien sie aus verschiedenen Gründen – teilweise im Hinblick auf Revisionsangriffe bzw. auf Schiedsklagen – gerade nicht angeführt.

r) Unterbleiben sollten gerade in Urteilen gegen Sportler moralisierende Erwägungen, die meistens nichtssagend und überflüssig sind und damit fehl am Platze sind. Statt inhaltsleeren Formen wird von routinierten Urteilsverfassern oft die Strafzumessung kurz und knapp formuliert, was durchaus überzeugend wirken kann.

s) Im staatlichen Strafrecht sind unzulässig die sog. Eventualbegründungen wie etwa die, dass das Gericht dieselbe Strafe auch bei abweichender Sachverhaltsfeststellung oder Rechtslage verhängt hätte[96]. Es ist empfehlenswert, von solchen Ausführungen, die wohl von einem Rechtsmittel abhalten sollen, in einem Urteil gegen Sportler abzusehen, da daraus letztlich auf Unsicherheit des Richters geschlossen werden könnte.

Überhaupt ist bei Urteilen in Fußballsachen Vorsicht und Ängstlichkeit bei der Formulierung der Urteilsgründe bereits deshalb nicht geboten, weil es als 2. Instanz eine Tatsacheninstanz und darüber keine Revisionsinstanz gibt. Das Berufungsgericht muss daher stets eigene Erwägungen zur Strafzumessung anstellen, wenn es die der Vorinstanz missbilligt. Zulässig ist dabei nach DFB-Recht (§ 27 Nr. 1 RuVO), dass eine Berufung auf das Strafmaß beschränkt wird.

t) **Tatmehrheit – Tateinheit – Gesetzeskonkurrenz:** Auch im Fußballrecht kann ein strafrechtlich zu würdigendes Verhalten eine oder mehrere Handlungen im Sinne der Strafbestimmungen darstellen oder umgekehrt eine Handlung den Tatbestand mehrerer Vorschriften erfüllen, was sich auf die Strafe auswirken kann.

Eine **Tatmehrheit (Realkonkurrenz)** liegt nach § 53 StGB vor, wenn jemand mehrere Straftaten begangen hat, die gleichzeitig abgeurteilt werden. In diesem Fall ist eine **Gesamtstrafe** zu bilden, und zwar durch Erhöhung der verwirkten höchsten Einzelstrafe (Asperationsprinzip). Bei diesem weiteren Zumessungsakt werden die Person des Täters und die einzelnen Straftaten zusammenfassend gewürdigt (siehe § 53 (1) Satz 3 StGB). Im Fußballstrafrecht sind demgegenüber überwiegend Einzeltaten abzuurteilen. Jedoch kommt es gelegentlich aber auch zur Sanktionierung von mehreren selbständigen Taten, bei denen entsprechend §§ 53, 54 StGB eine Gesamtsperre oder eine Gesamtgeldstrafe gebildet wird.

---

96 BGHSt 7, 359; RGSt 70, 103.

Zu befassen haben sich die Sportgerichte des DFB auch mit einer Konstellation im Sinne der **natürlichen Handlungseinheit**, die an eine Handlungsweise anknüpft, welche sich für einen Dritten als eine einheitlich zusammengefasste Tat bei natürlicher Betrachtungsweise darstellt, auch wenn mehrere Tatbestände verwirklicht sind[97]. So ist eine einheitliche Handlung anzunehmen, wenn ein durchgebrochener Stürmer zuerst geschubst, dann am Trikot festgehalten und schließlich durch eine Beinschere zu Fall gebracht wird. Hier liegt **eine** Tat vor.

Tateinheit (Idealkonkurrenz) ist anzunehmen, wenn die tatbestandliche Begehungsweise mehrere Strafgesetze oder dasselbe Strafgesetz mehrfach verletzt, die in einem Teil zumindest partiell identisch sind[98]. Beispiel: Ein Spieler bespuckt den Schiedsrichter und nennt ihn gleichzeitig einen Idioten. Hier liegt eine Körperverletzung in Tateinheit mit Schiedsrichterbeleidigung vor. Nach § 52 (1) und (2) StGB ist bei Tateinheit auf nur **eine** Strafe zu erkennen (**Absorptionsprinzip**), wobei diese nach dem Gesetz zu bestimmen ist, das die schwerste Strafe androht (im Beispielsfall die Tätlichkeit gegen den Schiedsrichter [§ 8 Nr. 1 d RuVO]: im Regelfall Sperre von sechs Monaten bis zu zwei Jahren). Entsprechend judiziert die Sportgerichtsbarkeit, wobei aber oft die tateinheitlich verwirkte geringere Strafart auf Antrag des Kontrollausschusses entsprechend § 154 StPO eingestellt wird, da die insoweit gebotene Strafe im Endeffekt sich nicht auswirkt.

Lediglich am Rande zu bemerken ist, dass im Sportrecht auch die verschiedenen Unterfälle der **Gesetzeskonkurrenz** wie Spezialität, Subsidiarität oder Konsumtion auftreten. In dem Bemühen, in das Fußballrecht nur so viel Juristerei einzuführen wie nötig, werden diese Erscheinungsformen, die für Strafrechtsdogmatiker interessant sind, durch Verschweigen des mitverwirkten Tatbestands einer vernünftigen sportadäquaten Lösung zugeführt.

Anzumerken ist dabei noch, dass das DFB-Recht ausdrücklich weder die Rechtsinstitute der Tatmehrheit bzw. der Tateinheit nennt, gleichwohl in jahrzehntelanger Rechtstradition die geschilderte Strafbemessung in Anlehnung an das Strafgesetzbuch vorgenommen wird. Man hätte angesichts des Schweigens der RuVO die praktikablere **Einheitsstrafe**, wie sie das Jugendstrafrecht und viele ausländische Strafgesetze kennen, anwenden **können**. Ansätze für einen solchen Reformschritt hat der Kontrollausschuss im sog. *Hoyzer*-Verfahren unternommen, indem er z. B. gegen *Robert Hoyzer* in Anlehnung an das UEFA-Recht eine Einheitsstrafe beantragt hat mit der weiteren Begründung, dass „in der RuVO keine diesen Weg versperrende Regelung enthalten ist"[99]. Die Rechtsprechung hat sich jedenfalls in Fällen der Tatmehrheit bisher nicht geändert.

u) Man mag sicher angesichts vorstehender umfassender juristischer Erwägungen zur Strafzumessung im Fußballrecht an den betagten Amtsrichter denken, der in den letzten Jahren seiner Berufstätigkeit judiziert, ohne noch einen Blick in einen Strafrechtskommentar zu werfen, und dabei nach allgemeiner Auffassung mit seinen Strafaussprüchen jedes Mal „ins Volle trifft" und rundum ausgewogene Strafen verhängt.

Ähnlich kann man sich den ehrenamtlich für einen Landesverband an der Basis tätigen Sportrichter – gleichsam der „Amtsrichter des Sportrechts"[100] – vorstellen, der pro Woche eine Flut von Schiedsrichtermeldungen in Sperrstrafen umsetzt: Intuitiv findet er die „goldrichtige Strafe".

---

97 BGHSt 16, 397; 26, 284.
98 BGHSt 27, 67; 33, 164.
99 Siehe Anklage im Wortlaut: *Hilpert*, Sport-recht II, 2 Anlage 1 S. 94.

100 *Schickhardt*, aaO., S. 9.

Trotz solcher begrüßenswerter Sonderfälle ist im Hinblick auf die Tragweite von Sperren mit oder ohne zusätzliche Geldstrafen gegenüber Fußballlizenzspielern eine juristische Ableitung und Begründung dieser für den Sportler und seinen Verein einschneidenden Sanktionen unverzichtbar – auch im Hinblick auf die Zweistufigkeit des Sportstrafverfahrens sowie ein durchaus mögliches Verfahren vor einem staatlichen Gericht oder einem Schiedsgericht.

v) **Doppelbestrafung:** Im Rahmen der Abhandlungen über die Strafe im Einzelfall ist auch zu prüfen, wie das Fußballrecht zu einer Doppelbestrafung durch staatliche Gerichte und/oder Sportgerichte bzw. auch nacheinander geschaltete Sportgerichte verschiedener nationaler oder internationaler Verbände steht. Eindeutig ist der Fragekomplex zu beantworten, dass ein Regelverstoß von einem Fußballgericht in Deutschland nicht neu sanktioniert werden darf, wenn ein anderes Vereinsgericht des DFB bereits mit dieser Sache befasst war und eine Strafe rechtskräftig ausgesprochen hat. Aus dem in Art. 103 (3) GG (ne bis in idem) verankerten Verbot der Mehrfachbestrafung ist ein allgemeiner Grundsatz abzuleiten – fußend auf dem Rechtsstaatsprinzip und der Menschenwürde –, dass jedenfalls verbandsintern in horizontaler Hinsicht – im Rechtsweg ist dies anders – keine Doppelahndung zulässig ist[101], was der DFB als ungeschriebenes Vereinsrecht im Sinne des Rechtsfriedens beherzigt. Verstöße sind nicht bekannt. Insoweit ist der DFB mit seinen Verbänden und Vereinen aber auch in das internationale Sportrecht eingeordnet. Dabei sind die internationalen Verbände keine Völkerrechtssubjekte, sondern juristische Personen des Privatrechts am Sitze ihres Verbandes, die von der dortigen Rechtsordnung ihre Autonomie ableiten. Dank ihrer Monopolstellung haben diese in einem äußerst begehrten Sektor eine wirtschaftliche und soziale Machtstellung erlangt, was insbesondere auf dem „Ein-Platz-Prinzip" oder besser bezeichnet dem „Ein-Verbands-Prinzip" beruht. Für jede Sportart gibt es nämlich nur **einen** Weltfachverband, der je **einen** nationalen Fachverband aufnimmt[102]. So setzen die Sportverbände ihre Macht – insbesondere auch die hier angesprochenen Sanktionen – durch, und zwar wie beim DFB nur ihm Rahmen **rein privatrechtlicher Einbindung.** In den letzten Jahren haben die internationalen Sportverbänden, allen voran das IOC, eine einheitliche institutionelle Schiedsgerichtsbarkeit durchgesetzt (vgl. § 17 a DFB-Satzung, der den CAS als Rechtsmittelinstanz vorsieht), die sich sehr bewährt hat.

Strittig ist, ob eine Vereinsstrafe **und** eine staatliche Strafe kumulativ für die gleiche Tat verhängt werden können. Gerade der schon häufiger zitierte *Hoyzer*-Skandal zeigt mit aller Deutlichkeit, dass trotz des mit Nachdruck betriebenen Sportstrafverfahrens und der darin verhängten empfindlichen Sanktionen des DFB eine zusätzliche Bestrafung durch die staatlichen Strafgerichte unumgänglich war. Dabei ist die Annahme eines Hindernisses für die Strafgerichte wie auch in umgekehrtem Sinne nicht unumstritten. *Reinhart*[103] hat die Auffassung vertreten, dass zwischen den Sanktionen, die aufgrund des Verbandsstrafrechts gegen einen Spieler verhängt werden, und den Sanktionen des staatlichen Strafrechts ein aus Art. 103 (3) GG abzuleitendes Doppelbestrafungsverbot bestehe: Er meint, dass die naheliegende parallele Betrachtung zum herkömmlichen Nebeneinander von Kriminal- und Disziplinarmaßnahme im staatlichen Strafrecht wegen der Eigenart der Sportgerichtsbarkeit **nicht** gezogen werden dürfe, vielmehr gelte der Grundsatz „ne bis in idem" im Verhältnis Sportgerichtsbarkeit und staatlicher Gerichtsbarkeit uneingeschränkt: „Die gegenteilige herrschende Meinung müsse deshalb im Interesse der Autonomie und der Rechtssicherheit für die Sportbeteiligten rasch revidiert werden."

---

101 *Nolte*, Sport und Recht, S. 210.
102 PHB-*Pfister*, Einf. S. 13 ff. und II 6 ff.

103 AaO., SpuRt 2001, 45.

Diese Mindermeinung ist abzulehnen[104]. Die Annahme eines Hindernisses für das Strafen durch den Staat bei einer vorher erfolgten Vereinssanktion wäre anmaßend. Art. 103 (3) GG bezieht das Doppelbestrafungsverbot nach seinem Wortlaut nur auf die „allgemeinen Strafgesetze". Unbedenklich ist aber, was oft geschieht, dass eine verhängte Verbandsstrafe vom Staatsanwalt im Rahmen seiner Erwägungen zu § 170 (2) StPO – Einstellung des Verfahrens – oder §§ 153, 153 a StPO (Einstellung wegen Geringfügigkeit bzw. gegen eine Geldbuße) berücksichtigt wird und folgerichtig auch bei Anhängigkeit eines Verfahrens bei Gericht bei dessen Einstellungserwägungen. Andererseits verbietet die Rechtsordnung **nicht**, Handlungen, die mit öffentlicher Strafe bedroht oder bereits abgeurteilt sind, unter eine privatrechtliche Strafe zu stellen. Auf keinen Fall ist darin der Vereinsgerichtsbarkeit der Weg versperrt, im reziproken Fall zu oben nach dem Tätigwerden der staatlichen Strafverfolgungsbehörde eigene Maßnahmen zu verhängen, auch nach Verfahrenseinstellungen der Staatsanwaltschaft; jedes andere Ergebnis wäre ein Eingriff in die Verbandsautonomie. Die staatliche Rechtsordnung verbietet jedenfalls nicht, Handlungen, die mit öffentlicher Strafe bedroht oder bereits abgeurteilt sind, unter eine privatrechtliche Sanktion zu stellen. *Reinhart*[105] hat zwischenzeitlich eingeräumt, dass seine früher geäußerte Auffassung auf erbitterten Widerstand gestoßen und vereinzelt geblieben sei, er aber „die These von der Geltung des Doppelbestrafungsverbots nach erneuter Überlegung aufrechterhalte". *Summerer*[106] erläutert anhand des „Falles *Hoyzer*" überzeugend das Nebeneinander von Verbandsstrafe und staatlicher Strafe und weist auf das häufige Beispiel aus der Praxis hin, dass der Staatsanwalt das nach einer Verbandsstrafe noch auszugleichende Maß an zu ahnender Schuld eventuell als gering im Sinne des § 153 StPO ansehen könne. Gerade dieser Ablauf wird von Sportlerseite sehr begrüßt, ist doch festzustellen, dass nach mehr oder weniger spektakulären Fouls auf den Bundesligaspielfeldern oft zunächst der laute Ruf nach dem Staatsanwalt ertönt oder in großer Zahl Strafanzeigen erfolgen.

Aus der Rechtsprechung: Am größten war die „öffentliche Aufregung" nach dem Foul von Norbert Siegmann an Ewald Lienen aus dem Spiel Werder Bremen gegen Borussia Mönchengladbach im Jahre 1978 mit einer klaffenden offenen Wunde am Oberschenkel von Lienen, die im Fernsehen aus unmittelbarer in Großformat gezeigt worden war. Eine Anklage Siegmanns ist nicht erfolgt, es wurde auf den Privatklageweg verwiesen.

Der Staatsanwaltschaft steht dieser strafprozessuale Weg der Eindämmung der Verfolgungsfälle zur Verfügung, nämlich das öffentliche Interesse an der staatlichen Verfolgung einer eventuellen Straftat zu verneinen (§ 376 StPO), weil „eine Strafverfolgung kein gegenwärtiges Anliegen der Allgemeinheit sei". Kleinere „Straftaten", die in Kampfsportarten infolge Übereifer oder Unachtsamkeit geschehen, sind nicht immer zu vermeiden. Jedenfalls findet der aufmerksame Beobachter höchst selten eine Notiz, dass ein Fußballer strafrechtlich belangt worden ist, auch wenn dessen Verfehlung auf dem Spielfeld beim ersten Hinsehen im Fernsehen höchst missbilligenswert erschien. Direkte Vorsatztaten kommen zwar leider vor, glücklicherweise aber selten. Mittlerweile ist die Körperbeherrschung von Täter und Opfer im Spitzenfußball so ausgeprägt, dass bleibende Verletzungen als Folge von Körperverletzungen äußerst ausnahmsweise eintreten.

– Ende der Einschiebung der Kommentierung zu §§ 38–44 Satzung –
– Fortsetzung der Kommentierung zu § 5 RuVO –

---

[104] Eingehend zu diesem Meinungsstreit: *Hilpert*, Sportrecht, II 2, Rn. 35–36; *Buchberger*, aaO., S. 175; ferner klar ablehnend: *Pfister*, Rechtsprechung des TAS von 1986–1998, SpuRt 2007, 7 ff.; *Fahl*, aaO., SpuRt 2001, 181 ff., der von der „Pseu-

dostrafgewalt" der Verbände spricht; *Reschke*, aaO., S. 183.
[105] PHB, VIII, 3 Rn. 108.
[106] Ebenfalls PHB, II, 3 Rn. 258.

65 Reichweite der Spielsperren

(**§ 5 Nr. 2 RuVO**): Ein Erstrecken der Sperren auf den **internationale Spielbetrieb** tritt grundsätzlich nicht ein. Früher war dies anders. Die jetzige Praxis wird von Spielern und ihren Vereinen im Hinblick auf die oft engmaschigen Termine in der Champions League und im UEFA-Cup sehr begrüßt. Eine zwingende oder fakultative Ausdehnung auf den internationalen Spielverkehr der Vereine wäre bei entsprechender UEFA- oder FIFA-Regelung möglich. Bei „besonders verwerflichen Tatumständen" kann dies auch bereits durch DFB-Urteil ausgesprochen werden, was höchst selten der Fall ist (§ 5 Nr. 2 HS RuVO). Früher musste die Nichterstreckung ausdrücklich im Urteil angeordnet werden. In Angleichung an die Praxis anderer europäischer Verbände wurde, um unsere inländischen Spieler nicht zu benachteiligen, die jetzige Fassung eingeführt.

66 Haftung für Geldstrafen

(**§ 5 Nr. 3 RuVO**): Wegen Geldstrafen gegen Spieler oder Einzelmitglieder kann der Verein des Bestraften als Haftungsschuldner herangezogen werden. Die vorgeschriebene Pflicht des Spielers, die gegen ihn verhängte Geldstrafe im Ergebnis selbst zu tragen, ist eine der am meisten unterlaufenen Vorschriften im DFB-Recht. Die Vereine lassen sich oft breitschlagen, die Zahlung für ihren Spieler zu übernehmen, da „er sich für die Mannschaft eingesetzt habe". Wenigstens lassen ein Teil der Vereine ihre Spieler zumindest auf Geldstrafen wegen Schiedsrichterbeleidigungen oder Ball-Wegschlagens „sitzen", da die Athleten jedenfalls insoweit sich im Zaum halten müssten.

67 Strafen im Länderpokal

(**§ 5 Nr. 4 RuVO**): Die Haftung der Verbände für Geldstrafen bei Spielen um den Länderpokal der Frauen und Herren ist ebenso selten wie unstreitig.

68 Opportunitätsprinzip

(**§ 5 Nr. 5 RuVO**): Hier ist das im modernen Strafrecht immer mehr verbreitete Opportunitätsprinzip in das Fußballstrafrecht übernommen worden. Die Einstellungsmöglichkeit durch zwischen Kontrollausschuss und Sportgericht abgestimmtes Vorgehen mit oder ohne Auflagen eröffnet eine größere Flexibilität bei der Ahndung. Voraussetzungen sind insoweit die Kriterien in §§ 153, 153 a, 154 StPO, nämlich u. a. „geringe Schuld", „kein öffentliches Interesse". Als Regel bleibt aber gleichwohl das **Legalitätsprinzip** (Verfolgungszwang, § 152 (2) StPO). Wie im allgemeinen Strafrecht ist das Akkusationsprinzip (§ 151 (2) StPO das notwendige Korrelat zum Anklagemonopol des Kontrollausschusses (vgl. § 152 (1) StPO). Beim DFB ist dieses Recht durchbrochen bei Anzeigen von behaupteten Verstößen gegen DFB-Recht (§ 13 Nr. 1 c RuVO). Die Regelung in § 50 Nr. 1 Satz 1 Satzung klingt der Formulierung nach („ist") als strenges Legalitätsprinzip, wird aber in Nr. 1 Abs. 2 insoweit aufgelockert, wo für den häufigsten Anwendungsfall der Anklage, nämlich den der Unsportlichkeiten im Zusammenhang mit den Bundesspielen, die Verfolgung als Kannvorschrift ausgebildet ist.

Der geschaffene Freiraum wird bei Fällen geringerer Schuld, aber auch bei niedriger Unrechtshöhe nach pflichtgemäßem Ermessen entsprechend §§ 153–154 StPO umgesetzt. Durch die Beschränkung in Nr. 5 Satz 1 RuVO „auf geeignete Fälle" kann der Gedanke des Fußballspielens unter Verpflichtung auf den Fair-Play-Gedanken (DFB-Präambel in der Satzung Abs. 3 Satz 3) Einfluss gewinnen. In dem Fall des hinter dem Rücken des Schiedsrichters angegriffenen Spielers, der vor dem Angriff auf ihn eine „leichtere Vortat" begangen hat, ist nach der bisherigen Praxis des Kontrollausschusses ein Absehen von der Verfahrenseinleitung gegen diesen möglich, wobei in den meisten Fällen eine Strafbarkeit des [Kron]zeugen ohnehin nicht gegeben ist, anders die FIFA-Disziplinarkommission, die im Falle *Materazzi* gegen *Zidane* (WM-Endspiel 2006) die Verfolgbarkeit *Materazzis* wegen Beleidigung *Zidanes* **nicht** auf das hohe Niveau des krass sportwidrigen Verhaltens (§ 8 Nr. 8 RuVO) angehoben hat. Zwingend ist, nach Feldverweisen als Untergrenze nach FIFA-Recht eine Sperre und nicht etwa „nur" die Geldstrafe auszusprechen, da ein Feldverweis danach immer „zu einer automatischen Sperre für das nächste Spiel" (Art. 19 Nr. 4 FIFA-Disziplinarreglement [FDC]) führt.

Schranken der Vereinsautonomie 69

a) Der BGH[107] hat für Strafen durch einen **„sozial mächtigen Verband"** – dazu zählen sicherlich der DFB und seine Landesverbände – erweiterte Kriterien aufgestellt für die Überprüfung über die bisherigen Maßstäbe hinaus, die in ständiger Rechtsprechung des RG und des BGH[108] waren: ob

- die verhängte Sanktion eine Stütze im Gesetz oder in der Satzung hat,
- das satzungsmäßig vorgeschriebene Verfahren beachtet ist,
- sonst keine Gesetzes- oder Satzungsverstöße vorgekommen sind und
- die Maßnahme nicht grob unbillig oder willkürlich ist.

b) In der dies nochmals klarstellenden bahnbrechenden BGH-Entscheidung aus dem Jahre 1983[109] wird das Recht der Vereine, die Tatsachenfeststellungen unbeeinträchtigt von der gerichtlichen Kontrolle eigenverantwortlich zu treffen, im Hinblick auf die große gesellschaftliche Macht, die u. a. von Sportverbänden über ihre Mitglieder ausgeübt werden kann, eingeschränkt. Die These, die der Rechtsprechung bis dahin zugrunde gelegen hat, wird nicht aufrechterhalten, wonach die Mitglieder freiwillig durch ihren Eintritt in den Verein auf die Überprüfung des im vereinsrechtlichen Disziplinarverfahren festgestellten **Sachverhalts** verzichteten. Die Vereinsangehörigen sollten nicht für Taten verantwortlich gemacht werden, die sie nicht begangen haben. Der bis dahin auf diesem Bereich für die Vereine gegebene rechtsfreie Raum wurde damit aufgehoben und die gerichtliche Überprüfung auf die Tatsachenermittlung in Vereinsstrafsachen eröffnet. Dadurch werde die Vereins-/Verbandsautonomie keineswegs beeinträchtigt, da den Institutionen nur die Möglichkeit genommen werde, ihren Sanktionen Sachverhalte zugrunde zu legen, die sich bei objektiver, an rechtsstaatlichen Grundsätzen ausgerichteter Tatsachenfeststellung nicht feststellen ließen. Der Feststellung des BGH, auf diese „Missbrauchs"-Möglichkeit bestehe im Rahmen der Vereinsautonomie kein Anspruch, folgen zwei Kernsätze für das Vereinsstrafrecht, die nach wie vor fest verankert sind:

> *„... Wesentlich ist, dass die **Subsumtion** des festgestellten Sachverhalts zu den Maßnahmen gehört, die ein Verein in Ausübung seiner Vereinsgewalt eigenverantwortlich zu treffen hat und die gerichtlich nur in engen Grenzen nachgeprüft werden ... (Rechtsprechungsnachweise). Dadurch ist gewährleistet, dass die interne Gestaltung des Vereinslebens und die Vereins-Politik nicht auf staatliche Wertvorstellungen festgelegt werden ..."* [110]

Diese volle Nachprüfbarkeit des Sachverhalts gilt nicht nur bei sozialmächtigen Verbänden, sondern bei jedem Verein.

Die Umsetzung des Sachverhalts durch die Verbände ist durch die Gerichte hinzunehmen, da es nicht deren Aufgabe ist, ihre Überzeugung an die Stelle derjenigen des häufig zeitlich wie fachlich tatnäheren Verbandsgerichts zu setzen. Vielmehr gelten ganz ähnliche Regelungen wie im Bereich der staatlichen Gerichtsbarkeit für das Verhältnis von Tat- und

---

107 BGHZ 128, 93, 110 = NJW 1995, 583, 587.
108 Urteil vom 30. 5. 1983, BGHZ 87, 337 ff., 343 = NJW 1984, 918, 919.
109 Siehe Fn. 108.
110 *BGH, aaO. (Fn. 108), Urteilsgründe 2 a mit ablehnender Besprechung von* Baecker, *aaO., S. 506, 507.*

Revisionsrichter. Daraus folgt, dass das Schiedsgericht so lange **keine** eigene Beweiswürdigung vornehmen kann, als nicht gravierende Fehler festgestellt sind[111].

c) Darüber hinaus hat der BGH den weiteren Schritt im Sinne einer rechtsstaatlichen Kontrolle des Vereinslebens und der in ihm ergehenden Vereinsakte in dem berühmten *Reiter*-Urteil vollzogen, in dem er bei Verbänden mit sozialmächtiger oder mit einer Monopolstellung deren Regelwerk nicht nur auf grobe Unbilligkeit oder Willkür, sondern auch auf seine **inhaltliche Angemessenheit** nach § 242 BGB prüft. Aber auch nach dieser grundlegenden Entscheidung bleibt dem Verband – wie in der Entscheidung aus dem Jahre 1983 herausgestellt – ein Beurteilungsspielraum, der unter Berücksichtigung seiner Vereinsautonomie zu handhaben ist[112]. Bei Ausschluss eines Mitglieds ist dieser Ermessensspielraum des Verbandes ggf. enger zu begrenzen. In der Literatur wird teilweise eine volle Überprüfbarkeit befürwortet[113], wobei die Tendenz zu einer weitgehend uneingeschränkten Tatsachen-, Subsumtions- und Strafzumessungskontrolle geht. Meines Erachtens werden dabei ohne Rückendeckung durch den BGH die oben fest verankerten Rechtsprechungsgrundsätze der 83er-BGH-Entscheidung ohne innere Berechtigung überschritten[114].

70 Resümee

Zusammenfassend kann festgestellt werden, dass das **Rechtsfolgensystem** des DFB (§ 44 Satzung)

- den Anforderungen der höchstrichterlichen staatlichen Rechtsprechung entspricht, indem es die Wesens- und Grundentscheidungen in der Satzung regelt und den rechtsstaatlichen Mindestanforderungen Rechnung trägt;
- durch die Bandbreite der Strafarten in § 44 Satzung bleibt Platz gemäß dem dort verankerten großen Spielraum einerseits für Milde, wo geboten, aber auch für Strenge, wenn erforderlich, insbesondere für die **gerechte** Strafe (suum cuique) ohne Überreaktion im Einzelfall (Augenmaßentscheidungen);
- es trotz des unbestreitbaren Machtgefälles zwischen DFB und den Vereinen bzw. den Lizenzspielern nicht zu Überreaktionen geführt hat;
- die Rechtsprechung der DFB-Gerichte in den letzten 40 Jahren die „Feuerprobe der Bewährung" bestanden hat, wobei es auch auf Landesebene bei einer Verfahrenszahl von 350.000 bis 400.000 Vereinsstrafverfahren im Jahr nur zu einem Bruchteil von Freisprüchen durch staatliche bzw. Schiedsgerichte gekommen ist, weil ein dazu ausgebildeter Schnellrichter auf dem Spielfeld, der Schiedsrichter, die tatsächlichen Feststellungen für die Verfahren trifft und den Rechtsinstanzen übermittelt.

Die in der höchstrichterlichen Judikatur aufgestellten Kontrollmaßstäbe für sozialmächtige Verbände – so der DFB und seine Landesverbände – werden umgesetzt, wobei insbesondere das Grundrecht der Berufsfreiheit und ganz besonders der Grundsatz der Verhältnismäßigkeit herangezogen werden. Fehlurteile durch die staatlichen Gerichte/ Schiedsgerichte sind pro Jahr an den Fingern einer Hand abzuzählen. Die traditionellen Selbstregulierungskräfte der DFB-Gerichtsbarkeit und weitgehend auch der Instanzen auf Landesebene haben sich um die Rechtsfindung in materiellrechtlicher und prozessualer Hinsicht mit möglichst gerichtsförmigen Erkenntnismitteln und -methoden bemüht und

---

111 *Röhricht*, Sportgerichtsbarkeit, RUS 22, 31; so auch Ständiges Schiedsgericht des DFB: Urteil vom 21. 4. 2005 im Verfahren LR Ahlen ./. DFB; siehe ferner PHB/*Summerer*, II 5, Rn. 328 und Fn. 695.

112 Urteil vom 28. 11. 1994, NJW 1995, 583, 585, Urteilsgründe I, 3 b.
113 Siehe Fn. 111: PHB/*Summerer*, Rn. 333 und Fn. 704 mit weiteren Belegen aus der Literatur.
114 So auch *Adolphsen*, aaO., S. 101.

sich dabei am Geiste der Gerechtigkeit, Billigkeit und insbesondere der Fairness orientiert[115].

So wurde kein mächtiges Subsystem entwickelt, dem das „Odium einer rechtsfreien Sondergerichtsbarkeit" anhaftet. Das Erfreuliche zu dieser Einschätzung von *Vollkommer*[116] aus dem Jahre 1982 ist die heutige Erkenntnis von *Udo Steiner*[117], dass der DFB eine **Binnenverrechtlichung** seiner Sportgerichtsbarkeit und seines Sports vorgenommen hat, wobei sich die staatliche Gerichtsbarkeit bis auf weiteres auf eine Art „self-restraint-Formel in Sportgerichtsfragen" festgelegt hat.

Die zu § 44 Satzung gewonnenen allgemeinen Erkenntnisse sollen im folgenden Teil II anhand von Rechtsprechungsfällen nochmals in concreto umgesetzt und auch kontrolliert werden.

---

115 *Hilpert*, Organisation ..., BayVBl. 1988, S. 203.

116 AaO., RdA 1982, 16 ff., 33.

117 Festschrift für Burmeister, 2005.

Teil II: Materielles Fußballstrafrecht

§§ 6–12 RuVO
Vorbemerkungen

Allgemeine Rechtsgrundsätze 1

Unter Auswertung des staatlichen Zivil- und Strafrechts soll im Folgenden untersucht werden, welche staatlichen Rechtsgrundsätze direkt oder kraft Analogie bzw. auf sonstigen Auslegungswegen auf das Fußballstrafrecht anzuwenden sind, sowie inwieweit sie dem Sportrichter eine Interpretations- und Argumentationshilfe bei der Begründung von Strafmaßnahmen bieten. Sie können ihm nützlich sein, um die zu treffenden Sportgerichtsentscheidungen möglichst gerichtsfest zu machen. Dieser Weg des Ausleuchtens staatlicher Rechtsprinzipien auf ihre Verwendbarkeit für die Rechtsfindung der DFB-Sportgerichte kann nicht in die falsche Richtung lenken, weil das, was dem Staat als allgemeine Rechtsnorm nutzt, sicherlich bei Auswertung der staatlichen Rechtsprinzipien auch im Vereinsrecht eine wertvolle Hilfestellung bieten kann. Die Sportrichter können bei ihrer Suche nach der gerechten Strafe sich dabei sicher sein, dass der BGH keine prinzipiellen Bedenken gegen die Disziplinargewalt der Sportverbände hat, ja sogar eine gewissen (unbedenkliche) Geneigtheit zu der „Faszination Sportrecht"[118] zeigt, indem er begrüßenswerte richterliche Zurückhaltung bei der Beurteilung der Sportrechtsprechung übt. Dabei darf nie vergessen werden, dass Fußballrecht ein Teilbereich der allgemeinen Rechtsordnung in Deutschland ist, das für sich in Anspruch nimmt – was in seinem wichtigsten Teil, den Fußballregeln, weltweit unstreitig ist –, einfach und gleichbleibend zu sein. Es wird durch die Rechtsorgane des DFB in Deutschland angewandt und dabei in Vereinsverwaltungsakten („Sportgerichtsurteilen") interpretiert.

Massensport Fußball 2

Dabei vollzieht sich ein Phänomen, das – soweit ersichtlich – in vergleichbarer Weise bei sonstigen Rechtsfindungsakten nicht vorkommt:

Fußballrechtsprechung beruht meistens auf einem Tatgeschehen, das zeitgleich von einem Millionenpublikum vor dem heimischen Fernsehschirm wahrgenommen und dabei „vorverurteilt" wird. Bei wichtigen Spielen liegen die Einschaltquoten über zehn Millionen. Der häusliche Betrachter wendet dabei bei Feldverweisen gegen Spieler aus ihm sympathischen oder unsympathischen Vereinen meist eine Schwarz-Weiß-Wertung an – etwa, dass der Feldverweis zu hart oder auf jeden Fall gerechtfertigt war. Auf der heimischen Couch wird er Zeuge der geahndeten Tat, oft mehrfach und in Zeitlupe. Er setzt bei bedeutsamen Spielen bzw. bei berühmten Spielern sein „Wissen" und seine subjektive Wertung in eine Nachbetrachtung und -kommentierung etwa am Arbeitsplatz oder an der Theke um. Der Schiedsrichter ist dagegen ein Berufszeuge mit bester spezieller Ausbildung in dieser Funktion, der „Tatzeuge" am Bildschirm weiß es gleichwohl oft besser als der Referee. Diese passive Beteiligung eines Massenpublikums ist ein Charakteristikum des modernen

---

118 *Vieweg*: Disziplinargewalt, SpuRt 1995,
97 ff., 99; derselbe: Faszination Sportrecht, S. 1.

Leistungssports, insbesondere der Massensportart „Fußball". Sicherlich ist es nicht ernst gemeint, von einem „Menschenrecht auf Fußball am Fernsehen" zu sprechen[119], Fernsehen ist für Fußballdeutschland aber unverzichtbar. Eine Folgerung aus diesem Phänomen der millionenfachen „Tatzeugen" ist jedenfalls für die Verhängung der Strafen im Besonderen Teil des Fußballstrafrechts (§§ 6–12 RuVO) die unumgängliche Forderung nach größtmöglicher Gleichförmigkeit der Strafen bei gleichen oder fast gleichen Tatbeständen, ansonsten ein Akzeptanzverlust des Systems eintritt und der Rechtsfrieden in deutschen Landen empfindlich gestört würde.

Diese Kuriosität des „öffentlichen Tatgeschehens" unterscheidet sich fundamental von der staatlichen Strafrechtspflege – dort würden die zur Entscheidung berufenen Richter oft nur zu gern sich ein Festhalten der Tat durch 20 Fernsehkameras aus allen Wahrnehmungssituationen – wie in den Bundesligastadien üblich – wünschen. Die Mitglieder der DFB-Rechtsorgane sind trotz dieser scheinbaren sicheren Beurteilungsgrundlage bei der Rechtsfindung froh und dankbar, sich an das staatliche Straf- und Strafverfahrensrecht sowie das Zivilrecht und das Zivilprozessrecht anlehnen und daraus „Honig saugen" zu können. Hieraus folgt, dass mangels einer „lex sportiva" sich das Fußballstrafrecht – soweit wie möglich – an das staatliche Recht in Theorie und Praxis halten und eingebettet in dessen überlieferte Erkenntnisse weitgehend dessen Rechtsgrundsätze falladäquat anwenden sollte.

3 *Reiter*-Urteil des BGH

Auszugehen ist dabei von der im bereits mehrfach erwähnten berühmten *Reiter*-Urteil des BGH[120] anerkannten Zweispurigkeit der Bindung nach dem satzungsrechtlichen und/oder dem individualrechtlichen Modell. Letzteres benötigt man bei Änderungen der nationalen oder internationalen Rechtsordnung, falls man der Rechtsauffassung des BGH über die Unzulässigkeit der sog. **„dynamischen Verweisung"** folgt (siehe oben I Rn. 4 d). Sie bedeutet, dass auch künftige Änderungen der Regeln Satzungsinhalt werden sollen. Argwohn lösen dabei Änderungen aufgrund der späteren Willensbildung eines Dritten aus, so die seltenen Abänderungen der Fußballregeln oder die ständigen Anpassungen des WADC. Dann ist eine baldmöglichste Angleichung der Ordnungen (eventuell auch der Verträge) empfehlenswert. Jedenfalls ist das frühere Streiten um die **formellen Voraussetzungen** der Bindung des Sportlers durch die BGH-Rechtsprechung in den Hintergrund getreten und auf den sachlichen Kern eines Tatbildes zurückgeführt worden (**Inhaltskontrolle**). Seit 1994 wird die Strafgewalt der Sportverbände nicht mehr ernsthaft aus formellen Gründen in Frage gestellt. Es geht seitdem meist nur noch darum, inhaltlich und unter Beachtung der verfassungsrechtlich geschützten Vereinsautonomie sachgerechte Grenzen aufzuzeigen und vernünftige Ergebnisse zu finden.

4 Grundlegende Rechtsprinzipien

Nachfolgend werden vorweg im staatlichen Recht **bedeutsame Rechtsgrundsätze** auf ihre Anwendbarkeit auf den Sportbereich geprüft, wobei Teilaspekte von ihnen ansatzweise schon in Teil I (§ 1 Rn. 9, Rn. 11 a. E.) angesprochen worden sind:

- Bestimmtheitsgrundsatz
- Verhältnismäßigkeitsprinzip
- Verschuldenserfordernis

Hinzu kommt eine Reihe von weiteren mehr oder weniger einschlägigen Rechtsprinzipien (s. unten ab Rn. 8).

---

119 *Siedler*, SpuRt 1997, 178 ff.   120 BGHZ 128, 93 ff. = NJW 1995, 583 ff.

Bestimmtheitsprinzip 5

(Siehe Teil I § 1 Rn. 10): Es leitet sich aus Art. 103 (2) GG ab und gilt uneingeschränkt im staatlichen Strafrecht. Hinsichtlich des Vereinsrechts wird aber teilweise die Meinung vertreten, dass dieser Grundsatz auch dort uneingeschränkt zum Tragen kommt[121]. Wollte man dies im Fußballstrafrecht voll umsetzen, ergäben sich schätzungsweise über 100 Begehensweisen, die in konkrete Straftatbestände umgesetzt werden müssten. Der Standpunkt des überwiegenden Teils von Rechtsprechung und Literatur geht jedoch dahin, dass der Grundsatz im Vereinsrecht keine Anwendung findet[122].

a) Für die Beachtung des Bestimmtheitsgrundsatzes wird verlangt, dass die betroffenen Mitglieder und Organe die Vereinsregelungen zur Kenntnis nehmen und verstehen können. Internationale Sportregeln müssten, soweit sie Satzungsqualität haben – also die Strafnormen –, in das deutsche Vereinsrecht so transformiert werden, dass sie zum Satzungsbestandteil erklärt, der Vereinssatzung beigefügt und beim Registergericht eingereicht werden. Die bloße Bezugnahme auf Satzungen oder Regelungen anderer Organisationen (hier der FIFA, der UEFA, des IOC) genüge nicht[123]. Auch das Bundesverfassungsgericht[124] führt lapidar aus, Vereinsregelungen, „die grundrechtsbeschränkende Wirkung haben, müssten rechtsstaatlichen Anforderungen an staatliche Normen, namentlich dem Bestimmtheitsgrundsatz, entsprechen". Ein Verein könne seine Autonomie nicht so weit selbst beschränken, dass er seine satzungsmäßige Ordnung von vornherein von der späteren Willensbildung eines Dritten abhängig macht[125].

b) Bei der Lösung dieser umstrittenen Rechtsfrage, die für die Praxis von großer Bedeutung ist, erstreckt sich ein solches Erfordernis nicht nur auf die statuarisch unterworfenen Fußballer und Vereine, sondern auch bei vertraglicher Anbindung – etwa durch Lizenzverträge – auf die dafür geltenden Rechtsprinzipien, da das Nichtmitglied einem „echten Vereinsmitglied" gleichstehen soll, d. h. an die entsprechenden Regelungen gebunden sein soll[126]. Wenn man den Bestimmtheitsgrundsatz im Sinne der BGH-Rechtsprechung anwendet, ist jedoch auf einem anderen Weg eine spürbare Lockerung in der Auswirkung dieses verfassungsrechtlichen Gebots zu registrieren, falls man mit der insoweit überwiegenden Meinung bei der Einbeziehung eines anderen Regelwerks nicht dessen wörtliche Aufführung fordert, sondern eine **pauschale Bezugnahme** statt der wörtlichen Inkorporierung genügen lässt. Dabei wird in jedem Fall in prägnanter Formulierung verlangt, dass die Verweisung hinreichend klar und bestimmt, widerspruchsfrei und verständlich ist[127]. Grundsätzlich ist dieser Weg zu begehen, wobei aber m. E. zu wenig ins Blickfeld der Kritiker gelangt ist, dass es sich beim Fußballverbandsrecht – soweit es um den eigentlichen Spielbetrieb geht – um ein einheitliches **Weltrecht des Fußballs** handelt. Die Universalität der Fußballregeln gebietet Großzügigkeit bezüglich des Bestimmtheitsgebots des Art. 103 (2) GG für die Fußballvereine und -spieler. Falls der BOARD, das Entscheidungsgremium der FIFA für das Fußballrecht, bei seiner jährlichen Frühjahrstagung beschließen sollte, dass ein Feldverweis wegen eines Handspiels, das einen Torerfolg verhindert hat, mindestens drei Spiele Sperre zur Folge haben **muss**, kann nicht in Südamerika oder Australien diese Rechtsprechung praktiziert werden, weil es dort keinen Art. 103 (2) GG gibt, aber in Deutschland weiterhin auf ein oder zwei Spiele Sperre erkannt werden, weil die Satzung noch nicht „umgeschrieben" und eingetragen ist. Abgesehen

121 So *Reichert*, aaO., Rn. 92; LG Leipzig, SpuRt 2005, 209 ff.
122 OLG München, SpuRt 2001, 64, 67, m. w. N.
123 *Reichert*, aaO., Rn. 385.
124 NJW 1993, 2599, 2600.
125 BGH, *Reiter*-Urteil, BGHZ 128, 93 ff., 100.
126 *Haas*, SportR B II, Rn. 2, 21.
127 *Haas*, SportR B II, Rn. 17 m. w. N.; *Haas*: Aktuelle Entwicklungen ..., SpuRt 2000, 6.

davon, dass der allgegenwärtige FIFA-Präsident *Joseph S. Blatter* sich beim DFB melden und bei Nichtanpassung der Strafpraxis empfindliche FIFA-Sanktionen androhen würde, ist dieses Universalitätsprinzip beim Fußball, das die Einheit der Regeln in der ganzen Welt auch nach dem Selbstverständnis des DFB fordert, ein gewichtiges Argument für die Auflockerung des starren Bestimmtheitsgrundsatzes in zweierlei Hinsicht:

- Zum einen ist bei den Bestimmtheitsanforderungen zu unterscheiden bezüglich des sanktionsbedrohten Verhaltens einerseits und der Strafen andererseits: Die Strafen, die Strafarten und -höhen müssen in der Satzung festgelegt sein, damit der beitrittswillige Fußballer sich informieren kann, was ihm im äußersten Fall droht; das ist in § 44 Satzung geschehen[128].
- Eine wörtliche Aufführung des Straftatbestands in der DFB-Satzung ist dagegen mit der überwiegenden Meinung nicht zwingend[129].

Es genügt der beim DFB gewählte umfassende Obertatbestand „alle Formen des unsportlichen Verhaltens", der als zu bestrafen aufzuführen ist, was wiederum in Nebenordnungen (hier in der Rechts- und Verfahrensordnung, RuVO) näher zu regeln ist. Dadurch wird dem Gedanken der Vorhersehbarkeit der Sanktionen für den Sportler, insbesondere aber auch den Bedürfnissen für das sportliche Leben unter Berücksichtigung des Universalitätsprinzips im Fußball angemessen Rechnung getragen. Ähnliche Begriffe als Ausgangspunkte sind z. B. „Verletzung der sportlichen Fairness" oder „das Ansehen des Sports schädigendes Verhalten". Sie können in Nebenordnungen als Auffangvorschriften konkretisiert werden, während die Grundsatz- und Wesensentscheidung in der Satzung niedergelegt ist[130]. Teilweise wird es erst aber dann als unbedenklich angesehen, wenn auf der Tatbestandsseite zwar mit generalklauselartigen Begriffen gearbeitet wird, diese aber der Transparenz wegen durch eine beispielhafte Aufzählung mehrerer Verhaltensweisen, die dadurch erfasst werden sollen, ergänzt werden. So könnten die in der Sportpraxis verwendeten „vagen, verwaschenen Begriffe schärfere Konturen erlangen". Dies gelte vor allem dann, wenn es um gravierende Sanktionen gehe. Für einen Sportler sei nicht vorhersehbar, wann er einen „Dopingverstoß" oder einen Verstoß gegen „anerkannte Grundsätze sportlichen Verhaltens" begehe[131]. Meines Erachtens kann man von diesem strengen Maßstab leichter Abstand finden, wenn man das Universalitätsprinzip in die Argumentationskette einfügt als überragenden Rechtsgrundsatz, der die Einheit der Sportausübung ermöglichen soll, und ihm das nötige Gewicht beimisst. Nach diesen Gesichtspunkten, die alle durch das Grundrecht der Vereinsautonomie „grundrechtliche Weihe" erhalten, ist § 44 Satzung in Verbindung mit §§ 6–12 RuVO **gerichtsfest**: Die **Strafarten** sind vollständig in § 44 Nr. 1–3 Satzung verankert, die **Straftatbestände**, die diese Strafarten auslösen, befinden sich in der RuVO und in den Fußballregeln im Einzelnen anschaulich aufgelistet, wodurch Art. 103 (2) GG gebührend Rechnung getragen ist. Man stelle sich vor, wenn man von einer statischen Verweisung ausgehen müsste und die dynamische Verweisung auch nicht in allgemeiner Umschreibung der Straftatbestände für zulässig erachtet würde: Eine vom Bundestag des DFB im Oktober 2007 beschlossene neue Regelung käme vielleicht bei dem letzten der über sechs Millionen Mitglieder an der Basis, falls man die entsprechende Eintragung im Vereinsregister am Ende der Pyramide fordern würde, nach Jahren, vielleicht auch im Extremfall nie an. Fußball wird aber in der Zwischenzeit weiterhin gespielt. Diejenigen, die diesen Sport betreiben, haben in der Zwischenzeit längst von einer etwaigen grundlegenden Regeländerung der FIFA in den allgemeinen Medien Kenntnis erlangt und halten sich daran.

---

128 *Hilpert*, Sportrecht II, 3, 76.
129 Siehe Nachweise in Fn. 127.

130 *Haas*, SportR B II, Rn. 2, 16.
131 PHB/*Summerer*, II 3, Rn. 256.

Verhältnismäßigkeitsprinzip 6

Dieser Grundsatz ist Bestandteil und Ausfluss des Gerechtigkeitsgedankens (suum cuique) und aus dem Wesen der Grundrechte abzuleiten[132]. Über die in Teil I § 5 Rn. 64 c gemachten Ausführungen über die Bedeutung und die Auswirkungen des Verhältnismäßigkeitsgrundsatzes für die abstrakte und konkrete Strafzumessung hinaus sollen seine Relevanz für sonstige Fragen des Fußballstrafrechts nachfolgend untersucht werden. Der Grundsatz, der aus dem **Übermaßverbot** abzuleiten ist, ist ein Grundpfeiler unseres Rechtsstaats. Er gilt auch im Sportrecht, konkret im Fußballrecht, zumal er auch ein Ausfluss des diesen beherrschenden Fair-Play-Gedankens ist. Konkret bedeutet dies, dass einerseits die zu ahndenden Verhaltensweisen (Straftatbestände) im Lichte des Prinzips (s. auch Art. 6 Abs. 1 EMRK „Fair Trial") zu sehen sind, andererseits Art und Umfang der Fußballstrafen in einem angemessenen Verhältnis zueinander stehen müssen. Auf diesem Weg ist die schwierige **Suche nach dem Urmeter des Strafens** anzugehen. Plakativ ist bereits oben[133] das Übermaßverbot umgesetzt mit den Bildern:

- „nicht mit Kanonen auf Spatzen schießen",
- stets „die Kirche im Dorf lassen",
- kein „Auge um Auge, Zahn um Zahn" (Talionsprinzip).

Das Rechtsprechungsorgan hat die verhältnismäßige Strafe auszuwählen, die sowohl zur Absicherung des Verbandzweckes und der -ziele (Einhaltung der Spielregeln, Chancengleichheit, Schutz der körperlichen Integrität der Gegner) geboten ist, aber andererseits nicht übermäßig in die Rechte und in die persönliche Sphäre des Sportlers eingreift. Bei Berufssportlern ist zu berücksichtigen, dass eine Sperre diese teilweise von der Ausübung des Berufs (Art. 12 (1) GG) ausschließt. Bei Amateuren greift die allgemeine Handlungsfreiheit (Art. 2 (1) GG) ein. Bei der Grundrechtskonkurrenz zwischen Vereinsfreiheit (Art. 9 (1) GG) hat aber Art. 12 GG den Vorrang zur Vereinsfreiheit (Art. 9 GG). Daraus zu ziehende Folgerungen sind etwa:

- keine Überbetonung von nebensächlichen Formalien beim Strafen,
- keine allzu hohen Regel- bzw. Mindeststrafen beispielsweise bei Doping (zwei Jahre Sperre höchstens im Erstfall),
- keine Übermoral pflegen,
- keine Zufallshaftung durchsetzen,
- Differenzierung zwischen erstem und wiederholtem Verstoß,
- Abstufung nach der Schwere der Verfehlung (Bewertung ist Tatfrage),
- nicht das höchste Strafmaß anzuwenden, wenn eine mindere Sanktion ausreicht[134],
- die Einschränkung sportlicher Aktivitäten muss zur Förderung eines verfassungslegitimen Ziels

geeignet, erforderlich und anmessen sein.

Beispiele für die anschauliche Umsetzung all dieser Verhältnismäßigkeitserwägungen:

Wenn der bereits geschilderte heimische Zuschauer am Fernsehschirm beobachtet, dass der Fußballtrainer *Alexander Ristic* vor dem Spielanpfiff auf den Schiedsrichter-Assistenten zugeht und ihm zwei Bonbons reicht, schießt jemand, der eine Bestrafung wegen Bestechung eines Schiedsrichters fordert, über das Ziel hinaus. Es ist ein Gag, für den jede Strafe übermäßig, ja absurd ist. – Der den Sportverbänden eingeräumte Beurteilungs- und

---

132 BVerfGE 23, 127; 29, 360; 70, 311.   **134** *Haas*, SportR B II, Rn. 59 ff. und I.1, 10.
133 Teil I § 5 Rn. 58, 64 c.

Ermessensspielraum (Art. 9 (1) GG) ist dabei nicht aus den Augen zu verlieren. Bei Geschenken an Referees ist höchste Vorsicht geboten, ob sie nicht über die Sozialadäquanz hinausgehen.

Oder ein Beispiel vom Mai 2008, als ich zufällig im gleichen Hotel wie die Mannschaft des damaligen Aufstiegskandidaten Mainz 05 weilte: Wegen des schönen Wetters war vereinsseitig für die Mannschaft ein Abendessen im Garten des Hotels angesetzt worden. Vor Eintreffen ihres Trainers *Jürgen Klopp* nutzten die Spieler dessen Abwesenheit aus und bestellten und tranken Cola und Fanta. Als *Klopp* hinzukam, wies er darauf hin, dass dies wegen der zu bevorzugenden Vitaminsäfte verboten sei, und verkündete, dass jeder Spieler eine Geldstrafe von 50 € zu zahlen habe. Eine unkomplizierte Schnellrichterentscheidung ohne ausdrückliche Gewährung des rechtlichen Gehörs, die „sofort rechtskräftig wurde" – angesichts der Einkommenshöhe der Profis und der Wichtigkeit der Einhaltung des Ernährungsplans eine keineswegs unangemessene Strafe!

Die Einhaltung von Exaktheit und Genauigkeit der Sportregeln ist kein Verstoß gegen das Verhältnismäßigkeitsprinzip, sondern Einhaltung der Regeln.

a) Ein Beispiel aus der Leichtathletik: Wenn beim Endlauf der 4x100-m-Staffel bei Olympia der Schlussläufer des weit in Führung liegenden Teams um 5 cm die markierte Wechselzone überschreitet, ist die Mannschaft trotz eindeutig fehlender Relevanz des Fehlers für den Ausgang des Staffellaufs zu disqualifizieren.

b) Ein Beispiel aus dem Fußballrecht: Ein Spieler war mit einer Fußspitze im Abseits oder nicht – der Schiedsrichter darf nicht an das Übermaßverbot denken, wenn er Abseits pfeift und damit über Meisterschaft oder Abstieg in einem oder anderen Sinne entschieden hat, was Millionen Euro mehr oder weniger für den betroffenen Verein bedeuten kann.

Ein bekennender Sportsfreund wie der Verfasser kann bei solchen Ergebnissen nicht die höhere Gerechtigkeit anrufen. Auch eine alles überwölbende, dem Zivilrichter zugebilligte Angemessenheitskontrolle nach § 242 BGB darf diese Sportergebnisse nicht antasten. Die dahingehenden Entscheidungen sind trotz ihrer oft millionenschweren Folgen einer knappen Entscheidung gerichtsfest. Und das muss so bleiben!

7 Verschuldenserfordernis

a) Zwar hat der BGH in einem frühen Urteil[135] einmal entschieden, Vereinsstrafen erforderten nicht unbedingt ein Verschulden, wobei er einschränkte, dies gelte jedenfalls für die Verhängung „kleinerer" Vereinsstrafen. Beim Vereinsausschluss gilt diese Ausnahme von der Regel ohnehin.

Nach ganz herrschender Meinung[136] setzt aber eine Vereinsstrafe Verschulden voraus. Es ist in der Form des Vorsatzes oder der Fahrlässigkeit (insoweit nur strafbar bei ausdrücklicher oder mittelbarer Aufführung in der Norm) gegeben und ist im Bereich des staatlichen Strafens eine rechtsstaatlich verbürgte Errungenschaft, die in § 15 StGB und Art. 6 II EMRK positiv rechtlich verankert ist. Sie darf im Sportrecht nicht einer voreiligen und schnell greifenden verbandsrechtlichen Ahndung geopfert werden (*nulla poena sine lege*). Eine satzungsmäßige Bestimmung kann nicht, auch nicht ausdrücklich, vom Erfordernis des Verschuldens absehen[137]. Eine das Verschuldensprinzip negierende Satzungsbestimmung ist unwirksam. Zumindest im Zuge der Dopingbekämpfung sind internationale, aber auch

---

135 BGHZ 29, 352, 354.
136 *Palandt-Heinrichs*, aaO., § 25 BGB Rn. 14; OLG Frankfurt, SpuRt 2001, 159, 162; OLG München, SpuRt 2001, 64, 68; *Haas*, SportR B II, Rn. 101.
137 *Haas*, SportR II 3, Rn. 262.

nationale Verbände der Versuchung erlegen, weil sie sonst bei der Dopingbekämpfung sich hilflos fühlten, und sind zeitweise dem Strict-liability-Prinzip gefolgt, das eine reine Kausalhaftung eines Schädigers im Haftungsrecht vorsieht. Dazu wird unten in der Kommentierung zu § 6 RuVO bei der Schilderung der immer noch im Fluss befindlichen Dopingrechtsprechung (insbesondere zu den Anforderungen an das Verschulden des Athleten) eingehend Stellung genommen werden.

b) Im deutschen Rechtskreis ist die strict liability ein Fremdkörper. *Röhricht*[138] stellt klar: *„Das auf die Ausübung der Vereinsstrafgewalt ausstrahlende Menschenbild und die Wertordnung des Grundgesetzes schließen die Verhängung einschneidender disziplinarrechtlicher Strafen gegen einen Menschen ohne dessen persönliche Verantwortung für den ihm zur Last gelegten Regelverstoß aus. Das individuelle Freiheitsinteresse ist höherwertiger als jeder Strafausspruch. Als Ausfluss des Rechtsstaatsprinzips gilt der Grundsatz der Unschuldsvermutung für die Sportgerichte des DFB. So formuliert das Sportgericht in der Cornelius-Entscheidung*[139] *mit aller Deutlichkeit: ‚Eine verschuldensunabhängige Bestrafung ist einem Verbandsgericht verwehrt' und verweist auf seine ständige Rechtsprechung."* Eine andere Frage, die sich insbesondere bei Zuschauerausschreitungen und bei Dopingfällen stellt (s. nachfolgende Teile), ist, durch wen und auf welchem Weg der **Nachweis** des Verschuldens zu führen ist.

c) Beim Verschulden ist wie im staatlichen Strafrecht zu differenzieren zwischen zwei Verschuldensarten: **Vorsatz** (= Handeln mit Wissen und Wollen) und **Fahrlässigkeit** (= Außerachtlassen der üblichen und erforderlichen Sorgfalt). Welche von beiden vorliegt, wirkt sich insbesondere auf die Strafhöhe wegen der unterschiedlichen Schwere der Schuld aus.

d) Das Verschuldensprinzip gilt jedoch nicht für Vereinsstrafen im engeren Sinn, die Disqualifikation von Sportlern und Vereinen im Wettkampf. Dabei geht es um objektive Zulassungsvoraussetzungen, die ein Verschulden nicht zwingend voraussetzen[140]. Die Sanktion beschränkt sich in diesem Fall auf die Ausschaltung irregulärer Vorteile und dient der Chancengleichheit im Wettbewerb. Die bloße Disqualifikation ist anders als die in die Zukunft wirkende Sperre nicht zwangsweise mit einem dauerhaften (ethischen) Vorwurf belastet[141].

Abschließend ist festzuhalten, dass das Fußballstrafrecht ein **Schuldstrafrecht** ist. Für die Tatumstände und die Tatfolgen ist der Sportler daher nicht verantwortlich, wenn ihm nicht zumindest Fahrlässigkeit vorzuwerfen ist. Auf die verschiedenen Irrtumskonstellationen wird unten (s. Rn. 20) einzugehen sein.

Übernahme staatlicher Rechtsgrundsätze   **8**

Im Folgenden sollen außer den vorstehenden Rechtsgrundsätzen noch eine Reihe von staatlichen Rechtsgrundsätzen auf ihre Eignung für das Fußballstrafrecht und -strafverfahren beleuchtet werden. Sie sollen gleichsam „vor die Klammer gezogen werden". Der DFB hat insoweit ein Rechtsgebäude geschaffen, das anerkanntermaßen ein Vorbild für andere Sportverbände in Deutschland und über die nationalen Grenzen hinaus ist. Diese Sonderstellung konnte erreicht werden, weil seine Fußballjuristen bei ihrer Sportrechtsprechung stets die Nähe zum staatlichen Recht gesucht und das Fußballrecht weitgehend in das deutsche allgemeine Recht eingebettet haben. Sie verlieren dabei nicht aus den Augen, dass es fußballspezifische Fragen gibt, die die staatlichen Gerichte bewusst und

---

138 AaO., Rn. 23, 24.
139 Siehe unten Dopingfall Nr. 6 = SpuRt 2001, 257.
140 *Haas*, aaO., B II 2, Rn. 91.
141 PHB/*Summerer*, aaO., II, 3.

gewollt den Fußballgerichten des DFB überlassen. Der Staat mischt sich also in sie nicht ein.

9 Gleichheit und Gleichbehandlungsgrundsatz

Nach Art. 3 GG sind alle Menschen vor dem Gesetz gleich. Im Einzelnen heißt dies, dass Frauen und Männer gleich sind (Gleichberechtigung, ein vorstaatliches Menschenrecht) und dass Personen, die anderen Personen oder Behörden in gleicher Rechtslage gegenüberstehen, Gleichbehandlung verlangen können. Der Gleichheitssatz verbietet, dass jemand wegen seines Geschlechts, seiner Abstammung, seiner Rasse, seiner Sprache, seiner Heimat und Herkunft, seines Glaubens, seiner religiösen und seiner politischen Anschauungen benachteiligt wird. Ein Teil dieser Grundsätze ist auch in § 2 Satzung des DFB enthalten, der lautet:

> **„Allgemeine Grundsätze**
>
> **Der Deutsche Fußball-Bund ist parteipolitisch und religiös neutral.**
>
> **Er tritt rassistischen, verfassungs- und fremdenfeindlichen Bestrebungen und anderen diskriminierenden oder menschenverachtenden Verhaltensweisen entschieden entgegen.**
>
> **Jedes Amt im DFB ist Frauen und Männern zugänglich.**
>
> **Satzung und Ordnungen des DFB gelten in ihrer sprachlichen Fassung für Frauen und Männer gleichermaßen."**

Insoweit fallen gegenüber den staatlichen Maximen die diskriminierenden und menschenverachtenden Verhaltensweisen auf, die in den letzten zehn Jahren leider im Sport von rechts- und linksextremer Seite her in manchen Stadien Einzug gehalten haben. Die FIFA und der DFB treten diesen Bestrebungen mit allen Mitteln entgegen. Der DFB ist bemüht, soweit es in seinen Kräften steht, den Gleichheitssatz konsequent umzusetzen. Er gebietet im Einzelfall, tatbestandlich Gleiches rechtlich gleich zu behandeln; Ungleiches kann jedoch entsprechend der Ungleichheit des Sachverhalts ungleich behandelt werden; dabei ist eine willkürliche, d. h. sachfremde Differenzierung verboten. Gerade wo Ermessensentscheidungen zu treffen sind und das Handeln stark von subjektiven Momenten bestimmt wird, wie beim Schiedsrichter auf dem Spielfeld, wird scheinbar öfters der Gleichheitssatz nicht eingehalten. Ideal wäre insoweit auch eine konsequente Gleichschaltung bei den Spiel- und Spielerstrafen durch den Referee: „Aber wo Menschen handeln …" Ein aufmerksamer Beobachter am Fernsehen kann sich nicht des Eindrucks erwehren, dass Schiedsrichter bekannten Nationalspielern – sei es *Oliver Kahn* oder *Michael Ballack* – schon einmal statt einer Roten Karte „nur" Gelb zeigen. *George Orwell* (Animal Farm [1946]) hat dies vorausgesagt, wenn er formulierte: *„Alle Tiere sind gleich, einige Tiere sind gleicher als andere."*

Die DFB-Rechtsinstanzen und von ihrer inneren Einstellung aus seine Schiedsrichter, die große und dabei unangreifbare und unbeschränkbare Entscheidungsfülle haben, halten sich nach ihrer Intention strictissime an den Gleichheitssatz in Bezug auf das Regelwerk. Daraus abgeleitet wird als Grundlage ihres Handelns das Streben nach Gerechtigkeit – jedem das Seine – wobei insbesondere bei ausländischen und farbigen Spielern sowie früher bei Frauen – die Zeit ist aber vorbei – streng darauf zu achten ist, dass niemand diskriminiert wird.

10 Soll-, Muss-, Kannvorschriften

Der DFB differenziert in seinem Regelwerk und bei dessen Anwendung in Anlehnung an überlieferte Rechtstraditionen zwischen den drei genannten Vorschriftsarten.

Eine **Sollvorschrift** nennt man eine gesetzliche Bestimmung, die ein Tun oder Unterlassen zwar für den Regelfall vorschreibt, aber bei einem Verstoß gegen sie nicht ohne weiteres die Unwirksamkeit des Rechtsvorgangs herbeiführt. Den Gegensatz dazu bilden die **Muss-**

vorschrift und die **Kannvorschrift**, die sich von der Sollvorschrift nach oben bzw. nach unten durch den Grad der Verbindlichkeit abgrenzen.

Zwei-, Dreiteilung des Strafrechts   11

Im Gegensatz zum staatlichen Strafrecht kennt die Parallelregelung im Fußball nicht die **Zweiteilung** der Straftaten in Verbrechen und Vergehen, sondern nur eine Deliktsart mit einheitlichen Sanktionsarten. Auch hat der DFB, wie auch andere Sportverbände, nicht expressis verbis die traditionelle **Dreiteilung** des Strafrechts, wonach eine Straftat eine tatbestandsmäßige, rechtswidrige und schuldhafte Handlung ist. Der **Tatbestand** beschreibt dabei menschliche Handlungen in abstrakten Begriffen. Eine konkrete Handlung ist tatbestandsmäßig, wenn sie dieser abstrakten Beschreibung entspricht. Beispiel: Wer als Spieler den Schiedsrichter als „Blinden" bezeichnet, verwirklicht einen Tatbestand, nämlich den des § 8 Nr. 1 c RuVO.

Die beiden anderen Rechtsinstitute der Dreiteilung sind in der DFB-Rechtsordnung nicht ausdrücklich übernommen, gelten aber ungeschrieben. So muss jede Sportstraftat, um eine Strafe nach sich zu ziehen, der Rechtsordnung des DFB widersprechen, d. h. **rechtswidrig** sein. Auch die Schuld ist nicht gesondert in der RuVO angesprochen. Nach DFB-Verständnis (s. Teil II Rn. 7) ist sie bei einer Sportstraftat erforderlich. Die Tat muss dem Täter zum Vorwurf gemacht werden können, und zwar im Sinne eines umfassenden Schuldbegriffs. Somit ist ein Fußballsünder im Sinne der RuVO schuldig, wenn er die ihm angelastete Sportstraftat tatbestandsmäßig, rechtswidrig und schuldhaft begangen hat.

Handlungsbegriff   12

Aus dem Vokabular des Strafgesetzbuchs ist weiter in dem Fußballstrafrecht der Begriff der Handlung nicht außer Acht zu lassen. **Handlung** im strafrechtlichen Sinne ist jedes menschliche Verhalten. Der Tatbestand umschreibt dieses so, dass beschrieben ist, ob ein geplantes Handeln strafbar ist. Keine Handlung liegt vor, wenn eine **Reflexreaktion** gegeben ist. Die Frage, ob „lediglich" eine Reflexbewegung vorliegt, stellt sich insbesondere im Fußball beim Handspiel. Es ist für den Schiedsrichter oft sehr schwer zu beantworten, ob dabei ein bewusstes Tun anzunehmen ist oder lediglich die Hand zum Ball geht, was kein entscheidendes Kriterium ist. Gefordert ist ein „absichtliches Handspiel", was aber bei einer Reflexhandlung, d. h. einem unbewussten Berühren des Balls mit der Hand, auch wenn diese dort hingeht, nicht gegeben ist (unten § 8 Rn. 72, 73 und Regel 12 der FIFA-Regeln).

Begehens- und Unterlassungsdelikte   13

Nach dem vorstehend beschriebenen Handlungsbegriff unterscheidet man im staatlichen Strafrecht zwischen **Begehungsdelikten** und **Unterlassungsdelikten**. Erstere beziehen sich auf ein aktives Tun und sind bei den meisten der „Fußballstraftatbestände" gegeben (z. B. Tätlichkeit, rohes Spiel, Schiedsrichterbeleidigung). Die Abgrenzung zwischen Tun oder Unterlassen richtet sich nach dem „Schwerpunkt der Vorwerfbarkeit"[142]. Die Unterlassungsdelikte des Strafrechts untergliedern sich in echte Unterlassungsdelikte und unechte Unterlassungsdelikte.

Bei Letzteren hindert jemand durch Untätigkeit den Eintritt eines Erfolges nicht, obwohl er dazu verpflichtet ist, weil er eine „Garantenstellung aus Gesetz, Vertrag oder aus vorangegangenem Tun" hat: Er hat rechtlich dafür einzustehen, dass der Erfolg nicht eintritt.

---

142 *Fischer*, aaO., § 13 Rn. 4 m. w. N. aus der Rechtsprechung.

Beispiel: Der Mannschaftsarzt, der gesehen hat, dass ein Fußballspieler des von ihm betreuten Vereins ein Stimulanzmittel kurz vor dem Spiel eingenommen hat und diesen nicht am Spielen hindert. Gleiches gilt in der vergleichbaren Situation für den Trainer oder den Vereinspräsidenten. Sie alle können wegen eines Dopingvergehens durch Unterlassung (§ 6 in Verbindung mit § 1 Nr. 4 RuVO) bestraft werden, wobei die entsprechende Rechtspflicht aus § 6 Nr. 4 RuVO folgt.

Echte Unterlassungsdelikte sind in den Tatbeständen ausdrücklich oder konkludent angesprochen (z. B. „nicht ausreichender Ordnungsdienst" oder „Nichtantreten zu einem Pflichtspiel" – § 7 Nr. 1 c, h RuVO).

14 Kausalität

Ein Spielfeld für Theorien stellt im allgemeinen Strafrecht die Kausalitätsfrage dar, wobei für die strafrechtliche Praxis die **Bedingungstheorie** (oder Äquivalenztheorie genannt)[143] über die **Adäquanztheorie** „obsiegt" hat. Erstere bewertet alle Bedingungen gleich, um dann erst auf der Schuldebene die gebotene Korrektur vorzunehmen. Letztere gilt im Zivilrecht, wo es zudem eine Haftung ohne Schuld gibt (Gefährdungstatbestände), seit jeher. Nur **die** Folgen einer Tat sind zu vertreten, mit deren Eintritt nach der allgemeinen Lebenserfahrung vom Standpunkt des nachträglichen Richters gerechnet werden konnte. Die Bedingungstheorie, die mit der Conditio-sine-qua-non-Formel umschrieben wird, besagt, dass eine Handlung nicht hinweggedacht werden kann, ohne dass der Erfolg entfiele. Aber auch der rein zivilrechtliche Weg über die **adäquate Kausalität** (Definition: das Ereignis muss im Allgemeinen und nicht nur unter besonders eigenartigen, unwahrscheinlichen und nach dem gewöhnlichen Verlauf der Dinge außer Betracht zu lassenden Umständen geeignet sein, einen Erfolg der eingetretenen Art herbeizuführen) ist gangbar. Die **äquivalente Kausalität** kontrolliert ungewöhnliche Geschehensabläufe mit Hilfe des Verschuldens, wobei beide Theorien im Fußballstrafrecht zu praxisgerechten Ergebnissen führen. Die Äquivalenztheorie vergleicht den wirklichen Kausalverlauf mit dem hypothetischen, der sich bei Fehlen der Handlung ergeben hätte. Hypothetische Ursachen bleiben außer Betracht[144]. Bei Unterlassungsdelikten wird die Nichthinderung des Erfolgs dann dem Täter zugerechnet, wenn die unterlassene Handlung nicht hinzugedacht werden kann, ohne dass der Erfolg unterbliebe. Bei Zuschauerausschreitungen in den Bundesligastadien stellt sich häufiger die Frage, was anzunehmen ist, wenn die Vorfälle auch bei der geforderten Sorgfaltspflicht hinsichtlich der Vorsorge- und Überwachungsmaßnahmen mit Sicherheit eingetreten wären – ein Einwand, der oft von Vereinsseite gemacht wird, aber meistens eine Schutzbehauptung darstellt, manchmal aber die wahre Situation wiedergibt. In diesen Fällen ist eine Quasi-Kausalität zugrunde zu legen: Zu fragen ist, ob, wenn man die unterlassenen Vorsorge- und Aufsichtsmaßnahmen zur Einhaltung der Platzdisziplin hinzudenkt, mit an Sicherheit grenzender Wahrscheinlichkeit der Erfolg, d. h. die Ausschreitung der Zuschauer, gleichwohl nicht verhindert worden wäre. Ein Freispruch ist die Folge, was auch in einigen Fällen mit Zuschauerfehlverhaltensweisen durch die DFB-Sportgerichtsbarkeit so entschieden worden ist. In den meisten Fällen, insbesondere bei Begehungsdelikten, braucht der Streit zwischen den beiden Kausalitätstheorien nicht ausgetragen zu werden: Die Ergebnisse sind den Fußballtätern nach der Conditio-sine-qua-non-Formel ursächlich zuzurechnen. Bei der Prüfung der Schuld des Spielers und auch bei der Strafhöhe ist gegebenenfalls eine (teilweise) Korrektur vorzunehmen, die die Adäquanztheorie schon teilweise vorwegnimmt.

---

143 BGHSt 1, 232; 2, 24; 61, 319.   144 BGHSt 10, 370; 32, 37; 35, 118.

Analogie　　　　　　　　　　　　　　　　　　　　　　　　　　　**15**

Schwierig ist eine Antwort auf die Frage, ob im Sportstrafrecht das Analogieverbot gilt oder nicht. Es besteht im materiellen Strafrecht und bedeutet, dass jede Analogie **zuungunsten** des Beschuldigten unzulässig ist (*nulla poena sine lege* – § 1 StGB, § 103 (2) GG). Eine Analogie zugunsten des Täters ist gestattet. Die Strafe als der Hauptnachteil für den Angeklagten muss danach zur Tatzeit bestimmt sein und darf nicht auf eine Anwendung einer Vorschrift auf einen ähnlichen Sachverhalt – wegen bestehender Vergleichbarkeit – gestützt werden. Die Grenzen zur auch im Strafrecht zulässigen Auslegung sind fließend. Der noch mögliche Wortsinn markiert die äußerste Grenze zulässiger Auslegung[145]. Die Entwicklung der höchstrichterlichen Rechtsprechung zum Begriff der „Gewalt" – ursprünglich nur bei Anwendung physischer Kraft auf das Tatopfer, derzeit wird auf die (körperliche) Zwangshaltung beim Tatopfer abgestellt – ist ein Schulbeispiel dafür. Dabei bereitet die Abgrenzung der analogen Anwendung von der unzulässigen Analogie oft in praxi Schwierigkeiten.

Ausdrücklich ist die Frage der Geltung des Analogieverbots im Fußballrecht von den DFB-Rechtsinstanzen noch nicht entschieden worden. Diese dürften aber bei Fällen, die im Schnittpunkt zwischen Zivil- und Strafrecht anzusiedeln sind, gut beraten sein, wenn sie sich für die Anwendung der strafrechtlichen Praxis entscheiden, da diese auch in der Verfassung ihre Absicherung gefunden hat (Art. 103 (2) GG). Übereinstimmung besteht jedenfalls insoweit, dass das Analogieverbot im Straf- und Zivil**prozessrecht** nicht gilt.

Beim DFB stellt sich jedoch die Problematik nicht in voller Schärfe. Die Auffangvorschrift des § 1 Nr. 4 RuVO bewahrt insoweit vor Schwierigkeiten. Obwohl die Spielmanipulation zur Tatzeit in den Fällen des *Hoyzer*-Skandals noch nicht wie dann seit Mai 2005 in § 6 a RuVO definiert war, wurden die beteiligten Spieler, Trainer, Schiedsrichter und Funktionsträger strafrechtlich belangt, und zwar nach der **Auffangvorschrift** des unsportlichen Verhaltens (§ 1 Nr. 4 RuVO) abgeurteilt. Diese Art „Regenschirmnorm" ist bei neu auftretenden Fallkonstellationen eine willkommene Verankerung einer gewollten Regelung, die dem DFB als einem Verband mit dem Recht zur autonomen Regelung seines Innenlebens (Art. 9 (1) GG) gestattet und auch bisher in der eingehenden Befassung in der Rechtsliteratur mit dem *Hoyzer*-Skandal von keiner Seite verwehrt worden ist.

Strafmündigkeit　　　　　　　　　　　　　　　　　　　　　　　**16**

Täter einer Sportstraftat wie auch einer Straftat im Sinne des StGB kann jeder Mensch sein, und zwar auch Kinder und Jugendliche, was im Fußball bei G-Junioren (sog. Minis), F-, E-, D-Junioren zur Geltung kommt – im Gegensatz zum staatlichen Strafrecht, wo die **Strafmündigkeit** erst mit 14 Jahren beginnt. § 19 StGB bestimmt insoweit kraft unwiderstehlicher Vermutung, dass ein Täter, der bei Begehung der Tat noch nicht 14 Jahre alt ist, **schuldunfähig** ist. Diese absolute Schuldunfähigkeit stellt ein **Prozesshindernis** dar[146]. Im staatlichen Recht können gegen diese Kinder nur vormundschaftsrichterliche Maßnahmen ergriffen werden. Im Fußball spielen von den Bambinis (Junioren unter sieben Jahren) bis zu Junioren mit vollendetem 18. Lebensjahr – in sieben Altersklassen gestaffelt – Jugendliche Fußball, wobei keine Strafunmündigkeitsregel besteht, jedoch nach § 10 Nr. 1 Jugendordnung „bei Unsportlichkeiten in erster Linie Erziehungsmaßnahmen" auszusprechen und Geldstrafen nicht zulässig sind. Andererseits überrascht aber, dass bei allen (!) Juniorenspielern, also auch für die Minis (Bambinis), **Sperren** zulässig sind, deren Höchst-

---

145 BVerfGE 71, 114; 73, 235; BGHSt 4, 148.　　　**146** *Fischer*, aaO., § 19, 2.

maß auf zwölf Monate beschränkt wird. Diese Sanktionsart ist im aktiven Bereich eindeutig als „Strafe" zu klassifizieren; sie ist die fußballspezifische Strafe per se.

Im Wege eines gesetzgeberischen „Tricks" hat man in der Jugendordnung des DFB (§ 20) unter dem Oberbegriff „Erziehungsmaßnahmen" auch die Sperre erfasst, sodass der fünf-jährige Knirps, der heute, statt wie zu Urväterzeiten Klavier zu spielen, dem runden Leder nachjagt, trotz fehlender Strafmündigkeit im Sinne des staatlichen Rechts für fünf Minuten vom Feld gestellt werden oder wegen eines groben Fouls (z. B. Faustschlag ins Gesicht seines Gegenspielers) für eine Reihe von Begegnungen seiner Mannschaft gesperrt werden kann. Die Praxis passt sich aber insoweit sachgerecht an: Je jünger der Spieler, desto seltener wird eine Sperre ausgesprochen. Diese typische Fußballsanktion hat also bei den Vätern der Jugendordnung für Spieler im Jugendalter ambivalente Hindergründe: Sie soll „erziehen" und ab einem fortgeschritteneren Alter auch „strafen" können. Jedenfalls ist die Jugend-ordnung so zu interpretieren.

17 Täterschaft – Anstiftung – Beihilfe
Sie sind in §§ 25–27 StGB nacheinander geregelt.

a) Nach § 25 Abs. 1 StGB wird als Täter bestraft, wer eine tatbestandsmäßige und außerdem schuldhafte Tat selbst begeht – er muss allein sämtliche Tatbestandsmerkmale in seiner Person verwirklichen. Dies tut der Fußballspieler im Normalfall, der foult, spuckt, belei-digt, mit der Hand spielt oder gar manipuliert. Gerade bei der Manipulation wurde im DFB-Bereich beim Komplex *Hoyzer* die Handlungsform der **Mittäterschaft** praktiziert. Die Spieler bewirkten, dass es zum abgesprochenen Ergebnis kommt, die Wettbetrüger haben zuvor hinter den Kulissen die Fäden gezogen: Die Absprachen hinsichtlich des gewollten Ergebnisses, die Geldversprechungen, die eigentlichen Wettabschlüsse bis zum Einkassie-ren und das Verteilen der durch Betrug erlangten Gewinne – jeder Tatbeitrag ist dabei ein Teil der Tätigkeit aller und das Handeln der anderen eine Ergänzung des eigenen Tat-beitrags – das gemeinschaftliche Mitwirken an **demselben** Handeln ist somit gegeben. Grundlage der Mittäterschaft ist dabei das gemeinsame Wollen der Tat. Jeder haftet, soweit sein Wille reicht. Für einen über das gemeinsame Wollen hinausgehenden sog. Exzess eines Mittäters hat ein anderer Beteiligter nicht einzustehen. Die Verteilung der Tatbeiträge in den Grenzen des gemeinsamen Tatplans ist ohne Bedeutung, maßgeblich sind der gemein-same Wille sowie die gemeinsame Herrschaft über die Tat[147]. Ein anderer Fall: ein Verein, bei dem der Mannschaftsarzt, der Masseur und der Trainer vor einem entscheidenden Spiel fünf Spieler der Mannschaft dopen, wovon ein Spieler eingeweiht ist, die anderen vier nichtsahnend sind. Der Verein und die drei Offiziellen sowie der informierte Spieler sind Mittäter, die vier übrigen Spieler gehen mangels Vorsatzes straffrei aus. Eine mit einem Spiel unmittelbar zusammenhängende Mittäterschaft liegt etwa auch vor, wenn Spieler nach mehreren angeblichen oder tatsächlichen Fehlentscheidungen des Schiedsrichters gemeinsam das Spielfeld verlassen und damit schuldhaft einen Spielabbruch herbeiführen.

b) **Anstifter** ist, wer vorsätzlich einen anderen zu dessen vorsätzlich begangener rechts-widriger Tat bestimmt hat (§ 26 StGB). Er ist gleich einem Täter zu bestrafen. Der Ent-schluss zur Tat muss bei dem Angestifteten geweckt werden. Als Mittel der Anstiftung kommen in Betracht Drohung, Missbrauch des Ansehens oder Gewalt sowie die Herbei-führung oder Förderung eines Irrtums. Wenn ein Trainer oder ein sonstiger Vereinsfunk-tionär einem Spieler der eigenen Mannschaft Geld verspricht dafür, dass er den besten Spieler des Gegners durch ein bewusstes „Auf-dessen-Knochen-Gehen" kampfunfähig

---

147 *Fischer*, aaO., § 25 Rn. 6 ff.

64

macht, ist bei Erfolgseintritt der Spieler Täter einer (gefährlichen) Körperverletzung nach § 223 a StGB, wobei der Fußballschuh ein gefährliches Werkzeug im Sinne dieser Vorschrift sein kann. Außerdem hat der Spieler eine Tätlichkeit nach Sportrecht (§ 8 Nr. 1 c RuVO) begangen. Die beiden Offiziellen sind nur der Anstiftung zur gefährlichen Körperverletzung nach dem StGB schuldig.

Im Fußballstrafrecht ist das Institut der Anstiftung nicht ausdrücklich angeführt: aber auch hier greift die Auffangvorschrift des § 8 Nr. 1 a RuVO ein: unsportliches Verhalten. In Fällen wie dem vorstehend Erdachten könnte aber je nach den Folgen der Tat bei dem Verletzten der Strafrahmen nach § 8 Nr. 1 a RuVO (Sperre bis zu sechs Monaten) nicht ausreichen.

c) Gleiches gilt für die **Beihilfe**, die anzunehmen ist, wenn jemand vorsätzlich einem anderen zu dessen vorsätzlich begangener rechtswidriger Tat Hilfe leistet (§ 27 Abs. 1 StGB). Eine Schuld des Täters ist nicht erforderlich (limitierte Akzessorietät). Die Abgrenzung zur Mittäterschaft und Anstiftung erfolgt auf der subjektiven Tatseite: Der Gehilfe muss zur Förderung der Haupttat tätig werden. Dabei muss die Haupttat ausgeführt werden. Das Mittel der Beihilfe ist gleichgültig: es gibt die psychische und die physische Beihilfe. Die in den Gesamtplan eingeweihten Geldboten in der *Hoyzer*-Affäre – zum Teil ehemalige Spieler – sind Gehilfen im Sinne des staatlichen Strafrechts und – wie oben (b) näher ausgeführt – wegen unsportlichen Verhaltens, aber in der Form der Täterschaft im sportstrafrechtlichen Sinne, zu bestrafen.

Bei diesem Ausweg im Fußballstrafrecht kommt es nicht auf die in den vergangenen 100 Jahren zum Strafgesetzbuch entwickelten verschiedenen Abgrenzungskriterien zwischen Täterschaft und Gehilfenschaft an. Zunächst ist die sog. Animus-Formel vom Reichsgericht[148] angewandt worden, dann hat der BGH zur Abgrenzung „das Wollen der Tat als eigene" herangezogen und gefordert, dass der Täter das Ob der Tat und deren Durchführung mit beherrscht, wobei die Maßstäbe der Tatherrschaft als Anhaltspunkt entscheidend sind. Im Zweifelsfall ist Beihilfe, damit im Fußballstrafrecht unsportliches Verhalten, anzunehmen.

d) Im Strafrecht, nicht aber ausdrücklich im Sportrecht des DFB, ist eine weitere Form der Teilnahme bekannt, die **mittelbare Täterschaft**, die der staatliche Gesetzgeber wegen der Vielseitigkeit ihrer Formen selbst – wie der DFB – nicht definiert hat[149]. Das Wesen der mittelbaren Täterschaft besteht darin, dass der Täter nicht selbst die Tatbestandsmerkmale (oder jedenfalls nicht alle) verwirklicht, sondern sich dazu eines „Werkzeugs", des sog. Tatmittlers bedient, der selbst weder Täter noch Mittäter ist – wegen Schuldunfähigkeit, wegen Irrtums, wegen Rechtmäßigkeit der Tat pp. Beispiel: Ein fanatischer Fußballanhänger beauftragt einen bekannten Spieler von Hertha BSC, für ihn auf der Geschäftsstelle dieses Vereins mit einem falschen 500-Euro-Schein zehn Eintrittskarten für das DFB-Pokalendspiel zu erwerben, was dieser tut, ohne dass jemand etwas merkt, weil man den Sportler gut kennt und ihm blind vertraut. Es liegt mittelbare Täterschaft in der Form des Tatbestandsirrtums beim Werkzeug (Spieler) vor: Der Hintermann, der die Tat beherrscht, verwirklicht den Tatbestand der Geldfälschung nach § 146 StGB **und** den des unsportlichen Verhaltens nach § 1 Nr. 4 RuVO – der Spieler ist mangels Kenntnis von der Fälschung schuldlos.

Rechtswidrigkeit 18

a) Die traditionelle Dreiteilung des Strafrechts hat der DFB nicht dadurch übernommen, dass er ein eigenes Tatbestandsmerkmal „Rechtswidrigkeit" aufgestellt hat. Deren Defini-

---

148 RGSt 37, 58. **149** *Fischer*, aaO., § 25 Rn. 4.

tion ist einfach: Rechtswidrig ist eine Tat, wenn sie der Rechtsordnung widerspricht. Dieser Begriff ist im Zivil- und Strafrecht derselbe, sodass im Abgrenzungsbereich im Vereinsrecht beim Schnittpunkt zwischen beiden Rechtsgebieten insoweit keine Probleme auftreten. Was das Zivilrecht erlaubt, ist auch strafrechtlich nicht rechtswidrig. Im Sportrecht könnte aufgrund eines spezifischen Rechtsverständnisses in Form einer eigenen Sportmoral vielleicht eine Abweichung denkbar sein (s. unten Rn. 24).

b) Die Rechtswidrigkeit wird durch die Verwirklichung des Tatbestands indiziert, d. h., wer so handelt, wie der Tatbestand es beschreibt, handelt in der Regel rechtswidrig. Dies ist ausnahmsweise nicht der Fall, wenn sog. **Rechtfertigungsgründe** eingreifen. Diese Unrechtsausschließungsgründe sind dem Gesamtbereich der Rechtsordnung zu entnehmen. Hauptsächlich sind insoweit im Fußball interessant: Notwehr (§ 32 StGB), zivilrechtlicher oder strafrechtlicher Notstand (§§ 228, 904 BGB, 34 StGB), Pflichtkollision, Einwilligung, erlaubtes Risiko. Außer dem objektiven Vorliegen eines Rechtfertigungsgrundes muss der Täter dabei mit entsprechender Willensrichtung handeln (subjektives Rechtfertigungselement). Im Wesentlichen kann insoweit auf die zahlreiche strafrechtliche Literatur verwiesen werden.

c) Herausgegriffen werden soll aus den Rechtfertigungsgründen außer dem Notwehrparagraphen (nachfolgend d) der Fall des rechtfertigenden Notstandes. Wenn in einem dicht besetzten Bundesligastadion auf die bis zu den Fluchttoren gelangten Zuschauer von hinten auf die davorstehenden Besucher massiver Druck ausgeübt wird, der sogar Lebensgefahr für diese auslöst, ist das Öffnen der Fluchttore in Richtung Stadioninnenraum nach § 34 StGB gerechtfertigt. Ein nicht gerechtfertigtes Vorverhalten des Platzvereins kann aber gleichwohl in dem Nichtverhindern dieser Situation vor ihrer Entstehung gesehen werden und eine Bestrafung u. U. rechtfertigen.

d) Ein klassischer Fall der Rechtfertigung, nämlich das eventuelle Eingreifen des Notwehrparagraphen, wurde bei der WM 2006 bundesweit heftig diskutiert, nämlich der Fall *Torsten Frings*:

Nach dem Argentinien-Spiel (Sieg Deutschlands durch Elfmeterschießen nach Verlängerung) kam es zu Rangeleien zwischen Spielern beider Mannschaften im Bereich des Mittelkreises, die von argentinischer Seite angefangen worden waren und von wechselseitigen Beschimpfungen begleitet wurden. Im Rahmen dieser Geschehnisse ereignete sich zwischen dem Deutschen Torsten Frings und einem argentinischen Spieler nach den maßgeblichen Feststellungen der zuständigen FIFA-Disziplinarkommission[150] *folgender Sachverhalt:*

> *„… worauf es in zeitlich kurzen Abständen zu Rangeleien zwischen Spielern und Offiziellen beider Delegationen auf dem Spielfeld kommt. Dabei ist unzweifelhaft zu sehen, dass sich Torsten Frings einer Gruppe mit etwa 10 Spielern und Offiziellen beider Teams nähert und sich den Weg freimacht, um ins Zentrum dieser Gruppe zu gelangen. Sekundenbruchteile, nachdem der Spieler Frings das Gruppenzentrum erreicht, wird er von der Hand eines argentinischen Spielers, der sich in der Gruppenmitte aufhält, leicht an seiner rechten Hals-Wangenseite berührt. Unmittelbar darauf* **versetzt Torsten Frings mit seiner linken Hand dem argentinischen Spieler einen klar sichtbaren und gezielten Faustschlag an dessen rechte Kinnseite …“***

(Fettdruck vom Verfasser)

Die Kommission bewertete dieses Verhalten mit dem lapidaren Satz „… was als Tätlichkeit zu qualifizieren ist“. Dagegen ist bei dem zugrunde gelegten Sachverhalt an sich nichts einzuwenden.

---

150 Originalurteil vom 3. Juli 2006, abgedruckt in *Hilpert*, Sportrecht, IV a. E. = S. 251.

*Obwohl die Strafsanktion denkbar milde war und die FIFA-Mindeststrafe von zwei Spielen Sperre und 5.000 CHF Geldstrafe verhängt wurde, wobei sogar für ein Spiel (es wäre das WM-Endspiel gewesen) – so das Spiel um den dritten Platz – **Bewährung** bewilligt wurde, löste sie in Deutschland hohe Wellen der Empörung aus. Angesichts der Vorgeschichte des Urteils (s. Darstellung in Hilpert, Sportrecht, IV, Rn. 7 ff. und Urteil S. 251 ff.) stellte sich in diesem Fall die Problematik des Urteils in einer angestauten Öffentlichkeit mit polemischer und teilweise einseitiger Berichterstattung in den deutschen Printmedien.*

Interessant ist die Antwort des Gerichts auf den Verteidigungseinwand der deutschen Seite, die zunächst getroffene Verfahrenseinstellung der FIFA wirke endgültig. Es wird in den Urteilsgründen dazu gesagt:

„... Eine Rechtskraft bezüglich einer erfolgten Verfahrenseinstellung ist dem Sanktionsrecht nicht wesenseigen. Dadurch unterscheidet sich das Sanktionsrecht, in dem gewisse straf- und strafprozessuale sowie auch verwaltungsrechtliche Grundsätze zur Anwendung kommen können, wesentlich vom klassischen Zivilrecht. Ergeben sich unter sanktionsrechtlichen Aspekten neue Gesichtspunkte, welche eine (erneute) Verfahrenseröffnung als unumgänglich erscheinen lassen, so kann auch ein eingestelltes Verfahren wieder aufgenommen werden."

(EG II, 4 Abs. 3 – Fettdruck vom Verfasser)

Ob diese Begründung – zumindest in der gewählten Form – überzeugt, wird dem geneigten Leser überlassen.

Die Rechtsinstanz der FIFA legt ferner dar,

dass eine abschließende Tatsachenentscheidung des Schiedsrichters nicht vorliegt, weil sie (die Kommission) als ein verlängerter Arm des Schiedsrichters auf dem Platz agiert und deshalb von einem „klassischen Fall der Tatsachenentscheidung" bzw. einer Verletzung des Grundsatzes der Unumstößlichkeit von Tatsachenentscheidungen in diesem Fall nicht gesprochen werden kann. Die Kommission urteilt demnach – insbesondere im konkreten Fall – in Relation und ergänzend zum Schiedsrichterteam auf dem Platz. Vor allem in Fällen, in denen der Schiedsrichter Verfehlungen auf dem Platz nicht wahrgenommen hat, rechtfertigt sich, dass die Disziplinarkommission ungeahndet gebliebene Verfehlungen sanktioniert.

(EG II, 4 Abs. 4 – Fettdruck vom Verfasser)

Diese Argumentation ist dem Verfasser bisher nicht begegnet. Sie steht im Gegensatz zu der ständigen Rechtsprechung von UEFA und DFB, wonach bei vom Schiedsrichter nicht wahrgenommenen Vorgängen eine Ahndung **nur** zulässig ist, wenn eine **krass sportwidrige Handlung** vorliegt (s. § 8 Nr. 8 RuVO). Die „Theorie des verlängerten Arms des Schiedsrichters" würde das Rechtsprechungsgebäude für vom Schiedsrichter ungeahndete Vorgänge auf dem Spielfeld zum Einsturz bringen und einen Freibrief für den vollständigen Zugriff der Sportgerichte auf **alle** Geschehnisse im Spiel darstellen – obwohl der Verfasser einer gewissen Öffnung des Begriffs „krass sportwidrig" grundsätzlich nicht abgeneigt gegenübersteht – eine gewisse Differenzierung des Begriffs wäre unter Umständen angebracht. Eine Verfolgung von kleineren und mittleren Verfehlungen, die der Schiedsrichter nicht gesehen hat, wäre – nach den Worten des alten *Briest* bei *Theodor Fontane* – „ein zu weites Feld, um von den Sportgerichten bestellt zu werden". Eine derartige Reichweite der Strafgewalt würde dem Fußballsport keineswegs nützlich sein. Es wäre wünschenswert, dass diese neuen Gedanken der FIFA-Disziplinarkommission keinen Nachfolger finden.

Im Rahmen unseres Themas „Rechtfertigungsgründe" war aber im Fall „Frings" ernsthaft Notwehr als Rechtfertigungsgrund zu prüfen. Dies tut auch das FIFA-Gericht aufgrund des von ihm festgestellten Sachverhalts. Es kommt zu dem Schluss, die vorangegangenen Provokationen der argentinischen Delegation und das Touchieren an seinem Hals unmittelbar vor seiner Aktion vermögen

„seinen in der Folge ausgeführten Faustschlag nicht zu rechtfertigen. Die mögliche Tätlichkeit des argentinischen Spielers könne höchstens als Strafmilderungsgrund herangezogen werden, was aber nichts am erfolgten Grundtatbestand ändert." Mit Bezug auf den Tatbestand der Tätlichkeit erfülle der Spieler Torsten Frings somit die subjektiven und objektiven Tatbestandsmerkmale; das Verfahren sei als rechtswidrig zu qualifizieren. Relevante Rechtfertigungsgründe (Notwehr, Notwehrhilfe) lägen keine vor.

(EG II, 5 – Fettdruck vom Verfasser)

Über die Stellungnahme von Torsten Frings, die schriftlich erfolgt war – bei den DFB-Gerichten wäre eine solche Verhandlung immer in persönlicher Anwesenheit des betroffenen Spielers erfolgt –, ging das FIFA-Gericht in „souveräner höchstrichterlicher Art und Weise" durch Verschweigen hinweg: Torsten Frings hatte in seiner Schutzschrift vom 3. Juli 2006 u. a. ausgeführt:

> *„... Er sei zunächst völlig passiv gewesen, habe dann aber mit einer Abwehrhandlung auf die Attacke gegen seinen Mannschaftskameraden Miroslav Klose und auf die Ohrfeige gegen sich selbst reagiert. Dabei habe er sich mit ausgestrecktem Arm reflexartig gegen den Argentinier Cruz, der ihn unmittelbar zuvor geohrfeigt und Klose gewürgt hatte, reagiert. Cruz sei am Kinn berührt worden, aber ohne jede Heftigkeit."*

Nach deutschem wie auch nach dem hier maßgeblichen Schweizer-Recht – die Schweiz ist Sitz der FIFA und legt damit das anzuwendende Recht fest – ist für Notwehr zunächst eine Notwehrlage (d. h. eine unmittelbar bevorstehende oder noch nicht abgeschlossene Verletzung eines Rechtsguts) erforderlich, was wohl vorliegend angenommen werden kann. Das FIFA-Gericht stellt kurz vor der Aktion von *Frings* dessen Berührung durch einen Argentinier an seinem Hals fest. Als Antwort von *Frings* hierauf muss eine Verteidigung gewählt worden sein, die erforderlich ist, um einen gegenwärtigen rechtswidrigen Angriff von sich oder einem anderen abzuwenden (§ 32 Abs. 2 StGB). Diese kann eine bloße Schutzwehr sein, aber auch in einem Gegenangriff, sog. Trutzwehr, bestehen. Der Angegriffene muss mit Verteidigungswillen handeln, also der Rechtsverletzung entgegentreten wollen[151], was selbst dann gegeben ist, wenn die Angriffsabwehr auch aus Wut und Streben nach Vergeltung geschieht. Bei *Frings* war bei seiner Tat die Verteidigung seiner Person und seiner Mitspieler nicht ganz nebensächlich außer seinen vorstehenden Motiven, was ausreicht. Der Faustschlag durch *Frings* muss des Weiteren nach den gesamten Umständen geeignet sein, die gegenwärtige Gefahr abzuwenden. Insbesondere braucht er dabei nicht eine schmähliche Flucht oder ein sonstiges Ausweichen unter Gefährdung eigener oder fremder berechtigter Interessen zu wählen, wobei es auf die Umstände des Einzelfalles ankommt. Zu bedenken ist nämlich insoweit, dass die Notwehr auch der Bewährung der Rechtsordnung dient. Verhältnismäßigkeit braucht dabei nur zwischen Angriff und Abwehr zu bestehen[152]. An dem Vorliegen der Kriterien des Gebotenseins und der Erforderlichkeit kann man zweifeln, wenn man berücksichtigt, dass der gezielte Faustschlag von *Frings* ins Gesicht des argentinischen Nationalspielers *Cruz* im Mittelkreis eines mit 70.000 Zuschauern – darunter viele Ordner und Polizisten – besetzten Fußballstadions erfolgte, wo ein Abwehren mit beiden Händen oder ein Zurseitetreten unschwer möglich gewesen wäre. Auch unter Gegnern in einem Fußballspiel ist eine mildere Handlungsalternative zu wählen. Die FIFA, die den Angriff gegen *Frings* als „Touchieren an der Wange" bezeichnet, folgert aus wohl diesen Gesichtspunkten, dass diese Aktion den in der Folge ausgeführten Faustschlag **nicht** rechtfertigen könne, sondern allenfalls ein Strafmilderungsgrund sein könne. Sie formuliert apodiktisch: „... *Relevante Rechtfertigungsgründe (wie Notwehr, Notwehrhilfe) liegen keine vor.*" (EG II, 5 a. E.) Diesen Standpunkt kann man im Ergebnis als vertretbar ansehen.

---

151 BGHSt 2, 114; 5, 245.   **152** *Fischer*, aaO., § 32 Rn. 31.

Störend ist demgegenüber, dass die FIFA-Disziplinarkommission **mit keinem Wort** die subjektive Tatseite von *Frings* ausleuchtet, der gesagt hat: *„Ich habe nur zu meinem Schutz gehandelt."* Wenn man diese Einlassung, wie es das Gericht offensichtlich getan hat, nicht von vornherein als Schutzbehauptung behandelt, können sich nämlich davon ausgehend durchaus erörterungswürdige strafrechtliche Problemstellungen ergeben. Es könnte bei Annahme einer Notwehrsituation eine **Putativnotwehr** zu diskutieren sein, wenn *Frings* irrtümlich geglaubt hat, sein Faustschlag sei die richtige Reaktion gewesen, mit der Folge: Entfallen des Vorsatzes, aber Ahndung wegen Fahrlässigkeit. Ernsthaft zu denken ist auch an einen **Verbotsirrtum**, weil *Frings* die Grenzen der Notwehr oder der Nothilfe zu weit gezogen und angenommen hat, dass er ein erforderliches Verteidigungsverhalten anwende. Nach deutschem Recht ist ferner ein Fall des **Putativnotstandes** in Erwägung zu ziehen, wenn *Frings* irrtümlich eine Notstandslage für einen Mannschaftskameraden angenommen hat. In den letzten beiden Fällen wären je nach Vermeidbarkeit eine Strafmilderung (§ 17 StGB) oder gar ein Strafausschluss zu diskutieren. Jedenfalls wäre die subjektive Tatseite bei *Frings* durch dessen Befragung zu eruieren gewesen. Vielleicht schwang bei den Richtern über *Torsten Frings* der Gedanke mit, dass so viele „juristische Konstruktionen" dem Fußballsport nicht geziemen und ihm vielleicht auch nicht nutzen. Einen solchen Standpunkt würde ich bei einem höchsten FIFA-Gericht nicht begrüßen, obwohl ich **im Ergebnis** auch eine Sperre von zwei Spielen – davon zur Hälfte zur Bewährung ausgesetzt – und 5.000 CHF Geldstrafe für mindestens angemessen halte. Auch hier soll wie beim *Hoyzer*-Urteil des BGH die Akte geschlossen bleiben mit der alten Rechtsweisheit: *„Roma locuta, causa finita."*

Schuld   **19**

a) Als drittes Element einer Straftat ist die **Schuld** zu prüfen. Sie ist eine durch ein Bewertungsurteil über den Täter zu beurteilende Eigenschaft: Die Tat ist zunächst dem Täter zum Vorwurf zu machen. Davon ist die Schuldfrage zu unterscheiden, die besagt, dass der Täter die ihm zur Last gelegte Tat begangen hat.

Vorweg ist die Schuld im Sinne des Verschuldens Voraussetzung der Strafbarkeit, wie oben (Rn. 7) als von der ständigen Rechtsprechung der DFB-Gerichte als Folgerung aus der Unschuldsvermutung und als Wesensmerkmal der Vereinsstrafe – jedenfalls der von einigem Gewicht – herausgestellt wurde. Schuld ist dabei Vorwerfbarkeit[153]. Dabei gibt es zwei Schuldarten: **Vorsatz** und **Fahrlässigkeit** bestimmen die Art der Schuld. § 15 StGB legt fest, dass vorsätzliches und fahrlässiges Verhalten strafbar sind, wenn das Gesetz fahrlässiges Verhalten ausdrücklich mit Strafe bedroht. Letzteres Erfordernis, dass Fahrlässigkeit ausdrücklich im Gesetz als strafbar herausgestellt ist, ist in den Regelwerken des DFB (Satzung, RuVO) nicht durchgehalten. Beispielsweise ist die fahrlässige Begehung eines unsportlichen Verhaltens strafbewehrt, wenn dies auch nicht expressis verbis in den Statuten gesagt ist. Es heißt darin öfters „wer schuldhaft" – siehe u. a. § 7 Nr. 1 b, e, § 8 Nr. 1 g RuVO – handelt.

In Art. 7 Abs. 1 FDC ist dies ausdrücklich angesprochen, wenn es dort heißt: *„Unter Vorbehalt gegenteiliger Bestimmungen sind sowohl vorsätzlich als auch fahrlässig begangene Vergehen strafbar."*

b) **Vorsatz** ist nach einer Kurzformel „Wissen und Wollen der Tatbestandsverwirklichung". Damit sind verlangt Kenntnis der Normmerkmale und des Gangs der Tathandlung, ferner der Wille zur Tatbestandsverwirklichung und die Vorstellung von der Beherr-

---

153 GrSen BGHSt 2, 200.

schung der Tathandlung[154]. Beim Vorsatz unterscheidet man den unbedingten **direkten Vorsatz** und den **bedingten Vorsatz** (dolus eventualis). Im Vereinsrecht des DFB reichen beide Formen des Vorsatzes aus.

Im Fußballrecht taucht ferner in diesem Zusammenhang der Begriff „**Absicht**" (dolus directus 1. Grades) auf, wobei im Strafrecht damit gemeint ist, dass der Täter die Tatbestandsverwirklichung anstrebt – sein Wille ist auf diesen Erfolg gerichtet, es kommt ihm darauf an.

Sowohl das StGB (vereinzelt), aber oft das Fußballstrafrecht und insbesondere die Fußballregeln der FIFA verwenden demgegenüber den Ausdruck „Absicht" dabei aber nicht immer im Sinne des Erfolgsstrebens, sondern zuweilen „nur" im Sinne des schlichten Vorsatzes. Dabei ist bei den Fußballregeln im Auge zu behalten, dass die Urform der Regeln in englischer Sprache abgefasst ist, wobei beim Übersetzen ins Deutsche sich oft Unschärfen eingeschlichen haben (englisch: „intention" bedeutet „Absicht" **und** „Vorsatz"). Die konkrete Antwort, was jeweils gemeint ist, ist beim einzelnen Tatbestand zu geben. Dabei bedeutet die Wendung „*um zu ...*" dasselbe wie Absicht, der Ausdruck „wissentlich" direkter Vorsatz (dolus directus 2. Grades). Bei letzterer Form weiß der Täter bzw. sieht er es als sicher an, dass er den Tatbestand verwirklicht. Da er die Handlung will, will er auch, was er als deren sichere Folge ansieht[155].

Beim **bedingten Vorsatz** strebt der Täter die Tatbestandsverwirklichung weder an, noch hält er sie für sicher, aber für möglich. Der Handelnde ist mit dem Eintreten des Erfolges in dem Sinne einverstanden, dass er ihn billigend in Kauf nimmt. Nahe verwandt damit ist die bewusste Fahrlässigkeit, bei der der Handelnde mit der als möglich erkannten Folge nicht einverstanden ist und deshalb auf deren Nichteintritt vertraut. Die Abgrenzung dieser inneren Tatseite nimmt die staatliche Rechtsprechung mit der Einwilligungstheorie vor, wobei gefordert wird, dass der Täter den Erfolg „billigt" oder „billigend in Kauf nimmt"[156], wobei manchmal noch hinzugefügt wird, dass er mit dem Erfolg „einverstanden ist".

c) **Fahrlässigkeit:** Sie ist überraschenderweise weder im Strafgesetzbuch noch im Fußballstrafrecht definiert.

Ihre Elemente sind Pflichtwidrigkeit und Vorhersehbarkeit der Tatbestandsverwirklichung sowie Erkennbarkeit der Rechtswidrigkeit[157]. Dabei sind im staatlichen Strafrecht zwei Unterformen zu unterscheiden, die unbewusste und die bewusste Fahrlässigkeit. Bei Ersterer sieht der Täter die Tatbestandsverwirklichung nicht voraus (Erkenntnisfehler), bei der bewussten Fahrlässigkeit rechnet er mit der Möglichkeit deren Eintritts, unterschätzt aber den Grad des Möglichen.

d) **Schuldformen im Fußballstrafrecht:** Die einzelnen Begriffe gehen – wie gezeigt – manchmal ineinander über. Die Abgrenzung bereitet deshalb auch im Sportstrafrecht Schwierigkeiten. Sie fordert bei der Feststellung der inneren Tatseite oft schwierige Ermittlungsarbeit bei manchmal subtilen Vorgängen des Willens und des Wollens des Spielers/Vereins. Sie ist jedenfalls bei den einzelnen Tatbeständen des Besonderen Teils (§§ 6–12 RuVO) im Auge zu behalten.

20 **Tatbestandsirrtum – Verbotsirrtum**
Sie sind für das staatliche Strafrecht in §§ 16 und 17 StGB geregelt.

---

154 *Fischer*, aaO., § 15 Rn. 4.
155 *Fischer*, aaO., § 15 Rn. 9.
156 BGHSt 36, 4; 17, 262.
157 *Fischer*, aaO., § 15 Rn. 12 ff.

a) Beim Tatbestandsirrtum (§ 16 StGB) kennt der Täter tatbestandsrelevante Umstände nicht oder nimmt solche Umstände irrig als gegeben an. Bekannte Grenzfälle sind der „error in objecto vel persona" – Vorsatz bleibt bei Gleichwertigkeit des Tatobjekts bestehen – und der „aberratio ictus" – versuchte primäre Tatbestandsverwirklichung in Tateinheit mit fahrlässiger Tat. Der Tatbestandsirrtum schließt den Vorsatz aus, lässt aber – wenn strafbewehrt – eine Verurteilung wegen Fahrlässigkeit zu.

b) Der umgekehrte Irrtum, d. h. die irrige Annahme eines in Wirklichkeit nicht gegebenen Tatbestands, ist strafbarer **untauglicher Versuch**, falls der Versuch strafbar ist.

c) Falls dem Täter bei Begehung der Tat die Einsicht fehlt, Unrecht zu tun, so liegt Verbotsirrtum vor (§ 17 StGB). Konnte er den Irrtum nicht vermeiden, kann die Strafe nach Versuchsgrundsätzen gemildert werden. Für die Unrechtseinsicht reicht das Bewusstsein des sittlich Verwerflichen[158], bei Zweifeln besteht unter Umständen eine Erkundigungspflicht.

Ernsthaft stellte sich die Frage eines Verbotsirrtums wegen fehlender Unrechtseinsicht, als der holländische Profi *Quido Lanzaat* nach Genuss von zwei Haschischzigaretten in der Millenniumsnacht 1999/2000 in Amsterdam Anfang Januar 2000 in die Bundesliga wechselte und im Finale des DFB-Hallenmasters mitspielte. Seine Urinprobe ergab 15 mg THC (Cannabinoide). Da in Holland der Genuss dieses Stoffes straffrei ist, war zu erörtern, ob *Lanzaat* zur Tatzeit (d. h. beim Masterturnier) das Bewusstsein eines Verstoßes gegen Sportrecht hatte. Das Bundesgericht[159] warf ihm vor, als langjähriger Profi in niederländischen Spitzenclubs sei er über die weltweite Dopingächtung im Sport informiert gewesen. Er habe so gewusst, dass Haschisch in vielen Fußballnationen eine verbotene Substanz ist, und hätte deshalb Sorge tragen müssen, dass er erst wieder trainiert und spielt, wenn der Wirkstoff nicht mehr in relevanter Weise in seinem Körper vorhanden ist. Ein Verbotsirrtum ist somit bereits nicht angenommen worden, hilfsweise als nicht entschuldbar angesehen worden.

Zum Irrtumsbereich ist die Abgrenzung zwischen Tatbestands- und Verbotsirrtum bereits im staatlichen Recht nicht immer leicht, was sich je nach Einlassung des Betroffenen auch im Fußballstrafrecht zeigt.

d) Um nicht dem Vorwurf ausgesetzt zu sein, in einem Kommentar zu einem Sportrechtsgebiet strafrechtliche Differenzierungen auf Seminarniveau zu praktizieren, belasse ich es bei vorstehenden Ausführungen, die später bei einigen Entscheidungsfällen nochmals aufgegriffen werden. Jedenfalls sind die verschiedenen Varianten des Irrtums auch für die Tatbestände der §§ 6–12 RuVO u. U. relevant.

Schuldfähigkeit 21

In § 20 StGB ist die Schuldunfähigkeit wegen seelischer Störung geregelt, die im Fußballbereich zwar selten, aber doch z. B. bei Weiterspielen eines Fußballers nach schwerer Gehirnerschütterung und Bewusstseinsbeeinträchtigung (der Torwart spielt in Trance) vorgekommen sind. Die Schuldunfähigkeit führte dabei zur Verfahrenseinstellung bei in diesem Zustand begangenen schweren Fouls oder Schiedsrichterbeleidigungen, wobei auch die Abstufung zur verminderten Schuldfähigkeit (§ 21 StGB) in der Praxis der DFB-Gerichte schon zur Debatte stand. Wohl schwerlich mit der Folge der Exkulpation, weit eher in seltenen Ausnahmefällen mit der Folge des § 21 StGB (Strafmilderung) kann – u. U. mit sachverständiger Hilfe – ein Affektsturm bzw. ein hochgradiger Affekt bei einem Fußballer in Extremsituationen angenommen werden.

---

158 GrSen BGHSt 11, 266.   **159** Urteil vom 31. 5. 2000, SpuRt 2001, 211 f.

22 Versuch

In § 7 Nr. 2, § 8 Nr. 2 RuVO ist jeweils ausdrücklich geregelt, dass in enumerativ aufgeführten Vorschriften der **Versuch** strafbar ist. Definiert ist der sportrechtliche Versuch nicht. Es empfiehlt sich dann wiederum eine Anleihe bei § 22 ff. StGB. Danach ist eine Straftat dann versucht, wenn der Spieler nach seiner Vorstellung vor der Tat zur Verwirklichung des Tatbestands unmittelbar ansetzt. Abgrenzungsprobleme stellen sich dabei zwischen Vorbereitung und Versuch. Anzuknüpfen ist beim Täterplan, wobei er in objektiver Hinsicht zumindest ein unmittelbares Ansetzen zur Tatbestandsverwirklichung vornehmen muss. Es sind die Handlungen, in denen der Täter subjektiv die Schwelle zum „jetzt geht es los" überschritten hat und objektiv oder subjektiv das geschützte Rechtsgut in eine konkrete nahe Gefahr gebracht hat[160]. Beispiel: Versuch liegt vor, wenn ein Trainer über ein vor ihm stehendes Mikrofon, von dem er irrtümlich glaubt, dass es zu einem Fernsehsender geschaltet ist, beleidigende Worte über den Schiedsrichter ruft. Auch im staatlichen Recht ist die Kasuistik zu dieser Abgrenzungsform vielfältig. So ist je nach Fallgestaltung in der Betrugsaffäre *Hoyzer* noch eine Vorbereitungshandlung anzunehmen gewesen, wenn Schiedsrichter und/oder Wettbetrüger auf der Suche auf Unterstützung durch Spieler bei der beabsichtigten Manipulation diese sondieren, anrufen, ansprechen. Je weiter dieses Bemühen durchgeführt wird, desto eher verlässt man die straflose Vorbereitungshandlung in Richtung auf den strafbaren Versuch einer Straftat, die damals als unsportliches Verhalten zu qualifizieren war (§ 1 Nr. 4 RuVO).

Die Abgrenzung zwischen bloßem Versuch und der Vollendung ist teilweise nicht einfach. § 6 a RuVO, der im Mai 2005 geschaffen worden ist, soll solche Überschneidungen und ihre schwierige Zuordnung künftig vermeiden. In dieser Vorschrift ist deshalb auf § 11 Abs. 1 Nr. 6 StGB zurückgegriffen und der Begriff des „Unternehmens" der Spielmanipulation übernommen worden, der „den Versuch und die Vollendung der Tat" umfasst.

Die rechtlich nicht uninteressanten Fälle des untauglichen Versuchs oder des Wahndelikts sind, falls eine entsprechende Konstellation im Fußballstrafrecht auftritt, anhand der diesbezüglichen speziellen Literatur zum Strafgesetzbuch zu lösen. Es kommt auf den jeweiligen Sachverhalt und auf die innere Tatseite an.

23 Rücktritt vom Versuch

Als persönlicher Strafausschließungsgrund greift ein Rücktritt zugunsten dessen ein, der sich freiwillig und ernsthaft bemüht hat, die begonnene Tat nicht zur Vollendung kommen zu lassen. Beim Alleintäter liegt der Rücktritt darin, dass er die begonnene Handlung abbricht, was in bloßer Untätigkeit bestehen kann. Fall: Der Schiedsrichter, der eine Spielmanipulation einem Wettbetrüger zugesagt hat, gibt das betreffende Spiel beim Spielleiter zurück und meldet sich krank.

Unfreiwilligkeit des Rücktritts liegt vor, wenn ein Schiedsrichter sich sagt: *„Ich kann nicht, selbst wenn ich wollte."* (Franksche Formel). Beispiel: Ein „bestochener Schiedsrichter" erfährt, dass das Frühwarnsystem *Betradar* einen Manipulationsverdacht für das von ihm zu leitende Spiel dem DFB gemeldet und dieser eine Reihe von Beobachtern zum Spiel entsandt hat. Der Schiedsrichter pfeift dieses Spiel nach besten Kräften.

Beim beendeten Versuch, also nach abgeschlossener Tathandlung, will der Alleintäter durch eigenes Tun deren Eintritt, insbesondere deren Erfolg verhindern oder er verhindert ihn (tätige Reue). Fußballfall: Ein Wettbetrüger vereinbart mit zwei Lizenzspielern, dass das kommende Meisterschaftsspiel ihres Vereins verloren wird, wofür in der Halbzeit je

---

160 BGHSt 28, 163.

20.000 € an die Ehefrauen beider bezahlt werden. In der ersten Halbzeit spielen beide mit besten Kräften gemäß diesem Plan: einer ist Torwart und lässt einen haltbaren Ball zum 1:0 für den Gegner passieren; der andere ist Stürmer, er verschießt einen Elfmeter für seine Mannschaft. Halbzeit: 1:0 für den Gast. Während der Pause bereuen beide ihre Tat, untersagen per Handy ihren Frauen die Geldannahme – mit Erfolg – und erreichen durch verstärkten Einsatz in Hälfte 2, dass das Spiel von ihrer eigenen Mannschaft 2:1 gewonnen wird. Die Manipulation des Ergebnisses ist verhindert – der Versuch wird nicht bestraft (s. § 24 Abs. 1 Satz 1 StGB). Beide Spieler handelten zwar, weil sie ihre weitere Karriere nicht gefährden wollten, aus autonomen Motiven. Sie dachten dabei: *„Wir wollen nicht, selbst wenn wir könnten."* Wäre aber beiden das Umdrehen des Ergebnisses in der zweiten Halbzeit nicht gelungen und damit die Veränderung trotz der beiderseitigen Bemühungen nach dem Wechsel nicht eingetreten, bliebe die Strafbarkeit nach § 6 a Nr. 1 RuVO bestehen. In ersterem Fall könnte man zwar daran denken, den weit vorgedrungenen Tatbeitrag beider (Geldversprechen und absichtliches Verlieren bis zur Halbzeit) als selbständig strafbares unsportliches Verhalten (§ 1 Nr. 4 RuVO) zu ahnden, weil dieses Verhalten durch den Rücktritt nicht ungeschehen gemacht werden könne. Ein Fußballrichter oder -staatsanwalt sollte aber m. E. in einem solchen Fall gleichwohl unter Hintanstellung von konstruktiven Bedenken die „goldene Brücke" zur Straffreiheit gehen. Der Fair-Play-Gedanke kann einen derartigen sportlichen Weg rechtfertigen, da der Nichteintritt des Manipulationserfolgs kraft eigenen Zutuns für die volle Prämierung des guten Willens der Fußballsünder spricht.

Sondermoral im Fußball   24
a) Staatliches Recht und Fußballrecht müssen in Einklang stehen, was aber nicht heißt, dass beide deckungsgleich sein müssen. Manchmal geht staatliches Recht als zwingendes Recht vor, manchmal verdrängt aber Fußballrecht dispositives (§ 40 BGB) staatliches Recht. Der Schlüssel, um diesen scheinbaren Widerspruch zu lösen, ist die **Vereinsautonomie** als Unterfall der Privatautonomie. Sie ist zwar an keiner Stelle der DFB-Satzung angesprochen, ist aber das Lebenselixier eines Verbandes/Vereins. Deren Innenleben wird mit Hilfe der Vereinsautonomie gestaltet[161]. Bei der Ausformung der Spielregeln im engeren Sinne, den Fußballregeln, die die Sportausübung „auf dem Sportplatz" betreffen, also der ureigensten Angelegenheit der Sportverbände, ist die Autonomie am weitesten – wenn auch nicht völlig unbeschränkt[162]. Letztlich ist es der Staat, der diese Autonomie in seiner Verfassung gewährt (Art. 9 (1) GG) und daher ihre Grenzen festlegen kann. Er überlässt das Sport-Typische den Insidern, den Sportlern, und will keineswegs insoweit Oberlehrer sein.

So hat der Sport schon in seinen Gründerjahren die sog. „Tatsachenentscheidung" erfunden, die dem Schiedsrichter auf dem Spielfeld die uneingeschränkte Macht gibt, endgültig festzustellen, was tatsächlich geschehen ist, was im Nachhinein die staatlichen Gerichte/Schiedsgerichte nicht in Frage stellen können, ja nicht einmal die Gerichte des Sports selbst. Der Sport hat Selbstregelungskräfte, die Recht schaffen, Recht anwenden und das gefundene Recht sofort vollstrecken. Leitmotiv für dieses selbstgesetzte Recht bis hin zur Vollstreckung ist, durch den „Schnellrichter" auf dem Spielfeld die Chancengleichheit zu erreichen und Wettbewerbsverzerrungen zu verhindern[163]. Insbesondere soll durch die Tatsachenentscheidung gewährleistet sein, dass ganz schnell feststeht, was rechtens ist und wie die Entscheidung ausgeht, was im staatlichen Strafrecht seit den Zeiten des Reichskammergerichts bis heute nur schwerlich gelungen ist. Weise Juristen sagen, schnelles falsches Recht sei wichtiger als spätes richtiges Recht. Der Sport und sein größter Verband, der Fußball,

---

161 Siehe oben Teil I, § 1 Rn. 2 a), d), e).   **163** *Vieweg,* Faszination Sportrecht, S. 10.
162 PHB/*Pfister,* C Rn. 21.

haben sich zur obersten Maxime gemacht, dass „König Zuschauer" – das sind heute dank des Mediums Fernsehen Millionen – mit dem Schlusspfiff weiß, wie das Ergebnis lautet und wie die Tabelle aussieht. Der Sport nimmt als Vorstufe für diese schnelle Entscheidung der sportlichen Wettkämpfe für sich in Anspruch, seine Regeln exklusiv festzulegen und allein zu definieren, was sportlich ist und was unsportlich[164]. Die Grenzen hierfür sind recht weit gesteckt (§§ 242, 138 BGB). Die Kontrollen durch staatliche Instanzen haben nach anfänglicher größter Zurückhaltung (bis etwa 1970) inhaltlich und zahlenmäßig zugenommen, wobei in den meisten Fällen die Einzelentscheidung eben dank der Vereinsautonomie sehr wohl meistens zugunsten des Sports ergeht. Rechthabereien – evtl. vor den staatlichen Gerichten, dank Rechtsschutzversicherungen ohne Kostenrisiko – durchzusetzen, ist jedoch auch bei manchen Sporttreibenden häufiger geworden.

b) Die solche Wohltaten für die Vereine beinhaltende Vereinsautonomie ist das Lebenselixier für diese und ihre Verbände, die damit ihr Innenleben gestalten, wobei sie sich größtenteils in „justizberuhigten Zonen" (*Steiner*) bewegen. In erster Linie bemühen sie sich um sporttypische Belange und Grundsätze, wobei sie im Rahmen eines ihnen zugestandenen Ermessensfreiraums agieren. Dazu gehören vorweg die Spiel- und Wettkampfregeln, wobei das Wesen eines Wettkampfes die Chancengleichheit ist, die wiederum durch die Spielregeln gesichert wird[165], ferner auch wertende Entscheidungen wie die Vergabe von Haltungs- oder künstlerischen Noten (Turnen, Eiskunstlauf pp.). In diesem Zusammenhang ist auf die Unbedenklichkeit eines eigenen Ehrenkodex hinzuweisen, der auch verfassungsrechtlich abgeschirmt ist. *Steiner* umschreibt dies in seiner plastischen Art damit, dass „der Sport mehr Anstand abfordern könne als Staat und Gesellschaft"[166]. Ein Verband kann von seinen Mitgliedern die Verwirklichung eigener sportethischer Vorstellungen verlangen, denen die staatlichen Gerichte „nichts anhaben können", insbesondere nicht ihre eigenen Vorstellungen an die Stelle der Verbandswertungen einbringen können.

c) Diese „edlen" Grundsätze sollen im Nachfolgenden an fünf Prüfsteinen einerseits veranschaulicht, aber andererseits auf ihre „Gerichtsfestigkeit" abgeklopft werden.

Fall 1: Ball-Wende-Fall
Nach unentschiedenem Spielstand nach 120 Minuten beim Pokal-Halbfinale in Sachsen zwischen FC Chemnitz und Dynamo Dresden im Jahre 1997 war es zum Elfmeterschießen gekommen. Für einen Treffer ist nach der speziellen Regel hierfür „ein unmittelbarer Torerfolg" gefordert. Der Schiedsrichter hatte einen Schuss als nicht erfolgreich gewertet, bei dem der Torwart den Ball abgewehrt hatte, der weit ins Spielfeld zurückgesprungen war – Tormann und Schütze hatten sich bereits abgedreht, da sie glaubten, es sei kein Tor erzielt. Wegen einer starken Effet-Wirkung war der Ball aber zurück und ins Tor gesprungen. „*Unmittelbarer Torerfolg oder nicht?*" war die Frage. *Das Landgericht Chemnitz*[167] *und das OLG Dresden (unveröffentlicht) wiesen die Klage auf Neuansetzung des Pokalspiels zurück, weil das Gericht bei „diesem Geschehensablauf die Auffassung gewonnen hatte, dass der Schuss keinen unmittelbaren Torerfolg ergeben hätte."*

Beide Gerichte sind glücklicherweise zum gleichen Ergebnis gekommen wie der Schiedsrichter. In Wirklichkeit handelt es sich um den klassischen Fall der allein dem Platzschiedsrichter überlassenen Entscheidung, deren Beurteilung sich die staatlichen Gerichte nicht anmaßen dürfen (Vereinsautonomie: FIFA-Regel 5 X). Die Fußballregeln sprechen von

---

164 *Steiner*, Festschrift für Burmeister, aaO. 1236.
165 *Pfister/Steiner*, aaO., S. 17 ff.
166 Zitate s. *Hilpert*, Sportrecht, II 3, S. 136.
167 Urteil vom 24. 4. 1997, SpuRt 1998, 421.

einer endgültigen Tatsachenentscheidung des Schiedsrichters (Regel 5 X „Entscheidungen des Schiedsrichters" Abs. 1). Denn er kann aufgrund seines Standorts, des Verlaufs des Balles, der Boden- und Windverhältnisse und des Zeitablaufs seine Entscheidung treffen, die der staatliche Richter nicht in allen Einzelheiten feststellen kann.

Fall 2: Die Schande von Gijón:
Bei der Fußballweltmeisterschaft 1982 in Spanien stand es im dritten und letzten Vorrundenspiel Mitte der ersten Halbzeit 1:0 für Deutschland gegen Österreich. Dieses Ergebnis garantierte beiden Teams den sicheren Weg in die Zwischenrunde mit der Folge, dass die algerische Nationalmannschaft aufgrund des schlechteren Torverhältnisses auszuscheiden hatte. Ohne ausdrückliche Absprache praktizierten beide Mannschaften in der Folgezeit bis zum Spielende ein „Ballgeschiebe", wobei sie fast nie in Tornähe kamen. Es ist seitens der FIFA nichts geschehen. An eine Bestrafung beider Teams wegen unsportlichen Verhaltens wäre durchaus zu denken gewesen. Ein Weg zur Ahndung war durchaus gegeben. In Art. 152 FDC heißt es in der Überschrift „*Anwendungsbereich, unvorhergesehene Fälle, Gewohnheitsrecht, Rechtslehre und Rechtsprechung*":

> „...
>
> 2. Bei unvorhergesehenen Fällen entscheiden die Rechtsorgane auf der Grundlage des Gewohnheitsrechts des Verbandes oder, wenn für den entsprechenden Fall kein solches existiert, nach den Bestimmungen, **die sie als Gesetzgeber für den entsprechenden Fall aufstellen würden**
> ..."

(Fettdruck vom Verfasser)

Die FIFA-Disziplinarkommission übernahm die Rolle eines „Ersatznormgebers für den Schadensfall im Fußballbereich" nicht. Dies lag vielleicht daran, dass ihr damaliger Präsident *João Havelange* eher zögernd und inaktiv war beim Betreten neuer Wege – ganz im Gegensatz zum jetzigen Präsidenten, dem großer Tatendrang nachgesagt wird und der Neuem stets aufgeschlossen gegenübersteht. Ein Signal durch eine angemessene Reaktion der FIFA auf den eklatanten Verstoß gegen den Fair-Play-Gedanken hätte dem Weltfußballverband gut zu Gesicht gestanden.

Fall 3: Hosenwerbung im Fußball
aa) In seiner allgemeinverbindlichen „Vorschrift über die Beschaffenheit und Ausgestaltung der Spielkleidung" ließ der DFB bisher als Werbefläche ausdrücklich die Vorderseite und einen Ärmel im Oberarmbereich des Trikots zu. Werbung auf anderen Teilen, so auf der Hose, war verboten. Eine Klage eines Vereins auf Feststellung der Nichtigkeit dieser Bestimmung wurde vom Landgericht Frankfurt[168] als unbegründet abgewiesen: Es führte in überzeugender Weise aus:

> „*Der Beklagte (scil. der DFB) hat im Rahmen seiner Entscheidung nicht alle Flächen der Spielkleidung als Werbeflächen zugelassen, sondern sich zwischen den denkbaren Regelungsmöglichkeiten eines absoluten Verbots bis hin zur völligen Freiheit aller Bereiche für die Regelung entschieden, die wirtschaftlichen Gesichtspunkten, aber auch sportästhetischen Erwägungen gerecht werden will. Dabei hat sich der Verband auch zulässigerweise an Wünschen von Spielern und Vereinen orientiert, die eine völlige Freigabe der Werbung auf ihrer Kleidung ablehnen.*"

Das Landgericht Hannover hat dagegen im April 2008 (Az.: 114/06) bei gleichem Sachverhalt umgekehrt entschieden und es den Landesverbänden des DFB überlassen, von einem Gestaltungsspielraum Gebrauch zu machen. In diesem Rahmen sollen Fußballver-

---

168 Urteil vom 9.11.2005, SpuRt 2006, 351 (rechtskräftig).

eine in Niedersachsen künftig auf der Hose werben können. Das Urteil ist rechtskräftig, da der DFB aus Gründen des Rechtsfriedens und der Rechtssicherheit auf ein Rechtsmittel verzichtet hat und künftig bundesweit Hosenwerbung zulassen will[169]. Das ist keine Grundsatzfrage, mag man dabei gedacht haben, zumal viele Vereine aus Einnahmegründen ohnehin dafür sind. – Die Divergenz zwischen den beiden Landgerichtsentscheidungen ist jedoch evident. Die Vereinsautonomie wird jedenfalls nicht ausgeleuchtet.

bb) In den 90er Jahren hatte der DFB in einem ernster zu nehmenden Fall die Werbung auf der Brustseite des Trikots mit dem Aufdruck „London" – einem Präservativ – untersagt und mit Verbandsdruck durchgesetzt. Der Rechtsweg ist damals nicht beschritten worden – er wäre übrigens, da es sich um den damaligen Bundesligaverein FC Homburg/Saar 08 handelte, zum Ständigen Schiedsgericht für Vereine gegangen. Der DFB fühlte sich in seiner Autonomie beim Festhalten von „nicht jugendfreier Werbung am Mann" abgesichert. Er lässt auch keine Reklame für alkoholische Getränke auf Trikots zu.

cc) Schwierigkeiten haben manche Fußballverbände auch mit dem richtigen Umgang mit dem muslimischen Kopftuch bei Fußballspielerinnen. Weil sie die Kopfbedeckung im Spiel nicht ablegen wollte, wurde eine Kanadierin vom Schiedsrichter des Feldes verwiesen. Aus Solidarität verließ das ganze Team den Platz. Die Spielerin *Asmahan Mansour* wurde zum Medienstar in Kanada. Quebecs Premier *Jean Charest* stellte sich auf die Seite des Schiedsrichters, sein Wahlkampfgegner auf die der jungen Kanadierin, ein Politikum im an sich liberalen Staat Kanada. Eine Entscheidung zu dieser Frage seitens der FIFA ist mir bisher nicht bekannt geworden.

Fall 4: Die Einteiler-Trikots der Kameruner

Eine mögliche Verletzung des Verhältnismäßigkeitsgrundsatzes ist dem Weltfußballverband in jüngster Zeit unterlaufen. Beim Afrika-Cup 2004 war die Nationalmannschaft von Kamerun statt in Trikots und Hosen in nicht zugelassenen einteiligen Trikots angetreten. Nicht zuletzt, weil der Sponsor der Löwen, die Firma *Puma*, den Streit über die Zulässigkeit dieser Kleidung nach den Fußballregeln auf die Spitze getrieben hatte, verhängte die Disziplinarkommission der FIFA *gegen die renitenten Kameruner eine Geldstrafe von 200.000 CHF und sprach einen Abzug von sechs Punkten für die anstehende Qualifikationsrunde zur WM 2006 aus.*[170] Der damalige Trainer von Kamerun, der Deutsche *Winfried Schäfer*, sah es als absolut aussichtslos an, bei einem solchen Punktabzug sich mit seiner Mannschaft für die WM zu qualifizieren. Kamerun zog vor den CAS. Der FIFA-Präsident *Joseph S. Blatter* spürte, dass man über das Ziel hinausgeschossen war. Da die FIFA gerade ihr 100-jähriges Jubiläum feierte, hob sie – wie es ausdrücklich hieß – „als Geburtstagsgeschenk" den Punktabzug auf und beließ es bei der Geldstrafe – ein elegantes Einschwenken. Der CAS brauchte nicht mehr zu entscheiden.

Die FIFA war zurückgerudert und hat den Verstoß gegen das Übermaßverbot, das wohl durch die Vereinsautonomie nicht gedeckt war, korrigiert.

Fall 5: Die Siegprämie

Ob ein Verstoß gegen den Ehrenkodex des Sports gegeben war oder nur ein Handeln im Rahmen seiner Selbstbestimmung, fragte man sich in Deutschland jeweils im Zusammenhang mit den Bundesliga-Skandalen I (1971–1973) und II (2005 – der sog. *Hoyzer*-Skandal). Zur Beleuchtung des Problems soll auf einen überlieferten Fall aus der Antike eingegangen

---

169 NFV-Pressestelle vom 25. 4. 2008.
170 Urteil der FIFA-Berufungskommission
vom 12. 5. 2004, Az: 040050 CMRZA.

werden: Der griechische Olympionike *Theogenes von Thasos*, der bei Olympia für die Sportarten Faustkampf und Freistil gemeldet hatte, verlor im Ringen gegen einen Gegner, den er sonst besiegt hätte, weil er beim Erringen der Goldmedaille im Boxen zu wenig gekämpft hatte. Er wurde von den Hellanodiken, den Kampfrichtern der Griechen, zu einer empfindlichen Geldstrafe verurteilt, weil nach dem damaligen Sportethos diese seine Haltung nicht gebilligt werden konnte[171].

Ein verwandter Fall vollzog sich in Deutschland, als Fußballer durch Prämien von außerhalb zum Sieg ihrer Mannschaft angespornt wurden: So ist jeweils von Dritten eine Siegprämie für eine Mannschaft ausgelobt und nach Eintritt des Erfolgs bezahlt worden, und zwar im Skandal I von einem abstiegsbedrohten Verein (A) für einen Sieg eines anderen Bundesligisten (B) gegen den Konkurrenten von A im Kampf gegen den Abstieg (C). Die Mannschaft B sollte durch den Anreiz einer ansehnlichen Geldzahlung angehalten werden, dem Gegner C keinen leichten Sieg zu ermöglichen, vielmehr zum eigenen Sieg zu kommen. Im Jahre 2005 im Skandal II wurden Siegprämien durch Wetter für Siege eines bestimmten Vereins versprochen und bezahlt. Der Wetter wollte, dass der Geldempfänger mit vollem Einsatz den Sieg erkämpft, was die Mannschaft ohne die Auslobung angesichts ihres Tabellenstandes vor dem letzten Spieltag im Mittelfeld (Niemandsland) der Tabelle mangels besonderer Motivation ohne Verbesserungs- oder Verschlechterungschancen nicht getan hätte. Die Eigengesetzlichkeit des Spielbetriebs, die zu gewissen Zeiten auch Mannschaftsleistungen unter der Höchstgrenze mit sich bringt, wird insoweit durch Zahlen der Siegprämie verzerrt[172].

Der DFB vertrat in beiden Fallkonstellationen den Standpunkt, dass das Zahlen der Siegprämie als unsportliches Verhalten zu bestrafen sei. Dieser Rechtsauffassung wird teilweise entgegengehalten, dass die Zahlung einer Geldprämie für eine Leistung, die ein Verein bzw. die Spieler nach den sportlichen Regeln eines fairen Wettbewerbs ohnehin pflichtgemäß anzustreben haben, also für eine sportliche Selbstverständlichkeit, nicht als sportwidrig bewertet werden könne. Der Kontrollausschuss des DFB hat derartige Verhaltensweisen in ständiger Praxis sportstrafrechtlich verfolgt; die Fälle des Bundesligaskandals I sind damals mehrfach in zwei Instanzen sportstrafrechtlich abgeurteilt worden. Das DFB-Bundesgericht[173] sah sehr wohl in der Hingabe der Siegprämie wie auch in deren Annahme ein unsportliches Verhalten. Dies folge aus den Begleitumständen der Tat wie auch aus den Beweggründen der Handelnden. Ein Bundesligaverein wolle „einen ihm in sportlicher Weise verbundenen anderen Bundesligaverein in den Abstieg schicken, indem er Spieler eines dritten Vereins vor seinen Karren spanne". Das dafür gezahlte Geld sei – sportlich gesehen – „schmutziges Geld". Aus der Heimlichkeit der Geldzahlung spreche „das schlechte Gewissen".

Im Skandal II wurden Verfahren gegen Spieler nach Zahlung einer Geldbuße für eine wohltätige Institution – bei den Rädelsführern ein Mehrfaches des empfangenen Betrags – im Hinblick auf die geringe Schuld analog § 153 a StPO mit Zustimmung des Sportgerichts eingestellt.

Wahrheitspflicht   25
Im Zivilrecht sind in allen Verfahren der ZPO die Parteien zur Wahrheit und Vollständigkeit verpflichtet (§ 138 Abs. 1 ZPO)[174]. Dies bedeutet ein Gebot zur subjektiven Wahrhaftigkeit. Eine Partei darf nicht wider besseres Wissen Erklärungen zu ihren Gunsten abgeben,

---

171 *Hilpert*, Sportrecht, II 3 Rn. 98.
172 *Hilpert*, Sportrecht, II 3 Rn. 99; *Vieweg*: Nachprüfung von Vereinsstrafen, aaO., S. 172.
173 Urteil vom 27. 10. 1971 (Az.: 64/71/72).

174 Ähnlich §§ 173 VWGO, 202 SGG, 46 ArbGG, 76, 155 FGO.

sie darf nicht lügen[175]. Eine Lüge kann privatrechtlich zu Schadensersatzansprüchen nach § 826 BGB führen; strafrechtlich ist Prozessbetrug denkbar.

a) Im **Strafrecht** besteht für die Beschuldigten Aussagefreiheit: Nach § 136 Abs. 1 Satz 2 StPO ist er zu Beginn seiner Vernehmung darüber zu belehren, dass „es ihm nach dem Gesetz freisteht, sich zu der Beschuldigung zu äußern oder nicht zur Sache auszusagen …" (ebenso § 163 a Abs. 4 StPO für die Vernehmung bei der Staatsanwaltschaft und der Polizei, § 243 Abs. 4 StPO für die Hauptverhandlung). Der Hindergrund dieser Vorschriften ist der im deutschen Strafprozess von jeher geltende Grundsatz, dass niemand verpflichtet ist, gegen sich selbst auszusagen. Dieser Schutz vor Selbstbezichtigungen gilt im Strafprozess für alle Prozessbeteiligten, im Zivilverfahren jedenfalls für Zeugen (§ 384 ZPO)[176]. Das bereits angesprochene Schweige**recht** des Beschuldigten besteht seit langem als Ausdruck des rechtsstaatlichen Verständnisses unseres Strafrechts, das auf dem Leitgedanken der Achtung vor der Menschenwürde beruht[177]. Der Beschuldigte soll selbst entscheiden, ob er als Werkzeug der Überführung seiner selbst benutzt werden soll. Nach dem Zivilprozessrecht ist anerkannt, dass die Wahrheitspflicht der Partei dort ihre Grenzen findet, wo sie gezwungen wäre, eine ihr zur Unehre gereichende Tatsache oder eine von ihr begangene strafbare Handlung zu offenbaren.

b) Das hier zu diskutierende Vereinsrecht ist nach gesicherter Auffassung **Zivilrecht** und **nicht Strafrecht**; die Disziplinarstrafen, die seitens der Verbände gegen die Vereine ausgesprochen werden, sind Akte des Zivilrechts und *„müssen klar von strafrechtlichen Sanktionen abgegrenzt werden"*[178]. Wir stehen hier vor der Alternative zwischen Skylla und Charybdis: hier Wahrheitspflicht, weil Zivilrecht, – dort Schweige- und Aussageverweigerungsrecht, weil strafprozessrechtliche Erwägungen gelten, ja sogar die Menschenwürde (Art. 2 (1) in Verbindung mit Art. 1 (1) GG) tangiert sein kann. Das Problem ist in der zwischenzeitlich doch viele Bände umfassenden Sportrechtsliteratur – soweit ersichtlich – noch nicht ausdrücklich angesprochen worden. Die DFB-Gerichte belehren seit unvordenklichen Zeiten entsprechend § 136 Abs. 1 Satz 2 StPO über ein Aussageverweigerungsrecht des Betroffenen und respektieren es, falls dieser davon Gebrauch macht, anschließend. Es werden **keine** nachteiligen Folgerungen aus einem etwaigen Leugnen gezogen. Im Zivilprozessrecht ist zwar die Parteivernehmung nicht erzwingbar, aus der Ablehnung dürfen jedoch im Gegensatz zum Strafverfahren Schlüsse gezogen werden[179]. Diese ergehen unter Berücksichtigung der Weigerungsgründe in freier Würdigung und sind in der Regel nachteilig für die Partei (§ 446 ZPO). Sogar eine Parteivernehmung von Amts wegen ist als Ausnahme von dem Beibringungsgrundsatz zulässig (s. § 448 ZPO), die bei Aussageverweigerung ebenfalls Folgerungen des Gerichts zulässt.

c) Dieses Dilemma zwischen Zivilrecht und Strafrecht taucht auch noch bei anderen Problemstellungen im Sportstrafrecht auf. Der CAS argumentiert dabei zum Beispiel, dass das typische strafrechtliche Prinzip der „Unschuldsvermutung" ein Unterfall der Beweislast in dem auch hier streng einzuhaltenden Zivilrecht sei, wonach der Sportler darzulegen und zu beweisen habe, dass er seine Sorgfaltspflicht, seinen Körper von Dopingsubstanzen freizuhalten, beachtet habe. Der Spieler müsse sich entsprechend entlasten – das sind typische zivilrechtliche Überlegungen. Um vom vielfach umstrittenen Dopingbereich wegzukommen, wird zur Veranschaulichung der Tragweite des CAS-Standpunktes auf den Fall

---

175 *Thomas/Putzo*, aaO., § 138 Rn. 1, 2.
176 BVerfG, NJW 1981, 1431.
177 BVerfGE 38, 105 ff., 113; BGHSt 14, 358 ff., 364.

178 So wörtlich: CAS, SpuRt 2007, 24, 25.
179 BVerfG, NJW 1981, 1431 zu I 2 a.

hingewiesen, dass gegen einen Schiedsrichter einige Indizien sprechen, dass er eine Spielmanipulation begangen hat. Wenn dieser in einem zivilrechtlich orientierten Vereinsdis-
ziplinarverfahren von seinem Aussageverweigerungsrecht Gebrauch macht, können die
daraus zu ziehenden Schlüsse – es soll auch keine plausible Begründung für sein Schweigen
gegeben werden – ihm zum Nachteil gereichen und insgesamt zur Überführung des
Betroffenen führen. Das Fußballstrafrecht erlaubt ihm dagegen die Nichtaussage, ohne
dass Folgerungen daraus gezogen werden dürfen – jedenfalls nach der Interpretation der
DFB-Rechtsinstanzen.

Hinsichtlich der dogmatischen Zuordnung des Vereinsrechts setzen die DFB-Richter
rechtsstaatliche Farbtupfer auf der Basis des Zivilrechts, was ihnen nicht schlecht zu Gesicht
steht. Die Begründung hierfür geht m. E. dahin, dass sicherlich das Vereinsrecht Zivilrecht
ist, jedoch das Sportrecht auch ein Querschnitts- bzw. Mischgebiet im Recht ist und an
einigen Stellen Anleihen beim Strafprozess machen **darf und soll**, insbesondere wenn diese
Verfassungsgrundsätze verkörpern.

d) Anders ist es nach Auffassung des Autors zu sehen, wenn der Betroffene trotz Belehrung
freiwillig zur Sache aussagt. Wenn er gleichwohl für schuldig gesprochen wird, können ein
etwaiges hartnäckiges Leugnen der Tat trotz Überführung oder eine bewusste Irreführung
des Gerichts sehr wohl zu seinem Nachteil strafschärfend verwertet werden. Ein solches
Vorgehen eines Zivilvereinsgerichts verstößt weder gegen verfassungsrechtliche Verbote
und insbesondere nicht gegen das Urgesetz des Sports, das Fair-Play-Prinzip. Ein fairer
Sportler steht zu seiner Tat und beschönigt sein Verhalten nicht in unehrlicher, d. h.
unfairer Weise.

Generell gesehen ist die Problemstellung, wann im Vereinsrecht als Zivilrecht gleichwohl
strafrechtliche Akzente gesetzt werden und in dieses bewährte strafprozessuale Vorschriften, die oft verfassungsrechtlich abgesichert sind, Einzug halten und zur Verbesserung der
Institution Vereinsrecht insgesamt beitragen können (s. Teil III: Verfahrensrecht).

Zusammenfassung der Vorbemerkungen   26
All die zur Überleitung zum Besonderen Teil des Sportstrafrechts dargelegten allgemeinen
Rechtsgrundsätze und Rechtsüberlegungen (vorstehende Rn. 1–25) sind nachfolgend direkt oder analog bei der Beurteilung einer eine Disziplinarstrafe rechtfertigenden Verhaltensweise heranzuziehen. Das jahrhundertealte staatliche Recht kann dabei der noch
jungen Sparte „Sportrecht" wertvolle Auslegungs- und Anwendungshilfen geben.

Besonderer Teil des Fußballstrafrechts
(§§ 6–12 RuVO)

Einleitung:
Die in §§ 1 Nr. 4 RuVO in Verbindung mit § 44 Nr. 1 Satzung enthaltene Grundentscheidung, dass „sportliche Vergehen, d. h. alle Formen unsportlichen Verhaltens" geahndet werden, ist eine General- bzw. eine Auffangklausel, die durch eine Reihe von Einzeltatbeständen (§§ 6–12 RuVO) konkretisiert wird. In dem nachfolgend kommentierten Besonderen Teil des DFB-Fußballstrafrechts wird die Grundentscheidung durch gesonderte Vorschriften spezifiziert.

§ 6 RuVO

Doping

1. Doping ist verboten.

2. Doping ist das Vorhandensein einer Substanz aus den verbotenen Wirkstoffen im Körper (Gewebe- oder Körperflüssigkeit). Doping ist auch die Anwendung verbotener Methoden, die geeignet sind, den physischen oder psychischen Leistungszustand eines Spielers künstlich zu verbessern. Doping ist auch der Versuch von Dritten, Substanzen aus den verbotenen Wirkstoffen oder die Anwendung verbotener Methoden anzubieten oder jemanden zu deren Verwendung zu veranlassen.

   Maßgeblich ist die vom DFB jeweils herausgegebene Liste (Anhang A zu den Anti-Doping-Richtlinien des DFB).

3. Jeder Spieler ist verpflichtet, sich einer angeordneten Dopingkontrolle zu unterziehen.

4. Jeder Verein und jede Tochtergesellschaft hat zu gewährleisten, dass die Spieler seiner bzw. ihrer Mannschaft nicht gedopt werden und sich angeordneten Dopingkontrollen unterziehen. Dem Verein oder der Tochtergesellschaft ist das Handeln der Angestellten und beauftragten Personen sowie dem Verein zusätzlich das Handeln seiner Mitglieder zuzurechnen.

5. Die Anordnung von Dopingkontrollen obliegt dem Träger der jeweiligen Spielklasse. Verstöße gegen die Anti-Doping-Vorschriften werden nach den jeweiligen Bestimmungen der Träger geahndet.

6. Die Einzelheiten werden in den Anti-Doping-Richtlinien des DFB geregelt.

7. Verstöße gegen vorstehende Vorschriften werden nach den Bestimmungen des DFB geahndet.

§ 6 RuVO wird ergänzt durch § 4 k) und § 6 Nr. 2 c) der Satzung:

80

§ 4

Zweck und Aufgabe

Zweck und Aufgabe des DFB ist es insbesondere, ...

k) das Dopingverbot zu beachten und durchzusetzen, um Spieler vor Gesundheitsschäden zu bewahren und Fairness im sportlichen Wettbewerb und Glaubwürdigkeit im Fußballsport zu erhalten. Der DFB stellt sicher, dass zu diesem Zweck Dopingkontrollen durchgeführt werden. ...

§ 6

Zuständigkeiten und Rechtsgrundlagen

...

2. Der Regelung durch den DFB unterliegen ferner ...

c) die Durchführung von Dopingkontrollen auf der Grundlage der Reglemente von WADA, NADA, FIFA und UEFA sowie den Anti-Doping-Richtlinien des DFB. ...

Dopingbegriff 27

Das Doping gehört zu den Dauerbrennern des Sportrechts. Nach § 4 k) der Satzung ist Aufgabe des DFB die Achtung und Durchsetzung des Dopingverbots im Interesse der Fairness und Glaubwürdigkeit im Fußballsport und zu diesem Zweck die Durchführung von Dopingkontrollen. Diese werden nach § 6 Nr. 2 c Satzung auf der Grundlage der WADA, NADA, FIFA und UEFA sowie den Anti-Doping-Richtlinien des DFB durchgeführt. Das Wort „Doping" leitet sich aus der Buren-Sprache ab. Mit „Dope" bezeichneten diese im 19. Jahrhundert einen starken Schnaps bei dem Stamm der Kaffer. Seit dieser Zeit wird der Begriff „Doping" verwendet, um bestimmte, als unzulässig bewertete Formen der Steigerung der sportlichen Leistungsfähigkeit zu erfassen[180].

Der Begriff „Doping" für das Sportrecht ist nach und nach klarer gefasst worden. Für den DFB ist in dem oben zitierten § 6 Nr. 2 RuVO eine Definition getroffen worden, in der – kurz zusammengefasst – verboten ist:

- die Präsenz verbotener Substanzen im Körper,
- die Anwendung verbotener Methoden,
- der Versuch von Dritten, verbotene Substanzen oder verbotene Methoden anzubieten.

Maßgeblich ist insoweit die Liste der verbotenen Substanzen und Methoden der WADA in der ab 1. Januar 2009 gültigen Fassung. Es handelt sich dabei um eine dynamische Verweisung (s. oben Teil I, § 1 Rn. 4 d). Gerade die Schnelllebigkeit der Entwicklungen im Dopingbereich, insbesondere die medizinischen „Fortschritte" auf diesem Gebiet belegen schlagkräftig, dass statische Verweisungen in Nebenordnungen, die stets geändert werden müssen, völlig unpraktikabel sind. Die WADA veröffentlicht mindestens einmal jährlich eine aktualisierte Dopingverbotsliste als internationalen Standard. Die Satzungen der Verbände müssen die neue Fassung jeweils drei Monate nach Veröffentlichung der neuen Liste wirksam werden lassen[181].

Die „Verfolger" auf Verbandsseite blieben meist zweiter Sieger, falls nicht dynamische Verweisungen auf die Dopingverbotsliste zulässig sind[182]. Anzumerken ist hinsichtlich des Inhalts der Dopingliste, dass einige verbotene Stoffe auch endogen produziert werden

180 *Vieweg*, Doping im Verbandrecht, NJW 1991, 1511.

181 PHB/*Fritzweiler*, aaO., Anhang B, S. 801.

182 *Petri*, aaO., SpuRt 2003, 183.

können; es bedarf dabei der Festlegung des Grenzwertes[183] (z. B. bei Nandrolon, Testosteron).

28 Doping, die größte Lüge des Sports

Das Thema Doping ist eine der größten Herausforderungen der Sportgeschichte. Es ist aber kein Phänomen der jüngsten Zeit – bereits in der Antike trank man entsprechende Kräuter und aß Stierhoden. Dopingskandale sind in den letzten 40 Jahren häufig durch die Weltpresse gegangen. Die Fälle *Katrin Krabbe, Dieter Baumann, Alexander Leipold, Jan Ullrich* und viele andere in Deutschland sowie die Fußballer *Fernando Couto* und *Edgar Davids*, die Leichtathleten *Ben Johnson, Harry „Butch" Reynolds* und *Marion Jones*, die Radfahrer *Bjarne Riis* und *Michael Rasmussen* in der übrigen Welt, ferner viele Schwimmer, Biathleten, Schwerathleten sind nur einige Beispiele. Freude über Leistung und Sieg ist Freude auf Widerruf, da die Anerkennung des sportlichen Erfolgs unter dem Vorbehalt der negativen Dopingprobe steht[184]. Man erinnere sich an das Staunen beim „Wunderritt über die Berge" von *Floyd Landis* bei der Tour de France 2006, dem eine maßlose Enttäuschung der Sportwelt bei der Eröffnung seiner Dopingkontrolle wenige Tage später folgte. Sportdoping ist gewissermaßen das größte verdeckte Foul, der negative Star der Sportmanipulation.

Bis um die Jahrhundertwende war die Dopingbekämpfung Stückwerk. Im Jahre 1998 wurde in einem von *Erika Scheffen* herausgegebenen Buchband[185] die Frage umfassend untersucht, „ob das Fair Play in unserer hochspezialisierten und von Gewinnstreben geprägten Sportwelt noch zeitgemäß ist". Die Frage stellen, hieß sie zu verneinen. Am 10. 11. 1999 ist dann die WADA als Stiftung schweizerischen Rechts gegründet worden. Ihr Zweck ist es, Doping auf internationalem Niveau zu bekämpfen, insbesondere diese Bekämpfung zu koordinieren bzw. zu vereinheitlichen[186]. Viele Staaten entwickelten zu dieser Zeit ein Problembewusstsein und sahen sich nach und nach auch in der Pflicht. Man sah ein, dass „nur" moralischer Druck nicht ausreicht. Ein Staat, der sich wie die Bundesrepublik als „Sportstaat" und als „Sportpflegestaat" versteht, verliert nämlich selbst an Ansehen, wenn er Sportler fördert, die durch Leistungsmanipulation das Lebensgesetz des Sports – das Gebot der Fairness – verletzen. Aus diesem Grund wird das Dopingverbot hierzulande nach besten Möglichkeiten durch die Verbände mit Unterstützung durch den Staat überwacht und durchgesetzt. Auch viele „große" und „kleine" Sportler, die von der Seuche Doping befallen waren, fordern alle redlichen Kräfte im Sport und außerhalb desselben auf, diese tödliche Berufskrankheit des Dunkelfelds „Doping" zu bekämpfen und nicht beim Vertuschen zuzusehen. Bis zum Jahre 2000 war die Frage *Udo Steiners*[187] durchaus angebracht, ob nicht die deutsche Dopingdiskussion auf die Frage hinauslaufe, wieso die Deutschen für die sportliche Ethik, die übrigen Staaten für den sportlichen Erfolg zuständig seien. Man hat mittlerweile in vielen Staaten der Welt erkannt, dass höchste Güter des Sports in Gefahr sind: Doping manipuliert die Chancen- und Wettbewerbsgleichheit im Sport, die dessen Eigenwert als „Leistung aus eigenen Möglichkeiten" ausmacht. Es gefährdet, ja verletzt oft die Gesundheit der Athleten. Es darf sich nicht der Ausspruch von *Berthold Brecht* bewahrheiten: „*Der große Sport fängt dort an, wo er längst aufgehört hat, gesund zu sein.*" Sportethische Forderungen müssen deshalb bei der Festlegung der Dopingverbote im Einzelnen „den Ausschlag geben – andernfalls droht eine Zirkusshow"[188].

---

183 *Pfister*, SpuRt 2008, 2, 3.
184 *Steiner*, SpuRt 2006, 244.
185 Sport, Recht und Ethik, 1998.
186 *Haas/Prokop*, aaO., S. 6.

187 Auf Doping-Forum des Konstanzer Arbeitskreises im Februar 2000 in Köln.
188 Grenzen der Dopingverbote, Dissertation *C. Prokop*, besprochen von *Hess*, SpuRt 2002, 88.

Nur durch äußerste Anstrengung kann verhindert werden, dass noch andere Sportarten außer dem Radsport in eine nicht mehr aufzuhaltende Schleuderbewegung geraten. Auch die große Zahl sog. „Missed Tests" (201 Fälle in Deutschland wurden von der NADA im Jahre 2007 gemeldet), bei denen Sportler bei unangemeldeten Trainingskontrollen nicht angetroffen wurden und ihrer Abmeldepflicht nicht nachgekommen waren, bedürfen der verstärkten Aufmerksamkeit der Verbände und ihrer Kontrollinstitutionen. Die redlichen Kräfte, die weit in der Überzahl sind, wollen gewährleisten, dass Siege und Rekorde im Sport nicht das Ergebnis pharmakologischer Maßnahmen sind.

Viele Anhänger des Sports in allen Disziplinen bedauern zutiefst, dass auch die herausragenden Leistungen etwa bei Olympischen Spielen von Sportlern, die sauber geblieben sind, unter den Generalverdacht fallen. Je größer die Leistung, desto eher die Wahrscheinlichkeit der Dopingeinnahmen. Ertappt würden angesichts der Fortschritte der modernen Medizin ohnehin nur die dümmsten und die ärmsten. Wie ist es bei dem Schwimmstar *Michael Phelps* mit seinen acht Goldmedaillen, wie bei *Usain Bolt* mit seinen Wunderläufen im Vogelnest?

Dopingbekämpfung im Ausland 29

In Europa begann der verstärkte Kampf gegen Doping im Anschluss an die Dopingfälle bei der Tour de France 1998 (Fall *Richard Virenque*). Die Lausanner Erklärung zum Doping vom 4. Februar 1999[189] setzte ein Signal, und in vielen Staaten wurden Gesetze gegen Doping erlassen mit zum Teil gesplitteter Aufgabenstellung zwischen Staat und nationalen Verbänden (so in unterschiedlicher Form in Frankreich, Italien, Schweden, Dänemark, Polen). Die Rolle des Staats in Deutschland wird unter Rn. 39 noch gesondert beleuchtet werden. Gerade aus der Warte der Europäer wird zutiefst bedauert, dass von den über 200 nationalen Verbänden, die bei den Olympischen Spielen 2008 in China an den Start gingen, nur bei etwa einem Dutzend Ländern ernst zu nehmende Anti-Doping-Agenturen eingesetzt sind – ganz fehlen solche beispielsweise in Jamaika, dessen Athleten alle Goldmedaillen im Männersprint, gekrönt durch Traumweltrekorde, in überlegener Weise eroberten. Einem Freund der Leichtathletik fällt dabei die Erinnerung an den damals als Lauf in das nächste Jahrtausend eingeschätzten Olympiasieg *Ben Johnsons* 1988 ein: Der Held war ein Betrüger, er war gedopt. 4.770 Kontrollen wurden 2008 in Peking durchgeführt. Die Urin- und Dopingproben werden acht Jahre eingefroren. Es besteht die Hoffnung, dass nach und nach neue Untersuchungsmethoden entwickelt werden, die Dopingsünder entlarven und zu ihrer nachträglichen Disqualifikation und der Wegnahme ihrer Medaillen führen können. Dazu zeigt sich IOC-Präsident *Jacques Rogge* fest entschlossen, der eindeutig bekennt: *„Ich hasse Doping."*

Eine wichtige Rolle bei der Bekämpfung des Dopings wie auch der Entwicklung einer Rechtseinheit zu Doping spielt der CAS mit seinen zahlreichen „leading cases", auf die nachstehend jeweils bei der speziellen Problematik einzugehen sein wird.

Jedenfalls ist man sich in Europa völlig einig, dass der Sport sich selbst aufgeben würde, wenn er vereinzelten ketzerischen Rufen nach der Freigabe des Dopings folgen würde.

Doping in Fußballdeutschland 30

Während vorstehend schon einige Fälle aus dem Weltfußball aufgeführt wurden, wozu auch der Weltstar Diego Maradona zu zählen ist, bei dem Kokain bei der WM 1994 festgestellt wurde, sollen nachfolgend gemäß unserem Thema (§6 RuVO) die Dopingfälle

189 Abgedruckt in: SportR C II, 5.

im deutschen Fußball referiert und kommentiert werden. Ab 1. 1. 1995 wurde das Überprüfungssystem des DFB erweitert und u. a. auch Hallenspiele erfasst.

1. Fall:
Bei einem Hallenturnier in Leipzig wurde der Bochumer Lizenzspieler Roland Wohlfahrt positiv getestet. Er hat in einer Apotheke den rezeptfreien Appetitzügler „Recatol N" erworben, da er nach den Anweisungen seines Coachs in der trainingsfreien Zeit um die Jahreswende 1994/1995 sein Gewicht niedrig halten sollte. Recatol N gehört zu den Stimulanzien. Wohlfahrt hatte sich weder in der Apotheke erkundigt, ob das Medikament für einen Sportler gefährlich sein kann, noch hatte er den Beipackzettel gelesen, insbesondere auch nicht den insoweit für Zweifelsfälle zuständigen Mannschaftsarzt befragt.

Wohlfahrt wurde durch die DFB-Gerichte zu zwei Monaten Sperre verurteilt (Urteile des DFB-Sportgerichts vom 6. 2. 1995 – Nr. 100/94/95 – und des DFB-Bundesgerichts vom 16. 2. 1995 – Nr. 9/94/95)[190]. Beide Instanzen hielten die Einlassung Wohlfahrts, er habe nicht daran gedacht, dass es sich um ein Medikament handeln könnte, für glaubhaft, er habe aber grob fahrlässig gehandelt.

2. Fall:
Dem Lizenzspieler Petr Kouba, 1. FC Kaiserslautern, wurde in einer Regenerationsphase nach einer Verletzung von einem praktizierenden Arzt der verbotene anabole Wirkstoff „Clostebol" verordnet. Er nahm das Mittel ein, ohne seinen Mannschaftsarzt konsultiert zu haben, was nach Auffassung der Gerichte seine Pflicht gewesen wäre. Er wurde wegen grob fahrlässigen Dopingverstoßes zu einem Monat Sperre verurteilt (Entscheidungen des DFB-Sportgerichts vom 16. 4. 1998 und des DFB-Bundesgerichts vom 5. 5. 1998 – Nr. 16/97/98). Seine Einlassung, der behandelnde Arzt habe ihm erklärt, ein homöopathisches Medikament zu injizieren, könne ihn nicht entlasten, weil er nicht einen der beiden Ärzte seines Vereins informiert habe, sondern einem ihm von dritter Seite als Sportarzt empfohlenen Mediziner leichtfertig gefolgt sei.

3. Fall:
In der Halbzeitpause des Spiels 1. FC Kaiserslautern gegen VfL Bochum hatte der Bochumer Torwart Thomas Ernst Kreislaufprobleme, weshalb ihm sein Mannschaftsarzt ein Glas Wasser zum Trinken gab. Darin waren 20 Tropfen des geschmacklosen Kreislaufmittels „Carnigen". Der Spieler glaubte, sei ihm reines Wasser verabreicht worden. Nach Spielende wurde ihm eine Urinprobe entnommen, die eine Oxilofrinkonzentration von ca. 32 lg/ml enthielt. Oxilofrin ist ein Ephedrinderivat und damit eine verbotene Substanz, ein Stimulans. Thomas Ernst spielte in der zweiten Halbzeit ohne Beschwerden.

Er wurde von dem Anklagevorwurf freigesprochen, da seine Einlassung, keine Kenntnis von der Einnahme der verbotenen Substanz gehabt zu haben, in der Verhandlung nicht widerlegt worden ist. Er hat nach Auffassung des Sportgerichts (Urteil vom 17. 11. 1998 – Nr. 43/98/99) die bei Verwirklichung eines Dopingtatbestands – wie hier – bestehende Verschuldensvermutung (§ 14 a Abs. 2 SpielO a. F.) widerlegt, weshalb er frei zu bleiben hatte.

Der Verein VfL Bochum wurde zu einer Gesamtgeldstrafe von 80.000 DM verurteilt, weil er den Tatbestand des Spielenlassens eines gedopten Spielers (Einzelstrafe 60.000 DM) und den der Nichtangabe des Dopingmittels auf dem Kontrollbogen (40.000 DM Einzelstrafe), zusammengezogen zu einer Gesamtstrafe von 80.000 DM, verwirklicht hat. Das Sportgericht nahm dem Bochumer Mannschaftsarzt ab, dass er bei Verabreichung des Medikaments Carnigen nicht gewusst hatte, dass es eine verbotene Substanz enthält. Entschuldigen könne ihn sein Irrtum aber nicht, vielmehr habe er grob

---

190 SpuRt 1995, 233 ff.

fahrlässig gehandelt. Dieses Fehlverhalten wurde dem Verein VfL Bochum zugerechnet. Von einem Punktabzug zum Nachteil des Clubs wurde aber abgesehen, weil der Fall nicht als schwerwiegend eingeschätzt wurde, da eine Verletzungsbehandlung durch den Arzt gewollt war und ein zwar verbotenes, aber offensichtlich unschädliches Medikament ohne Vorsatz verabreicht worden ist.

4. Fall:

Nach dem Bundesliga-Meisterschaftsspiel des 1. FC Nürnberg gegen den SC Freiburg am 29. 5. 1999 ergab eine bei dem Club-Spieler **Thomas Ziemer** *entnommene Urinprobe eine hohe Konzentration des verbotenen anabol-androgenen Steroids „Androstendiol". Es war auf die Einnahme von Kapseln des pflanzlichen Wirkstoffes „Tribulus Terrestris" auf Anraten eines ständig beim Verein beschäftigten „Ernährungsberaters", dem er blind vertraute, zurückzuführen. Dieser wurde bezeichnenderweise in Spielerkreisen „Miraculix" genannt. Eine Überwachung der fortwährend durch diesen ohne Kontrolle oder Dokumentation erfolgten Verabreichung von Nahrungsergänzungsmitteln durch den Mannschaftsarzt fand nicht statt. Der Berater hatte mit Androstendiol „verunreinigte" Kapseln von „Tribulus Terrestris" aus den USA und Holland bezogen, deren Weitergabe in Deutschland als Verstoß gegen das Arzneimittelgesetz strafbewehrt war. Die Einnahme von zwei Kapseln davon am Abend vor dem Spiel und je zwei weiteren am Morgen und Mittag des Spieltages hat Thomas Ziemer eingestanden. Die Gerichtsinstanzen des DFB (Urteile des Sportgerichts vom 11. 10. 1999 – Nr. 30/99/2000 – und des Bundesgerichts vom 27. 10. 1999 – Nr. 1/99/00)*[191] *haben festgestellt, dass der bei der Kontrolle nach dem Spiel festgestellte objektive Dopingbefund auf die Einnahme vorstehender Substanzen zurückzuführen ist. Jeder Spieler trage persönlich die Verantwortung dafür, welche Substanzen seinem Körper zugefügt werden. Aus dieser Eigenverantwortung des einzelnen Sportlers resultiere eine umfangreiche Kontroll-, Dokumentations-, Erkundigungs- und Nachforschungspflicht.*

Die 1. Instanz ging dabei von der Schuldform des bedingten Vorsatzes aus. Thomas Ziemer habe die aktuelle Dopingdebatte und die einschlägigen Vorschriften gekannt, ihm seien die dubiosen Umstände, unter denen der Ernährungsberater agiert habe, nicht verborgen geblieben, insbesondere sei auch keine Absprache mit dem Mannschaftsarzt erfolgt. Der Spieler habe seine Kontroll- und Überwachungspflicht in grobem Maße verletzt. Er habe sich nach seiner Einlassung auf dessen Beteuerungen, die Substanzen seien rein pflanzlich und unschädlich, verlassen. Wer sich so verhalte, nehme billigend in Kauf, verbotene Substanzen zu sich zu nehmen, und handele deshalb **bedingt vorsätzlich.**

Die Berufungsinstanz ging davon aus, dass dem Betroffenen nicht mit Sicherheit nachgewiesen werden könne, dass er davon ausgegangen sei, dass ein verbotener Wirkstoff den Kapseln beigemischt gewesen sei. Die gegebene Bedenkenlosigkeit und Gleichgültigkeit reichten für die zweifelsfreie Annahme eines bedingten Vorsatzes nicht aus. Er habe aber leichtfertig, d. h. mit einem erhöhten Grad der **Fahrlässigkeit** *gehandelt. Er hätte sich beim Vereins-Dopingarzt persönlich rückversichern müssen. Auf die Angabe medizinischer Laien – wie hier – dürfe sich ein Lizenzspieler, der in erster Linie persönlich sicherstellen müsse, dass er keine Doping-Wirkstoffe seinem Körper zuführt und dann spielt, nicht verlassen. Die von der 1. Instanz verhängte Sperre von neun Monaten wurde im Hinblick auf die Annahme der geringeren Schuldform auf sechs Monate herabgesetzt.*

5. Fall:

In der Millenniumsnacht 1999/2000 hat der damals noch bei Ajax Amsterdam unter Vertrag stehende holländische Profi **Quido Lanzaat** *in Amsterdam zwei Haschischzigaretten geraucht. Am 11. 1. 2000 unterschrieb er einen Lizenzspielervertrag bei Borussia Mönchengladbach und nahm für diesen Verein am Finale des DFB-Hallenmasters am 15. 1. 2000 in München für wenige Minuten teil. Als Lanzaat eingewechselt wurde, stand das Spiel gegen SpVgg Greuther Fürth 3:2 für Mönchengladbach, woran sich bis zum Spielende nichts änderte. Die anschließend entnommene Urinprobe ergab bei dem Spieler*

---

191 SpuRt 2000, 78 ff.

*Lanzaat einen Wert von 15 mg THC (Cannabinoide). Dieser Wirkstoff, der z. B. bei Marihuana oder Haschisch gegeben ist, ist nach Anhang A zur Dopingliste, wenn der festgelegte Grenzwert – wie hier – überschritten ist, verboten, falls ein Spieler in diesem Zustand an einem Wettkampf teilnimmt. Zugunsten des Spielers wurde unterstellt, dass die Tatalternative der Applikation des Wirkstoffes zur **Leistungssteigerung** nicht gegeben war.*

*Die DFB-Gerichte (Sportgerichtsurteile vom 16. 1. 2000 und 22. 3. 2000 – Bundesgerichtsurteile vom 31. 5. 2000 (Nr. 13/1999/2000 und 14/1999/2000)[192] haben zunächst klargestellt, dass es ohne Belang ist, wie der Konsum von Haschisch in den Niederlanden verfolgt wird. Das Dopingvergehen wurde vorliegend begangen durch Teilnahme am Endspiel des Hallenmasters des DFB in München, demnach bei einem Spiel des DFB im **Bereich des DFB**. Der Lizenzspieler Lanzaat habe auch schuldhaft gehandelt, da er nicht dafür Sorge getragen habe, erst wieder zu spielen, wenn der Abbau des eingenommenen Haschischs in seinem Körper bis unter den erlaubten Grenzwert eingetreten ist. Er hat vielmehr geglaubt, nicht in eine Dopingkontrolle einbezogen zu werden, und habe seinen Verein völlig unwissend gelassen. Dieses Verhalten Lanzaats sei pflichtwidrig, weshalb er wegen Dopingvergehens (§ 5 (2) RuVO a. F.) schuldangemessen zu bestrafen sei, konkret zu drei Monaten Spielsperre. Ein Verbotsirrtum ist bereits von vornherein nicht angenommen worden (s. oben Rn. 20 c).*

Wegen der Mitwirkung eines gedopten Spielers in einem Pflichtspiel wurde das Ergebnis für seine Mannschaft mit 0:2 als verloren und dem Gegner mit 2:0 als gewonnen gewertet. Dass den Verein Mönchengladbach keinerlei Schuld treffe, stehe vorstehender zwangsläufigen Folge nicht entgegen. Es handele sich um eine Spielwertungsfolge, die sich allein aus der Rechtstatsache der Mitwirkung eines gedopten und deshalb bestraften Spielers ergebe – auch ohne Eigenverschulden des Vereins[193]. Dass während der kurzzeitigen Teilnahme Lanzaats im Spiel das Ergebnis von 3:2 für Mönchengladbach nicht verändert wurde, sei unerheblich.

Der Endspielgegner SpVgg Greuther Fürth wurde zum Hallenmaster 2000 erklärt. Die eingereichte Schiedsgerichtsklage war nicht erfolgreich.

6. Fall:

*Der Vertragsamateur **Manuel Cornelius** hat im DFB-Pokalspiel seines Vereins Tennis Borussia Berlin gegen DSC Arminia Bielefeld mitgewirkt, wobei die Analyse der Dopingprobe eine Konzentration an Norandrosteron von 59 ng/ml Urin ergab, was eine erhebliche Überschreitung des Grenzwertes bei Männern von 2 ng/ml bedeutete. Der Befund war auf die Einnahme des Nahrungsergänzungsmittels „Speed Creatin" zurückzuführen. Dieses Mittel war dem Spieler auf Veranlassung der medizinischen Abteilung des Vereins verabreicht worden. Tennis Borussia Berlin hatte die Tabletten aus einer Berliner Apotheke bezogen, die keine Hinweise auf das Verbotensein der Substanz für Sportler gegeben hat. Das Präparat enthielt auf der Packungsbeilage auch keinen Hinweis auf Dopingsubstanzen. Cornelius gegenüber wurde bei dieser Sachlage vom Sportgericht „allenfalls" der Vorwurf einer nachlässigen Kontrolle des Beschaffungsweges des Präparats gemacht.*

*Da er bereits knapp acht Wochen „faktisch" gesperrt war, wurde das Verfahren analog § 153 (2) StPO wegen allenfalls geringen Verschuldens vom Sportgericht mit Zustimmung des Kontrollausschusses eingestellt (Entscheidung vom 26. 10. 2000 – Nr. 28/2000/2001)[194]. Die analoge Anwendung des § 153 (2) StPO wurde auch insoweit beibehalten, als entsprechend der herrschenden Praxis im staatlichen Verfahrensrecht der Nachweis einer Schuld **nicht** verlangt werde. Die Formulierung „allenfalls" in den Urteilsgründen zeigt, dass das Sportgericht diese nicht als erwiesen angesehen hat. Es genügt vielmehr, dass eine gewisse Wahrscheinlichkeit besteht, bzw. jedenfalls die Unwahrscheinlichkeit*

---

192 SpuRt 2001, 211, 212.   **194** SpuRt 2001, 257.
193 DFB-Bundesgericht, SpuRt 2001, 212.

eines Freispruchs, falls das Verfahren durchgeführt würde. Für diesen Fall nahm das Gericht an, dass die Schuld des Spielers als gering anzusehen wäre. Die Sportstrafsache brauchte in dem Fall Cornelius also nicht weiter aufgeklärt zu werden, als es für die getroffene Prognose notwendig war.

7. Fall:
*Wie im Fall 5 sind die Niederlande Ausgangspunkt für eine Dopingeinnahme, diesmal durch den Dortmunder **Ibrahim Tanko**. Bei einer Feier im Nachbarland, das größere Freiheiten auf dem Gebiet der Rauschmittel gewährt, nahm er Marihuana zu sich, was nach dem Einsatz im Spiel seines Vereins gegen Schalke 04 zu einem positiven Befund führte.*

Das DFB-Sportgericht (Nr. 87/2000/2001) sprach gegen ihn eine Spielsperre von vier Monaten aus und verhängte – weil Tanko zwischenzeitlich zum SC Freiburg wechselte und deshalb ohnehin nicht spielberechtigt war – zusätzlich eine Geldstrafe von 15.000 DM. Marihuana gehört zu den Cannabinoiden und damit nach Liste A zu den verbotenen Substanzen.

8. Fall:
*Bei dem Nichtamateur **Christian Schmid** (SC Pfullendorf) wurde nach einem Meisterschaftsspiel der Regionalliga Süd der Befund „Pseudoephedrin in überhöhter Form" festgestellt. Sein Masseur hatte ihm zur Behandlung einer Erkältung vor dem Spiel das Medikament „Aspirin Complex" verabreicht.*

*Durch Urteil des Sportgerichts vom 4. 11. 2003 (Nr. 62/2003/2004) wurde wegen Einnahme von Stimulanzien gegen Schmid eine Sperre von sechs Monaten verhängt, weil er gegen die jeden Spieler **selbst** treffende Kontroll- und Überwachungspflicht in grobem Maße verstoßen habe. Der Spieler habe es pflichtwidrig versäumt, den Mannschaftsarzt über die Unbedenklichkeit der Medikamenteneinnahme zu befragen. Strafmildernd wurde berücksichtigt, dass es sich bei Pseudoephedrin um eine Dopingsubstanz von relativ untergeordnetem Rang gehandelt habe, die ab 1.1.2004 ohnehin nicht mehr auf der WADA-Liste als verbotene Substanz aufgeführt ist.*

Auch der Verein SC Pfullendorf wurde bestraft (Urteil vom 14. 8. 2003 – Nr. 71/2003/2004), und zwar wegen Mitwirkenlassens eines gedopten Spielers (§ 7 Nr. 1 i RuVO), wobei dem Club das Verhalten des Masseurs zugerechnet worden ist.

9. Fall:
*Bei dem Spieler **Senad Tiganj** (FC Rot-Weiß Erfurt) wurde nach dem Zweitliga-Spiel seines Vereins gegen SpVgg Unterhaching die verbotene Substanz „Fenoterol" festgestellt.*

Durch Urteil des Sportgerichts vom 4. Mai 2005 und in der Berufungsinstanz des Bundesgerichts vom 18. Mai 2005 (Nr. 9/2004/2005) wurde er wegen eines fahrlässigen Vergehens des Dopings bestraft, weil „Fenoterol" zu den Beta-2-Agonisten zählt, die nach Anhang A Dopingliste verboten sind. Tiganj hatte nach seiner Einlassung, die dem Urteil zugrunde gelegt wurde, ein Asthmamittel inhaliert, als er seinem vierjährigen Sohn anlässlich eines bei diesem aufgetretenen akuten Asthmaanfalls selbst demonstrierte, wie man das Mittel einatmet. Er ist in einer akuten Notlage davon ausgegangen, dass es sich um eine unschädliche Kindermedizin handelt, weshalb er sich in einem Verbotsirrtum befand, der allerdings vermeidbar gewesen ist, worauf sich der Fahrlässigkeitsvorwurf stützt. Hierfür sei eine Spielsperre von zehn Wochen schuld- und tatangemessen, weil nach dem WADA-Code eine Unterschreitung der beiden Mindeststrafen (zwei Jahre bzw. sechs Monate Sperre) nach der Beurteilung des Einzelfalls zulässig sei.

Zwischenzeitlich enthält Anhang A der Liste der verbotenen Instanzen und Methoden in der ab 1. 6. 2008 geltenden Fassung der WADA unter III „Spezifische Substanzen" folgenden Zusatz: „... Die Liste der verbotenen Substanzen (hier: Beta-2-Agonisten) und Methoden kann Substanzen bezeichnen, die wegen ihrer starken Verbreitung in medizinischen Produkten leicht zu einer unachtsamen Verletzung der Anti-Doping-Bestimmungen führen können ... oder deren Einsatz zu Dopingzwecken wenig wahrscheinlich ist …" Ein Dopingvergehen mit diesen Substanzen kann deshalb ein geringeres Strafmaß nach sich ziehen, falls „… der Spieler beweisen kann, dass die Verwendung einer solchen spezifischen Substanz keine sportliche Leistungssteigerung zum Ziel hatte" (Anhang A Abs. 2 zur Dopingliste).

Auf Protest des Gegners wurde das Spiel zugunsten von SpVgg Unterhaching umgewertet.

10. Fall:

*Nach dem Meisterschaftsspiel der Regionalliga Nord Fortuna Düsseldorf gegen DSV Kickers Emden am 7. 9. 2005 wurde der Spieler **Falk Schindler** (Emden) einer Dopingkontrolle unterzogen. Sie ergab Carboxy-Finasteride, was die Verabreichung der verbotenen Substanz Finasterid beweist. Dieser Befund rührt her von der Einnahme des Haarwuchsmittels „Propecia", das der Spieler seit dem Jahre 2000 täglich zur Behandlung eines genetisch bedingten Haarausfalls auf Verordnung einer Hautärztin eingenommen hatte. Das Sportgericht (Urteil vom 18. 11. 2005 – Nr. 61/2005/2006) verurteilte ihn zu einer Sperre von sechs Monaten, weil Finasterid nach Anhang A der Liste der WADA S5 unter „Diuretika oder andere Maskierungsmittel" fällt. Das Sportgericht wiederholte seine ständige Rechtsprechung: „Der Sportler trägt persönlich die Verantwortung dafür, welche Substanzen er seinem Körper zuführt. Er hat in eigener Person und Verantwortlichkeit genau zu kontrollieren und zu dokumentieren, was er zu sich nimmt."*

Nach Auffassung des Sportgerichts gilt dies insbesondere für die Einnahme von Substanzen, die nicht vom Mannschaftsarzt verordnet worden sind. Diese Argumentation hat nunmehr auch der CAS (Urteil vom 23. 5. 2007 – 2005/A/951) im 2. Cañas-Verfahren in ähnlicher Form verwendet: „Ein Sportler sei angehalten, ein Medikament vor der Einnahme zu prüfen."

Das Spiel wurde auf Protest hin für Fortuna Düsseldorf zu deren Gunsten umgewertet und für Kickers Emden für verloren erklärt.

11. Fall:

*Wie im Fall 10 ging es auch beim Lizenzspieler **Nemanja Vucićević** (TSV München von 1860), der nach dem Spiel der 2. Liga seines Vereins gegen Wacker Burghausen positiv getestet worden war, um Finasterid. Nach seiner Einlassung hat er sich nicht bei seinem Mannschaftsarzt nach der Unbedenklichkeit des ihm von einer Hautärztin verordneten Haarwuchsmittels „Propecia" erkundigt, weil er sich wegen seines Haarausfalls geschämt habe. Auch hier lag ein maskierender Wirkstoff vor, der nach Anhang A (Liste der verbotenen Mittel S5: „Diuretika und andere Maskierungsmittel") untersagt ist. Dieses Präparat ist geeignet, Dopingzustände bei Sportlern zu verschleiern; dem soll durch die Aufnahme der Substanz „Finasterid" in die Verbotsliste entgegengewirkt werden. Als langjähriger Fußballprofi sei er – so das DFB-Bundesgericht – seiner Erkundigungspflicht bei Einnahme eines jeglichen Mittels bewusst gewesen, weshalb er schuldhaft – zumindest fahrlässig – gehandelt habe. Zudem habe er wahrheitswidrig gegenüber dem Dopingkontrollarzt im Beisein des Mannschaftsarztes die ausdrückliche Frage, ob er ein Medikament eingenommen habe, verneint. Dazu gehöre eine große Verdrängungsbereitschaft, was eine schwere Pflichtwidrigkeit begründe.*

Vucićević wurde vom DFB-Bundesgericht[195] zu einer Sperre von sechs Monaten verurteilt.

Der Einwand der Verteidigung, die Einnahme der Substanz „Finasterid" habe nur strafrechtliche Relevanz, wenn sie den Nachweis eines leistungssteigernden Mittels im konkreten Fall auch tatsächlich verhindert habe, sei nicht gerechtfertigt, da nach der Liste der verbotenen Substanzen – Anhang A – das bloße Vorhandensein des Maskierungsmittels genüge. Die Eignung des Mittels zur Verschleie-

---

195 DFB-Sportgerichtsurteil vom 2. 12. 2005
– Nr. 3/2005/2006; DFB-Bundesgericht vom
3. 2. 2006, SpuRt 2006, 128 ff.

*rung eines Dopingzustands sei der Zweck der Vorschrift. Die Aufnahme von Finasterid in der Liste A sei wissenschaftlich begründet worden. Die überdies seitens der Verteidigung vorgetragene Rechtsauffassung, die Satzung des DFB stelle unzulässigerweise auf das „Strict-liability-Prinzip" ab, treffe ebenfalls nicht zu. Die Schuld des Spielers sei gemäß seiner weitgehend geständigen Einlassung in Verbindung mit dem Anscheinsbeweis festgestellt worden. Außerdem ändere am Schuldspruch auch der Verteidigungseinwand nichts, es liege eine dynamische Verweisung in der Regelanerkennungsvereinbarung seitens des Spielers in seinem Lizenzspielervertrag vom 12. 1. 2005 vor. Diese Verweisungsform werde durchweg im Sportrecht als möglich und zulässig angesehen, wenn – wie hier – für den betroffenen Sportler die zumutbare **Möglichkeit** bestehe, Kenntnis vom Inhalt des Regelwerks zu erlangen. Nach den Bekundungen des Mannschaftsarztes habe er im Trainingslager im Juli 2005 die Doping-Veränderungen angesprochen. Auf der Geschäftsstelle seines Vereins sei die in den Offiziellen Mitteilungen des DFB am 31. 10. 2005 bekannt gemachte Änderung der hier relevanten Vorschrift einsehbar gewesen – ebenso im Internet.*

*Außerdem wurde das Spielergebnis zugunsten der SpVgg Unterhaching gemäß der damals zwingenden Regelung des § 17 Nr. 5 RuVO a. F. **umgewertet**, da dies bei Mitwirken eines wegen Dopings verurteilten Spielers **ohne Ausnahme** geboten war. Das Bundesgericht fügte aber hinzu, dass „nur der Normgeber befugt sei, eine flexiblere Bestimmung zu beschließen".*

Daraufhin wurde die Vorschrift im Eilverfahren durch den Vorstand in § 17 Nr. 5 RuVO in die ab 1. Juli 2006 geltende Fassung abgeändert, weil im Verfahren *Tiganj* alle Beteiligten eine andere Entscheidung als die **zwingende** Spielumwertung, insbesondere die Möglichkeit einer **Einzelfallentscheidung** gewünscht hätten. Bei der Neuregelung bleibt die grundsätzliche Verantwortung des Vereins mit der Folge des Spielverlustes zwar bestehen: Bei „Vorliegen besonderer Umstände" kann nunmehr nach dem Ermessen des Gerichts von dem Regelfall des Spielverlustes abgewichen werden. Dabei zeigt die neue Vorschrift (§ 17 Nr. 5 a RuVO) die Alternativen für die Rechtsfolgen auf:

- Bestätigung der ursprünglichen Spielwertung,
- teilweise Aberkennung des von der Mannschaft des gedopten Spielers gewonnenen Punkte unter Beibehaltung des Torergebnisses,
- Spielwiederholung.

In Abweichung von der Grundregel – Spielverlust für die Mannschaft, in der der gedopte Spieler mitgewirkt hat, aber Beibehaltung des Ergebnisses, soweit es den Gegner betrifft – wird das Spiel für den Gegner mit 2:0 als gewonnen gewertet, wenn der Einsatz des gedopten Spielers den Ausgang des Spiels als unentschieden oder als für den Gegner verloren mit hoher Wahrscheinlichkeit beeinflusst hat. Die Darlegungs- und Beweislast ist dabei wie folgt verteilt:

- Für das Vorliegen der „besonderen Umstände" trägt sie der Verein, dessen Spieler wegen Dopings bestraft worden ist.
- Die hohe Wahrscheinlichkeit der Beeinflussung des Spielausgangs durch den gedopten Spieler hat der Gegner zu beweisen (so die Gesetzesbegründung zu der Neufassung).

12. Fall:
*Nach dem Spiel SC Pfullendorf gegen Sportfreunde Siegen am 24. 2. 2007 wurde der Vertragsamateur **Mark Levandy** des Heimvereins einer den formalen Anforderungen genügenden Dopingkontrolle unterzogen. Der Analysebericht des Instituts für Dopinganalytik in Kreischa ergab als Befund den Hauptmetaboliten von Reproterol, der zur Klasse S3 (Beta-2-Agonisten) der Verbotsliste gehört. Der Sportler leidet seit seiner Kindheit unter Asthma bronchiale. Vor dem genannten Spiel widerfuhr ihm ein akuter Asthmaanfall mit einhergehender Atemnot, weshalb sein Lungenfacharzt ihm das Me-*

dikament „Aarane", das den Wirkstoff Reproterol enthält, verordnete, das er einnahm. Eine medizinische Ausnahmegenehmigung zur Inhalation des Präparats – die Voraussetzungen hierfür lagen eindeutig vor – war bei der NADA nicht beantragt worden. Der Spieler gab bei der Dopingkontrolle die Einnahme des Medikaments nicht an. Aufgrund dieses Sachverhalts wurde Levandy wegen eines Dopingverstoßes und wegen Nichteinhaltung der Anti-Doping-Richtlinien zu einer Gesamtsperre von sechs Monaten verurteilt[196].

Durch Entscheidung vom 4. April 2007[197] wurde der von den Sportfreunden Siegen eingelegte Protest gegen die Spielwertung zurückgewiesen, da „besondere Umstände vorlägen, die eine Abweichung von dem Regelfall der Spielumwertung rechtfertigten". Diese wurden darin gesehen, dass das inhalierte Präparat zu den spezifischen Substanzen gehört, dessen Verwendung „keine Leistungssteigerung zum Ziel hatte".

13. Fall:
*Dem B-Juniorenspieler des VfL Wolfsburg **Willi Steinke** waren von einem Facharzt als Asthma-Mittel „Prednisolon"-Tabletten verschrieben und von ihm eingenommen worden. Bei einer Dopingkontrolle nach dem B-Junioren-Meisterschaftsspiels seines Vereins gegen Hertha BSC Berlin am 1. September 2007 war das Mittel bei ihm nachgewiesen worden. Der Spieler hatte es zuvor bei der Kontrolle nicht angegeben. Steinke wurde wegen eines Dopingvergehens und eines Verstoßes gegen die Anti-Doping-Richtlinien des DFB – begangen in Tatmehrheit – mit einer Gesamtsperre von sechs Meisterschaftsspielen der B-Junioren-Bundesliga belegt[198]. Die medizinische Ausnahmegenehmigung wäre sicherlich erteilt worden, wenn sie beantragt worden wäre. Das Mittel zählt jedenfalls nach der Verbotsliste des WADC zur Klasse S9 (Glukokortikosteroide), wobei es als spezifische Substanz eingeordnet ist.*

Außer den berichteten 13 Fällen eines Urteilsspruchs der DFB-Gerichte über erwiesene Dopingverfehlungen wurde der deutsche Spieler *Alexander Walke* der U-20-Nationalmannschaft von der FIFA wegen eines Dopingvergehens anlässlich der Junioren-Weltmeisterschaft am 22. Dezember 2003 im Spiel Deutschland gegen USA zu einer Sperre von sieben Monaten für alle nationalen und internationalen Pflicht- und Freundschaftsspiele sowie zu einer Geldstrafe verurteilt.

31 Zusammenfassung der Doping-Rechtsprechung des DFB
Der DFB hat im Jahre 1995 die systematische Dopingkontrolle eingeführt. Bis zum Jahre 2008 (Stand: 30. 9. 2008) sind 13 Dopingfälle rechtskräftig mit Verurteilungen durch DFB-Gerichte abgeschlossen worden, also **pro Jahr ein (!) Fall.** Bei einem Einsatz in knapp 40 Spielen der 1. und der 2. Liga pro Jahr und 25 Spielern pro Paarung sind 2.000 Spielereinsätze pro Jahr und damit in den 13 1/2 Jahren insgesamt ca. 27.000 Spieler eingesetzt worden, wobei in **0,5‰ (!)** der Spielereinsätze in der gesamten Zeitspanne Dopingsubstanzen festgestellt worden sind. Auf die Zahl der Dopingkontrollen im Jahr (in der zurückliegenden Zeit vor 2007 waren das jährlich ca. 500 Proben) waren zwei Promille der Proben positiv (0,05%). Das Ergebnis dieser Berechnung ist sicherlich, dass man im Fußball von einem relativ dopingfreien Raum sprechen kann. Im weiten Amateurbereich wurden keine Dopingkontrollen durchgeführt, weil eine solche Maßnahme eine völlige Überforderung in technischer und finanzieller Hinsicht darstellen würde. Die Zahl der Fälle im Amateurfußball dürfte relativ gering sein. Einige Halbgebildete leiten daraus die These ab, dass Doping im Fußball nichts bringe. Dem stellt sich mit Nachdruck der frühere Chefmediziner des DFB *Wilfried Kindermann* entgegen. Er sprach schon 1994 von

---

196 Urteil des DFB-Sportgerichts vom 15. 3. 2007 – Nr. 106/2006/2007.
197 Verfahren Nr. 115/2006/2007.
198 Urteil des DFB-Sportgerichts vom 18. 10. 2007.

dem Bermuda-Dreieck des Hochleistungssports „Kommerzialisierung – Wettkampfinflation – Doping". Sein Nachfolger *Tim Meyer* stellt die Frage: *„Auch im Fußball gibt es Ausdauer und Krafttraining – warum sollten Medikamente, die diese Komponenten stärken, nicht effektiv sein?"* Der moderne Fußball lebt von der körperlichen Präsenz auf dem Spielfeld, der Dynamik, der Kraft, der Ausdauer, die man medikamentös steigern kann. So kann EPO die Ausdauerleistung verbessern, Stimulanzien die Ermüdungsphasen hinauszögern, anabole Steroide tragen zu rascherem Muskelaufbau nach Verletzungen bei. Allerdings sind die Leistungssteigerungen im Fußball nicht so effektiv wie bei manchen anderen Sportarten (Radfahren, Leichtathletik, Gewichtheben, Schwimmen u. a.).

Eine weitere Erkenntnis aus der Auswertung der 13 Dopingverurteilungen durch die DFB-Gerichte: In den Urteilen ist „nur" in zwei Fällen (bedingter) Vorsatz angenommen worden, in den restlichen Fällen Fahrlässigkeit, wenn auch oft in der Form der groben Fahrlässigkeit. Bei der Hälfte der 13 Verurteilungen war den Spielern die Einnahme des Dopings nicht bewusst. Noch auffälliger ist, dass von den 13 vereinnahmten Dopingsubstanzen weniger als ein Viertel leistungsfördernd war.

Als Fazit bleibt, dass Doping im bezahlten Fußball zahlenmäßig wenig vorkommt, in der Intensität der Wirkung und insbesondere in der Schuldform des Spielers nicht unbedingt besorgniserregend ist, wobei sehr wohl aber sicherlich noch eine Dunkelziffer einkalkuliert werden muss. 13 Fälle sind zudem vom sportethischen Standpunkt aus 13 Fälle zuviel. Es ist auch nicht richtig, dass die verbotenen Substanzen einem Fußballer „letztlich nichts bringe". Ein Fußballspieler kann jedoch beruhigt davon ausgehen, dass aus einem durchschnittlichen bzw. auch aus einem guten Spieler mit noch so vielen Dopingmitteln kein Weltstar wird. Das ist in anderen Sportarten durchaus anders: Im Radfahren, Schwimmen, Gewichtheben und in der Leichtathletik sind Leistungssteigerungen durch Doping in zweistelliger Prozenthöhe (in Einzelfällen bis zu 30%) festgestellt worden, sodass etwa „Wunderritte über die Berge", wie von *Marco Pantani* oder *Floyd Landis* praktiziert, durchaus erklärbar sind. Je schwieriger die Strecke, desto eher besteht der Anreiz, sich zu dopen, um die Strapazen besser ertragen zu können. Studien zufolge kann man mit EPO die Ausdauerfähigkeit um gut 10% steigern. Das bedeutet, dass etwa im Langstreckenlauf ein Sportler für einen 5000-m-Lauf statt 15 nur 13,5 Minuten braucht. *Kindermann: „Im Ausdauersport ist EPO das Turbomittel!"*

Zurechenbarkeit der Dopingeinnahme $\hfill$ 32
Es fällt beim Studium der Urteilsgründe der 13 Dopingfälle auf, dass allein im Falle 3 (*Thomas Ernst*, VfL Bochum) die damals im DFB-Bereich noch geltende Verschuldensvermutung (§ 14 a Nr. 2 SpielO a. F.) für nicht widerlegt erachtet worden ist. In keinem der anderen 12 Fälle ist der Theorienstreit *„strict liability" – Beweislastumkehr – Verschuldensvermutung mit Exkulpationsmöglichkeit – Anscheinsbeweis* expressis verbis erwähnt worden, vielmehr ist in jedem Fall der Königsweg des Tatrichters gegangen worden: Das Gericht hat entsprechend § 286 ZPO aufgrund des Inbegriffs der Beweisaufnahme die richterliche Überzeugung über die äußere und die innere Tatseite des Sachverhalts gesucht und gefunden. An keiner Stelle sind der Grundsatz „in dubio pro reo" oder die Unschuldsvermutung angesprochen worden, die ohnehin dem Vereinsdisziplinarrecht als Teil des Zivilrechts fremd sind[199].

Der objektive Tatbestand $\hfill$ 33
kann außer durch positive Proben auch durch ein Geständnis – oder häufiger – durch Verweigerung einer Dopingprobe verwirklicht werden.

---

199 *Mertens*, aaO., SpuRt 2006, 177, 179.

34 Verschuldenserfordernis

a) Nach h. M.[200] setzt eine Vereinsstrafe Verschulden voraus, und zwar ohne Ausnahme in der Form des Vorsatzes oder der Fahrlässigkeit. Eine Regel, die vom Verschulden absieht, ist wegen Verstoßes gegen höherrangiges Recht nichtig[201]. Als Ausprägung des Rechtsstaatsprinzips gilt für Sanktionen im Vereinsrecht der Grundsatz der Unschuldsvermutung nach Art. 6 (2) EMRK. Das individuelle Freiheitsinteresse ist höherwertiger als jeder Strafausspruch[202]. Für den deutschen Rechtskreis steht außer Zweifel, dass im Hinblick auf die Wertordnung des Grundgesetzes (Art. 1 (1) Satz 1 GG) die Verhängung einschneidender disziplinarrechtlicher Ahndungen gegen einen Sportler ohne dessen persönliche Verantwortung für den ihm zur Last gelegten Regelverstoß ausgeschlossen ist. Es gilt: *nulla poena sine culpa*[203].

Das Bundesverfassungsgericht sieht in der Unschuldsvermutung eine besondere Ausprägung des Rechtsstaatsprinzips von Verfassungsrang. Es fließt wie auch das Verhältnismäßigkeitsprinzip als verfassungsrechtliche Wertentscheidung mittelbar über § 242 BGB als Einfallstor in die zivilrechtliche Interessenabwägung zwischen Verband und Sportler ein[204]. Die Folge der Ausstrahlungsdoktrin ist dabei, dass sportrechtliche Urteile nur eingeschränkt von Zivilgerichten kontrolliert werden können. Die Prämisse hierfür ist, dass die privatautonome Zivilrechtsordnung auch Beschränkungen der Grundrechte, insbesondere der Berufsfreiheit, auf vertraglicher und verbandsrechtlicher Grundlage legitimieren kann.

b) Dabei ist in den anfallenden Fällen zunächst der Nachweis der **objektiven** Merkmale des Dopingtatbestands durch den Befund des Labors, wenn dieses nach den aktuellen wissenschaftlichen Regeln vorgegangen ist, über die positive A-Probe (auf Wunsch des Sportlers auch der B-Probe) zu führen.

Beim Verschuldenserfordernis ist die entscheidende Frage – wie so oft im Zivilrecht – wer im Einzelfall dieses Verschulden zu **beweisen** hat. Dazu standen bisher Urin- oder Blutproben und deren Auswertung im Labor im Vordergrund. In jüngerer Zeit, in der u. a. der Austausch von Eigenblut eine verbreitete Dopingart ist, sind herkömmliche Beweismittel wie der Zeugenbeweis (zum Nachweis der Injektion sowie der Ablieferung und Abholung des Bluts) oder der Urkundenbeweis (über Bestellungen bzw. über die Überweisung regelmäßiger hoher Geldbeträge an Ärzte, die für die entsprechende Praxis bekannt sind) nun mehr von Bedeutung.

c) Zu der Zeit, als Laborauswertungen im Vordergrund der Beweisführung standen, wurde in Literatur, der Rechtsprechung und in Funktionärskreisen gestritten, welche Methoden aus dem Begriffstrio *„strict liability"* – *Verschuldensvermutung mit Entlastungsmöglichkeit* – *Anscheinsbeweis* heranzuziehen sind. Die Vertreter der verbandsfreundlichen Lösung[205] plädierten für die Anwendung des Grundsatzes der „strict liability", weil der Athlet viel eher als der Verband in der Lage sei, aufzuklären, welches Mittel wie in seinen Körper gelangt ist – zumeist zuhause in seiner privaten Sphäre. Nur so würde nicht nachprüfbaren Schutzbehauptungen der Sportler der Weg in das Verfahren versperrt. Den Sportverbänden

200 Palandt-Heinrichs, aaO., § 25 BGB Rn. 14; CAS, SpuRt 2005, 162; oben Teil II, Vorbem. Rn. 7.
201 PHB/*Summerer*, II 3, Rn. 263, 265.
202 *Hennes*, WFV Nr. 25, 26.
203 *Röhricht*, WFV Nr. 43, 23; oben Teil II, Vorbem. Rn. 7.

204 BVerfGE 82, 106, 117; *Steiner* in *Röhricht/Vieweg*, Forum …, S. 13.
205 Nachweise bei PHB/*Summerer*, aaO., II 3, Rn. 231.

sei es nämlich bei ihren Aufklärungsarbeiten verwehrt, Hausdurchsuchungen, Beschlagnahmen von Beweismitteln, Vernehmungen von nicht vereinsangehörigen Zeugen vorzunehmen. Die dem Haftungsrecht entnommene Zustandshaftung ohne persönliche Verantwortung des Sportlers ist für den deutschen Rechtskreis ein Fremdkörper und deshalb aus rechtsstaatlichen Gründen (s. oben Teil II Vorbemerkungen Rn. 7) abzulehnen. Nicht verschwiegen werden soll aber, dass dieser „praktikable Weg allein auf der Basis der Dopingwerte" verbandsseitig gern angewandt wurde bzw. zum Teil noch wird. Auch vom CAS wurde er international mehrfach nicht verworfen[206]. Der IOC Medical Code a. F. (bis zum 1. 1. 2000) und etwa die Hälfte der großen internationalen Verbände hielten eine Bestrafung von Dopingvergehen ohne Verschulden für unbedenklich[207]. Das Schweizer Bundesgericht hat noch durch ein Urteil vom 10. Januar 2007[208] den Grundsatz „strict liability" seiner Entscheidung zugrunde gelegt.

d) Im Hinblick auf die geäußerte Kritik ist zumindest überwiegend für den deutschen Rechtsraum, auf jeden Fall aber für den DFB-Bereich eine Bestrafung nur dann zulässig, wenn den Sportler eine persönliche Verantwortung für das bei ihm festgestellte Analyseergebnis in den Formen des Vorsatzes oder der Fahrlässigkeit, und zwar auch der leichten Form derselben, trifft[209]. Vor das Problem der Quadratur des Kreises sieht man sich aber oft gestellt, wenn auf der Basis des Schuldprinzips eine effiziente Dopingbekämpfung angestrebt wird. Zynisch und zugleich resignierend wird von Sportfunktionären formuliert: *„Sonst stellt sich jeder eine präparierte Zahnpastatube zur Seite, und die Dopingfahnder können einpacken."*

e) Aber ab der Jahrtausendwende wird verstärkt der vernünftige Weg „keine Dopingstrafe ohne Verschulden des Sportlers" eingeschlagen. Ein gangbarer Schritt in diese Richtung ist die **Schuldvermutung mit Exkulpationsbeweis** des Sportlers. Aufgrund der festgestellten verbotenen Substanzen im Körper des Athleten wird dessen Verschulden vermutet, jedoch wird diesem eingeräumt, den **vollen** Beweis seiner Unschuld zu erbringen. Gelingt dieser Beweis, ist für eine Dopingsperre kein Raum[210]. Auch im Mutterland des Sports, nämlich in englischen Grundsatzentscheidungen, wird zwischenzeitlich der Standpunkt vertreten, dass es „unreasonable and unjustifiable" sei, einem Sportler zu verbieten, wenigstens den Versuch zu unternehmen, seine Unschuld zu beweisen[211].

Wo die Verbandsregeln es zulassen, ist inzwischen auch der CAS in seiner Spruchpraxis zu diesem tragfähigen Kompromiss übergewechselt. Der Sportler muss dabei aber sehr wohl beweisen, dass die verbotene Substanz oder die erhöhte Konzentration eines Stoffes **ohne** sein Wissen in seinen Körper gelangt ist. Diese Sphäre kennt, bestimmt und beherrscht er **allein.** Er darf sich vor diesem Hintergrund nicht zurücklehnen und auf die Erklärung beschränken, er könne sich nicht erklären, wie dies geschehen sei. Nicht zuletzt auch unter dem Aspekt des Schutzes des wichtigen Gemeinschaftsguts „Sport" ist es überzeugend, dass das deutsche Zivilrecht die Zulässigkeit einer Beweislastumkehr zumindest nicht ausschließt und die Beweislast im Zivilrecht nach Gefahrenbereichen mit materienspezifischen Regeln verteilt, die keinesfalls ein Sonderbeweisrecht des Sports darstellen. Das Grundrecht der Berufsfreiheit kann schwerlich Berufsrecht in Frage stellen, das berufssichernde Wirkung – wie die Bekämpfung der „tödlichen" Berufskrankheit Doping – hat. Das Bundesverfassungsgericht hat in seiner berühmten Entscheidung zum Arzthaftungsrecht[212] grundsätzlich anerkannt, dass die Herausbildung sachverhalts- und problemspezi-

206 *Röhricht*, WFV Nr. 43, 23 und Fn. 29–36 mit einschlägigen CAS-Urteilen.
207 *Krähe* in *Fritzweiler*, aaO., S. 50.
208 Az.: 4 D 148/2006.

209 *Petri*, aaO., SpuRt 2003, 185.
210 *Eufe*, aaO., 37.
211 *Röhricht*, aaO., WFV Nr. 43, 25.
212 BVerfGE 52, 131 ff.

fischer Beweisregeln durch den Zivilrichter mit dem Grundrecht des fairen Verfahrens (Art. 2 (1) in Verbindung mit Art. 20 (3) GG) vereinbar ist. Der zu fordernde Interessenausgleich im Rahmen eines solchen Prozesses soll Leitfaden für den Durchblick über die per se schwer durchschaubare Praxis von Ärzten, Trainern und Mannschaftsbetreuern in Zusammenarbeit mit den Athleten sein, wobei von Insidern glaubhaft über dunkle Kanäle für die Beschaffung von Applikationen von verbotenen Substanzen durch mit hohen Geldbeträgen geworbene Mediziner berichtet wird.

f) Andererseits wird aber der vorgeschlagene Weg der vollständigen Beweislastumkehr zu Lasten des Sportlers als rechtsstaatlichen Anforderungen widersprechend angesehen, weil der Verband dadurch seine Vertragsabschlussmacht missbräuchlich ausnutzen würde[213]. Dieser müsse, weil er durch seine vielschichtige Organisation und sein Personal bei der Aufklärung des Sachverhalts dem Athleten weit überlegen sei, den Nachweis nicht nur der Tat in objektiver Hinsicht, sondern auch des Verschuldens führen. Die Unwirksamkeit des Beweismaßes in Gestalt der Beweislastumkehr zum Nachteil des Sportlers in den Verbandsregeln (so u. a. Art. 11.1 des NADA-Codes von 2004) könnte aus den Regelungen über die Allgemeinen Geschäftsbedingungen (AGB – §§ 305 ff. BGB) abgeleitet werden. Dies geht nach der Rechtsprechung des Bundesgerichtshofs[214] jedoch nicht, da ein Sportverband sich von einem „typischen AGB-Verwender" unterscheide. Dieser befolge mit Hilfe der AGB vorrangig eigene Interessen, während im Verhältnis Sportler zu seinem Verband die Anwendbarkeit nicht nur in dessen Interesse, sondern **auch** im Interesse des Sportlers liege. Beide ziehen am gleichen Strang[215]. Auf diese von einem grundsätzlichen Gleichlauf geprägte Interessenlage passen die AGB-Schutzbestimmungen deshalb nicht. Der BGH wendet daher diese Vorschriften auf die sportlichen Regelwerke und die darauf beruhenden Regelanerkennungsverträge wegen des Fehlens eines grundsätzlichen Interessengegensatzes zu den Verbandsmitgliedern **nicht** an, sondern stellt auf eine Prüfung nach dem allgemeinen Billigkeits- und Gerechtigkeitsmaßstab des § 242 BGB ab. Von Gewicht ist aber das Argument von *Röhricht*[216], dass – falls nach Ausschöpfung aller Beweismittel ein non liquet bleibe – es also letztlich offen sei, ob der Sportler schuldig oder nicht schuldig sei, die Rechtsordnung ihn einer Bestrafung unterwerfe, die dazu angetan sei, zur Zerstörung seiner Ehre, seines guten Namens und – bei Berufssportlern – u. U. zur Vernichtung seiner wirtschaftlichen Lebensgrundlage führen könne. Als Ultima Ratio wäre eine solche Regel hinnehmbar, wenn zur effizienten Dopingbekämpfung anders kein Ausweg bliebe, d. h., wenn zur Erhaltung und Bewahrung des wertvollen Gemeinschaftsguts eines fairen Sports und des Schutzes der Gesamtheit aller anderen Sporttreibenden auch die mögliche Bestrafung eines Unschuldigen mit den damit für ihn verbundenen verheerenden Folgen hinzunehmen sei, also der Rechtsschutz des Individuums dem Institutionenschutz aufzuopfern sei[217]. Das gilt jedenfalls für die Sanktionen, die über den sportlichen Wettkampf hinausgehen, nicht aber also in der strengen Form für die bloße Disqualifikation im Wettbewerb, in dem der Athlet gedopt war. Hier fehlt eine objektive Spielvoraussetzung für den Fußballer, die Chancengleichheit aller Spieler war effektiv gestört, sodass auch ohne Verschuldensnachweis ein Sieg aberkannt und z. B. bei den Olympischen Spielen die Goldmedaille weggenommen werden kann bzw. bei einem deutschen Fußballendspiel der Titel (s. dazu aber die Differenzierung in § 17 Nr. 5 c RuVO und § 6 RuVO Rn. 30 Fall 11 a. E.). Ähnliches gilt auch für die vorläufige Suspendierung, d. h. die Vorsperre im Fußball.

213 PHB-*Summerer*, II 3, 263.
214 NJW 1995, 585, 586 (*Reiter*-Urteil); *Haas*, aaO., SportR B II Rn. 24; a. M. *Petri*, aaO., SpuRt 2003, 230 f.
215 *Röhricht*, Sportgerichtsbarkeit, S. 35; a. M. *Dietz*, SpuRt 2004, 44.
216 WFV Nr. 43, 28.
217 So *Röhricht*, aaO., Fn. 83.

Jahrelang ist in vielen Verbänden, insbesondere auch bei der FIFA (Art. 62 FDC), und bis zum 30. Oktober 2005 bei dem DFB die abgehandelte Verschuldensvermutung mit der Möglichkeit des Entlastungsbeweises durch den Sportler praktiziert worden. Bedauerlicherweise stellt der Doping-Code der WADA (Art. 2.1.1 WADC) in der Fassung vom 1. Januar 2004 fest, dass für eine Anti-Doping-Regelverletzung eine verschuldensunabhängige Haftung des Sportlers besteht. Eine solche Vorschrift ist in isolierter Anwendung mit dem deutschen Rechtssystem inkompatibel[218]. Demgegenüber sieht Art. 11.1 NADC vor, dass das Vorhandensein eines verbotenen Wirkstoffs im Körper des Sportlers „die widerlegbare Vermutung" begründet, dass dieser Verstoß zumindest fahrlässig begangen worden ist, was der Athlet widerlegen kann, indem er nachweist, wie der Wirkstoff in seinen Körper gelangt ist. Gemäß Art. 3.1.2 NADC ist das Beweismaß für die Widerlegung die überwiegende Wahrscheinlichkeit. Der WADC begnügt sich sogar mit einer bloßen Wahrscheinlichkeit. Damit dürften die Verbandsrichter, die nach diesem Code judizieren, zwar dogmatisch unsauber argumentieren müssen, im praktischen Ergebnis aber wohl zu ähnlichen Resultaten kommen wie die DFB-Richter nach § 8 Nr. 3 RuVO, wonach der Anscheinsbeweis erschüttert werden muss.

g) Auf die warnenden Stimmen in der Lehre und in der Sportrechtsliteratur sowie der Gerichte, insbesondere des Oberlandesgerichts Frankfurt[219], das für den DFB örtlich zuständig ist, falls dieser in der Beklagtenrolle ist, hat der DFB eine Verfeinerung der Beweisregel vorgenommen und in § 8 Nr. 3 a Absätze 2 und 3 RuVO seit Oktober 2005[220] eine fortschrittliche, rechtsstaatlichen Anforderungen entsprechende Neuregelung getroffen: Die positive Dopingprobe gilt nach dieser Vorschrift **„als Anscheinsbeweis für einen schuldhaften Dopingverstoß"**. Der dann nachfolgende Satz lautet: *„Der Anscheinsbeweis kann erschüttert werden, wenn erwiesenermaßen Tatsachen einen anderen Geschehensablauf ernsthaft als möglich nahelegen."*

Zu bedenken ist, dass mit der Einführung des Anscheinsbeweises Sportverbände an der Nahtstelle zwischen Zivil- und Strafrecht im Disziplinarverfahren stehen. Wer aus der verfassungsrechtlichen Unschuldsvermutung die strikte Geltung des Grundsatzes „in dubio pro reo" im Vereinsrecht ableiten will, lässt zunächst außer Betracht, dass im Zivilrecht grundsätzlich andere Regeln vorgesehen sind, nämlich die dieses Rechtsgebiet beherrschenden Regeln im Beweisverfahren (*Vollbeweis – Beweislastumkehr – Anscheinsbeweis*). Der CAS argumentiert, dass das typisch strafrechtliche Prinzip der Unschuldsvermutung ein Unterfall der Beweislast in dem auch hier streng einzuhaltenden Zivilrecht sei. Der Spieler müsse sich entsprechend entlasten, was eine typische zivilrechtliche Überlegung sei. Oben[221] ist als Weg zur Harmonisierung beider Rechtsgebiete angenommen worden, dass bewährte strafprozessuale Grundsätze dann ins Zivilrecht Einzug halten können, wenn sie zur Verbesserung der Institution Vereinsrecht insgesamt beitragen, insbesondere, wenn sie in der Verfassung ihre Grundlage haben. Auf das Dopingrecht umgesetzt bedeutet dies, dass als **Ausgangspunkt** das Verschuldensprinzip gilt, das dann mit den zivilrechtlichen Beweisregeln im konkreten Fall umzusetzen ist. Das heißt: Auszugehen ist davon, dass ein Sportler nicht ohne Schuld disziplinarrechtlich geahndet werden darf; ob die Bestrafung im Einzelfall erfolgen darf, ist nach den Regeln des Beweisrechts im Zivilrecht festzustellen. Vorbedingung für das weitere Vorgehen nach den Beweislastregeln ist, dass kein Unschuldiger bestraft werden darf. Auf dieser Basis ist das zivilrechtlich gesicherte Institut des **Anscheinsbeweises** der geeignete Weg, um eine

---

218 PHB/*Fritzweiler*, aaO., S. 798.
219 SpuRt 2000, 197 = NJW-RR 2000, 1117, 1121.
220 Offizielle Mitteilungen Nr. 10 vom 31. 10. 2005, S. 1.
221 II, Vorbemerkungen Rn. 25 c, d.

Konkordanz zwischen Zivil- und Strafrecht in diesem Punkt herzustellen. Es soll nämlich kein Sonderbeweisrecht für den Sport reklamiert werden, sondern eine taugliche Verteilung der Beweislast vorgenommen werden. Der Anscheinsbeweis ist dabei keine Beweislastregel, sondern eine Beweisführungsregel. In concreto bleibt die Beweislast für ein Verschulden des Sportlers in der Form des Vorsatzes oder der Fahrlässigkeit beim Verband. Dieser muss beweisen, dass die verbotene Substanz oder die unzulässig hohe Konzentration eines Wirkstoffes durch ein schuldhaftes Verhalten in den Körper des Sportlers gelangt ist. Ist dieser Beweis in objektiver Hinsicht geführt, ist dem Verband die Möglichkeit eröffnet, den zuständigen Richter von einer schuldhaften Vereinnahmung des Mittels durch den Sportler zu überzeugen. Im Rahmen der Zurechenbarkeit eines Verhaltens im Rahmen der Beweiswürdigung ist eine Heranziehung der Grundsätze über den Anscheinsbeweis eröffnet. Dieser greift nach den Worten des BGH[222] ein, *„wenn Tatbestände vorliegen, für die nach der Lebenserfahrung eine schuldhafte Verursachung typisch ist.“* Der Geschehensablauf muss so sehr das Gepräge des Gewöhnlichen und Üblichen tragen, dass etwaige besondere individuelle Umstände zurücktreten[223]. Dabei sind Sätze der allgemeinen Lebenserfahrung bei der Überzeugungsbildung im Rahmen der freien Beweiswürdigung gemäß § 286 ZPO heranzuziehen. Auf diesem Weg (Prima-facie-Betrachtung) können fehlende konkrete Indizien bei der Beweisführung überbrückt werden[224]. Für den Bereich des Sports ist in dieser Form der Erfahrungssatz abzuleiten, dass, wenn bei jemandem verbotene Dopingmittel festgestellt sind, er diese sich selbstverantwortlich zugeführt hat, weil jeder seinem Körper am nächsten ist. Dies ist selbst dann anzunehmen, wenn der die Zuwiderhandlung begründende Vorgang völlig im Dunkeln bleibt. Dem Sportler obliegt es in einer solchen Situation, den vollzogenen Schluss auf seine Verantwortlichkeit durch einen vereinfachten, ihm zumutbaren Weg **zu erschüttern**. Die Gretchenfrage ist, was dazu erforderlich ist. Der BGH macht eindeutige Vorgaben. Es muss nachgewiesen sein, dass in dem besonderen Fall konkrete Umstände vorliegen, die die ernsthafte Möglichkeit eines atypischen, von der üblichen Lebenserfahrung abweichenden, nicht von dem beschuldigten Sportler zu verantwortenden Geschehens nahelegen[225]. In Dopingfällen heißt dies, dass es zur Führung des Gegenbeweises nicht ausreicht, wenn dargelegt wird, dass der Dopingbefund auch durch Fremdmanipulation herbeigeführt sein **kann**. Die Umstände, die den anderen Geschehensablauf ergeben, müssen nach dem Muster der der Anscheinsregel zugrunde liegenden Erfahrungstypik nicht nur plausibel dargelegt, sie müssen vielmehr **voll** bewiesen werden. Der Sportler kann sich mithin nur dadurch entlasten, dass er seinen szenenkundigen Richtern die volle Überzeugung von der Möglichkeit eines atypischen Geschehensablaufs vermittelt[226]. Je nach den Umständen könnte dies bei falsch etikettierten Vitaminpräparaten oder versteckten Manipulationen durch Dritte der Fall sein[227].

Im Bereich des DFB gelten diese allgemeinen sportrechtlichen Ausführungen zum Doping uneingeschränkt. In den Dopingfällen des Fußballes ist aber (anders als zu der verwandten Problematik der Zuschauerausschreitungen) der Anscheinsbeweis nach den Urteilsgründen bisher noch nicht expressis verbis herangezogen worden. Die Regelung der UEFA (Art. 12 RPO), dass der Anscheinsbeweis hinsichtlich des Nachweises der verbotenen Substanz gelte, es dem Spieler aber obliege, den Gegenbeweis zu erbringen, ist mit obigen gesicherten

---

222 NJW 1996, 1828 m. w. N.
223 BGH, NJW 1987, 1944 f.; OLG Dresden, SpuRt 2004, 74, 77.
224 OLG Dresden, SpuRt 2004, 74, 77.
225 BGH in ständiger Rechtsprechung, u. a.

NJW 1991, 230; s. auch *Fenn/Petri*, aaO., SpuRt 2006, 232 ff., 237.
226 *Röhricht*, aaO., WFV Nr. 43, 38.
227 CAS, SpuRt 2008, 67, 68.

Grundsätzen der Rechtsprechung in Deutschland nicht konform, da diese nur die Erschütterung des Anscheinsbeweises erfordert, also **weniger** als die UEFA (Gegenbeweis bedeutet dabei voller Beweis).

h) Als **Fazit** der DFB-Rechtsprechung in „streitigen Dopingfällen" bleiben in einem Sportgerichtsverfahren drei Schritte zum Nachweis:

aa) Eine verbotene Substanz oder eine unzulässig hohe Konzentration eines Wirkstoffes ist **im Körper** des Fußballspielers.

bb) Prima facie ist aus der Nähe des positiv getesteten Spielers zum eigenen Körper und der typischerweise vorliegenden Verantwortlichkeit des Sportlers für die Zuführung von verbotenen Substanzen bei ihm auf einen **schuldhaften Dopingverstoß** zu schließen. Weil jeder seinem Körper am nächsten ist, ist daraus die Verantwortlichkeit zumindest in Form der Fahrlässigkeit zu folgern. Wie der BGH[228] in ständiger Rechtsprechung fordert, greift diese Beweiserleichterung ein, „wenn Tatbestände vorliegen, für die nach der Lebenserfahrung eine schuldhafte Verwirklichung typisch ist."

cc) Die Beweisführung des Verbandes kann der Fußballer durch einen vereinfachten, aber zumutbaren Gegenbeweis **erschüttern**. Ihm obliegt es, nachzuweisen, dass Tatsachen vorliegen, die „einen anderen Geschehensablauf ernsthaft als Alternative zum typischen Geschehensablauf nahelegen, mit anderen Worten, es müssen Umstände gegeben sein, die einen atypischen, von der üblichen Lebenserfahrung abweichenden, nicht von dem beschuldigten Spieler zu verantwortenden Geschehensablauf nahelegen (so Wortlaut des § 8 Nr. 3 a a. E. RuVO)[229].

Bezüglich des Nachweises eines Befundes im Sinne von aa) und der Beweiserschütterung, wie in cc) gefordert, ist jeweils der Vollbeweis (§ 286 Abs. 1 ZPO) zu führen. Dabei darf ein Gericht keine unerfüllbaren Beweisanforderungen stellen und keine unmögliche Gewissheit verlangen. Im berühmten *Anastasia*-Fall stellt der BGH[230] für § 286 ZPO nur darauf ab, ob der Richter selbst die Überzeugung von der Wahrheit einer Behauptung gewonnen hat. Diese persönliche Überzeugung des Richters ist für die Entscheidung notwendig. Eine von allen Zweifeln freie Überzeugung verlangt das Gesetz nicht[231]. Es heißt im dem BGH-Urteil weiter, „dass der Richter sich mit einem praktischen Grad von Gewissheit begnügen muss, der den Zweifeln Schweigen gebietet, ohne sie völlig auszuschließen". Ein hundertprozentiger Nachweis insbesondere einer negativen Tatsache sei nicht zu führen, vielmehr reichten Formeln wie „mit an Sicherheit grenzender Wahrscheinlichkeit" oder „mit überwiegender Wahrscheinlichkeit" bzw. „es verbleiben keine vernünftigen Zweifel" aus.

Bei einem Befund im Sinne von aa) ist dies unproblematisch. Zu den „konkreten Umständen" der These cc) muss den im Sportrecht und seinen Randgebieten problem- und milieuerfahrenen Tatrichtern „die Überzeugung von einem speziellen Ablauf nicht nur plausibel dargelegt, sondern voll vermittelt werden". Dies erlaubt durchaus, als Entlastungszeugen auftretenden „unbemerkten Fremddopern" (Ehepartner, Freunde, Trainer, Masseure), die das Mittel heimlich in das Essen oder ein Getränk gemischt haben, mit der gebotenen Skepsis zu begegnen[232].

i) Diese Lösung über die differenzierte Beweisform des Anscheinsbeweises ist unter den gegebenen Umständen der beste Kompromiss zur Auflösung des Dilemmas zwischen der

228   NJW 1996, 1828 m. w. N.   **231**   *Adolphsen*, aaO., SpuRt 2000, 97 ff., 100.
229   Siehe auch BGH, NJW 1991, 230.   **232**   *Hilpert*, Sportrecht, VIII 2, 3.
230   BGHZ 53, 245, 256 = NJW 1970, 946.

Notwendigkeit einer effizienten Dopingbekämpfung durch die Verbände auf der einen Seite und dem Anspruch des Sportlers andererseits, nicht ohne Nachweis persönlicher Verantwortlichkeit in einem fairen Verfahren schweren disziplinarischen Maßnahmen der Verbände unterworfen zu sein[233]. Abenteuerliche Schutzbehauptungen wie „verunreinigte Zahnpastatuben", „Massagen mit bestimmten Cremes", „vielfacher Sex" und die Flucht in das Ergebnis eines Lügendetektors oder einer Schamhaaranalyse tragen den Stempel der Schutzbehauptung auf der Stirn und werden in einem solchen verbandsgerichtlichen Verfahren nicht zum Erfolg führen. Die mit diesem Beweisstandard ermittelten Tatsachen in den Sportrechtsurteilen sind bei Anfechtung vor den staatlichen Gerichten/Schiedsgerichten hinzunehmen, selbst wenn letztere in der konkreten Situation anders entschieden hätten[234]. Das OLG Frankfurt[235] hat jedenfalls im *Baumann*-Verfahren entschieden, dass eine positive Dopingprobe den Anscheinsbeweis für einen schuldhaften Dopingverstoß begründet. Das gleiche Gericht hat, als *Dieter Baumann* eine Starterlaubnis trotz internationaler Sperre durch die IAAF durchsetzen wollte, entschieden[236], dass die Entscheidungen internationaler Sportverbände hinsichtlich ihrer innerstaatlichen Wirksamkeit an Art. 6 EGBGB (ordre public) zu messen seien. Dieser sei verletzt, wenn die Anwendung des ausländischen Rechts im konkreten Fall in einem untragbaren Widerspruch zu grundlegenden deutschen Gerechtigkeitsvorstellungen stünde, insbesondere mit den Grundrechten unvereinbar sei. Im Fall von *Dieter Baumann* habe die Bindungswirkung der Wettkampfsperre durch die IAAF aber die deutsche Rechtsordnung nicht nachhaltig verletzt. Sie sei nicht auf das „Strict-liability-Prinzip" gestützt. Vielmehr sei der IAAF-Panel von einem schuldhaften Dopingverstoß ausgegangen, indem er ausgeführt habe, dass vernünftige Zweifel nicht dargetan seien, der den Prima-facie-Beweis zu erschüttern vermocht hätten. Das OLG Frankfurt hat in den „*Baumann*-Entscheidungen" gezeigt, dass sich strafprozessuale Anforderungen in das Zivilrecht und in das Zivilprozessrecht gut integrieren lassen[237].

35 Höhe der Dopingstrafen

a) In den bisher seit 1995 beim DFB durchgeführten 13 Dopingverfahren wurden Sperren bis zu sieben Monaten – aber nicht mehr – ausgesprochen. Sie wurden zum Teil zu einer Zeit verhängt, in der die Mindeststrafe niedriger als derzeit war, bei sechs Monaten für den Regelfall lag und in besonderen Fällen von der Verwarnung bis zu einem Jahr reichte. In der derzeitigen Liste (Anti-Doping-Richtlinien Anhang A) sind nunmehr auch spezifische Wirkstoffe definiert, die stark verbreitet sind und leicht zu einer unachtsamen Verwendung führen oder deren Einsatz zu Dopingzwecken wenig wahrscheinlich ist. Sie können ein geringeres Strafmaß zur Folge haben, falls der Spieler beweisen kann, dass deren Verwendung nicht der Leistungssteigerung dienen sollte (siehe oben die Fälle 9 und 13).

b) Die Regelstrafe ist beim DFB wie auch bei der FIFA und der UEFA sowie bei den meisten Weltsportverbänden zwei Jahre, im Wiederholungsfall Sperre auf Dauer, d. h. auf Lebenszeit (§ 8 Nr. 3 e RuVO). Das Schweizer Bundesgericht[238] hat eine zweijährige Sperre für ein erstmaliges Dopingvergehen mit dem ordre public nicht für unvereinbar gehalten. Dabei sei zudem eine gewisse Zurückhaltung des staatlichen Richters gegenüber den spezialisierten Verbandsgerichten angezeigt. Auch der CAS[239] hat die Regelstrafe von zwei Jahren mit dem Verhältnismäßigkeitsgrundsatz vereinbar erklärt. Er schöpfte ein Jahr später den Strafrahmen in einem von der FIFA eingeleiteten Verfahren voll aus, als er den mexika-

233 *Röhricht*, aaO., WFV Nr. 43, 31.
234 *Adolphsen*, aaO., S. 10.
235 SpuRt 2000, 297 und NJW-RR 2000, 1117.
236 SpuRt 2001, 159 ff.
237 *Fenn/Petri*, aaO., SpuRt 2000, 232 ff., 235.
238 Urteil vom 10. 1. 2007, SpuRt 2007, 65 ff.
239 Urteil vom 13. 11. 2006, SpuRt 2007, 21.

nischen Nationalspieler *Salvador Carmona*, der während einer laufenden Bewährungsstrafe wegen eines Dopingdelikts rückfällig wurde und nach dem Vorrundenspiel im Confederations Cup 2005 erneut positiv getestet worden war, auf Lebenszeit sperrte.

Eine berechtigte Frage im Zusammenhang mit Dopingstrafen bei Fußballstars stellte *Pelé*: *„Wieso müssen Dopingsünder bei Olympia ihre Medaillen abgeben, Maradona jedoch trotz seiner Dopingsperre bis zu 15 Monaten nicht?"* Man denkt an *George Orwell* in Animal Farm: *„Alle Tiere sind gleich, einige Tiere sind aber gleicher als andere."*

Die Regelsperre beim DFB kann auf maximal die Hälfte gemildert werden, wenn die Spieler nachweisen können, dass sie im Einzelfall kein Vorsatz oder grobe Fahrlässigkeit trifft. Eine solche Einzelfallbeurteilung ist im Januar 2006 nach einem lobenswerten Kampf der FIFA und der WADA eröffnet worden, wobei man dem FIFA-Präsidenten *Joseph S. Blatter* grundsätzlich eher Härte als Nachsicht zugetraut hätte: Vor dem auf diese Initiative hin gefundenen Kompromiss war ein Rechtsgutachten des CAS (Advisory Opinion) eingeholt worden, das eine größere Öffnung für den Einzelfall befürwortete und die Regelstrafe von zwei Jahren bei Ersttätern und Vorliegen von Milderungsmöglichkeiten als akzeptabel und rechtens, den lebenslänglichen Ausschluss bei Rückfälligkeit als Übermaß ansah[240]. Die vor 2006 zwingend zu verhängende Mindeststrafe von zwei Jahren, die weiterhin bei vielen Sportarten zwingendes Recht ist, kann auch je nach den Fallumständen den Verhältnismäßigkeitsgrundsatz tangieren und unter Umständen gegen Art. 12 GG verstoßen. Sicherlich hat ein Dopingsünder das Gebot der Fairness und der Chancengleichheit, also höchste Sportgüter verletzt. Dabei ist andererseits zu berücksichtigen, dass bei Berufsfußballern die Restkarrierezeit schwerlich über einem Jahrzehnt liegt. Die Königsregel des Verhältnismäßigkeitsprinzips fordert aber, um im Lichte der Grundrechte einer Überprüfung der Strafe im Einzelfall standzuhalten, eine Öffnungsklausel nach unten bei besonderen Umständen in der Person des Täters und in der Tat[241]. *Blatter* wollte mit seinem Kampf um eine biegsame Linie „mehr Moral und mehr Verantwortungsbewusstsein im Fußball fordern". Die FIFA war somit einmal mehr Vorreiter im Weltsport. Erfreulicherweise wird der WADA-Code in der ab 1. Januar 2009 geltenden Fassung einen weiten Ermessensspielraum bei der Sperre der Sportler eröffnen. Die Eingangsstrafe für Ersttäter beträgt zwar weiterhin zwei, bei einem schwerwiegenden Fall vier Jahre. Auf dem FIFA-Kongress am 30. Mai 2008 in Sydney beschloss die FIFA, den neuen WADA-Code im Wesentlichen zu übernehmen mit Ausnahme der Regelstrafe von zwei Jahren beim ersten Dopingverstoß. Dazu WADA-Chef *John Fahey*: *„Der Fußball ist ein Gigant in der Welt des Sports. Seine Unterstützung für den Anti-Doping-Kampf wird Nachahmer in anderen Sportarten weltweit finden."* Bei besonderen Umständen ist die Reduzierung um die Hälfte möglich. In der neuen Fassung des WADC werden Strafzumessungsgründe aufgezählt wie die Schwere der Schuld, der Fahrlässigkeitsgrad, die Mithilfe bei der Aufklärung mit der Folge der Anwendung der Kronzeugenregelung, wonach die Strafe um maximal 75% reduziert werden kann, ferner das Geständnis bei einem ansonsten nicht zu beweisenden Verstoß (Art. 10.4.5 und 10.5.3 WADC n. F.). In Art. 10.4.5 WADC n. F. werden folgerichtig auch Erhöhungstatbestände aufgeführt – z. B. systematisches Doping, Täuschung, Behinderung der Aufklärung (Entscheidungsfindung, Anwendung von mehreren Mitteln/Methoden). Durch diese variablen Rechtsfolgen kann mehr Einzelfallgerechtigkeit erreicht werden, was ein deutlicher Schritt in die richtige Richtung ist[242]. Damit scheint das Eis gebrochen zu sein. Nachdem es nach

240 *Haas*, aaO., SpuRt 2006, 231, 233.
241 *Hilpert*, Sportrecht, VIII 2, 4.
242 *Haas* in Bericht *Bruder/Knecht/Moser* über ein

Symposium am 5. 10. 2007 in Hamburg zur Reform des World-Anti-Doping-Codes.

der sog. Erklärung von Lausanne aus dem Jahre 1999 schien, dass auf lange Zeit hinaus keine Hoffnung für eine zwar strenge, aber doch mit Augenmaß bemessene Bestrafung der Dopingsünder zu bestehen schien, ist in relativer Zeitnähe eine erfreuliche Trendwende zu vermelden. Der WADC enthält nunmehr sowohl einen Minimal- als auch einen Maximalstandard.

Nicht in Betracht gezogen wurde im Fußballbereich bisher die vom UCI praktizierte Verpflichtungserklärung zusätzlich zur Sperre[243]. Die darin enthaltene Vertragsstrafe in Höhe eines Jahresgehalts erscheint mir nach deutschem Recht in dieser verallgemeinerten Form am Maßstab des § 242 BGB gemessen übersetzt. Parallel zur spürbaren Sperre dürfte eine Geldstrafe von einem bis fünf Monatsgehältern bei einem Ersttäter angemessen sein. Falls man an die Übernahme einer solchen oder ähnlichen Erklärung für die Fußballer des DFB denken sollte, wozu ich derzeit keinen Anlass sehe, ist insbesondere auf die Beachtung rechtsstaatlicher Grundsätze beim Zustandekommen des Vertragsschlusses zu achten.

Die DFB-Gerichte werden, falls sie angerufen werden, es grundsätzlich begrüßen, dass sie in dem nunmehr ab 1. Januar 2009 vorgegebenen weiten Strafrahmen mit flexiblen Sanktionsmöglichkeiten – die baldige Transformation des neuen FIFA- und WADA-Rechts in die DFB-RuVO ist wünschenswert – gerechte Strafen im Einzelfall finden können. Nachdenklich stimmt insoweit das Argument der Staatsanwaltschaft Bonn im Verfahren gegen *Jan Ullrich*, dass diesem strafmildernd zugute zu halten sei, dass Doping im Radsport in starkem Maße verbreitet sei, weshalb „seine Hemmschwelle herabgesetzt gewesen sei". Ob diese Erwägungen von erfahrenen Sportrichtern geteilt werden, die nach Ausloten des subjektiven und objektiven Tatbilds die gerechte Strafe austarieren und finden, darf hinterfragt werden.

36 Zwischenfazit

Im Sinne der in den Randnummern 1–9 dargelegten Erwägungen ist das nach § 6 Nr. 1 RuVO verbotene Doping, welches in Nr. 2 der Vorschrift definiert ist, gemäß §§ 6 Nr. 7, 7 Nr. 1 i, 8 Nr. 3, 8 a RuVO zu bestrafen. Für Spieler, Vereine und deren Tochtergesellschaften besteht dabei die Verpflichtung, sich angeordneten Dopingkontrollen zu unterziehen, bzw. bei Vereinen, dies zu gewährleisten (§ 6 Nr. 4 RuVO). Hierbei ist Vereinen und deren Tochtergesellschaften das Handeln der Angestellten und beauftragten Personen sowie der Vereinsmitglieder zuzurechnen (Nr. 4 HS 2). Die für die Bestrafung erforderlichen Dopingkontrollen hat der Träger der jeweiligen Spielklasse zu veranlassen, der auch für seinen Bereich Anti-Doping-Vorschriften aufzustellen hat (§ 6 Nr. 5 RuVO), wobei die Einzelheiten in den Anti-Doping-Richtlinien des DFB geregelt werden.

37 Kontroll- und Analyseverfahren

a) Dieses richtet sich nach den letztgenannten Richtlinien. Auch die anderen nationalen und internationalen Verbände haben Richtlinien zur Bekämpfung des Dopings entwickelt: so die World Anti-Doping Agency (WADA) den World-Anti-Doping-Code (WADC). Darin enthalten die Liste der verbotenen Substanzen und Methoden; diese wird mindestens jährlich einmal in einem beschleunigten Verfahren aktualisiert. Damit ist ein wichtiger Harmonisierungsschritt auf dem Dopingsektor erfolgt[244]. In Deutschland wurde Ende 2002 die Stiftung Nationale Anti-Doping-Agentur (NADA), deren Regelwerk insbesondere die NADA-Vorschriften umfasst, gegründet. Die NADA beschränkt sich auf die Trainingskontrolle (auch beim DFB), während der jeweilige Verband (so der DFB im Fußball) für Wettkampfkontrollen zuständig ist. Nach Art. 10.1.3 können die nationalen Sportfach-

---

243 *Behrens/Schöne*, aaO., S. 227.   **244** *Vieweg*, Faszination Sportrecht, aaO., S. 39.

verbände die Sanktionsbefugnis mittels einer gesonderten Vereinbarung auf die NADA übertragen, wovon der DFB trotz gewissen Drucks von außen im Hinblick auf sein gut funktionierendes Disziplinarverfahren keinen Gebrauch gemacht hat und nicht machen will.

b) Grundsätzlich muss der Verband nachweisen, dass im Kontroll- und Analyseverfahren keine Fehler unterlaufen sind. Dazu genügt es, dass die entnommene Probe von einem anerkannten Labor lege artis analysiert worden ist. Der CAS billigt dabei eine sog. „anti-technicality clause" in Verbandsregeln, wonach Abweichungen von den Verfahrensregeln unerheblich sind, wenn sie keine erheblichen Zweifel am erzielten Ergebnis erzielen (= Kausalität des Verfahrensfehlers)[245].

c) Der DFB führt nicht zuletzt zur Sicherung der Glaubwürdigkeit des Fußballsports Dopingkontrollen durch (Präambel zu den Anti-Doping-Richtlinien). Seine Vorschriften hierfür stimmen weitgehend mit dem WADC und dem NADC überein. Es gibt einen Internationalen Standard für Kontrollen, der eine detaillierte Beschreibung enthält. In den §§ 5–14 der Anti-Doping-Richtlinien sind sie im Einzelnen von der Urinentnahme durch den Dopingkontrollarzt bis hin zum Verfahren bei der B-Probe geregelt. Anzumerken ist, dass die Trainingskontrollen auch beim DFB durch die NADA durchgeführt werden. Hier stellt sich bei anderen Sportarten das Problem der zahlreichen „Missed Tests" bei unvorangekündigten Trainingskontrollen (zuletzt vom dänischen Radstar Michael Rasmussen durch Ausweichmanöver praktiziert). Im DFB-Bereich werden obligatorische Kontrollen bei den Pokalendspielen und bei möglichen Spielen um die sportliche Qualifikation für die 2. Bundesliga sowie fakultativ und nach einem ausgeklügelten Blindverfahren bei den von ihm veranstalteten Meisterschafts- und Vereinspokalspielen durchgeführt. In Relation zu den anderen Sportverbänden führt der Deutsche Fußball-Bund prozentual die meisten Dopingkontrollen durch: In der Saison 2006/2007 wurden 964 Überprüfungen vorgenommen. Ende August 2007 wurden erstmalig bei **jeder** der 36 Mannschaften der beiden Bundesligen Urinproben von je zwei Spielern entnommen. Das DFB-Präsidium hat am 24. August 2007 beschlossen, dass es in Zukunft neben den unangemeldeten Wettbewerbskontrollen auch 480 Trainingskontrollen pro Saison geben wird. Das Ziel gilt dabei den sog. intelligenten Kontrollen, die durch Kenner der Szene mit Sachverstand und strategischer Planung der Trainingskontrollen durch Vorverlagerung der Urinentnahmen in die Zeit der Wettkampfvorbereitung bzw. in den Wettkampfpausen geschehen; diese sind „erfolgversprechender" als die Kontrollen Spieltag um Spieltag. Geplant ist, universitären Sportärzten und sonstigen Spezialisten des Trainingswesens auf die Schliche zu kommen. Ohnehin hat sich leider in der Vergangenheit erwiesen, dass die häufig von den Sportlern vorgelegten Anträge auf medizinische Ausnahmegenehmigungen (TUE) ärztlicherseits oft recht großzügig behandelt werden. Darin sind die medizinische Indikation und die therapeutische Notwendigkeit eines **bestimmten** Medikaments, das auf der Verbotsliste steht (s. Anhang B zu den Anti-Doping-Richtlinien des DFB), von dem behandelnden Arzt zu bescheinigen.

d) Beim DFB werden die Disziplinarverfahren wegen Dopingvergehen vor dem Sportgericht und bei Berufungseinlegung durch das Bundesgericht durchgeführt. Gegen deren Entscheidung kann gemäß Individualschiedsvertrag das Ständige Schiedsgericht für Vereine bzw. das für Spieler angerufen werden. Zwischenzeitlich wurde von der NADA als Initiatorin das Konzept für ein „Deutsches Sportschiedsgericht" präsentiert, eine Instanz, die das Doping-Problem mit neuer Seriosität angehen soll. Der Deutsche Fußball-Bund hat

---

245 *Pfister*: TAS 1998–2008, SpuRt 2008, 1 ff.

im Hinblick auf die guten Erfahrungen mit seinem System signalisiert: *„Bei uns gibt es keinen Bedarf"*, so DFB-Vizepräsident *Rainer Koch*, der für Rechtsfragen im DFB zuständig ist. Verfahrensmarathons mit Anrufen der sportlichen Instanzen und der staatlichen Gerichte, jeweils verbunden mit Eilschutzanträgen und Ausschöpfen aller Rechtsmittel (siehe die Fälle *Katrin Krabbe* und *Dieter Baumann*)[246], sind abschreckende Beispiele, die sich über mehrere Jahre hingezogen haben.

e) Für die Europameisterschaft in Österreich/Schweiz im Juni 2008 hat UEFA-Präsident *Michel Platini* ein Leitmotiv verkündet, wonach Respekt gegenüber dem Gegner, den Schiedsrichtern, der Hymne des Gegners, den Fans der gegnerischen Mannschaft zu erweisen sei. Trotz seines Optimismus (*„Ich glaube nicht, dass es im Fußball organisiertes Doping gibt – allenfalls als Einzelfälle von abgerutschten Spielern"*) werden Urinproben und nun, weitgehender als bei der WM 2006, auch Blutproben – diese ausgerichtet u. a. auf EPO (dessen neue Form ist CERA = die dritte Generation von EPO), Wachstumshormone – durchgeführt, wobei auch unangemeldete Kontrollen in den Trainingslagern vor Turnierbeginn vorgenommen werden (160, davon pro Mannschaft bei zehn Spielern – bei der DFB-Elf wurden sie am 30. Mai 2008 vor dem Länderspiel gegen Serbien durchgeführt). Im Turnier werden 126 weitere Test vorgenommen (pro Team zwei Spieler). Die Proben werden unmittelbar nach Spielende von approbierten Ärzten in einem Labor in Lausanne analysiert, das von der WADA anerkannt ist. Die Trainingsproben werden im Labor Selbersdorf in Österreich analysiert.

Alle Proben blieben negativ.

f) Gesteigerte Aufmerksamkeit sollte auch im FIFA-Bereich verstärkten Dopingkontrollen gezollt werden. Diese müssen aber wirksam sein und müssen den Sportler antreffen. Damit die Gefahr, dass beabsichtigte Maßnahmen ins Leere gehen, nicht eintritt, soll vor allem auf deutsche Initiative in die „International Standards for Testing" eine Regelung aufgenommen werden, dass Athleten sich täglich eine im Vorfeld angegebene Stunde für Dopingkontrollen bereithalten müssen[247].

38 Tendenzen bei der Dopingbekämpfung

Auf der Grundlage von flächendeckenden Dopingkontrollen im Spiel- und Trainingsbetrieb nach wissenschaftlich gesicherten Verfahren und deren Analyse durch Experten sowie anschließenden, nach rechtsstaatlichen Grundsätzen durchgeführten Sportstrafverfahren mit general- und spezialpräventiver Wirkung der verhängten Sanktionen kann der DFB im Bereich seiner Lizenzvereine den **Elchtest**[248] im Dopingbereich mit der Aussicht eines erfolgreichen Bestehens wagen.

Andererseits gibt es Doping im Sport schon fast immer, es wird nie ganz auszuschalten sein. Für die Zukunft, wo z. B. derzeit eine funktionierende Gentherapie in der Experimentierphase sein soll, gilt es, dass die Sportmediziner immer auf der Höhe der schwarzen Schafe unter den Ärzten sind, die sich durch Doping versündigen und dem Sport großen Schaden zufügen. Gendoping ist derzeit schon in Anhang A zur Verbotsliste der WADA aufgenommen: *„M3 Gendoping: Die nicht medizinisch indizierte Verwendung von Zellen, Genen, Bestandteilen von Genen und die Modulation der Genexpression, die potentiell die sportliche Leistung erhöhen können, ist verboten."* Die Methode der Sportler besteht darin, bestimmte Zellen in ihrem Körper zu verdoppeln, um mehr Muskelmasse zu entwickeln. Die Selbstregulierungskräfte des Sports haben sich in der Vergangenheit nicht in allen Sparten bei der Bekämpfung der

---

246 *Hilpert,* Sportrecht, aaO., VIII Rn. 8 und 9.   248 *Steiner,* Gegenwartsfragen, aaO., S. 189,
247 *Jakob/Benninger,* aaO., SpuRt 2008, 61.   190.

„tödlichen" Sportkrankheit Doping mit entsprechendem Nachdruck bemüht, sie haben teilweise sogar versagt. Der geständige Dopingsünder *Jörg Jaschke* erklärte resignierend, dass man als Radsportler im Laufe seiner Karriere nur die Wahl zwischen „schlecht und schlecht" gehabt habe[249]. Manche Sportler meinten und meinen vielleicht immer noch: *„No dope, no hope!"*

Alle redlichen Anhänger des Sports hoffen und wollen dazu nach Kräften beitragen, dass dies künftig besser sein wird. Die Kontrollmöglichkeiten sind mittlerweile gut entwickelt – sie müssen jedoch ausgeschöpft werden und dürfen nicht durch fehlende Mittel in ihrer Effizienz gemindert werden (Forderung: 1% aller Sponsorengelder zur Bekämpfung des Dopings!). Der am meisten betroffene Weltradsportverband UCI hat Blutpässe für die Fahrer eingeführt; bei der neuen Anti-Doping-Prophylaxe werden Blut-Parameter und der Hormonstatus der Profis angelegt und nach Tests immer wieder verglichen – ein erster Schritt auf einem noch langen Weg. Der Dopingsumpf soll zumindest weitgehend trockengelegt werden. An dieser Hoffnung kann man aber zweifeln, wenn man einer Studie über 198 US-Olympiateilnehmer Glauben schenkt, von denen 98% erklärten, sie würden Dopingmittel einnehmen, wenn dies nicht nachgewiesen werden könnte. Die Hälfte würde für eine Dominanz in ihrem Wettbewerb über fünf Jahre sogar den eigenen Tod in Kauf nehmen[250].

38 Weltrekorde und 85 olympische Rekorde wurden in Peking registriert. Jahrtausendtalente wie *Michael Phelps* und *Usain Bolt* sind denkbar, aber der Glaube daran fällt schwer. Übertrieben ist aber sicherlich die Kritik des Doping-Experten *Werner Franke*, der im Hinblick auf die geringe Zahl von zehn positiven Dopingproben davon spricht, *„dass die Spiele in China die größte weltweite Volksverdummung und Völkerverdummungsaktion, die man im Sport bisher gesehen hat"*, waren. Wissenschaftler wie *Eike Emrich* formulieren vorsichtiger: *„100-m-Zeiten, die zumindest ehrfürchtiges Staunen hervorrufen und einen Verdacht mitschwingen lassen."* Vielleicht werden die nächsten acht Jahre neue Erkenntnisse bringen, ob die „großartigen Spiele in Peking" Zirkus oder doch Sport waren.

Der Staat im Kampf gegen Doping   39

a) Doping ist die größte Herausforderung im Sport. Die Einnahme von verbotenen Substanzen stellt einen Angriff auf den Sportsgeist, das Sportethos, dar. Es handelt sich dabei in erster Linie um ein sportlich hohes Gut und nicht primär um einen staatlichen Wert. In vielen Ländern ist eine Aufgabenteilung vorgesehen: Der Sport kümmert sich um die Athleten, der Staat um das Umfeld. Bürger und Athleten haben einen Anspruch darauf, dass Doping geächtet wird[251]. So ist in Spanien das neue spanische Anti-Doping-Gesetz (Ley Antidopaje)[252] in Kraft getreten. In Deutschland ist die Zuständigkeit schwerpunktmäßig dem Sport überlassen. Als hier ein Anti-Doping-Gesetz diskutiert wurde, setzte sich der Sport, allen voran der DOSB, heftig zur Wehr – mit Erfolg: der Sport ist primär für die Kontrolle und die Ahndung von Dopingverfehlungen zuständig; er habe legislative Hilfe nicht nötig. Die Aufgabe des Staates ist dabei als subsidiärer Rechtsgüterschutz zu verstehen. Begrüßenswert ist aber auf jeden Fall, dass in dem Gesetz vom 5. Juni 2007 nunmehr das **Blutdoping** gemäß §§ 6 a Abs. 2, 95 Abs. 1 Nr. 2 a AMG (Arzneimittelgesetz) neu **strafbewehrt** ist. Blutdoping zielt darauf ab, die Anzahl der roten Blutzellen (Erythrozyten), die für den Sauerstofftransport zuständig sind, im Blut zu erhöhen. Die erhöhte Möglichkeit der Blutaufnahme führt zur Leistungssteigerung.

249 *Bender*, aaO., SpuRt 2008, 44.
250 *Boutellier/Müller*, aaO., CaS 2007, 263.
251 *Bannenberg*, aaO., SpuRt 2007, 155 ff., 157.
252 *Wessner*, aaO., SpuRt 2007, 60 ff.

Zur Definition (s. Anti-Doping-Richtlinien Anhang A Verbotene Methoden): Blutdoping im
engeren Sinne ist die Methode zur Erhöhung des Sauerstofftransfers, Blutdoping im weiteren Sinne der Einsatz von Wirkstoffen, die den Transport oder die Abgabe von Sauerstoff
im Blut erhöhen; zu letzteren Wirkstoffen gehört beispielsweise EPO (Erythropoetin)[253].

Unabhängig davon fordern Sportverbände **und** Politiker unisono die Sportler, Trainer,
Mediziner zur Glaubwürdigkeitsoffensive auf.

b) Die Chancengleichheit im Sport und das Verbot der Wettbewerbsverfälschung sind
gleichwohl keine Sportinterna. Sport ist als Kulturgut und Sozialisationsinstanz für Jugend
und Gesellschaft von hoher Bedeutung. Er wird durch Art. 9 GG grundrechtlich geschützt.
Daraus resultiert die Pflicht des Staates, die Fairness bei Wettkämpfen im Sport zu fördern.

c) Bestrafte Sportler sind sogar nicht davor zurückgeschreckt, den Antrag beim EuGH zu
stellen, die Anti-Doping-Regelungen der WADA wegen Verstoßes gegen das europäische
Wettbewerbsrecht und die Dienstleistungsfreiheit für unwirksam erklären zu lassen. Der
EuGH bejahte zwar entgegen der Vorinstanz die Überprüfbarkeit der Dopingbestimmun-
gen wegen negativer Auswirkungen auf den Wettbewerb, wies aber die Klage zurück, da die
Bestimmungen nicht über das hinausgingen, was für den Ablauf des sportlichen Wettbewerbs erforderlich sei[254]. Die Sportregel sei trotz ihrer restriktiven Auswirkungen auf
den Wettbewerb als geeignetes und verhältnismäßiges Mittel zur Erreichung eines legiti-
men Zwecks anzuerkennen.

d) Obwohl die Entscheidung darüber, was „sportlich und fair" ist, gegen starke staatliche
Ingerenzen grundgesetzlich abgesichert ist – *Pfister*[255] folgert aus der Vereinsautonomie,
dass das „Sport-Typische" keiner Bindung an die weite Moral der pluralistischen Gesellschaft unterliege –, es bleibt aber die Erkenntnis, dass keines der Sportgrundrechte nach
Art. 2 (1) und (2), Art. 9 (1) GG vorbehaltlos gewährleistet ist. Die Frage der Beschränkung
der „Sporthoheit" der Verbände stellt sich namentlich bei den Praktiken beim Doping.
Das bereits erwähnte Anti-Doping-Gesetz stand ante portas. Politiker glaubten zeitweise,
dass der Sport der Situation nicht Herr geworden sei. *Peter Danckert*, der Vorsitzende des
Sportausschusses des Deutschen Bundestages, meinte zeitweise, dass der Staat handeln
müsse, „notfalls gegen den Sport"[256]. Das Gesetz zur Verbesserung der Bekämpfung des
Dopings im Sport vom 5.6.2007 schoss nicht über das Ziel hinaus. Die kriminellen
Netzwerke beim Handel mit Dopingsubstanzen sollen bekämpft werden, damit wirksam
der Verbreitung gefährlicher Dopingmittel entgegengewirkt werden kann. Zusätzlich ist
anders als vorher nunmehr das Bundeskriminalamt ohne Ersuchen der Länder zuständig,
wobei die Kontaktaufnahme mit Interpol gesucht wird. *Wolfgang Schäuble*, der Bundes-
innenminister, bekennt, dass durch ein staatliches Gesetz nicht alle Dopingprobleme
gelöst werden können. Der Staat wolle aber zeigen, dass er das Großartige im Sport nicht
aufgeben wolle. Es bestehe zwischen Staat und Sport eine „Partnerschaft" und keine
Kumpanei. Es blieb dabei, dass ein des Dopings überführter Sportler der Sportgerichtsbarkeit unterliegt. Dopingrecht ist weiterhin in erster Linie Sportrecht. Von der nicht
förderlichen Kriminalisierung mit der Folge der Pönalisierung, ja Kriminalisierung der
Athleten wurde abgesehen, dabei natürlich erkannt, dass schon in der Vergangenheit ein
Leerlaufen in der Praxis auf Grund der hohen Arbeitsbelastung der Polizei und der
Staatsanwaltschaft registriert worden ist. Die dadurch bedingten Verfahrensverzögerun-

253 *Reuther*, aaO., SpuRt 2008, 145 ff., 146.
254 Fall der beiden Langstreckenschwimmer
David Meca-Medina und *Igor Majcen*: EuGH, SpuRt
2005, 20 ff.; *Vieweg*, Faszination Sportrecht, S. 31.
255 *Pfister* in FS Lorenz, 171 ff., 180.
256 *Danckert* auf der WFV-Tagung in Wangen
am 29./30.9.2006.

gen auf Sportebene wegen der denkbaren Anträge zur Ausschöpfung der staatsanwaltschaftlichen Ermittlungen werden vermieden. Die Befürchtungen, dass der langatmige staatliche Instanzenzug (zum Teil über Jahre) zur Funktionsunfähigkeit der Sportgerichtsbarkeit führe[257], ist gebannt. Der Sport hat das nunmehr verabschiedete „Gesetz zur Verbesserung der Bekämpfung des Dopings im Sport" vom 5.7.2007 nicht abgelehnt, das letztlich lediglich eine Änderung des Arzneimittelgesetzes (AMG) brachte. Danach wird nunmehr der banden- und gewerbsmäßige Handel mit Dopingmitteln mit Freiheitsstrafen bis zu zehn Jahren sanktioniert, womit eine große Abschreckung einhergehen soll. Ferner ist der Besitz weit verbreiteter, besonders gefährlicher Dopingmittel unter Strafe gestellt, wenn die Menge über den Eigenbedarf hinausgeht. Insbesondere die Bekämpfung des kriminellen Netzwerks beim Handel mit Dopingsubstanzen wird ermöglicht, wenn sie denn nicht durch Arbeitsüberlastung der Ermittler gefährdet wird. Die Parallelität des Sportstrafverfahrens und des staatlichen Strafverfahrens bleibt so in Teilbereichen bestehen. Die Horrorvision[258], dass bedeutende Sportveranstaltungen unter dem Damoklesschwert jederzeit möglicher Ermittlungsmaßnahmen durchgeführt werden müssen, ist weitgehend gebannt. Es ist im Einzelfall ein verbesserter Weg der Kooperation zwischen Staat und Sport (DOSB-Präsident *Thomas Bach*) zu suchen, wobei die Staatsanwaltschaft mit ihren überlegenen Erkenntnismöglichkeiten und insbesondere ihren Zwangsmitteln (Zeugenvernehmungen, Hausdurchsuchungen, Personenkontrollen, Beschlagnahmen) eine wertvolle Hilfe für die Verbandsinstanzen sein kann. Der DFB hat in der sog. *Hoyzer*-Affäre die Erfahrung gemacht, dass kooperationswillige und auf Beschleunigung bedachte Strafverfolgungsbehörden eine große Hilfe bei dem Betreiben eines Sportstrafverfahrens sein können. Auch eine Erweiterung des Strafartenkatalogs in §100a StPO für die Telefonüberwachung bei Dopingdelikten ist zu erwägen. Der Kongress „Sports and Law" (Berlin 2007) schlug dem Staat vor, seine Sportfördermittel eventuell zu kürzen und in das Dopingkontrollsystem fließen zu lassen[259]. Zudem wird argumentiert, dass ähnlich wie beim Subventionsbetrug (§264 StGB) staatliche Subsidien für gedopte Sportler logischerweise für die Förderung „sauberer Sportler" fehlten. Der Staat bezahlt derzeit mit seiner Förderpraxis auch eine Verzerrung des sportlichen Wettbewerbs zum Nachteil der Athleten, die clean sind[260].

Zuständigkeit der Staatsanwaltschaft 40
Der Dopingbereich ist einer der wichtigsten Prüfsteine, ob eine Balance zwischen Selbstregulierung und Verrechtlichung eingehalten werden kann. Staat und Sport haben insoweit in Teilbereichen einen modus vivendi gefunden. So hat die Staatsanwaltschaft Bonn im Falle von *Jan Ullrich* 21 Monate lang ermittelt und dann das Verfahren nach §153 StPO nach Zahlung einer Geldbuße von 250.000 € (so Pressemitteilungen) eingestellt.

Teilerfolge in der Dopingbekämpfung 41
a) Der DFB kann stolz sein, dass er seine Dopingfälle jeweils binnen weniger Wochen rechtskräftig abgeschlossen hat. Spektakuläre Fälle im Weltsport wie die des Dänen *Michael Rasmussen* oder von *Floyd Landis*, *Marion Jones* oder der österreichischen Biathleten und deren Betreuer bei den Olympischen Spielen in Turin 2006 zogen sich jahrelang hin, wobei die Mitwirkung des spanischen Blutdopingspezialisten *Fuentes* oder der universitären Sportmediziner aus Freiburg weitgehend im Dunkeln bleiben und die Aufklärungsarbeit blockten. Im Radsport trug das Schweigegelübde, „die Omertà", maßgeblich dazu bei.

257 *Prokop*, aaO., SpuRt 2006, 192.
258 *Krähe*, aaO., SpuRt 2006, 94.
259 Tagungsbericht, SpuRt 2007, 129, 130.
260 *Hilpert*, aaO., SpuRt 2007, 153, 154.

b) Wichtige Ziele der Dopingbekämpfung sind zugleich die Rechtfertigung der Doping-verfahren. Gesundheitsschutz der Fußballer ist eine klassische Aufgabe der Rechtsorgane des DFB, die Gewährleistung der Chancengleichheit im Wettbewerb als höchstes Sportgut (s. § 4 k Satzung) ebenso. Das Vertrauen in die Selbstregulierungskräfte des DFB und seiner Instanzen möge fürderhin nicht enttäuscht werden. Zu diesem Zweck hat sich der DFB als Satzungsaufgabe (§ 4 k) die Durchführung von Dopingkontrollen gestellt. In effizienter Weise durchgeführt werden können diese aber nur in den oberen Spielklassen. Auch Kreisliga-Fußballer zu kontrollieren, ist nicht zu realisieren. Man könnte dort nicht die Dopingtests so gestalten, dass man aus medizinischer Sicht ein ruhiges Gewissen haben könnte (*Wilfried Kindermann*).

c) Ein wichtiges Instrumentarium stellt auch eine von DFB/DFL, aber auch von Wettan-bietern entwickelte Strategie der Manipulationsvorbeugung dar[261]:

> „*... Das gemeinsame Streben nach einem möglichst dopingfreien Sport bleibt das erklärte Ziel aller Bemühungen der Organe des DFB und seiner eingeschalteten Unterstützer. Denn der saubere und faire sportliche Wettbewerb ist ein ganz wesentlicher Grundpfeiler der gesellschaftlichen und sozialen Moral- und Wertordnung, sowohl in Anbetracht der Vorbildfunktion des Spitzensports als auch der pädagogischen und gesundheitlichen Bedeutung des Breitensports.*"

42 Doping und die Ärzte

Insoweit ist gerade im Hinblick auf die in den Medien enthaltenen Berichte über die Verordnung und Anwendung von verbotenen Substanzen und Methoden ohne medizi-nische Indikation durch Sportärzte, ja durch Universitätsärzte oft der Ruf nach der Staats-anwaltschaft erfolgt. Die Veröffentlichungen betreffen nicht den Fußballbereich. Es ist von allgemeinem Interesse, ob gegen diese „Doping-Ärzte" vorgegangen werden kann[262]. Eine Ahndung durch Sportgerichte scheitert wohl an mangelnder Unterwerfung der Ärzte unter die Sportgerichtsbarkeit. Wenn diese gar Vereinsmitglieder wären, entfliehen sie dieser durch Austritt aus dem Verein bzw. bei ersten verbandsrechtlichen Maßnahmen sicherlich. An der Schnittstelle zwischen Sport und staatlichem Strafrecht ist die Staatsanwaltschaft gefordert. Zumindest teilweise dürften bei den Athleten Gesundheitsbeeinträchtigungen gemäß den objektiven Tatbeständen der §§ 223, 230 StGB eingetreten sein. Die entschei-dende Frage ist aber, inwieweit die freie Entscheidung der Sportler die Verantwortung der Ärzte ausschließt, insbesondere wegen eventuell wirksamer Einwilligung der Athleten. Gleichwohl empfiehlt sich aus juristischen und sportrechtlichen Gründen die Einleitung von Ermittlungsverfahren gegen „Doping-Ärzte". Die damit verbundenen Aufklärungs-möglichkeiten eröffnen neue Dimensionen in der Bekämpfung des Dopings auf Athleten-seite. Glorifizierte Sporthelden können über Nacht als schäbige Betrüger entlarvt werden. Es wird sicherlich von den Ärzten das Argument entgegengehalten, dass damit in das Vertrauensverhältnis zwischen Arzt und Patient eingegriffen werde. Es ist dann gerichtlich auszutragen, inwieweit dopende Ärzte sich damit nur unter Berufung auf ihr Aussagever-weigerungsrecht als Arzt im Ergebnis erfolgreich verteidigen können oder ob sie wegen ihrer unheilvollen gesundheitsbeeinträchtigenden Tätigkeiten strafrechtlich belangt wer-den können. Der Staat bietet jedenfalls seine Mithilfe bei der Dopingbekämpfung an in Gestalt der klassischen Strafverfolgung.

Neben den Juristen bemühen sich überdies Experten aus Wissenschaft und Gesellschaft, Beiträge zur Bekämpfung der größten Lüge des Sports zu leisten. Mit dem Hindergrund des Eides des Hippokrates sollten sich auch ärztliche Berufsgerichte der Materie annehmen.

---

261 So Abschlussbericht der Rechtskommission des Sports gegen Doping.

262 Zu dieser Fragestellung allgemein *Haas/ Prokop*, aaO., SpuRt 1997, 56 ff.

Alle Berufenen aus Sport und Staat sollten erreichen, dass die Dopingbekämpfer nicht zahnlose Tiger sind. Dafür müssen sich die Redlichen im Sport sehr anstrengen, da die betrügerischen Netzwerke eine *„ungeheuerliche Perfektion entwickelt haben"* (*Helmut Strigel*).

FIFA und UEFA   43
Am Ende der Behandlung des Dopingrechts im DFB-Bereich soll noch ein kurzer Blick auf die beiden dem DFB übergeordneten Verbände FIFA und UEFA geworfen werden.

Die FIFA hat in Art. 62 FDC folgende Regelung:

> *„... Kann der Beschuldigte im Einzelfall nachweisen, dass ihn weder ein Verschulden noch eine Fahrlässigkeit trifft, so entfällt die grundsätzlich zur Anwendung gelangende Sanktionierung ..."*

Die UEFA überschreibt ihren Art. 12 RPO mit „Doping, Beweislast" und legt in dessen Absatz 2 fest:

> *„... Die UEFA trägt die Beweislast für das Vorliegen von Doping. Der Dopingbeweis kann durch jedes verlässliche Beweismittel einschliesslich Geständnis geführt werden."*

Absatz 2 lautet:

> *„... Das Vorhandensein einer verbotenen Substanz ... oder die Anwendung einer verbotenen Methode gilt als Anscheinsbeweis für einen Dopingverstoss. Es obliegt dem Spieler, den Gegenbeweis zu erbringen."*

Die FIFA überbürdet dem Spieler den vollen Entlastungsbeweis, die UEFA bleibt beim Anscheinsbeweis auf halbem Weg stehen, weil sie nach diesem dem Sportler den Gegenbeweis aufbürdet. Ob diese Wege, falls eine FIFA- oder UEFA-Entscheidung einmal vor ein deutsches Gericht gelangt, der Kontrolle unter dem Gesichtspunkt „auch im Vereinsrecht keine Sanktionierung ohne Schuld des Sportlers" standhalten, wird sich zeigen. Im Sinne der modernen Rechtslehre und der wohl herrschenden Rechtsprechung praktiziert der DFB den Anscheinsbeweis im klassischen Sinne des BGH, also mit der Erschütterungsmöglichkeit nach dem Prima-facie-Zwischenergebnis.

Der CAS kam bisher nicht zu einer einheitlichen Stellungnahme, weil in den von ihm zu entscheidenden Fällen unterschiedliches Verbandsrecht zugrunde lag.

Schutzsperre   44
Anzuhängen an die Behandlung des Dopings ist eine Maßnahme, die entgegen verbreiteter Meinung gerade kein Doping betrifft[263]: das Instrument der Schutzsperre. Sie wird beim Überschreiten eines bestimmten Hämoglobinwertes ausgesprochen. Sie dient dem Schutz der Gesundheit und hat somit teilweise gleiche Ziele wie die Strafen beim Doping. Wenn zu viele rote Blutkörperchen vorhanden sind, verschlechtern sie die Fließeigenschaften des Blutes. Man hat in einigen Sportarten wegen der fehlenden Möglichkeit, Blutdoping nachzuweisen, mit einer Schutzsperre den Anreiz für Eigenblutzufuhr vermindern wollen. Der Fall *Evi Sachenbacher-Stehle*, einer Skilangläuferin[264], löste eine Diskussion über die Legitimität der Schutzsperre aus. Die überwiegende Meinung sieht den Gesundheitsschutz des Sportlers allein nicht als Legitimation für Sperren an. Zudem seien die Grenzwerte nicht in der erforderlichen Bestimmtheit festgelegt. Da im Fußball bisher keine Fälle überhöhter Hämoglobinwerte (bei Männern ab 17 g/dl, bei Frauen ab 16 g/dl) zu Sportstrafverfahren bzw. zu Schutzsperren geführt haben, soll es beim Aufzeigen des Problems und der weiterführenden Literatur[265] sein Bewenden haben.

---

263 *Petri*, Schutzsperre, aaO., 105.
264 CAS, Urteil vom 12. 2. 2006, Az.: CAS-OG 06/004.

265 Siehe Fußnoten 1–35 bei *Petri*, aaO.

§ 6 a RuVO
Spielmanipulation

1. Wer es, insbesondere als Spieler, Schiedsrichter, Trainer oder Funktionsträger, unternimmt, auf den Verlauf und/oder das Ergebnis eines Fußballspiels und/oder den sportlichen Wettbewerb durch wissentlich falsche Entscheidungen oder andere unbefugte Beeinflussung einzuwirken in der Absicht, sich oder einem anderen einen Vorteil zu verschaffen, macht sich der Spielmanipulation schuldig. Dies gilt nicht für Spieler, die beim Spiel oder im Zusammenhang mit diesem durch Verletzung einer Fußballregel ausschließlich einen spielbezogenen sportlichen Vorteil anstreben; die Möglichkeit der Bestrafung als unsportliches Verhalten gemäß § 1 Nr. 4. bleibt insoweit unberührt.

2. Eine Spielmanipulation wird als unsportliches Verhalten gemäß § 1 Nr. 4. geahndet (§ 44 der Satzung des DFB).

45 Geschichte der Norm
Der Tatbestand wurde nach der *Hoyzer*-Affäre 2005 neu geschaffen. Die zuvor begangenen Verfehlungen in dem Wettskandal sind noch nach der Generalklausel des unsportlichen Verhaltens (§ 1 Nr. 4 RuVO) abgeurteilt worden. Täter der neu definierten „Spielmanipulation" können alle Personen sein, die auf die Durchführung von Fußballspielen Einfluss nehmen können, insbesondere die Spieler, Schiedsrichter, Trainer und Vereinsfunktionäre.

46 Tatbestandsvoraussetzungen
Als Begehensform kommt das „Unternehmen" in Betracht, was nach dem Strafgebrauch des StGB (§ 11 Abs. 1 Nr. 6) „Versuch oder Vollendung" bedeutet.

Ziel der Handlung ist die Veränderung des Verlaufs eines Wettbewerbs oder des Ergebnisses eines Spiels. Zwischenstände – Verlauf des Spiels – erfassen bestimmte Zeiten im Spiel. Die vielfältigen Spielsituationen können willentlich zum Zwecke der Manipulation herbeigeführt werden. Auf alle diese Spielgeschehnisse können unmittelbar Wetten abgeschlossen werden (z. B. auf einen Elfmeter in der ersten Spielhälfte, auf ein Selbsttor in der zweiten Halbzeit für den Gastverein).

Von § 6 a RuVO erfasst werden bewusst unrichtige Entscheidungen des Schiedsrichters oder eines Schiedsrichter-Assistenten. Bei Spielern ist eine Einwirkung durch nicht erlaubte Beeinflussung Tathandlung, wobei ausgenommen ist das Anstreben eines ausschließlich spielbezogenen Vorteils, also eines solchen ohne „Wetthindergrund". Die Übertretungen der Fußballregeln beim Spiel sind durch den Schiedsrichter zu ahnden. Die insoweit auszusprechenden persönlichen Strafen erfüllen, falls kein Manipulationsvorhaben besteht, nicht den Tatbestand des § 6 a RuVO: Wer einen Gegner foult und dadurch einen Torerfolg der gegnerischen Mannschaft verhindert oder wer ein vom Schiedsrichter wahrgenommenes oder auch unentdecktes Handtor erzielt, macht sich unter Umständen nach allgemeinem DFB-Recht schuldig und ist gegebenenfalls in den Beispielsfällen wegen unsportlichen Verhaltens in Form der Torhand zu bestrafen. Für eine Spielmanipulation muss der Spieler die Ergebnisbeeinflussung im Auge haben („Absicht der Vorteilsverschaffung") bzw. ein Interesse an der Herbeiführung von Teilsituationen haben und darauf hinwirken (Eigentor in den ersten 15 Minuten, weil er bzw. Dritte in seinem Auftrag darauf gewettet haben). Der regelwidrig erzielte „schlichte" Spielvorteil erfüllt den Tatbestand allein nicht. Der Spieler ist hierfür wegen unsportlichen Verhaltens zu belangen. Die Grenzen sind aber insoweit fließend. So begeht ein Verteidiger, der einen Stürmer bewusst nicht angreift, um diesem den Torerfolg zu ermöglichen, falls es zu der angestrebten Ergebnisverfälschung kommt, eine Spielmanipulation. Strafgrund ist dabei die Vorteilsverschaffung.

Weitere Beispiele aus dem *Hoyzer*-Verfahren: Wenige Führungsspieler einer Mannschaft bewirken durch geschicktes Taktieren – ohne dass dies erkennbar ist – dass ihre Mannschaft verliert, weil ein Dritter (Wetter) oder ein Anhänger eines Vereins, der von der Niederlage einen Vorteil hat, ihnen vor dem Spiel dafür eine Geldsumme ausgesetzt hat. Problematischer ist die oben (s. § 5 Rn. 24 c, Fall 5) bereits angesprochene Siegprämie. Der Unrechtsgehalt einer solchen Tat ist jedenfalls deutlich niedriger anzusiedeln. Der Tatbestand des § 6 a RuVO ist dabei wohl erfüllt, falls das Verhalten nach sportlichen Kriterien rechtswidrig ist.

Sanktionen   47
Als Strafen für eine Spielmanipulation steht über die Brückenvorschrift des § 1 Nr. 4 RuVO die ganze Palette des § 44 der Satzung zur Verfügung (§ 6 a Nr. 2 RuVO).

Nachtrag   48
Ein Ereignis am letzten Spieltag der Saison 2007/2008 in der Fußball-Kreisliga D Köln bietet Anlass, § 6 a RuVO noch einmal aufzublenden und auf seine Anwendbarkeit auf den Fall zu prüfen: Dort lag nach dem vorletzten Spieltag Germania Nippes II punktgleich mit Rheinkassel-Langel II. Das Torverhältnis musste, falls beide zum Abschluss siegreich bleiben, um den Aufstieg in die Kreisliga C entscheiden. Dabei hatte Germania Nippes II als Ausgangsposition eine um 37 Tore bessere Tordifferenz; er siegte zudem am letzten Spieltag 10:0. Bei DJK Löwen II endete das Spiel des Konkurrenten Rheinkassel-Langel II 54:1. Der Vorsitzende des Kreis-Spielausschusses äußerte sich: *„Das ist eine Schande. Ein solches Ergebnis darf keinen Bestand haben."*

Der Spielmanipulationsparagraph (6 a RuVO) würde aber – falls DFB-Recht anwendbar wäre – **nicht** eingreifen. Eine unbefugte Beeinflussung des sportlichen Wettbewerbs steht zwar ernsthaft im Raum, der auch dem Rekordsieger einen Vorteil verschaffen sollte. Die Vorschrift greift aber nach ihrem Satz 2 nicht ein, wenn Spieler dieses Vereins im Zusammenhang mit dem Spiel **ausschließlich einen spielbezogenen sportlichen Vorteil** anstreben: Sie haben 53 Tore mehr erzielt als ihr Gegner, was sicher „spielbezogen" ist. „Ausschließlich" im Zusammenhang mit dem Spiel könnte man zwar anzweifeln, da dahinter eine „unredliche Absicht" steht. Der „ausschließlich spielbezogene Vorteil", den die Spieler anstrebten, war jedoch der Aufstieg. Wenn daran die Anwendung des § 6 a RuVO scheitern sollte, bleibt aber die Generalklausel des § 1 Nr. 4 RuVO, die in allen Landesverbänden sinngemäß gilt. Bereits nach naturwissenschaftlichen Gesetzen ist es bei ordnungsgemäßem Ballverteilen zwischen Tor und Mittelanstoß bei auch nur ganz geringer Gegenwehr in Gestalt des Ballwegtretens und „Ins-Aus-Spielen" nicht ohne „corriger la fortune" beider Mannschaften in 45 Minuten schwerlich möglich, 40 Tore auf „normalem Weg" zu erzielen. Daraus folgt ein dringender Verdacht des abgekarteten Spiels. Nach Punktabzug und Zwangsabstieg für die DJK Löwen sowie Sperren von jeweils einem Jahr für die Spieler, die den Kantersieg zuließen, in erster Instanz, zeigte sich die Berufungsinstanz erstaunlich milde und beließ es bei einer Geldstrafe bei dem Verein, der das Desaster über sich ergehen ließ. Dahinter steht die Überlegung, dass rein passives Verhalten der DJK-Spieler, die über Nacht bis kurz vor Spielbeginn gefeiert hatten und sich gleichwohl dem frischen Gegner stellten, nach Fußballrecht nicht strafbar sei. Auch hier zieht aber der ungeschriebene Grundsatz des Fair Play Grenzen, wenn schlichte Untätigkeit grobe Unanständigkeit bedeutet.

§ 6 b RuVO
Unzulässige Spielervermittlung

Spieler, Vereine und Kapitalgesellschaften machen sich eines unsportlichen Verhaltens gemäß § 1 Nr. 4. schuldig und können bestraft werden, wenn sie im Falle einer Spielervermittlung im Sinne des FIFA-Spielervermittler-Reglements nicht die Dienste der amtlichen Arbeitsvermittlung oder eines privaten Arbeitsvermittlers, der über eine gegebenenfalls erforderliche Arbeitsvermittlungserlaubnis und eine Spielervermittlerlizenz eines der FIFA angeschlossenen Nationalverbandes verfügt, in Anspruch genommen haben. Dies gilt auch für den Versuch. Ein Rechtsanwalt bedarf nicht der Spielervermittlerlizenz.

49 Bestandsaufnahme
Im Fußball sind häufig bei Vereinswechseln sog. Spielervermittler beteiligt – oft auch bei den Amateuren – und insbesondere bei Vereinswechseln aus dem Ausland. Sie werden auch als Spielerberater, -agenten und Manager bezeichnet. Bei der FIFA sind derzeit über 2.800 Spielervermittler weltweit registriert, davon rund 150 in Deutschland. Ein Spielervermittler bedarf nach DFB-Recht einer Lizenz, die nach Ablegen einer Prüfung erteilt wird, wenn ferner u. a. der Nachweis einer Berufshaftpflichtversicherung erbracht und ein polizeiliches Führungszeugnis vorgelegt ist. Dieses DFB-Reglement ist dem der FIFA weitgehend angenähert. Wichtig ist die darin geforderte Unterwerfung unter die Entscheidungszuständigkeit von FIFA, UEFA und DFB und die Anerkennung der Bestimmungen dieser Verbände.

Ein Spielervermittler wird als eine natürliche Person definiert, die gegen Entgelt Spieler bei einem Verein vorstellt, um Arbeitsverträge zu verhandeln, oder im Hinblick auf den Abschluss eines Transfervertrages zwei Vereine einander vorstellt, und zwar unter Einhaltung der geltenden Bestimmungen des einschlägigen Reglements[266].

Die FIFA hat die Zuständigkeit dem DFB übertragen, soweit es von ihm lizenzierte Vermittler betrifft. Durch das DFB-Reglement für Spielervermittler[267] wird das FIFA-Reglement nach nationalem Recht ausgestaltet.

Ziel der FIFA ist es, den Spielervermittler mit ihrem Regelwerk aus der Grauzone herauszuführen.

50 FIFA-Reglement und europäisches Recht
Schon bald nach Inkrafttreten des FIFA-Spielervermittler-Reglements am 1. März 2001 wurde es, wie nicht anders zu erwarten, auf den Prüfstand der europäischen Rechtsinstanzen gestellt. Angriffspunkt war die in dem Reglement enthaltene Bestimmung, dass die

266 *Brüschweiler*, aaO., CaS 2008, 32 ff., 35.
267 Satzungsbuch des DFB, Stand: 1.1.2008, S. 89 ff.

Ausübung des Berufs des Spielervermittlers von der Voraussetzung abhängig gemacht wird, dass der Bewerber über eine vom zuständigen Nationalverband erteilte **unbefristete Lizenz** verfügt.

In diesem Lizenzerfordernis wurde ein Verstoß gegen das europäische Kartellrecht gesehen. Nachdem die Europäische Kommission den zwingenden Charakter der Lizenz gerechtfertigt hatte, wurde hiergegen Beschwerde zum Europäischen Gericht 1. Instanz (EuG) eingelegt, die durch Urteil vom 24. Januar 2005[268] zurückgewiesen wurde.

Dabei wurde geprüft, ob das FIFA-Reglement gegen das Europäische Wettbewerbsrecht der Art. 81 ff. EGV verstößt. Diese Frage wurde von dem Gericht verneint.

a) Sicherlich stelle das Lizenzerfordernis ein Hindernis für den Zugang zu einer wirtschaftlichen Tätigkeit dar und beeinträchtige das freie Spiel der Kräfte. Das Reglement schalte aber nicht den Wettbewerb aus. Durch das Lizenzsystem werde nämlich keine quantitative Beschränkung aufgestellt, sondern eine Selektion in **„qualitativer Hinsicht"**, die geeignet sei, die Professionalisierung der Tätigkeit des Spielervermittlers zu erreichen[269].

b) Auch wurde eine **marktbeherrschende Stellung** der FIFA verneint. Weil das FIFA-Reglement für die nationalen Verbände, die Mitglieder der FIFA, verbindlich ist, liege eine kollektive marktbeherrschende Stellung der FIFA vor, die jedoch gerechtfertigt sei, weil sie lediglich Beschränkungen in qualitativer Hinsicht aufstelle, die nicht missbräuchlich im Sinne des § 82 EGV seien. Eine offensichtlich falsche Beurteilung der Kommission ist in deren Entscheidung nicht zu sehen.

c) Die am häufigsten übertretene, jedoch wegen Beweisschwierigkeiten recht selten disziplinarrechtlich geahndete Vorschrift[270] ist im DFB-Bereich § 6 b RuVO, der die Inanspruchnahme von Spielervermittlern ohne Lizenz durch Vereine und Spieler als unsportliches Verhalten nach § 1 Nr. 4 RuVO wertet, das als solches bestraft werden kann. In Deutschland ist seit 2002 die staatliche Erlaubnispflicht für Arbeitsvermittlung abgeschafft, sodass seither auch Spielervermittler ohne vorherige Erlaubnis des Staates tätig werden dürfen. Deshalb haben Verbandsregelungen, die die Spieler und die Vereine zwingen, nur **DFB-interne Wirkung.** Ein Vermittlervertrag mit einem Vermittler ohne Lizenz ist nach staatlichem Recht wirksam. Vom DFB-Recht werden die unlizenzierten Vermittler schon deshalb nur selten erfasst, da sie sich nicht dem Recht des DFB unterworfen haben und höchst selten Vereinsmitglieder sind. Es verbleibt aber in diesen Fällen die Verhängung von Sanktionen gegen Spieler und Vereine. Die hohe Dunkelziffer dieser Tatbestände ist dabei darauf zurückzuführen, dass mehr oder weniger glaubhaft die Einschaltung eines Rechtsanwaltes, der nicht der Spielervermittlerlizenz bedarf (§ 6 b Satz 2 RuVO), behauptet wird.

Um die Rechtsbeziehungen bei der erlaubten wie der nach DFB/FIFA-Recht verbotenen Vermittlertätigkeit rankt sich ein Streitfragenlabyrinth meist zivilrechtlicher Natur, die in einem Kommentar zur RuVO nur angedeutet werden können. – Parallel zur derzeit breit diskutierten Obergrenze für Managergehälter in Deutschland stellt sich auch insoweit hier die Frage der Limitierung der Vermittlerprovisionen. Im Berufssport ist die seitens des Staates gezogene Grenze für die Provisionen auf maximal 14% des Arbeitsentgelts für

---

268 EuG (T-193/02), SpuRt 2005, 102; Besprechung durch *Vetter*, aaO., SpuRt 2005, 233 ff.
269 EuG-Urteil Rn. 102–104 Piau/Kommission.

270 Zu den Schwierigkeiten insoweit *Englisch*, WFV Nr. 44, 48 ff.

12 Monate gezogen. Die 5% des Jahresgrundgehaltes, die die FIFA in der Neufassung des Art. 20 Nr. 4 ihres Reglements im Nichteinigungsfall vorsieht, wirken insoweit höchst bescheiden. Diese Provisionshöhen gelten aber nicht für den Vertrag zwischen Arbeitgeber und Vermittler, also nicht für die Vereinbarung mit dem Verein. Es verwundert bei teils im Raum stehenden astronomischen Summen nicht, dass die ordentlichen Gerichte die Messlatte des § 138 BGB (Sittenwidrigkeit) mit der Folge der Nichtigkeit nach dieser Vorschrift anlegen. Sie wurde vom Landgericht Köln[271] bei der Provisionsvereinbarung zwischen der Beraterfirma des ehemaligen Nationalspielers *Jens Nowotny* und Bayer Leverkusen in Höhe von 10 Millionen Euro angenommen[272].

Es ist weiter festzustellen, dass das Lizenzerfordernis nach h. M.[273] mit europäischem und nationalem Wettbewerbsrecht in Einklang steht. Zu diskutieren ist aber, soweit der Spielervermittler ohne Zulassung zur Rechtsanwaltschaft rechtliche Angelegenheiten erledigt, ob ein Verstoß gegen das Rechtsdienstleistungsgesetz vom 1. 7. 2008 vorliegt: Eventuelle Folgen: Nichtigkeit des Vertrags – Ordnungswidrigkeit.

51 Fazit

Zu dem kommentierten § 6 b RuVO werden zwar häufiger Ermittlungsverfahren durch den Kontrollausschuss eingeleitet, Verurteilungen nach dieser Vorschrift sind jedoch in der Vergangenheit höchst selten erfolgt[274]. Zu oft geben sich Rechtsanwälte gegen gute Honorare zu der bedenklichen Erklärung her, dass die Verhandlung unter ihrer maßgeblichen Mitwirkung geführt worden sind.

§ 7 RuVO

Strafen gegen Vereine und Tochtergesellschaften in einzelnen Fällen

1. Bei Bundesspielen gelten für Vereine und Tochtergesellschaften unter anderem folgende Strafen:

a) **für Spielen ohne Genehmigung Geldstrafe bis zu € 30.000,00;**

b) **für schuldhaft verspätetes Antreten oder schuldhaftes Nichtantreten zu einem Spiel Geldstrafe bis zu € 30.000,00;**

c) **für nicht ordnungsgemäße Platzherrichtung und nicht ausreichenden Ordnungsdienst Geldstrafe bis zu € 50.000,00;**

d) **für mangelnden Schutz des Schiedsrichters, der Schiedsrichter-Assistenten oder des Gegners Geldstrafe bis zu € 100.000,00;**

e) **für schuldhaftes Herbeiführen eines Spielabbruchs Geldstrafe bis zu € 100.000,00;**

---

271 Urteil vom 28. 10. 2005, zitiert nach PHB/*Summerer*, aaO., II 3, Rn. 198.
272 Weiter zur Problematik OLG Dresden, SpuRt 2004, 258 f.; ferner *Kröninger*, aaO., SpuRt 2007, 234; LG Braunschweig, SpuRt 2002, 250 ff.

273 PHB/*Summerer*, aaO., S. 181.
274 So zuletzt zum Vereinswechsel von *Miroslav Klose* von Werder Bremen zu Bayern München.

f) für Spielenlassen eines Spielers ohne Vorlage eines ordnungsgemäß erstellten Spielerpasses oder ohne Vorlage der vom DFB oder der DFL herausgegebenen Spielberechtigungsliste Geldstrafe bis zu € 1.000,00;

g) für Spielenlassen eines nicht spiel- oder einsatzberechtigten Spielers Geldstrafe bis zu € 10.000,00;

h) für nicht ordnungsgemäße Erfüllung von Auflagen Geldstrafe bis zu € 30.000,00;

i) für das Mitwirkenlassen gedopter Spieler (§ 6), die Verabreichung von Dopingmitteln, die Weigerung, Dopingkontrollen zuzulassen sowie jede Beteiligung an diesen Handlungen oder ihre Duldung und bei Verstößen gegen die Anti-Doping-Richtlinien Geldstrafe bis zu € 150.000,00 für jeden Einzelfall;

j) für aktive oder passive Bestechung Geldstrafe bis zu € 250.000,00.

2. In den Fällen der Nr. 1. Buchstaben i) und j) ist der Versuch strafbar.

3. Anstelle einer verwirkten Platzsperre kann eine Spielaustragung unter Ausschluss der Öffentlichkeit festgesetzt werden, falls dies aus besonderen Gründen zweckmäßig erscheint.

4. Bei Vergehen, die mit einer höheren Geldstrafe als € 2.500,00 bedroht sind, kann in schwerwiegenden Fällen an Stelle oder neben der Geldstrafe eine weitergehende Strafe nach § 44 der Satzung des DFB verhängt werden. Gleiches gilt in Wiederholungsfällen und in Fällen der Tatmehrheit.

5. Die Strafbestimmungen der Nr. 1. finden sinngemäße Anwendung auch auf Mitgliedsverbände, die mit ihren Mannschaften an Bundesspielen teilnehmen.

Adressaten der Norm

52

Die Vorschrift bezieht sich auf Bundesspiele und betrifft dabei die Disziplinarmaßnahmen gegen Vereine und Tochtergesellschaften.

a) Unter dem Begriff „Verein" versteht man eine juristische Person des Privatrechts, für die die §§ 21 ff. BGB gelten. Mit der zunehmenden Kommerzialisierung des Fußballs wird die Frage diskutiert, ob die Bundesligavereine noch dem Grundtypus eines Idealvereins im Sinne von § 21 BGB entsprechen oder ob im Hinblick auf die angestrebte Gewinnmaximierung die Organisationen als wirtschaftliche Vereine zu qualifizieren sind. Es bestehen Zweifel, ob das Nebenzweckprivileg noch greift. In vielen Fällen wurden in dieser Situation nicht zuletzt aus haftungsrechtlichen Gründen die Fußballlizenzbetriebe ausgegliedert, wobei gemeinnützigkeitsrechtliche Risiken in Betracht gezogen werden[275]. § 31 BGB rechnet dem Verein das Handeln seiner verfassungsmäßig berufenen Vertreter als eigenes zu. Der Verein haftet also nicht für fremdes, sondern für eigenes Verschulden[276].

b) Seit dem sog. Eckwertepapier vom 24. 10. 1998 sind am Bundesligaspielbetrieb auch **Tochtergesellschaften** zugelassen. Es wurde damit gleichgezogen mit anderen Verbänden im Ausland – z. B. hatte die Premier League in England schon seit 1982 Kapitalgesellschaften zugelassen. Die Umstrukturierung in Deutschland erfolgte durch eine Ausglie-

---

275 *Pauli*, aaO., S. 298 ff., 300, 316.   **276** *Palandt-Heinrichs*, aaO., § 31 BGB Rn. 1.

derung der Lizenzspielerabteilung aus dem e. V. in eine Tochtergesellschaft in der Rechtsform einer GmbH, AG oder KGaA gemäß § 123 UmwG[277]. Gerade von der im sonstigen Rechtsleben wenig beliebten Rechtsform der Kommanditgesellschaft wurde rege Gebrauch gemacht – so sind Borussia Dortmund, Werder Bremen, Arminia Bielefeld, Hannover 96, Hertha BSC, MSV Duisburg, Greuther Fürth und TSV München von 1860 als GmbH & Co. KGaA strukturiert[278]. DFB und DFL haben dabei von Anfang insbesondere den Gefahren der Mehrfachbeteiligungen zu begegnen versucht. So erhält eine Kapitalgesellschaft nur eine Lizenz, wenn ein Mutterverein mehrheitlich an ihr beteiligt ist (50+1%-Regel). Zur Aufstellung dieser und weiterer Schranken (s. § 16 c Satzung) sind beide Verbände – gestützt auf die Vereinsautonomie – bemüht, den mit der Multi-Club-Ownership (= Beteiligung an zwei oder mehr Sportkapitalgesellschaften, die zueinander in einem Wettbewerbsverhältnis stehen) verbundenen Gefahren für die sportliche Integrität und die Glaubwürdigkeit des Fußballs in Deutschland zu begegnen. Mit der Regelung in § 16 c Nr. 2 Satzung soll erreicht werden, dass der Einfluss eines Investors oder Mäzens den des Vereins nicht erreicht oder gar übersteigt. Dieses soll dadurch sichergestellt werden, dass der **Verein über 50% der Stimmanteile zuzüglich mindestens einer weiteren Stimme** in dem Kontrollorgan der Kapitalgesellschaft verfügt (§ 16 c Nr. 2 Abs. 2 Satz 1 Satzung).

Beim Modellfall 1899 Hoffenheim ist dieser Vorgabe Rechnung getragen: 51% der Stimmanteile besitzt der Verein, 49% der Mäzen des Vereins *Dietmar Hopp*; von den Kapitalanteilen hält *Hopp* 96%. Demgegenüber sind im Normalfall die Anzahl der Stimmrechte in einem Kontrollorgan einer Kapitalgesellschaft und die Anzahl der Kapitalanteile gleich. *Lammert*[279] vertritt die Auffassung, das ,Modell Hoffenheim' „verstoße faktisch gegen die Auflagen in der DFB-Satzung“. Eine mehrheitliche Kontrolle durch einen Investor sei nach geltendem Recht nicht zulässig. Die Form des finanziellen Alleinförderers störe die Integrität des Wettbewerbs, deren Gewährleistung erklärtes Ziel der DFB-Satzung und der „50+1-Regel“ im Besonderen sei. Nach der teleologischen Auslegung des § 16 c Nr. 2 Satzung gehe es nach *Lammert* unabhängig von einer Vereinsmehrheit in einem Kontrollorgan darum, den Einfluss eines Geldgebers auf einen Verein im deutschen Profi-Fußball auf weniger als 50% zu beschränken. Im Falle Hoffenheim sei die mehrheitliche Kontrolle durch den Verein nicht gegeben, vielmehr obliege diese faktisch dem finanziellen Förderer. Diese dürfe 50% des Etats des Ligabetriebs für den jeweiligen Zeitraum der Lizenzvergabe nicht erreichen oder übersteigen.

Die Rechtsauffassung vom *Lammert* ist nicht haltbar. Die in § 16 c Nr. 2 Abs. 1 Satzung geforderte **mehrheitliche Beteiligung des Vereins** an der Kapitalgesellschaft ist in Abs. 2 der Vorschrift klar und eindeutig dahin definiert, dass „*der Verein über 50% der Stimmanteile zuzüglich mindestens eines weiteren Stimmanteils in der Versammlung der Anteilseigner verfügt*“. Der Wortsinn dieser Legaldefinition der mehrheitlichen Beteiligung ist Ausgangspunkt jeder Auslegung und legt aber auch die Grenze der Auslegung fest. Der Satzungsgeber wollte unzweideutig die **mehrheitliche Beteiligung an den Stimmanteilen** (50+1) festlegen. Dieser Wille kann nicht durch eine teleologische Interpretation des Normzusammenhangs in sein Gegenteil verdreht werden. Die von *Lammert* entwickelte Unzulässigkeit des Modells *Hopp* im Verein 1899 Hoffenheim besteht daher nicht, vielmehr hält sich 1899 Hoffenheim als Inhaber von 50+1 Stimmanteilen in der 1899 Hoffenheim Fußball-Spielbetriebs GmbH an die Satzungsvorgaben und ist damit **rechtskonform**.

---

277 *Weiler*, aaO., SpuRt 2007, 133 ff., 134; *Englisch*, aaO., SpuRt 2005, 46 ff.

278 *Pauli*, aaO., CaS 2007, 298 ff.

279 AaO., SpuRt 2008, 137, 138.

Am Kartellrecht sowie an der Niederlassungsfreiheit (Art. 43 EG) und dem freien Kapitalverkehr (Art. 56 EG) sind die DFB-Regelungen zu messen. Insbesondere der totale Ausschluss jeglicher Beteiligung von Clubs untereinander könnte von staatlichen Gerichten kritisch unter die Lupe genommen werden[280].

Für die angesprochene Tochtergesellschaft gilt §31 BGB. Die Haftung für Folgen der Verstöße gegen die RuVO wird ihnen durch diese Normen zugewiesen.

Grundtatbestände 53

Das Sanktionsrecht des DFB (§§6–12 RuVO) enthält in §7 und §8 untergliederte **Grundtatbestände** für Vereine und für Spieler. Sie sind die am häufigsten verletzten Untergliederungen der verfassungsrechtlich abgesicherten (§44 Satzung) „Formen des unsportlichen Verhaltens". Sie geben der Grundentscheidung in der Satzung Leben und Farbe. Die Vorgaben gewinnen auf diesem Weg Konturen und Anschaulichkeit.

Eine wichtige Funktion erfüllen sie hinsichtlich der Straffolgen, indem sie die für die einzelnen Verfehlungen möglichen differenzierten Strafrahmen vorsehen – mit den jeweiligen Obergrenzen:

Einzeltatbestände 54

a) **Spielen ohne Genehmigung:** Die bis zu 30.000 € reichende Sanktionsnorm kommt in der Praxis höchst selten vor, allenfalls bei unteren bzw. Jugendmannschaften.

b) Die Tatbestände des verspäteten Antretens und des Nichtantretens, beide müssen schuldhaft verwirklicht sein, sind nach meiner Erinnerung in den 30 Jahren meiner Zugehörigkeit zum Kontrollausschuss auf Bundesligaebene kaum vorgekommen. Nach §16 Satz 2 Durchführungsbestimmungen zur Spielordnung sind Anreisen so rechtzeitig anzutreten, dass ein pünktlicher Spielbetrieb gewährleistet ist. Eine ausreichende Pufferzeit wird von Vereinen bei Auswärtsspielen schon aus Gründen des Ausgeruhtseins der Spieler eingeplant. Eher treten schon einmal Engpässe bei der Fahrt vom Hotel zum Stadion bei Staus, Verkehrsunfällen oder Straßensperren wegen besonderer Vorkommnisse auf. Hier liegt bei ausreichender Vorsorgezeit kein Verschulden vor. Je prominenter ein Verein ist, desto eher gelingt es ihm sogar, was wohl polizeilich nicht zulässig ist, zu erreichen, dass ein Polizeifahrzeug mit Blaulicht und einem eskortierenden Motorradfahrer die „kostbare Fracht" durch die Ampeln bei Rot schleust. Häufiger ereignen sich Verspätungen bei unvorhergesehenem Zuschauerandrang, bei dem der Schiedsrichter flexibel reagiert und mit dem Anpfiff etwa eine Viertelstunde zuwartet. Das Verhalten des Platzvereins ist in diesen Fällen meist nicht vorwerfbar und damit nicht schuldhaft. Präzise Anstoßzeiten sind aber peinlich einzuhalten, wenn Live-Übertragungen im Fernsehen für ein Spiel vorgesehen sind – die ganze Fußballnation wartet nicht gern zu besten Fernsehzeiten.

c–e): Unter Strafe gestellt ist in diesen drei Bestimmungen das Verhalten des gesetzlichen Vertreters, das dem Verein nach §31 BGB zuzurechnen ist:

• wegen nicht ordnungsgemäßer Platzherrichtung und eines nicht ausreichenden Ordnungsdienstes,
• wegen mangelnden Schutzes des Schiedsrichters und seiner Assistenten sowie des Gegners sowie
• wegen schuldhaften Herbeiführens eines Spielabbruchs.

---

280 *Weiler*, aaO., 138, 139.

Bei Betrachtung der drei Tatbestände fällt auf, dass nur bei letzterem das **Verschuldenserfordernis** ausdrücklich in die Norm aufgenommen ist, bei den beiden anderen nicht. Dieses findet seine Erklärung in § 9 a RuVO, eine seitens des DFB von FIFA und UEFA mit kleinen Abweichungen übernommene Vorschrift, die die Verantwortlichkeit von gastgebendem Verein und Gastverein im Stadionbereich regelt und die Zurechenbarkeit des Verhaltens einzelner Personen normiert. Obwohl gerade einzelne Zuschauer – wenn auch im Zusammenwirken mit Gleichgesinnten – die Störungen verursachen, stehen Einzelpersonen nicht im Vordergrund der Disziplinarmaßnahmen der Verbände – eher schon bei präventiven Maßnahmen wie Stadionverboten pp. – vielmehr fokussieren die Reaktionen gegen die beteiligten Vereine. Sie sind drastisch und können nach § 7 Nr. 4 RuVO neben der Geldstrafe bis zu 50.000 €/100.000 € eine weitergehende Strafe gemäß § 44 der Satzung nach sich ziehen, insbesondere eine Platzsperre oder an deren Stelle eine Spielaustragung unter Ausschluss der Öffentlichkeit (§ 7 Nr. 3 RuVO), ferner die Aberkennung von Punkten und gar die Versetzung in eine tiefere Spielklasse. Exemplarisch sollen nachstehend zu der Variante *„schuldhaftes Herbeiführen eines Spielabbruchs"* ein schuldhafter nationaler (aa), ein entsprechender internationaler Fall mit deutscher Beteiligung (bb) und ein Fall des Spielabbruchs durch höhere Gewalt (cc) angeführt werden:

aa) **Das Torpfosten-Urteil:**
Ein frühgeschichtliches Bundesligaspiel betrifft die Meisterschaftsbegegnung Borussia Mönchengladbach gegen Werder Bremen am 3. April 1971. Die Paarung wurde in der 88. Spielminute beim Stande von 1:1 unterbrochen, da ein Torpfosten in der Platzhälfte der Werder-Mannschaft zwei bis drei Zentimeter unterhalb der Grasnarbe abgebrochen war. Trotz entsprechender Aufforderung an den Spielführer durch den Schiedsrichter, das Tor wieder aufzubauen, konnte kein Tor beschafft werden. Das Spiel wurde nach 15 Minuten Wartezeit abgebrochen. Nach einem Rundschreiben des DFB Nr. 1-1970/71 hat jeder Platzverein für beide Tore Ersatz bereitzuhalten. Wegen dieses Organisationsverschuldens des Vereins Borussia Mönchengladbach wurde wegen schuldhaften Herbeiführens eines Spielabbruchs eine Geldstrafe von 1.500 DM verhängt und das Spiel mit 2:0 für Werder Bremen für gewonnen und 0:2 für den Heimverein als verloren gewertet. Dieser habe nicht den Nachweis eines fehlenden Verschuldens geführt[281].

Anmerkung: Bei einem Europapokalspiel im *Bernabéu*-Stadion von Real Madrid wurde binnen 40 Minuten ein Torgehäuse erneuert und das Europapokalspiel fortgesetzt. Es kam zu einer empfindlichen Geldstrafe – aber **ohne** Spielwertung.

bb) **Das Büchsenwurf-Urteil:**
Am 20. 10. 1971 wurde im Spiel um den Pokal der Europäischen Meistervereine zwischen Borussia Mönchengladbach und Internationale Mailand der Inter-Spieler *Boninsegna* nach 20 Spielminuten von einer durch einen Zuschauer geschleuderten Coca-Cola-Dose am Kopf getroffen und verletzt. Das Spiel endete 7:1 für Mönchengladbach. Die Berufungsinstanz der UEFA hat durch Urteil vom 10. 11. 1971[282] das einheimische Stadion für das nächste internationale Spiel gesperrt, dieses erneut im Ausland angesetzt und eine Geldstrafe von 10.000 CHF verhängt. Die Rechtsmittelinstanz der UEFA stellte „einen unbedingten Einfluss des Werfers der annähernd gefüllten Büchse auf das Spielfeld" fest. In Deutschland mutmaßte man, *Boninsegna* habe geschauspielert, weil Inter auf der Verliererstraße gewesen sei. Die Neuansetzung – Gladbach verlor sie – und der Ausspruch der Geldstrafe sind erfolgt, ohne dass in dem Urteil etwas zum Verschulden des Platzvereins zu lesen ist. Eine

---

281 Vollständiger Text der Urteilsgründe bei   282 Abgedruckt bei *Rauball*, aaO., S. 305 ff.
Rauball, aaO., S. 313.

Vorschrift wie Art. 74 FDC n. F., die eine Haftung des Heim- bzw. des Gastvereins ohne Verschulden vorsieht, gab es damals noch nicht – die Zurechenbarkeit war aber unbesehen davon gegeben.

cc) Im April 2008 musste das Bundesligaspiel 1. FC Nürnberg gegen VfL Wolfsburg nach der ersten Halbzeit wegen eines schweren Unwetters und Überflutung der Spielfläche vom Schiedsrichter abgebrochen werden. Die Paarung wurde wegen höherer Gewalt neu angesetzt.

Dabei zeigte der Fall, dass die RuVO des DFB überraschenderweise eine offensichtliche Regelungslücke enthält: Es ist darin an keiner Stelle vorgesehen, was mit Gelben, Gelb-Roten oder gar Roten Karten, die in dem abgebrochenen Spiel gezeigt wurden, geschieht. Es empfiehlt sich eine Analogie zu Art. 18 Nr. 5 und Art. 19 Nr. 4 FDC: Nach einem Spielabbruch werden ausgesprochene Verwarnungen (Gelbe und Gelb-Rote Karten) annulliert, falls die Partie wiederholt wird. Wird aber eine Spielwertung ausgesprochen, bleiben die Verwarnungen der Spieler der Mannschaft, die für den Spielabbruch verantwortlich ist, gewertet. Ein Feldverweis (Rote Karte) führt dagegen in **jeder** Fallkonstellation zu einer automatischen Sperre für das nächste Spiel, die je nach den Fallumständen verlängert werden kann.

Die Voraussetzungen für die Verantwortlichkeit des Vereins für die kein Verschuldenserfordernis aufstellenden Bestimmungen „der Vernachlässigung der Platzdisziplin" oder „des mangelnden Schutzes des Schiedsrichters und des Gegners" sind in §7 c) und d) nicht ausdrücklich aufgeführt. Diese Frage der Zurechenbarkeit für Vereine und Tochtergesellschaften ist in der vor wenigen Jahren eingeführten Vorschrift des §9 a Abs. 1 und 2 RuVO („Verantwortung der Vereine") geregelt. Wegen des Zusammenhangs wird §7 Nr. 1 c) und d) RuVO **hinsichtlich der subjektiven Tatseite** später im Kontext mit §9 a Nr. 1, 2 RuVO geprüft.

f–h) Die in den genannten Vorschriften aufgeführten Tatbestände beschäftigen relativ selten die Rechtsinstanzen. Sie sind aus sich heraus verständlich und bedürfen daher keiner gesonderten Kommentierung.

i) Die Doping-Vergehen und die Verstöße gegen die Anti-Doping-Richtlinien können gegenüber den Vereinen mit einer Geldstrafe bis zu 150.000 € pro Einzelfall, bei schwerwiegenden Fällen mit Punktabzug oder Versetzung in eine niedrigere Klasse (§7 Nr. 4) gemäß §44 Satzung geahndet werden.

j) **Aktive oder passive Bestechung:**
Bei ihnen sind die zuletzt genannten Sanktionen und/oder eine Geldstrafe bis zu 250.000 € vorgesehen. Beide Tatbestände sind nicht näher definiert. Im staatlichen Strafrecht sind die Bestechungstatbestände in §§331 bis 335 a StGB enthalten. Aus den darin festgelegten Rechtsgedanken ist abzuleiten, dass Adressat der Vorschrift ein „Amtsträger" ist, der eine Funktion im Verband/Verein mit einer darauf zurückzuführenden Entscheidungsbefugnis hat. Die ihm obliegende Handlung ist eine von seinem Verband abgeleitete Verpflichtung zum Tätigwerden. Die übertragene Aufgabe ist eine solche mit Entscheidungsbefugnis, oft eine richterlicher Art wie die des Schiedsrichters oder der Mitglieder der Rechtsinstanzen.

Die Tathandlung besteht in der Annahme eines (geldwerten) Vorteils als Gegenleistung für eine Handlung oder eine Unterlassung, ferner darin, dass er sie fordert oder sich versprechen lässt. Sie muss zu seinem Pflichtenbereich im Verband gehören, wobei es den weniger schwerwiegenden Fall der pflichtmäßigen und den gravierenden Fall der pflichtwidrigen

Handlung gibt [nach dem StGB: Vorteilsannahme (§ 331), Bestechlichkeit (§ 332), Vorteilsgewährung (§ 333) und die Bestechung (§ 334)]. Die Außenstehenden können zu diesen „Amtsdelikten" nicht Mittäter oder mittelbarer Täter sein[283], sondern nur Anstifter oder Gehilfen, wobei die Strafe aber demselben Strafrahmen zu entnehmen ist, jedoch nach § 28 StGB gemildert werden kann. Diese systematische Unterscheidung sollte man wegen der Parallelität zum Sportrecht auch bei diesem übernehmen.

Die RuVO spricht in Kurzfassung von der „aktiven" und der „passiven" Bestechung, worunter die „Vorteilsgewährung" und die „Bestechung" einerseits und die „Vorteilsannahme" und „Bestechlichkeit" andererseits gemeint sind – allein Vorteilsgewährung und -annahme sind dabei nicht auf eine pflichtwidrige Amtshandlung, die beiden anderen aber sehr wohl darauf gerichtet. Den Rechtsinstanzen ist zu empfehlen, die knappe schlagwortartige Umschreibung der Tatbestände des § 7 Nr. 1 j) RuVO durch vorsichtige Analogie zu den beschriebenen Tatbeständen des StGB mit Leben zu erfüllen.

Vereine sind Täter einer passiven Bestechung im sog. *Hoyzer*-Skandal geworden, als sie Geld für eine Niederlage ihrer Mannschaft bzw. auch für einen Sieg in Empfang genommen haben; die Wettbetrüger sind Anstifter bzw. bei untergeordneter Mitwirkung Gehilfen dazu gewesen. Mangels spezieller Regelung der beiden Teilnahmeformen beim DFB (bei der FIFA sind Anstiftung und Gehilfenschaft sehr wohl normiert: Art. 10 Nr. 1 FDC) ist auf die Generalklausel des § 1 Nr. 4 RuVO mit dem weiten Strafenkatalog des § 44 Satzung zu rekurrieren.

Ein prominenter Fußballclub ist von der Europäischen Fußball-Union im Mai 2008 wegen zweier Fälle der versuchten Schiedsrichterbestechung erstinstanzlich abgeurteilt worden. Der **FC Porto** – vor einigen Jahren Meister der Champions League – wurde für auf die Saison 2003/2004 zurückreichenden zwei Vorfälle vom portugiesischen Verband mit einem Punktabzug von sechs Zählern belegt. Da Champions-League-Spiele betroffen waren, schloss die UEFA den Verein für ein Jahr von diesem Wettbewerb aus. FC Porto ging dagegen in Berufung, da nach seiner Auffassung der entsprechende Passus erst 2007 ins Reglement der UEFA aufgenommen worden sei, was keine rückwirkende Kraft haben könne. Dieser Rechtsansicht schloss sich die Berufungsinstanz der UEFA an und hob den Ausschluss von der Champions League auf.

Der CAS wies die Beschwerde eines Nachrückers bei Ausschluss des FC Porto gegen die letztinstanzliche UEFA-Entscheidung zurück, sodass deren Entscheidung rechtskräftig ist.

Nr. 2: Der Versuch ist allein bei den Doping- und Bestechungstatbeständen für strafbar erklärt (i und j).

Nr. 3–5 sind vorstehend bereits angesprochen bzw. sind aus sich heraus verständlich.

---

283 BGHSt 14, 126.

§8 RuVO
Strafen gegen Spieler in einzelnen Fällen

1. Bei Bundesspielen gelten für Spieler unter anderem folgende Strafen:

   a) für unsportliches Verhalten Sperre bis zu sechs Monaten; falls kein Feldverweis zugrunde lag, kann anstatt einer Sperrstrafe oder Geldstrafe auf Verwarnung oder Verweis erkannt werden;

   b) für rohes Spiel gegen den Gegner Sperre von zwei Wochen bis zu sechs Monaten; roh spielt, wer rücksichtslos im Kampf um den Ball den Gegner verletzt oder gefährdet;

   c) für Tätlichkeiten gegen Gegner oder Zuschauer Sperre von sechs Wochen bis zu sechs Monaten; wenn gegen den Spieler oder den sonst Betroffenen unmittelbar vor seinem Vergehen eine sportwidrige Handlung begangen worden ist oder in einem leichteren Fall der Tätlichkeit Sperre von mindestens drei Wochen;

   bei Vorliegen beider Milderungsgründe Sperre von mindestens zwei Wochen;

   d) für Tätlichkeiten gegen Schiedsrichter oder -Assistenten Sperre von sechs Monaten bis zu zwei Jahren, in leichteren Fällen Sperre von mindestens acht Wochen;

   e) für Beleidigung oder Bedrohung des Schiedsrichters oder der -Assistenten während des Spiels Sperre von zwei Wochen bis zu drei Monaten, in leichteren Fällen Sperre von mindestens einer Woche;

   f) für Nichtbefolgung der Anordnungen des Schiedsrichters Sperre von einer Woche bis zu drei Monaten;

   g) für schuldhaftes Herbeiführen eines Spielabbruchs Sperre von vier Wochen bis zu sechs Monaten;

   h) für Spielen ohne Spiel- oder Einsatzberechtigung Sperre von vier Wochen, in leichteren Fällen Sperre von mindestens einer Woche;

   i) für Spielen ohne besondere Genehmigung für Vereine oder Kapitalgesellschaften, die nicht Mitglied in einem Verband sind, Sperre von einer Woche bis zu drei Monaten;

   j) für aktive oder passive Bestechung Sperre von drei Monaten bis zu zwei Jahren.

2. In den Fällen der Nr. 1 c), d), g), h), i) und j) ist der Versuch strafbar. Die Strafe kann gemildert werden.

3. Bei Dopingvergehen gelten die folgenden Strafen:

   a) Im Falle des Nachweises von Doping gemäß §6 Nr. 2., Sätze 1 und 2, der Weigerung gemäß §6 Nr. 3., sich einer angeordneten Dopingkontrolle zu unterziehen, der Manipulation oder des Versuchs der Manipulation einer Dopingkontrolle sowie im Falle des Besitzes, Gebrauchs oder versuchten Gebrauchs von Substanzen aus verbotenen Wirkstoffen oder der Anwendung verbotener Methoden ist gegen den Spieler eine Sperre von zwei Jahren, im Wiederholungsfall auf Dauer, zu verhängen.

Ergibt die von einem von der WADA anerkannten Labor durchgeführte Analyse einer Urinprobe oder anderen Probe das Vorhandensein einer verbotenen Substanz im Körper (Gewebe oder Körperflüssigkeit) gemäß der vom DFB als Anhang A zu den Anti-Doping-Richtlinien des DFB in der jeweils gültigen Fassung herausgegebenen Liste oder die Anwendung einer nach dem genannten Anhang A verbotenen Methode, so gilt dies als Anscheinsbeweis für einen schuldhaften Dopingverstoß.

Der Anscheinsbeweis kann erschüttert werden, wenn erwiesenermaßen Tatsachen einen anderen Geschehensablauf ernsthaft als möglich nahe legen.

b) Im Falle eines Dopingvergehens unter Anwendung von spezifischen Substanzen* ist gegen den Spieler bei einem erstmaligen Verstoß mindestens eine Verwarnung und höchstens eine Sperre von einem Jahr, beim zweiten Verstoß eine Sperre von zwei Jahren und beim dritten Verstoß eine Sperre auf Dauer zu verhängen, falls der gedopte Spieler beweisen kann, dass die Verwendung einer solchen spezifischen Substanz keine Leistungssteigerung zum Ziel hatte.

Buchstabe a), Absätze 2 und 3 gelten entsprechend.

c) Im Falle des Handelns mit einer Substanz aus verbotenen Wirkstoffen (§ 6 Nr. 2., Satz 3) oder im Falle der Verabreichung einer Substanz aus verbotenen Wirkstoffen oder der Anwendung einer verbotenen Methode ist gegen den Spieler eine Sperre von vier Jahren bis zu einer Sperre auf Dauer zu verhängen. Ist der betroffene Dritte ein Spieler unter 21 Jahren und ist nicht eine spezifische Substanz Gegenstand des Vergehens, ist eine Sperre auf Dauer zu verhängen.

d) Bei Verstößen gegen die Anti-Doping-Richtlinien des DFB ist gegen den Spieler eine Sperre von zwei Wochen bis zu sechs Monaten zu verhängen.

e) Kann der Spieler nachweisen, dass ihn im Einzelfall kein Vorsatz oder grobe Fahrlässigkeit trifft, kann die Sperre auf maximal die Hälfte des nach Buchstaben a) bis d) vorgesehenen Strafmaßes gemildert werden. Eine Sperre auf Dauer kann höchstens auf eine Sperre von acht Jahren reduziert werden.

f) Kann der Spieler im Einzelfall nachweisen, dass ihn kein Verschulden trifft, entfällt eine Sperre gemäß Buchstaben a) bis d).

g) Führt die Unterstützung des Spielers zur Aufdeckung oder zum Nachweis eines Dopingvergehens einer anderen Person, kann die Sperre auf maximal die Hälfte des nach Buchstaben a) bis d) vorgesehenen Strafmaßes gemildert werden. Eine Sperre auf Dauer kann höchstens auf eine Sperre von acht Jahren reduziert werden.

h) § 8 Nr. 3., Buchstaben a) bis g) gelten auch außerhalb von Bundesspielen.

4. In allen Fällen der Nrn. 1. bis 3. kann neben Sperrstrafen auch auf Geldstrafen erkannt werden.

5. Anstelle der in Nrn. 1. bis 3. genannten Strafen kann auch auf Sperre für eine bestimmte Anzahl von Kalendertagen oder von Pflichtspielen erkannt werden. In

---

* Siehe „Spezifische Substanzen" nach II. der
Anti-Doping-Richtlinien des DFB.

letzterem Fall kann daneben für eine festzulegende Zeitdauer auch eine Sperre für andere Spiele ausgesprochen werden.

Eine Strafandrohung von einer Woche entspricht einer Sperre für ein Pflichtspiel. Pflichtspiele sind Spiele des Wettbewerbs, in dem die Tat begangen worden ist. Bei schwerwiegenden Sportverfehlungen ist die Sperre für Pflichtspiele in allen Wettbewerben des DFB und seiner Mitgliedsverbände und für Freundschaftsspiele auszusprechen. Noch nicht verbüßte Sperren für Vereinspokalspiele des Deutschen Fußball-Bundes auf DFB-Ebene verfallen nach Ablauf der übernächsten Spielzeit.

Bei Feldverweisen in Freundschaftsspielen kann, wenn kein schwerwiegender Fall vorliegt, die Sperre für eine bestimmte Zahl von Freundschaftsspielen ausgesprochen werden.

6. In schweren Fällen kann neben der Sperre auch die Lizenz entzogen oder eine Sperre auf Dauer ausgesprochen werden.

7. Für Sportvergehen im Amateur-Länderpokal und im internationalen Spielverkehr kann eine Sperrstrafe nach Nr. 1. auf den jeweiligen Spielverkehr beschränkt werden.

8. Eine Ahndung ist auch dann möglich, wenn der Schiedsrichter einen Fall krass sportwidrigen Verhaltens eines Spielers nicht wahrgenommen und damit keine positive oder negative Tatsachenentscheidung darüber getroffen hat.

Anhang:
Auszug aus den Fußballregeln (Ausgabe 2008/2009) – Regel 12
(Verbotenes Spiel und unsportliches Betragen)

Rote Karte

Feldverweiswürdige Vergehen

Ein Spieler, Auswechselspieler oder ausgewechselter Spieler erhält die Rote Karte und wird des Feldes verwiesen, wenn er eines der folgenden sieben Vergehen begeht:

1. grobes Foulspiel,

2. Tätlichkeit,

3. Anspucken eines Gegners oder einer anderen Person,

4. Verhindern eines Tors oder Vereiteln einer offensichtlichen Torchance des Gegners durch absichtliches Handspiel (gilt nicht für den Torwart im eigenen Strafraum),

5. Vereiteln einer offensichtlichen Torchance für einen auf sein Tor zulaufenden Gegenspieler durch ein Vergehen, das mit Freistoß oder Strafstoß zu ahnden ist,

6. anstößige, beleidigende oder schmähende Äußerungen oder Gebärden,

7. zweite Verwarnung im selben Spiel.

55 Einleitung

Beim Vergleich des Regelwortlauts mit den persönlichen Strafen in § 8 Nr. 1 RuVO überrascht, dass annähernde Deckungsgleichheit nur zwischen „gewaltsam spielt" und „Tätlichkeit" sowie „beleidigende Äußerungen" und „Beleidigungen" besteht. Gleichwohl ergänzen und fügen sich die beiderseitigen Regelungen in einer Art Kaleidoskop zu einem geschlossenen System. Außer den angedrohten Sanktionsarten ist dabei von grundlegender Bedeutung das im *Reiter*-Urteil des BGH[284] angesprochene **„Recht zur Anordnung der Sanktionen und zu deren Vollzug im Falle der Regelverletzung"**. Dieses sei keineswegs eine Aufgabe der öffentlichen Hand, sondern der Verbände im Rahmen von deren Vereinsautonomie.

56 Unsportliches Verhalten
(§ 8 Nr. 1 a RuVO):

Der Begriff „unsportliches Verhalten" taucht an verschiedenen Stellen des Regelwerks des DFB auf: In § 44 Satzung in der Formulierung „alle Formen unsportlichen Verhaltens" – im weiteren Sinne zu verstehen –, in § 8 Nr. 1 a RuVO schlicht als „unsportliches Verhalten" – im engeren Sinne zu interpretieren. Beide Regelungen sind nicht deckungsgleich, aber verwandt, wobei Letzteres eine Unterform des Ersteren ist, aber nicht umgekehrt. Das unsportlich Verhalten gilt zudem nur bei oder im Zusammenhang mit Bundesspielen (Definition in §§ 41, 42 SpielO).

Das schlichte „unsportliche Verhalten" wendet sich an „Spieler bei Bundesspielen". Die relativ niedrige Strafhöhe bei Sperren bis zu sechs Monaten, die bei teleologischer Betrachtung m. E. gebietet, dass die wahlweise angedrohte Geldstrafe nicht zu der theoretisch möglichen Geldstrafe bei Spielern von bis zu 100.000 € (so § 44 Nr. 2 c Satzung) reicht, sondern in der angemessenen Relation zu der Sechs-Monats-Strafe etwa bis zu 25.000 € zu erstrecken sein dürfte.

57 Einzelfälle

a) Als „Eingangs- und Sammelbestimmung" mit begrenztem Strafrahmen (s. Rn. 56) – bzw. sogar je nach Tatverhalten „nur" mit „Verwarnung" oder „Verweis" zu ahnden – ist die Vorschrift außerdem anzuwenden als „Auffangvorschrift", wenn speziellere Normen wie die Straftatbestände des § 8 Nr. 1 b–j nicht greifen. Sie erfasst überwiegend leichtere Fälle wie etwa „wiederholtes Handspiel" nach Verwarnung, Ballwegtreten zum Zeitgewinn, Festhalten des Gegners, damit dieser den Ball nicht erreicht u. Ä. Leichtes Ziehen an den Haaren ist auch von der Rechtsprechung[285] als unsportliches Verhalten gewertet worden (Sperre von drei Wochen), ein kräftiges Ziehen wäre dagegen eine Tätlichkeit nach § 8 Nr. 1 c RuVO. Ein Spieler, der einem Schiedsrichter die Gelbe Karte aus der Hemdtasche nahm und sie dem Gegner zeigte, wurde darunter erfasst. Dieser Fall liegt nahe an einer Schiedsrichterbeleidigung, weil die Autorität des Referees angegriffen wurde. Ähnliches gilt für abfälliges Abwinken gegenüber dem Schiedsrichter oder derbe Unmutsäußerungen diesem gegenüber. Manchmal fallen darunter auch Fälle, in denen der Schiedsrichter wenig Spaß versteht: Ein Referee sagt zu dem AH-Spieler: *„Hier entscheidet niemand anderes wie ich."* Der Seniorenspieler antwortete: *„Herr Schiedsrichter, nach Komparativ steht ‚als'!"* Er sah Rot. Vorschnell zeigte ein Schiedsrichter Rot, als er einen eingewechselten Spieler fragte: *„Wie heißen Sie?"* Antwort: *„Herr Doktor".* Auch er sah Rot, weil der Unparteiische meinte, er wolle ihn auf den Arm nehmen. Der Spieler hieß tatsächlich mit Familiennamen *„Doktor".*

284 NJW 1995, 585.
285 DFB-Sportgericht, Urteil vom 15. 4. 1999 –
Nr. 82/98/99.

b) Die Zahl der Roten Karten ist schlagartig mit Einführung der Gelb-Roten Karte zurück-gegangen. Wiederholungstaten mit geringerer Schuld und Unrechtsgehalt können seitdem mit dieser Strafe, die zu einer automatischen Sperre von einem Spiel führt, angemessen geahndet werden.

c) Auch beim Tatbestand des §8 Nr. 1 a RuVO kann eine vorausgegangene Provokation deutlich strafmildernd wirken (Analogie zu §8 Nr. 1 c HS 2 Alt. 1 RuVO), so wurde z. B. ein ehemaliger Nationalspieler aus Ostdeutschland vom Publikum fortlaufend als „Stasi-Schwein" betitelt. Als er durch eine unsportliche Gestik (Zeigen des Mittelfingers) reagierte, wurde der Sachverhalt unter §8 Nr. 1 a subsumiert und wegen der Vorgeschichte „nur" mit einer Geldstrafe geahndet.

Rohes Spiel 58
(§8 Nr. 1 b RuVO):

Nach der **Legaldefinition** des Rohen Spiels in Halbsatz 2 der Vorschrift *„spielt roh, wer rücksichtslos im Kampf um den Ball den Gegner verletzt oder gefährdet". „Rücksichtsloses Verhalten" wird dabei von der ständigen Rechtsprechung der DFB-Gerichte[286] angenommen, „wenn der Täter sich aus eigennützigen Gründen über seine Pflichten gegenüber dem Gegenspieler hinwegsetzt oder aus Gleichgültigkeit seine Bedenken unterdrückt". Das Grätschen in die Beine des Gegners, ohne dass die Möglichkeit besteht, den Ball zu spielen – „Blutgrätsche à la Karl-Heinz Förster" – ist ein Schulbeispiel dafür[287].* Typische Fälle sind überdies die Angriffe in Form des *„Sliding-Tack-lings" („Liebrich-Grätsche")*, wobei der Ball aber nicht erreicht wird; sie sind oft schwerwiegend, insbesondere wenn ein Eingreifen von der Seite oder von hinten erfolgt, wobei dem betroffenen Spieler schwerlich die Möglichkeit bleibt, dem Bein/Fuß des Gegners aus-zuweichen bzw. durch entsprechende Reaktion den Angriff abzuschwächen und ihm dadurch seine Gefährlichkeit für die eigene Gesundheit zu nehmen. Je höher der Fuß des Angreifers dabei vom Boden abgehoben ist, desto gefahrenträchtiger ist dieses Ver-halten. *Ein rohes Spiel deutlich oberhalb der (damaligen) Mindeststrafe von vier Wochen (derzeit zwei Spiele) hat das DFB-Bundesgericht[288] angenommen, als ein Spieler seinen Gegner zu Fall brachte, indem er „bei nassem Rasen aus vollem Lauf mit ausgestrecktem Bein und senkrecht gestellter, mit Metallstollen bewehrter Schuhsohle, nahezu auf dem Rücken liegend in die Beine des Gegners rutscht", um auf jeden Fall die Annahme des Balls und das Weiterspielen durch diesen zu verhindern.* Trotz der zwischenzeitlich erfolgten Annäherung der Strafhöhe an den interna-tionalen Standard – die UEFA (Art. Nr. 1 a 2 RPO) spricht von einem „groben Spiel" mit einer Sperre von **einem** Spiel aufwärts und der Herabsetzung auf zwei Spiele beim DFB werden Angriffe, bei denen eine realistische Chance, den Ball kontrolliert zu spielen, nicht besteht, mit deutlich höheren Strafen (drei, vier Spiele bzw. fünf/sechs Spiele im Falle der Verletzung des Gegners) belegt. Abzugrenzen sind jeweils nach der inneren Tatseite durch-aus gefährliche Verhaltensweisen, die „nur" auf Unvorsichtigkeit ohne Inkaufnahme bzw. ohne Vorherrschen einer Gefährlichkeit beruhen. Wenn es unwahrscheinlich ist, dass der Spieler erheblich in seiner Gesundheit gefährdet oder gar verletzt wird, kann in diesen Fällen lediglich ein gefährliches Spielen aus dem Formenkreis des unsportlichen Verhaltens nach §8 Nr. 1 a RuVO gegeben sein[289] wenn bewusste Rücksichtslosigkeit nicht vorliegt, jedoch fahrlässiges oder gar grob fahrlässiges Fehlverhalten gegeben ist, mit der Straffolge von einem Spiel aufwärts. Ein Straferhöhungsgrund wird vom Kontrollausschuss in der Anklage nach rohem Spiel stets angenommen, wenn eine Verletzung beim Gegner einge-

286 DFB-Bundesgericht vom 2.5.1975 – Nr. 109/74/75, SportR 17/16/14.
287 Spruchkammer 2. Liga Nord vom 11.10. 1979, SportR 17/16/58.
288 Urteil vom 14.9.1995, SportR 17/16/19.
289 DFB-Bundesgericht, Urteil vom 2.11.1982 – Nr. 3/82/83, n. v.

treten ist. War diese bis Spielende abgeklungen, so lautet der Strafantrag in der Regel auf drei Spiele Sperre. Ist eine Beeinträchtigung des Verletzten über den Spieltag hinaus erfolgt, so kann je nach innerer Tatseite und der Art der Ausführungshandlung auch eine spürbar höhere Sperre beantragt und vom Gericht dann auch verhängt werden.

Für einen Kung-Fu-Tritt des Berliners *Josip Šimunić* gegen den Bremer *Christian Schulz* erhielt der Hertha-Spieler eine Sperre von fünf Spielen[290].

In der Sprache der Fußballregeln ist das „rohe Spiel" wohl unter das Merkmal „grobes Foul" zu subsumieren – manchmal aber auch unter „unsportliches Verhalten".

Mit dem früheren russischen Startorwart *Lew Jaschin* ist hinsichtlich der Gewaltentwicklung festzustellen, dass „Fußball kein Schach" ist oder dass wir uns auf dem Fußballplatz nicht im Konzertsaal befinden, wo nur geflüstert werden darf. Ein Fußballspiel ist Kampf, Emotion, Energie, laute Leidenschaft, Power.

Erfreulich für den Bundesligafußball ist, dass in den letzten Jahren keine länger währenden Verletzungen – ja sogar Invaliditäten – eingetreten sind als Folge eines rücksichtslosen, schwerwiegenden Fouls. Sicherlich sind die angegriffenen Spieler zwischenzeitlich auch reaktionsschneller geworden und können den Angriff oft abschwächen. Zudem bieten die medizinischen Sofortmaßnahmen eine wertvolle Hilfe gegen schwerwiegendere Folgen eines Foulspiels. Etwas gehört auch immer Glück dazu, um unversehrt Fußball zu spielen.

59 Tätlichkeit gegen Gegner oder Zuschauer
(§ 8 Nr. 1 c RuVO):
a) **Definition:** Der Tätlichkeit entspricht in den Fußballregeln das dort genannte „*gewaltsame Spiel*" (Regel 12 Nr. 2). Sie ist gegeben, wenn der Spieler **gewollt** mit körperlicher Gewalt gegen einen Gegner vorgeht[291]. Treten, Schlagen, Stoßen, ja Beißen und Spucken sind typische Begehungsformen (im Frauenfußball ist auch schon einmal ein Kratzen ins Gesicht der Gegnerin erfolgt). Unter Schlagen ist dabei der gewollte Gebrauch der Hände mit oder ohne Schlagwerkzeuge oder der Faust gegen den Körper eines anderen zu verstehen. Schläge ins Gesicht, gegen den Hals, in den Magen und gar in den Unterleib eines anderen oder Ellenbogenchecks gegen den Kopf sowie die sog. Kopfnuss (Kopf gegen Kopf) sind im erhöhten Maße strafwürdig. Ein Abzielen auf die Beeinträchtigung des körperlichen Wohlbefindens des Gegners ist erforderlich, wobei Schmerzen oder gar eine Verletzung aber nicht unbedingt ausgelöst werden müssen.

Die versuchte Tätlichkeit ist nach § 8 Nr. 2 RuVO strafbewehrt, die z. B. auch dann besonders schimpflich ist, wenn die Spucke knapp am Gesicht eines anderen vorbeifliegt.

b) **Einzelfälle:** Tätlichkeiten in die Weichteile eines Gegners, Spucken ins Gesicht, Tritt mit den Fußballschuhen oder solche mit erheblichen Verletzungen können durchaus mit dem Mindestmaß der Regelstrafe, demnach mit sechs Wochen Sperre geahndet werden, was aber selten der Fall ist, da meist zumindest eine der beiden Milderungsmöglichkeiten des § 8 Nr. 1 c HS 2 und 3 herangezogen wird.

c) Zwei berühmte Fälle aus dem Kreis der Nationalmannschaft: Bei der WM 1958 spuckte der schwedische Nationalspieler *Kurt Hamrin* dem deutschen Verteidiger *Erich Juskowiak* ins Gesicht. Es handelt sich bei einer solchen Tat meistens um eine besonders heimtückische Verfehlung, weil die Spucke ab einer gewissen Entfernung vom Schiedsrichtergespann

290 DFB-Sportgericht, Urteil vom 10. 5. 2007.   11. 9. 1980 und 10. 9. 1980, SportR 17/16/84
291 Spruchkammer 2. Liga Nord, Urteil vom   und 85.

nicht wahrgenommen werden kann. So war es auch im Falle *Hamrin/Juskowiak*, der sich durch eine Tätlichkeit revanchierte. *Sepp Herberger* ließ die schlimme Vortat *Hamrins* nicht als Entschuldigung gelten. Eine seiner berühmten Weisheiten war u. a: „*Ein Nationalspieler wird nicht vom Feld gestellt.*" *Juskowiak* wurde aus dem Kader gestrichen; später revidierte *Herberger* sich aber.

Ein weiterer unrühmlicher Fall ereignete sich bei der WM 1990 im Spiel gegen die Niederlande: Das „*Lama*" *Frank Rijkaard* spuckte seinem Gegner *Rudi Völler* ins Gesicht, der sich auf der Stelle durch einen Stoß revanchierte. Beide wurden bestraft.

d) In der abgelaufenen Saison 2007/2008 führte der Vorsitzende des DFB-Sportgerichts *Hans E. Lorenz* zur Begründung des Urteils gegen den Wolfsburger *Grafite*[292] wegen bewussten Tretens mit dem Fußballschuh auf die Hand seines Gegners *Joris Mathijsen* (Hamburger SV) aus: „*Es handelt sich um ein maßvolles Urteil (fünf Spiele Sperre). Es war einer der heftigsten Tritte der diesjährigen Bundesligasaison, der eine erhebliche und heute noch sichtbare Handverletzung bei Mathijsen zur Folge hatte – bei ungünstigem Verlauf hätte der Tritt die Hand brechen können.*" Die Berufung des Spielers *Grafite* wies das DFB-Bundesgericht zurück. Dessen Vorsitzender *Goetz Eilers:* „*Es handelt sich dabei nicht um eine Tätlichkeit, die nicht als minderschwer einzustufen ist.*" Auf eine Strafe unter sechs Wochen – dort beginnt der Regelstrafrahmen – wurde erkannt, weil unmittelbar zuvor sein Gegenspieler ihm gegenüber eine sportwidrige Handlung begangen hatte.

e) **Milderungsfälle:** Bei einer Tätlichkeit sind zwei Milderungsmöglichkeiten alternativ oder kumulativ zueinander möglich: wenn gegen den betroffenen Spieler unmittelbar vor seinem Vorgehen eine sportwidrige Handlung begangen worden ist oder in einem leichteren Fall der Tätlichkeit.

Bei einer solchen Milderungsmöglichkeit kann die Sperre auf bis zu drei Wochen herabgesetzt werden; bei Eingreifen beider Ermäßigungsformen beträgt die Mindestsperre zwei Wochen.

In ersterem Fall, der oft als „Provokation" bezeichnet wird, kann auch eine ungewollte Verhaltensweise oder eine unbeabsichtigte Schmerzzufügung vorangegangen sein. Häufig geschehen vor den Tätlichkeiten verbale Attacken, wobei in letzter Zeit rassistische Schmähungen eine höchst verwerfliche Vortat sind. Selbstverständlich kann in solchen Fällen das Gericht gegebenenfalls überhaupt nicht von der Milderungsmöglichkeit Gebrauch machen.

f) Die Praxis zeigt aber, dass die Rechtsinstanzen eher großzügig die beiden Ermäßigungsfälle heranziehen, wenn der zeitliche Abstand zur Vortat bereits mehr als „unmittelbar zuvor" zurückliegt oder wenn auch mit Großzügigkeit eine hinsichtlich der objektiven und subjektiven Tatseite aus dem Rahmen nach unten fallende Tätlichkeit vorliegt. Die Maßstäbe werden dabei aber nicht durch den Ausspruch des früheren UEFA-Generalsekretärs *Gerhard Aigner* gesetzt, der sagte: „*Die Richter des Fußballs sind die Fans!*" Sie möchten dies häufig sein, es wäre aber unglücklich, wenn man bei einer Tätlichkeit die Höhe der wegen ihr zu verhängenden Strafe durch Befolgung der „head-lines" einer Boulevardzeitung oder gar durch demoskopische Umfragen festlegen würde. Eine sehr entscheidende Richtschnur für die eigene Glaubwürdigkeit und für die Akzeptanz der Strafen ist die ständige Rechtsprechung der DFB-Gerichte. Fans, die in Leserbriefen und sonstigen Kommentaren – z. B. durch Eingaben an den DFB – die Strafen gegen Spieler ihres Vereins als zu hoch und die des

---

292 Urteil vom 3. 4. 2008.

Gegners als zu milde kritisieren, vernebeln durch ihr Engagement oft den klaren Blick für die Realität. So kommt es, dass ständig verbreitet wird, dass Bayern München von den Sportgerichten bevorteilt würde.

60 **Tätlichkeiten gegen Schiedsrichter oder -Assistenten**
(§ 8 Nr. 1 d RuVO):

a) **Normzweck:** Allein die angedrohte Strafhöhe – im Regelfall sechs Monate bis zu zwei Jahren – zeigt, dass hier eine besonders grobe und verwerfliche Sportwidrigkeit geahndet werden soll. Das zu schützende Rechtsgut ist, die körperliche Unversehrtheit des Referees und seine Autorität zu schützen. Als Tathandlung ist die Tätlichkeit genannt, wobei auf deren Umschreibung im Einzelnen bei Randnummer 59 a) verwiesen werden kann. Ein Schuss mit dem Ball aus nächster Entfernung kann aber auch eine Tätlichkeit gegenüber dem Unparteiischen sein.

b) **Strafhäufigkeit:** Bei Durchsicht der Entscheidungssammlungen und bei Rückblende in die eigene Erinnerung ist festzustellen, dass Tätlichkeiten von Gewicht gegen einen Schiedsrichter nur ganz selten im deutschen Spitzenfußball erfolgt sind: Ich schätze die Zahl dieser Fälle auf weniger als zehn in den letzten 30 Jahren. Dies gilt leider nicht für die 50.000 Spiele pro Woche im Amateurfußball, von den Minis bis zu den Senioren über 70. Ausschlüsse der Täter auf mehrere Jahre oder gar auf Lebenszeit müssen dort sehr wohl ausgesprochen werden. Ein Beispiel aus dem Bereich des Saarländischen Fußballverbandes[293]: Ein Spieler wurde wegen Tätlichkeit gegen einen Schiedsrichter zu 24 Monaten Sperre verurteilt. Der Referee berichtete kurz und prägnant: *„Der Spieler stellte sich etwa fünf Meter vor mich, lief an mit dem Kopf nach unten und rammte mir den Kopf in den Unterleib."*

c) **Reichweite der Vorschrift:** Man sollte es nicht glauben, es kommt aber zumindest im Amateurbereich vor, dass Spieler/Vereinsanhänger ihr „Mütchen" über ein vorgeblich verpfiffenes Spiel auch außerhalb der Sportanlagen an Mitgliedern des Schiedsrichterteams noch nachträglich kühlen. So sah sich ein junger Schiedsrichter eine Woche nach einem von ihm geleiteten Meisterschaftsspiel zwischen zwei Bezirksligavereinen in der Diskothek *„Kulturfabrik"* Vereinsangehörigen der am vergangenen Wochenende unterlegenen Mannschaft gegenüber, die ihn als schlechtesten Schiedsrichter der Welt bezeichneten. Sie spuckten ihm nach einem Wortgeplänkel ins Gesicht und schlugen ihn gegen den Hinterkopf. Abgesehen davon, dass dieses Geschehen eine Angelegenheit der Staatsjustiz ist, stellt sich aber bei den Verbandsinstanzen die Frage, wie lange und unter welchen Umständen eine grob sportwidrige Handlung – wie hier – noch sportrechtlich geahndet werden kann. Unbegrenzt in zeitlicher und räumlicher Hinsicht besteht sicherlich diese Möglichkeit nicht, es kommt darauf an ... Leider ereignen sich auch manchmal besonders brutale Angriffe auf einen Unparteiischen. In der Kreisklasse-Begegnung zwischen dem SV IKA Chemnitz und dem Vietnamesischen SV Chemnitz wurde ein Gästespieler in der 44. Minute mit Gelb verwarnt. Er schlug daraufhin dem Schiedsrichter ins Gesicht und trat auf ihn ein, als der am Boden lag. Der Referee erlitt einen Kiefer- und Jochbeinbruch, eine Gehirnerschütterung und ein Schädel-Hirn-Trauma. Er wurde ins Krankenhaus gebracht und operiert. Als Signal setzte der Fußball-Kreisverband Chemnitz alle Partien im Männerbereich in der 18. Kalenderwoche 2007 ab.

Aber auch die Unparteiischen vergessen gelegentlich Fairness und Anstand, die sie von Amts wegen hüten sollen. Im Südwestdeutschen Fußball-Verband wurde ein Schiedsrichter

---

[293] Urteil der Spruchkammer Aktiv vom 4. 6. 2006 – 878/06/07.

für drei Monate wegen diskriminierender Äußerungen gesperrt. Er hatte nach dem Spiel TSV Lingenfeld gegen FV Speyer vor einem Journalisten über einen Spieler des FV Speyer sich wie folgt geäußert: *„Wenn ich solche Mannschaften sehe, bin ich nicht mehr stolz, Deutscher zu sein. Die gehören in den Rhein gejagt."*

Beleidigung und Bedrohung des Schiedsrichters 61
(§ 8 Nr. 1 e RuVO):
a) Definition und Strafrahmen: Die für Schiedsrichterbeleidigungen ausgesprochenen Strafen pendeln sich in der Regel bei Sperren zwischen drei und vier Spieltagen, bei Beleidigungen unter der Gürtellinie auch schon einmal höher ein. In leichteren Fällen kann auch eine Sperre von einer Woche verhängt werden.

Eine Beleidigung ist nach dem Sprachgebrauch des staatlichen Strafgesetzbuches „der rechtswidrige Angriff auf die Ehre eines anderen durch vorsätzliche Kundgebung der Missachtung oder der Missbilligung"[294]. Sie kann wörtlich oder symbolisch oder durch entsprechende Handlungen begangen werden; eine besondere Beleidigungsabsicht ist nicht erforderlich.

b) Häufigkeit der Vergehen: Warum die Spezies „Schiedsrichter" zu den am meisten beleidigten Personen unserer Gesellschaft gehört, mögen Psychologen und Soziologen herausfinden. Affektives Interesse der Spieler, Erregtheit und auf dem Spielfeld, sich frei von der gewohnten Autorität (Arbeitgeber, Lehrer, Familienangehörige) zu fühlen wie auch ein Negativerlebnis über eine falsche oder auch nur nach subjektiver Meinung unrichtige (evtl. spielentscheidende) Entscheidung mögen Faktoren für eine Erklärung sein. Jedenfalls wehren sich die Schiedsrichter und ihre Verbände, auf diesem Weg Freiwild sein zu sollen.

c) Einzelfälle: Die Bedrohungen des Schiedsrichters kommen selten vor und werden zudem meist tateinheitlich mit Beleidigungen begangen. Sie können deshalb an dieser Stelle vernachlässigt werden.

Da es bei den Beleidigungen der Schiedsrichter meistens um bestimmte Wörter und Schimpfkanonaden geht, hat die DFB-Rechtsprechung eine Rubrifizierung in **schwere**, **mittelschwere** und **leichtere Fälle** vorgenommen. Daraus hat sich eine Kasuistik der DFB-Judikatur entwickelt, die als annähernde Orientierung für das übliche Strafmaß herangezogen werden kann.

Anzumerken sind dabei zwei Tendenzen:

- Zum einen ist die DFB-Rechtsprechung in den letzten 30 Jahren deutlich milder geworden, was naturgemäß auch unter dem Einfluss der Berufsfreiheit und -ausübungsfreiheit nach Art. 12 GG geschehen ist.
- Gerade wegen der grundrechtlichen Schranken sind die Strafen im Amateurbereich, wo „nur" Art. 2 GG Grenzen setzt, spürbar höher. Profis und Amateure lassen sich insoweit – trotz mancher Forderungen nach diesbezüglicher Gleichschaltung – nicht vergleichen.

Zu den drei Fallgruppen sollen einige Beispiele angeführt werden:

aa) Sperren für drei, aber auch schon für vier Spiele sind ausgesprochen worden für gravierende Verunglimpfungen wie *„Ich bringe Sie um!"*, *„Sie Drecksau!"*, *„Wir sind betrogen worden!"*, *„Vielen Dank, Du Dreckarsch!"*, *„Verbrecher!"*, *„Punktedieb!"*, *„Alte Drecksau!" „Vollidiot!"*. Das Zeigen des blanken Gesäßes und ähnliche Handlungen sind ebenfalls hier einzuordnen.

---

294 BGHSt 11, 67; 16, 63.

bb) Im Übergang zur Gruppe mittelschwerer Fälle: Beschimpfungen wie *„Dussel!"*, *„Idiot!"*, *„Arschloch!"*, *„Wichser!"* und dann als Durchschnittsfälle dieser Kategorie *„Heimschiedsrichter!"*, *„Du hast uns um unsere Prämie gebracht!"*, *„Du spinnst!"*, *„Depp!"*, *„Das war eine Sauerei!"*, *„Hoyzer!"*, *„Der Kerl ist ja besoffen!"*, *„Wir haben gegen zwölf Mann gespielt!"*, *„Blöder Kerl!"*, *„Du Ochs!"*, *„Scheißschiedsrichter!"*, das Götzzitat.

cc) Als leichtere Fälle wurden nach dem Katalog der Rechtsprechung beispielsweise folgende Äußerungen angenommen:

„Sie Heini!", *„Du Blinder!"*, *„Ordinärer Kerl!"*, *„Dummkopf!"*, *„Lassen Sie sich in die Liste der Heim-Schiedsrichter eintragen."*, *„Du musst mal einen Schiedsrichterlehrgang besuchen!"*, *„Du hast Deine Schiedsrichterprüfung bei Neckermann gemacht!"*, *„Du bist die größte Pfeife auf der Welt!"* – ferner Zitate aus den Jahreszeiten: *„Du Osterhase!"*, *„Du Weihnachtsmann!"*, *„Du Nikolaus!"*, *„Christkindchen!"*. Hierher gehören auch symbolische Handlungen wie die „Scheibenwischerbewegung", das „Vogelzeigen", despektirliches Abwinken; das Zeichen des Geldzählens ist dagegen „mehr wert".

Für die in die erste Kategorie eingeordneten Verfehlungen wurden drei und mehr Spiele Sperre ausgesprochen, für die mittlere Gruppe in der Regel zwei Spiele und für die unterste Gruppe meistens nur ein Spiel. Bei dieser Katalogisierung ist aber stets zu bedenken, dass entscheidend für die Strafhöhe auch die Umstände der Tat sind (Kontext. Ort des Geschehens. Fand die Beleidigung unter vier Augen oder über ein Fernsehmikrofon statt? Geschätztes Einkommen des Betroffenen? Vorbelastung?). Eine Verurteilung im letzten Jahr führt zu einer Erhöhung um ein Spiel Sperre. Eine Beleidigung gröblicher Art einschließlich einer Sachbeschädigung beging eine Spielerin, als sie unmittelbar nach Spielende schnurstracks noch in Sportkleidung auf den Parkplatz eilte und aus allen vier Reifen des Autos der Schiedsrichterin die Luft herausließ (!).

Eine Vielzahl von provokativen Missachtungen des Schiedsrichters erfolgt im Anschluss an eine Einwechslung, wenn der Unparteiische die stereotype Frage stellt: *„Wie heißen Sie?"* Eine Auswahl von im Fußballgeschehen gebotenen Antworten: *„Rumpelstilzchen"*, *„Wolfgang Amadeus Mozart"* *„Johann Wolfgang von Goethe"*, *„Franz Beckenbauer"*. Hierher gehört auch der bereits geschilderte Fall des Einwechselspielers, der sich wahrheitsgemäß mit *„Herr Doktor"* meldete.

Noch ein paar Auszüge aus Beleidigungen gegenüber den Referees bzw. gegenüber Spielern, und zwar mit den jeweils verhängten Strafen:

1995: *Lorant* zum Schiedsrichter: *„Flasche! Sei froh, dass ich Dir keine gescheuert habe!"*
       (8.000 DM Strafe und ein Spiel Sperre)
1997: Wiederum *Lorant*: *„Du Feigling!"*
       (10.000 DM Strafe)
1999: *Lorant* zum Schiedsrichter-Assistenten: *„Bratwurst!"*
       (12.000 DM und zwei Spiele Sperre wegen der Rückfallhäufigkeit)
2002: *Sammer* wirft dem Schiedsrichter „arrogantes Verhalten" vor.
       (10.000 € Strafe)
2003: *Lorant* zeigt dem Referee den Mittelfinger.
       (12.000 € Geldstrafe)
       Stevens zu Spieler *Kirsten*: *„Arschloch!"*
       (7.500 € Strafe)
2004: *Wiese* zum Assistenten: *„Blinder!"*
       (15.000 € Strafe)

2005:   *Henke* zum Schiedsrichter: *„Scheiß Ossi!"*
        (10.000 € Strafe)
2006:   *Kahn* zu Frankfurter Fans: *„Wichser!"*
        (5.000 € Strafe)
        Neuendorf zum Schiedsrichter: *„Du arroganter Wichser!"*
        (Strafe: drei Spiele Sperre)
        Klopp zum Schiedsrichter über Mikrofon: *„Du Idiot!"*
        (12.500 € Strafe)
        Sander wirft dem Schiedsrichter Betrug vor.
        (Strafe: 5.000 €)
2007:   *Lorant* zum Unparteiischen: *„Droh' mir nicht, sonst gibt es ein paar runter!"*
        (Strafe: 6.000 €)

Bei Trainern, aber auch bei Spielern fallen diese herabsetzenden Äußerungen öfters vor laufenden Kameras. Die Äußerungsfreiheit findet ihre Grenze im Ehrenschutz des Schiedsrichters. Insoweit ist der gewählte Ort der Missfallenskundgebung strafschärfend zu werten. Mein Hinweis an Spieler und Trainer ist von jeher, sich mit Äußerungen vor dem Mikrofon in ungeföntem Zustand zu enthalten.

Selbstredend sind auch bei Jugendlichen verbale Entgleisungen gegenüber den Schiedsrichtern höher zu bestrafen, wobei die erzieherische Absicht, aus ihnen faire Sportsleute zu machen, mitschwingen soll.

Nr. 1 lit. f)–g) 62

Diese Tatbestände werfen keine besonderen Auslegungsprobleme auf, sie sind aus ihrem Wortlaut heraus zu interpretieren. Klarzustellen ist dabei, dass allein lit. g) eine Schuldform nennt, die nach dem Zusammenhang der Norm als direkter, aber auch als bedingter Vorsatz zu verstehen ist.

Eine Ausnahme gilt nur für die Begriffe „Spiel- und Einsatzberechtigung", die nicht synonym sind. Spielberechtigt ist „ein Spieler, wenn er nach den Vorschriften seines Mitgliedsverbands eine Spielerlaubnis für seinen Verein erhalten hat" (§ 10 Nr. 1.1 SpielO). Im Rahmen dieser Spielerlaubnis wird die Einsatzberechtigung für die Mannschaften des Vereins bzw. nur für bestimmte Spiele oder Spielklassen erteilt (vgl. § 10 ff. SpielO). Durch eine Sperre wird die Spielberechtigung zeitweise aufgehoben.

Aktive oder passive Bestechung 63
(§ 8 Nr. 1 j RuVO):

Insoweit stellen sich die gleichen Tat- und Rechtsfragen wie oben zu § 7 lit. j). Die Schwere dieser Verfehlung zeigt sich beim vorgegebenen Strafrahmen von drei Monaten bis zu drei Jahren.

Ein anschauliches Beispiel für eine aktive Bestechung soll aus dem Bereich der Triathleten übernommen werden: Eine österreichische Triathletin bot nach einer positiven A-Probe einer Mitarbeiterin des Dopinginstituts 20.000 € für die Verfälschung der B-Probe. Im Fußball könnte dieser Versuch unternommen werden durch einen Spieler nach positiver A-Probe gegenüber einem Angestellten eines mit der Doping-Probe beauftragten Instituts, das insoweit ein durch den DFB beliehenes Unternehmen darstellt. Eine solche Tat wäre als aktive Bestechung sportrechtlich zu ahnden.

Versuch 64

Kraft ausdrücklicher Normierung in § 8 Nr. 2 ist in den Fällen der lit. c), d), g), h), i) und j) der Versuch strafbar, wobei entsprechend der staatlichen Regelung die Strafe gemildert werden kann.

65 Strafe für Dopingvergehen
(§ 8 Nr. 3 RuVO):
Die Grundlagen und Maßstäbe für die im Dopingbereich auszusprechenden Disziplinarmaßnahmen im Fußball sind in der Kommentierung zu § 6 RuVO Rn. 1–44 detailliert dargelegt. Dort sind auch die bisherigen Urteile zu Dopingfällen im DFB-Bereich mit ihren Sachverhalten und den ausgesprochenen Strafen berichtet. Daraus ergibt sich, wie die Vorgaben des § 8 Nr. 3 a)–h) RuVO umgesetzt worden sind:

- bei Nachweis von Doping, bei Weigerung, sich einer Kontrolle zu unterziehen, bei Manipulation einer Dopingkontrolle einschließlich Versuch sowie bei Besitz von verbotenen Substanzen oder der Anwendung verbotener Methoden;
- in § 6 Nr. 3 a Sätze 2 und 3 ist der Anscheinsbeweis als Weg zum Beweis eines schuldhaften Verstoßes und die Erschütterungsmöglichkeit im Sinne der BGH-Rechtsprechung normiert (s. oben § 6 Rn. 34 g–i);
- in b) sind die spezifischen Substanzen, die zu Milderungsmöglichkeiten führen (s. oben § 6 Rn. 30 Fälle 9 und 12) genannt;
- c): Die Regelstrafe beträgt noch zwei Jahre: Eine Anpassung an den neuen WADA-Code steht an; in e) bis g) sind die bereits geltenden Milderungsmöglichkeiten angesprochen.
- d): Der Strafrahmen für Verstöße gegen die Anti-Doping-Richtlinien beträgt zwei Wochen bis zu sechs Monaten. Hierunter fallen die relativ häufigen Fälle falscher Angaben über Medikamenteneinnahmen durch den Fußballspieler gegenüber dem Dopingarzt.

66 § 8 Nr. 4 RuVO
In allen bisher behandelten Tatbeständen, die für Spieler gelten (§ 8 Nr. 1–3 RuVO), kann neben Sperrstrafen zusätzlich auf Geldstrafen erkannt werden. Dies geschieht bei Lizenzspielern häufig, indem obendrein eine nach dem Tagessatzsystem bemessene Geldstrafe ausgesprochen wird, damit er sein Fehlverhalten „auch am eigenen Geldbeutel spürt" und evtl. dazu gebracht wird, darüber nachzudenken.

67 Sperren nach Spielen
(§ 8 Nr. 5 RuVO):
In Angleichung an das Sanktionssystem der FIFA und der UEFA stellte der DFB im Jahre 2001 von Sperren für Wochen oder Monate um auf Sperren für eine bestimmte Zahl von Spielen des Wettbewerbs, in dem die Tat geschah. Bei schwerwiegenden Verfehlungen (z. B. bei Tätlichkeiten gegenüber dem Schiedsrichter) ist nach wie vor die Sperre auf Zeit für Pflichtspiele in allen Wettbewerben und auch für Freundschaftsspiele auszusprechen (§ 8 Nr. 5 Abs. 2 Satz 2 RuVO). Das Strafen nach Spielen führt zu größerer Einzelfallgerechtigkeit, da spielfreie Zeiten (Spielpausen, Spielausfälle, Länderspieltage) dem Spieler nicht zugute kommen. Es wird insoweit eine größere Strafempfänglichkeit und Strafwirkung als nach der vorherigen Spruchpraxis erzielt.

68 Lizenzentzug
(§ 8 Nr. 6 RuVO):
In Fällen der Höchststrafe, insbesondere bei Manipulations- oder Bestechungsfällen, kann dem Profi auch die Lizenz entzogen werden.

69 Amateur-Länderpokal
(§ 8 Nr. 7 RuVO):
Um Amateurvereine nicht in Spielen ihres Vereins wegen einer bei einer Auswahlbegegnung gegen ihren Spieler verhängten Sperre zu benachteiligen, kann die Ahndung auf Spiele in diesem Wettbewerb beschränkt werden.

Krass sportwidriges Verhalten   **70**
(§ 8 Nr. 8 RuVO):
a) **Entstehungsgeschichte der Vorschrift:** Bis zum Jahre 1979 galt beim DFB – übrigens
damals auch bei der FIFA und der UEFA – uneingeschränkt, dass eine Ahndung durch die
Sportgerichte nicht möglich ist, wenn seitens des Schiedsrichterteams die Verfehlung des
Spielers nicht wahrgenommen worden war und damit keine positive Tatsachenentscheidung in Gestalt eines Feldverweises getroffen oder aber eine negative Tatsachenentscheidung vorgenommen worden ist, d. h. der Schiedsrichter das Verhalten als nicht ahndungs-
würdig erachtet bzw. überhaupt nicht wahrgenommen hat. Diese Verfahrensweise passte
aber nicht mehr zur Realität der totalen Erfassung (fast) aller Vorfälle auf dem Spielfeld
durch zahlreiche Fernsehkameras. Dies kann der Schiedsrichter nicht leisten. Tätlichkeiten
„hinter dem Rücken des Schiedsrichters", d. h. Verfehlungen außerhalb der Wahrnehmungen des Schiedsrichterteams, sollten auch erfasst werden. Der damalige Vorsitzende des
Kontrollausschusses *Hans Kindermann* (Stuttgart) argumentierte messerscharf, dass aus
Gerechtigkeitserwägungen der Video-Beweis nicht nur zur Entlastung der Spieler, wie
es damals bereits Übung geworden war, eingesetzt werden, sondern durch die Sportgerichte auch zu Lasten der Spieler verwertet werden solle.

Man erkannte aber, dass dies nicht in jedem Fall geschehen könne und dürfe. Eine Flut von
Sportstrafverfahren, die nach Fernsehberichten einzuleiten wären, hätte die Folge sein
müssen. Der Abpfiff des Schiedsrichters zieht aus guten Gründen im Fußball einen Schlussstrich unter das Spiel. Dies muss grundsätzlich so bleiben hinsichtlich des Spielergebnisses,
aber auch in Bezug auf die persönlichen Strafen gegen Spieler: Wenn solche nicht ausgesprochen worden sind, so können sie für Vorgänge im Spiel nicht mehr verhängt werden.
Es gilt insoweit ein geeignetes Abgrenzungskriterium zu finden, wann eine **nachträgliche
Ahndung** in diesen von der Fernsehkamera „gelieferten" Fällen gleichwohl möglich sein
soll. Es gilt einzugrenzen, wann „Vorfälle hinter dem Rücken des Schiedsrichters" geahndet werden können und wann keine Einleitung eines Sportstrafverfahrens trotz nach-
weisbarer sportlicher Verfehlungen zulässig sein soll.

b) **Krass sportwidriges Verhalten:** Dieses Abgrenzungsmerkmal wurde durch den DFB-
Bundestag im Jahre 1979 in Berlin in Anknüpfung an die Schwere der zu beurteilenden Tat
festgelegt. In der Folgezeit ist die Verfehlung dann für verfolgbar definiert worden, *„wenn
der Schiedsrichter einen Fall krass sportwidrigen Verhaltens eines Spielers nicht wahrgenommen und
damit keine positive oder negative Tatsachenentscheidung darüber getroffen hat".* Die Rechtsprechung[295] hat diese Vorschrift ausgefüllt: Krass sportwidrige Handlungen sind anzunehmen, wenn deren Verfolgung unerlässlich ist. Die tatbestandsmäßige „Verwerflichkeit" ist
zu bejahen, wenn eine Tat mit einem erhöhten Grad sittlicher Missbilligung behaftet ist
und deshalb einem gesteigerten Unwerturteil unterliegt. Dies ist anzunehmen, wenn ein
Verstoß gegen die sportliche Disziplin so schwerwiegend ist, dass nach allgemeiner Auffassung eine Ahndung unumgänglich ist, wozu nicht bereits jede Tätlichkeit ausreicht;
vielmehr müssen weitere Umstände hinzutreten[296]. – Die UEFA hat in Art. 10 Nr. 3 RPO die
deutsche Regelung übernommen: *„Disziplinarische Ahndung kann selbst dann erfolgen, wenn
der Schiedsrichter krass sportwidriges Verhalten eines Spielers nicht gesehen hat und deshalb keine
Tatsachenentscheidung getroffen hat."* Der DFB und die UEFA haben somit im Hinblick auf das
überragende Rechtsgut der Gerechtigkeit und Fairness eine Rechtslücke erkannt und
geschlossen.

---

295 DFB-Bundesgericht, Urteil vom 2. 4. 1979 –   296 DFB-Sportgericht, Urteil vom 3. 12. 1998 –
Nr. 15/78/79, SportR 16/16/14.   Nr. 48/98/99.

In der Folgezeit sind solche üblen Fälle vom Kontrollausschuss aufgegriffen und nach Abklärung der Voraussetzungen für eine Verfolgbarkeit angeklagt worden. Darunter waren beispielsweise ein gezielter Schlag in die Hoden des Gegners, ein Stoß mit dem Ellenbogen an die Kopfseite des Gegenspielers (Ellenbogencheck), ein Schlag in den Unterleib eines am Boden liegenden Spielers, Fassen an den Geschlechtsteil des Gegners und heftiges Ziehen, Tritt mit dem Knie in den Unterleib, Stoß mit dem Kopf gegen den Kopf des Gegners – sog. Kopfnuss. Je nach subjektiver Tatseite wurden insoweit Sperren zwischen sechs und zwölf Spielen verhängt, wobei die krasse Sportwidrigkeit in jedem Fall bejaht worden ist.

Entsprechend der allgemeinen Tendenz zur Milde sind solche Gewalthandlungen in jüngerer Zeit wie auch sonstige Tätlichkeiten mit etwas niedrigeren Strafen geahndet worden:

- im Falle des Cottbuser Lizenzspielers *Vragel da Silva* (Schlag mit dem Ellenbogen ins Gesicht des Hannoveraners *Gaétan Krebs*) zu acht Spielen Sperre, wobei *da Silva* zwei einschlägige Vorbelastungen aufwies (DFB-Bundesgericht, Urteil vom 18. 2. 2008);
- Kopfstoß des Lizenzspielers *Zoltán Szélesi* (FC Energie Cottbus) beim Aufstehen gegen den Berliner Spieler *Kevin Boateng*, der zuvor an *Szélesi* eine sportwidrige Handlung begangen hatte – Strafe: drei Spiele Sperre (Urteil des DFB-Sportgerichts vom 27. 3. 2007 (Nr. 107/2006/2007);
- der Schalker *Cássio de Souza Soares*, genannt *Lincoln*, stieß nach dem Schlusspfiff dem entgegenlaufenden Leverkuser *Bernd Schneider* die offene Hand ins Gesicht – Strafe: fünf Meisterschaftsspiele (Urteil des Sportgerichts des DFB vom 27. 2. 2007 (Nr. 89/2006/2007);
- der Wolfsburger Stürmer *Grafite* wurde nach vorangegangenem Foul an ihm wegen eines Tritts auf die gegen den Boden gestützte Hand des Hamburgers *Joris Mathijsen* zu fünf Meisterschaftsspielen Sperre verurteilt (Urteil des DFB-Sportgerichts vom 3. 4. 2008).

c) **Sonstige Fälle des krass sportwidrigen Verhaltens:** Die Rechtsprechung erfasste unter diesen Sondertatbestand nach und nach auch Nichtgewaltakte. So ist das Hochstrecken des Mittelfingers („Stinkefinger") gegenüber den Zuschauern als krass sportwidriges Verhalten geahndet worden. Das Sportgericht des DFB hat insoweit klargestellt, dass primär für eine Verfehlung des § 8 Nr. 8 RuVO das Tatbild im Sinne der definierten Verwerflichkeit entscheidend sei, wobei einem zu erwartenden Strafrahmen von zwei bis vier Spielen aufwärts Indizcharakter zukommt.

d) **Extensive Auslegung des Tatbestands des § 8 Nr. 8 RuVO:** In einem Meinungsaustausch zwischen dem damaligen Vorsitzenden des DFB-Sportgerichts *Rainer Koch* und der FIFA (Generalsekretär *Urs Linsi*) im Januar/Februar 2005 wurde anlässlich eines von einem Spieler in der Zweitligabegegnung Wacker Burghausen gegen Wismut Aue bei einem Foul an ihm erlittenen Lungenrisses mit Krankenhausaufenthalt diskutiert, ob eine nachträgliche Ahndung einer Tat auch möglich sei, wenn der Schiedsrichter ein schlimmes Vergehen „so nicht wahrgenommen habe" – dieser hatte nur „Gelb" gezeigt.

Die FIFA antwortete, eine solche extensive Auslegung sei nicht nur gefährlich, sondern auch falsch: Die FIFA-Regeln basierten auf dem Verschuldensprinzip und stellten keine Erfolgsjustiz dar: Wenn ein Schiedsrichter seine Ermessensentscheidung auf dem Spielfeld mit der Gelben Karte für die Tat abgeschlossen habe, sei es – außer wenn es sich um einen offensichtlichen Fehlentscheid des Schiedsrichters gehandelt habe – nicht zulässig, nach Feststellung des Erfolges (Körperverletzung), den er auf dem Platz nicht wahrnehmen konnte, über ein Disziplinarverfahren den Fall „nachzuverhandeln" und neu bzw. zusätzlich zu sanktionieren. Die Folgen einer nachträglichen medizinischen Kontrolle einzubeziehen, die der Schiedsrichter bei der Ahnung auf dem Platz mit einer Verwarnung im Rahmen seines Ermessensspielraums nicht wissen konnte, wäre in letzter Konsequenz nichts anderes als eine „Erfolgsjustiz". Zudem könne ein Fall nur „nachverhandelt" werden, wenn es sich um einen krassen Fehlentscheid des Schiedsrichters gehandelt habe[297].

Bei genauem Hinsehen kommt aber in diesem Schreiben unabhängig von der Thematik der vom Schiedsrichter nicht **so** gesehenen Tat ein Dissens zur DFB-Praxis, zudem auch zur UEFA-Regelung, zum Vorschein. Während die DFB-Rechtsinstanzen die **schlichte Nichtwahrnehmung durch den Schiedsrichter** als Ahndungseinstieg vorsehen, setzt die FIFA eine **krasse Fehlentscheidung** des Unparteiischen voraus. Eine solche hochgradige Fehlerhaftigkeit der Schiedsrichterentscheidung war in den von der Gerichtsbarkeit des DFB in den letzten 30 Jahren abgeurteilten Fällen bei weitem nicht immer gegeben. Da auch die UEFA ungerügt von der FIFA das „schlichte Nichtsehen" durch den Schiedsrichter (Art. 10 Nr. 3 RPO) als Prozessvoraussetzung für ein Nachverfahren ausreichend sein lässt, wird die Verfahrensweise des DFB seitens der FIFA, wenn auch nicht in erster Linie gewünscht, aber doch nicht als unzulässig gewertet.

e) Im Sinne der sportlichen Gerechtigkeit ist die im letzten Jahrzehnt von der DFB-Rechtsprechung erfolgte Ausweitung des krass sportwidrigen Verhaltens auf andere Falltypen zu begrüßen. Ebenso verwerflich wie eine Tätlichkeit hinter dem Rücken des Schiedsrichters oder eine Kopfnuss kann nämlich auch eine Variante des Fußballspielens auf dem Spielfeld mit Ergebnisveränderung sein. Bei einer „Schwalbe", die zum Torerfolg nach einem erschlichenen Elfmeter führte, oder bei einem mit der Hand erzielten Tor, das vom Schiedsrichter gegeben wird („Torhand"), oder bei einer ungeahndeten Handabwehr auf der Torlinie ist nach allgemeiner Auffassung die Ahndung dieses sportlichen Unrechts, das aus dem Manipulationszweck folgt, durch die Sportgerichtsbarkeit unerlässlich. Im Einzelnen:

„Schwalbe"-Simulation   71
Nach meiner Wahl zum Vorsitzenden des Kontrollausschusses auf dem Bundestag des DFB im Oktober 1992 habe ich als vorrangiges Ziel bei meiner Tätigkeit, die von der Presse gern als die des „Chefanklägers" bezeichnet wurde, die Bekämpfung des Betrugs im Fußball, der Manipulation, der Schauspielerei auf dem Sportplatz genannt. Im Kontrollausschuss wollte ich mit den Mitteln des Sportstrafrechts Fairness anstreben. Manipulation ist das Gegenteil von Fairness. Der insoweit einzuschlagende Weg sollte in erster Linie den Fällen der absichtlichen Täuschung des Schiedsrichters bei dessen Entscheidungen im Spiel gelten. Ein entsprechender Tatbestand des Sportbetrugs besteht in der Rechts- und Verfahrensordnung des DFB nicht. Deshalb ist die Auffangvorschrift des unsportlichen Verhaltens (§ 1 Nr. 4 RuVO) in der Steigerungsform des krass sportwidrigen Verhaltens zugrunde zu legen. In den Fußballregeln – Regel Nr. 12 – ist in den Entscheidungen des IFAB, die Gesetzescharakter haben, als Nr. 5 normiert: *„Jede Simulation auf dem Spielfeld, deren Absicht es ist, den Schiedsrichter zu täuschen, muss als unsportliches Verhalten bestraft werden".* Gemeint ist als persönliche Strafe auf dem Spielfeld der Ausspruch einer Verwarnung (= Gelbe Karte)[298]. Damit ist aber nach der Systematik der Fußballregeln nur eine **versuchte** Täuschung des Schiedsrichters gemeint. Dies folgt daraus, dass der Referee sie während des Spiels sofort

---

297 *Urs Linsi*, Generalsekretär der FIFA, Schreiben an den DFB vom 2. 2. 2005.
298 So Zusatzbestimmungen und Richtlinien der FIFA für Schiedsrichter unter „Verwarnung für unsportliches Verhalten" Variante C.

ahnden soll. Das kann er aber logischerweise nur, wenn er den Simulanten durchschaut hat. Auf die Täuschungen, auf die der Schiedsrichter „hereingefallen" ist, kann er auf dem Platz nicht reagieren, da er irrtumsbedingt gerade nicht den Durchblick auf den wahren Sachverhalt hat. Folgerichtig ist nunmehr in Regel 12 *„Richtlinien für den Schiedsrichter..."* unter *„Verwarnung für unsportliches Betragen"* in Fallgruppe 6 ausdrücklich klargestellt, dass zu ahnden ist, wenn der Spieler „... **versucht,** den Schiedsrichter durch Simulieren einer Verletzung oder eines angeblichen Fouls (Schwalbe) zu täuschen".

Damit ist durch diese Erläuterung auch den häufigen Kritikern aus Schiedsrichterkreisen an der Bestrafung der Schwalben mit Torfolge im DFB-Bereich der Boden entzogen, wobei angeführt wurde, wenn nach den Fußballregeln für eine Schwalbe nur eine Gelbe Karte zu verhängen sei, könne der Kontrollausschuss eine Simulation nicht nach Spielende zur Anklage bringen, um eine **Sperre** des Spielers zu erwirken. Nunmehr ergibt sich mittelbar aus den Richtlinien zur Regel 12, dass anklagewürdiges Verhalten nur angenommen wird, wenn die „Täuschung des Schiedsrichters" **gelungen ist.** Diese muss überdies zu dem beabsichtigten Erfolg, nämlich Straf- oder Freistoß für einen Vereins nebst Ergebnisveränderung, führen (Torerfolg bzw. Feldverweis eines Gegenspielers), weil der Schiedsrichter den Simulanten nicht entlarvt hat. Als Umkehrschluss aus der vorgesehenen Bestrafung des versuchten Simulierens mit einer Verwarnung ist abzuleiten, dass die schwerer einzuschätzende vollendete Simulation **höher,** d. h. mit einer Sperre zu ahnden ist. Die Simulation muss aber außerdem eine erfolgsqualifizierte Handlung sein, d. h., sie muss zu dem mit ihr erstrebten Erfolg gelangt sein.

Wenn ein Schiedsrichter auf eine Schwalbe eingegangen ist und täuschungsbedingt einen nicht gerechtfertigten Strafstoß verhängt hat, der aber verschossen wird, ist es nicht zwingend, wegen des im Ergebnis geringeren sportlichen Unwerts Anklage zu erheben. Die Bandbreite der „Schwalbenvariationen" löst stellenweise Unsicherheit bezüglich der Rechtsfolgen aus. Deshalb die vier Fallgruppen:

1. Schwalben, die der Schiedsrichter gesehen hat, werden mit „Gelb" geahndet (so Regel 12).
2. Schwalben, die zum Strafstoß mit Torfolge oder zum Feldverweis beim Gegner geführt haben, also zu einer vollendeten Täuschung des Schiedsrichters, werden vom Kontrollausschuss wegen krass sportwidrigen Verhaltens angeklagt.
3. Schwalben im Spielfeld ohne größeren Nachteil für den Gegner, z. B. nur ein Freistoß ohne Folgen für die gegnerische Mannschaft, werden nicht angeklagt, da das Verhalten in objektiver Hinsicht **nicht** krass sportwidrig ist.
4. Über Fälle zwischen Varianten zwei und drei – z. B. eine Schwalbe, die einen Strafstoß erschwindelte, der aber verschossen wird, ist nach den Gesamtumständen zu entscheiden, ob Anklage zu erheben ist oder nicht.

Das größte Problem, das bei der Simulation mit Torfolge zu bewältigen ist, stellt der Nachweis einer bewussten und gewollten, also einer vorsätzlichen Täuschung dar, wie dies ebenso bei der staatlichen Betrugsvorschrift oft schwierig ist. Auch der wiederholte Blick auf den (teils verlangsamten) Fernsehfilm lässt manchmal nicht zweifelsfrei erkennen, ob der Elfmeter tatsächlich verwirkt oder nur „geschunden" war. Bei vielen Schwalben, aber auch bei vorgetäuschtem Zufallbringen „gehen die Spieler ab wie Taucher", ohne jedoch berührt worden zu sein. Die Presse spricht in solchen Fällen oft von „oscarreifen Vorstellungen". Je besser die schauspielerische Darbietung ist, desto schwerer ist sie zu durchschauen und dem Spieler nachzuweisen. Es geht um die innere Tatseite bei dem Spieler. Beweisschwierigkeiten können aber niemals eine Rechtfertigung sein, einen bestimmten Typus von Unsportlichkeiten aus der Strafbarkeit im Sport ganz auszuklammern.

Diese Probleme waren beim ersten rechtskräftig von der DFB-Gerichtsbarkeit mit einer Verurteilung zu zwei Spielen Sperre wegen einer Schwalbe abgeschlossenen Fall des Lizenzspielers *Andreas Möller* (Borussia Dortmund) nicht vorhanden. Ihm wurde vor der Fernsehkamera vorgehalten, dass er beim Spiel gegen den Karlsruher SC beim Stande von 1:0 für die Gäste nach einer Attacke des Karlsruher Spielers *Dirk Schuster,* ohne von diesem berührt worden zu sein, abhob und sich fallen ließ. Der verhängte Elfmeter führte zum 1:1-Ausgleich (Endstand 2:1 für Dortmund). „*Andy*" erklärte angesichts der mehr als deutlichen Bilder, dass er bei jedem Trainer zum Schiedsrichter gegangen wäre und ihm gesagt hätte, dass es kein Elfmeter gewesen sei, nicht aber bei Trainer *Winfried Schäfer.* In der Begründung des Sportgerichtsurteils vom 20. April 1995[299] ist ausgeführt, dass die Täuschung besonders verwerflich gewesen sei, weil sie aus purem Eigensinn erfolgte. Die damit einhergehende Wettbewerbsverzerrung sei bewusst herbeigeführt worden, wobei die Entscheidungen über Meisterschaft oder Abstieg bzw. über die Qualifikation für europäische Wettbewerbe hätten davon abhängen können – unter Umständen mit existenzvernichtenden Folgen.

Der so erschwindelte Torerfolg, der durch den Schiedsrichter „**endgültig**" gegeben worden sei, könne, weil krass sportwidrig, nicht ungeahndet bleiben. Das relativ niedrige Strafmaß – zu der Sperre für zwei Spiele wurde eine Geldstrafe von 10.000 DM verhängt – wurde damals damit begründet, dass *Möller* der erste Spieler war, der sich vor der DFB-Gerichtsbarkeit wegen einer Schwalbe habe verantworten müssen.

Überraschend ist, dass in der Folge für rund ein Jahrzehnt dies die einzige Verurteilung wegen einer Schwalbe war. Man könnte das auf die generalpräventive Wirkung des Schuldspruchs zurückführen. Dazu neige ich nicht, sondern meine, dass damals die Zeit noch nicht reif war für eine Bestrafung der Schwalben. Ein Teil der Presse sah solche Aktionen als „Schlitzohrigkeit" oder als „Cleverness" sogar teils noch leicht positiv angehaucht an. Manchmal muss man bei Schritten in Neuland einen langen Atem haben. In den letzten vier Jahren werden jedoch regelmäßig Verurteilungen wegen Schwalben als krass sportwidriges Verhalten ausgesprochen[300]. Die vereinzelte barsche Kritik am Kontrollausschuss nach dem Fall *Möller* hat aufgehört. Die Verurteilungen werden nicht mehr in Frage gestellt, sondern als zwingend geboten erachtet und gefordert.

Nicht erfolgt sind bisher Verurteilungen durch die DFB-Gerichte wegen Verstoßes gegen die sportliche Ethik bei Vortäuschen schwerer Verletzungen mit dem Ziel, einen Feldverweis des Gegenspielers zu erreichen. Wenn der Spieler sich scheinverletzt – obwohl schmerzfrei – am Boden windet und sich „von Sanitätern erst wieder zum Leben erwecken lässt", wäre eine gleiche Sperre wie im Falle *Möller* angebracht. Zum Freispruch des angeblichen Sünders ist es schon öfters gekommen, bisher aber noch nicht zur Verurteilung des Vortäuschers. In Zukunft sollte auch diese Fallvariante des Sportbetrugs einer Ahndung zugeführt werden.

Torhand – Torverhinderung mit der Hand 72
Als Vorbild für diese Begehensform des krass sportwidrigen Verhaltens dient die „berühmte Hand Gottes" von *Diego Armando Maradona* im WM-Viertelfinalspiel Argentinien gegen

---

299 Nr. 130/94/95, SpuRt 1996, 210 ff.
300 Unter anderem durch Urteil des DFB-Sportgerichts vom 6. 12. 2006 gegen *Sven Günther* (FC Carl Zeiss Jena) im Zweitligaspiel beim SC Freiburg.

England 1986 in Mexico. *Maradona* lupfte fast schon unverschämt frech den Ball mit der linken Hand über Englands Keeper *Peter Shilton* ins Tor, das vom Schiedsrichter als regulär anerkannt wurde.

Das Bundesgericht des DFB hat in einer Grundsatzentscheidung[301] zum Spiel 1. FC Kaiserslautern gegen VfB Stuttgart die Weichen für eine Ahndung dieser Art von Vorteilserschleichung gestellt. Der Kaiserslauterer Spieler *Ciriaco Sforza* legte sich ca. 35–40 Meter vor dem Tor vom Schiedsrichter unbemerkt den Ball mit der Hand vor, weil er ihn anders nicht erreicht hätte, lief seinem Gegenspieler davon, schoss aufs Tor und brachte den abgewehrten Ball im Tor unter. Das DFB-Bundesgericht stellte fest, dass das Verhalten von *Sforza* zwar regelwidrig, somit unsportlich sei. Die Steigerungsform der krassen Sportwidrigkeit sei aber deshalb nicht gegeben, weil das Handspiel nicht **unmittelbar** zur Torerzielung geführt habe. Das fragliche Handspiel sei nicht mehr die allein ausschlaggebende Ursache für das Tor gewesen, vielmehr sei ein weiteres, ordnungsgemäßes Spielerverhalten hinzugetreten. Je mehr Spielzüge zwischen dem Handspiel und dem Torerfolg lägen, desto „entfernter" und desto geringer sei die Verwerflichkeit des Handelnden für den Torerfolg. Ausgehend von diesen überzeugenden Überlegungen stellt das Bundesgericht zwei differenzierende Grundsätze auf:

- Unmittelbare Torerfolge nach einem Handspiel, d. h. ohne Zwischenstation nach der Regelverletzung erzielte Tore führen, wenn der Schiedsrichter die verbotene Spielweise nicht erkannt hat, zur Strafbarkeit nach § 8 Nr. 8 RuVO.
- Eine rechtsethische Vergleichbarkeit besteht zwischen diesem Handtor und den parallel gelagerten Fällen, in denen ein Abwehrspieler den Ball beim direkten Flug aufs Tor im Bereich der Torlinie mit der Hand zur Verhinderung des Tores aufhält, ohne dass dies der Schiedsrichter gesehen, deshalb keinen Strafstoß verhängt und auch nicht den Spieler des Feldes verwiesen hat, wie es die Fußballregeln an sich vorsehen. Auch in einem solchen Fall werde vorsätzlich mit den möglicherweise fatalen Folgen für den Gegner ein Torergebnis krass sportwidrig erschwindelt, was nicht ungeahndet bleiben dürfe.

Seit dieser Grundsatzentscheidung des DFB-Bundesgerichts werden in ständiger Rechtsprechung der 1. Instanz nach diesen Vorgaben vom Schiedsrichter nicht gesehene Fälle von „Torhand" oder „Torverhinderung mit der Hand" sanktioniert. So flog beispielsweise im Spiel der 2. Bundesliga zwischen SpVgg Unterhaching und FSV Zwickau ein einheimischer Spieler Richtung Ball, um ihn ins Tor zu köpfen. Als er merkte, dass er den Ball zum Flugkopfball nicht erreichen konnte, schlug er ihn mit der blitzschnell vorgezogenen rechten Hand ins Tor. Der getäuschte Schiedsrichter erkannte auf Tor zum 1:0. Das Sportgericht[302] verurteilte den Spieler wegen krass sportwidrigen Verhaltens zu einer Sperre von zwei Meisterschaftsspielen. Eine gleiche Sperre sprach das Sportgericht[303] gegen den Spieler „*Zecke*" *Neuendorf* (Hertha BSC) aus, der im Spiel seines Vereins gegen den VfB Stuttgart in der Mitte des Strafraums stehend sich den Ball absichtlich mit der Hand vorlegte und ihn unmittelbar danach mit dem Fuß über den Stuttgarter Torwart hinweg ins leere Tor zum 2:0 hob.

Es überrascht beim Blick über die europäischen Grenzen zur spanischen Primera División: Der Weltstar *Lionel Messi* (FC Barcelona) bugsierte im Spiel gegen Espanyol Barcelona am Ende der Saison 2007/2008 den Ball – ganz in der Manier seines Idols und Landsmannes

---

301 Urteil vom 9. 1. 1995 (Nr. 4/94/95).   303 Urteil vom 15. 4. 1999 (Nr. 81/98/99).
302 Urteil vom 12. 3. 1998 (Nr. 69/97/98).

Diego Maradona – mit der Hand ins gegnerische Tor. Der Schiedsrichter gab Tor, eine Bestrafung des „Torschützen" ist in Spanien nicht erfolgt.

In diesen Fällen ist diskutiert worden, ob auf Reklamation der benachteiligten Mannschaft hin der Schiedsrichter den „Torschützen" befragen sollte, ob seine Hand im Spiel war oder nicht. Sollte der Angesprochene das Handspiel zugeben, ist keine Ergebnisverfälschung und damit kein krass sportwidriges Verhalten erfolgt; der Spieler bliebe straffrei. Wenn der befragte Spieler aber bei der Antwort nachweisbar lügt, sollte ihn der Kontrollausschuss zusätzlich wegen unsportlichen Verhaltens anklagen.

Im Anschluss an die möglichen von den Spielern verwirklichbaren Straftatbestände der RuVO (§ 8) sollen die Vorstufen hierfür auf dem Spielfeld gemäß Fußballregel Nr. 12 unter der Überschrift „Feldverweiswürdige Vergehen" beleuchtet werden, da in der Regel ohne die Ahndung dieser Verfehlung durch die Schiedsrichter keine Sportgerichtsentscheidung ergeht.

Anhang: Rote Karte

Auszug aus den Fußballregeln (2008/2009) – Regel 12
(Verbotenes Spiel und unsportliches Betragen)

Feldverweiswürdige Vergehen 73

Bei der Betrachtung der sieben Regelübertretungen, die zwingend zur Roten Karte führen, fällt auf, dass die subjektive Tatseite ausdrücklich nur im Falle des Handspiels in den Tatbestand aufgenommen ist, während in den anderen sechs Fällen die Verschuldensform nicht angesprochen ist.

a) Interessant ist aber, dass in den nachfolgenden Zusatzbestimmungen und Richtlinien der FIFA für Schiedsrichter (Amtliches Regelheft Seite 83) „Fahrlässigkeit" wie folgt definiert ist:

„... wenn ein Spieler unachtsam, unbesonnen oder unvorsichtig in einen Zweikampf geht."

Anschließend wird festgeschrieben, dass *„fahrlässige Fouls keine disziplinarrechtlichen Maßnahmen nach sich ziehen"*.

b) Die am meisten diskutierte Frage der Fußballregeln ist das **Handspiel**, das nach den Richtlinien der FIFA vorliegt,

„... wenn ein Spieler den Ball mit seiner Hand oder seinem Arm absichtlich berührt."

Bevor das Handspiel im Einzelnen untersucht wird, soll in der Rechtsgeschichte eine nicht uninteressante Anleihe in diesem Zusammenhang gemacht werden. Der jahrzehntelang als Altmeister der Regelkunde anerkannte internationale Schiedsrichter *Carl Koppehel* hat in seinem weit verbreiteten Kommentar zu den Spielregeln[304] ausgeführt, dass entscheidend für die Bestrafung einer regelwidrigen Handlung nach Regel 12 ist, **dass die Regelwidrigkeit „absichtlich" erfolgt ist.** Weiter wörtlich:

„... Die Absicht kann man nicht messen; sie liegt also im Ermessen des Schiedsrichters, der eine gute Spielauffassung haben muss. Die in der Regel 12 festgelegte Absichtlichkeit kann nicht mit dem gewöhnlichen Maßstab für den Begriff ‚Absicht' gemessen werden. Die Absicht im regeltechnischen Sinne ist gleichzusetzen mit Fahrlässigkeit und mangelnder Voraussicht der Folgen des Spielerverhaltens. Seinem

---

304 AaO., S. 94.

Handeln fehlen das Bewusstsein und der klare Wille, also die volle Absicht. Wer in diesem Sinne absichtlich einen Gegner tritt, zu Fall bringt oder schlägt, muss bestraft werden, weil ein solches Betragen nicht mit der sportlichen Haltung vereinbar ist ... "

Diese sprachlichen Widersprüche *Koppehels* sind nicht nur unjuristisch, sie springen als widersprüchlich und verwirrend ins Auge. Immerhin steht aber an der Stelle in der Regel, an der zur Zeit des Koppehel'schen Kommentars als subjektive Voraussetzung für einen direkten Freistoß *„absichtlich"* stand, heute ganz Sinne der „Interpretation, ja Wortumdeutung" *Koppehels „fahrlässig".*

c) Die Auslegung der für die Kommentierung zur RuVO bedeutsamen Vorschrift über *„feldverweiswürdiges Vergehen"* ist mit Hilfe der klaren Grundregel in den Zusatzbestimmungen und Richtlinien der FIFA für die Schiedsrichter *„Abschnitt: Fahrlässigkeit"* zu beginnen, die unzweideutig vorschreiben, dass **„fahrlässige Fouls keine disziplinarischen Maßnahmen nach sich ziehen".** Daraus ist logisch abzuleiten, dass Disziplinarmaßnahmen nach Fouls in subjektiver Hinsicht in jedem Fall **ein Verhalten oberhalb der Fahrlässigkeitsgrenze erfordern,** d. h.

entweder bedingter Vorsatz, direkter Vorsatz oder Absicht,

wobei zu prüfen sein wird, ob diese Ausdrücke im Sinne des Sprachgebrauchs des Strafgesetzbuches (s. oben Teil II Rn. 19) heranzuziehen ist. Aber selbst das StGB gebraucht den Begriff „absichtlich" nicht immer als erste Stufe des Vorsatzes, wonach der Wille des Täters auf den Erfolg gerichtet ist – es ihm darauf ankommt –, sondern zuweilen auch im Sinne des schlichten Vorsatzes. Eine einleuchtende Erklärung für eine Divergenz im Sprachgebrauch des Fußballstrafrechts ist zudem, dass in der englischen Sprache, in der die Fußballregeln verfasst sind, es für die Begriffe „Vorsatz" und „Absicht" **einen** einheitlichen Ausdruck („intention") gibt, der **beides** bedeutet; getrennte Begriffe kennt die englische Sprache nicht.

Die Aufgabenstellung für die Kommentierung der RuVO ist deshalb, die für die konkret zu prüfende Tatbestandsvariante maßgebliche Sprachform herauszufinden. Dabei ist vorweg klarzustellen, dass unter den sieben Fällen „feldverweiswürdiger Vergehen" die jeweilige objektive Tatseite aus sich heraus gut verständlich ist (so beim „Anspucken" oder bei „anstößigen, beleidigenden und schmähenden Äußerungen") oder eingehend durch Entscheidung der IFAB erläutert ist:

So ist nach der diesbezüglichen Definition ein grobes Foul zu bejahen, wenn ein Spieler bei laufendem Spiel im **Kampf um den Ball** übermäßig hart oder brutal in einen Zweikampf angreift. Das grobe Foul setzt sich in der Sprache der RuVO meistens als rohes Spiel (§ 8 Nr. 1 b RuVO) fort, bei weniger schwerwiegenden Fällen auch als unsportliches Verhalten nach § 8 Nr. 1 a RuVO).

Eine Tätlichkeit liegt vor, wenn ein Spieler einen Gegner **abseits des Balles** übermäßig hart oder brutal attackiert.

Zur Fallvariante Nr. 5 des Nehmens einer offensichtlichen Torchance durch eine Regelübertretung, die mit einem Frei- oder Strafstoß zu ahnden ist, wird herausgestellt, dass es unerheblich ist, ob das Vergehen im Strafraum erfolgt ist oder nicht. Für die „offensichtliche Torchance" werden Eingrenzungskriterien genannt: Zu berücksichtigen sei vom Schiedsrichter

- die Distanz zwischen Vergehen und Tor,
- die Wahrscheinlichkeit, dass das angreifende Team in Ballbesitz bleibt oder kommt,

- die Richtung des Spiels,
- die Position und die Anzahl verteidigender Spieler,
- die Art des Vergehens, durch das eine klare Torchance vereitelt wird, da dieses mit einem direkten oder indirekten Freistoß geahndet werden kann.

Zur Strafwürdigkeit der Vereitelung einer Torchance wird erläutert, dass für die Strafe nicht das Handspiel, sondern die Tatsache, dass durch die unerlaubte und unfaire Aktion ein Gegentor verhindert wurde (Regelheft, Seite 85 oben), maßgebend ist.

d) Im Zusammenhang mit einem Handspiel können für die Tatbestände des § 8 Nr. 1 a RuVO relevant werden

- zwei Verwarnungen, wovon entweder beide oder eine ein Handspiel ist,
- das Verhindern eines Tors oder einer offensichtlichen Torchance der gegnerischen Mannschaft durch absichtliches Handspiel oder durch das Zunichtemachen der Chance.

Der Begriff **„absichtliches Handspiel"** kann in beiden Fallkonstellationen unterschiedlich verstanden werden: als schlichtes Handspiel, das in Kombination mit einer vorangegangenen Gelben Karte die Rote Karte auslöst, wobei bewusstes und gewolltes „Berühren des Balles mit der Hand" ausreicht – ein Erfolg braucht nicht hinzuzutreten –

oder: als bewusstes und gewolltes Handspiel, um eine offensichtliche Torchance der gegnerischen Mannschaft zu verhindern oder zunichte zu machen; mit dem Wörtchen *„um zu ..."* wird der Wille zum Erfolg, auf den es dem Spieler ankommt, zum Ausdruck gebracht: Er strebt die Chancenvereitelung an und erreicht sie.

Die subjektive Seite in beiden Fallvarianten ist also unterschiedlich, wird aber in beiden Fällen dennoch von dem Tatbestandsmerkmal „absichtlich" umfasst. Insoweit bestehen keine Auslegungsprobleme. Solche treten vielmehr auf, wenn nicht mit Eindeutigkeit zu ermitteln ist, ob das Handspiel überhaupt gewollt war. Die „angeschossene Hand", das „unbeabsichtigte Handspiel", „eine unnatürliche Handbewegung" sind Begriffe, die die Grenzfälle aufzeigen, wenn in spektakulären Situationen ganz Fußballdeutschland in zwei Lager geteilt ist: das eine hält ein Handspiel für gegeben, das andere schwört auf „Nichthand", wobei oft durch die Reporter von Fernsehübertragungen nicht unbedingt sachkundige Erläuterungen gegeben werden.

Das Rätsel „Handspiel" ist zu entziffern, indem zunächst abgegrenzt wird, dass der ganze Arm, also auch der Oberarm, als „Hand" gilt. Ferner ist es gleichgültig, wo das Handspiel stattfindet. Auf Strafstoß ist zu entscheiden, gleichgültig, ob es in der äußersten Strafraumecke oder direkt vor dem Tor erfolgte. Im Auge zu behalten ist ferner, dass viel zu oft auf Hand erkannt wird, wenn der Ball ohne Wissen und Wollen des Spielers den Arm berührt hat oder ihn anspringt. Eine „unnatürliche" Bewegung muss nicht zwingend als Handspiel gewertet werden, so etwa, wenn der ausgestreckte Arm von hinten angeschossen wird und der Spieler in die andere Richtung schaut. Nicht zwingend ist ferner, wenn als Kriterium angeführt wird, dass der Spieler durch das Handspiel einen Vorteil erlangt hat. Die Regel verlangt in den *„Zusatzbestimmungen und Richtlinien der FIFA für Schiedsrichter"* unter Handspiel, dass ein Spieler den Ball mit seiner Hand oder seinem Arm absichtlich berührt. Die IFAB gibt dem Schiedsrichter dabei geeignete Hilfestellungen:

- die Bewegung der Hand zum Ball (nicht des Balls zur Hand),
- die Entfernung zwischen Gegner und Ball (unerwartetes Zuspiel),
- die Position der Hand (Das Berühren des Balles mit der Hand ist an sich noch kein Vergehen.),

- das Berühren des Balles durch einen Gegenstand in der Hand des Spielers (Kleidung, Schienbeinschoner usw.),
- das Treffen des Balles durch einen geworfenen Gegenstand (Schuh, Schienbeinschoner usw.).

Gerade die ersten drei Kriterien können indizielle Bedeutung für den Schluss auf die subjektive Tatseite beim Spieler haben. Die Gleichsetzung des Berührens des Balls mit Hand/Arm mit „absichtlichem Handspiel" ist zwar weit verbreitet, aber gleichwohl falsch.

Entscheidend und in knapper Form ausgedrückt kann des Rätsels Lösung vorgenommen werden, indem man feststellt, ob der Spieler das Handspiel **wollte**. Dieses Merkmal, das sich im Inneren des Fußballers vollzieht, ist nach dem Geist der Regel gemäß den Gesamtumständen des Spielvorgangs mit dem Gespür für die Bewegungsabläufe in einem Fußballspiel durch den dazu geschulten Schiedsrichter festzustellen, und zwar **endgültig** – so Entscheidung IFAB Fußballregel 5 „Entscheidung des Schiedsrichters" Absatz 1.

e) **Schlussstrich zu den Fußballregeln:** Während die drei Arten von Karten in die Entscheidungen der Rechtsinstanzen einfließen, sind die Fußballstrafgerichte mit den übrigen Entschließungen nach den Fußballregeln nicht befasst – außer bei Protest gegen eine Spielwertung (s. unten Kommentierung zu § 17 RuVO).

§ 8 a RuVO

Dopingvergehen von Trainern, Mannschaftsbetreuern und Offiziellen

Im Falle des Handelns mit einer Substanz aus verbotenen Wirkstoffen (§ 6 Nr. 2 Satz 3) oder im Falle der Verabreichung einer Substanz aus verbotenen Wirkstoffen oder der Anwendung einer verbotenen Methode ist eine Sperre, ein Entzug der Ausbildungserlaubnis oder ein Funktionsverbot von vier Jahren bis zu einer Sperre, einem Entzug der Ausbildungserlaubnis oder einem Funktionsverbot auf Dauer zu verhängen. Ist der betroffene Dritte ein Spieler unter 21 Jahren und ist nicht eine spezifische Substanz Gegenstand des Vergehens, ist eine Sperre, ein Entzug der Ausbildungserlaubnis oder ein Funktionsverbot auf Dauer zu verhängen.

§ 8 Nr. 3., Buchstaben e) bis g) geltend entsprechend.

74 **Norminhalt**
Bei den drei in § 8 Nr. 3 c RuVO unter Strafe gestellten Formen der Dopingvergehen – Handel und Verabreichung von verbotenen Wirkstoffen, Anwendung einer verbotenen Methode – wird die Sanktionierung außer auf Spieler (§ 8 Nr. 3 RuVO) auf „Trainer, Mannschaftsbetreuer, Offizielle" erstreckt. Dabei sind im Hinblick auf die Vorbildfunktion und die besondere Pflichtenstellung dieses Personenkreises eine Sperre, ein Entzug der Ausbildungserlaubnis und/oder ein Funktionsverbot von vier Jahren bzw. auf Dauer angedroht. Die **Lebenszeitsperre** ist zwingend vorgesehen, wenn der betroffene Spieler unter 21 Jahren ist und ihm keine spezifische Substanz verabreicht worden ist. Die Sonderregelungen zugunsten der Täter in § 8 Nr. 3 lit. e) bis g) gelten aber auch hier, sodass die hohe Mindeststrafe doch relativiert werden kann.

§9 RuVO
Diskriminierung und ähnliche Tatbestände

1. Eines unsportlichen Verhaltens gemäß § 1 Nr. 4. macht sich insbesondere schuldig, wer sich politisch, extremistisch, obszön anstößig oder provokativ beleidigend verhält.

2. Wer öffentlich die Menschenwürde einer anderen Person durch herabwürdigende, diskriminierende oder verunglimpfende Äußerungen in Bezug auf Rasse, Hautfarbe, Sprache, Religion oder Herkunft verletzt oder sich auf andere Weise rassistisch und/oder menschenverachtend verhält, wird für mindestens fünf Wochen gesperrt. Zusätzlich werden ein Verbot, sich im gesamten Stadionbereich aufzuhalten, und eine Geldstrafe von € 12.000,00 bis zu € 100.000,00 verhängt. Bei einem Offiziellen, der sich dieses Vergehens schuldig macht, beträgt die Mindestgeldstrafe € 18.000,00.

3. Wenn Anhänger einer Mannschaft vor, während und nach einem Spiel im Stadion Transparente mit rassistischen Aufschriften entrollen oder sich auf andere Weise rassistisch und/oder menschenverachtend verhalten, werden gegen den entsprechenden Verein bzw. die Kapitalgesellschaften oder den Mitgliedsverband des DFB als Strafen eine Geldstrafe von € 18.000,00 bis zu € 150.000,00 sowie die Verpflichtung, das nächste Pflichtspiel unter Ausschluss der Öffentlichkeit auszutragen, verhängt. Können Zuschauer keiner Mannschaft zugeordnet werden, ist in jedem Fall der Verein bzw. die Kapitalgesellschaft oder der Verband, der das Spiel organisiert hat, entsprechend zu bestrafen.

4. Verhalten sich Spieler, Offizielle oder Zuschauer in irgendeiner Form rassistisch oder menschenverachtend gemäß Nrn. 2. und/oder 3. dieser Bestimmung, werden der betreffenden Mannschaft, sofern zuordenbar, beim ersten Vergehen drei Punkte und beim zweiten Vergehen sechs Punkte abgezogen. Bei einem weiteren Vergehen erfolgt die Versetzung in eine tiefere Spielklasse.

5. In Spielen ohne Punktevergabe wird die entsprechende Mannschaft, sofern zuordenbar, von dem Wettbewerb ausgeschlossen.

6. Eine Strafe aufgrund dieser Bestimmung kann gemildert werden oder von einer Bestrafung kann abgesehen werden, wenn der Betroffene nachweist, dass ihn für den betreffenden Vorfall kein oder nur ein geringes Verschulden trifft oder sofern anderweitige wichtige Gründe dies rechtfertigen. Eine Strafmilderung oder der Verzicht auf eine Bestrafung ist insbesondere dann möglich, wenn Vorfälle provoziert worden sind, um gegenüber dem Betroffenen eine Bestrafung gemäß dieser Bestimmung zu erwirken.

Geschichte der Norm
Während vor einiger Zeit die im Stadion versammelten Zuschauer kollektive Ausrufe in Richtung Schiedsrichter im Sinne von *„Schiedsrichter, ans Telefon"* u. Ä. tätigten, sind an deren Stelle im letzten Jahrzehnt bedauerlicherweise oft das Ausstoßen von Urwaldlauten, teils begleitet von dem Werfen von Bananen, und insbesondere gegenüber farbigen und ausländischen Spielern rassistische und herabwürdigende Äußerungen in Bezug auf Rasse, Hauptfarbe, Sprache, Religion oder Herkunft getreten.

75

76 FIFA-Regelung

Im Jahre 2006 hat der Weltfußballverband in dem Zirkular Nr. 1026 vom 26. März 2006 Art. 55 seines Disziplinarreglements (FDC) revidiert und weltweit von seinen Nationalverbänden dessen Umsetzung gefordert. Nach Art. 55 Abs. 6 FDC sind diese mitgliedschaftlich verpflichtet, die Vorschrift in ihr Satzungswerk aufzunehmen und die Sanktionen zu vollziehen. Lapidar folgt der Satz:

> *„Bei Verletzung dieser Bestimmung wird der betroffene Verband für zwei Jahre vom gesamten internationalen Spielbetrieb ausgeschlossen."*

Diese Strafe ist drakonisch und besonders deshalb zusätzlich problematisch, weil die Umsetzung bzw. die ganz oder teilweise unterbliebene Sanktionierung auf nationaler Ebene oft nicht eindeutig festgestellt werden kann. Die hohe Regelstrafe verliert aber möglicherweise an Schärfe, weil in Abs. 6 eine weitgefasste Milderungsmöglichkeit bis zum Nullpunkt eröffnet ist, wenn der Betroffene *„nachweist, dass ihn für den betreffenden Vorfall kein oder nur ein geringes Verschulden trifft, oder sofern anderweitige wichtige Gründe dies rechtfertigen".*

77 Umsetzung im DFB-Bereich

Der DFB hat die Vorschrift weitgehend wortgetreu in seine RuVO übernommen. Weisungsgemäß hat er seinen Mitgliedsverbänden für deren Spielbetrieb auferlegt, die Regelung bei sich einzuführen und zu vollziehen. Es besteht eine Meldepflicht an den DFB für Entscheidungen, die diskriminierendes und/oder menschenverachtendes Verhalten betreffen (§ 50 Nr. 3 Abs. 2 Satzung). Der Kontrollausschuss kann insoweit die Sache nach Maßgabe des § 50 Nr. 3 Abs. 3 Satzung auf DFB-Ebene gerichtlich weiterverfolgen (s. oben Teil I Rn. 51, 52).

78 Regelungsinhalt

a) Die FIFA hat den Nationalverbänden eine „Kurzkommentierung" des Art. 55 FDC (= § 9 RuVO) übersandt. Darin heißt es, dass die Vorschrift „eine klassische Sanktionsnorm" sei, die dem Recht der „Vereinsstrafen" nach schweizerischem Recht unterliege – mit Ausnahme von der Regelung über das Stadionverbot für zuwiderhandelnde Zuschauer.

b) Sanktionsbetroffene sind Spieler, Klubs, Verbände, Offizielle und Mannschaften, wobei bei Spielern deren Verhalten zu anderen Spielern erfasst sein soll.

c) Bei Klubs (Zuschauer/Anhänger einer Mannschaft) ist beispielhaft das Entrollen von Transparenten mit rassistischen Aufschriften vor, während und nach einem Spiel im Stadion aufgeführt.

d) Falls solche Zuschauer keiner Mannschaft zugeordnet werden können, ist der Verein/ Verband, der das Spiel organisiert hat, „auf jeden Fall zu bestrafen".

e) Die Sanktionsarten

- für Spieler:
  mindestens fünf Spiele Sperre, Stadionverbot, Geldstrafe von 12.000 € bis 100.000 €;
- für Vereine (Klubs):
  Geldstrafe von 18.000 € bis 150.000 € mit der Auflage, das nächste Pflichtspiel unter Ausschluss der Öffentlichkeit auszutragen;
- für Mannschaften:
  Abzug von drei Punkten, im Wiederholungsfall von sechs Punkten, Relegation;
- für Offizielle:
  mindestens fünf Spiele Sperre, Stadionverbot und Geldstrafe ab 30.000 €.

Die Sperren für Spieler und Offizielle können für alle Ebenen ausgesprochen werden, wobei die FIFA die Sperren für internationale und nationale Begegnungen verhängt.

Sanktionen im DFB-Bereich 79

Die meisten Verfahren wegen rassistischer und/oder menschenverachtender Verfehlungen werden hier auf Landesebene – leider sogar bis in den Jugendbereich – durchgeführt und schließen nach gewissen Eingewöhnungsproblemen mit durchaus angemessenen Sanktionen ab.

Auf Bundesebene wurden beim DFB-Pokalspiel Rostock II gegen Schalke 04 am 9. September 2006 rassistische Rufe bei jeder Ballberührung durch *Gerald Asamoah* fortwährend gemacht (Affenrufe). Das DFB-Sportgericht[305] verhängte eine Geldstrafe von 20.000 € und verpflichtete Rostock II, sein nächstes Meisterschaftsspiel unter Ausschluss der Öffentlichkeit auszutragen. Das Verschulden des Platzvereins wurde darin gesehen, dass die vom Schiedsrichter in der Halbzeitpause veranlasste Stadiondurchsage eine spürbare Einschränkung der Exzesse bewirkte, woraus dann geschlossen wurde, dass dieser Erfolg bei entsprechender Maßnahme auch schon vorher eingetreten wäre.

Kurze Zeit nach Bekanntgabe dieser drastischen Sanktion des Sportgerichts ereignete sich beim Bundesligaspiel Alemannia Aachen gegen Borussia Mönchengladbach Folgendes:

In der zweiten Spielhälfte wurde jeweils bei Ballkontakten des farbigen Gästespielers K. aus dem Aachener Fanblock der Begriff „Asylbewerber" gerufen. Andererseits fielen aus dem Gästebereich jedes Mal, wenn der dunkelhäutige Aachener Spieler S. am Ball war, fremdenfeindliche Ausdrücke. Der Schiedsrichter unterbrach das Spiel für zehn Minuten und veranlasste eine Lautsprecherdurchsage, dass die Partie im Wiederholungsfall abgebrochen werden würde. Im weiteren Verlauf unterblieben die Äußerungen. Der Kontrollausschuss ist in der Anklage gegen beide Vereine davon ausgegangen, dass der Nachweis eines Verschuldens gegen beide geführt sei. Hilfsweise hat er ausgeführt, dass jedenfalls der Entlastungsbeweis nach § 9 Nr. 6 Satz 1 RuVO nicht erbracht sei, und weiter hilfsweise, dass ein Verschulden sowohl des Heim- wie auch des Gastvereins diesen nach den **Grundsätzen des Anscheinsbeweises** anzulasten sei. Da beide Vereine schließlich erfolgreich zur Einstellung der verbalen Entgleisungen beigetragen haben, wurde von den weiteren für den Regelfall angedrohten Sanktionen „Geisterspiel" und „Punktabzug" abgesehen. Für den Wiederholungsfall sind aber beiden Vereinen diese Strafarten in der Anklage angedroht worden. Gegen den Platzverein wurde eine Geldstrafe von 50.000 €, gegen den Gast eine solche von 19.000 € verhängt. In diesem Fall waren zudem Hinweise aufgetreten, dass Zuschauer im Trikot des gegnerischen Vereins randalierten, um eventuell einen Spielabbruch zu dessen Nachteil auszulösen. Diese besonders verwerfliche Verhaltensweise kann nach § 9 Abs. 6 letzter Satz RuVO zum Verzicht auf die Bestrafung des vorgetäuschten Vereins führen.

In der folgenden Bundesligasaison sind erfreulicher Weise keine rassistischen Vorfälle von Gewicht aufgetreten, wobei nicht zu beweisen ist, dass dies u. U. auf die Präventionswirkung der Sanktionen im Falle Aachen/Gladbach in Verbindung mit den in der Folgezeit vom DFB, den Landesverbänden und den Vereinen durchgeführten Aufklärungs- und Informationsveranstaltungen sowie die Sicherheitsmaßnahmen zurückzuführen ist.

Leider ist die Bandbreite von rassistischen und rechtsradikalen Sprechchören selbst bis hin auf die Ebene der Kreisklasse groß: *„Auschwitz ist wieder da", „Wir bauen eine Autobahn von*

---

305 Urteil vom 14. 9. 2006 (Nr. 19/2006/2007).

Chemnitz bis nach Auschwitz", Zeigen des Hitlergrußes oder *„Hier regiert die NPD, nicht der DFB"*, *„Scheiß-Nigger"* sind nur ein Ausschnitt der Schmähungen auf unseren Sportplätzen. Besonders verwerflich war ein in Dresden gezeigtes Transparent beim Spiel gegen St. Pauli mit der Aufschrift: *„Arthur Harris kommt wieder!"* (Harris war der englische Fliegerkommandant beim Angriff auf Dresden im Februar 1945.)

§ 9 a RuVO
Verantwortung der Vereine

1. **Vereine und Tochtergesellschaften sind für das Verhalten ihrer Spieler, Offiziellen, Mitarbeiter, Erfüllungsgehilfen, Mitglieder, Anhänger, Zuschauer und weiterer Personen, die im Auftrag des Vereins eine Funktion während des Spiels ausüben, verantwortlich.**

2. **Der gastgebende Verein und der Gastverein bzw. ihre Tochtergesellschaften haften im Stadionbereich vor, während und nach dem Spiel für Zwischenfälle jeglicher Art.**

80 Ausgangslage
In Fußballdeutschland gelten folgende Grundpositionen im Disziplinarrecht:

- Nach der ganz überwiegenden Meinung in der Rechtslehre ist Verschulden Voraussetzung für eine Sportstrafe.
- Die Rechtsprechung des Bundesgerichtshofs fordert außer für „kleinere Vereinsstrafen" „keine Strafe ohne Schuld".
- Das für den Landgerichtsbezirk Frankfurt zuständige Oberlandesgericht Frankfurt rechnet das Verschuldensprinzip zum ordre public im deutschen Rechtskreis.
- In der Rechtsprechung der DFB-Gerichtsbarkeit ist im Sinne des Verschuldenserfordernisses Farbe bekannt. Das DFB-Sportgericht formuliert in der *Cornelius*-Entscheidung[306] mit aller Deutlichkeit: *„Eine verschuldensunabhängige Bestrafung ist einem Verbandsgericht verwehrt"* und verweist auf seine ständige Rechtsprechung.

In den grundlegenden Straftatbeständen der §§ 7 und 8 RuVO taucht jedoch der Begriff „schuldhaft" nur vereinzelt auf, womit aber noch nichts abschließend gesagt ist. Es kann sich nämlich aus dem Zusammenhang und dem Sinn und Zweck einer Strafnorm ergeben, dass sie schuldhaftes Verhalten voraussetzt.

81 Zuschauerverhalten
In dem die Verantwortung der Vereine definierenden § 9 a RuVO ist das Verschulden **nicht** erwähnt. Dies überrascht teilweise, findet aber eine Erklärung, wenn die FIFA (Art. 74 Nr. 1 FDC) die Verantwortlichkeit von Vereinen für Gewalttätigkeiten von Zuschauern bei Heimspielen und für solche Verhaltensweisen der dem Gastverein zurechenbaren Anhänger festlegt,

„ohne dass sie ein Verschulden oder eine schuldhafte Unterlassung trifft".

---

306 Siehe oben § 6 RuVO Rn. 30 Fall 6.

Diese Regelung bedeutet im Klartext, dass nach FIFA-Recht ein Verein immer auch ohne Verschulden für das Verhalten seiner Anhänger verantwortlich ist; bei Heimspielen wird für **alle** Zuschauer die Verantwortlichkeit verschuldensunabhängig statuiert; bei Auswärtsspielen ist der Gastverein im gleichen Sinne verantwortlich für Anhänger, die ihm zurechenbar sind. Die FIFA greift in Art. 74 Nr. 2 Satz 3 FDC zu einer widerlegbaren Vermutung: Die sich im Gästesektor eines Stadions aufhaltenden Zuschauer gelten unter dem Vorbehalt des Beweises des Gegenteils als Anhänger des Gastvereins.

Die UEFA geht einen anderen Weg: In Art. 6 Abs. 1 RPO rechnet sie den Verbänden und Vereinen das Verhalten ihrer Funktionsträger sowie der Personen, die in ihrem Auftrag beim Spiel eine Funktion ausüben, zu. Außerdem ist nach Art. 6 Abs. 2 RPO der organisierende Verband/Verein verantwortlich für Ordnung und Sicherheit im Stadionbereich vor, während und nach dem Spiel. Lapidar heißt es dann, dass „er für Zwischenfälle jeglicher Art haftet". Allgemein sieht zudem der Art. 17 Abs. 1 RPO vor:

> *„Die Disziplinarinstanz bestimmt Art und Zumessung der Disziplinarmassnahme. Sie berücksichtigt belastende und entlastende Momente. Unter Vorbehalt von Artikel 6 Abs. 1 dieser Ordnung sind nur schuldhaft begangene Verfehlungen strafbar."*

Rechtslage FIFA/UEFA/DFB 82
Die Gegenüberstellung der Rechtslage der drei großen Verbände FIFA, UEFA und DFB zeigt, dass eine verschuldensunabhängige Haftung für Zuschauerausschreitung in allen drei Bereichen jedenfalls für Heimmannschaften nach objektiven Kriterien normiert ist. UEFA und DFB sehen ein Gleiches bei Auswärtsspiele für die ihnen zurechenbaren Anhänger (normalerweise die Zuschauer im Gästeblock) vor.

Satzung DFB zu §9a RuVO 83
Die Satzung des DFB schweigt zur inneren Tatseite der Begehungsvarianten in der RuVO. Auch wenn damit zum Ausdruck gebracht werden soll, dass Sanktionen auch ohne Verschulden ausgesprochen werden können, um damit Verbänden die Bekämpfung von Fehlverhaltensweisen zu erleichtern, bleibt es bei dem Grundsatz, dass nach dem deutschen Rechtssystem eine Strafe ohne Schuld nicht zulässig ist, m. a. W., dass eine disziplinarische Maßregel stets unabdingbar ein regelverletzendes pflichtwidriges Verhalten des Mitglieds voraussetzt. Trifft einen Verein/Verband und seine für ihn Handelnden keine Schuld an den Ausschreitungen, so kann ihn nach deutschem Recht auch keine Strafe treffen. Die ausdrücklich in Art. 74 FDC statuierte objektive Verantwortung „ohne dass ihn ein Verschulden trifft" ist nach nationalem Recht ein Fremdkörper: „Das auf die Übung der Verbandsstrafgewalt ausstrahlende Menschenbild und die Wertordnung des Grundgesetzes schließen die Verhängung einschneidender disziplinarrechtlicher Strafen gegen einen Menschen ohne dessen persönliche Verantwortung für den ihm zur Last gelegten Regelverstoß aus."[307]

Es ist insoweit interessant, wie sich mit der Problemstellung befasste Gerichte verhalten haben. Trotz der im DFB-Bereich in jüngster Zeit häufiger gegen Vereine verhängten Geldstrafen bis zu 100.000 € und zum Teil ganz oder teilweise ausgesprochenen Stadionbeschränkungen sind beim staatlichen bzw. beim Schiedsgericht diese Fälle bisher nicht anhängig gemacht worden. Das spricht zum einen für die Einsicht der Vereine in ihre Verantwortung und zum anderen dafür, dass es auch nach dem deutschen Rechtssystem Wege gibt, die vernünftige Ergebnisse auf rechtsstaatlichem Weg durchsetzbar erscheinen lassen (siehe unten Rn. 89).

---

307 *Röhricht*, aaO., S. 23, 24.

84 Lösungswege
Zuvor soll der von der obersten Gerichtsinstanz im internationalen Sport (CAS) einge-
schlagene Lösungsweg referiert sowie zwei Entscheidungen der UEFA-Disziplinarkommission angeführt werden, die den DFB verurteilten. Zuerst ist aber ein interessanter Lösungsweg aus der Literatur zu beleuchten[308]: Die Autoren *Haas* und *Jansen* gehen von dem
existenziellen Problem für den organisierten Sport durch Gewalt und Rassismus in den
Stadien aus, insbesondere für den Fußball. Die Verbände müssten deswegen repressiv
weniger gegen Einzelpersonen vorgehen, sondern durch Ordnungsmaßnahmen die beteiligten Clubs, Vereine und Verbände bekämpfen – wie z. B. durch § 9 a RuVO. Die darin
vorgesehene **reine Kausalhaftung** mit ihrer Zurechnung **ohne Vermeidbarkeit** der
Zwischenfälle sei jedoch im Rahmen einer intensiven Inhaltskontrolle zu prüfen. Auch
wenn dem Verein im Rahmen seiner Autonomie ein weiter Ermessensspielraum hinsichtlich der Ausgestaltung seines Innenlebens zukomme, könnten dadurch die Grenzen bei
§ 9 a RuVO überschritten sein. Im Rahmen des **zivilen Haftungsrechts** wird eine Parallele
zur zivilrechtlichen Gefährungshaftung wegen des geschlossenen Kreises der Fälle der
Gefährungshaftung[309] von vornherein abgelehnt. Außerhalb dieses Bereichs wird von
den Autoren eine verschuldensunabhängige Einstandspflicht in Zusammenhang mit
dem Beseitigungsanspruch nach **§ 1004 BGB** bejaht. Dieser Anspruch knüpfe wie in den
Sportrechtsfällen allein an objektive Voraussetzungen an, nämlich an die Beeinträchtigung
des Eigentums. Insoweit passten die gängigen Verbandsstrafen als vergangenheitsorien-
tierte Maßnahmen weniger gut, sehr wohl aber Schritte wie die Disqualifikation von
Sportlern. Hieraus ergebe sich eine „gewisse Nähe" zu § 1004 BGB. Wenn die Ordnungsmaßnahme den Zweck verfolge, eine Störung zu beseitigen, stehe die **Analogie zu § 1004
BGB** auf einer belastbaren Grundlage. Der Ansatz wird fortgeführt durch einen Hinweis
auf die CAS-Entscheidung im Falle PSV Eindhoven/UEFA[310], wo ausgeführt ist, dass die
Kausalhaftung für Zuschauerausschreitungen **kein Unwerturteil** gegenüber dem Verein
enthalte. In der CAS-Entscheidung zum Zypern-Länderspiel des DFB[311] sei herausgestellt,
dass die Verbandsordnungen nach griffigen Bestimmungen allfällige Störungen im Einklang damit beseitigen wollten. Die Verbände sollten auf diesem Weg angehalten werden,
sich mit den eigenen Anhängern zu befassen und geeignete Maßnahmen zu treffen, um
fehlbare Fans zu disziplinieren. Dazu gebe es vielfältige Möglichkeiten (Unterhaltung von
Fanprojekten, die Einschaltung von Fanbetreuern, die Verhängung von Hausverboten
gegenüber Hooligans sowie die Geltendmachung von Regressansprüchen gegenüber den
Handlungsstörern). Verwiesen wird dabei auf das Urteil des OLG Rostock, das dem FC
Hansa Rostock die diesem von den DFB-Rechtsinstanzen auferlegte Strafe wegen Ausschreitungen im Stadion gegen die Störer durch diese ersetzen ließ. Der diskutierte Weg
über die Analogie zu § 1004 BGB sei nach *Haas/Jansen* einerseits effektiv und auch keineswegs unverhältnismäßig.

Deren Beitrag und Lösungsweg ist sicherlich interessant und gedankenreich; es ist aber zu
bezweifeln, ob diese Meinung gegenüber der doch eindeutig herrschenden Gegenansicht
sich durchsetzen wird.

85 Die CAS-Rechtsprechung
Das Sportschiedsgericht in Lausanne hat sich mit Zuschauerausschreitungen bei Fußballspielen und der Stringenz der Regelwerke hinsichtlich der Haftung des Veranstalters

308 *Haas/Jansen*, aaO., 316 ff.
309 BGHZ 54, 332, 336.
310 Urteil vom 3. 6. 2003 (Nr. 2002/A/423).

311 Urteil vom 7. 12. 2006.

befasst, wobei den Urteilen im Falle PSV Eindhofen/UEFA[312] und Feyenoord Rotterdam/ UEFA[313] grundsätzliche Bedeutung zukommt. Der CAS/das TAS bewegt sich dabei unter dem Dach des sehr liberalen Schweizer Vereinsrechts, das einem Verband große Freiheiten einräumt:

Der Sachverhalt im Falle Feyenoord: Im Rahmen des UEFA-Pokals kam es am 30. 11. 2006 zu einem Fußballspiel zwischen dem Verein AS Nancy Lorraine und Feyenoord Rotterdam in Nancy. Holländische Schlachtenbummler waren zum Spiel ohne Eintrittskarten angereist. Als es vor dem Stadion zu Ausschreitungen kam, ließ die Polizei diese Hooligans in einen eigentlich als Pufferzone freigehaltenen Tribünensektor in der Erwartung ein, sie dort besser kontrollieren zu können. Nach dem ersten Tor für Nancy durchbrachen die holländischen Zuschauer die Trennwände zwischen den Stadionteilen. Es kam zu Auseinandersetzungen mit anderen Fangruppen. Die Polizei musste Tränengas einsetzen, sodass das Spiel sogar für eine halbe Stunde lang unterbrochen wurde.

Der UEFA- Kontroll- und Disziplinarausschuss verhängte eine Geldstrafe von 200.000 CHF gegen Feyenoord Rotterdam und ordnete auf Bewährung an, dass die nächsten zwei Heimspiele vor leeren Rängen abgehalten werden müssten. Auf Berufung und Anschlussberufung wurde die Geldstrafe auf die Hälfte reduziert und die Disqualifikation des holländischen Vereins aus dem Wettbewerb angeordnet.

Aus den Gründen: Ihr Disziplinarrecht gestattet der UEFA, innerhalb ihrer Organisation Ordnung zu schaffen und statuarische Verhaltensstandards im Wege von Sanktionen durchzusetzen.

Nach Art. 6 Absatz 1 RPO gilt für Feyenoord Rotterdam hinsichtlich des Verhaltens seiner Anhänger die Gefährdungshaftung. Dabei ist der Begriff „Anhänger" nicht definiert . . ., was eine wohlüberlegte und weise Politik der UEFA ist, erst gar nicht den Versuch einer Definition des „Anhängers" vorzunehmen. . . . Der einzige Weg zur Gewährleistung der Verantwortlichkeit ist es, den Begriff „Anhänger" undefiniert zu belassen, sodass die Vereine wissen, dass die Disziplinarordnung anwendbar ist und die Vereine verantwortlich sind für sämtliche Personen, deren Verhalten einem vernünftigen Beobachter den Schluss nahelegen würde, dass es sich um einen Anhänger des Klubs handelt. Das Verhalten von Personen, ihr Standort im Stadion und in seiner Nachbarschaft sind wichtige Kriterien bei der Bestimmung, welcher Verein oder welche Mannschaft sie unterstützten. Dies ist vor allem so bei den von der UEFA organisierten Spielen, wenn der Verkauf der Eintrittskarten reguliert ist."

Dieser etwas resignierende Umgang mit der Definition des Begriffs des „Anhängers", der niemanden ausgrenzen soll, der dazugehört, überrascht bei einem obersten Gericht, da eine sehr weit gefasste Umschreibung des „Anhängers" unter Aufzählung von durch Interpretation erweiterbaren Beispielsfällen dem Problem hätte Abhilfe angedeihen lassen.

Da vorliegend nur Art. 6 Abs. 1 RPO und nicht Abs. 2 der Vorschrift anwendbar sei, bleibe es vorbehaltlos bei der Gefährdungshaftung. Ein Verstoß gegen Art. 20 und Art. 163 Schweizerisches OR (u. a. Verstoß gegen die guten Sitten bei Vertragsstrafen, die Verschulden voraussetzen) liege nicht vor. Feyenoord Rotterdam sei demnach für das Verhalten seiner Anhänger verantwortlich.

Der CAS führt zur Sanktionshöhe aus:

„. . . Vereine, die fortlaufend Unregelmäßigkeiten im Umgang mit Hooliganismus zeigen, verdienen strenge Sanktionen. Jede andere Sanktion wie sie in Art. 14 vorgesehen ist, erscheint als nicht ausreichend, um das Ziel der Ausrottung des Hooliganismus erreichen zu können. Ein Spiel hinter verschlossenen Türen würde

---

312 Nr. 2002/A/423.
313 Urteil vom 20. 4. 2007 (Nr. 2007/A/1217), SpuRt 2007, 164 ff.

eher das gegnerische Team bestrafen als die Feyenoord-Anhänger. Die Disqualifikation bedeute, dass während der laufenden Saison kein weiterer Akt von Hooliganismus von Seiten der Anhänger dieses Vereins auftreten kann."

Der grundlegende Unterschied dieser Betrachtung nach schweizerischem Recht und unserem deutschen System ist in dem knappen und bündigen Satz zu sehen: *„Die Gefährdungshaftung verstößt nicht gegen Art. 20 und 163 Abs. 2 Schweizerisches OR!"*[314] Dabei beginnt nach deutschem Recht erst das Problem.

Der CAS knüpft in der Rotterdam-Entscheidung an seine frühere Rechtsprechung in den Fällen PSV Eindhoven/UEFA[315] und Bosnien und Herzegowina/UEFA[316] an, wo ausgeführt ist, dass die UEFA gegenüber den Fans eines Fußballvereins über keine direkte disziplinäre Handhabe verfüge, sondern nur gegenüber den Vereinen und Verbänden. Letztere seien für die Einhaltung des Standards und des Geistes der Fußballregeln verantwortlich. Durch die Bestrafung eines Fußballvereins für das Verhalten seiner Fans würden schlussendlich Letztere bestraft, die als Fans verpflichtet sind, die ihrem Verein auferlegte Geldstrafe zu zahlen. „Ohne solche individuellen Strafen" wäre die UEFA im wahrsten Sinne des Wortes **machtlos**, um mit dem Fehlverhalten der Fans fertig zu werden, wenn sich ein Fußballverein weigere, die Verantwortung für ein solches Verhalten zu übernehmen. Diese verschuldensunabhängige Haftung der Vereine für die Handlungen ihrer Fans habe daher eine vorbeugende und abschreckende Wirkung.

86 Die UEFA-Rechtsprechung
a) Auch der DFB kam bei den EM-Qualifikationsspielen seiner Nationalmannschaft im Ausland nicht immer ungestraft davon:

Im Oktober 2006 war es beim Spiel Deutschlands in Bratislava gegen die Slowakei zu einer Schlägerei zwischen rund 200 deutschen Hooligans und den Sicherheitskräften vor Ort gekommen. Die Randalierer hatten Sitzschalen aus der Verankerung gerissen, diese in den benachbarten slowakischen Block geworfen und die Sicherheitskräfte attackiert, was einen massiven Polizeieinsatz auslöste. Auch nach dem Spiel warfen deutsche Chaoten Fensterscheiben ein. Der DFB entschuldigte sich bei der Slowakei, wobei feststand, dass der Slowakische Fußballverband entgegen den Warnungen der deutschen Behörden Eintrittskarten vor der Partie in den freien Verkauf gegeben hatte. So konnten die Randalierer überhaupt in das Stadion gelangen. Im deutschen Fanblock blieb es während des gesamten Spiels ruhig.

Gegen den DFB wurde wegen unkorrekten Verhaltens von Anhängern eine Geldstrafe von 20.000 Schweizer Franken verhängt und er verpflichtet, den Sachschaden zu regulieren, den die Fans ausgelöst hatten. Vergeblich hatte der DFB argumentiert, dass er zwar die verschuldensunabhängige Verantwortung für „seine Anhänger" im Sinne des § 6 Abs. 1 RPO trage und tragen wolle. Die Randalierer seien aber gerade **keine** Anhänger des DFB gewesen. Sie seien in dem sog. „Gastsektor für Auslandszuschauer" platziert gewesen und hätten zu keinem Zeitpunkt die deutsche Mannschaft unterstützt. – Diese Verteidigung war nicht von Erfolg gekrönt. Ein Prozessbeobachter skizzierte die Haltung der UEFA-Kontroll- und Disziplinarkommission mit der Gleichung: *„Schadenszufügung gegenüber einem Verein = Verantwortlichkeit des anderen Vereins".* Das Bild ist nicht schief – getreu der Palmström-Logik, dass nicht sein kann, was nicht sein darf.

---

314 SpuRt 2008, 93 ff., 95.   316 Urteil vom 23. 5. 2005.
315 Nr. 2002/A/423.

b) Kurze Zeit danach hatte sich der DFB erneut bei der UEFA zu verantworten. Im Qualifikationsspiel um die Fußballeuropameisterschaft 2008 am 15. 11. 2006 zwischen Zypern und Deutschland lief vor Ende der ersten Halbzeit ein Zuschauer aus dem deutschen Sektor auf das Spielfeld, „behändigte den Ball" (schweizerdeutsch) und steckte ihn unter sein T-Shirt; er stellte sich vor dem Sektor der deutschen Fans auf und kickte den Ball in die Menge. Die Kontroll- und Disziplinarkommission verhängte eine Geldstrafe von 3.000 CHF, da der Gastverband keinen unmittelbaren Einfluss auf die Spielorganisation habe, was jedoch nur strafmildernd wirken könne, eine disziplinarische Verantwortung für fehlbare Anhänger aber nicht ausschließe.

Die Entscheidung zeigt, dass Art. 17 Abs. 1 RPO zwar ein Bekenntnis zum Verschuldensprinzip bei der Verantwortlichkeit des Gastvereins enthält, dieses aber durch eine beliebig weite Interpretation des Begriffs des „Anhängers" in einer gefestigten Rechtsprechung der UEFA-Rechtsinstanzen wieder ausgehöhlt wird.

Nachfolgend soll versucht werden, auf der Grundlage des Verschuldensprinzips im Vereinsrecht zu sachgerechten Ergebnissen zu kommen und dabei die juristische Argumentation aber nicht zur Interpretationsakrobatik werden zu lassen.

Lösungswege in Deutschland   **87**
a) Wir in Deutschland haben bei einem etwaigen Transponieren von UEFA- oder FIFA-Entscheidungen in unser Rechtssystem im Rahmen des ordre public zu erwägen, ob *„nulla poena sine culpa"* eine schier unüberwindliche Barriere im nationalen Recht ist. Denn sicherlich bricht FIFA- und UEFA-Recht nicht nationales Recht, auch nicht über die Brücke des § 25 BGB bzw. Art. 9 GG (Schutz der Vereinsautonomie) in Gestalt eines **weltweiten einheitlichen FIFA-Rechts.**

b) An die Spitze der Überlegungen zur Lösung dieser schwierigen Fallkonstellationen sollte stehen, was manchmal bei dem Bemühen um tragbare Ergebnisse in den Hintergrund tritt, dass zu allererst Sportgericht/Bundesgericht zu prüfen haben, ob sie aufgrund des Sachverhalts – gegebenenfalls nach einer Beweisaufnahme – die **richterliche Überzeugung** (§ 286 ZPO) gemäß festgestellten Fakten über ein Verschulden des Vereins/Verbands positiv gewonnen haben. So kann etwa der Vollbeweis für ein Verschulden des Platzvereins eventuell mit hinzutretenden weiteren Indizien als geführt angesehen werden, wenn feststeht, dass beim Abbrennen von Feuerwerkskörpern aus einem bestimmten Stehplatzbereich die dort platzierten Zuschauer beim Eingang keinerlei körperlicher Kontrolle auf Mitführung von pyrotechnischen Gegenständen unterzogen worden sind; oder: wenn bei rassistischen Rufen aus einem größeren Fanblock feststeht, dass keine Ordner mit dem Gesicht zu den Schreihälsen postiert waren, könnte ebenso, je nach den sonstigen Umständen, die sichere Überzeugung des Gerichts über ein Verschulden des für die Organisation des Spiels verantwortlichen Vereins/Verbands gewonnen werden.

c) Da höchstrichterliche Entscheidungen zu dieser Frage in Deutschland noch nicht ergangen sind, empfiehlt sich eine Anleihe aus der Rechtswissenschaft:

Der frühere Präsident des für Vereinsstreitigkeiten zuständigen Zivilsenats des BGH *Volker Röhricht*[317] geht davon aus, dass der für die Organisation einer Fußballbegegnung in einem Stadion zuständige Platzverein bei erfolgten Zuschauerausschreitungen **„näher dran"** sei, Aufklärung darüber zu geben, wie es zu dem ordnungswidrigen Geschehen kommen konnte. Der Verein sei daher in der Lage, vollständig und genau darüber Auskunft zu

---

317 WFV Nr. 43, 15 ff.

geben, welche Sicherheitsvorkehrungen er zwecks Verhinderung der Störung der Veranstaltung getroffen hat, und könne seine diesbezüglichen Behauptungen auch unschwer beweisen. Diese Umstände lägen außerhalb des Verantwortungsbereichs des Verbandes, sodass sogar **eine volle Umkehr der Beweislast** zugunsten des Verbandes gerechtfertigt sei. Dieser Weg leitet seine Legitimität nicht zuletzt aus der Vereinsautonomie der Verbände (Art. 9 (1) GG) ab. Als Ausfluss dieser grundrechtlich gesicherten Freiheit, argumentiert *Röhricht*, seien die Fußballverbände berechtigt, ihren Vereinen in den Statuten und Ordnungen Regelungen über die Einhaltung der Ordnung und Sicherheit auf den Sportplätzen aufzuerlegen. Beispiele:

§ 28 Nr. 1 SpielO des Bayerischen Fußballverbands:

> *„Der Platzverein hat unbeschadet der Eigentumsverhältnisse zur Wahrung des Ansehens des Fußballsports und der ordnungsgemäßen Durchführung der Spiele für Ruhe und Ordnung vor, während und nach dem Spiel zu sorgen. Er ist insbesondere verpflichtet, den umfassenden Schutz des Schiedsrichters, seiner Assistenten und der Spieler beider Mannschaften sicherzustellen."*

Interessanterweise folgt in § 28 Nr. 4 SpielO eine Regelung über die Beweislast:

> *„Der Platzverein trägt die Beweislast dafür, dass er alle ihm möglichen und zumutbaren Maßnahmen zum Schutze des angeführten Personenkreises getroffen hat."*

Der DFB hat die nicht ordnungsgemäße Platzherrichtung und den mangelnden Schutz der anwesenden Personen in § 7 Nr. 1 c) und d) RuVO strafbewehrt und in den Richtlinien zur Verbesserung der Sicherheit bei Bundesspielen in § 2 Abs. 2 konkret vorgeschrieben:

> *„Es ist Aufgabe des Vereins, alle zumutbaren Maßnahmen zu treffen oder auf diese hinzuwirken, die geeignet oder erforderlich sind, die Sicherheit bei der Durchführung von Bundesspielen auf der von ihnen genutzten Platzanlage zu gewährleisten. Der Verein ist für das Verhalten aller Personen verantwortlich, die in seinem Auftrag bei der Organisation der Bundesspiele mitwirken."*

Eine mehr als deutliche einschlägige Bestimmung in diesem Zusammenhang ist natürlich § 9 a Nr. 1 und 2, um deren Rechtsfolgen für Zwischenfälle sich die derzeitige Untersuchung dreht.

Alle diese Vorschriften sind aber in erster Linie objektiv ausgerichtet, die **subjektiven Tatbestandsmerkmale** fehlen gänzlich. *Röhricht* vertieft aufgrund weiterer Rechtstatsachen aus dem Bereich der Landesverbände des deutschen Fußballs die Frage, ob die Verbände die von ihnen in Anspruch genommene Disziplinargewalt überhaupt ausüben dürfen und welches die immanenten Schranken hierfür sind. Aus der Verbandsautonomie folgt dabei bei in objektiver und subjektiver Hinsicht verwirklichten Verstößen gegen das Recht des Verbands dessen originäre Ahndungsbefugnis. Mit einer ausschließlich freiwilligen Regelbefolgung könne nämlich nicht gerechnet werden[318]. Zur Durchsetzung des Verbandszwecks seien deshalb disziplinarrechtliche Maßnahmen unabdingbar, die für den zu Maßregelnden eine konkrete Verantwortung für den Ausbruch und den Ablauf der Ausschreitungen in den Schuldformen des Vorsatzes oder der Fahrlässigkeit voraussetzen[319].

Wenn der Verein alles unter den gegebenen Umständen von ihm in zumutbarer Weise zur Verhinderung der Störung zu Erwartende getan hat oder wenn der Zwischenfall auch bei Anwendung aller gebotenen Sorgfalt nicht zu verhindern gewesen wäre, verneint *Röhricht* entgegen der Regelung des § 9 a RuVO die Verantwortlichkeit des Vereins. Es fehle an

---

[318] Eindeutig: *Reiter*-Urteil des BGH, NJW   [319] *Röhricht*, aaO., S. 38.
1995, 583, 584.

beiden Grundbedingungen der Disziplinarstrafe: Sanktionsgrund (schuldhafte Pflichtverletzung) wie auch Sanktionszweck seien nicht gegeben, da in diesem Fall kein Vereinsangehöriger zu sorgsamer Pflichterfüllung angehalten würde. Die Disziplinarmaßnahme sei daher nicht mehr durch den Vereinszweck gedeckt. Eine reine Gefährungshaftung sei im deutschen Privatrecht ausdrücklich auf die vom Gesetzgeber vorgegebenen Tatbestände beschränkt[320]. Zutreffend nimmt *Röhricht*[321] insoweit einen Verein mit einer nicht beherrschbaren Anhängerschaft aus: Er könne auch ohne Verschulden als Ultima-Ratio-Maßnahme **ausgeschlossen werden**. Dabei handele es sich nicht um eine Disziplinarstrafe, vielmehr nehme der Verband seine Verpflichtung wahr, keine nicht beherrschbare Gefahrenquelle zu eröffnen.

Ausgehend von seinem Ergebnis, dass die Verhängung von Disziplinarstrafen für Zuschauerausschreitungen, für die der betreffende Verein keine Verantwortung im Sinne eines schuldhaften Verhaltens trifft, in allen zivilisierten Rechtsordnungen der richterlichen, spätestens verfassungsgerichtlichen Kontrolle nicht standhalte[322], seien somit rechtswidrigen Maßnahmen die Vollstreckung zu versagen und Schadensersatzansprüche des zu Unrecht Gemaßregelten aufzuheben.

Dieses und Ähnliches ist schon oft gesagt worden – im Ergebnis resignierend, da Anspruch und Wirklichkeit nicht in Einklang zu bringen sind.

Röhricht fährt mit einem ebenso überraschenden wie schlichten, aber durchschlagenden Satz fort:

„Die Notwendigkeit eines Verschuldens des Vereins ... muss jedoch nicht notwendigerweise bedeuten, dass der Verband im Einzelfall die Beweislast für eine solche Verantwortlichkeit des Vereins zu tragen hat."

d) Da wir uns mit dem Vereinsrecht auf dem Gebiet des Zivilrechts bewegen, ist gemäß der dort herrschenden Rechtsprechung die Beweislast im Einzelfall aus praktischen Gründen nach Gefahrenbereichen zu verteilen: Danach hat derjenige die maßgebenden Tatsachen zu beweisen, in dessen ausschließlicher Einflusssphäre sie sich abgespielt haben[323].

Im Falle von Zuschauerausschreitungen ist insoweit der für die Organisation des Spiels verantwortliche Verein „näher dran", Aufklärung darüber zu geben, wie es zu dem ordnungswidrigen Geschehen kommen konnte. *Röhricht*[324] leitet aus der Verteilung der Darlegungs- und Beweislast nach Gefahren- und Einflusssphären insbesondere hinsichtlich des subjektiven Tatbestandes eine vollständige Beweislastumkehr ab. „Ein Verein könne einer disziplinarrechtlichen Bestrafung nur dann entgehen, wenn er den **vollen Beweis** dafür erbringt, dass er den Zwischenfall trotz Anwendung aller ihm zumutbaren Sorgfalt nicht durch organisatorische Vorkehrungen und Maßnahmen abwenden konnte." Damit werde vom Verein nichts Unmögliches und Unzumutbares gefordert. Er kann unschwer darlegen und beweisen, welche Sicherheitsvorkehrungen er getroffen hat, und gegebenenfalls, dass die Ereignisse auch bei Anwendung der vorausehbar gebotenen und zumutbaren Sorgfalt eingetreten wären. Hier wird kein Sonderrecht des Vereinsrechts entwickelt, sondern es werden allgemeine zivilrechtliche Beweisregeln angewandt.

e) *Röhricht* verneint demgegenüber – jedenfalls im Regelfall – die Voraussetzungen, die **beim Gastverein** eine Umkehr der Beweislast oder auch nur einen Beweis des ersten Anscheins zu dessen Nachteil rechtfertigen könnten[325]. Nach *Röhricht* sind demnach Dis-

320 BGH VersR 1972, 1047 m.w.N.
321 AaO., S. 40, 41.
322 *Röhricht*, aaO., S. 41.
323 *Thomas/Putzo*, aaO., vor § 284 Rn. 25 ff.
324 AaO., S. 42.
325 AaO., S. 43.

ziplinarstrafen gegen den Gastverein nur dann zulässig, wenn ihm ein eigenes, schuldhaftes, für das betreffende Vorkommnis ursächliches oder mitursächliches Verhalten nachgewiesen werden kann. Zu fordern sei aber von ihm eine intensive vorbeugende Anhängerbetreuung (Fan-Clubs und deren Begleitung u. Ä.).

88 **Stellungnahme und eigener Lösungsweg**
Das von *Röhricht* herausgearbeitete Ergebnis

Beweislastumkehr beim Heimverein,
Beweislast des Verbands beim Gastverein,

hat manches für sich. Beim Heimverein wäre u. U. sogar „nur" ein Beweis des ersten Anscheins gerechtfertigt, was eine Besserstellung des betroffenen Vereins gegenüber der Beweislastumkehr darstellt.

Der Lösungsweg ist zudem für die Praxis tauglich, für die Heimvereine bei gutem Willen, da er ja ihren ureigenen Bereich betrifft, den sie lenken und beeinflussen können, auch einsichtig, akzeptabel und machbar. Beim Gastverein können sich die Anhänger der Röhricht'schen Erwägungen damit zufrieden geben, dass bei FIFA und UEFA im Falle von Ausschreitungen, die nicht von Anhängern eines der beiden Vereine begangen worden sind, die Verbände auch die Beweislast für ein Verschulden des Gastvereins treffen.

Der nachfolgende Lösungsansatz des Verfassers weicht von *Röhricht* leicht ab, kommt aber zumindest beim Heimverein zum gleichen Ergebnis, und zwar in der Formulierung der RuVO:

> *„Von einer Bestrafung kann abgesehen werden, wenn der Betroffene nachweist, dass ihn für den betreffenden Vorfall kein Verschulden trifft."*
> (§ 9 Nr. 6 Satz 1 RuVO)

Für Unterfälle der Verhaltensweisen und Zwischenfälle des § 9 Nr. 1 und 2 RuVO, nämlich für die Bandbreite der Diskriminierung und ähnliche Tatbestände, sieht demnach § 9 Nr. 6 Satz 1 RuVO **de lege lata** genau das Ergebnis vor, was *Röhricht* mit Hilfe des Sphärengedankens herleitet: nämlich das Erfordernis des Entlastungsbeweises des Heimvereins für fehlendes Verschulden. Diese Regelung für alle Fallvarianten des § 9 RuVO weist eine **parallele Struktur** zu den Fällen des § 9 a auf und unterscheidet sich weder im Unrechts- noch im Schuldbild von diesen. Es ist nicht einsichtig, dass bei rassistischen Störungen durch Anhänger oder Zuschauer eines Heimvereins nur ein vollkommener Entlastungsbeweis durch diesen zum Schuldausschluss führen kann, beim Abbrennen von Feuerwerkskörpern oder sonstigen pyrotechnischen Gegenständen durch die gleichen Störer der Verband den vollen Verschuldensnachweis führen soll und bestehen bleibende Zweifel bereits einen Freispruch begründen. Hier ist eine **Analogie zugunsten** des Verbandes nicht nur sinnvoll, sondern aus Gründen der Logik und Konsequenz sogar geboten. Es liegt ein rechtsähnlicher Tatbestand, der einen **Analogieschluss** rechtfertigt, wenn nicht sogar einen **Erst-Recht-Schluss** nahelegt: Wenn bei den besonders verwerflichen Tatbeständen des § 9 eine Beweislastumkehr zugunsten des Verbandes ermöglicht sein soll, hat dies erst recht bei den im Unwertgehalt geringer gewichtigen allgemeinen Störfällen seine Rechtfertigung.

Gegen einen Erst-Recht-Schluss bestehen von vornherein keine rechtlichen Bedenken, aber auch nicht gegen den Analogieschluss zugunsten des Verbands und zum Nachteil des betroffenen Vereins. Das Analogieverbot gilt lediglich für **materiellrechtliche Vorschriften** (Art. 103 (2) GG). Der Richter darf nicht von dem geschriebenen materiellen Recht abweichen – hier von der Regelung über die Verantwortung der Vereine für Zuschauerausschreitungen. Das in §9a RuVO hineinzudenkende ungeschriebene Tatbestandsmerkmal des Verschuldens bleibt bei obiger Schlussfolgerung unangetastet. Der Schluss betrifft **das Verfahren über den Nachweis des Verschuldens.** Das materielle Recht wird also nicht korrigiert, sondern umgesetzt[326] – es werden keine Tatbestände neu geschaffen und auch nicht bestehende ausgeweitet. Bei dem eingeschlagenen Weg nach §9a RuVO im Lichte des §9 Nr. 6 Satz 1 RuVO steht das Verbot der Analogie zum Nachteil des Betroffenen somit nicht entgegen.

Gesetzestechnisch wird dabei eine Differenzierung zwischen Heimvereinen und Gastvereinen **nicht** vorgenommen, sodass auch bei Auswärtsspielen den dann betroffenen Gastvereinen der Entlastungsbeweis obliegt.

In der Praxis sind bei Anlehnung an diesen Analogieschluss drei Fallgruppen zu registrieren:

- Das Gericht stellt nach §286 ZPO fest, dass ein bestimmter Verein – Heim- oder Gastmannschaft – die Schuld an aufgetretenen Zwischenfällen trifft (Folge: Bestrafung durch den Verband).
- Ein Verein weist nach, dass ihn kein Verschulden für den betreffenden Vorfall trifft (Freispruch ist die Folge).
- Die Beweisaufnahme brachte keine Klarheit im Sinne dieser beiden Beispielsfälle: beim non liquet trifft den Verein die Verantwortung, er ist durch den Verband zu bestrafen.

Beispielsfall   89
Ein gravierender Fall von Zuschauerausschreitungen auf den Rängen aus der Saison 2006/2007 soll zur Veranschaulichung dargestellt werden:

Am 30. April 2007 wurde in der 51. Minute des Zweitligaspiels SC Rot-Weiß Essen gegen Hansa Rostock ein erhebliches Feuer angezündet. Es kam zu einer starken Rauchentwicklung und zum Abschießen von Leuchtraketen auf das Spielfeld. Das Spiel wurde vom Schiedsrichter für 12 Minuten unterbrochen und beide Mannschaften in die Kabinen beordert. Nach Fortsetzung wurden bei Situationen in Eckballnähe die Rostocker Spieler mit großen Schirmen nach Möglichkeit geschützt. Es kam zu zahlreichen Festnahmen von Zuschauern und einer Reihe von Verletzten. Durch Urteile vom 3. Mai 2007 (Nr. 131/2006/2007 und 132/2006/2007) wurden gegen den Platzverein eine Geldstrafe von 30.000 € und gegen FC Hansa Rostock eine solche von 100.000 € verhängt. Im Hinblick auf die massiven Entgleisungen der Anhänger der Hansestädter, die schon mehrfach auswärts in ähnlicher Weise aufgetreten waren – hier war sogar der Feuereinsatz auf die Minute vorgeplant gewesen, um die Szene in der Live-Übertragung des Fernsehens einzubringen –, wurde angeordnet, dass der Verkauf der Karten für das nächste Heimspiel eingestellt wurde, die Stehplätze frei bleiben mussten und die Stehplatzbesucher mit den bis dahin verkauften Karten im Tribünenbereich so platziert werden mussten, dass die Sicherheit gewährleistet ist. Der Teilausschluss der Öffentlichkeit (etwa hälftig) wurde als Minus zum vollständigen Ausschluss der Öffentlichkeit nach §44 Nr. 2k) Satzung und §7 Nr. 3 RuVO als eine zulässige Sanktion verstanden. Bei dem Heimspiel handelte es sich um das letzte Spiel der Saison, bei dem es bei dem Gast SpVgg Unterhaching um den Abstieg, beim FC Hansa Rostock um den Aufstieg ging. Eine Totalsperrung der Ränge hätte dem völlig unbeteiligten Gastverein jegliche Unterstützung durch Anhänger genommen.

---

326 Vgl. BVerfGE 71, 115; 73, 236.

Bei den Urteilen betreffend das Spiel in Essen sah das Sportgericht nicht die Notwendigkeit, einen der diskutierten Lösungswege einzuschlagen; die Schuld der betroffenen Vereine war jeweils nicht in Abrede gestellt worden und zudem evident. Aber auch in anderen Fällen steht den Sportgerichten des DFB ein geeignetes Instrumentarium zur wirksamen Bekämpfung der Gewalt in den Stadien zur Verfügung – wie dargelegt –.

Nur repressives Einschreiten löst aber auf die Dauer die Probleme nicht, die sich überdies immer häufiger in die 3. Liga, die Regionalligen und die darunter liegenden Spielklassen auf Landesverbandsebene verlagern. Vizepräsident des DFB *Rainer Koch: „Erst wenn die Mehrheit der friedliebenden Fans dem Nachbarn in der Kurve bei Entgleisungen auf die Finger klopft bzw. auf den Mund schaut, haben wir eine Aussicht auf dauerhaften Fanfrieden in den Stadionkurven."*

§ 10 RuVO
Verjährung

1. Verstöße nach §§ 7, 8 und 9 verjähren in sechs Monaten. Verstöße nach § 7 Nr. 1. i), § 8 Nr. 3. und § 8 a verjähren in acht Jahren. Verstöße nach § 7 Nr. 1. j) und § 8 Nr. 1 j) und Verstöße anderer Art verjähren in fünf Jahren.

   Die Einleitung eines Verfahrens durch den Kontrollausschuss sowie jede das Verfahren fördernde richterliche Anordnung des Vorsitzenden des zuständigen Rechtsorgans und jede Entscheidung des Gerichts unterbrechen die Verjährung. Maßgeblicher Zeitpunkt ist der Eingang bei der DFB-Zentralverwaltung oder einem Organ des DFB.

2. Entzieht sich ein Betroffener durch Vereinsaustritt einem Strafverfahren, so wird dieses nach Erwerb einer neuen Mitgliedschaft eingeleitet oder fortgesetzt.

   Der Austritt unterbricht die Verjährung bis zu diesem Zeitpunkt.

3. Auf Punktverlust oder Spielwiederholung im Zusammenhang mit Pflichtspielen der abgelaufenen Spielzeit kann nach dem 30. 6. nicht mehr erkannt werden, es sei denn, es war bis dahin ein Verfahren eingeleitet. In diesen Fällen kann jedoch für die nachfolgende Spielzeit auf Aberkennung von Punkten oder auf Versetzung in eine tiefere Spielklasse erkannt werden.

4. Auf Spielverlust oder Spielwiederholung kann in einem Vereinspokalspiel des Deutschen Fußball-Bundes auf DFB-Ebene nicht mehr erkannt werden, wenn das Spiel der betreffenden Mannschaft der nächsten Pokalrunde ausgetragen worden ist, es sei denn, dass vorher ein Verfahren eingeleitet worden war.

   Im Falle einer rechtskräftigen auf Spielverlust erkennenden Entscheidung tritt der Gegner an die Stelle der aufgrund der Spielwertung ausgeschiedenen Mannschaft. Dies gilt auch für eine bereits erfolgte Auslosung der nächsten Pokalrunde, wobei das Heimrecht eines Amateurvereins gemäß § 46 Nr. 2.1.1 der DFB-Spielordnung unberührt bleibt, es sei denn, bei dem der ausgeschiedenen Mannschaft für die nächste Pokalrunde zugelosten Gegner handelt es sich ebenfalls um einen Amateurverein.

Inhalt 90

Die RuVO spricht nur von einer Form der Verjährung, gemeint ist dabei die **Verfolgungs-verjährung** – die Vollstreckungsverjährung nennt die RuVO nicht. Die Folge des Verjährungseintritts ist nicht ausdrücklich angegeben. Entsprechend der staatlichen Regelung stellt sie ein Verfahrenshindernis dar und schließt die Ahndung eines Verstoßes aus; das Verfahren ist einzustellen.

Verjährungsfristen 91

(**Nr. 1**): Die regelmäßige Verjährungsfrist beträgt fünf Jahre. Die Taten nach den am häufigsten verwirklichten Vorschriften der §§ 7 bis 9 RuVO, die sich auf den schnelllebigen Spielbetrieb beziehen, verjähren in kurzen sechs Monaten und Verfehlungen im Zusammenhang mit Doping in acht Jahren.

Der Verjährungsbeginn ist nicht ausdrücklich festgelegt. Er ist auf die Beendigung der Tat festzulegen.

Wie im staatlichen Strafrecht kann die Verjährung **unterbrochen** werden – d. h. Beseitigung des schon abgelaufenen Teils einer Verjährungsfrist. Bestimmte Prozesshandlungen (Einleitung eines Verfahrens durch den Kontrollausschuss, verfahrensförderliche richterliche Anordnungen und jede Entscheidung des Gerichts) heben den bisherigen Verlauf der Verjährung mit der Wirkung auf, dass die Frist von neuem voll zu laufen beginnt.

Austritt aus Verein/Verband 92

(**Nr. 2**): Wenn ein Betroffener aus dem Verein austritt, wird die Verjährung unterbrochen. Falls er später erneut eintritt, wird ein Verfahren nach Wiedererwerb der Mitgliedschaft eingeleitet oder fortgesetzt (s. oben § 1 Rn. 5).

Spielwertungsfolgen 93

(**Nr. 3 und 4**): Im Hinblick auf die Schnelllebigkeit des Spielbetriebs und insbesondere das Bedürfnis nach Endgültigkeit einer abgeschlossenen Spielsaison können nach dem 30. 6. nur noch eingeschränkt Maßnahmen beschlossen werden. Falls nicht zuvor ein Verfahren eingeleitet worden ist, kann auf Punktverlust oder Spielwiederholung im Zusammenhang mit Pflichtspielen einer abgelaufenen Spielzeit nicht mehr erkannt werden, sehr wohl kann strafweise für die nachfolgende Spielzeit die Aberkennung von Punkten oder auf Versetzung in eine tiefere Spielklasse ausgesprochen werden. Eine Spielumwertung ist natürlich nicht mehr möglich.

Pokalspiel 94

Eine besondere Schnelllebigkeit bringt der Pokalwettbewerb mit sich. Nach Austragung einer weiteren Pokalrunde würde eine Spielumwertung oder ein Wiederholungsspiel erhebliche Auswirkungen auf die übrigen teilnehmenden und eventuell auch die ausgeschiedenen Vereine mit Neuauslosungen auch für am Verfahren nicht beteiligte Vereine bedingen. Deshalb kann außer bei vorheriger Einleitung eines Verfahrens hierauf nicht mehr erkannt werden. Bei einer rechtskräftigen Entscheidung auf Spielverlust tritt der Gegner an die Stelle der am grünen Tisch ausgeschiedenen Mannschaft, und zwar auch bei einer bereits erfolgten Auslosung der nächsten Pokalrunde.

§ 11 RuVO

Feldverweis nach zwei Verwarnungen (gelb/rot) – Einspruch

1. Wird ein Spieler in einem Bundesspiel, einem Qualifikationsspiel zum DFB-Hallenpokal oder während dieses Endturniers infolge zweier Verwarnungen (gelb/rot) im selben Spiel des Feldes verwiesen, so ist er für das Bundesspiel oder das Hallenspiel der gleichen Wettbewerbskategorie, das dem Spiel folgt, in welchem er des Feldes verwiesen worden war, gesperrt.

Der Vollzug der Sperre wegen eines Feldverweises nach zwei Verwarnungen ist nach Ablauf des nachfolgenden Spieljahres nicht mehr zulässig.

2. Wird ein Spieler in einem Meisterschaftsspiel der Lizenzligen, 3. Liga, Regionalliga, Frauen-Bundesliga oder Junioren-Bundesligen (A- und B-Junioren) infolge zweier Verwarnungen (gelb/rot) im selben Spiel des Feldes verwiesen, ist er bis zum Ablauf der automatischen Sperre auch für das jeweils nächstfolgende Meisterschaftsspiel jeder anderen Mannschaft seines Vereins/Tochtergesellschaft gesperrt, längstens jedoch bis zum Ablauf von zehn Tagen.

3. Gegen eine nach Nr. 1. verwirkte Sperre ist ein Einspruch beim DFB-Sportgericht nur dann zulässig, wenn ein offensichtlicher Irrtum des Schiedsrichters nachgewiesen wird.

Einspruchsberechtigt ist der betroffene Spieler.

Der Einspruch des Spielers muss schriftlich eingelegt werden und spätestens an dem dem Spieltag folgenden Tag bei der DFB-Zentralverwaltung eingegangen sein. Ist dieser Tag ein Samstag, Sonntag oder gesetzlicher Feiertag, läuft die Frist um 10.00 Uhr am ersten darauffolgenden Werktag ab. Das DFB-Sportgericht entscheidet endgültig.

95 **Rechtsmittel gegen Gelb-Rote Karte**
In der Sprache der Journalisten bringen Schiedsrichter im Spiel durch ihnen zustehende Sanktionsarten „Farbe ins Spiel", so durch die Gelb-Rote Karte, die den Ausschluss für den Spielrest und eine Sperre für das nächste Pflichtspiel nach sich zieht. Sie ist die „automatische Folge" zweier Verwarnungen, d. h. zweier Gelber Karten. Lange Zeit war die Gelb-Rote Karte unanfechtbar. Im Zuge der nach und nach vollzogenen Liberalisierung und größeren Rechtsstaatlichkeit des Fußballrechts hat die FIFA und ihr folgend der DFB eine beschränkte Anfechtungsmöglichkeit des betroffenen Spielers eröffnet. Der Einspruch ist nach § 11 Nr. 3 RuVO spätestens an dem dem Spieltag folgenden Tag schriftlich einzulegen – bei einem folgenden Samstag, Sonntag oder gesetzlichen Feiertag bis 10.00 Uhr des darauffolgenden Werktags.

96 **Anfechtungsgrund**
Ein Einspruch ist nur zulässig, wenn ein offensichtlicher Irrtum des Schiedsrichters nachgewiesen wird. Nach der Entscheidung des DFB-Sportgerichts im Falle des damaligen HSV-Spielers *Sergej Barbarez*[327] ist ein offensichtlicher Irrtum dann anzunehmen, *„wenn*

---

327 Urteil vom 10. 5. 2001 (Nr. 138/2000/2001), SpuRt 2001, 258.

die Entscheidung des Schiedsrichters ohne jeden Zweifel objektiv unrichtig und die Folge eines den Schiedsrichter täuschenden Verhaltens eines anderen Spielers war", wobei Letzteres aber nicht zwingende Voraussetzung ist. Die FIFA[328] fordert für einen offensichtlichen Irrtum des Schiedsrichters, dass dieser *„schon per Definition sofort feststellbar sein muss"*. Wenn Zweifel bestehen bleiben, so ist die Schiedsrichterentscheidung nicht offensichtlich falsch. Insbesondere ist in diesem Bereich für die Anwendung des Grundsatzes „in dubio pro reo" kein Raum. Im Zweifel geht die Rechtssicherheit der Gerechtigkeit im Einzelfall vor. In den von den DFB-Rechtsinstanzen insoweit bisher entschiedenen Fällen – durchschnittlich ca. drei pro Spielzeit – ergab sich die Evidenz der Fehlentscheidung meistens auch daraus, dass der Schiedsrichter bei erster Inaugenscheinnahme der Fernsehaufnahme selbst und spontan nachträglich zur Erkenntnis gelangt ist, dass er geirrt hat, und dies eingestanden hat.

Nebenwirkung der Gelb-Roten Karte   **97**
Bis zum Ablauf der automatischen Sperre nach § 11 Nr. 1 Abs. 1 RuVO ist der Spieler auch für das jeweils nächstfolgende Meisterschaftsspiel jeder **anderen** Mannschaft seines Vereins gesperrt, längstens jedoch bis zum Ablauf von zehn Tagen. Es soll mit dieser Regel erreicht werden, dass der Spieler eine echte Spielsperre einhalten muss und nicht zwischendurch für eine andere Mannschaft auf Torejagd gehen kann, was ihn die Strafe gar nicht spüren lassen würde.

§ 12 RuVO

Einspruch gegen eine Verwarnung

Gegen eine nach Regel 12 in Meisterschaftsspielen der Lizenzligen, 3. Liga, Regionalliga, Frauen-Bundesliga, 2. Frauen-Bundesliga, Junioren-Bundesligen (A- und B-Junioren) sowie in Vereinspokalspielen des Deutschen Fußball-Bundes auf DFB-Ebene gegen eine(n) Spielerin/Spieler verhängte Verwarnung ist ein Einspruch beim DFB-Sportgericht nur dann zulässig, wenn sich der Schiedsrichter in der Person der Spielerin/des Spielers geirrt hat. Der Einspruch muss schriftlich eingelegt werden und spätestens an dem dem Spieltag folgenden Tag bei der für das DFB-Sportgericht zuständigen Geschäftsstelle eingegangen sein. Das DFB-Sportgericht entscheidet endgültig.

Anfechtungsvoraussetzungen   **98**
Eine Gelbe Karte führt nach weiteren vier Karten gleicher Couleur zu einer Sperre von einem Spiel.

Gegen eine Gelbe Karte ist spätestens bis zu dem dem Spieltag folgenden Tag ein Einspruch zulässig, wenn der Schiedsrichter sich in der Person des Spielers geirrt hat. Hier ist **nicht** von einer Offensichtlichkeit des Irrtums die Rede. Deswegen ist ein Einspruch bei einer evidenten Fehlentscheidung **in der Sache** nicht zulässig. Allein der error in persona ist, weil er einem Unschuldigen, den der Schiedsrichter nicht einmal gemeint hat, widerfahren ist, anfechtbar. Diese Verwechslung kommt auch bei Spitzenschiedsrichtern mit Gespann und 4. Offiziellen schon gelegentlich vor, insbesondere bei größeren Ansammlungen von

---

328 Zirkular Nr. 866 vom 24. 9. 2003.

Spielern beider Vereine auf dem Spielfeld. Der Schiedsrichter ist der Gefahr ausgesetzt, bei der Wahrnehmung oder bei der Anfertigung seiner Notizen die Rückennummer zu verwechseln, was das allgegenwärtige Fernsehen im Nachhinein oft unproblematisch nachweist. Ein Schritt mehr an Gerechtigkeit ist somit durch die moderne Technik möglich, wobei aber sonstige Fehlerquellen bei der relativ ungewichtigen Gelben Karte nicht korrigierbar sind. Damit müssen die Betroffenen leben – minima non curat praetor.

Übrigens: „Der wahre Täter" bleibt nach der ständigen Rechtsprechung der DFB-Gerichte straffrei, es sei denn, es liegt ein krass sportwidriges Verhalten vor.

Einfügung nach §§ 11, 12 RuVO:

99   Die Rote Karte

Sie ist in den Fußballregeln normiert und findet sich in der RuVO nur als gedachte Vorstufe auf dem Spielfeld für die nach § 8 ff. auszusprechenden Sperren. Die Tatbestandsvoraussetzungen sind die in diesem Paragraphen genannten. Sie waren deshalb auch dort in der Kommentierung zu behandeln. Ein Folgeproblem einer Roten Karte ist im Zusammenhang mit den vorstehend erörterten Anfechtungsmöglichkeiten bei Karten verschiedener Farben anzuschneiden. Oft wird nach Feldverweisen mit „Rot" heftig diskutiert, ob der Feldverweis berechtigt war oder ob der Schiedsrichter sich mit einer Ermahnung oder einer Gelben Karte hätte begnügen können/müssen. Hinsichtlich der Anfechtbarkeit ist der Streit müßig. Die Karte ist gezeigt. Sportrechtlich fällt die Abwägung zwischen Gelber, Gelb-Roter oder Roter Karte allein in die Zuständigkeit des Schiedsrichters. Dessen Beurteilungsspielraum ist zumindest, was den Ausschluss des Spielers für den Rest der 90 Minuten betrifft, zu respektieren. Seine Entscheidung kann auch nicht nachträglich durch seine eigene spätere Meinungsbildung anhand von Fernsehbildern korrigiert werden – wenn das Spiel fortgesetzt ist. Falls er in der Halbzeit am Fernsehschirm feststellen kann, dass er eine Fehlentscheidung getroffen hat, kann er auch nicht den zu Unrecht vom Feld gestellten Spieler wenigstens in der zweiten Halbzeit wieder mitwirken lassen. Der Spieler ist für die Restzeit des Spiels und außer bei einer offensichtlichen Fehlentscheidung auch für das nächste Spiel des betreffenden Wettbewerbs gesperrt. Bei Gelb-Rot ist dies die vorgesehene Sperre, bei Rot gilt als Folge von Art. 18 Nr. 4 Disziplinarreglement der FIFA, dass ein Feldverweis „immer zu einer automatischen Sperre für das nächste Spiel führt" – sie kann allenfalls durch die Disziplinarkommission verlängert werden.

Diese automatische Mindestsperre, die die DFB-Gerichte in ständiger Rechtsprechung praktizieren, wird von Kritikern als rechtsstaatlichen Ansprüchen in Deutschland nicht gerecht werdend und deshalb als nichtig angesehen. Dabei wird aber nicht beachtet, dass eine solche Fußballregel einerseits durch die verfassungsrechtlich garantierte Vereinsautonomie gedeckt ist und andererseits der sicherlich vorhandene Eingriff in die persönliche Sphäre des Spielers durch die aus der Universalität des Fußballsports abzuleitende einheitliche Handhabung der Schiedsrichterentscheidungen und deren sportstrafrechtlichen Folgen gerechtfertigt wird. Es kommt ganz selten vor, dass bei solchen Roten Karten überhaupt nichts passiert ist – außer beim error in persona –, vielmehr ist nach meinen Erfahrungen zumindest eine „kleine Unsportlichkeit" erfolgt, sei es ein kleines Zupfen am Trikot des Gegners, ein leichtes Drücken oder eine geringfügige verbale Unsportlichkeit. Da aber bei dem dann eröffneten untersten Strafrahmen nach § 8 Nr. 1 a (Unsportliches Verhalten im Spiel) **ein** Spiel Sperre die Mindeststrafe ist, kann einer solchen Maßnahme nicht der Makel der Rechtswidrigkeit umgehängt werden. Vernünftige sportspezifische Gesichtspunkte rechtfertigen die kurzzeitige Einschränkung der Berufsausübung (Art. 12

GG) des Spielers und halten auch einer kritischen verfassungsrechtlichen Prüfung stand. Der langjährige Bundesverfassungsrichter *Udo Steiner* ordnet solche Fälle in die „kleinen justizberuhigten Zonen des Fußballsports" ein. Hinzu kommt, dass bei einem offensichtlichen Irrtum des Schiedsrichters Straffreiheit eintritt.

Ergänzend zu den Strafarten bei Verfehlungen von Spielern auf deutschen Plätzen ist auch die Tendenz der UEFA zur Verfeinerung ihrer Regelauslegung zu den von ihr organisierten Spielen zu registrieren[329]. Die sog. „Rudelbildung", also das mit diesem Begriff aus dem Tierleben umschriebene gruppendynamische Reklamieren und Rangeln rund um den Schiedsrichter, wird mittlerweile strenger geahndet. Überdies sehen Spieler, die Feldverweise für den Gegner beim Referee einfordern, selbst „Gelb". Das Spiel soll laufen, die Zuschauer im Stadion und am Bildschirm wollen kein Reklamieren sehen, keine Schauspielerei, kein Ballwegschlagen und keinen sonstigen Kinderkram auf dem Platz, sondern fairen, harten, schnellen Fußball. Die UEFA bemüht sich erklärtermaßen[330], mit Hilfe des Schiedsrichters eine neue Kultur auf dem Platz zu entwickeln. Die Fußballjuristen, wenn sie das Fair-Play-Prinzip verinnerlicht haben, sollen sich nach besten Kräften dabei nicht als Spielverderber betätigen. Die UEFA hat bei der EM 2008 nach einem kurzzeitigen Übereifer eines 4. Offiziellen gegen die in der Coaching-Zone sich „unruhig verhaltenden" Trainer *Jogi Löw* und *Josef Hickersberger* diese zwar für ein Spiel von der Bank verbannt, aber dann wohl Anweisungen zu mehr Großzügigkeit gegenüber den unter hohen Volt-Zahlen stehenden Trainern gegeben. Auch die UEFA ist heutzutage unter ihrem sicherlich modern denkenden Präsidenten *Michel Platini* schnell lernfähig.

---

329 *Hesselmann*, aaO., S. 4 ff. **330** *Hesselmann*, aaO.

Teil III: Das Verfahrensrecht des DFB

§§ 13–40

Allgemeines 1

Im staatlichen Strafrecht hat sich der Gesetzgeber für **getrennte Gesetze** über das materielle Strafrecht (Strafgesetzbuch – StGB) und das Verfahrensrecht (Strafprozessordnung – StPO) entschieden, wobei es zudem noch einige spezielle Sondergesetze aus beiden Gebieten gibt, die für das Fußballrecht weniger bedeutsam sind. Der Gesetzgeber im Fußball hat eine Einheitslösung getroffen.

Nach dem materiellen Fußballstrafrecht (§ 1 bis zu § 12 RuVO) folgt dann in §§ 13–40 RuVO das Fußballverfahrensrecht, wobei dort einige Bestimmungen materiellen und formellen Charakter haben (z. B. die Normen über Spielwertungen). Nach den Regelungen der RuVO sitzen „Sportler über sich selbst zu Gericht", vielleicht eine der vornehmsten Aufgaben eines Sportlers, wobei dies in erster Linie den inaktiven bzw. den nicht mehr aktiven Fußballern obliegt.

Fair Trial 2

Für einen Sportler ist es die schönste Pflicht, das dem Sport entwachsene Fair Play zu seiner edelsten Aufgabe zu machen, und, falls er eine Richtschnur für das sportliche Leben, hier das Verfahrensrecht in Fußballstreitsachen, aufzustellen hat, ein Fair Trial darin zu garantieren. Dies hat der DFB in seiner Rechts- und Verfahrensordnung in den §§ 13 ff. getan, indem er die von der Praxis des Spielbetriebs und in den Rechtsprechungsakten nach und nach entwickelten und stets verbesserten Grundsätze festgeschrieben hat.

Als staatliche Generalvorschrift hierfür kann Art. 6 MRK herangezogen werden. Die Konvention zum Schutz der Menschenrechte und Grundfreiheiten (MRK) ist **unmittelbar geltendes innerstaatliches Recht** und gilt für das Verfahren in der Straf- und Zivilgerichtsbarkeit – und damit auch für die Vereinsgerichtsbarkeit. Art. 6 MRK lautet:

Artikel 6 – Recht auf ein faires Verfahren

(1) Jedermann hat Anspruch darauf, dass eine Sache in billiger Weise öffentlich und innerhalb einer angemessenen Frist gehört wird, und zwar von einem unabhängigen und unparteiischen, auf Gesetz beruhenden Gericht, das über zivilrechtliche Ansprüche und Verpflichtungen oder über die Stichhaltigkeit der gegen ihn erhobenen strafrechtlichen Anklage zu entscheiden hat. Das Urteil muss öffentlich verkündet werden, jedoch kann die Presse und die Öffentlichkeit während der gesamten Verhandlung oder eines Teiles derselben im Interesse der Sittlichkeit, der öffentlichen Ordnung oder der nationalen Sicherheit in einem demokratischen Staat ausgeschlossen werden, oder wenn die Interessen von Jugendlichen oder der Schutz des Privatlebens der Prozessparteien es verlangen, oder, und zwar unter besonderen Umständen, wenn die öffentliche Verhandlung die Interessen der Rechtspflege beeinträchtigen würde, in diesem Fall jedoch nur in dem nach Auffassung des Gerichts erforderlichen Umfang.

(2) Bis zum gesetzlichen Nachweis seiner Schuld wird vermutet, dass der wegen einer strafbaren Handlung Angeklagte unschuldig ist.

(3) Jeder Angeklagte hat mindestens (englischer Text) insbesondere (französischer Text) die folgenden Rechte:

a) in möglichst kurzer Frist in einer für ihn verständlichen Sprache in allen Einzelheiten über die Art und den Grund der gegen ihn erhobenen Beschuldigung in Kenntnis gesetzt zu werden;

b) über ausreichende Zeit und Gelegenheit zur Vorbereitung seiner Verteidigung zu verfügen;

> c) *sich selbst zu verteidigen oder den Beistand eines Verteidigers seiner Wahl zu erhalten und, falls er nicht über die Mittel zur Bezahlung eines Verteidigers verfügt, unentgeltlich den Beistand eines Pflichtverteidigers zu erhalten, wenn dies im Interesse der Rechtspflege erforderlich ist;*
>
> d) *Fragen an die Belastungszeugen zu stellen oder stellen zu lassen und die Ladung und Vernehmung der Entlastungszeugen unter denselben Bedingungen wie die der Belastungszeugen zu erwirken;*
>
> e) *die unentgeltliche Beiziehung eines Dolmetschers zu verlangen, wenn der Angeklagte die Verhandlungssprache des Gerichts nicht versteht oder sich nicht darin ausdrücken kann.*

Zusammengefasst ist in § 6 MRK geregelt, dass in billiger Weise zu verfahren und zu entscheiden ist. Dabei garantiert die MRK nur einen Mindeststandard an Rechten[331]: den Grundsatz der Waffengleichheit, die Gewährung rechtlichen Gehörs, das Recht auf Verteidigung, die Aussagefreiheit des Beschuldigten, dessen Schweigen allein nicht als belastendes Indiz gewertet werden kann, ferner das Prinzip der freien Beweiswürdigung, die Einräumung von Rechtsmitteln und einen Anspruch auf Rechtsmittelbelehrung. Außerdem sichert sie die Öffentlichkeit des Verfahrens, den Anspruch auf dessen Beschleunigung, auf einen unabhängigen und unparteiischen Richter und die Unschuldsvermutung, ferner ein Recht des Betroffenen auf Bekanntgabe der Beschuldigung in einer für ihn verständlichen Sprache, auf den Beistand eines Verteidigers bzw. bei Bedarf eines Dolmetschers sowie auf die Heranziehung und Befragung von Zeugen.

Diese Zusammenstellung und Ansammlung soll anhand ihrer in den §§ 13 ff. RuVO vorgenommenen Umsetzung nachfolgend aufgeschnürt und analysiert werden:

§ 13 RuVO
Einleitung von Verfahren

1. **Verfahren können nur schriftlich eingeleitet werden. Die Einleitung geschieht insbesondere durch:**

   a) **Anklage des Kontrollausschusses bei Verstößen gegen die Satzungen von DFB und Ligaverband sowie gegen deren Ordnungen,**

   b) **Anrufung des Sportgerichts durch den Kontrollausschuss wegen der Vorfälle, die sich im Zusammenhang mit Bundesspielen ereignet haben,**

   c) **Anzeigen von Verstößen gegen die Satzungen und Ordnungen des DFB und des Ligaverbandes sowie wegen unsportlichen oder sportschädigenden Verhaltens der Spieler oder anderer Personen, auf die das DFB-Recht Anwendung findet,**

   d) **Einsprüche von Vereinen, Tochtergesellschaften und Mitgliedsverbänden gegen die Wertung eines Bundesspieles, die sich auf die Spielberechtigung eines Spielers, auf einen entscheidenden Regelverstoß des Schiedsrichters oder auf besondere das Spiel beeinflussende Vorfälle stützen.**

2. **Bei einem offensichtlichen Irrtum des Schiedsrichters im Falle eines Feldverweises eines Spielers können der Einzelrichter oder das Sportgericht das Verfahren auf Antrag des Kontrollausschusses einstellen. Mit der Einstellung ist eine Vorsperre aufgehoben.**

---

331 *Meyer-Goßner*, aaO., Art. 6 MRK Rn. 3.

Inhalt 3

Eine Einleitung des Verfahrens kann nur schriftlich erfolgen, wobei insbesondere vier Formen der Einleitung bestehen, davon zwei „von Amts wegen" und zwei auf private Initiative:

- Anklage des Kontrollausschusses bei Verstoß gegen das Regelwerk des DFB und der DFL,
- Anrufung des Sportgerichts durch den Kontrollausschuss wegen Vorfällen bei Bundesspielen,
- Anzeigen wegen Satzungs- bzw. Ordnungsverstößen sowie wegen unsportlichen Verhaltens durch Personen, auf die das DFB-Recht anwendbar ist,
- Einsprüche gegen Spielwertung, gestützt auf die fehlende Spielberechtigung eines Spielers, wegen eines entscheidenden Regelverstoßes des Schiedsrichters oder eines besonderen, das Spiel beeinflussenden Vorgangs. Diese Fallvariante ist in § 17 RuVO näher ausgeführt und wird dort eingehend kommentiert werden.

Damit beherrscht gemäß dem Anklagemonopol des Kontrollausschusses die Offizialmaxime in den beiden ersten Fällen die Einleitung eines Verfahrens: sie ist auch bei dessen weiterem Betreiben maßgeblich, sodass der Kontrollausschuss Herr des Verfahrensablaufs bis hin zu dessen Rechtskraft ist. In den beiden anderen Fällen sind Vereine und natürliche Personen Initiatoren des Verfahrens, wobei nach der Anzeigenerstattung wiederum die Anklageinstanz ihnen Unterstützung angedeihen lässt.

Offensichtlicher Irrtum des Schiedsrichters 4

Der im Jahre 2002 eingeführte offensichtliche Irrtum des Schiedsrichters führt zur Einstellung des Verfahrens durch Einzelrichter/Sportgericht als Rechtsfolge, wobei dieser Verfahrensschritt auch die Aufhebung einer Vorsperre bewirkt.

§ 14 RuVO

Benachrichtigung der Betroffenen

Von der Einleitung eines Verfahrens sind die Betroffenen unter Darlegung des Vorwurfs und Aufforderung zur Stellungnahme mit Fristsetzung unverzüglich zu benachrichtigen. Nach Feldverweisen können Benachrichtigung und Aufforderung unterbleiben.

Inhalt 5

Der Betroffene hat Anspruch auf unverzügliche Unterrichtung über den **Grund der Anklage,** d. h. über die tatsächlichen Vorkommnisse, die ihm zur Last gelegt werden, und über die Art der Anklage, d. h. über die rechtliche Würdigung dieser Vorfälle (siehe § 6 III a MRK). Die Mitteilung muss die Einzelheiten enthalten, die für den Betroffenen erforderlich sind, um seine Verteidigung vorzubereiten[332]. Weder nach Art. 6 MRK noch nach § 14 RuVO sind notwendigerweise die Beweismittel zu nennen, auf die die Anklage gestützt wird. Die Aufforderung zur Stellungnahme hat aufgrund dieser Basis unter Fristsetzung zu erfolgen.

---

[332] EMRK, Entscheidung vom 9.5.1977, NJW 1977, 2011.

6 Feldverweis

Die Mitteilungspflicht nach § 14 Satz 1 RuVO und die Aufforderung gemäß dieser Vorschrift kann bei **einer Roten Karte** unterbleiben, da dies dem Spieler durch die Eintragung des Sachverhalts durch den Schiedsrichter auf dem dem Verein nach dem Spiel überlassenen Spielbericht bekannt geworden ist.

§ 15 RuVO
Entscheidung durch den Einzelrichter

1. Das Sportgericht entscheidet durch den Einzelrichter in allen Fällen ohne mündliche Verhandlung. Die Einzelrichtertätigkeit wird vom Vorsitzenden, im Falle seiner Verhinderung durch seinen Stellvertreter oder einem vom Vorsitzenden benannten Beisitzer ausgeübt.

2. Nach einem Feldverweis in Meisterschaftsspielen der Bundesliga, der 2. Bundesliga, 3. Liga und in Vereinspokalspielen des Deutschen Fußball-Bundes auf DFB-Ebene stellt der Kontrollausschuss bis 14.00 Uhr des dem Spieltag nachfolgenden Werktags schriftlich Strafantrag beim Einzelrichter. Dabei hat er zu erklären, ob der betroffene Spieler mit dem Antrag einverstanden ist oder nicht. Antrag und Erklärung sind gleichzeitig dem vom Feldverweis betroffenen Lizenzverein bzw. dessen Tochtergesellschaft mitzuteilen.

   Im Falle des Einverständnisses hat der Einzelrichter dem Strafantrag zu entsprechen, wenn ihm keine grundsätzlichen Bedenken entgegenstehen.

   Bestehen solche Bedenken, ordnet der Einzelrichter eine mündliche Verhandlung an.

3. Besteht kein Einverständnis, soll die vom Antrag des Kontrollausschusses und des Spielers unabhängige Entscheidung des Einzelrichters bis spätestens 10.00 Uhr des folgenden Werttages ergehen. Eine Verschärfung über das vom Kontrollausschuss beantragte Strafmaß hinaus ist unzulässig.

   In Fällen grundsätzlicher Bedeutung ordnet der Einzelrichter eine mündliche Verhandlung an.

4. Gegen die Entscheidung des Einzelrichters können der Kontrollausschuss, der Spieler, sein Lizenzverein bzw. dessen Tochtergesellschaft binnen 24 Stunden nach Zugang der Entscheidung Verhandlung vor dem Sportgericht gemäß § 16 Nr. 1. beantragen, sofern der Einzelrichter von dem jeweiligen Antrag abgewichen ist.

5. In allen anderen Verfahren gelten die vorstehenden Fristen nicht. Der Betroffene kann unter Bestimmung einer kurzen Frist zur Stellungnahme aufgefordert werden. Für das weitere Verfahren gelten Nrn. 2. bis 4. entsprechend.

7 Einzelrichterverfahren

Im Jahre 2000 haben die DFB-Juristen bei den führenden europäischen Fußballnationen Spanien, Italien, Frankreich, Holland und England deren Sportstrafrechtsbestimmungen zur Information über deren Rechtslage angefordert. Interessant war dabei in prozessualer Hinsicht das in Italien praktizierte Verfahren, das im Regelfall einen Verfahrensabschluss nach einem Wochenendspieltag bis zum Montag gewährleistet.

Um dies beim DFB auch zu erreichen, ist die Richterbank möglichst klein zu gestalten. Das ist in § 15 Nr. 1 RuVO dadurch geschehen, das in allen Fällen ohne mündliche Verhandlung – d. h. also im Normalfall – **der Einzelrichter** entscheidet. Diese Tätigkeit wird durch den Vorsitzenden des Sportgerichts, im Verhinderungsfall durch ein anderes Mitglied des Spruchkörpers ausgeübt.

Verfahrensablauf nach Feldverweis 8
(Nrn. 2 und 3): Es ist sodann ein Instrumentarium mit Zeitraster vorgegeben, das gewährleisten soll, dass zeitnah eine Entscheidung gefällt werden kann.

Information über den Sachverhalt 9
Voraussetzung für den nachfolgenden Ablauf des Verfahrens ist die Umsetzung der mit dem Vorsitzenden des Schiedsrichterausschusses getroffenen Vereinbarung, dass am ersten Werktag nach dem Spieltag, also im Normalfall am Montag bis 08.00 Uhr, der Schiedsrichterbericht mit Schilderung des Feldverweises bei der Rechtsabteilung des DFB ist, bei Sonntagsspielen bis 10.00 Uhr am Montag.

Der Kontrollausschussvorsitzende oder sein Vertreter haben zuvor die Feldverweise in den Sportsendungen freitags, samstags und sonntags bereits einmal bzw. mehrfach betrachtet, sie analysiert durch Wiederholungen und Verzögerungen des Films und sich so einen vorläufigen Eindruck über die begangenen Verfehlungen verschafft. Ähnliche Wahrnehmungen haben gezielt der Vorsitzende des Sportgerichts und der Abteilungsleiter Recht beim DFB vorgenommen. Ein schnelles Vorgehen montags setzt voraus, dass die drei Verfahrensbeteiligten auf DFB-Seite auf dem gleichen Kenntnisstand über die Taten, die zu Feldverweisen führten, sind. Böse Zungen bezichtigen die Beobachter am Wochenende des Voyeurismus. Wenn dann am Montag der Spielbericht vorliegt, bildet sich der Kontrollausschuss unter dessen Einbeziehung eine verfestigte Meinung über den verwirklichten Tatbestand, wobei insbesondere die Strafhöhe, die verständlicherweise den Spieler am meisten interessiert, nun festzulegen ist.

Rechtsverteidigung des Spielers 10
Parallel zu diesen Verfahrensschritten des Kontrollausschusses bis zur endgültigen Antragstellung – etwa in der Zeit von 10.00 Uhr bis 13.00 Uhr am Montag – besteht für Spieler, was nicht ausdrücklich in § 15 RuVO erwähnt ist, aber als selbstverständlich aus dem Grundsatz des rechtlichen Gehörs (Art. 103 (2) GG) und aus Art. 6 Abs. 3 c MRK – dem Recht auf konkrete und wirkliche Verteidigung – folgt, die Möglichkeit, in einem eigenen Schriftsatz oder in einem solchen seines Vereins oder Verteidigers zu dem im Spielbericht geschilderten Vorwurf sich in tatsächlicher und rechtlicher Hinsicht schriftlich zu äußern. Oft findet in dieser Phase auch ein Rechtsgespräch am Telefon zwischen Verteidigung und Anklageeinstanz – manchmal auch unter Einschaltung des Gerichts – statt. Wegen des möglichen Ergebnisses in Richtung auf den sog. „Deal im Strafverfahren" wird am Ende der Kommentierung zu § 15 (Rn. 17) zurückzukommen sein.

Erhebung der Anklage 11
Nach diesem Zwischenverfahren folgt bei einem Feldverweis in Meisterschafts- und Vereinspokalspielen auf DFB-Ebene die Erhebung der Anklage seitens des Kontrollausschusses beim Einzelrichter bis 14.00 Uhr des dem Spieltag folgenden Werktags, wobei er einen genau umschriebenen schriftlichen Antrag stellt. Das Ergebnis des zuvor dazu eingeholten

Einverständnisses oder Nichteinverständnisses ist zur Klarstellung mitzuteilen. Der Strafantrag und die Erklärung des Spielers sind gleichzeitig dem Verein des Betroffenen mitzuteilen.

12 Reaktionsmöglichkeiten des Einzelrichters

Bei Einverständnis des Einzelrichters mit dem Antrag hat dieser ihm zu entsprechen, es sei denn, grundsätzliche Bedenken stehen entgegen;

- bei fehlendem Einvernehmen soll die Entscheidung des Einzelrichters bis 10.00 Uhr des folgenden Werktags ergehen. Sie kann vom Antrag des Kontrollausschusses abweichen, jedoch diesen **nicht verschärfen**;
- in Fällen grundsätzlicher Bedeutung ordnet der Einzelrichter eine mündliche Verhandlung an: dies geschieht bei bisher nicht entschiedenen Rechtsfragen von Bedeutung oder bei großem Interesse der Öffentlichkeit an dem Fall;
- gegen die Entscheidung des Einzelrichters kann die mündliche Verhandlung beantragt werden, und zwar vom Kontrollausschuss bzw. Spieler/Lizenzverein, falls der Einzelrichter von deren Anträgen abgewichen ist, also **Beschwer** des Rechtsmittelführers gegeben ist. Die Beschwerdefrist beträgt 24 Stunden nach dem Zugang der Entscheidung – § 15 Nr. 4 RuVO.

13 Rechtsbehelf

Es ist also im Fußballrecht ein Rechtsbehelf eigener Art für die Verfahrensbeteiligten – Beschwer vorausgesetzt – eröffnet, was in der MRK (Art. 13) nicht als **originäres Recht** vorgesehen ist (s. aber Anrufung der Kommission nach Art. 25 MRK).

14 Sonstige Verfahren

Das besondere Beschleunigungsgebot (§ 15 Nr. 2 und 3 RuVO) gilt nicht für **alle anderen Verfahren**: so nicht gegen Spieler nach Freundschaftsspielen sowie Verfahren gegen alle anderen denkbaren Beteiligten. Hier ist der Betroffene unter Bestimmung einer kurzen, d. h. aber den Umständen nach angemessenen, jedenfalls knapp bemessenen Frist zur Stellungnahme unter Übermittlung der Anklage mit Strafantrag aufzufordern.

Auch in dieser Verfahrensart gestaltet sich der weitere Ablauf der Streitsache **entsprechend** den Nummern 2 bis 4 des § 15 RuVO.

15 Beschleunigungsgebot

Es kann als Überschrift für die Nummern 1 bis 4 des § 15 RuVO gelten. Die hierfür als Vorbild gewählte europäische Konventionsvorschrift des Art. 6 MRK umschreibt die Beschleunigung mit den knappen Worten auf Aburteilung „binnen angemessener Frist" (Art. 6 Abs. 1 Satz 1, 5 Abs. 3 Satz 2 MRK). Die Umstände des Falles bestimmen „die angemessene Frist", wobei der Umfang und die Schwierigkeit des Verfahrens, die Art der Ermittlungen (z. B. Sachverständigengutachten in Dopingverfahren, Vernehmung im Ausland) zu berücksichtigen sind. Bei Verfahren mit Fernsehbeweis ist in der Regel ein besonderes Beschleunigungsmittel vorhanden. Im staatlichen Recht eröffnet die Verletzung des Beschleunigungsgebots kein Verfahrenshindernis[333], und zwar auch nicht in Extremfällen. Zwar sei ein Anspruch des Betroffenen auf ein rechtsstaatliches und faires Verfahren (Art. 2 (1) in Verbindung mit Art. 20 (3) GG) verletzt[334], daran knüpfe der staatliche Gesetzgeber jedoch keine Rechtfolgen, etwa die der Verfahrenseinstellung; allenfalls könne bei zu missbilligender Verfahrensweise eine Berücksichtigung bei der Strafzumessung stattfinden oder bei einem Gnadenerweis Rechnung getragen werden.

---

333 BGHSt 21, 81; 27, 274.   334 BVerfG, NJW 1984, 967.

Fußballspezifische Beschleunigung　　　　　　　　　　16

Die im staatlichen Recht geschichtlich seit dem Reichskammergericht verschriene „lange Richterbank" ist beim Fußballstrafrecht keine „Krankheit". Im Gegenteil werden die wie z. B. in § 15 Nrn. 3 und 4 angesprochenen Fristen sogar in Stunden bemessen, was manchmal als Trend zur Überbeschleunigung kritisiert wird. Fast ganz überwiegend wird aber das beschleunigte Verfahren beim DFB bei Feldverweisen sehr gelobt. Im Sport besteht nämlich ein erhöhtes Bedürfnis für zeitnahen Verfahrensabschluss, sodass die sportlichen Ergebnisse oder Tabellen nicht erst nach Wochen oder gar Monaten feststehen. Aus diesem Gesichtspunkt geboren, wird teils die Rechtssicherheit sogar der Gerechtigkeit vorgezogen. So werden, wie zu § 10 Abs. 3 und 4 RuVO dargelegt, nach Abschluss einer Meisterschaftsrunde oder nach Austragung der nächsten Pokalrunde Ergebniskorrekturen gänzlich ausgeschlossen. Rechtsklarheit in Form von Tabellenaktualität und -genauigkeit wird in den Vordergrund gestellt, damit ein Verein bei einer Begegnung weiß, was er tun muss, um den erstrebten Aufstiegs- und/oder Qualifikationsplatz zu erreichen oder von einem Abstiegsplatz wegzukommen. Die Gerechtigkeit kann dabei durchaus im Einzelfall zurücktreten müssen, was augenscheinlich wird beim Ausschluss der Wiedereinsetzung in Einspruchsverfahren (§ 16 Nr. 12 RuVO).

Aufgrund der Erfahrungen eines staatlichen Richters bleibt aber sehr wohl darauf zu achten, dass dem Sport nicht ein „kurzer Prozess" dienlich ist, sehr wohl aber ein kurzes Verfahren. *„Der schnelle Rechtsfrieden ist ein hohes Gut"* (*Robert Weise*, DFB-Abteilungsleiter), wobei er auf wichtiges Handwerkszeug im Büro der Rechtsabteilung wie Computer mit Internet-Anbindung, TV-Geräte inklusive Abspielmöglichkeiten für Video und DVD, aber auch ein klassisches Strafarchiv in Holzkarteikästen zurückgreift.

Konsensualverfahren　　　　　　　　　　17

Ebenso wenig wie in der RuVO ist auch im staatlichen Strafprozess eine neu geschaffene Verfahrensweise ausdrücklich angesprochen und beschrieben, die sich gerade im Fußballstrafverfahren als geeigneter Weg zur Gestaltung eines Fair Trial anbietet.

Während des Ermittlungsverfahrens nach der StPO bzw. parallel zur Hauptverhandlung wird seit einiger Zeit ein **Konsens** über die Strafrechtssanktionen zwischen Gericht, Verteidigung und Staatsanwaltschaft angesteuert. Zwar werden insoweit Bedenken gegen diesen „Handel mit der Gerechtigkeit" vielerorts geäußert. Dabei ist sicherlich einzuräumen, dass das deutsche Strafprozessrecht von Grund auf vergleichsfeindlich ausgestaltet ist – ebenso die RuVO. Das Bundesverfassungsgericht[335] hält solche Absprachen aber nicht grundsätzlich für unzulässig, stellt jedoch rechtsstaatliche Schranken dafür auf. Der Bundesgerichtshof in Strafsachen[336] hat eine solche Verfahrensweise akzeptiert, aber für diese Praxis Grenzen und Schranken entwickelt, wobei die einzelnen Schritte der Verständigung unter den verschiedenen Strafsenaten und auch in der Praxis der Instanzgerichte unterschiedlich sind. Die abwertende Bezeichnung „Deal im Strafverfahren" soll sich auf unzulässige Absprachen beziehen. Die Einigungsvoraussetzungen, die sich insbesondere auf die Wirkungen eines zugesagten Geständnisses beziehen, sind auf das Sportstrafverfahren nicht alle übertragbar. Nachdem der Große Senat des BGH[337] die Vorgaben für eine solche Praxis nochmals festgeschrieben hat, kann man daraus auf das Fußballstrafverfahren ein eigenständiges konsensuales Verfahren **neben** dem „streitigen Verfahren" mit einigem Recht übertragen und es dort handhaben:

335　NJW 1987, 2662.
336　BGHSt 43, 195.

337　NJW 2005, 1440.

Das Verfahren vor dem DFB-Sportgericht

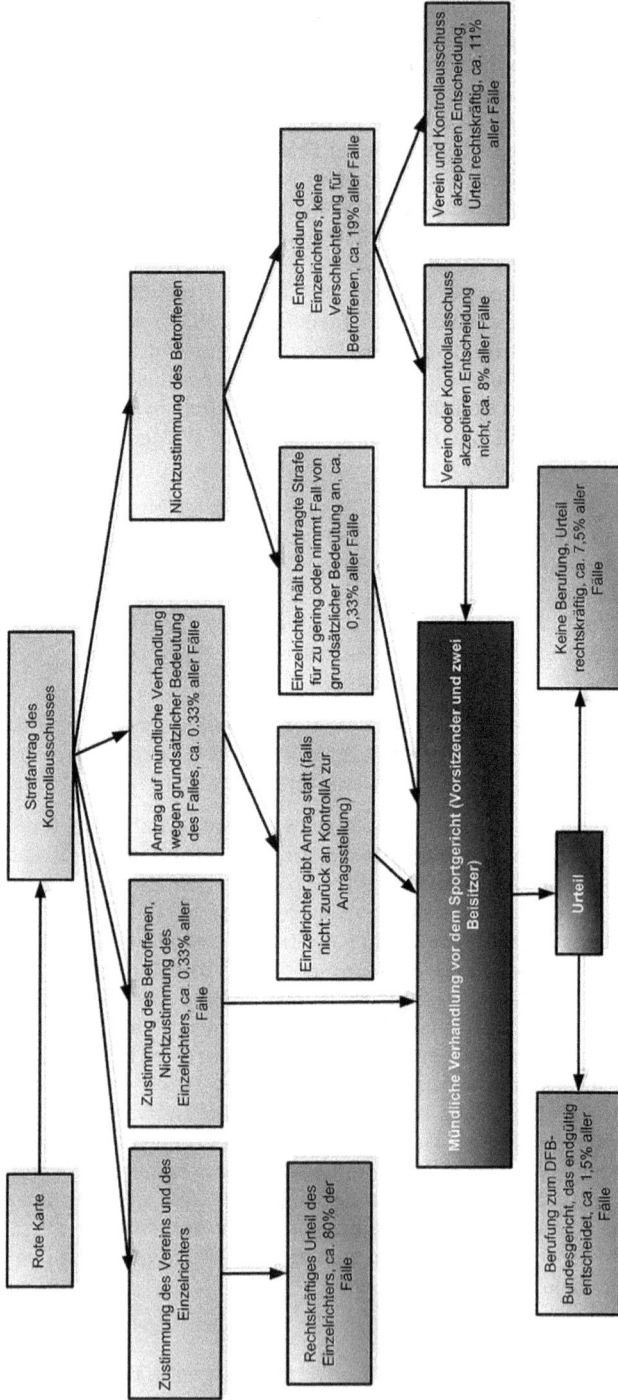

Rote Karte

Strafantrag des Kontrollausschusses

Nichtzustimmung des Betroffenen

Zustimmung des Betroffenen, Nichtzustimmung des Einzelrichters, ca. 0,33% aller Fälle

Antrag auf mündliche Verhandlung wegen grundsätzlicher Bedeutung des Falles, ca. 0,33% aller Fälle

Zustimmung des Vereins und des Einzelrichters

Rechtskräftiges Urteil des Einzelrichters, ca. 80% der Fälle

Einzelrichter gibt Antrag statt (falls nicht: zurück an KontrollA zur Antragsstellung)

Einzelrichter hält beantragte Strafe für zu gering oder nimmt Fall von grundsätzlicher Bedeutung an, ca. 0,33% aller Fälle

Entscheidung des Einzelrichters, keine Verschlechterung für Betroffenen, ca. 19% aller Fälle

Verein und Kontrollausschuss akzeptieren Entscheidung, Urteil rechtskräftig, ca. 11% aller Fälle

Verein oder Kontrollausschuss akzeptieren Entscheidung nicht, ca. 8% aller Fälle

Mündliche Verhandlung vor dem Sportgericht (Vorsitzender und zwei Beisitzer)

Urteil

Keine Berufung, Urteil rechtskräftig, ca. 7,5% aller Fälle

Berufung zum DFB-Bundesgericht, das endgültig entscheidet, ca. 1,5% aller Fälle

Nach Feldverweisen im Fußball sollten solche Annäherungsbestrebungen, wenn sie auf beiden Seiten von dem Fair-Play-Gedanken geleitet werden, nicht ausgeschlossen werden. Solche Absprachen können in einem frühen Verfahrensstadium Rechtssicherheit gewährleisten für den Spieler, dessen Verein und den Trainer, der die Trainingsausrichtung auf die Länge der Sperre abstellen kann. Wenn im Strafprozess die Verständigung sich inzwischen als „strafprozessuales Faktum"[338] insbesondere zur Bewältigung von zeitraubenden Großverfahren erwiesen hat, wird auch in den Verfahren des DFB eine frühe Annäherung hinsichtlich der Strafhöhe zwischen Kontrollausschuss und Verteidigung mit Billigung des Gerichts als segensreich erachtet, wobei ein gewisser „Strafrabatt" als Gegenleistung für den frühzeitigen Verfahrensabschluss nicht versagt bleibt. Der Begriff „Deal" passt hierfür nicht, vielleicht ist der eines „Agreements unter Sportlern!" angebracht. Zu meiner Zeit als Kontrollausschussvorsitzender sind eine Reihe von Feldverweisen auf diesem Weg abgeschlossen worden, wobei die Konsenshöhe zwischen kundigen Sportstrafverteidigern und „Chefankläger" keiner längeren Diskussion bedurfte, weil jeder wusste, „woran er war".

§16 RuVO
Allgemeine Verfahrensvorschriften

Für die Verhandlung und Entscheidung durch die DFB-Rechtsorgane gelten folgende Bestimmungen:

1. Entscheidungen des Sportgerichts in der Besetzung mit drei Richtern und Entscheidungen des Bundesgerichts ergehen aufgrund mündlicher Verhandlung.

   Im Einverständnis aller Beteiligten sowie bei der Entscheidung über Rechtsfragen bei unstreitigem Sachverhalt kann auf Anordnung des Vorsitzenden ohne mündliche Verhandlung entschieden werden.

2. Teilt eine Partei einen triftigen Grund für ihr Nichterscheinen mit, so kann nach dem Ermessen des Gerichts dennoch die Verhandlung durchgeführt werden, wenn dies zwingend geboten ist. Die Entscheidung kann auch in einem neu anzuberaumenden Termin oder durch Zustellung des Urteilstenors an die Parteien erfolgen.

3. Der Vorsitzende bestimmt den Termin zur mündlichen Verhandlung und verfügt die Ladungen. Zu laden sind die Parteien, Zeugen und die Sachverständigen. Die Ladungen sollen dem zu Ladenden 48 Stunden vor der Verhandlung zugehen. Bei Nichterscheinen zu einer mündlichen Verhandlung kann eine Ordnungsstrafe nach § 20 verhängt werden.

4. Die Verhandlungen der Rechtsorgane sind öffentlich für Zuhörer, die den Vereinen der Mitgliedsverbände des DFB oder einem Vertretungs- oder Kontrollorgan einer Tochtergesellschaft angehören. Medienvertreter können zugelassen werden. Während der mündlichen Verhandlung sind Film- und Tonaufnahmen mit Ausnahme der Verkündung des Urteilstenors nicht zulässig. In Ausnahme-

---

338 *Meyer-Goßner,* aaO., Einleitung 119 e.

fällen kann die Öffentlichkeit durch Beschluss des Rechtsorgans ausgeschlossen werden.

5. Für eine Partei sind höchstens zwei Vertreter zugelassen. Für die Vertretung ist schriftliche Vollmacht erforderlich. Mitglieder von Rechtsorganen des DFB sind als Vertreter nicht zugelassen.

6. Der Vorsitzende leitet die Verhandlung. Er gibt nach der Eröffnung die Besetzung des Gerichts bekannt und stellt die Anwesenheit fest. Er ermahnt die Zeugen zur Wahrheit und entlässt sie bis zu ihrer Vernehmung aus dem Verhandlungsraum. Er vernimmt anschließend die Parteien und Zeugen und führt die sonstigen Beweismittel ein. Zeugen können bei Vorliegen besonderer Umstände auch schriftlich oder vorab durch den Vorsitzenden oder ein von ihm beauftragtes Mitglied des Sportgerichts befragt werden. Das Vernehmungsergebnis ist in die mündliche Verhandlung einzuführen. Es kann auch eine telefonische Befragung während der Verhandlung vorgenommen werden.

Die Verfahrensbeteiligten können Fragen stellen. Die Beschuldigten und die Parteien haben das Schlusswort.

Über die Verhandlung ist ein Kurzprotokoll zu führen.

7. Die Urteilsberatung ist geheim und unterliegt der Verschwiegenheitspflicht. An der Beratung dürfen nur die in dem Einzelfall beschließenden Mitglieder des Rechtsorgans sowie mit Erlaubnis des Vorsitzenden dem DFB zur Ausbildung zugewiesene Rechtsreferendare oder Praktikanten teilnehmen. Stimmenthaltung ist unzulässig. Bei Stimmengleichheit gibt die Stimme des Vorsitzenden den Ausschlag. Bei Abstimmungen über Schuld- und Straffragen ist jedoch eine Mehrheit erforderlich.

In Verfahren, in denen sowohl gegen Vereine, Lizenzspieler und Vereinsmitglieder bzw. Tochtergesellschaften als auch gegen Trainer und Junioren verhandelt wird und daher die Besetzung der Rechtsorgane nach den entsprechenden Satzungsbestimmungen unterschiedlich sein muss, gilt das Beratungsgeheimnis als gewahrt, wenn alle beteiligten Mitglieder der Rechtsorgane miteinander beraten und bei den zu treffenden Entscheidungen anwesend sind.

Ergeht das Urteil aufgrund mündlicher Verhandlung, ist es von allen beteiligten Sportrichtern, im Übrigen nur vom Vorsitzenden zu unterschreiben.

8. Das Urteil ist außer im Falle von Nr. 2. Satz 2 im Anschluss an die Urteilsberatung vom Vorsitzenden zu verkünden und kurz zu begründen. Außerdem wird es mit der Begründung zugestellt, sofern die Parteien hierauf nicht verzichten. Die Urteilsbegründung ist vom Vorsitzenden zu unterschreiben. Die Verkündung kann entfallen, wenn die Beratung nicht in angemessener Zeit nach Schluss der Verhandlung beendet werden kann oder andere wichtige Gründe dies angezeigt erscheinen lassen; in diesem Fall ist das Urteil zuzustellen.

9. Entscheidungen, die dem Urteil vorausgehen, erfolgen durch Beschluss, der nicht selbstständig angefochten werden kann.

10. Die Verfahrensbeteiligten und Rechtsorgane sind an die Einhaltung von Fristen gebunden. Fristenversäumnis zieht Rechtsverlust eines Antragstellers nach sich.

Alle Verfahrenshandlungen, die an Fristen gebunden und schriftlich einzubringen sind, müssen postalisch, durch Telefax oder durch quittierte Abgabe beim DFB bewirkt werden. Die Verfahrenshandlung gilt am Tage der Aufgabe zur Post als vorgenommen. Der Nachweis über die Einhaltung der Frist wird durch den Aufgabestempel eines Postamtes erbracht. Freistempler reichen zum Nachweis nicht aus.

Soweit Verfahrensgebühren oder andere Zahlungen innerhalb einer Frist zu leisten sind, ist ihre rechtzeitige Absendung ausreichend. Der Nachweis der Rechtzeitigkeit ist durch die Vorlage ordnungsgemäßer Bank- oder Postbelege zu erbringen.

11. Gegen Fristversäumnis kann einem Verfahrensbeteiligten auf seinen Antrag hin Wiedereinsetzung in den vorigen Stand gewährt werden, wenn der Antragsteller durch einen unabwendbaren Zufall an der Einhaltung der Frist verhindert worden ist. Der Antrag ist innerhalb von zwei Wochen nach Wegfall des Hindernisses zu stellen.

12. Gegen eine Versäumung der Einspruchsfrist nach § 17 ist eine Wiedereinsetzung nicht zulässig.

Richterbesetzung 18
(Nr. 1): Wenn nach der RuVO Sport- bzw. Bundesgericht mit mehreren Richtern zu entscheiden haben, ist eine **mündliche Verhandlung** durchzuführen.

Davon kann bei Einverständnis aller Beteiligten sowie bei Entscheidungen über Rechtsfragen, falls der Sachverhalt nicht streitig ist, abgewichen werden und auf Anordnung des Vorsitzenden die schriftliche Verfahrensweise angeordnet werden.

Anwesenheitsrecht des Betroffenen 19
(Nr. 2): Grundsätzlich findet die mündliche Verhandlung in Anwesenheit des Betroffenen statt. Falls dieser einen triftigen Grund (in der Definition anzusiedeln unterhalb einem „wichtigen Grund") angibt, kann er von dem Erscheinen entbunden und nach dem Ermessen des Gerichts die Verhandlung ohne ihn durchgeführt werden, wenn dies nicht zwingend notwendig ist (Gesichtspunkt der Waffen-, Chancengleichheit, des rechtlichen Gehörs). Dabei kann die zu treffende Entscheidung in einem neu anzusetzenden Termin oder durch Zustellung des Urteilstenors erfolgen.

Rechte des Vorsitzenden vor dem Termin 20
(Nr. 3): Die Vorbereitung des Termins obliegt im Wesentlichen dem Vorsitzenden: so die Terminsanberaumung, d. h. die Festsetzung von Ort, Tag und Stunde der mündlichen Verhandlung – aus Gründen der zentralen Lage und damit der besseren Erreichbarkeit findet in Fußballsachen die Verhandlung meistens in Frankfurt in den DFB-Räumen statt. Zu laden sind Parteien, Zeugen, gegebenenfalls Sachverständige, wobei durch Sollvorschrift eine Ladungsfrist von 48 Stunden vorgesehen ist – bei Strafandrohung bei Nichterscheinen.

Mündlichkeit – Öffentlichkeit – Unmittelbarkeit 21
(Nr. 4): Aus dem prozessualen Urrecht „rechtliches Gehör" kann ein Anspruch auf eine **mündliche Verhandlung** abgeleitet werden. Diese ist ausdrücklich in § 15 in den Verfahren ohne Einzelrichter und denen von grundsätzlicher Bedeutung (s. § 15 Nr. 3 Unterabs. 2 RuVO) vorgesehen, außerdem findet in Berufungsverhandlungen grundsätzlich eine mündliche Verhandlung statt.

Im Regelfall ist bei der Beweisaufnahme auch das **Unmittelbarkeitsprinzip** einzuhalten. Nur ausnahmsweise („bei Vorliegen besonderer Umstände") können Zeugen auch außerhalb der Verhandlung vernommen werden.

Gemäß § 16 Nr. 4 RuVO sind die Verhandlungen der Rechtsorgane **öffentlich** für Zuhörer, die einem DFB-Verein angehören. Medienvertreter können nach Satz 2 dieser Vorschrift zugelassen werden, was regelmäßig geschieht. Ähnlich der Praxis bei publikumswirksamen Verfahren bei den staatlichen Gerichten können beiden Personengruppen Platzkarten angeboten und so eine räumlich bedingte Einschränkung vorgenommen werden. Während der mündlichen Verhandlung sind Film- und Tonbandaufnahmen nicht zulässig. § 169 Abs. 2 GVG, der grundsätzlicher Überprüfung durch das Bundesverfassungsgericht in medienwirksamen Verfahren standgehalten hat, erklärt Aufnahmen im Gerichtssaal für unzulässig. Als Konzession für die interessierte Öffentlichkeit kann die **Verkündung des Urteilstenors** auf Bild- und Tonträger aufgenommen werden.

In höchst seltenen Fällen wird beim DFB von der zum Schutz wichtiger Individualinteressen in § 16 Nr. 4 Satz 4 RuVO eröffneten Möglichkeit, dass das Rechtsorgan die Öffentlichkeit ausschließt, Gebrauch gemacht.

22 Vertretung durch Rechtsbeistände
(Nr. 5): Bis zur grundlegenden Neufassung der RuVO zum 30. April 2001 war in § 10 Nr. 5 RuVO a. F. vorgesehen, dass der für den Betroffenen auftretende Beistand Mitglied in einem dem DFB angehörigen Verein sein muss. Eine solche Regelung ist von der höchstrichterlichen staatlichen Rechtsprechung[339] nicht beanstandet worden, da sich ein Vereinsmitglied in vereinsinternen Konfliktfällen selbst mit dem Verein bzw. einem Vereinsorgan interessengemäß auseinandersetzen könne und deshalb seine Vertretung durch einen vereinsfremden Dritten grundsätzlich nicht geboten sei. Eine Ausnahme wurde aus Gründen der Waffengleichheit gemacht, wenn der Verein sich selbst anwaltlich beraten bzw. vertreten ließ; dann stand dem Vereinsmitglied ebenfalls ein Recht auf einen Rechtsbeistand zu. Zwischenzeitlich kann auch ein vereinsfremder Beistand die Verteidigung übernehmen.

Die jetzige Begrenzung auf höchstens zwei Vertreter ist sinnvoll. Einzelvollmacht ist schriftlich vorzulegen. Mitglieder von Rechtsorganen des DFB sind aus Gründen der Neutralität und im Hinblick auf das Ansehen der Strafrechtspflege ausgeschlossen.

23 Gang der Verhandlung
(Nr. 6): Aufgabe des Vorsitzenden in der mündlichen Verhandlung ist grundsätzlich die gesamte Prozessleitung. Er beginnt mit der Bekanntgabe der Besetzung der Richterbank und der Feststellung der Präsenz. Sodann ermahnt er die Zeugen zur Wahrheit und entlässt sie vorläufig aus dem Sitzungssaal. Es folgt die Vernehmung der Parteien und der Zeugen und die Einführung der sonstigen Beweismittel (insbesondere der Inaugenscheinnahme der Videoaufnahme).

In Ausnahmefällen kann die schriftliche Vernehmung von Zeugen bzw. deren telefonische Befragung während der Verhandlung durchgeführt werden – auch per Telefonschaltung. Es besteht ein Recht zu Fragen und Vorhalten an die Zeugen. Die Parteien haben das letzte Wort (Schlusswort). Über die Verhandlung ist ein Protokoll zu führen.

24 Das Beweisverfahren
Insoweit ist die Verfahrensordnung des DFB sicherlich etwas rudimentär ausgestaltet, sodass gleichsam als Einschaltung an dieser Stelle die Probleme dieses Verfahrensabschnitts

---

339 BGH, NJW 1984, 1884 und NJW 1971, 830.

– auch die ungeschriebenen Teile – näher angesprochen werden. Dabei sollen die Verfahrensregeln kommentiert werden, die nicht expressis verbis in der RuVO Erwähnung finden, wie

- die Unschuldsvermutung (a),
- das rechtliche Gehör (b),
- die Beweismittel im Einzelnen (c),
- die freie Beweiswürdigung (d).

a) **Die Unschuldsvermutung**, die für das Vereinsrecht aus Art. 2 (1) GG folgt und nach Art. 6 Abs. 2 MRK gilt, folgt außerdem aus dem Rechtsstaatsprinzip (Art. 20 (2) GG). Sie will verhüten, dass jemand als schuldig behandelt wird, ohne dass ihm in einem gesetzlich geregelten Verfahren seine Schuld nachgewiesen ist. Die Unschuldsvermutung gebietet auch eine unvoreingenommene Behandlung des Betroffenen in Sportstrafverfahren. Sie berührt jedoch nicht die Zulassung von vorläufigen Verfolgungsmaßnahmen – wie die systemimmanente automatische Vorsperre im Fußball – bei entsprechenden Feststellungen durch einen berufenen und sachkundigen Schnellrichter wie den Schiedsrichter auf dem Spielfeld. Sie ist im Rahmen der Vereinsautonomie ($ 25 BGB, Art. 9 (1) GG) gerechtfertigt, da sie verhindert, dass ein des Feldes verwiesener Spieler mit der Wirkung einer Wettbewerbsverzerrung am folgenden Spieltag teilnehmen darf und dabei eventuell entscheidende Tore erzielt oder verhindert. Oben (Teil I, $ 4 RuVO, Rn. 39) ist sie als unbestreitbarer Bestandteil einer lex sportiva des Fußballs für gerichtsfest erklärt worden. Sie widerspricht nicht der Unschuldsvermutung, wie diese auch nicht der Zulässigkeit von Strafverfolgungsmaßnahmen nach der StPO aufgrund bestimmten Verdachts (vorläufige Festnahme, Untersuchungshaft) entgegensteht. Die Vermutung der Unschuld endet schließlich mit der Rechtskraft der Entscheidung.

Der für das staatliche Verfahren aus der Unschuldsvermutung abzuleitende Grundsatz **in dubio pro reo** bedeutet, dass für den Fall, dass das Gericht nicht die volle Überzeugungskraft von der Täterschaft des Betroffenen gewinnt, die diesem günstigste Rechtsfolge eintreten muss. Er gilt nicht für die Disziplinarstrafen des Vereinsrechts, die zum Zivilrecht gehören und klar von strafrechtlichen Sanktionen abzugrenzen sind[340]. Dort herrschen die Grundsätze der Beweislast, die aber im Ergebnis nichts anderes ergeben, als dass bei bestehen bleibenden Zweifeln an der Schuld des vom Feld gestellten Spielers der beweispflichtige Verband nicht auf einer Sperre bestehen kann.

b) **Rechtliches Gehör:** Ein Unterfall dieses verfahrensmäßigen Grundrechts (Art. 103 (1) GG) ist in $ 16 Nr. 6 Abs. 2 RuVO geregelt, wonach die Verfahrensbeteiligten Fragen stellen können und, damit ihr Standpunkt bis in die Beratung nachdrücklich wirkt, das **Schlusswort** haben.

Das rechtliche Gehör ist nach BGH[341] ein Gebot der natürlichen Gerechtigkeit, das dem Betroffenen seine Verteidigung ermöglicht. Die erste Voraussetzung hierfür ist die umfassende Information über den Verfahrensgegenstand ($ 14 RuVO), die bei Feldverweisen durch die Aushändigung des Spielberichts bzw. der Anklageschrift des Kontrollausschusses geschieht.

Während des Verfahrens werden, wenn eine Veränderung des rechtlichen Gesichtspunkts eintreten sollte, dem Betroffenen vom Vorsitzenden entsprechend dem Rechtsgedanken des $ 265 StPO veränderte tatsächliche und rechtliche Umstände bekannt gegeben. In der

---

340 Siehe oben Teil I, $ 2 Rn. 16.   **341** BGHZ 29, 355.

mündlichen Verhandlung kann eine zeitweise Aussetzung des Verfahrens zur entsprechenden Einstellung der Verteidigung erfolgen.

c) Richter und Anklagevertreter in DFB-Verfahren haben wichtige staatliche Grundsätze aus ihrer beruflichen Tätigkeit verinnerlicht und wenden sie, falls sie wesentlich zu einem fairen Verfahren beitragen, mehr oder weniger routinemäßig als selbstverständlich an. Dazu gehört auch, dass eine Reaktion auf eine **Gegenvorstellung** des Betroffenen erfolgt. Wenn eine sportgerichtliche Entscheidung unsachgemäß ist und insbesondere, wenn ein prozessuales Unrecht geschehen ist, kann ein fehlerhafter Verfahrensabschnitt auf diesem Weg widerrufen bzw. wiederholt werden.

d) **Gang der Beweisführung:** Die mündliche Verhandlung hat den Verfahrensgegenstand herauszuarbeiten und festzustellen sowie in rechtlicher Hinsicht abschließend zu würdigen. Eine Unterscheidung in Streng- und Freibeweis kennt die RuVO dabei nicht. Ihr zentrales Anliegen ist die Ermittlung des wahren Sachverhalts, der dem Urteil zugrunde liegt. Den Umfang des Verfahrensgangs bestimmt das Gericht, wozu die Verfahrensbeteiligten mit beitragen können, indem sie gegebenenfalls Beweisanträge stellen. Grundregel im Zivilverfahren ist: Jede Partei trägt die Behauptungs- und Beweislast dafür, dass der Tatbestand der ihr günstigen Rechtsnorm erfüllt ist. Bei Feldverweis ist es das Anliegen des Spielers, zu verhindern, dass sich eine Überzeugung über das Vorliegen der Gründe des Feldverweises herausbildet; ist dies nicht der Fall, so ist er freizusprechen.

Als zentrale Vorschrift kann als Anleihe für die Beweisaufnahme im Sportstrafverfahren der § 244 StPO herangezogen werden, der nach der Rechtsprechung des BGH auch in Zivilsachen entsprechend gilt[342]. Nach dessen Abs. 2 hat das Gericht zur Erforschung der Wahrheit die Beweisaufnahme von Amts wegen auf alle Tatsachen und Beweismittel zu erstrecken, die für die Entscheidung von Bedeutung sind. Hinsichtlich der Ablehnung der Beweisanträge der Verfahrensbeteiligten gelten auch im Zivilprozessrecht die klassischen Gründe des § 244 Abs. 3 und 4 StPO (Verbot der Beweisantizipation, Unzulässigkeit, Offenkundigkeit, Bedeutungslosigkeit, Erwiesensein der Beweistatsache, völlige Ungeeignetheit des Beweismittels, Unerreichbarkeit, Verschleppungsabsicht).

e) **Freie Beweiswürdigung:** Spezielle Vorschriften über die Beweisaufnahme und den Abschluss derselben enthält die RuVO nicht, sodass gemäß den Grundregeln der §§ 286 ZPO, 261 StPO der Inhalt (der Inbegriff) der Verhandlung auch **nach der freien Überzeugung des Gerichts** zu ermitteln ist. Ein Sachverhalt ist danach erwiesen, wenn das Entscheidungsgremium von seiner Wahrheit überzeugt ist. Hierfür genügt, da eine absolute Gewissheit nicht zu erreichen und jede Möglichkeit des Gegenteils nie auszuschließen ist, ein für das praktische Leben brauchbarer Grad von Gewissheit[343]. Die Rechtsprechung umschreibt diese Sicherheit mit einem für einen vernünftigen, die Lebensverhältnisse klar überschauenden Menschen so hohen Grad von Wahrscheinlichkeit, dass den Zweifeln Einheit geboten ist, ohne sie richtig auszuschießen[344]. Das Gericht kann dabei die einzelnen Beweismittel unter Berücksichtigung der ihnen eigenen Fehlerquellen[345] beurteilen, die Zeugenaussagen würdigen und Schlüsse aus Indizien ziehen. Der Beweis muss mit lückenlosen, nachvollziehbaren, logischen Argumenten geführt werden. Das Ergebnis ist die **„persönliche Gewissheit"** des Richters, der im Sinne der Beweisregeln der ZPO den Nachweis der Schuld des Betroffenen als geführt ansehen lässt. Da auch im staatlichen Recht das Prinzip der gesetzlichen Beweisregeln längst abgelöst ist, gibt es weder im

---

342 BGHZ 53, 245, 259 = NJW 1970, 946.   **344** BGHZ 53, 245, 256.
343 BGH, NJW 1993, 935.   **345** BGH, NJW 1998, 2279.

staatlichen noch im Fußballrecht Vorschriften, die besagen, unter welchen Voraussetzungen der Richter eine Tatsache für bewiesen (wahr) bzw. für nicht bewiesen (nicht wahr) zu halten hat – es gilt vielmehr der Grundsatz der **freien Beweiswürdigung**. Die persönliche **Gewissheit** des Richters ist für die Entscheidung notwendig, es genügt nicht eine bloße Wahrscheinlichkeit. Dabei braucht der Richter nicht eine von allen Zweifeln freie Überzeugung zu gewinnen, was eine Überziehung der Anforderungen darstellen würde. Auch wenn andere Personen Zweifel und eine andere Auffassung erlangt haben würden, ist dies nicht maßgeblich. Die häufig gebrauchte Formulierung, dass eine an Sicherheit grenzende Wahrscheinlichkeit genügt, ist ungenau: Der BGH[346] formuliert in der *Anastasia*-Entscheidung: *„Der Richter darf und muss sich in tatsächlich zweifelhaften Fällen mit einem für das praktische Leben brauchbaren Grad von Gewissheit begnügen, der den Zweifeln Schweigen gebietet, ohne sie völlig auszuschließen."*

Zu diesem Überzeugungsbild bietet die ZPO – anstelle der insoweit schweigenden RuVO – im Zweiten Buch, 1. Abschnitt in den Titeln fünf bis elf (§§ 355 bis 477 ZPO) Vorschriften für die Beweisaufnahme (§§ 355 bis 370 ZPO) an und stellt vier auf das Fußballverfahren übertragbare Beweisarten zur Verfügung:

- den Beweis durch Augenschein,
- den Zeugenbeweis,
- den Beweis durch Sachverständige,
- den Beweis durch Urkunden.

aa) **Beweis durch Augenschein – „Videobeweis":** Es ist im staatlichen Verfahren ein seltener Fall, den sich der Richter dort wünscht, nämlich, dass er das Geschehen, das er zu beurteilen hat, in seinen Augenschein nehmen kann (§ 371 ZPO). Filme, Videoaufnahmen und Lichtbilder sind Gegenstände der Inaugenscheinnahme; das sind technische Beweismittel, die den menschlichen Beweismitteln in vielen Fällen überlegen sind. Bevor die Fernsehaufnahmen vom Sportgericht eingesehen werden, ist sicherzustellen, dass an diesen keine Manipulation durch interessierte Kreise vorgenommen ist, was bei Betrachtung der Bildfolge unter Heranziehung von anderem Filmmaterial über das gleiche Spiel unschwer festzustellen ist.

bb) **„Fernsehbeweis":** Seit Beginn der 70er Jahre hat die Fernsehaufnahme Einzug in den „Fußballgerichtssaal" gehalten. Nach anfänglichen Bedenken hinsichtlich des Beweiswerts des Mediums ohne dritte Dimension, ferner Einwänden wegen möglicher Manipulation („Gefahr des Kumpeljournalismus") und allzu menschlichen Bedenken gegen die Allmacht der Technik wurden die Geburtswehen nach und nach überwunden. Der DFB hat als erster international bedeutsamer Verband 1978/79 endgültig den Rubikon zur uneingeschränkten Wahrheitsfindung in Fußballstrafverfahren überschritten[347].

Als letzte der Gegner des Fernsehbeweises wurden verbandsintern die Spitzenschiedsrichter überzeugt, die – zum eigenen Schutz vor der Aufdeckung von Fehlentscheidungen – das fadenscheinige Argument von dem Verstoß gegen den Gleichheitssatz anführten: Es sei ungerecht, dass ein Spieler in einem vom Fernsehen aufgenommenen Spiel freigesprochen werde, während ein anderer Spieler die Chance der Widerlegung der Schiedsrichteraussage mangels Fernsehens im Stadion nicht habe. Auf Fortbildungsveranstaltungen bei Schiedsrichtern habe ich diesem Einwand entgegengehalten, man möge an den Bankräuber denken, der von der Videokamera im Kassenraum abgebildet wird; dieser könne vor dem Strafrichter nicht auf den unentdeckten „Kollegen" in Bankräumen **ohne** Kameras verweisen.

---

346 NJW 1970, 946, 948. 347 *Hilpert*, aaO., WFV Nr. 38, 25, 26.

Die Zulässigkeit eines Beweismittels im Einzelfall kann nicht davon abhängen, ob ein anderer Beschuldigter eine ähnliche Chance wegen Fehlens der Technik zufällig nicht hat.

Natürlich ist aber weiter der Gesichtspunkt des Berührens der Autorität des Schiedsrichters nicht von der Hand zu weisen, der früher der unumschränkte Kronzeuge im Sportgerichtssaal gewesen ist. Man ist sich seitens der Sportjuristen – die DFB-Gerichte betonen dies immer wieder bei der Vorführung von Videoaufnahmen – im Klaren, dass an die physischen und psychischen Fähigkeiten des Schiedsrichters im Hexenkessel eines Fußballstadions höchste Anforderungen zu stellen sind und sich Fehlbeobachtungen nicht ausschließen lassen. In einer Stresssituation hat der Schiedsrichter binnen Sekundenschnelle zu beobachten (wie ein Polizist), zu bewerten (wie ein Staatsanwalt), zu entscheiden (wie ein Richter) und auch noch zu vollstrecken (wie ein Justizbeamter). Die Fernsehkamera steht ihm dabei **nicht** zur Vergewisserung zur Verfügung. Wer es beim ersten (einzigen) Mal nicht gesehen hat, hat keine zweite, dritte Chance mit Hilfe einer „Zeitmaschine", die in Slow Motion oder Super Slow Motion eine Reproduktion der Vorgänge ermöglicht. Deshalb darf der Schiedsrichter subjektiv sehen und dabei irren, da Irren menschlich ist. Seine Autorität verliert er bei „Widerlegung" im Gerichtssaal keineswegs, er gewinnt und bewahrt diese durch sein Auftreten auf dem Spielfeld und danach. Deshalb gebietet zumindest für das Disziplinarverfahren das Gebot der Gerechtigkeit, das dem Geist des Sports immanent ist, die Verwertung **aller** zur Verfügung stehenden Beweismittel einschließlich des Fernsehbildes. Einem Beweismittelverbot kann man deshalb nicht die Sprache reden, allenfalls in Nichtdisziplinarfällen einem Beweisthemenverbot.

Seit der Weltmeisterschaft 1994 in den USA ist die Fernsehaufnahme auch im Sportgerichtsverfahren über Strafen gegen Spieler die ständige Praxis der FIFA. Sie darf aber – wie es weltweit Konsens ist – nie Korrektor oder gar Oberschiedsrichter sein, sondern ein Hilfsmittel für das Sportgericht und nach den Vorstellungen der FIFA als Ultima Ratio in Disziplinarverfahren herangezogen werden.

Aber auch der Fernsehfilm kann „irren". Im Gerichtssaal beim DFB kann man hin und wieder erleben, dass nach dem zunächst vorgeführten Bild eine klare Tätlichkeit eines Spielers erwiesen zu sein scheint; unverhofft zeigt sodann ein von dritter Seite aufgenommener Film aus einer völlig anderen Kameraperspektive, dass der Gegner nicht einmal annähernd berührt worden ist, sodass allenfalls eine Verurteilung wegen versuchter Tätlichkeit möglich ist.

Mit der FIFA gehen deren Verbände konform, wenn sie deren Festlegung[348] folgen: „*Audiovisuelle Beweismittel dürfen ausschließlich als ergänzende Beweismittel in Disziplinarverfahren verwendet werden.*"

Anlässlich des *Hoyzer*-Verfahrens fragte der DFB beim Weltfußballverband an, ob nicht im Rahmen eines Ermittlungsverfahrens eine Nutzung des Fernsehens dann zulässig sein kann, wenn eine **vorsätzliche Spielmanipulation** durch den Schiedsrichter erfolgt ist. Der Generalsekretär der FIFA *Urs Linsi* antwortete am 4. März 2005, dass bei Spielmanipulationen durch den Schiedsrichter die Fehlentscheidungen offensichtlich seien. Sie seien von diesem willentlich herbeigeführt. Allein aus diesem Grund erhebe die FIFA in den beschriebenen Fällen „*keine Einwände, TV-Bilder als echte Beweismittel heranzuziehen*". Es heißt weiter wörtlich:

---

348   Zirkulare Nr. 499 und 546.

„... im Gegenteil. Wir erachten es als eine Notwendigkeit, mit Hilfe des Videobeweises Spielmanipulationen und damit einhergehenden gewollt verursachten Fehlentscheidungen konsequent entgegenzutreten, um gegen die betroffenen Schiedsrichter zu ermitteln wie auch um einen manipulierten Spielausgang in das richtige Licht zu rücken (z. B. durch Spielwiederholung)."

cc) Der Einsatz des Fernsehbeweises steht somit zumindest in Disziplinarverfahren außer Streit. Wenn demnach mit Hilfe eines „**technischen Beweismittels**" in der DFB-Gerichtsbarkeit ein erfreulicher Schritt in Richtung zur materiellen Gerechtigkeit eröffnet ist, bleibt zu fragen, ob auch andere technische Beweismittel bei den richterlichen Entscheidungen im Fußballrecht eine wertvolle Hilfe sein können. Dabei wird seit jeher manchmal händeringend bei der Entscheidung des „Richters auf dem Spielfeld" eine Unterstützung erbeten bei der Lösung der Frage, ob der Ball hinter, auf oder vor der Torlinie war, sowie ob eine Abseitsstellung gegeben war oder nicht. Vor der Gefahr eines vorschnellen Handelns auf dem verschrienen Weg zum elektronischen Oberschiedsrichter schützt jedoch eine uralte FIFA-Institution: Die Änderung der Spielregeln, wozu auch die Einsetzung des Chips im Ball oder die Installation der Torkamera gehören, sind die Domäne des International Football Association Board (IFAB), der alljährlich im Frühjahr zur Diskussion eventueller Regeländerungen zusammentritt. Interessanterweise besteht er aus vier Vertretern der FIFA und vier Vertretern der britischen Verbände England, Schottland, Wales und Nordirland – eine Anerkennung der historischen Verdienste von Old England um den Weltfußball. Eine Dreiviertelmehrheit (d. h. sechs der acht Stimmen) ist für die Annahme eines Punktes nötig. Unschwer lässt sich aus dieser Konstruktion und angesichts der sicherlich nicht zu avantgardistischen Schritten neigenden Menschen von der Insel ableiten, dass zwar durchaus einige Neuerungen in den letzten Jahrzehnten eingeführt worden sind, dass aber dennoch eine zögend-fortschrittliche Grundhaltung vorherrscht. Diese Kontinuität soll nach allgemeiner Auffassung Garant für die Beliebtheit des Fußballs als Weltsportart Nr. 1 sein.

Die FIFA und ihre Gremien haben bisher weltweit bei anderen Sportarten (Eishockey, Basketball, American Football, Baseball) Erkundigungen über deren Erfahrungen mit dem Einsatz von technischen Beweismitteln (Torkamera im Eishockey, Virtual-Replay, bei dem jede Spielszene in eine dreidimensionale computergesteuerte Grafik verwandelt wird, Cairos-System, das Hawk-Eye [Falkenauge] beim Tennis) eingeholt, die aber keineswegs immer positiv waren. Die FIFA hat selbst in Nachwuchswettbewerben Tests mit Torkameras und Chips im Ball angestellt, die zum Teil abstruse Resultate ergaben (so zeigte der Computer zehn Tore an, wobei der Feldrichter eines gegeben hatte). Die Fehlerquelle war teilweise höher als bei einem durchschnittlichen Kreisklassenschiedsrichter. Zudem ergab sich die Möglichkeit, dass das Gerät von einem Dritten von außerhalb auf ein von diesem gewünschtes Ergebnis manipuliert werden konnte, was absolut ausgeschaltet werden muss. Als Zwischenergebnis kam man zu der Erkenntnis, dass eine Fehlentscheidung des Schiedsrichters – weil menschlich – hinzunehmen ist, ein Fehler der Technik aber schier unerträglich ist. Schwächen des Schiedsrichters sind mit dem Gedanken des Fair Play, der lehrt, auch Unrecht hinzunehmen, zu ertragen, zumal im Saldo wohl die Lebensweisheit von *Sepp Herberger „In einer Saison gleicht sich vieles aus"* ihre Berechtigung hat und Trost spendet. Auf der Grundlage dieser Erfahrungen hat der IFAB auf seiner Versammlung am 3. März 2007 noch kein System, das die **Torerzielung** überwachen soll, zugelassen, sondern in kluger Voraussicht zunächst einmal vier Voraussetzungen aufgestellt, die erfüllt sein müssen, bevor eine Genehmigung durch die FIFA erteilt werden könnte:

- die Technologie darf sich nur auf die **Torlinie** erstrecken,
- das System muss zu **100%** fehlerfrei und genau arbeiten,

- dem **Schiedsrichter** muss sofort und ohne Verzögerung das Befund-Tor oder Nichttor übermittelt werden,
- das Signal darf ausschließlich an **Offizielle** mitgeteilt werden.

Diese Vorgaben beinhalten, dass der Fußball es nicht zulässt, dass das im Fluss befindliche Spiel zur Umsetzung der technischen Erkenntnisse unterbrochen wird, womit der Charakter des Spiels wesentlich verändert würde[349].

Die aufgestellten Kriterien der IFAB können mit Hilfe der Verfeinerung der technischen Möglichkeiten, woran weltweit gearbeitet wird, vielleicht geeignet sein, eine Kombination zwischen dem erkennenden und entscheidenden Schiedsrichter und einem nur ihm zugänglichen technischen Gehilfen zu kreieren, die vielleicht ein Wembley-Tor nicht mehr möglich erscheinen lässt.

Seit mehr als 20 Jahren wird die Diskussion um den Einsatz des Videobeweises für Vorgänge auf dem Spielfeld geführt – bezüglich der komplizierten Absatzentscheidung wird sie wohl **nie** helfen können. Erstaunlicherweise hat nun der mehrfache Weltschiedsrichter *Markus Merk* für einen Videobeweis bei Abseits Partei ergriffen, als er eine klare Fehlentscheidung auf der Leinwand sofort als solche erkennen musste. *Merk* sprach – sicherlich überreagierend – von dem schlimmsten Augenblick in seiner fast 20-jährigen Karriere. Aber gerade dieser Fall ergab bei mehrfacher Nachbearbeitung kurioserweise, dass das Fernsehbild, das *Merk* wahrzunehmen glaubte, gerade nicht eine unzweideutige Wahrheit zeigte. Man vertraue weiterhin auf die behutsamen Schritte des IFAB/der FIFA und das geschulte Auge unserer Spitzenschiedsrichter.

dd) Neben der Inaugenscheinnahme der Videobilder ist der **Zeugenbeweis** eine wichtige Beweisart in Sportstrafverfahren, und zwar sind dies vorweg die Bekundungen des Unparteiischen, der zum Beobachter ausgebildet, zur schnellen Entscheidung im Ablauf eines Fußballspiels geschult und zur sprachlichen Umsetzung seiner Erkenntnis berufen ist. Er ist zusammen mit seinen beiden Assistenten und dem 4. Offiziellen derjenige, der seine Wahrnehmungen im Spielbericht zu Papier bringt und sie gegebenenfalls in einer mündlichen Verhandlung als Zeuge erläutert und ergänzt.

Ein Phänomen der Massenpsychologie ist, dass man meinen sollte, die Wahrheitsermittlung für Vorfälle im Fußballstadion sei doch kein Problem, weil Zuschauer – schon kraft ihres Namens zum **Zuschauen** ins Stadion gekommen – in zigtausendfacher Zahl die Sachverhalte richtig wahrgenommen hätten. Eine Verhandlung über Feldverweise ist ein Phänomen wie im germanischen Prozess: hier eine Masse von Zeugen mit der einen Sachverhaltsversion entsprechend ihren Sympathien, dort eine Phalanx von unisono das Gegenteil bekundenden Zeugen, denen die subjektive Aussageehrlichkeit dabei noch nicht einmal abzusprechen ist.

Gegenstand des Zeugenbeweises sind **Tatsachen**, nicht Rechtsfragen oder Regelfragen, keine Schlussfolgerungen oder Mutmaßungen. Zeugenpflicht besteht für jedes Vereinsmitglied, natürlich für das Schiedsrichterteam, das bei einem Spiel zum Beobachten eingesetzt war. Zeugnisverweigerungsgründe aus persönlicher Ableitung dürften bei dieser Fallkonstellation schwerlich auftreten. Zu denken ist aber für künftige Verfahrensregelungen, dass vielleicht einem Mannschaftsmitglied gestattet werden könnte, dass er seinen Teamkollegen nicht zu belasten braucht und die Aussage verweigern kann.

---

349 *Goetze/Lauterbach*, aaO., SpuRt 2003, 148.

Wie beim Polizeibeamten im staatlichen Verfahren genießt der Schiedsrichter in Fußball-strafverfahren einen **erhöhten Beweiswert**, da keine vernünftigen Gesichtspunkte erkennbar sind, warum er ein Interesse haben sollte, einen Vorgang subjektiv falsch zu berichten. Insoweit müsste man allenfalls Vorsicht walten lassen, wenn Anhaltspunkte bestünden, dass der Schiedsrichter eventuell eine ihm unterlaufene falsche Entscheidung durch Verdrehen der nur ihm zugänglichen inneren Vorgänge zu kaschieren versuchen könnte. Fehlerquellen können auch ein erhöhter Erregungsgrad durch turbulente Situationen, Rudelbildung um ihn herum, Werfen von Gegenständen in seine Nähe sein. Wenn ein Schiedsrichter tätlich angegriffen worden ist, ist es nicht unwahrscheinlich, dass er in der Erregung im Nachhinein seine Erinnerung mit Schlussfolgerungen unbewusst vervollständigt, welche eventuell falsch sein können.

Grundsätzlich haben die Schiedsrichteraussagen einen erhöhten Glaubwürdigkeitsgrad. Es müssen schon stichhaltige Gründe gegeben sein, um dies in Frage zu stellen. In früheren Verfahrensordnungen standen teils verblüffende Regelungen: *„Wahrnehmungen, die der Schiedsrichter getroffen hat, sind eines Gegenbeweises nicht zugänglich."* Gerade der Fernseh-beweis führt auf einen Vorhalt des Bildes an den Schiedsrichter oft zu einer Annäherung an das tatsächliche Geschehnis. Zur Bildung der Überzeugung des Gerichts kommen außer dem Schiedsrichterteam als Zeugen in Betracht Mannschaftskameraden des Betroffenen und insbesondere der Gegenspieler, der Ziel einer Beleidigung oder einer körperlichen Attacke war. Um die Intensität einer Beeinträchtigung oder deren Fortdauer festzustellen, werden diese gehört – wenn auch recht selten. Wie generell bei der Würdigung von Zeugenaussagen sind Unsicherheit hinsichtlich der Wahrnehmung, Belastungseifer oder sonstige erkennbar werdende Fehlerquellen – z. B. Zugehörigkeit zu einer Mannschaft, die in Konkurrenz zu dem Team des Betroffenen spielt – Kriterien, die neben dem in erster Linie maßgebenden persönlichen Eindruck des Gerichts von dem Zeugen heranzuziehen sind. Eine Kontrollmöglichkeit für die Exaktheit des Erinnerungsbildes über einen Vorgang, der zum Feldverweis führte, ist selbstverständlich die Fernsehaufnahme, die meistens sogar die Zeugenvernehmung zu dem maßgeblichen Vorfall entbehrlich macht. Für die Präzision einer Zeugenaussage ist oft eine Erklärung darin zu sehen, dass der Zeuge selbst sich in Vorbereitung auf die Vernehmung die Videoaufnahme des Geschehens eingehend vor Augen geführt hat, was nicht verboten, aber auch nicht der Idealfall ist – es ist die Realität in unserem visuell überlagerten Fußballleben.

Andererseits darf man aber nicht außer Acht lassen, dass immer noch über 99% unserer Fußballbegegnungen ohne Fernsehaufnahmen ablaufen und der Schiedsrichter danach der klassische Zeuge für alle Vorkommnisse im Spiel ist. Mit seiner Aussage steht und fällt ein ausgesprochener Feldverweis und wird danach abgeurteilt. Gleichwohl sind alle natürlichen Personen taugliche Zeugen in einem Fußballstrafverfahren. Aus Schiedsrichterkreisen wurde und wird die Meinung vertreten, dass der sog. Schiedsrichterbeobachter, der über die Leistung des Referees für interne Bewertungen zu berichten hat, nicht als Zeuge herangezogen werden dürfe. Die Absolutheit dieser Auffassung ist nicht haltbar. Man könnte sich aber vorstellen, dass ein Verband den Vorbehalt macht, ähnlich etwa dem Gebot der Einholung der Aussagegenehmigung bei Geheimdienstagenten oder bei Beamten, eine Vernehmung von einer entsprechenden Zustimmung abhängig zu machen.

ee) **Kronzeugenregelung:** Die entsetzlichen Dopingverfahren haben den Begriff des Kronzeugen ins Spiel gebracht. So lautet §8 Nr. 3 g RuVO:

„Führt die Unterstützung des Spielers zum Aufdecken oder zum Nachweis eines Dopingvergehens einer anderen Person, kann die Sperre auf maximal die Hälfte des nach Buchstaben a) bis c) vorgesehenen Strafmaßes gemildert werden. Eine Sperre auf Dauer kann höchstens auf eine Sperre von acht Jahren reduziert werden."

179

Eine solche „Kronzeugenregelung" ist geboren aus dem Aufklärungsdefizit, das seit Jahren bei der Bekämpfung von Dopingvergehen in anderen Sportverbänden besteht. Nach heftiger Diskussion um das Pro und Kontra einer entsprechenden Dopingregelung hat auch der DFB in Anlehnung an den WADA/NADA-Code die obige Vorschrift eingeführt. Beobachter der Anwendung der Kronzeugenregelung mutmaßen, dass der von *Gaius Iulius Caesar* stammende Satz *„Den Verrat liebe ich, aber die Verräter nicht."* [350] bei der Verbandsinstanz im Umgang mit Kronzeugen mitschwingen könnte.

Das bisher beim DFB praktizierte Kontrollsystem hat ohnehin niedrige Verfahrenszahlen mit einem Fall pro Jahr ergeben, sodass diese Maßnahme in erster Linie **präventiv** zu verstehen ist. Dieser Effekt könnte in der Verunsicherung einer illegal handelnden Gruppierung bestehen[351]. Diese braucht für ihr Agieren ein Fundament an Sicherheit, damit der Einzelne unentdeckt bleibt und keiner der Versuchung erliegt, auszupacken. Durch die Kronzeugenregelung könnte dieses Grundvertrauen durchlöchert werden. Aus der Praxis der Staatsanwaltschaft[352] wird der Wirksamkeit der Kronzeugenregelung entgegengehalten, dass sie dann zu Erfolgen führt, wenn mit Hilfe von V-Leuten, verdeckten Ermittlern, Telefonüberwachung, Beschlagnahme die Fakten, Querverbindungen, Mittelsmänner, Geldbriefträger mit staatlichen Zwangsmitteln aufgespürt werden können, was der Sport allein nicht leisten könne. Dies sei die „Achillesferse der Kronzeugenregelung im Sport"[353], die den Wahrheitsgehalt einer Kronzeugenaussage deshalb nicht hinterfragen und aufdecken könne. Im DFB-Bereich ist in den vergangenen 15 Jahren bisher kein Kronzeuge aufgetreten.

25 Beweisverbot

Am Ende des Zeugenbeweises ist die Frage des Beweisverbotes in Fußballstrafverfahren zu beleuchten: Die StPO kennt Beweisthemen-, Beweismittel- und Beweismethodenverbote. Die FIFA schaltet weiter die rote Ampel für das Beweismittel „Fernsehen" im Einspruchsverfahren, stellt also ein beschränktes **Beweismittelverbot** und damit auch ein Beweisthemenverbot auf, das sie gegenüber ihren Nationalverbänden unnachgiebig und notfalls mit strengen Sanktionen bis hin zum Ausschluss aus internationalen Wettbewerben durchsetzt, und zwar auch dann, wenn ein Vorgang einer nationalen Meisterschaft zur Aburteilung steht. Die FIFA will rigoros im Spielwertungsverfahren die Autorität des Schiedsrichters schützen. Diese starre Grundhaltung wird nicht auf Dauer durchzuhalten sein.

Als Beweismethodenverbote kommen die Fälle des § 136 a StPO, aber auch der Verstoß gegen das Fair Trial-Prinzip in Betracht, wenn die Willensentschließung und -betätigung von Vernehmungspersonen durch unzulässige Mittel, wie z. B. Irreführung oder Vorspiegelungen bzw. durch heimliche Tonbandaufnahmen, ausgeschaltet wird. Lügendetektoren (Polygraphen) sind selbstverständlich in Fußballstrafverfahren unzulässig, und zwar auch nicht mit Einwilligung des Betroffenen. Verbote stehen der Verwertung von Beweiserhebungen entgegen, die gegen ein Beweisthema- oder Beweismittelverbot verstoßen haben.

26 Mündliche Verhandlung

Ein in den staatlichen Verfahrensgesetzen (§§ 355 ZPO, 250 StPO) streng durchgeführter Grundsatz, nämlich das Unmittelbarkeitsprinzip, wird in § 16 Nr. 6 Satz 5 RuVO ausdrücklich aufgelockert, wenn Zeugen bei Vorliegen besonderer Umstände auch schriftlich vernommen werden können. Kommt es entscheidend auf die Glaubwürdigkeit an, ist der Zeuge vom erkennenden Gericht zu vernehmen.

---

350 *Nolte*, CaS 2008, 86.   352 *Körner*, aaO., S. 226 ff.
351 *Wüterich/Breucker*, aaO., S. 133, 134.   353 *Körner*, aaO., S. 227.

Wenn die Beweisaufnahme geschlossen ist, was durch den Vorsitzenden ausdrücklich festgestellt wird, erhalten die Beteiligten Gelegenheit zum Schlussvortrag, wobei der Betroffene das „letzte Wort" hat. Im Schlussvortrag kann er zum Ergebnis der Verhandlung in tatsächlicher und rechtlicher Hinsicht Stellung nehmen. Es muss nicht beantragt werden, sondern ist von Amts wegen zu erteilen. Der Anklagevertreter muss einen bestimmten Antrag stellen, den Betroffenen ist es freigestellt. Privates Wissen darf von keiner Seite eingeführt werden, wogegen öfters verstoßen wird. Der Anklagevertreter hat seinen Schlussvortrag objektiv und unvoreingenommen zu halten, wozu er sich gegebenenfalls von dem Inhalt der Anklageschrift lösen muss. Der Verteidiger darf dagegen einseitig die zugunsten des Betroffenen sprechenden Umstände hervorheben, zur objektiven Würdigung des Sachverhaltes ist er nicht verpflichtet. Bei Missbrauch des Sachvortrags – inhaltlich oder der Länge nach – kann der Vorsitzende eingreifen (§ 238 StPO). Das Recht auf Erwiderung steht dem Anklagevertreter zu. Das letzte Wort des Angeklagten ist nicht übertragbar. Der Betroffene kann sich jedoch statt seines letzten Wortes seinem Verteidiger anschließen, was oft geschieht.

Urteilsberatung   27
(Nr. 7 Abs. 1 und 2): Nach dem Gang der Verhandlung (§ 16 Nr. 6 RuVO), die mit dem letzten Wort endet, folgt gemäß Nr. 7 die **Urteilsberatung.** Sie ist kein Teil der mündlichen Verhandlung, sondern vollzieht sich im Beratungszimmer geheim. Über die Beratung herrscht Verschwiegenheitspflicht. An ihr können nur die Mitglieder des Rechtsprechungskörpers teilnehmen (außerdem die Personen, die zu Ausbildungszwecken zugelassen werden).

Bei der Abstimmung über Schuld- und Strafrahmen ist eine Mehrheit erforderlich, bei anderen Fragen gibt bei Stimmengleichheit der Vorsitzende den Ausschlag. Eine qualifizierte Mehrheit (zwei Drittel bei Schuldspruch, § 263 Abs. 1 StPO) ist nicht geboten, es entscheidet vielmehr die absolute Mehrheit der Stimmen (§ 196 Abs. 1 GVG). Es ist gute Übung beim DFB, dass in Analogie zu § 197 GVG nach „Dienstalter", bei gleichem „Dienstalter" nach dem Lebensalter, der Jüngere vor dem Älteren abstimmt. Ein etwaiger Berichterstatter stimmt zuerst ab, auf jeden Fall zuletzt der Vorsitzende.

Der Sonderfall der Befassung des Spruchkörpers mit unterschiedlicher Zuständigkeit mit daraus folgender variabler Besetzung ist hinsichtlich des Beratungsgeheimnisses speziell geregelt.

(Nr. 7 Abs. 3): Bei mündlicher Verhandlung unterschreiben das Urteil alle mitwirkenden Richter, ansonsten nur der Vorsitzende.

Urteil   28
(Nr. 8): Im Anschluss an die Urteilsberatung ist der **Tenor** zu verkünden und eine kurze Begründung vorzunehmen. In Fällen von Bedeutung und großem Medieninteresse sieht der Vorsitzende von dem Privileg der Kurzbegründung ab und begründet die Entscheidung ausführlich und eingehend. Für das Verständnis einer Entscheidung in der Öffentlichkeit ist die erste Übermittlung der tragenden Gründe am wirkungsvollsten. Das Urteil wird den Parteien – außer diese verzichten – zugestellt.

Die schriftlichen Urteilsgründe haben den vom Gericht angenommenen Sachverhalt, die Würdigung einer eventuell durchgeführten Beweisaufnahme, die rechtliche Subsumtion und die Strafzumessungserwägungen zu enthalten. Gerade in den Fällen, in denen der Betroffene seine Erwägungen, ob er ein Rechtsmittel einlegen will, noch nicht abgeschlossen hat, sollen sie ihm die Nahtstellen des Verfahrens – gegebenenfalls unter Angabe von

Rechtsprechungshinweisen – darlegen. Die Verfahrensbeteiligten und deren Rechtsbeistände können die Entscheidung damit nachvollziehen und eventuell bestehende Fehler in der tatsächlichen und rechtlichen Bewertung ausmachen.

Bei einem Berufungsurteil ist die Kenntnis von den tragenden Urteilsgründen die Grundlage für die Entscheidung des Betroffenen, ob er eventuell ein staatliches Gericht oder ein Schiedsgericht zur Überprüfung heranziehen will. Der Verband kann aber dort keine Gründe nachschieben[354].

29 Zwischenentscheidungen
(Nr. 9): Wie im staatlichen Verfahren ergehen **Zwischenentscheidungen**, die dem Urteil vorausgehen, in Beschlussform und sind nicht selbständig anfechtbar.

30 Fristen und Termine
(Nr. 10): Die RuVO sieht für Verfahrenshandlungen bestimmte Fristen vor, deren Versäumnis Rechtsverlust nach sich zieht. Befristete Verfahrenshandlungen, für die Schriftform vorgesehen ist, können postalisch, durch Telefax oder durch quittierte Abgabe beim DFB erfolgen. Fristwahrung ist am Tag der Aufgabe zur Post vorgenommen, wobei der Aufgabestempel, nicht aber ein Freistempler, als Nachweis gilt. Innerhalb einer Frist an den DFB zu leistende Zahlungen sind rechtzeitig, wenn sie fristgerecht abgesandt sind (Nachweis durch Bank- oder Postbelege).

31 Wiedereinsetzung in den vorigen Stand
(Nr. 11): Durch eine Wiedereinsetzung wird eine versäumte Prozesshandlung als rechtzeitig fingiert. Wiedereinsetzung wird gewährt bei Verhinderung an der Fristwahrung durch einen **unabwendbaren Zufall**. Die Wiedereinsetzung muss binnen einer zweiwöchigen Frist beantragt werden (wie § 234 Abs. 2 ZPO). Während im staatlichen Recht (§ 233 ZPO bzw. § 44 StPO) der Antrag bei unverschuldeter Fristversäumnis begründet ist, verlangt die RuVO ein unabwendbares Ereignis. Ein solches liegt vor, wenn das Verstreichen der Frist durch äußerste Sorgfalt weder abgewehrt noch verhindert werden konnte, wobei das geringste eigene Verschulden die höhere Gewalt ausschließt[355]. Dabei ist bei Beförderungen von Briefen durch die Post deren Verschulden höhere Gewalt. Verschulden des Verteidigers ist dem Betroffenen nicht zuzurechnen. Im Übrigen ist hinsichtlich Einzelheiten die staatliche Rechtsprechung zum Wiedereinsetzungsrecht heranzuziehen. Im Sportbereich ist die Wiedereinsetzung öfter gewährt worden, wenn im Verbandsverfahren der Verfahrensmangel der Nichtgewährung des rechtlichen Gehörs begangen worden ist[356].

32 Versäumung der Einspruchsfrist
(Nr. 12): Gegen die Versäumung der Einspruchsfrist nach § 17 RuVO (Spielwertung) ist eine Wiedereinsetzung nicht zulässig. Sie wäre bei Heranziehung der absoluten Frist für die Hindernisbehebung von einem Jahr (so § 234 Abs. 3 ZPO) über das Saisonende hinaus möglich und könnte Tabellenstände, Auf- und Abstiegsentscheidungen im Nachhinein in Frage stellen und womöglich auf den Kopf stellen. Der schnelllebige Fußball fordert auch hier Rechtssicherheit vor Gerechtigkeit.

Übersicht über das Verfahren vor dem DFB-Sportgericht siehe grafische Darstellung.

---

354 PHB/*Summerer*, aaO., II, 234.   **356** Bundesgericht des DHB, SpuRt 2007, 421.
355 OVG Berlin, NJW 1965, 1151.

Parallelen zum staatlichen Recht 33

a) Die Anlehnung an die jahrhundertlange Praxis des staatlichen Verfahrensrechts ist vom DFB-Gesetzgeber gern gesucht worden. Einige Prozessvorschriften, bei denen man auch an eine Übernahme hätte denken können, sind bewusst nicht übernommen worden:

- das Kreuzverhör (§ 239 StPO) – wird aber auch im Strafprozess höchst selten praktiziert,
- das Klageerzwingungsverfahren (§ 172 StPO),
- das Strafbefehlsverfahren,
- das Adhäsionsverfahren.

b) Ungeschriebenes in der RuVO, aber gleichwohl praktiziertes Verfahrensrecht des Sports sind:

aa) Aussageverweigerungsrechte der Zeugen/Sachverständigen im Sinne des staatlichen Rechts aus persönlichen Gründen werden selbstverständlich durch die Vorsitzenden der DFB-Gerichte eingeräumt. Eine Vorstufe davon ist in § 16 Nr. 6 Satz 3 RuVO enthalten, nämlich die Ermahnung des Zeugen zur Wahrheit. Sonstige Verfahrensfeinheiten werden von den Vorsitzenden gleichsam als Bestandteil von deren Hausapotheke praktiziert. Sie können beim DFB in der heutigen Prozesssituation durchweg beim Sitzungsleiter wegen dessen entsprechender Praxis als Zivil-/Strafrichter und/oder als Staatsanwalt vorausgesetzt werden. Sie können ferner aus ihren Erfahrungen heraus die in der RuVO nicht geregelte Akteneinsicht des Betroffenen bzw. seines Verteidigers sachgerecht handhaben – gleichsam als Teil des rechtlichen Gehörs. Berufliche Erfahrungen sind gerade in Sportstrafverfahren, die ein großes öffentliches Interesse finden, auch im Kontakt mit Presse und Fernsehen nützlich. Im Bundesligafußball hatte die aktuelle Berichterstattung etwa in gravierenden Manipulationsfällen Vorrang vor dem Persönlichkeitsschutz der Betroffenen, deren Namen genannt werden durften.

bb) Die DFB-Gerichtsbarkeit sucht bei ihren Lösungswegen auch einmal strafrechtliche „Rosinen" heraus: So wurde im Verfahren gegen den Kölner Co-Trainer *Roland Koch* (Anklage vom 5. 9. 2007 – Nr. 23/2007/2008) das Rechtsinstitut der Wahlfeststellung mit Tatsachenalternativität[357] bemüht – bei folgendem Sachverhalt:

Gegen den Trainer des 1. FC Köln *Christoph Daum* war rechtskräftig ein Aufenthaltsverbot im Innenraum des Stadions ausgesprochen worden. Dies beinhaltete das Verbot der Kontaktaufnahme mit Dritten, insbesondere mit dem Co-Trainer *Roland Koch*. Dieser erklärte in einem Interview mit dem Fernsehsender *Premiere*, dass eine telefonische Kontaktaufnahme in der Halbzeitpause mit *Daum* stattgefunden habe. Im eingeleiteten Sportstrafverfahren ließ er sich ein, dass er nur ein Telefongespräch zu führen versucht habe. Die in der Anklage gewählte tatsächliche Wahlfeststellung erstreckte sich einerseits auf den Sachverhalt der verbotenen telefonischen Unterredung mit *Christoph Daum* und andererseits auf die in der Schwere der Pflichtverletzung gleichwertige Verhaltensweise, dass er vor einem Millionenpublikum sich dahin äußerte, die Sportgerichtsentscheidung bewusst missachtet zu haben. Da beides den Tatbestand eines unsportlichen Verhaltens nach § 30 Nrn. 1, 2 c Ausbildungsordnung des DFB in Verbindung mit § 1 Nr. 4 RuVO erfüllt, wurde insoweit eine Verurteilung nach wahlweiser Tatsachenfeststellung zu 6.000 € Geldstrafe beantragt und vom Sportgericht antragsgemäß erkannt – das Urteil wurde rechtskräftig.

---

357 BGH, NStZ 81, 331.

§ 17 RuVO

Einspruch gegen Spielwertung

1. Einsprüche gegen die Wertung von Bundesspielen müssen innerhalb von zwei Tagen nach Ablauf des Tages, an dem das Spiel stattgefunden hat, bei der DFB-Zentralverwaltung schriftlich eingelegt und in kurzer Form begründet werden. In besonderen Fällen kann der Spielausschuss/Ligaverband die Einspruchsfrist abkürzen.

Der Einspruch kann nur mit Zustimmung des DFB-Kontrollausschusses zurückgenommen werden.

Innerhalb der Einspruchsfrist muss die Einspruchsgebühr von € 500,00 an den DFB eingezahlt sein; sonst ist der Einspruch unwirksam.

Einspruchsberechtigt sind die Vereine bzw. Tochtergesellschaften der an einem Spiel beteiligten Mannschaften, bei Spielen von Verbandsmannschaften die jeweiligen Mitgliedsverbände.

2. Einsprüche gegen die Spielwertung können unter anderem mit folgender sachlicher Begründung erhoben werden:

a) Mitwirkung eines nicht spiel- oder einsatzberechtigten Spielers bei der gegnerischen Mannschaft.

Nicht einsatzberechtigt ist insbesondere ein Spieler, der nicht auf der von der DFL herausgegebenen Spielberechtigungsliste der Lizenzspieler-Mannschaft, auf der Spielberechtigungsliste für die 3. Liga, die Regionalliga, der Frauen-Bundesliga, der 2. Frauen-Bundesliga oder der Junioren-Bundesligen aufgeführt ist.

Wird ein Spieler, der auf der Spielberechtigungsliste steht, nicht innerhalb der nach den Bestimmungen vorgesehenen Frist auf dem Spielberichtsbogen eingetragen, entscheiden im Einzelfall die Rechtsinstanzen des DFB über die Spielwertung oder darüber, ob lediglich eine andere Maßnahme angemessen ist. § 12 b der DFB-Spielordnung bleibt unberührt.

b) Schwächung der eigenen Mannschaft durch einen während des Spiels eingetretenen Umstand, der unabwendbar war und nicht mit dem Spiel und einer dabei erlittenen Verletzung im Zusammenhang steht.

c) Regelverstoß des Schiedsrichters, wenn der Regelverstoß die Spielwertung als verloren oder unentschieden mit hoher Wahrscheinlichkeit beeinflusst hat.

d) Mitwirkung eines gedopten Spielers

In Abänderung von Nr. 1. ist der Einspruch innerhalb von zwei Tagen nach Kenntnis der Benachrichtigung durch die Dopingkommission einzulegen.

Wird der Einspruch auf ein behauptetes Dopingvergehen gestützt, ohne dass dem Vorwurf eine in dem betreffenden Spiel durchgeführte Dopingkontrolle zugrunde liegt, ist der Einspruchsführer in vollem Umfang beweispflichtig dafür, dass ein Dopingvergehen vorlag. Es gilt die Frist gemäß Absatz 1, die jedoch zwei Wochen nach dem betreffenden Spiel endet.

e) Spielmanipulation

In Abänderung von Nr. 1. ist der Einspruch innerhalb von zwei Tagen nach Kenntnis von Tatsachen, die einen hinreichenden Tatverdacht ergeben, spätestens jedoch bis zum Vortag des viertletzten Spieltages, einzulegen. Die nachträgliche Erlangung der Kenntnis weiterer Tatsachen oder neuer Beweismittel setzt keine neue Frist in Gang.

Für die letzten vier Spieltage der jeweiligen Spielklasse verbleibt es bei der Frist des § 17 Nr. 1. Auf Spielwiederholung abzielende Einsprüche sind in diesen Fällen nicht mehr zulässig.

3. Über den Einspruch entscheidet in erster Instanz das Sportgericht, als Berufungsinstanz das Bundesgericht. Für die Berufung gilt Nr. 1., Absatz 2 und 3 entsprechend, mit der Maßgabe, dass die Berufungsgebühr € 1.000,00 beträgt.

4. War in einem Spiel ein Spieler nicht spiel- oder einsatzberechtigt, so ist das Spiel für die Mannschaft, die diesen Spieler schuldhaft eingesetzt hatte, mit 0:2 verloren und für den Gegner mit 2:0 gewonnen zu werten, es sei denn, das Spiel war nach dem Einsatz des nicht spiel- oder einsatzberechtigten Spielers noch nicht durch den Schiedsrichter fortgesetzt. In diesem Fall bleibt die Spielwertung bestehen. Nr. 2. a), Absatz 3 bleibt unberührt.

5. a) Hat in einem Spiel in einer Mannschaft ein gedopter Spieler mitgewirkt und ist dieser Spieler wegen Dopings bestraft worden, oder weigert sich ein Spieler schuldhaft, sich einer Dopingkontrolle zu unterziehen, so wird dieses Spiel für seine Mannschaft, falls sie das Spiel gewonnen oder unentschieden gespielt hat, mit 0:2 Toren als verloren gewertet. Für den Gegner bleibt die Spielwertung vorbehaltlich der Regelung in Absatz 2 bestehen. Von dieser Spielwertung kann bei Vorliegen besonderer Umstände zugunsten der Mannschaft des gedopten Spielers abgewichen werden. Es kann in diesem Fall alternativ erkannt werden auf:

– Bestätigung der ursprünglichen Spielwertung;
– teilweise Aberkennung der von der Mannschaft des gedopten Spielers mit dem Spiel gewonnenen Punkte unter Beibehaltung des Torergebnisses;
– Spielwiederholung.

In Abweichung von Absatz 1, Satz 2 wird das Spiel mit 2:0 Toren für den Gegner als gewonnen gewertet, wenn der Einsatz des gedopten Spielers den Ausgang des Spiels als unentschieden oder als für den Gegner verloren mit hoher Wahrscheinlichkeit beeinflusst hat. Sätze 3 und 4 des Absatzes 1 finden in diesem Fall keine Anwendung.

b) Hat beim Gegner ebenfalls ein gedopter und dafür bestrafter Spieler mitgewirkt oder weigert sich dort ebenfalls ein Spieler schuldhaft, sich einer Dopingkontrolle zu unterziehen, so wird das Spiel dem Gegner mit 0:2 als verloren gewertet; es gilt a), Absatz 1, Sätze 3 und 4 entsprechend.

c) Wird der Verein bzw. die Tochtergesellschaft wegen eines Vergehens gemäß § 7 Nr. 1 i) bestraft, ohne dass gegen den Spieler ein strafbarer Tatbestand des Dopings vorliegt, so gelten für die Wertung des Spiels a), Absatz 1, Sätze 1 und 2 oder Absatz 2.

d) Liegt ein Dopingfall vor, ohne dass Spieler und Verein bzw. Tochtergesellschaft ein Verschulden vorgeworfen werden kann, ist das Spiel zu wiederholen.

6. Wird auf Spielwiederholung erkannt, ist das Spiel grundsätzlich am gleichen Ort neu auszutragen.

34 Formalien des Einspruchs
(§ 17 Nr. 1 RuVO):

Gegen die Wertung von Bundesspielen – das sind Meisterschafts-, Pokalspiele sowie Entscheidungsspiele über Auf- und Abstieg – ist innerhalb von zwei Tagen nach Ablauf des Spieltages Einspruch zulässig. Er ist bei der DFB-Zentralverwaltung schriftlich mit kurzer Begründung einzulegen. Die Frist kann in besonderen Fällen (etwa bei dichter zeitlicher Folge eines anderen Spiels, das mit dem ersten in Zusammenhang steht) durch den Spielausschuss bzw. den Ligaverband abgekürzt werden.

Das Einspruchsverfahren ist ein „Parteiverfahren", an dem beide Spielpartner beteiligt sind; der Einspruch kann aber vom Einspruchsführer nur mit Zustimmung des Kontrollausschusses zurückgenommen werden. Dieses Erfordernis ist aufgenommen worden, um zu verhindern, dass in Einspruchsfällen, die für den Einspruchsführer nach der Tabellensituation nicht mehr von Vorteil waren, sehr wohl aber für einen dritten Verein, das Aufrechterhalten von einer Leistung dieses Vereins an den nicht interessierten Verein abhängig gemacht wurde. Die Folge hieraus ist, dass der Kontrollausschuss, um die Ausübung seines Zustimmungsrechts sinnvoll zu ermöglichen, in Einspruchsverfahren die Rechte der Partei mit Ausnahme des eigenen Rechtsmittelrechts hat (Fragerecht, Beweisantragsbefugnis, Plädoyer).

Innerhalb der Einspruchsfrist muss die Einspruchsgebühr von 500 € an den DFB eingezahlt werden, ansonsten der Einspruch unwirksam ist. Berechtigt zur Einlegung des Einspruchs sind die Vereine (Tochtergesellschaft), die an einem Spiel beteiligt sind, nicht aber durch dessen Ergebnis unmittelbar betroffene dritte Vereine; wenn bei positivem Ausgang des Einspruchs ein dritter Verein eine besondere tabellarische Besserstellung (Qualifikationsplatz, Nichtabstieg) erreichen würde, berechtigt diese Situation nicht zum Einspruch gegen die Wertung des Spiels zweier anderer Mannschaften.

35 Einspruchsgründe
(§ 17 Nr. 2 RuVO):

Die Vorschrift zählt die Einspruchsgründe nicht abschließend auf, sondern nennt vier Fallgruppen beispielhaft, zu denen mit diesen in der Spielbeeinflussung und der Folge vergleichbare Fallkonstellationen hinzukommen können. (Es heißt: „u. a.").

a) (§ 17 Nr. 2 a): Ein Fall, den auch die FIFA (§ 14 Nr. 1 WM-Reglement) kennt, ist die Mitwirkung eines nicht spielberechtigten Spielers bei der gegnerischen Mannschaft, wobei zu differenzieren ist zwischen fehlender Spiel- oder Einsatzberechtigung. **Spielberechtigt** ist ein Vereinsmitglied, das gemäß den Vorschriften seines Mitgliedsverbands eine Spielerlaubnis für seinen Verein erhalten hat (§ 10 Nr. 1.1 SpielO), wobei diese für Pflicht- und Freundschaftsspiele erteilt wird. **Einsatzberechtigt** ist ein Spieler, der auf der Spielberechtigungsliste für die Lizenzspielermannschaft bzw. die 3. Liga sowie auf der entsprechenden Liste für die Regionalliga, die Frauen-Bundesliga, die 2. Frauen-Bundesliga und den Junioren-Bundesligen aufgeführt ist.

In Fällen, in denen ein Spieler lediglich nicht rechtzeitig auf dem Spielberichtsbogen eingetragen wurde, entscheiden die Rechtsinstanzen, ob überhaupt eine Spielwertung oder lediglich eine minderschwere Maßnahme angebracht ist. Insoweit ist eine Sonderregelung in § 12 b SpielO getroffen worden.

b) (§ 17 Nr. 2 b): Ein Ausfall eines Spielers, ohne dass eine spieltypische Verletzung vorliegt, kann ein Einspruchsgrund unter „Schwächung einer Mannschaft" sein. So wurde das Spiel Borussia Neunkirchen gegen 1. FC Saarbrücken am 10. 12. 1978 neu angesetzt, weil ein Saarbrücker Spieler von der Schäferhund-Dame *Ina* des Ordnungspersonals gebissen wurde und nicht mehr weiterspielen konnte (*Hundebissfall*)[358]. Beim Auswärtsspiel in Gladbach traf eine von einem Zuschauer geworfene Kastanie den Torwart des Gastvereins am Kopf; er blieb trotz der Beeinträchtigung im Kasten (*Kastanienfall*). Das Sportgericht des DFB wies den Einspruch wegen fehlender Schwächung zurück, weil der Torwart in der Folgezeit keinen Fehler gemacht hatte[359]. In einem anderen Fall, als ein Gästespieler nach einem Wurfgeschoss 20 Minuten nicht einsatzfähig war, entschied das Sportgericht[360], dass der Einspruch begründet ist.

Regelverstoß des Schiedsrichters 36
(§ 17 Nr. 2 c):
Vorbemerkung:
a) Der Weltfußballverband legt großen Wert darauf, dass Streit- bzw. Problemfälle, die sich im Fußballsport ergeben, entsprechend dem von ihm eingeführten Universalitätsprinzip einheitlich behandelt und gelöst werden. Deshalb überrascht es, dass es zu dem wichtigen Bereich des **Einspruchs-/Protestverfahrens** zwischen der FIFA und einer Fußballweltmacht wie Deutschland oder gar zu einer Konföderation der FIFA wie der UEFA kein einheitliches Grundverständnis oder gar Regelwerk gibt.

b) **FIFA-Recht**
Der Grund für den Dissens zu dem deutschen Rechtssystem besteht in erster Linie darin, dass die FIFA die Fußball-Regel 5 („*Seine* – scil. des Schiedsrichters – *Entscheidungen über Tatsachen, die mit dem Spiel zusammenhängen, sind endgültig*") sehr extensiv auslegt. Die Amtliche Entscheidung Nr. 3 der IFAB ergänzt diese absolute Haltung dahingehend, dass zu den Tatsachen, die mit dem Spiel zusammenhängen, „*auch das Ergebnis eines Spiels oder die Entscheidung, ob ein Tor erzielt wurde oder nicht*", gehören. Das FIFA-Disziplinarreglement (FDC), das für alle von der FIFA organisierten Spiele und Wettbewerbe gilt (Art. 2 FDC), enthält **keine** Vorschrift über den Rechtsbehelf des Einspruchs gegen eine Spielwertung. Auf meine Anfrage an die FIFA antwortete der Director Legal Division *Heinz Tännler* durch Schreiben vom 10. Oktober 2006, dass Grund für das Fehlen einer Protestregelung sei „**die Unantastbarkeit der Tatsachenentscheidung des Schiedsrichters** – vgl. IFAB Regel 5, Entscheidungen des Schiedsrichters". Es gebe nur das Reglement der FIFA für ihre Wettbewerbe, insbesondere das Reglement für die Weltmeisterschaften „Proteste", das „Beanstandungen jeder Art in Bezug auf Ereignisse, die sich auf die Durchführung von WM-Spielen auswirken (Zustand des Spielfelds, Markierungen auf dem Spielfeld, Spielausrüstung, Spielberechtigung von Spielern, Stadioninstallationen, Bälle etc." (§ 14 Abs. 1), behandele.

Das totale Auslassen einer Regelung über einen Verstoß gegen die Spielregeln durch die FIFA bestätigt Art. 61 Abs. 3 der FIFA-Statuten über die Zuständigkeit des CAS, der lautet:

> „*Das CAS behandelt keine Berufungen im Zusammenhang mit:*
> *a) Verstößen gegen die Spielregeln;*
> *…*"

---

358 DFB-Sportgericht, Urteil vom 19. 3. 1985, SportR 15/16/9

359 Urteil vom 5. 6. 1989, SportR 15/16/16.

360 Urteil vom 30. 9. 1993, SportR 15/16/19.

c) UEFA-Recht

Die UEFA führt demgegenüber in Art. 44 RPO den „Protest" auf; Abs. 1 und 3 dieser Vorschrift lauten:

> „¹Der Protest richtet sich gegen die Wertung eines Spiels. Er stützt sich auf die Spielberechtigung eines Spielers, auf einen entscheidenden Regelverstoß des Schiedsrichters oder auf andere das Spielergebnis wesentlich beeinflussende Vorfälle.
> ...
> ³Gegen Tatsachenentscheide des Schiedsrichters kann nicht protestiert werden.
> ..."

d) DFB-Recht[361]

Im DFB-Recht taucht der Begriff des **Regelverstoßes** des Schiedsrichters auf, der für diesen Fall die Regel 5 *„Unantastbarkeit der Tatsachenentscheidung des Schiedsrichters"* einschränkt und aufhebt. Es ist ein Gebot der Logik, dass, wenn man einen Regelverstoß als Grundlage für einen Protest zulässt, dies eine Ausnahme von der Endgültigkeit einer **Entscheidung** des Schiedsrichters darstellt. Ein sprachlicher Gegensatz zwischen dem Regelwortlaut (Regel 5 – *Entscheidungen des Schiedsrichters*) bzw. dem Text des FIFA-WM-Reglements (Art. 14 Abs. 4 – *Entscheidungen über Tatsachen*) einerseits und dem Wortlaut des Textes der obigen Regelungen von UEFA und DFB über den Regelverstoß andererseits ist dabei gegeben. Nach allgemeinen Auslegungsgrundsätzen (Umkehrschluss) ist aus der Formulierung *„Entscheidungen über Tatsachen ... sind endgültig"* abzuleiten, dass **nur** diese Entscheidungen des Schiedsrichters unantastbar sein sollen, nicht aber Entscheidungen von ihm über andere Vorgänge seiner Amtsausübung, wie hier über die Regeln im Spiel, erfasst sein sollen. Im Bereich des Deutschen Fußball-Bundes ist es Rechtstradition, dass eine **begriffliche Zweiteilung** zwischen Tatsachenentscheidung und Regelverstoß besteht. Demnach sind nach Regel 5 nicht generell **alle** Entscheidungen des Schiedsrichters, die mit dem Spiel zusammenhängen, endgültig. Wenn der Schiedsrichter wahrnimmt, dass z. B. ein Ball im Aus oder hinter der Torlinie ist bzw. dass ein Tritt gegen den Oberschenkel des Gegners erfolgt ist oder die Spielzeit abgelaufen ist, hat er „jeweils Entscheidungen über Tatsachen, die mit dem Spiel zusammenhängen, getroffen, und zwar auf Einwurf, Tor, Freistoß oder Spielende erkannt. Nach der Entscheidung des IFAB Nr. 3 zu Regel 5 sind Tatsachenentscheidungen in diesem Sinne auch die Feststellung des Ergebnisses des Spiels (z. B. 2:1) oder ob ein Tor erzielt wurde (also Ergebnisfortschreibung nach Tor); beide sollen endgültig sein. Außer in der Fußballregel stellt die FIFA auch in Art. 14 Abs. 4 WM-Reglement 2006 fest, dass diese Entscheide endgültig sind, sodass Proteste dagegen unzulässig sind.

e) Die FIFA differenziert dabei **nicht** zwischen der Feststellung des Sachverhalts, die auch nach Auffassung des DFB endgültig ist, **und** der Umsetzung dieser Wahrnehmung gemäß den Fußballregeln: Wenn diese Entscheidungen bei Ball im Aus ? Einwurf, bei Ball hinter der gegnerischen Torlinie ? Tor, bei Tritt ? Freistoß oder bei Ablauf der 90 Minuten ? Abpfiff sind, so ist die Entscheidung regelgerecht; es liegt kein Regelverstoß im Sinne des § 17 RuVO vor. Ist die Entschließung des Schiedsrichters, wie absurde Fälle zeigen, bei Ball im Aus ? Freistoß, bei Überschreitung der Torlinie ? Schiedsrichterball, beim Foul z. B. Mittelanstoß oder lautet sie nach Ablauf der 90 Minuten ohne Sonderregelung auf Elfmeterschießen, so liegt jeweils ein eklatanter Regelverstoß vor, der nach DFB-Rechtsverständnis einen Protestgrund darstellt – bei Kausalität für das Spielergebnis. Nach FIFA-Praxis handelt es sich demgegenüber um Entscheidungen über spielbezogene Tatsachen, die

---

361 *Hilpert*, Tatsachenentscheidung und Fernsehbeweis in Sportgerichtsverfahren, WFV 38, S. 25 ff.; ders. Tatsachenentscheidung und Regel-verstoß im Fußball – Neuere Entwicklungen und Tendenzen, SpuRt 1999, S. 49 ff.

„endgültig sind". Aus dem Dilemma kann man unschwer zu einer sprachlich einleuchtenden Auslegung mit einem sinnvollen und sportgerechten Ergebnis kommen, wenn man bei Anwendung der **falschen** Rechtsfolge auf der Basis der tatsächlich richtigen Feststellungen des Schiedsrichters, die absolut gelten sollen, einen Regelverstoß und damit einen **Protestgrund** annimmt. Der Schiedsrichter hat in diesem Fall aus einer getroffenen endgültigen Tatsachenfeststellung die **falschen Schlüsse** gezogen. Er hat einen Rechtsfehler bei der Subsumtion unter die Tatsachen begangen, der nicht auf einer hinzunehmenden menschlichen Fehlbeobachtung, sondern auf einem im Einzelfall vorwerfbaren Regelverstoß beruht, der eine Privilegierung der Endgültigkeit nicht unbedingt gebietet.

Man kann das Regelungsziel der FIFA – *keine Spielwiederholungen wegen falscher Entscheidung des Schiedsrichters aller Art* – mit guten Gründen für den Fußball als sinnvoll ansehen. Eine häufige nachträgliche verbandsseitige Abänderung eines Spielergebnisses würde zu einem Durcheinander, ja zu einer teilweisen Lähmung des Spielbetriebs führen. Wenn die FIFA die Regelverstöße nicht hinnehmen will, dann sollte sie es sprachlich zum Ausdruck bringen, indem man in der Fußballregel unzweideutig schreibt: *„Die Entscheidungen des Schiedsrichters sind endgültig."* Beim DFB würde man eine solche Fußballnorm zwar nicht für unbedingt ideal halten, weil dem Gerechtigkeitsgedanken in Einzelfällen widerstrebend, man müsste sie aber als FIFA-Recht hinnehmen, da bei solch eindeutigem Wortlaut eine andere sprachliche Auslegung nicht möglich wäre. Formuliert man aber wie derzeit in der Regel *„... seine Entscheidung über Tatsachen ..."*, so bleibt nach allgemeiner Wortinterpretation durchaus noch eine **Alternative:** *„Entscheidungen über die Rechtsanwendung".* Diese Fallkonstellationen nennt man beim DFB, wenn sie fehlerhaft sind, *„Regelverstoß",* in der Schweiz *„technischer Fehler".* Wenn es in einer Regelung sprachlich *„Entscheidungen über Tatsachen"* heißt, die unangreifbar sind, darin Entscheidungen über andere Entscheidungsgegenstände nicht erwähnt werden, so sollte nach dem allgemeinen Sprachgebrauch (Umkehrschluss) damit zum Ausdruck gebracht werden, dass Letztere nicht unantastbar sein sollen. Diese Interpretation des FIFA-Rechts lässt die deutsche Regelung (so auch die UEFA) über die Nachprüfbarkeit des Regelwerks jedenfalls für Spiele im DFB-Bereich, da nicht durch die FIFA verboten, zu. Denn was der Weltfußballverband nicht verboten hat, ist erlaubt.

Zu beachten ist jedoch, dass die FIFA in Art. 152 FCD festgelegt hat:

„Im Sinne der Harmonisierung im disziplinarrechtlichen Bereiche sind die Verbände verpflichtet, ihre Bestimmungen diesem Reglement anzugleichen."

Bei der Tatsachenentscheidung und dem Regelverstoß handelt es sich aber um keine Disziplinarreglemente. Es folgen in Art. 152 Abs. 2 und 3 FDC zwingend bzw. dem Sinne nach zu übernehmende Regelungen, wo aber die einschlägige Bestimmung des Art. 14 Abs. 4 Reglement über die Weltmeisterschaften nicht aufgenommen ist. Somit besteht also keine Verbotsnorm der FIFA, es sei denn, man sieht diese in den einschlägigen FIFA-Zirkularen. Inwieweit diese Rechtsquelle für die Nationalverbände sein können, ist den FIFA-Statuten nicht zu entnehmen.

Zu den gleichen Ergebnissen kraft Wortinterpretation wie der DFB kommt die UEFA mit ihrer Regelung in § 44 RPO, die als Protestgrund u. a. *„einen entscheidenden Regelverstoß des Schiedsrichters"* nennt. Es heißt dann weiter in § 44 Abs. 3 RPO: *„Gegen Tatsachenentscheide des Schiedsrichters kann nicht protestiert werden."*

f) Lösungsweg

Im Folgenden sollen die Folgerungen aus der Textinterpretation zu den FIFA-, UEFA-, DFB-Vorschriften rechtsgeschichtlich national und international untersucht werden (aa), um sodann das bekannt gewordene nationale und internationale Fallmaterial zu behandeln (bb) sowie die Rechtsprechung im In- und Ausland zu untersuchen, wobei dann der Versuch unternommen wird (cc), zu einem den Zielen der FIFA gerecht werdenden Ergebnis (Endgültigkeit der Entscheidungen während des Spiels), das grundsätzlich zu begrüßen ist, zu kommen.

aa) **Rechtslehre in der Vergangenheit**
Der Protest gegen die Wertung eines Spiels (auch Einspruch genannt) ist ein ewiger weltweiter Streitpunkt, insbesondere bei den Ballsportarten. Anfang der 70er Jahre hat zu dieser Thematik der Schweizer Rechtslehrer *Max Kummer* in seinem bis heute wegweisenden Werk *„Spielregel und Rechtsregel"* eine für die Sportrechtslehre und für den Sport wegweisende Abgrenzung vorgenommen[362]. Er hat die Gefahr aufgezeigt, dass es tödlich für den Sport sei, wenn eine Intervention von staatlichen Richtern oder Schiedsrichtern in den Spielregelbereich erfolge, der ein unverrückbares Tabu bleiben müsse. Elfmeter oder Torentscheide sowie damit zusammenhängende Einsprüche gegen die Spielwertung erfolgten im rechtsfreien Raum, während sehr wohl die nachträglich von den Sportinstanzen gefällten Sanktionen gegen einen vom Feld gestellten Spieler justiziabel seien. Wenn hinsichtlich der Regeln über den Spielverlauf der staatliche Richter an die Stelle des Spielleiters trete, sei dies für das Spiel verheerend. Die Spielregeln seien dann Nichtregeln[363]. Es gebe also nicht justitiable Spielregeln und justitiable Rechtsregeln.

bb) **Fallanwendungen im Ausland**
Dieses strikte Herausnehmen aller Entscheidungen des Schiedsrichters auf dem Spielfeld konnte im Bereich der Schweiz mit deren liberalem Vereinsrecht einerseits und dem Sitz der großen Weltsportverbände andererseits Verbreitung und Anerkennung finden. Späte Anhänger ihres „begnadeten Rechtslehrers *Kummer*"[364] konnten noch nach der WM 2006 stolz verkünden, dass die vor Gericht beantragte Wiederholung des WM-Finales 2006 einen sportlichen Supergau bedeutet hätte, der glücklicherweise verhindert worden sei. So haben Klagen von zwei Organisationen „Association Justice Mondiale 2006" und „Collectif National pour la verité de la Coupe du Monde 2006" beim Pariser Landgericht keinen Erfolg gehabt. Sie wollten eine Wiederholung des WM-Endspiels 2006 erreichen, weil der Feldverweis von *Zinédine Zidane* entgegen den Fußballregeln nach der Konsultation von Videoaufnahmen im Stadion erfolgt sei. Das Pariser Landgericht wies beide Klagen ab[365]. *Scherrer*[366] nennt die Gründe „schroff" und „ohne in Detailjuristerei zu verfallen". Den Klägern sind jedenfalls die Gerichtskosten auferlegt worden; außerdem müssen sie an FIFA und FFF eine Prozessentschädigung von 10.000 € bezahlen[367].

In Deutschland besteht in § 17 Nr. 2 c RuVO ein Einspruchsgrund gerade für den Spielregelfall „Regelverstoß". Wenn diese Regelung nicht, wie die IFAB bzw. FIFA-Disziplinarkommission es wohl sieht, wegen Verstoßes gegen höherrangiges FIFA-Recht, das einen solchen Einspruchsgrund nicht kennt, nichtig ist, muss bei diesbezüglichen schlüssigen Behauptungen in die Fallprüfung eingetreten werden.

Angesichts des stringenten Ausschlusses des Regelverstoßes als Protestgrund überrascht nicht, dass kaum internationale Präzedenzfälle bekannt geworden sind. Ein Protestgrund, der die regelgerechte Durchführung eines Fußballspiels betrifft, ereignete sich am 30. Sep-

---

362 Abhandlungen zum Schweizerischen Recht, ASR, Heft 426, 1973.
363 Entscheidung des Richteramts III Bern vom 15. 12. 1981, Deutsches Anwaltsblatt 2001, 638 ff.
364 So *Scherrer*, aaO., S. 181.
365 Tribunal de Grande Instance de Paris vom 15. 12. 2006, CaS 2006, 610.
366 Siehe Fn. 364.
367 Siehe Fn. 365.

tember 1997 beim UEFA-Pokalspiel Spartak Moskau gegen FC Sion. Kurz vor Spielbeginn wurde auf Protesterklärung des Gastvereins FC Sion festgestellt, dass beide Tore in der Mitte nur 2,29 m hoch waren (statt wie vorgeschrieben 2,44 m). Letztinstanzlich wurde durch die Berufungsinstanz der UEFA[368] die Wiederholung des Spiels angeordnet. Die vom FC Sion beantragte Umwertung des Spiels wurde abgelehnt, da diese Rechtsfolge nach dem Grundsatz der Verhältnismäßigkeit nur bei einem erheblichen Verschulden des Platzvereins ausgesprochen werden könne. Hier sei aber nur Fahrlässigkeit zu bejahen. Von Seiten der UEFA-Verantwortlichen vor Ort hätte zudem eine angemessene Frist zur Korrektur der Torhöhen gesetzt werden müssen, was nicht geschehen sei. Bei diesen Umständen sei eine Spielwiederholung in Moskau angemessen; mangels Verstoßes gegen Sicherheitsbestimmungen sei eine Platzsperre bzw. eine Ansetzung in einem neutralen Land nicht geboten.

Eine in Deutschland unbekannte Rechtsfolge wurde nach dem spanischen Erstligaspiel Betis Sevilla gegen FC Sevilla am 1. März 2007 getroffen, bei dem eine Flasche an den Kopf des Trainers des Gastvereins geworfen worden ist: Die Heimmannschaft wurde mit drei Spielen Platzsperre belegt und zudem angeordnet, dass das abgebrochene Spiel auf neutralem Platz **ab dem Zeitpunkt des Abbruchs** (57. Spielminute) zu Ende gespielt wird. Diese Fortsetzung einer „Hängepartie" – wie im Schach bekannt – erscheint zwar im Sinne einer Naturalrestitution (§ 249 BGB) naheliegend, ist aber mit dem wahren Verständnis eines Fußballspiels, das über 90 Minuten mit zwei Halbzeiten ununterbrochen läuft, schwerlich vereinbar.

Aus der Schweiz wird der Protest nach dem Meisterschaftsspiel der Nationalliga A zwischen dem FC Luzern und dem FC Zürich am 8. März 1998 (Ergebnis 2:2) berichtet, in dem der Ball dem FC-Torwart von einem Gästestürmer aus den Händen zum 2:0 geköpft worden ist. Der Schiedsrichter hatte den Vorgang nicht gesehen und auf Tor erkannt. Der Protest wurde darauf gestützt, dass eine Entscheidung des Schiedsrichters ohne Wahrnehmung des Sachverhalts keine unabänderliche Tatsachenentscheidung darstelle, sondern „ein regeltechnischer Fehler" sei. – Anmerkung: Damit ist das Gleiche gemeint wie im DFB-Bereich mit „Regelverstoß". Die zuständige Disziplinar- und Sicherheitskommission[369] wies den Protest zurück, da eine Tatsachenentscheidung des Schiedsrichters vorliege. Wie bei einem übersehenen Foul oder Abseits liege eine mit einem Mangel behaftete Entscheidung eines Schiedsrichters vor, die nicht zu einer Spielwiederholung führen könne, sondern als falsche Tatbestandsaufnahme zu werten sei. Sie beziehe sich eindeutig auf den Sachverhalt, mithin auf Tatsachen. Dieser Entscheidung ist von deutschen Fußballjuristen uneingeschränkt beizupflichten.

Ein Fall einer Teilwahrnehmung des Schiedsrichters wird aus der 3. brasilianischen Liga vom September 2006 geschildert: Ein Balljunge stand einen Meter neben dem Tor und lenkte den auf die Torauslinie zurollenden Ball mit dem Fuß um den Pfosten ins Tor. Die Schiedsrichterin hatte infolge Unaufmerksamkeit dies nicht gesehen und auf Tor zum 1:0 erkannt. Wie über den Protest entschieden worden ist, ist nicht bekannt.

Hier liegt aber ebenfalls eine Teilwahrnehmung der Schiedsrichterin vor, die wie eine falsche Wahrnehmung vom Privileg der Tatsachenentscheidung abgedeckt ist.

cc) **Fallanwendungen in Deutschland**
Im DFB-Bereich sind in den letzten 30 Jahren vier Grundsatzentscheidungen über Protestfälle durch die DFB-Gerichtsinstanzen ergangen – teilweise aufgegriffen durch die FIFA bzw. durch diese gar korrigiert:

---

368 Urteil vom 10. 10. 1997. **369** SpuRt 1998, 132.

1) Im Zweitligaspiel zwischen Borussia Neunkirchen gegen Stuttgarter Kickers am 21. Oktober 1978 hat der Schiedsrichter ein Tor gegeben, bei dem der Ball seitlich am Torpfosten vorbeigeflogen war, an der Torhalterung abgeprallt und auf der hinteren Tornetzkante entlanggelaufen war, jedoch nie im Tor war („Außennetz-Tor")[370].

2) Das „Phantom-Tor" im Spiel Bayern München gegen 1. FC Nürnberg am 23. April 1994[371], bei dem der Ball seitlich am Torpfosten vorbei ins Aus gegangen war und niemals die Torlinie überquert hatte.

3) Das „Nicht-Tor" vom Spiel Schalke 04 gegen Hamburger SV, in dem der HSV-Torwart den Ball eindeutig hinter der Torlinie herausholte und der Schiedsrichter auf Weiterspielen entschied[372].

4) Am 5. August 1997 unterbrach der Schiedsrichter im Bundesligaspiel 1860 München gegen Karlsruher SC durch einen Pfiff wegen eines Foulspiels eines Müncheners die Partie. Auf den erst **nach** dem Pfiff erfolgten Schuss eines Karlsruher Spielers ins Tor erkannte der Referee auf Tor, weil er den Vorteil dem KSC nicht nehmen wollte, wobei ihm bewusst war, dass dies nach der Regel nicht zulässig war[373], weil er zuvor unterbrochen hatte („Vorteils-Tor").

In allen vier Fällen wurde Einspruch gegen die Spielwertung eingelegt, auf den hin die DFB-Rechtsinstanzen in den Fällen 1), 2) und 4) das Spiel neu ansetzten, im Fall 3) den Protest zurückwiesen.

Im Fall 4) kassierte die FIFA die DFB-Entscheidung und beließ es bei der Spielwertung wie ausgegangen.

dd) Analyse der Problematik

Für die abzuhandelnde kontroverse Diskussion um eine richtige Lösung der angesprochenen Fallgruppen ist unstreitiger Ausgangspunkt, der von allen Seiten – von der FIFA über die UEFA und den DFB bis hin zu den Bundesligavereinen – anerkannt wird, die Unangreifbarkeit der Tatsachenentscheidung des Schiedsrichters. Wenn ein Verein mit den Fehlern seiner Spieler (verschossener Elfmeter, Eigentor, Über-den-Ball-Treten) leben muss, so hat der Fußball mit den Fehlern des 23. Mannes auf dem Spielfeld zu leben. Der Reiz des Fußballsports für Aktive und Zuschauer besteht zu einem großen Teil darin, dass das Spielergebnis mit dem Schlusspfiff des Schiedsrichters grundsätzlich feststeht. Das Ergebnis bestimmt den Tabellenstand eines Vereins, sodass nicht nur der jeweilige Gegner, sondern auch die übrigen Vereine der Liga von einer möglichen Änderung desselben betroffen sind. Die Tabellen müssen jederzeit richtig sein. Mit dem letzten Spieltag einer Saison haben Meister und Absteiger wie auch die für internationale Wettbewerbe Qualifizierten festzustehen. Zudem hängen davon auch Veränderungen in anderen Klassen ab. Unsicherheiten würden zumindest für die Dauer eines sportgerichtlichen Verfahrens heraufbeschworen. Sollte auch über den Schiedsrichterentscheidungen und den darauf beruhenden Ergebnisfeststellungen das Damoklesschwert ihrer sportgerichtlichen Aufhebung schweben, so würden erfahrungsgemäß die Schiedsrichter auf dem Spielfeld weniger ernst genommen werden. Die Wahrung der Autorität der Referees ist aber eine gewichtige Garantie für einen geordneten Spielbetrieb[374]. Wegen dieser breit gefächerten denkbaren Folgen besteht ein besonderes Bedürfnis für die Bestandskraft des Spielergebnisses, das der Schiedsrichter am Spielende verkündet hat[375].

370 Urteil des DFB-Bundesgerichts 7/78/79, SportR 16/16/17.
371 Sportgerichts-Urteil vom 26. 4. 1994.
372 Urteil des DFB-Bundesgerichts vom 19. 10. 1994, n. v.

373 Urteil des DFB-Bundesgerichts vom 27. 10. 1997, SportR 15/16/28.
374 *Hilpert*, Sportrecht II, 4 Rn. 108.
375 *Wolf*, aaO., S. 81.

Dabei ist bei der Bindungswirkung der im Spiel erfolgten Tatsachenfeststellungen zu unterscheiden zwischen den Entscheiden für die Dauer des Spiels und denen über das Spielende hinaus. Wenn der Schiedsrichter den Ball an der Hand des Abwehrspielers gesehen hat und Absicht bei diesem feststellt, so ist die Strafstoßentscheidung und das damit erzielte Tor unangreifbar, auch wenn der Ball nicht an der Hand des Abwehrspielers, sondern an der des danebenstehenden Angreifers gewesen ist. Das Letzteres eindeutig dokumentierende Fernsehbild bleibt sportrechtlich ohne Relevanz, wie etwa auch die durch Videoaufnahme nachgewiesene Feststellung, dass das Foul an einem Stürmer eindeutig außerhalb des Strafraums gewesen ist, wenn der Schiedsrichter irrtümlich den Tatort innerhalb des 16-m-Raums verlegt und auf Elfmeter mit Torfolge entschieden hat. So brachte auch das durch die berühmte „Hand Gottes" erzielte „Tor" von *Diego Maradona* bei der WM 1986 in Mexiko sein Land Argentinien eine Runde weiter und ließ England ausscheiden, obwohl alle Welt die Manipulation (sprachlich: manu pellere = Schlag mit der Hand) am Fernsehschirm gesehen hat. Der Schiedsrichter hatte sie, als er auf Tor für Argentinien entschied, nicht bemerkt und auf Tor erkannt. In dieser Fallvariante besteht Konsens zwischen FIFA, UEFA und DFB.

Die Privilegierung der Tatsachenentscheidung bezieht sich auf die **Spielentscheidungen** des Schiedsrichters nach der Fußballregel (z. B. auf „technische Strafen" wie Strafstoß oder Eckball) sowie auf Spielerstrafen für die Dauer des Spiels (Feldverweise). Art. 20 RPO der UEFA lautet: *„Die vom Schiedsrichter auf dem Spielfeld ausgesprochenen Spielstrafen sind endgültig und können von den Disziplinarinstanzen nicht überprüft werden."* – Eine ausdrückliche entsprechende Vorschrift des DFB fehlt. Falls die Spielerstrafe zu Unrecht erfolgte und der Spieler anschließend vom Sportgericht wegen eines offensichtlichen Irrtums des Schiedsrichters freigesprochen würde, war er wirksam bis zum Spielende ausgeschlossen, sein objektiv zu Unrecht erfolgtes Nichtmitwirken für einen Teil der Spielzeit kann auf das Spielergebnis keinerlei Auswirkung haben. Dieses ist unantastbar, weil eine endgültige Tatsachenentscheidung des Schiedsrichters erfolgt ist, aber auch der Teilausschluss des zu Unrecht vom Feld gestellten Spielers bleibt für die Vergangenheit unberührt; er kann allenfalls mit Ex-nunc-Wirkung aufgehoben werden. Diese fußballimmanente **Zweispurigkeit** ist zur Wahrung der sportlichen Gerechtigkeit hinzunehmen. Der Feldverweis wirkt in Gestalt der Vorsperre gegen den Spieler über das Spielende hinaus fort, kann aber jederzeit durch die Rechtsinstanzen aufgehoben werden (bei offensichtlichem Irrtum des Schiedsrichters oder bei error in persona). Dies gilt beim DFB als ungeschriebener Rechtsgrundsatz; auch die UEFA stellt die Möglichkeit der Aufhebung dieser Folge des Feldverweises expressis verbis in Art. 20 Abs. 2 RPO klar.

Die oft abfällig als „heilige Kuh" bezeichnete Tatsachenentscheidung des Schiedsrichters ist ein Lebenselixier des Fußballspiels.

ee) **Ergebnisse der vier Grundfälle**

Im Falle 1) Borussia Neunkirchen gegen Stuttgarter Kickers („Außennetz-Tor") setzte das DFB-Bundesgericht[376] das Spiel neu an. Dies sei in einem extremen Ausnahmefall zulässig, *„wenn die Fehlerhaftigkeit der Tatsachenentscheidung des Schiedsrichters offenkundig sei". Offenkundigkeit liege vor, „wenn für jeden Spieler und Zuschauer, welcher die Spielszene ohne Sichtbehinderung verfolgen konnte, unmittelbar und beweisbar feststand, dass der Ball die Torlinie außerhalb der Torpfosten überquert hatte und hinter dem Tor liegen blieb."* Diese Begründung ist ganz im Sinne von Palmström, dass nicht sein kann, was nicht sein darf. Das Oberlandesgericht Saarbrücken[377] machte sich in einem Rechtsstreit über den Ausgang eines

---

376 Urteil 7/78/79, SportR 16/16/13.   377 Urteil vom 30. 1. 1982, SportR 16/16/32.

Kampfes zweier Ringer-Clubs – streitig war der Zeitpunkt des Schlussgongs – dieses Kriterium zeigen, indem es eine Ausnahme von der grundsätzlichen Unantastbarkeit der Tatsachenentscheidung eines Schiedsrichters angenommen hat, *„wenn die Fehlerhaftigkeit der Tatsachenfeststellungen des Kampfgerichts offenkundig ist"*. Der Entscheidung des Bundesgerichts des DFB steht aber der Wortlaut der Regel 5 entgegen, wonach die Entscheidung des Schiedsrichters über Tatsachen – hier: der Ball war im Tor – endgültig ist. Im Urteil heißt es dazu, *dass der absolute Zwang, auch in diesem Fall der Regel 5 zu folgen, die Regel zur Farce werden ließe.* Die Entscheidung hat viele Befürworter gefunden[378].

Wohl im Hinblick auf die ebenso zahlreiche Kritik an der „Einzigartigkeitsentscheidung" konstruierte im Eingangsfall 2) („Phantom"- oder *„Helmer*-Tor") das DFB-Sportgericht einen andersartigen Regelverstoß, obwohl die Offenkundigkeit der Fehlerhaftigkeit der Entscheidung des Schiedsrichters in diesem Fall noch klarer war als im „Fall Neunkirchen". Der Rechtsfehler des Schiedsrichters wurde darin gesehen, dass er keine Kontaktaufnahme mit dem Linienrichter gesucht habe, der angesichts seiner eigenen Unsicherheit über das Nichttor ihn hätte aufklären können. Dieser Versuch, eine Konstruktion zu finden, die das richtige Ergebnis („kein Tor") nicht der Kassation durch die FIFA aussetzt, wurde teilweise kritisiert[379]. Die FIFA nahm Akteneinsicht und erklärte, da der DFB bei der Neuansetzung des Spiels im Rahmen seiner Kompetenzen gehandelt habe, „bestehe kein Grund zum Eingreifen". Näheres ist aber nicht gesagt.

Das dritte Musterbeispiel aus dem Spiel Schalke 04 gegen Hamburger SV („Nicht-Tor") ist der klassische Fall einer unerschütterlichen Tatsachenentscheidung des Schiedsrichters. Auch wenn der Ball in vollem Umfang die Torlinie überschritten hatte, ist die Feststellung des Referees, „er habe den Ball in Richtung Hamburger Torhüter genau verfolgt und sei zur Überzeugung gekommen, dass der Ball nicht die Torlinie überschritten hatte, als er ins Spielfeld zurück abgewehrt wurde", unabänderlich, weshalb der Protest zurückgewiesen worden ist[380]. Ebenso wie im Falle des „Phantom-Tors" waren die Fernsehbilder aus dem Gerichtssaal verbannt, da nach FIFA[381] die Tatsachenentscheide des Schiedsrichters nicht aufgrund von Videoaufnahmen modifiziert werden dürften. Dieser Standpunkt ist nicht ganz aufrichtig: man will die falsche Schiedsrichterentscheidung nicht revidieren, deshalb schließt man von vornherein aus, dass festgestellt wird, dass sie falsch ist. Wenn das angestrengte Ziel gerechtfertigt ist, braucht man die Vorstufe zu dem Ergebnis der Aufrechterhaltung der Entscheidung des Referees nicht zu scheuen. Bilder anzusehen, kann dabei nicht schädlich sein.

Wenn es sich um Entscheidungen des Schiedsrichters über **Tatsachen** handelt, lassen die DFB-Gerichte diese unangetastet und weisen in **ständiger Rechtsprechung** hiergegen gerichtete Einsprüche ab. Manchmal kommt es vor, dass ein Schiedsrichter eine Regel in einem momentanen Blackout falsch interpretiert hat, dies aber umgehend merkt und dann einen Sachverhalt konstruiert, der die getroffene Entscheidung regelgerecht erscheinen lässt. Es erstaunt, dass die FIFA – aufgeregt und einen relativ unbedeutenden Fall dramatisierend – einen vom Sportgericht des DFB am 14. Juni 1995 entschiedenen Protestfall betreffend die Neuansetzung des Zweitligaspiels VfB Leipzig gegen FC Chemnitz wegen eines festgestellten Regelverstoßes sofort aufgriff, da sie vom International Board beauftragt sei, die Einhaltung der Tatsachenentscheidung des Schiedsrichters rigide zu überwachen[382].

---

378 PHB/*Summerer,* II 5, Rn. 331: „*... eine mutige Entscheidung";* *Waske,* aaO., S. 189.
379 PHB/*Summerer,* II, Rn. 338.
380 Urteil des DFB-Bundesgerichts vom 19. 10. 1994, n. v.

381 Zirkular Nr. 546 vom 25. 11. 1994.
382 Telefax der FIFA vom 16. 6. 1995.

Die FIFA-Disziplinarkommission führte am 19.Juli 1995 eine eigene Beweisaufnahme durch, wobei sie anders als das Sportgericht zu der Annahme kam, dass der Schiedsrichter den Sachverhalt, der seiner Entscheidung zugrunde lag, richtig angegeben hat, und entschied, dass

- der DFB angewiesen wird, dass das fragliche Spiel als gültig zu bewerten ist,
- dem DFB ein Verweis erteilt wird,
- für den Wiederholungsfall dem DFB eine Strafe bis zum Ausschluss aus dem Weltpokal-Wettbewerb der FIFA angedroht werde.

Diese Entscheidung wurde für nicht berufungsfähig erklärt.

Anzumerken ist, dass die FIFA für Spielwertungsfälle ihre Vorschriften nicht für allgemeinverbindlich erklärt hat. Eine solche Harmonisierung ist nach Art. 152 Abs. 2 und 3 FDC nur für Disziplinarreglemente der Verbände vorgeschrieben, für Spielwertungsfälle enthält der FDC keine Regelungen, die als Vorgaben für Nationalverbände angesehen werden könnten.

Unter Wahrung der gebotenen Zurückhaltung bei einer Kritik an einer Entscheidung des Weltfußballverbandes bleibt bezüglich der Intervention der FIFA anzumerken, dass die für den Wiederholungsfall angedeutete Sanktion den Verhältnismäßigkeitsgrundsatz eklatant verletzt haben dürfte. Zudem geht die Missbilligung des Verhaltens des DFB-Sportgerichts in die falsche Richtung. Auf der Grundlage des von der FIFA-Disziplinarkommission festgestellten Sachverhalts – keine Sachverhaltsunterschiebung durch den Schiedsrichter bei der angefochtenen Entscheidung – hätte das DFB-Bundesgericht natürlich ebenso entschieden und den Einspruch zurückgewiesen. Dem DFB wird damit in diesem Fall vorgeworfen, dass die im Rahmen der freien Beweiswürdigung durch sein Sportgericht getroffene Sachverhaltsfeststellung zu missbilligen sei. Obergerichte können naturgemäß Sachverhalte der Vorgerichte abändern – tadelnswert ist aber die Feststellung der Vorinstanz als ureigener Vorgang in einem gerichtlichen Verfahren, nämlich nach bestem Wissen eine tatsächliche Grundlage für die Entscheidung zu ermitteln und darauf das Recht anzuwenden, sicherlich nicht.

Dabei wird von DFB-Seite natürlich nicht der FIFA-Disziplinarkommission die Befugnis abgesprochen, andere tatsächliche Feststellungen zum Sachverhalt zu treffen. Wäre dies die Begründung der FIFA-Entscheidung gewesen, wäre viel Aufregung im DFB-Rechtsbereich nicht eingetreten.

Im Falle 4) („Vorteils-Tor") wiederholt sich dieses Phänomen der Rüge der Sachverhaltsfeststellung der DFB-Rechtsinstanzen durch die FIFA nochmals. Die DFB-Sportgerichte[383] gingen dabei davon aus, dass der Schiedsrichter einen bewusst falschen Sachverhalt seiner Entscheidung zugrunde legte, damit diese schlüssig ist: Konkret wusste er, als er auf Tor für Karlsruhe entschied, dass er **vor** Abgabe des Schusses gepfiffen hatte, um einen Freistoß für den KSC zu geben. Um aber diesem den Vorteil nicht zu nehmen, gab er Tor und sagte, er habe zur Zeit der Schussabgabe noch nicht gepfiffen gehabt, was aber die Umherstehenden beider Vereine strikt in Abrede stellten. Die DFB-Instanzen setzten das Spiel neu an mit der Begründung, wenn der Schiedsrichter bewusst einen falschen Sachverhalt seiner Entscheidung zugrunde legt, könne die Privilegierung der Unangreifbarkeit der Tatsachenentscheidung nach Regel 5 nicht eingreifen. Ein bewusstes Schlüssigmachen der Schiedsrichterentscheidung auf Tor – in Wahrheit wäre auf Freistoß für den KSC zu erkennen gewesen, da bevor der Schuss erfolgt war, der Schiedsrichter das Spiel bereits unterbrochen

---

383 SportR 15/16/28.

hatte – stelle eine unrichtige Regelanwendung (= Regelverstoß) dar, der nur durch eine Neuansetzung korrigiert werden könne.

Dieses Mal reagierte die FIFA in der Form moderat, im Ergebnis aber unnachgiebig. Sie verhängte keine Sanktion gegen den DFB und drohte keine an, teilte diesem aber durch den FIFA-Generalsekretär in einem Schreiben vom 11. November 1997 mit, dass es sich bei dem Entscheid zum 2:2 um eine Tatsachenentscheidung handele. Der Entscheid der DFB-Gerichte über die Neuansetzung des Spiels wurde für nichtig erklärt (Pressemitteilung der FIFA Communication Division vom 12. November 1997). Dem DFB blieb nichts anderes übrig, als es bei dem auf dem Spielfeld festgestellten Ergebnis von 2:2 zu belassen und die Ergebniskorrektur in der Tabelle rückgängig zu machen.

Verwunderlich ist, dass die FIFA-Entscheidung sich nicht mit der Begründung des DFB-Bundesgerichts auseinandersetzt, wonach eine manipulationsfreie Tatsachenentscheidung die Autorität des Schiedsrichters stärke und der Glaubwürdigkeit des fairen Fußballsports diene. Die FIFA stellt ex cathedra fest, es liege eine unangreifbare Tatsachenentscheidung vor. Die Unaufrichtigkeit des Schiedsrichters, die die DFB-Rechtsinstanzen in ihrem Urteil festgestellt hatten, wird von der FIFA totgeschwiegen. Da man aber den FIFA-Juristen schwerlich unterstellen kann, dass sie bewusst ein solches Verhalten decken wollen, kann die FIFA-Entschließung nur so interpretiert werden, dass von vornherein nicht untersucht werden soll, ob eine versehentlich falsche Tatsachenentscheidung des Schiedsrichters vorliegt oder ob der Schiedsrichter – was sicherlich äußerst selten vorliegt – durch eine falsche Aussage über seine Tatsachenwahrnehmungen sich in die Privilegierung der Tatsachenentscheidung nach der Regel 5 flüchtete, obwohl er eine falsche Regelanwendung vorgenommen hat. Die inneren Vorgänge bei der Entscheidungsfindung des Schiedsrichters sollen wohl nach der FIFA-Vorstellung tabu sein. Darüber soll nicht in einem Verfahren gestritten werden. Ein so verstandenes **Beweisthemenverbot** der FIFA wahrt die Autorität des Schiedsrichters als Institution und sichert die Endgültigkeit des Spielergebnisses mit dem Schlusspfiff. Mit dieser Argumentationsweise könnte man unter Umständen einverstanden sein.

ff) **Kausalität des Regelverstoßes**
Bevor eine eigene Lösung der Regelverstoßproblematik versucht werden soll, ist die zusätzliche Voraussetzung für einen Erfolg des Einspruchs zu behandeln: Der Regelverstoß muss die Spielwertung als verloren oder unentschieden **mit hoher Wahrscheinlichkeit** beeinflusst haben (§ 17 Nr. 2 c HS 2 RuVO). Das Fußballspiel ist so variationsreich, und ein Torerfolg darin hängt von so vielen Faktoren und Imponderabilien ab, dass die Fälle von vornherein auszugliedern sind, die sich fast in jedem Spiel – oft sogar mehrfach – ereignen, nämlich dass der Schiedsrichter als Folge eines Beobachtungsfehlers einen falschen Sachverhalt feststellt, darauf aber eine richtige Regel anwendet. Das ist der klassische Fall der Tatsachenentscheidung des Schiedsrichters, die nach Regel 5 endgültig ist. Wenn der Schiedsrichter auf seine Wahrnehmung die richtige Regel anwendet, ist fußballrechtlich alles unbedenklich. Beispiele: Er sieht den Fall hinter der Torlinie, obwohl dies nicht der Fall ist = Tor. Er glaubt, ein absichtliches Handspiel im Strafraum gesehen zu haben und gibt Elfmeter, was ebenfalls unangreifbar ist. In beiden Fällen handelt es sich um nach einhelliger Meinung in der Fußballwelt endgültige (falsche) Tatsachenentscheidungen, die bestandskräftig sind, weil Fehlentscheidungen im Fußball zu diesem Sport ebenso gehören wie Fehlleistungen der Spieler.

Es bleiben die Fälle auf ihre Einspruchsrelevanz zu prüfen, in denen auf der Basis einer richtigen oder auch einer falschen Tatsachenfeststellung vom Schiedsrichter eine falsche

Spielregel angewandt worden ist. Auch dies geschieht relativ häufig, im Amateurfußball wohl vielleicht fast in jedem Spiel. In fast allen Fällen sind alle diese hunderttausende kleinen und größeren Verstöße der Referees gegen die Spielregeln folgenlos, da das Spielergebnis dadurch nicht mit hoher Wahrscheinlichkeit beeinflusst worden ist.

Der hohe Grad der Ursächlichkeit ist bei einem **unmittelbaren Zusammenhang** zwischen der Fehlentscheidung des Schiedsrichters und einer Ergebnisveränderung zu bejahen. Dazu gehört, dass ein Tor in direkter zeitlicher Folge erzielt worden ist, wobei mehrere Zwischenstationen des Spielgeschehens bzw. verschiedene Ballberührungen, falls sie dessen Richtung verändern, schädlich sind. Dabei scheiden vielfältige Spekulationen über die Folgen des Regelverstoßes aus; das Ergebnis muss ohne die Regelverletzung nach aller Erfahrung ein anderes gewesen sein.

gg) Fallentscheidungen zur Kausalität

Das Bundesgericht des Deutschen Fußball-Bundes hat am 23. 1. 2008[384] auf die Revision des FC Germania Dattenfeld die ursprüngliche Wertung des Oberligaspiels gegen SV 19 Straelen (4:0) wiederhergestellt. Bei dem Spiel waren beide Tore 20 cm zu niedrig. Das Bundesgericht hat einen regelwidrigen Platzaufbau vorbehaltlos bejaht. Es hat dabei im Ausgangspunkt eine Tatsachenentscheidung des Schiedsrichters insoweit verneint, als dieser trotz Kenntnis der Höhendifferenz der beiden Tore das Spiel anpfiff und durchführte. Der Schiedsrichter hat damit nicht einen von ihm falsch beurteilten Sachverhalt seiner Entscheidung über die Spielaustragung zugrunde gelegt, weshalb eine unantastbare Tatsachenentscheidung des Schiedsrichters nach Regel 5 nicht gegeben ist. Es liege nach Auffassung des Bundesgerichts auch kein Regelverstoß vor. Die Fußballregel 1 enthalte kein Verbot, das Spiel bei festgestellter zu niedriger Torhöhe anzupfeifen. Der Schiedsrichter habe zwar zuvor den Platzverein zur Beseitigung des Mangels binnen 30 Minuten auffordern müssen, was aber lediglich eine Anweisung des DFB ohne Regelcharakter sei. Im Wege der Rechtsfortbildung sei ein Verstoß gegen eine Fußballregel, die keinen Regelverstoß des Schiedsrichters darstelle, hinsichtlich der Kausalität des Fehlers für den Spielausgang – wie in § 17 Nr. 2 c RuVO vorgesehen – daraufhin zu prüfen, ob das Ereignis mit hoher Wahrscheinlichkeit die Spielwertung als verloren oder unentschieden beeinflusst hat. Hier habe der fehlerhafte Platzaufbau auf das Spielergebnis keinen ersichtlichen Einfluss ausgeübt, sodass kein Anspruch auf Spielumwertung bestehe.

Interessanterweise prüft das DFB-Bundesgericht nicht die Frage eines Verschuldens des Platzvereins und den Gesichtspunkt der Verhältnismäßigkeit einer Spielumwertung, was die UEFA-Disziplinarkommission im Falle Spartak Moskau gegen FC Sion durchaus getan hatte (s. oben Rn. 36 f) bb)). In ähnlicher Weise wurde eine Ursächlichkeit für ein Spielergebnis verneint, als in einem Amateurspiel einer der beiden einbestellten Schiedsrichter-Assistenten sich kurz vor Spielbeginn verletzte und kein Ersatzmann zu finden war. Ob insoweit ein Regelverstoß (Regel 6: „Es sind zwei Schiedsrichter-Assistenten zu bestimmen …") vorlag, konnte oft offenbleiben, da nicht zu beweisen war, dass der unterlegene Verein, der Protest einlegte, dadurch benachteiligt worden ist, dass der verbliebene „Linienrichter" eine Halbzeit auf der einen Seite, die zweite auf der anderen Seite winkte, eine Seite jeweils aber unbesetzt blieb.

In einem Pokalspiel im Amateurbereich zwischen SV Bardenbach gegen SV Karlsbrunn am 24. 11. 2007 hatte der Schiedsrichter beim Elfmeterschießen gestattet, dass ein Spieler, der unter den ersten Fünf seiner Mannschaft bereits einen Strafstoß geschlossen hatte, für einen

---

384 Az.: 4/2007/2008, SpuRt 2008, 173 ff.

verletzten Spieler zum Strafstoß antreten durfte (er erzielte das 9:8-Endergebnis), was nach FIFA-Vorgehensweisen zur Ermittlung eines Siegers erst zulässig gewesen wäre, wenn alle geschossen hatten, was nicht der Fall war. Der somit gegebene Treffer war conditio sine qua non für das Spielergebnis, weshalb die Spruchkammer des Saarländischen Fußballverbandes (Urteil vom 5.12.2007 – Az.: 1496-07/08) das Spiel neu ansetzte. Hier stellt sich die Frage, ob nicht wie im spanischen Fußballbereich (s. oben Rn. 3 f) bb)) nur eine Fortsetzung des Elfmeterschießens hätte angeordnet werden sollen. Eine Neuansetzung der Spielrestzeit ist aber nach DFB-Recht **nicht** zulässig.

hh) DFB zum Regelverstoß nach FIFA-Intervention:

In DFB-Kreisen stand nach der FIFA-Entscheidung im Falle 1860 München gegen den Karlsruher SC ernsthaft im Raum, den Protestgrund des Regelverstoßes in § 17 Nr. 2 c RuVO zu streichen. Einen solchen Schritt halte ich für vertretbar, da die Endgültigkeit der Entscheidungen der Schiedsrichter in tatsächlicher **und** rechtlicher Hinsicht sicherlich dem Fußballsport nicht empfindlich schaden und einen Meilenstein in Hinsicht auf die Rechtssicherheit bei Spielwertungen darstellen würde.

Der DFB hat nach der FIFA-Intervention vom November 1997 einen salomonischen Ausweg aus der Vorgabe der FIFA und dem traditionellen deutschen Rechtsverständnis zu Regel 5 gefunden. Durch Beiratsbeschluss vom 18. April 1998 unterwarf sich der DFB der Letztentscheidung der FIFA, ohne den DFB-Rechtsstandpunkt von vornherein aufzugeben: § 18 Nr. 6 Satz 2 RuVO lautet:

„Die Entscheidung über die Spielwertung treffen die Rechtsorgane des DFB. Wird auf Spielwiederholung gemäß § 17 Nr. 2 c RuVO erkannt, wird die rechtskräftige Entscheidung zur abschließenden Bewertung der FIFA vorgelegt."

Diese Kompromisslösung ist ab der Spielzeit 1998/99 in Kraft. Verwunderlich ist, dass seitdem keine Einspruchserhebung wegen eines Regelverstoßes im Bundesligabereich erfolgt ist. Die Vorschrift über die Vorlagepflicht konnte noch nicht auf ihre praktische Tauglichkeit getestet werden. Jedenfalls ist durch die gewollte Unterwerfung des DFB die vorher noch nicht ausdrücklich bejahte Vorfrage geklärt, ob die FIFA überhaupt eine Zuständigkeit zur Intervention bei internen DFB-Spielen hat.

Eine weitere Unsicherheit bei Regelverstößen ist durch die 1999 erfolgte Neufassung der Entscheidung Nr. 3 der IFAB zu Fußballregel 5 heraufbeschworen. Dort heißt es:

„Zu den Tatsachen, die mit dem Spiel zusammenhängen, gehören auch das Ergebnis eines Spiels sowie die Entscheidung, ob ein Tor erzielt wurde oder nicht."

Man könnte darin eine Legaldefinition der Tatsachenentscheidung oder gar eine Fiktion sehen oder aber einen simplen Trick, wonach zu den Tatsachen, die mit Endgültigkeitscharakter vom Schiedsrichter auf dem Spielfeld getroffen werden, die Verkündung des Spielergebnisses gehören soll und damit ex cathedra alle vorherigen richtigen oder falschen Entscheidungen des Referees unmaßgeblich und überholt sein sollen. Man könnte daraus folgern, dass zum Thema Regelverstoß nach § 17 Nr. 2 c RuVO das letzte Kapitel geschrieben sei[385]; die Vorschrift wäre obsolet, und durch einen Federstrich des IFAB wären die zahlreichen Abhandlungen im In- und Ausland über den Regelverstoß zur Makulatur geworden und in die noch junge Disziplin „Sportrechtsgeschichte" verabschiedet worden.

---

[385] *Hilpert,* Sportrecht II 4 Rn. 111.

Auf Landesebene ist teilweise[386] entsprechend judiziert worden, darüber hinaus sind mir keine diese Vorschrift interpretierenden Entscheidungen – aber auch kein aussagekräftiges Zirkular der FIFA – bekannt geworden. Es gilt zuzuwarten, bis eine Grundsatzentscheidung zu dieser diskussionswürdigen Frage ergeht.

Die FIFA sieht insoweit auch ohne die obige Entscheidung Nr. 3 des IFAB keinen Diskussionsbedarf. So heißt es in der Media-Kommission der FIFA-Kommission für rechtliche Angelegenheiten vom 12. Dezember 1997 (zum Fall 1860 gegen KSC), dass die Kommission einstimmig bekräftigt habe, dass *„Entscheidungen, die ein Schiedsrichter während einer Begegnung fällt und die den Verlauf des Spieles betreffen, Tatsachenentscheidungen sind“*, was heißt, dass sie nach Regel 5 endgültig sind. Man ist damit bei dem obigen Ansatz, dass eine Formulierung, *„alle Entscheidungen des Schiedsrichters sind endgültig“*, jegliche Interpretationsakrobatik um das Institut des Regelverstoßes illusorisch machen würde. Der Fußballsport könnte mit einem Dogma der absoluten Unantastbarkeit aller Schiedsrichterentscheidungen, auch wenn diese im Einzelfall enorme wirtschaftliche Bedeutung haben, leben. Man könnte zum Trost auf die alte Weisheit des Fußballphilosophen *Sepp Herberger* zurückgreifen: *„Im Fußball gleicht sich alles im Laufe einer Saison aus!“* In dieser Skepsis könnte man auch als Sportjurist sich an dem Gedanken erfreuen, dass endlich der Fußball triumphiert hat (*„Der Ball ist rund.“*) und „etwas Profanes wie Gerechtigkeit“ ein flüchtiger und unsteter Begleiter desselben ist.

Dem Autor schwebte immer schon vor, dass die Streitfrage durch ein reinigendes Gewitter bei einem totalen Blackout eines Schiedsrichters bei einem WM-Endspiel gelöst werden könnte. Der Gau stand nach der WM 2006 fast vor der Tür, als aufgrund der zeitlichen Zusammenhänge beim Feldverweis von *Zidane* plausibel die Behauptung aufgestellt wurde, dass der 4. Offizielle seine späte Meldung über den Kopfstoß des Weltstars gegenüber *Marco Materazzi* **nach Blick auf die Videokamera** auf der Aschenbahn gemacht hätte. Dieser bestritt eine solche nach FIFA-Recht strikt verbotene Informationsquelle während des Spiels, sodass die Akte geschlossen blieb.

Die FIFA hat unabhängig von diesem Fall aus ihrer Warte geschickt und umsichtig eine doppelte Sicherung für ihre Auffassung zur Problematik eingebaut. Außer der von ihr vertretenen Interpretation („kein Regelverstoß“) hat sie in formeller Hinsicht in Art. 61 Nr. 3 der FIFA-Statuten festgeschrieben: *„Das CAS behandelt keine Berufungen im Zusammenhang mit Verstößen gegen die Spielregeln ...“*

Hier taucht der von *Kummer* 1973 aufgestellte Begriff *Spielregel* im Schweizer Rechtsbereich auf.

Klagen gegen die FIFA sind zudem – falls das Schiedsgericht nicht zuständig ist – an ihrem Sitz in Zürich zu erheben, wobei die FIFA von dem liberalen Schweizer Vereinsrecht profitieren könnte. Videant consules! An dieser Stelle taucht die nicht einfach zu beantwortende Frage auf, ob durch die FIFA-Regelung in Art. 61 Nr. 3 FIFA-Statuten der Rechtsweg total ausgeschlossen ist – also die letztinstanzliche FIFA-Entscheidung endgültig ist – oder ob dann wegen des Ausschlusses des Schiedsgerichtsweges **subsidiär** die staatliche Gerichtsbarkeit zuständig ist, was sich dann als Eigentor der FIFA-Regelung herausgestellt hätte.

ii) Bevor ein eigener Lösungsvorschlag zur Diskussion gestellt werden soll, soll überprüft werden, ob in der für das Sportrecht bisher so effektiven Rechtsprechung des CAS zu

386 Ständige Praxis der Spruchkammer Aktiv des Saarländischen Fußballverbandes.

anderen Sportarten insoweit Hilfestellung zu finden ist, auch wenn eine FIFA-Streitsache beim CAS über Spielregelverstöße ausgeschlossen ist. Nach ständiger Rechtsprechung schützt der CAS Spielfeldentscheidungen und erklärt, dass die Spielregeln („Rules of the game"), welche den korrekten Ablauf des Wettkampfs festlegen, nicht Gegenstand einer richterlichen Überprüfung sein können. Nur wenn die Schiedsrichterentscheidung „willkürlich" oder „treuwidrig", d. h. „in böser Absicht" getroffen worden ist, gelte eine Ausnahme[387]. Nicht jeder unrichtige Schiedsrichterentscheid sei auch willkürlich. Im berühmten Fall des brasilianischen Marathonläufers *Vanderlei Cordeiro de Lima* definiert der CAS[388] den Ausnahmefall dahin, dass ein Sportler erwiesenermaßen bevorteilt oder benachteiligt worden sein muss, z. B. als Folge einer Bestechung. Die Hürde für einen solchen Nachweis ist hoch. Wäre sie jedoch niedriger anzusetzen, so fährt der CAS fort, bestünde das große Risiko einer Flut von Klagen enttäuschter Wettkämpfer, die nichts unversucht lassen, ihr Resultat am grünen Tisch zu verbessern.

Interessant ist, dass auch der EuG[389] in der Meca-Medina-Entscheidung den Begriff der „Spielregeln" anspricht als eine rein sportliche Regelung, die „ihrer Natur nach nicht unter den Geltungsbereich der Art. 39 und 49, 81, 82 EG falle (z. B. betreffend die Dauer des Spiels, die Anzahl der Spieler), weil der Sport nur im Rahmen bestimmter Regeln bestehen und ausgeübt werden könne. Als insoweit oberstes Gebot im Sinne des Fair-Play-Gedankens wird vom EuG das Dopingverbot genannt, das eine rein sportliche Natur habe.

Auf der Suche nach rechtlichen Anknüpfungspunkten für die Regelung des Komplexes um den Problemkreis Tatsachenentscheidung/Regelverstoß wird man auch im traditionsbeladenen BGB fündig, wo in § 661 Abs. 2 BGB die Entscheidung des Preisrichters beim Preisausschreiben für die Beteiligten als bindend und gerichtlich auf ihre sachliche Richtigkeit nicht überprüfbar erklärt wird. Eine ähnliche Situation wie bei den Entscheidungen des Schiedsrichters im Fußball ist also gegeben[390]. Das BGB schließt dabei nicht nur Tatsachenfehler, sondern sogar Rechtsfehler für die Nachprüfung aus.

jj) Lösungsansatz aus meiner Sicht

Das ausgewertete Fallmaterial zeigt, dass weitgehend Konsens besteht, dass bei der Bewertung der Erfolgschancen eines Einspruchs wegen eines Regelverstoßes restriktiv vorzugehen ist, wobei zwei Kriterien eine wichtige Bedeutung haben:

- die innere Tatseite beim Schiedsrichter – bewusst falsche Entscheidung,
- die Offensichtlichkeit/Offenkundigkeit des Regelverstoßes.

Ich füge ein drittes Kriterium hinzu:

- Eine Korrektur eines unerträglichen Ergebnisses muss eröffnet bleiben.

FIFA und CAS begegnen sich bisher schon in einem Punkt, nämlich bei „einer bewusst falschen Entscheidung des Schiedsrichters" (FIFA-Schreiben vom 4. März 2005 an den DFB im *Hoyzer*-Verfahren, siehe oben § 16 Rn. 24 e) bb)) bzw. mit den Worten des CAS *„bei einer willkürlichen Schiedsrichterentscheidung, die in böser Absicht getroffen worden ist"*. Unter diesem Aspekt lassen sich der obige Fall 4 und das Verfahren VfB Leipzig gegen FC Chemnitz – jeweils bei Zugrundelegung der von den DFB-Gerichten festgestellten Sachverhaltsversion, dass der Schiedsrichter bewusst die Regel falsch angewandt hat – unschwer subsumieren.

---

387 CAS, Urteile vom 8. 9. 2005 und 30. 4. 2006,   389 SpuRt 2005, 20 ff.
SpuRt 2006, 32 f., 162 ff.   390 Siehe BGHZ 89, 153.
388 SpuRt 2006, 32 f.; *Hilpert*, Sportrecht II 4
Rn. 112.

Hinzu kommt die bewusste Ergebnisverfälschung in den *Hoyzer*-Fällen (s. nachfolgend Rn. 38). Hier liegt jeweils eine treuwidrige und in böser Absicht getroffene Maßnahme des Schiedsrichters vor, bei der die FIFA eine Ausnahme zulässt und der CAS ebenso judiziert. Wenn ein Richter das Recht bricht, stürzen die Dämme einer Rechtsordnung ein. Man kann nicht untätig bleiben.

Eine zweite Fallgruppe lehnt sich an den im FIFA- wie im DFB-Recht zwischenzeitlich aufgenommenen offensichtlichen Irrtum des Schiedsrichters (s. § 84 b FDC und § 13 Nr. 2 RuVO) an, der zur Aufhebung von Disziplinarentscheidungen desselben für die Zukunft führt. Die FIFA hat für diese Fallkonstellation erkannt und akzeptiert, dass bei Evidenz eines Fehlers eine Korrektur zulässig sein soll, ja muss. Der Schritt von dieser Ansicht ist nicht weit zu der Einzigartigkeitsentscheidung des DFB-Bundesgerichts betreffend einen Spielwertungsfall im Spiel Borussia Neunkirchen gegen Stuttgarter Kickers („Außennetz-Tor"), wo der Begriff der Offenkundigkeit, der eng verwandt mit dem der Offensichtlichkeit ist, als Lösungsansatz gewählt worden ist mit dem erklärten Ziel, die Regeln nicht zur Farce werden zu lassen. Auch im parallelen Recht des Staates wird von *Gustav Radbruch*[391] postuliert, dass die Rechtssicherheit grundsätzlich den Vorrang hat, *„solange der Widerspruch des positiven Rechts zur Gerechtigkeit nicht ein so unerträgliches Maß erreicht hat, dass das Gesetz als unrichtiges Recht der Gerechtigkeit zu weichen hat"*.

Bisher nicht diskutiert, m. E. aber notwendig, um die Fußballwelt nicht zu erschüttern, ist ein „umgekehrter Radbruch". Wenn die Neuansetzung nach einem Regelverstoß im konkreten Fall für den Fußballsport zu einem unerträglichen Ergebnis führt, bedarf es einer Korrekturmöglichkeit, einer Bremse bzw. eines Rettungsankers, damit ausnahmsweise das Ergebnis trotz eines Regelverstoßes bestehen bleiben kann: etwa wenn überragende Gesichtspunkte zur Wahrung des Ansehens des Fußballsports eine Beibehaltung des Ergebnisses gebieten. Eine solche Ausnahme von der Ausnahme ist zu diskutieren und könnte auch in ähnlicher Form und mit einem etwas anderen Ansatz – etwa allein „auf die Unerträglichkeit nach dem Verständnis des herkömmlichen Fußballsports" gestützt werden. *Urs Scherrer*[392] plädiert dafür, zwar die Differenzierung von justitiablen Rechtsregeln und injustitiablen Spielregeln im Kern weiterhin beizubehalten, jedoch zu prüfen, ob in Berücksichtigung des zweifelsfrei allgemein bestehenden Interesses, dass der Sport in seinem Gesamtwesen durch richterliche Intervention nicht gefährdet bzw. zerstört werden soll, bei einer Einspruchseinlegung wegen eines Regelverstoßes auf das „Rechtsschutzinteresse" abzustellen sei. Dies könne den Bedürfnissen des Sports als auch derjenigen der Rechtsuchenden gerecht werden, indem das Rechtsschutzinteresse verneint „und ein Spielschutzinteresse bejaht würde in den Fällen, in denen der Sport im Bestand und in der Durchführung **durch richterliches Eingreifen** gefährdet wäre". Nach *Urs Scherrer* könne dann auf eine solche Klage in Ermangelung der Prozessvoraussetzung „Rechtsschutzinteresse" nicht eingetreten werden. *Scherrer* nennt kein Beispiel für seine Ausnahmekonstruktion. Alle Beispiele hinken. Auch ich möchte deshalb Zurückhaltung bei der Nennung von Ausnahmefällen üben, glaube aber, dass ein solcher Fall gegeben gewesen wäre bei Anfechtung der Wertung des WM-Finales 2006 wegen eines Regelverstoßes des Schiedsrichters: Wenn Schiedsrichter *Horacio Elizondo* aus Argentinien im Zusammenwirken mit dem 4. Offiziellen bei der Hinausstellung von *Zinédine Zidane* nach dessen Kopfstoß gegenüber *Marco Materazzi* den Feldverweis aufgrund der Fernsehaufnahme gemacht hätte – was nach wie vor streitig ist – was aber nach FIFA-Recht strikt untersagt ist. Eine von FIFA-

391 AaO., S. 105.
392 AaO., S. 184.

Gremien deshalb angeordnete Wiederholung des WM-Spiels hätte „einen sportlichen Super-Gau"[393] bedeutet. Hinzu kommt, dass materiell-rechtlich der Feldverweis *Zidanes* eindeutig gerechtfertigt gewesen ist, weshalb über die formelle Schiene eine inhaltlich falsche Entscheidung getroffen worden wäre. In einem solchen Fall könnte eine Ausnahme vorliegen von der Überprüfung des Regelverstoßes wegen des überragenden Interesses des Fußballsports und aus diesem Anlass ein WM-Finale nicht wiederholt werden. Da das Leben immer wieder neue Problemfälle entwickelt, würde es der Rechtsprechung überlassen bleiben, das Kriterium der Unerlässlichkeit der Ausnahmeregelung nach und nach zu umschreiben und mit Leben zu erfüllen. Auch die FIFA würde wohl ihre Vorbehalte gegen die Heranziehung des Regelverstoßes zurücknehmen, wenn eine **Rückausnahme** bei geeigneten Fällen, mit der vernünftige Ergebnisse im Einzelfall aus sportlichen Gesichtspunkten erzielbar sind, bestehen würde.

Mein Vorschlag de lege ferenda für eine FIFA-Regel 5 (Entscheidung des Schiedsrichters Nr. 1) könnte lauten:

> *„Seine Entscheidungen, die mit dem Spiel zusammenhängen, sind endgültig, es sei denn, es liegt ein spielentscheidender offensichtlicher Fehler oder eine bewusste Fehlentscheidung des Schiedsrichters vor."* In *jedem Fall bleibt es bei der Entscheidung des Schiedsrichters, wenn eine Spielwiederholung nach dem wohlverstandenen Interesse des Fußballsports unerträglich ist."*

– oder wahlweise:

> *„. . . wenn eine Spielwiederholung wegen überragender Gesichtspunkte des Fußballspiels untunlich ist."*

Es gibt sicherlich von jeher unter den Sportlern Vorbehalte gegen die Juristen, wenn diese sich in das schöne Fußballspielen mit ihren Paragraphen einmischen. Auf dem Sektor „Regelverstoß" sollten diese Juristen aber Wege finden, um ihren schlechten Ruf abzubauen und durch die Schaffung einer flexiblen Regelung das Erzielen vernünftiger und für die ganze Fußballwelt akzeptabler Ergebnisse zu ermöglichen. Der Zwillingsbruder der Gerechtigkeit ist auch im Sport die Billigkeit. Erst sie ermöglicht das richtige Ergebnis im Einzelfall! Dabei braucht niemand zu befürchten, dass der Sport auf dem Altar des Rechts geopfert wird oder eine Verfahrensflut von Regelverstößen zu erwarten sei. Die Erfahrung des DFB, dass in den letzten zehn Jahren kein „Einzigartigkeitsfall" auftrat, belegt dies.

37 Gedopter Spieler als Protestgrund
(§ 17 Nr. 2 d RuVO):
Weil Dopingmissbrauch meist nicht schon am jeweiligen Spieltag den beteiligten Vereinen bekannt ist/wird, ist ein Fristbeginn am Tage des Spiels ungeeignet, sodass der Einspruch innerhalb von zwei Tagen nach Kenntnis der Benachrichtigung durch die Dopingkommission einzulegen ist.

In diesem Fall ist das vorrangige Beweismittel der Dopingbefund des Labors – in seltenen Fällen, in denen einem Dopingvorwurf kein Laborbefund zugrunde liegt, hat der Einspruchsführer die volle Beweislast dafür, dass ein Dopingvergehen vorliegt. Die Frist läuft dann spätestens zwei Wochen nach dem Spieltag ab. Es soll also binnen angemessener Frist Rechtssicherheit hergestellt sein. Diese Fallgruppen sind beim DFB aufgetreten, wenn zwischen dem Spieltag, an dem die Dopingprobe entnommen wurde, und dem Tag der Eröffnung der Dopingkontrolle ein weiterer Spieltag lag, an dem der betreffende Spieler mitgewirkt hat. Von dem interessierten Verein, der an letzterem Spiel beteiligt war, wird aus der Art des Dopingmittels und gemäß dem Grad der Dosierung messerscharf geschlos-

---

393 *Scherrer*, aaO., S. 181.

sen, dass ein Spieler, der beim ersten Spiel die festgestellte Dosierung des verbotenen Mittels gehabt habe, nach den Regeln der Dopingmedizin auch am zeitnahen zweiten Spieltag noch gedopt gewesen sein müsse. Insoweit bestehen aber große Unsicherheiten, weshalb die volle Überbürdung der Beweislast auf den Einspruchsführer die richtige Lösung ist. Bleiben mehr als nur theoretische Zweifel, ist der Einspruch nicht begründet. Wenn nach medizinischen Grundsätzen aus dem Zeitabstand und der Dosis bei dem gemessenen Befund ein Gedoptsein am zweiten Spieltag naheliegt, muss eine solche Folgerung im Einzelfall wissenschaftlich zweifelsfrei abgesichert sein.

Angemerkt sei, dass entgegen mancher anderer Meinung, die im Schrifttum geäußert ist, ein „Dopinggeständnis" auch ohne Laborbefund ein taugliches Beweismittel sein kann – Fehlerquellen sind insoweit aber auszuschließen.

Eine für das deutsche Rechtsverständnis eher ungewohnte Regelung haben die UEFA in Art. 12 quater RPO und die FIFA in Art. 65 Nr. 5 FDC festgelegt, wonach mehr als einem Spieler einer Mannschaft ein Dopingvergehen zur Last gelegt werden muss, um die Mannschaft vom laufenden oder einem künftigen Wettbewerb ausschließen zu können. Der CAS gab nach Relegationsspiel in der EM-Ausscheidung 2004 zwischen Wales und Russland einem Protest von Wales nicht statt, da, wenn wie geschehen, „nur *ein* russischer Spieler gedopt gewesen sei, eine Sanktionierung von Russland nicht zulässig sei." Diese quantitative Voraussetzung von mehr als einem Spieler in gedoptem Zustand kennt das DFB-Recht nicht, sondern lässt genügen, dass **ein** Spieler gedopt war.

Andererseits verlange § 17 Nr. 5 RuVO a. F. keinen Nachweis **der Beeinflussung des Spielergebnisses**. Nach altem Recht ist in zwei Instanzen und in einem anschließenden Schiedsgerichtsverfahren der Einspruch des Finalisten des DFB-Hallenmasters 2000 SpVgg Greuther Fürth gegen das von Borussia Mönchengladbach gewonnene Endspiel erfolgreich gewesen. Bei dem Spieler *Quido Lanzaat* war bei der Dopingkontrolle ein Befund von 15 mg THC (Cannabinoide) festgestellt worden; er wurde wegen Dopings bestraft (zum Sachverhalt s. oben § 6 Rn. 30 Fall 5). Mönchengladbach hatte seine Rechtsverteidigung darauf gestützt, dass den Verein kein Verschulden treffe und *Lanzaat* nur kurzzeitig am Spiel teilgenommen habe, wobei das Ergebnis von 3:2 **nicht** verändert worden ist. Das Bundesgericht des DFB[394] stellte fest, dass es sich um eine Spielwertungsfolge handele, bei der es auf ein Eigenverschulden des Vereins nicht ankomme. Im Übrigen sei unerheblich, dass während *Lanzaats* Teilnahme am Spiel das Ergebnis sich nicht verändert habe. Auf den ersten Blick ist eine solche rigorose These auffallend, insbesondere, wenn man den Fall so zuspitzt, dass der gedopte Spieler beispielsweise nur eine Sekunde fern vom Ball auf der Spielfläche gewesen sein soll. Die Mitwirkung eines wegen Dopings bestraften Spielers war somit nach dem Wortlaut des § 17 Nr. 5 RuVO a. F. ein „**absoluter Einspruchsgrund**". Seit 1. 7. 2006 ist erfreulicherweise in der Neufassung des § 17 Nr. 5a RuVO eine flexiblere Lösung im Einspruchsfall eröffnet (s. unten Rn. 41).

Spielmanipulation   38
(§ 17 Nr. 2 e RuVO):
Auch im Fall der Manipulation besteht nach den Erfahrungen im *Hoyzer*-Skandal das Bedürfnis, die Einspruchsfrist erst ab dem Tag der Kenntnis von den Tatsachen, die einen hinreichenden Tatverdacht begründen, laufen zu lassen; sie ist grundsätzlich auf zwei Tage bemessen, jedoch längstens bis zum Vortag des viertletzten Spieltags einer Saison. Spätere Kenntniserlangung ändert an der Verfristung nichts.

394 SpuRt 2001, 257.

Für die letzten vier Spieltage der jeweiligen Spielklasse läuft nur die Zweitages-Frist ab Spieltag. Zudem sind Einsprüche auf Spielwiederholungen dann nicht mehr zulässig, demnach nur noch solche auf Spielumwertung. Auch diese Regelung dient dem rechtzeitigen Ablauf einer Spielzeit mit einer klaren Tabelle am Ende und ist als Ausfluss der Vereinsautonomie (Art. 9 (1) GG) rechtlich unbedenklich. Rechtssicherheit ist ein gleichwertiges Rechtsgut wie die Gerechtigkeit und gerade im schnelllebigen Fußballsport ein hoch einzuschätzender Wert.

39 Zuständige Gerichte
(§ 17 Nr. 3 RuVO):
Entsprechend dem üblichen Gerichtsaufbau entscheidet über den Einspruch erstinstanzlich das Sportgericht, als Berufungsinstanz das Bundesgericht.

40 Einsatz von Spielern ohne Spiel- bzw. Einsatzberechtigung
(§ 17 Nr. 4 RuVO):
Diese Vorschrift regelt die Rechtsfolge bei einem schuldhaften Einsatz eines nicht spiel- oder einsatzberechtigten Spielers: grundsätzlich 0:2 verloren und 2:0 für den Gegner gewonnen. Aufgrund des Spiels 1. FC Kaiserslautern gegen VfL Bochum im November 1998, bei dem ein nicht einsatzberechtigter Spieler wenige Sekunden auf dem Spielfeld war, der Trainer *Otto Rehhagel* den Fehler umgehend bemerkte und ihn wieder herausholte, ist die Vorschrift geboren, dass der „Einsatz" eines Spielers, der schon vor Spielfortsetzung wieder beendet war, auf die Spielwertung keinen Einfluss hat.

41 Wertung bei Dopingfällen
(§ 17 Nr. 5 a RuVO):
Spiele einer Mannschaft, die unentschieden oder mit einem Sieg endeten, werden, falls sich ein Spieler einer Dopingkontrolle entzieht oder ein Spieler wegen Dopings bestraft worden ist, mit 0:2 als verloren gewertet. Falls der Einsatz des gedopten Spielers mit hoher Wahrscheinlichkeit dazu geführt hat, dass der Gegner nicht gewonnen hat bzw. nicht unentschieden gespielt hat, ist das Spiel mit 2:0 Toren für den Gegner als gewonnen zu werten.

Bei Vorliegen von besonderen Umständen kann abweichend davon zugunsten der Mannschaft des gedopten Spielers entschieden werden und alternativ auf Bestätigung des ursprünglichen Ergebnisses erkannt werden oder auf teilweise Aberkennung von Punkten oder auf Spielwiederholung. Diese flexible Reaktion ist auf den Fall *Vucićević* (oben § 6 Nr. 30 Fall 11) zurückzuführen, in dem ein maskierender Wirkstoff verwendet worden war, der per Definition keine leistungssteigernde Wirkung hat – es sei denn, man konstruiert einen Placebo-Effekt. Im Sinne der Gerechtigkeit ist diese Variationsbreite bei den Wertungsfolgen sicherlich begrüßenswert. Auch insoweit werden durch die Rechtsprechung nach und nach durch Auslegung der besonderen Beweislastregelungen bei den Fallgruppierungen Grundsätze entwickelt werden, die bei der Rechtsberatung in Nachfolgefällen eine Hilfe darstellen.

Die Sorge, dass durch diese Eigenlösung des DFB eventuell ein Verstoß gegen FIFA-Recht oder gegen NADAC/WADAC vorliegen könnte, ist unbegründet, da alle drei Institutionen als Folge bei Dopingverstößen von Mannschaftsmitgliedern eine Sanktion gegen den Verein fakultativ und nicht zwingend vorschreiben (Art. 65 Nr. 5 FDC, Art. 11 WADAC).

42 Gedopte Spieler bei beiden Mannschaften
(§ 17 Nr. 5 b RuVO):
Wenn gleichzeitig in beiden Mannschaften Dopingfälle aufgetreten sind, so folgt daraus auch beim Gegner Spielverlust mit 0:2.

Vereinsverschulden 43
(§ 17 Nr. 5 c RuVO):
Liegt nur auf Vereinsseite Verschulden im Sinne des Mitwirkenlassens des gedopten Spielers vor und wird der Verein deswegen bestraft, ohne dass gegen den Spieler ein strafbarer Tatbestand vorlag (s. oben § 6 Rn. 30 Fall 3 *Thomas Ernst*, VfL Bochum, – Verschulden allein des Mannschaftsarztes), so ist nach den Grundsätzen von Nr. 5 c Absätze 1 und 2 RuVO der Verein zu sanktionieren. Im Falle Bochum wurde eine Geldstrafe von 80.000 DM verhängt. Der Spieler blieb straffrei.

Schuldlosigkeit 44
(§ 17 Nr. 5 d RuVO):
Wenn ein Dopingfall vorliegt, ohne dass einen Spieler und den Verein ein Verschulden trifft, ist das Spiel zu wiederholen, wobei Spielwiederholung grundsätzlich am gleichen Ort auszutragen ist (§ 17 Nr. 6 RuVO).

§ 17 a RuVO
Einspruch bei Spielmanipulationen

1. Ein Einspruch gegen die Spielwertung ist zusätzlich zu Sanktionen mit der Begründung statthaft, dass eine Spielmanipulation vorliegt, die das Spielergebnis beeinflusst hat (§ 17 Nr. 2., Buchstabe e); der Einspruchsberechtigte hat den Nachweis der Spielmanipulation zu führen.

2. Bei einem infolge nachgewiesener, ergebnisbeeinflussender Manipulation begründeten Einspruch gegen eine Spielwertung (Nr. 17 Nr. 2., Buchstabe e) kann entweder auf Spielwiederholung oder Spielwertung entsprechend § 17 Nr. 5. der Rechts- und Verfahrensordnung des DFB, § 12 b Nr. 2. der Spielordnung des DFB erkannt werden. Hat die Manipulation ausschließlich auf die Höhe des Spielergebnisses, jedoch nicht auf den Ausgang des Spiels Einfluss, so führt dies in der Regel nicht zu einer Spielwiederholung oder Spielwertung. § 10 Nr. 3. bleibt unberührt.

Spielmanipulation 45
(§ 17 Nr. 1 RuVO):
Der in § 17 Nr. 2 e erwähnte Einspruchsgrund der Spielmanipulation setzt eine Ergebnisbeeinflussung voraus, und zwar im Sinne eines positiven Nachweises und nicht bloß eines Nachweises eines minderen Grades (hohe Wahrscheinlichkeit), wie dies beim Regelverstoß der Fall ist. Außerdem wird die Selbstverständlichkeit klargestellt, dass der Einspruchsberechtigte den Nachweis der Spielmanipulation zu führen hat. Ein Einspruchswilliger wird insoweit oft durch die Arbeit des Kontrollausschusses unterstützt, der von Amts wegen bei Spielmanipulationsverdacht ermittelt und ihm die Arbeit teilweise abnimmt. Eine Verurteilung eines Spielers, Schiedsrichters, Trainers oder Funktionsträgers nach § 6 a RuVO kann insoweit Hilfestellung sein. Es gibt Fälle, in denen ein Geständnis des Täters den Verfahrensablauf erleichtert. Wertvoll für den Einspruchsführer kann aber insbesondere eine Ermittlungsarbeit der Staatsanwaltschaft in einem Betrugsverfahren sein.

46 Rechtsfolge

(§ 17 a Nr. 2 RuVO):

Bei einem nach Nr. 1 begründeten Einspruch kann entweder auf Spielwiederholung oder auf Spielwertung wie bei Dopingverfehlungen (§ 17 Nr. 5 RuVO, § 12 b Nr. 2 SpielO), also mit 0 Punkten und 0:2 Toren gegen den schuldigen Verein entschieden werden. Wenn die Manipulation allein auf die Ergebnishöhe, jedoch nicht auf den Ausgang des Spieles Einfluss hatte, treten die Wertungen nach Satz 1 in der Regel nicht ein. Das in § 10 Nr. 3 RuVO festgelegte Veränderungsverbot nach dem 30. 6. eines Spieljahres gilt auch hier.

47 Entscheidungen im Hoyzer-Verfahren

Im Frühjahr 2005 wurde bei den DFB-Rechtsinstanzen ein komplexes Verfahren gegen Schiedsrichter *Robert Hoyzer*, drei Brüder *Sapina*, die eine Wettmafia bildeten und mit *Hoyzer* zusammenarbeiteten, ferner gegen weitere Schiedsrichter, zahlreiche Spieler, die beteiligt waren, sowie gegen eingeweihte Vereine geführt. Nach dem Geständnis von *Hoyzer* hat dieser Spiele, darunter das Spiel um den DFB-Vereinspokal SC Paderborn gegen Hamburger SV am 21. 8. 2004 „auf das bestellte Ergebnis gepfiffen". Weitere Spiele waren Selbstläufer für die Mannschaft, die gewinnen sollte, sodass der Schiedsrichter nicht einzugreifen brauchte. Bei zwei Spielen stellte *Hoyzer* seine Manipulationsbemühungen ein, da der Spielverlauf für ihn nicht entscheidend beeinflussbar war. Im Falle des Spiels SC Paderborn gegen den HSV waren dem Schiedsrichter *Hoyzer* 20.000 € für einen Sieg des Außenseiters Paderborn gezahlt worden, weitere 10.000 € übergaben die Wettbetreiber dem Spielführer des Platzvereins vor dem Spiel in einem Waldstück zum Verteilen als Siegprämie für seine Mitspieler. Obwohl der HSV zunächst 2:0 führte, gelang es Hoyzer, u. a. durch zwei für SC Paderborn gegebene Strafstöße und einen Feldverweis gegen einen HSV-Spieler, dass es zu einem 4:2-Sensationssieg von Paderborn kam. Für einen Einsatz von 77.000 € wurde ein Wettgewinn von 771.076 € erzielt. Die besondere Problematik dieses Falles war, dass es bei Umwertung des Ergebnisses zu einer zeitaufwendigen und komplizierten Rückabwicklung der gesamten 2. Pokalrunde und zu einer Neufestlegung der Spielpaarungen in der bereits ausgelosten 3. Runde hätte kommen müssen. Weil diese Lösung für unbeteiligte Vereine zu erheblichen Nachteilen geführt hätte, entschädigten DFB und DFL den HSV im Vergleichswege für die Rücknahme seines Einspruchs mit einem Geldbetrag von insgesamt 2 Mio. €. – In zwei weiteren Fällen wurde auf Spielwiederholung erkannt[395]. Das Sportgericht nahm bei der Beweisführung der neu angesetzten Spiele das Institut des Anscheinsbeweises zu Hilfe. Nach dem Geständnis von *Robert Hoyzer*, das Spiel gegen Wacker Burghausen zugunsten von LR Ahlen zu manipulieren, und nach entsprechendem Spielverlauf sei prima facie von einem irregulären Spielablauf auszugehen. Diesen Anscheinsbeweis habe LR Ahlen zu entkräften, was nicht gelungen sei, sodass das Spielergebnis als manipuliert anzusehen sei. Das DFB-Bundesgericht äußerte im Berufungsverfahren Bedenken hinsichtlich der Anwendbarkeit des Anscheinsbeweises, sah jeweils den Vollbeweis aber als erbracht an. Dieser Verfahrenskomplex wurde von der ordentlichen Gerichtsbarkeit und den DFB-Rechtsinstanzen zügig durchgeführt. Das Landgericht Berlin stellte in den Urteilsgründen des Strafverfahrens fest, dass durch die Manipulation *Hoyzer/Sapina* ein Vermögensschaden von 1,95 Mio. € verursacht worden ist und eine Vermögensgefährdung von weiteren 930.000 € eingetreten war (zum Verfahren siehe oben § 1 Rn. 8).

Zwischenzeitlich hat sich Hoyzer im Vergleichsweg gegenüber dem DFB zu einer Teilwiedergutmachung des Schadens bereitgefunden.

---

[395] Das Urteil im Verfahren LR Ahlen gegen Wacker Burghausen (Spieltag: 22. 10. 2004) ist als Anlage 2 in *Hilpert*, Sportrechtsprechung ..., am Ende des III. Teils des Buchs auf Seite 226 ff. im Wortlaut abgedruckt.

§ 18 RuVO

Verfahren bei Nichtaustragung eines Bundesspieles (Verzicht, Nichtantreten, verspätetes Antreten, Spielabbruch)

1. Der Verzicht auf ein Bundesspiel durch einen Teilnehmer ist ausgeschlossen.

2. Wer schuldhaft zu einem Bundesspiel nicht antritt, ist Verlierer, sein Gegner Sieger des Bundesspiels. Das Spiel wird mit 2:0-Toren für den Sieger gewertet. Das Nichtantreten kann nicht damit entschuldigt werden, dass der Nichtantretende vorbringt, unter Benutzung nicht öffentlicher Verkehrsmittel angereist und dabei durch Unfall aufgehalten worden zu sein.

   In einem Wettbewerb, der nach dem Pokalsystem mit Hin- und Rückspiel durchgeführt wird, scheidet eine schuldhaft nicht angetretene Mannschaft in jedem Fall aus; der Spielgegner ist qualifiziert.

3. Tritt eine Mannschaft zu einem Spiel nicht rechtzeitig an, so hat der Gegner die Pflicht, bis zu 45 Minuten zu warten. Nach Ablauf dieser Zeit ist er berechtigt, das Spiel nicht auszutragen. Das Spiel wird für die säumige Mannschaft mit einem Torverhältnis von 0:2 als verloren gewertet. Außerdem kann das Sportgericht gegen den säumigen Verein bzw. die säumige Tochtergesellschaft auf eine Geldstrafe und Ersatzleistung zugunsten des Gegners für entstandene Unkosten – insbesondere Reise-, Reklame-, Schiedsrichter- und Platzkosten – erkennen. Wird das Spiel gleichwohl nach Ablauf dieser 45 Minuten noch ausgetragen, so wird es entsprechend seinem Ausgang gewertet.

   Fällt ein Spiel aus, weil eine Mannschaft durch höhere Gewalt an der Austragung gehindert ist, so ist es vom Spielleiter neu anzusetzen. Ob höhere Gewalt vorlag, entscheidet im Zweifelsfall das Sportgericht.

4. Wird ein Bundesspiel ohne Verschulden beider Mannschaften vorzeitig abgebrochen, so ist es an demselben Ort zu wiederholen. Trifft eine Mannschaft oder ihren Verein oder beide Vereine ein Verschulden an dem Spielabbruch, ist das Spiel dem oder den Schuldigen mit 0:2-Toren für verloren, dem Unschuldigen mit 2:0-Toren für gewonnen zu werten. Hat der Unschuldige im Zeitpunkt des Abbruchs ein günstigeres Ergebnis erzielt, so wird dieses Ergebnis gewertet. Dies gilt entsprechend, wenn eine Tochtergesellschaft beteiligt ist.

5. Ist ein auf dem Spielfeld verlorenes Spiel für den Verlierer nachträglich rechtskräftig als gewonnen gewertet worden, so wird als Spielergebnis 2:0 eingesetzt. Gleiches gilt, wenn ein unentschiedenes Spiel für eine Mannschaft als gewonnen und die andere als verloren gewertet wird. Ist ein Verein oder eine Tochtergesellschaft gesperrt und damit gehindert, angesetzte Spiele auszutragen, so werden die dadurch ausgefallenen Spiele für den Verein bzw. die Tochtergesellschaft als mit 0:2 verloren gewertet.

6. Die Entscheidung über die Spielwertung treffen die Rechtsorgane des DFB. Wird auf Spielwiederholung gemäß § 17 Nr. 2 c) erkannt, wird die rechtskräftige Entscheidung zur abschließenden Beurteilung der FIFA vorgelegt.

48 Regelungsinhalt

Die Vorschrift regelt die spieltechnischen Folgen von sportlichen Vergehen im Zusammenhang mit der Austragung eines Spiels, die als Straftatbestände in §§ 7 und 8 RuVO aufgeführt sind.

49 Verzicht

Einleitend zu dem Regelungskomplex ist klargestellt, dass der Verzicht auf ein Bundesspiel durch einen Teilnehmer ausgeschlossen ist. Eine Rechtsfolge bei einer erfolgten Verzichtserklärung ist nicht angegeben; als Strafe bleibt eine Ahndung wegen unsportlichen Verhaltens nach § 1 Nr. 4 RuVO, als Verzichtsfolge der Spielverlust.

50 Nichtantreten

(§ 18 Nr. 2 RuVO):

Bei schuldhaftem Nichtantreten zu einem Bundesspiel ist das Spiel verloren und für den Gegner als gewonnen zu werten (Torergebnis 2:0 für den Sieger). Bei Nichtbenutzen der öffentlichen Verkehrsmittel entschuldigt ein Unfall mit einem anderen Fahrzeug nicht.

Bei einem Wettbewerb mit Hin- und Rückspiel ist der nicht schuldige Verein qualifiziert, während der schuldige ausscheidet.

51 Verspätetes Antreten

(§ 18 Nr. 3 RuVO):

Bei nicht rechtzeitigem Antreten einer Mannschaft muss der Gegner 45 Minuten warten. Danach ist er berechtigt, das Spiel nicht auszutragen. Liegt höhere Gewalt vor, so ist das Spiel neu anzusetzen. Ein säumiger Gegner kann außer zu einem Spielverlust zu einer Geldstrafe und zum Tragen der Unkosten des Platzvereins verurteilt werden. Eine verspätete Austragung der Spiele führt immer zur Wertung wie ausgetragen.

52 Abbruch eines Spiels

(§ 18 Nr. 4 RuVO):

Ein ohne Verschulden beider Mannschaften abgebrochenes Spiel (bei Witterungsgründen, so das Spiel 1. FC Nürnberg gegen VfL Wolfsburg im April 2008) ist an demselben Ort zu wiederholen, d. h. von Anfang an neu auszutragen (anders in Spanien, wo die Restspielzeit nachgeholt wird). Für einen am Spielabbruch schuldigen Verein ist das Spiel mit 0:2 Toren als verloren, für den Unschuldigen mit 2:0 Toren als gewonnen zu werten, falls das Ergebnis zum Zeitpunkt des Spielabbruchs für den unschuldigen Verein nicht noch günstiger war.

53 Spielergebnis bei Spielwertungen

(§ 18 Nr. 5 RuVO):

Das Ergebnis eines am grünen Tisch umgewerteten Spiels, das auf dem Spielfeld verloren oder unentschieden gestaltet war, lautet 2:0 bzw. 0:2. Gesperrte Mannschaften verlieren die Spiele in der Sperrzeit jeweils mit 0:2.

54 Zuständigkeit

(§ 18 Nr. 6 RuVO):

Spielwertungsfragen werden von den Rechtsorganen des DFB entschieden.

Eine Besonderheit ist die selbst auferlegte Vorlagepflicht des DFB an die FIFA bei Urteilen, die auf einen Regelverstoß hin eine Neuansetzung oder eine Spielumwertung vornahmen (oben Rn. 36 f) hh)).

§19 RuVO
Befangenheit von Richtern

1. Ein Mitglied eines Rechtsorgans darf in einem Verfahren nicht mitwirken, an dem es selbst oder sein Verein unmittelbar beteiligt ist, oder wenn es sich für befangen hält und das Rechtsorgan ohne Beteiligung des betreffenden Mitglieds entsprechend beschließt.

2. Über Ablehnungen entscheidet das Rechtsorgan gleichermaßen.

    Eine Beschwerde gegen diese Entscheidung ist nicht zulässig.

Regelungsinhalt 55
Über die in § 3 Nr. 2 gewährleistete persönliche und sachliche Unabhängigkeit der Sportrichter ist bereits in der Kommentierung zu dieser Vorschrift (Rn. 25, 26) berichtet worden. Die dort aufgestellte Verpflichtung auf die „geschriebenen und ungeschriebenen Regeln des Sports" erinnert zwar noch leise an Turnvater Jahn und klingt zudem etwas pathetisch. Es handelt sich um eine generelle Vorgabe für die richterliche Tätigkeit, während § 19 Folgerungen für ein bestimmtes Verfahren, an dem der Richter beteiligt ist, zieht. Ist er oder sein Verein an einem Verfahren unmittelbar beteiligt (Ausschlussgrund) oder hält er sich selbst für befangen, kann das Rechtsorgan durch Beschluss festlegen, dass er daran nicht mitwirkt. Ein guter Gradmesser für die Rechtsstaatlichkeit eines Rechtssystems ist, ob Befangenheits- und Ausschlussgründe für die Richter großzügig oder streng ausgerichtet sind, da es sich eine wahrhaft unabhängige Institution durchaus leisten kann, nicht einmal den bösen Schein einer Voreingenommenheit seiner Richter aufkommen zu lassen.

Entsprechend guter staatlicher Tradition in ZPO und StPO differenziert § 19 RuVO – wenn auch nicht ausdrücklich, so doch inhaltlich – zwischen Ausschluss des Richters und seiner Befangenheit. Es fehlt die Ablehnung des Richters durch einen Verfahrensbeteiligten. Im Hinblick auf den allgemeinen Verfahrensstandard und wohl abzuleiten aus der Formulierung in Absatz 2 „Ablehnungen" ist die Drittablehnung als zulässig anzusehen.

Ausschluss 56
Der Ausschluss erfolgt, wenn der Richter oder sein Verein an dem Verfahren beteiligt, d. h. von dessen ideellen, sportlichen oder wirtschaftlichen Ausgang betroffen sind. In Analogie zu den vergleichbaren staatlichen Rechtsgrundsätzen sollte ein Hinderungsgrund auch anzunehmen sein, wenn die gebotene Unvoreingenommenheit der Gerichtsperson wegen naher Verwandtschaft, Freundschaft oder auch Feindschaft gefährdet ist. Es soll Vorsorge getroffen werden, dass ein erkennender Richter nicht die erforderliche Distanz eines Unbeteiligten zu dem rechtlich zu würdigenden Sachverhalt oder zu dem Betroffenen in dem Verfahren hat. Analog zu den staatlichen Kriterien sind ferner die Fälle heranzuziehen, wenn der Richter bereits in dieser Sache selbst als Zeuge oder Sachverständiger vernommen worden ist (§ 22 Abs. 5 StPO, § 41 Abs. 5 ZPO) oder wenn er in derselben Sache in höherer Instanz oder in der Vorinstanz als Richter oder Prozessbeteiligter tätig war (§ 23 Abs. 1 StPO, § 41 Abs. 4, 6 ZPO).

Die Folge der unzulässigen Mitwirkung eines ausgeschlossenen Richters ist nicht die automatische Unwirksamkeit der Entscheidung, vielmehr besteht eine Anfechtbarkeit im Wege eines Rechtsmittels.

57 Befangenheit

Bei einem Befangenheitsantrag ist zu prüfen, „ob ein Grund vorliegt, der geeignet ist, Misstrauen gegen die Unparteilichkeit eines Richters zu rechtfertigen". Dies ist vom Standpunkt eines vernünftigen Betrachters aus zu beurteilen, wobei es aber keine Rolle spielt, ob der Richter tatsächlich parteiisch oder befangen ist. Ebenso wenig kommt es darauf an, ob er sich für befangen hält[396] oder Verständnis für Zweifel an seiner Unbefangenheit aufbringt. Eine Strafanzeige führt nicht zwingend zur Begründetheit eines Ablehnungsgesuchs, sonst hätte es ein Verfahrensbeteiligter in der Hand, sich nach Belieben jedem Richter zu entziehen. Ein bekannter Rechtsprechungsgrundsatz ist ferner, dass eine Ablehnung nicht darauf gestützt werden kann, dass der Richter beleidigendes Verhalten des Angeklagten (Betroffenen) und seines Verteidigers nicht unbedingt hinnimmt. Nach der Rechtsprechung des BGH[397] ist Misstrauen in die Unparteilichkeit des Richters gerechtfertigt, wenn der Ablehnende „bei verständiger Würdigung des ihm bekannten Sachverhalts Grund zu der Annahme hat, dass der abgelehnte Richter ihm gegenüber eine innere Haltung einnimmt, die seine Unparteilichkeit und Unvoreingenommenheit störend beeinflussen kann". Rein subjektive, unvernünftige Vorstellungen und Gedankengänge des Antragstellers scheiden aus. Im Zweifel soll einem nicht von vornherein unvernünftigen Ablehnungsgesuch stattgegeben werden, um auch im Einzelfall das Vertrauen in die DFB-Rechtsprechung zu erhalten oder den Richter persönlicher, schwer erträglicher Kritik zu entziehen, auch wenn sie ungerechtfertigt ist[398]. Beispiele für begründete Ablehnungen sind unsachliche, insbesondere auf Voreingenommenheit gegen eine Partei deutende Äußerungen verletzender Art, ferner Besprechungen des Richters mit Zeugen über den Prozessstoff, wenn sie nicht in Anwesenheit der Parteien erfolgten, oder in wesentlichen Punkten falsche Tatsachendarstellung in dienstlicher Äußerung. Unbegründet sind Ablehnungsgründe u. a. bei bloßer Häufung von Verfahrensfehlern, unrichtigen Rechtsansichten des Richters, wenn sie nicht auf Willkür oder unsachlicher Einstellung beruhen, Würdigung der Prozessaussichten oder richterliche Ermahnungen, bei der Wahrheit zu bleiben.

58 Missbrauch

Die leider in Großverfahren bzw. in solchen von öffentlichem Interesse häufig praktizierte Serienablehnungen der Gerichtspersonen aus nichtigen Gründen zu Beginn eines Verfahrens, die oft der Prozessverschleppung dienen sollen, sind bisher vor den Rechtsorganen des DFB nicht praktiziert worden. Sollten solche Unsitten unternommen werden, ist zu empfehlen, dass jeweils schnell darüber befunden und eine kurze Begründung geliefert wird, um nicht aus der Begründung einen neuen Ansatz zu Befangenheitsanträgen zu liefern und auf reiner Show bedachten Rechtsvertretern Einhalt zu gebieten.

59 Endgültigkeit der Entscheidung

Über Ablehnung entscheidet das Rechtsorgan ohne Beteiligung des betroffenen Richters (§ 19 Nr. 1 RuVO). Eine Anfechtung der stattgebenden wie auch der das Gesuch ablehnenden Entscheidung ist nicht statthaft. Im staatlichen Verfahren ist gegen einen Beschluss, durch den die Ablehnung für begründet erklärt wird, kein Rechtsmittel zulässig, sehr wohl aber gegen zurückweisende Entscheidungen. Aus Gründen der Prozessökonomie und um Zeitverluste durch Anrufung höherer Instanzen zu vermeiden, hat sich der DFB-Ordnungsgeber gegen jegliches Rechtsmittel in Ablehnungsverfahren entschieden, was sicherlich durch die Vereinsautonomie gedeckt ist.

---

396 BVerfGE 20, 14; 32, 288, 290.   **398** *Thomas-Putzo*, aaO., § 42 Rn. 9.
397 BGHSt 21, 334; 24, 336, 338.

§ 20 RuVO
Sitzungsordnung

Zur Aufrechterhaltung der Ordnung bei mündlichen Verhandlungen können vom Vorsitzenden Ordnungsstrafen verhängt werden. Diese können in Verwarnungen, Verweisen, Geldstrafen oder Ausschluss von der mündlichen Verhandlung bestehen. Beschwerden hiergegen sind nicht zulässig.

Sitzungspolizei   60

Auch in Sportstrafverfahren hat sich erwiesen, dass es ganz ohne ordnungspolizeiliche Maßnahmen nicht geht. Dem Vorsitzenden ist deshalb bei mündlichen Verhandlungen zur Aufrechterhaltung der Ordnung die Befugnis zur Verhängung von Ordnungsstrafen eingeräumt. Als solche können verhängt werden Verwarnungen, Verweise, Geldstrafen oder ein Ausschluss von der mündlichen Verhandlung.

Die im staatlichen Recht als Sanktion mögliche Ordnungshaft kommt in DFB-Verfahren selbstverständlich nicht in Betracht. In § 20 RuVO sind zusammengefasst die beiden ebenfalls im GVG geregelten Arten der Störung Ungebühr oder Ungehorsam (§§ 177, 178 GVG). Anknüpfungspunkt für Reaktionen des Vorsitzenden ist die Ordnung in der Sitzung, d. h. der Zustand, der dem Gericht mit den Verfahrensbeteiligten eine störungsfreie Ausübung ihrer Funktion ermöglicht, die Aufmerksamkeit der übrigen Anwesenden in der öffentlichen Verhandlung nicht beeinträchtigt und allgemein deren gebührlichen Ablauf sichert[399]. Den störungsfreien äußeren Sitzungsablauf – letzten Endes im Interesse der Wahrheitsfindung – zu sichern, gehört zur Sitzungspolizei[400]. Sie obliegt dem Vorsitzenden als eigene Aufgabe, und zwar als Teil der Verhandlungsleitung, also als Ausfluss der richterlichen Gewalt[401]. Darauf zu achten ist, dass vor Verhängung der Ordnungsstrafe dem Betroffenen zu dem Sachverhalt rechtliches Gehör zu geben ist.

Vorgehen des Sitzungsleiters: 61

Konkret kann der Vorsitzende Verwarnungen und Verweise erteilen, wobei es ratsam ist, dass bei erstem Auftreten von ungebührlichem Verhalten eine Ermahnung dahin erfolgen sollte, dass im Wiederholungsfall Ordnungsstrafen ausgesprochen werden. Dies ist insbesondere dann sinnvoll, wenn – was häufiger geschieht – Beifalls- oder Missfallenskundgebungen im Sitzungssaal erfolgen, die durch einen Hinweis des Vorsitzenden auf Folgen meistens unterbunden werden können. Dabei ist anzumerken, dass der Ausschluss von der mündlichen Verhandlung im Gegensatz zu den anderen Ordnungsmaßnahmen nicht in der Grundregelung des § 44 der Satzung verankert ist. Wenn man Ordnungsstrafen überhaupt als Grund- und Wesensentscheidungen im Sinne der BGH-Rechtsprechung ansieht, müsste man den Ausschluss unter § 1 Nr. 4 RuVO subsumieren und von § 44 Nr. 2 g „Ausschluss auf Zeit" erfassen.

Zeugenbeeinflussung   62

§ 20 erfasst auch das Entgegenwirken gegenüber einer konkret festzustellenden Gefahr, dass Zuhörer Aussagen vor dem Sitzungssaal wartenden Zeugen unzulässigerweise mitteilen[402] oder dem Beschuldigten oder einem Zeugen durch Handzeichen Informationen vermitteln.

---

399 *Meyer-Goßner*, aaO., § 176 GVG Rn. 4.   **401** BGHSt 17, 201, 204.
400 BVerfGE 50, 234, 242.   **402** RG 64, 385.

63 Betroffene Personen

Der Sitzungspolizei unterstehen auch der Verteidiger und der Vertreter des Kontrollausschusses. Nach staatlichem Recht (§§ 177, 178 GVG) sind Maßnahmen wegen Ungehorsams, Ungebühr, die bei erheblichen Angriffen auf die Ordnung in der Sitzung grundsätzlich in Betracht kommen, bei „diesen Organen der Rechtspflege" nicht statthaft.

64 Kein Rechtsmittel

Entscheidungsträger ist der Vorsitzende. Sein Beschluss ist endgültig, d. h., eine Beschwerde ist nicht zulässig, auch kann nicht das erkennende Gericht angerufen werden. Auch hier ist diese Verfahrensgestaltung aus rechtsstaatlichen Gründen unbedenklich. Es gibt nach deutschem Prozessverständnis keinen Anspruch auf mehrere Instanzen. Die Vereinsautonomie deckt die Einstufigkeit des Ordnungsstrafverfahrens ab.

§ 21 RuVO
Einstweilige Verfügungen

Der Vorsitzende eines Rechtsorgans ist berechtigt, im Rahmen der Zuständigkeit seines Organs schriftlich begründete einstweilige Verfügungen zu erlassen, soweit dies zur Aufrechterhaltung eines geordneten Rechtswesens oder der sportlichen Disziplin notwendig erscheint. Gegen die einstweilige Verfügung ist innerhalb einer Frist von einer Woche Widerspruch zulässig, über den das jeweilige Rechtsorgan entscheidet.

Die vorbezeichneten Entscheidungen können ohne mündliche Verhandlung ergehen. Der Widerspruch hat keine aufschiebende Wirkung.

65 Bedeutung der e. V. im Sport

Einstweiliger Rechtsschutz spielt im Sport in gehäuftem Maße eine Rolle, da im Hinblick auf den Fortgang von Wettbewerben bzw. von terminlich festgelegten Sportereignissen gerichtliche Entscheidungen nur, wenn sie rechtzeitig erlassen werden, einen Sinn für den Antragsteller haben. Nur der Eilrechtsschutz bringt einem Kläger in vielen Sportsituationen Hilfe. Er kann verhindern, dass der rechtsuchende Sportler allein durch Zeitablauf vor vollendete Tatsachen gestellt ist. Dabei sind mittlerweile die Grenzen zwischen Amateur- und Profisport nicht nur im Fußball weitgehend aufgehoben. Auch auf den Dörfern wird um Sieg oder Niederlage gekämpft. Im Zeitalter der Rechtsschutzversicherungen und von Anwälten, die für Mandate dankbar sind, insbesondere aus dem populären Bereich des Sports, wird der Kampf ums Recht vor den staatlichen Gerichten in allen sportlichen Bereichen geführt, wobei die Entscheidungen zumeist äußerst schnell ergehen müssen[403]. Ein normales Zivilverfahren, u. U. über mehrere Instanzen, hat dabei wenig Sinn: das Urteil kommt zu spät! So nimmt die Zahl von einstweiligen Verfügungsverfahren im internationalen Bereich wie auch bei Amts- und Landgerichten bzw. Schiedsgerichten ständig zu. In allen Fällen ist aber nur ein rascher Rechtsschutz ein effektiver Rechtsschutz[404].

---

403 PHB-*Pfister*, aaO., II 3 Rn. 141.   404 *Haas*, SportR VI 3, Rn. 141.

Rechtlicher Rahmen 66

Der staatliche Eilrechtsschutz ist eine Ausprägung des verfassungsrechtlich garantierten effektiven Rechtsschutzes[405]. Im Bereich der ZPO ist die einstweilige Verfügung eine Ausgestaltung desselben, wobei die **Leistungsverfügung** als Unterfall der Regelungsverfügung oder als durch Rechtsfortentwicklung geschaffene dritte Eilform die für die sportlichen Belange geeignete Klageform ist. Sie wird gestützt auf § 940 ZPO und dient der vorläufigen Befriedigung des Gläubigers, indem sie ein Rechtsverhältnis regelt, wobei zur Begründung jede Art von Anspruch möglich ist[406].

Nach herrschender Meinung[407] kann das Eilverfahren nicht erst nach Erschöpfung des verbandsinternen [Eil-] Rechtsschutzes angestrengt werden, da ansonsten der Verein den Eilrechtsschutz hinauszögern könnte[408]. Andererseits gibt es gewichtige Stimmen, die im Rahmen der vom Gericht bei der einstweiligen Verfügung anzustellenden umfassenden Interessenabwägung zu dem Ergebnis kommen, dass es im Einzelfall dem Sportler durchaus zuzumuten sein kann, falls ein effektiver vorläufiger verbandsseitiger Rechtsschutz gewährleistet ist, diesen **vor** Anrufung des ordentlichen Gerichts zu beschreiten[409]. Hinzu kommt, dass nach der Schiedsrechtsreform ein statuarischer Ausschluss des staatlichen Eilverfahrens möglich ist zugunsten eines Eilrechtsschutzes im schiedsgerichtlichen Verfahren[410].

Jeder Zivilrichter sollte, falls er einen Antrag auf Erlass einer einstweiligen Verfügung zu bearbeiten hat, vor Anwendung der alten Amtsrichter-Devise: *„Eine einstweilige Verfügung ist im Zweifel zu erlassen."* bedenken, dass es beim Eilrechtsschutz im Sport sich um ein besonders sensibles Rechtsgebiet handelt, da meistens nicht nur die zwei Parteien des Rechtsstreits, sondern oft eine Reihe von Dritten unmittelbar betroffen sind[411], was ein restriktives Vorgehen bei dem Erlass von Eilmaßnahmen empfehlenswert erscheinen lässt.

Die nachfolgenden Ausführungen beruhen zum Teil auf dem Beitrag des Verfassers: *„Eilrechtsschutz im Sport"*, SpuRt 2007, 224 ff. und 2008, 18 ff.

Verfügungsgrund 67

Er besteht bei objektiv begründeter Besorgnis, dass die begehrte Maßnahme notwendig ist, um wesentliche Nachteile für den Sportler abzuwenden (sog. **Dringlichkeit**). Der Verfügungsgrund ist zu bejahen, wenn die Leistungsverfügung u. a. zur Abwendung einer dringenden Notlage unumgänglich ist. Das Gericht hat vor Erlass der einstweiligen Verfügung die schutzwürdigen Interessen beider Parteien im Rahmen des gerichtlichen Beurteilungsspielraums gegeneinander abzuwägen[412]. „Nötig" ist die Verfügung in der Regel nur dann, wenn sie nicht ihrerseits gewichtigere Interessen des Schuldners verletzt[413]. Jedenfalls darf der Vorteil des Gläubigers nicht außer Verhältnis zum Nachteil des Schuldners stehen (Grundsatz der Verhältnismäßigkeit). Typische Anwendungsfälle für § 940 ZPO sind z. B. aus dem nichtsportlichen Bereich die Forderung auf Anschluss an ein Beatmungsgerät oder auf Beschäftigung in einem Arbeitsverhältnis während eines Kündigungsschutzprozesses. Ein Eilrechtsschutz ist nicht gerechtfertigt, wenn die Erwirkung eines Titels im ordentlichen Verfahren rechtzeitig möglich ist, was im Sportstrafverfahren wohl nur selten der Fall sein wird. Auf jeden Fall entfällt der Verfügungsanspruch von vornherein, wenn

---

405 BVerfGE 35, 263, 274; 46, 166.
406 *Zöller/Vollkommer*, aaO., § 940 ZPO Rn. 1.
407 *Reichert*, aaO., Rn. 2922; *Haas*, SportR, B II Rn. 220; *Röhricht*, Sportgerichtsbarkeit, Bd. 22, S. 37.
408 *Reichert*, aaO., Rn. 3149.

409 *Haas*, SportR B II, Rn. 228.
410 Streitig, s. unten V, 3 Rn. 12.
411 *Haas*, SportR B II, Rn. 226.
412 *Zöller/Vollkommer*, § 940 ZPO Rn. 4.
413 OLG Hamm, NJW-RR 2001, 107.

der Fußballer durch eigenes Zuwarten die Eilbedürftigkeit selbst herbeigeführt hat. In besonderen Fällen kann die Leistungsverfügung sogar zur teilweisen Befriedigung zugelassen werden, wenn der Gläubiger auf die sofortige Erfüllung so dringend angewiesen ist, dass er ein ordentliches Verfahren nicht abwarten kann, ohne einen unverhältnismäßig großen, gar irreparablen Schaden zu erleiden[414]. Ein erfundenes Beispiel: Antrag auf Starterlaubnis im olympischen 100-m-Endlauf, der am folgenden (!) Tag stattfindet. Der Grad der Gefährdung der materiellen Rechtslage ist jeweils zu berücksichtigen. Bei der Interessenabwägung ist je nachdem, wenn eine summarische Prüfung der Rechts- und Beweislage bereits mit großer Wahrscheinlichkeit zu einem Anspruch führt, umso eher eine teilweise Befriedigung herzustellen, als wenn bereits ein Anspruch bei einer solchen Vorwegprüfung nicht unbedingt wahrscheinlich ist.

In vorstehendem Sinne ist eine Zurückhaltung des angerufenen Gerichts – zuletzt auch im Hinblick auf die zu berücksichtigende Vereinsautonomie – zur Wahrung des Rechtsfriedens durch Gewährung eines präventiven Rechtsschutzes in geeigneten Fällen zu befürworten. Einerseits besteht im Sport kein rechtsfreier Raum, wohl aber nach *Udo Steiner* „justizberuhigte Zonen", andererseits ist aber Vorsicht vor Schnellschüssen anzumahnen.

68   Verfügungsanspruch
Eine Regelungsverfügung ist bei jeder Art von Anspruch möglich[415]. Die Ansprüche aus dem Rechtsverhältnis müssen noch nicht bestehen, sie müssen aber entstehen können. Es hat eine volle, nicht nur eine eingeschränkte Schlüssigkeitsprüfung stattzufinden. Der Sportler hat Umstände vorzutragen, die es überwiegend wahrscheinlich erscheinen lassen, dass die verbandsgerichtliche Maßnahme rechtswidrig ist. Hierin ist eine beträchtliche Hürde zu sehen. Ein erfahrener Kenner des Sportrechts wie *Volker Röhricht*[416] verlangt – zumindest für den einstweiligen Rechtsschutz in disziplinarrechtlichen Streitigkeiten –, dass die **Rechtswidrigkeit der Verbandsmaßnahme mit den Händen zu greifen sein muss**, jedenfalls aber höchst wahrscheinlich sein muss, um eine einstweilige Verfügung zu rechtfertigen. Es ist darauf zu achten, dass die Welt des Sports nur in seltenen Ausnahmefällen von außen regiert wird.

69   Glaubhaftmachung
Die den Verfügungsanspruch ergebenden Tatsachen sind glaubhaft zu machen (§§ 940, 936, 920 Abs. 2, 294 ZPO), d. h., der Antragsteller muss Umstände dafür vortragen, dass die verbandsrechtliche Maßnahme rechtswidrig ist. Dabei ist zu berücksichtigen, dass in Verbandsangelegenheiten das Entscheidungsprägativ des Verbands besteht – wenn auch mit einigen Ausnahmen.

Zwischenbemerkung:
1) Die Konkurrenz des **staatlichen Eilrechtsschutzverfahrens** zum schiedsrichterlichen Verfahren nach §§ 1025 ZPO weist mehrere Facetten auf, die in Teil V (dort Rn. 12) im Speziellen abgehandelt werden.

2) Während bisher die Rechtsausführungen zum Eilrechtsschutz wegen der besseren Ausleuchtung der Problematik auf den Sport insgesamt ausgerichtet waren, beziehen sich die folgenden Darlegungen vorrangig auf den Fußballsport.

70   Keine Regel ohne Ausnahme
Ein Fall, der von exorbitanter Auswirkung hätte sein können, soll aus einer anderen Sportart berichtet werden: Die Stadt Stuttgart begehrte im September 2007 gegenüber

414 OLG Köln, NJW-RR 1995, 546 und 1088;   415 *Zöller/Vollkommer*, § 940 ZPO Rn. 2.
OLG Düsseldorf, NJW-RR 1996, 123.   416 Sportgerichtsbarkeit S. 39.

dem Weltradsportverband UCI, der in ihrem Bereich die Fahrradweltmeisterschaft ausführen wollte, im Wege der einstweiligen Verfügung, dem Titelverteidiger im Straßenrennen *Paolo Bettini* und einem zweiten Fahrer den Start zu untersagen, weil sie sich geweigert hatten, die „Erklärung für den sauberen Sport" zu unterzeichnen, in der sich Sportler vom Doping distanzieren und für den Fall des Dopingverstoßes die Zahlung von zwei Jahresgehältern versprechen. Es war ein kühnes Unternehmen der Stadt, obwohl sie in der Sache durchaus gute Gründe hatte. Man stelle sich aber ein Obsiegen im Prozess vor: Deutschland wäre wohl als Austragungsland für hochkarätige Veranstaltungen der Weltsportverbände für lange Zeit ausgeschieden. Man male sich aus, eine solche gerichtliche Maßnahme wäre dem allmächtigen FIFA-Präsidenten *Joseph S. Blatter* angedroht worden. Er hätte sicherlich sofort samt seiner Gefolgschaft die Abreise angetreten und das Sportereignis abgesetzt. Das Landgericht Stuttgart hat durch Beschluss vom 27.9.2007 (Az. 15 O 285/07)[417] den Antrag aus materiellen Gründen (keine Androhung des Ausschlusses eines nicht unterzeichnenden Sportlers in der Anti-Doping-Regelung) zurückgewiesen. Eigentümlicher Höhepunkt der „Chaos-Tage" von Stuttgart: Den Kampf um das Regenbogentrikot gewann am 30. September 2007 *Paolo Bettini* (!).

Die Entscheidung des Landgerichts war weise. Manchmal lassen Gerichte in ihre Entscheidungen vernünftige Erwägungen (hier: solche sportpolitischer Art) einfließen, auch wenn sie dies nicht ausdrücklich sagen.

Zum Fall: Wer an einem Rennen teilnehmen darf, hat selbstverständlich – außer bei Sicherheitsbedenken – nur der UCI, niemals die Stadt, in der das Rennen stattfinden soll, zu entscheiden. Jede andere Entscheidung über das, was sich für Radsportler geziemt und was sie tun dürfen und sollen, wäre ein eklatanter Verstoß gegen Art. 9 (1) GG gewesen.

Grenzen der Vereinsautonomie 71
Vorweg als für alle Fallgruppen einschlägig ist dabei ein Gesichtspunkt zu behandeln, der durchaus für alle Vereinsmaßnahmen von entscheidender Bedeutung ist, in den einschlägigen Gerichtsentscheidungen jedoch höchst selten bzw. überhaupt nicht Erwähnung findet, obwohl er in vielen Fällen den entscheidenden Ansatz für die Lösung des Falles darstellt:

Anders als in den meisten Regelungsbereichen, die bei staatlichen Eilrechtsschutzverfahren dem Streitgegenstand zugrunde liegen, begegnen wir im Sportrechtsverfahren einem verfassungsrechtlichen Vorbehalt bzw. einem Freiraum in Gestalt der **Vereinsautonomie**. Diese ist Teil der Vereinigungsfreiheit nach Art. 9 (1) GG. Der für Vereinsrecht zuständige Zivilsenat des BGH hat in dem berühmten *Reiter*-Urteil[418] Leitgedanken für das Vereinsleben, aber auch für die Gerichte, die sich mit Verfahren aus dem Innenleben eines Vereins zu befassen haben, aufgestellt:

> „... *Die Schaffung, Fortschreibung, Überwachung und Durchsetzung der Regeln eines Vereins ist keine staatliche Aufgabe ... Sie ist vielmehr eine von den Verbänden ... in Ausübung ihrer Verbandsautonomie (Art. 9 GG) zu erfüllende Aufgabe. Diese haben im Rahmen dieser Garantie das Recht zur autonomen Rechtssetzung, insbesondere in Gestalt von Sport- und Spielregeln in ihrer Satzung (§ 25 BGB) und bei Grundlage darin in sonstigen Vereinsordnungen ...*"

Darin dürfen sie diese eigenen, aus der Gemeinschaft hervorgehenden sportbezogenen Werte und Maßstabsbildungen verwirklichen[419]. Der Staat einschließlich seiner Gerichte ist verpflichtet, die Eigengesetzlichkeit und Eigenständigkeit des Sportvereins zu respek-

---

417 SpuRt 2008, 78 f.
418 BGH, NJW 1995, 583, 585.

419 *Hilpert*, Organisation und Tätigkeit von Verbandsgerichten, BayVBl. 1988, 161 ff., 198 f.

tieren. Eine Anpassungspflicht des Sportrechts an den ethischen Standard der Durchschnittsgesellschaft besteht nicht, weshalb die Entscheidung darüber, was „sportlich" oder was „fair" ist, gegenüber staatlichen Ingerenzen grundrechtlich abgeschirmt ist[420]. Deswegen sind in manchmal voreilig gewährtem Rechtsschutz hohe Hürden aufzubauen. Insbesondere bei Leistungsverfügungen, die teilweise endgültige Zustände bewirken, ist Zurückhaltung bei deren Erlass angebracht. **Das Sport-Typische haben die Verbände und nicht die Gerichte festzulegen.**

Gleichwohl bedeutet Autonomie nicht, dass die Verbände aufgrund von staatlichen Befugnissen Regelungen beliebigen Inhalts erlassen dürfen. In ständiger Rechtsprechung hat der BGH[421] die Gestaltungsfreiheit der Vereine teilweise eingeschränkt und Vereinsakte einer richterlichen Kontrolle in formeller und materieller Hinsicht unterworfen, wobei eine solche Kontrolle in der Satzung nicht ausgeschlossen werden kann. Im Einzelnen ist dies nachfolgend in Teil V darzulegen, weshalb hier stichwortartig die Kontrollmaßstäbe angedeutet werden sollen: Grundlage in der Satzung – ordnungsgemäßes Verfahren – Kontrolle auf Gesetzes- oder Satzungsverstoß – grobe Unbilligkeit oder Willkür. Bei sozial mächtigen Verbänden ist zusätzlich die inhaltliche Angemessenheit zu prüfen (Kontrollmaßstab: § 242 BGB). Der verbleibende Freiraum wird darauf zurückgeführt, dass die Vereinsgerichtsbarkeit ein Stück außerstaatlicher Rechtskultur ist, der die staatlichen Gerichte nur bei Missbrauch und Wildwuchs bei den Vereinsmaßnahmen Einhalt gebieten können, m. a. W. die Kontrolle restriktiv ausüben müssen. Aufgrund dieses rechtlichen Freiraums ist den Vereinen/Verbänden ein Beurteilungsspielraum zuzubilligen[422]. Der Verein hat im Rahmen seines Ermessens ein Bewertungsvorrecht[423], und zwar auch hinsichtlich der Subsumtion der Ordnungsbestimmungen auf den konkreten Sachverhalt oder bei der Ausfüllung von Wertmaßstäben wie unsportlich, vereinsschädigend, unkameradschaftlich[424]. Die Tatsachenfeststellungen des Falles sind dabei überprüfbar.

72 Gerichtspraxis
Für die Bindungswirkung von Gerichtsentscheidungen ist vorweg klarzustellen, dass nach § 542 ZPO in einstweiligen Verfügungsverfahren die Revision nicht statthaft ist, sodass zu dem interessierenden Fragekreis nur Urteile von Amts-, Land- und Oberlandesgerichten vorliegen, nicht aber höchstrichterliche Erkenntnisse.

73 Fallgruppen[425]
a) Zustimmung zu Vereinswechseln – Freigabeerklärungen:
Lange Zeit war die Berechtigung zur Forderung von Ablöseentschädigungen nach Vertragsende von Berufsfußballern heftig umstritten, bevor auf europäischer Ebene das sog. *Bosman*-Urteil des EuGH sowie durch BGH und BAG[426] mit zwischenzeitlicher Rechtsbereinigung durch den DFB dieser Bereich hors de combat gestellt wurde. Eine Freigabeverweigerung ist bei fehlender vertraglicher Bindung und bei Vertragsabschluss bei einem neuen Verein unzulässig (Art. 12 GG).

Zu den Freigabeverweigerungen wegen Nichtzahlung der im **Amateurbereich** festgelegten Ablöseentschädigungen ist nach zahlreichen Eilverfahren mit unterschiedlichen Ergeb-

---

420 *Steiner*, Verfassungsfragen …, NJW 1991, 2729.
421 *Palandt-Heinrichs*, aaO., § 25 BGB Rn. 27.
422 BGH, NJW 1995, 583, 585.
423 *Westermann*, aaO., S. 58.
424 PHB/*Summerer*, II 5, Rn. 330 ff.
425 Zu den nachfolgenden Fallgruppen sind zahlreiche Entscheidungen von Instanzgerichten

ergangen, die – falls nicht auf sie im Folgenden eingegangen wird – in dem Beitrag des Verfassers in SpuRt 2007, 224 und 2008, 18 ff. zitiert sind.
426 EuGHE 1995 I, 492 = NJW 1996, 505 = SpuRt 1996, 59 f.; BGHZ 142, 304 ff.; vgl. *Kienass*-Urteil des BAG, SpuRt 1997, 92; OLG Oldenburg, SpuRt 2005, 164.

nissen und mannigfaltigen Begründungen[427] über eine lange Zeit hinweg eine Vielfalt von Entscheidungen ergangen, bei denen überrascht, dass in fast keiner dieser Entscheidungen die Vereinsautonomie als Grenze der Kontrollbefugnisse der Gerichte angesprochen worden ist. Es wird nicht in die Überlegung einbezogen, dass das Recht des ersten Zugriffs auf die Interpretation und Durchsetzung des Verbandsrechts den Verbänden vorbehalten ist und die staatliche Gerichtsbarkeit eine Reservegerichtsbarkeit darstellt, die aber bei Verstoß gegen Grundrechte eine originäre Prüfungszuständigkeit hat[428]. Hier ist ein justizresistenter Bereich der Autonomie nichtstaatlicher Organisationen gegeben[429].

Zwischenzeitlich ist in der Post-*Bosman*-Ära zu den Ablöseentschädigungen bei Amateuren, die ohne Vertragsschluss zu einem anderen Verein wechseln – also ohne Statusveränderung – weitgehend Rechtssicherheit eingetreten. Die Größenordnung der fällig werdenden Beträge bewegt sich von 250 € in der untersten Amateurklasse bis zu 5.000 € in der höchsten Amateurspielklasse. Bei Nichtzahlung folgt lediglich eine Sperre für Pflichtspiele vom 1. August bis 31. Oktober im Spieljahr. Bei diesen jeweils relativ geringfügigen Eingriffen ist ein justizresistenter Bereich der Fußballverbände gegeben, wonach die kurzzeitige Freigabeverweigerung nach wohl überwiegender Meinung in der Rechtsprechung nicht unverhältnismäßig ist und durch vernünftige Verbandsinteressen gerechtfertigt ist. Allenfalls „Ausreißerentscheidungen" sind insoweit denkbar. Die Rechtsprechung ist – soweit ersichtlich – einhellig.

b) **Begehren auf Einsatz in Pflichtspielen:**
Dieses Anliegen scheitert im Leistungssport am Trainer. Dieser übt das Direktionsrecht des Arbeitgebers aus, wobei ihm nach der Auffassung der Arbeitsgerichte ein großer Spielraum einzuräumen ist, der nur der Missbrauchskontrolle unterliegt[430]. Der Trainer hat die Verantwortung für die Funktionsfähigkeit und letztlich für den Erfolg der Mannschaft. Sollte aber ein völliger Ausschluss auch vom Training ausgesprochen werden, ist eine einstweilige Verfügung auf Zulassung zum Trainingsbetrieb einer unteren Mannschaft zur Erhaltung der Leistungsfähigkeit des Sportlers einhellig bejaht worden[431].

c) **Aussetzung von Spielsperren:**
Hinsichtlich der vorübergehenden Aussetzung einer Sperrstrafe ist große Zurückhaltung angebracht. Zu Recht ist jedoch eine Aufhebung ausgesprochen worden, wenn ein Sportgericht seine Verurteilung nicht umgehend oder sonst nachvollziehbar begründet hat[432]. Gerechtfertigt ist, wie zu §4 RuVO dargelegt, eine Vorsperre bis zur Entscheidung des Sportgerichts, die natürlich zeitnah zu ergehen hat. Die weltweite Verbreitung dieses Rechtsinstituts sollte bei Angriffen dagegen eine rote Ampel gegenüber Aufhebungsbemühungen darstellen.

d) **Starterlaubnis – Nominierungsproblematik:**
Die in anderen Sportarten von Athleten auf §242 BGB in Verbindung mit Art. 3 GG gestützten Nominierungsbegehren tauchen im Fußballbereich (z. B. Aufstellung im Pokalendspiel) nicht auf, da das Direktionsrecht des Trainers hinsichtlich der Mannschaftsaufstellung (s. vorstehend b) alle Verfügungsanträge zu Fall bringt.

Aus der Bundesligageschichte ist aber über eine Entscheidung des Landsgerichts Berlin im Bundesliga-Skandal I zu berichten, die durch einstweilige Verfügung die wegen Korruption

---

427 *Hilpert*, SpuRt 2007, 236.
428 *Schickhardt*, aaO., S. 68 ff.
429 *Steiner*: Die Autonomie des Sports, Bd. 17, 228.

430 LAG Hamm, SportR 33/16/23.
431 *Hilpert*, Sportrecht, II 6.
432 LG Hamburg, SpuRt 2001, 73.

ausgesprochene verbandsseitige Sperre gegen den Spieler *Zoltán Varga* aufgehoben hat. Hertha BSC setzte diesen Spieler daraufhin im DFB-Pokalspiel gegen Schalke 04 ein und gewann. Dieser Sieg wurde vom Sport- und vom Bundesgericht des DFB aberkannt und Schalke 04 in die nächste Pokalrunde gesetzt. Kurioserweise wurden die Knappen, die auf dem grünen Rasen ausgeschieden schienen, in diesem Jahr (1972) deutscher Pokalsieger. Die DFB-Richter haben Mut bewiesen, sie argumentierten einmal hinsichtlich des Vorwurfs, das Landgerichtsurteil missachtet zu haben, messerscharf, dass das Landgericht **dem DFB** untersagt habe, *Varga* am Spiel zu hindern, nicht aber sei **seinem Verein** Hertha BSC erlaubt worden, *Varga* spielen zu lassen.

e) **Aufnahme eines Fußballvereins in einen Stadtsportverband:**
Bei Aufnahmeersuchen eines Vereins in einen Monopolverband hat ein Verfügungskläger die Darlegungs- und Beweislast dafür, dass keine sachlich gerechtfertigten Gründe für die Ablehnung des Mitgliedschaftsbewerbers bestehen[433]. Der BGH[434] hat „einem kleinen Fußballverein" durch Auflösung sportrechtlicher Grundrechtskollision im Wege der praktischen Konkordanz einen Anspruch auf Aufnahme in einen Stadtsportverband, der eine überragende Marktstellung durch Verteilung von Fördergeldern und Vergabe von Hallenzeiten hat, bejaht. Die Aufnahme war verweigert worden, weil Fußball bereits von einem anderen Verein im Verband angeboten wurde. Dem Interesse des Vereins an der Teilhabe an den organisatorischen und finanziellen Leistungen des Stadtverbands, ohne die ein Kleinverein mit begrenzten Mitteln keine effektive Vereinsarbeit ausüben könne, räumte der BGH den Vorrang gegenüber den gewichtigen Interessen des Verbands an der Einhaltung des „Ein-Platz-Prinzips" ein.

f) **Spielwertung – Wiederholungsspiel – Einordnung in eine höhere Spielklasse:**
Diese drei Ziele sind bei einem Verfahren aus der Kreisliga B in Berlin im Wege der einstweiligen Verfügung angestrebt worden. Wegen der unendlichen Verfahrensodyssee dieses Falles ist er in juristischen Fachkreisen, aber auch von den großen Tageszeitungen bundesweit begleitet worden. Der Sachverhalt: Das Ausgangsspiel TuS Makkabi II gegen VfB Altglienicke II hatte am 23. September 2006 stattgefunden und war wegen rassistischer Äußerungen von Zuschauern abgebrochen worden. Das verbandsseitig eingesetzte Wiederholungsspiel gewann Altglienicke II mit 4:1. Wegen Einlegung eines Protestes und verschiedener Rechtsmittelverfahren stand das Endergebnis verbandsseitig rechtskräftig erst nach 10 (!) Monaten Anfang August 2007 fest. Von Seiten des Berliner Fußballverbandes wird ein Verstoß gegen den Beschleunigungsgrundsatz, nach dem Verbandsgerichtsentscheidungen zeitnah sach- und fachgerecht zu treffen sind, vorbehaltlos eingeräumt. Die dabei aufgetretenen Verfahrensfehler (u. a. Nichtgewähren des rechtlichen Gehörs an Makkabi II in einem Verfahrensteil) waren alle beseitigt bzw. durch Nachholung versäumter Rechte geheilt worden.

Nach der Tabellensituation zum Ende der Saison 2006/2007 war TuS Makkabi II auf der Basis der Wertung (4:1 für VfB Altglienicke II) mit 56 Punkten und einer Tordifferenz von +53 Tabellenvierter hinter SV Berolina Mitte II mit 58 Punkten und einer Tordifferenz von 63 geworden, was zum Aufstieg des Tabellendritten führte. Bei einem unterstellten Sieg von Makkabi II gegen Mariendorfer SV II (0:0) am letzten Spieltag hätte Punktgleichheit zwischen TuS Makkabi II und SV Berolina Mitte II bestanden.

---

433 *Reichert*, aaO., Rn. 2005; OLG Düsseldorf, SpuRt 1999, 25.
434 SpuRt 1999, 159.

In einem einstweiligen Verfügungsverfahren Ende August 2007 erkannte das Landgericht Berlin[435] gemäß dem Hilfsantrag von TuS Makkabi, dass das letzte Punktspiel der Saison 2006/2007 zwischen TuS Makkabi II und Mariendorfer SV II noch einmal anzusetzen sei und bei einem Sieg von TuS Makkabi II diese Mannschaft als 17. Mannschaft vorläufig in der Kreisliga A zuzulassen sei. Entgegen den Verbandsbestimmungen sei Makkabi nicht die Berufungseinlegung gegen das Urteil 1. Instanz, die das Spiel mit 6:0 für TuS Makkabi gewertet hatte, mitgeteilt worden (Versagung des rechtlichen Gehörs). Deswegen habe der Verfügungskläger vor dem letzten Spiel der Saison 2006/2007 angenommen, bereits aufgestiegen zu sein, und habe deshalb nicht zur Sicherung des Aufstiegs sämtliche Spieler der 1. Mannschaft eingesetzt. Wegen der Verletzung des „Urrechts" des rechtlichen Gehörs sei TuS Makkabi so zu stellen, in Kenntnis der Tatsache, dass das letzte Spiel sehr wohl für den Aufstieg relevant sei, frei über seine Spielaufstellung für dieses dann maßgebliche Spiel zu entscheiden. Dies sei die Folge der Pflichtverletzung hinsichtlich der Sonderverbindung BFV zum Verein. Jedoch bestehe kein Anspruch auf Einordnung in die Kreisliga A (so Hauptantrag), weil der unstreitige Verfahrensfehler des Berliner Verbandes nach §§ 280 Abs. 1, 249 Abs. 1 BGB zwar einen Anspruch des Gläubigers auf Naturalrestitution begründe, der aber nicht in der Höhergruppierung in die Liga A bestehen könne. Um den Verein Makkabi so zu stellen, als hätte er die nachteiligen Dispositionen vor dem Saisonfinale nicht getroffen, sei das letzte Spiel vom 3. Juni 2007 neu anzusetzen, um TuS Makkabi zu gestatten, frei über seine Spieldisposition zu entscheiden und u. a. Spieler seiner 1. Herrenmannschaft einzusetzen. Bei Erfolg in einem Wiederholungsspiel sei TuS Makkabi zum Spielbetrieb der Kreisliga A zuzulassen, was keinen unzulässigen Eingriff in die Verbandshoheit darstelle, weil wegen des schweren Verfahrensverstoßes im Verfahren der einstweiligen Verfügung zur Sicherung effektiven Rechtsschutzes eine dahingehende Leistungsverfügung geboten sei. Ohne die einstweilige Verfügung wäre nach dem unmittelbar bevorstehenden Beginn der Saison 2007/2008 später bei Obsiegen in der Hauptsache bei fortgeschrittener Saison keine Möglichkeit zur Aufnahme in den Spielbetrieb mehr gegeben.

Das Urteil zeigt, dass Zivilrichter naturgemäß nicht allwissend sind und deshalb eine Verkennung von verbandsrichterlichen Grundnormen möglich ist, was aber ein kräftiges Argument für die Prüfung der Vereinsautonomie in allen Vereinsstreitigkeiten ist. Dieses Rechtsinstitut war dem Landgericht durchaus bekannt, da es an anderer Stelle des Urteils zur Lösung herangezogen worden war. Vorliegend bestand schon schwerlich ein Verfügungsgrund. Auch wenn in den unteren Klassen Leistungsdenken besteht und sportlicher Ehrgeiz gezeigt wird, ist ein unverhältnismäßig großer Schaden oder gar eine drängende Notlage nicht ersichtlich, weil nennenswert höhere Einnahmen oder Zuschauerzahlen nicht glaubhaft gemacht worden sind.

Schwerwiegend ist, dass nicht geprüft wurde, ob TuS Makkabi II überhaupt einen verbandsrechtlichen Anspruch auf Spielwiederholung nach den Bestimmungen des Berliner Fußballverbandes (BFV) hatte. Für die gegebene Fallgestaltung (fehlende Dispositionsfreiheit für ein Spiel) ist in der einschlägigen Rechts- und Verfahrensordnung des BFV kein Anspruch auf Neuansetzung eines Spiels vorgesehen. Neuansetzungen von Spielen sind darin die große Ausnahme. Die Spiele werden vielmehr nach ihrem Ergebnis endgültig gewertet. Zudem ist spätestens vier Tage nach Ende einer Saison ein Einspruch ausgeschlos-

435 SpuRt 2007, 219 mit Anmerkung von *Hilpert* in SpuRt 2007, 223 ff. und 2008, 18 ff.; s. ferner CaS 2007, 441.

sen (§ 6 Abs. 5 Rechts- und Verfahrensordnung BFV), sodass der Einspruch auf jeden Fall
verfristet war. Die Vereinsautonomie gebietet, dass diese Rechtslage verfügungsfest ist.
Zudem ist eine doppelte Chance nach einem Spiel mit ungünstigem Ausgang nicht fußballimmanent. Eine zweite Chance nach einem ausgetragenen Spiel ist nur in seltenen
enumerativ aufgezählten Ausnahmefällen, die hier nicht vorliegen, möglich. Im Fußball-
wettstreit ist im Vorhinein ein Erfolg nie sicher – der Ausgang ist semper incertus. Wie das
Ergebnis des ersten Spiels mit den Spielern der 1. Herrenmannschaft ausgegangen wäre,
weiß niemand. Stammspieler höherer Mannschaften garantieren keinen Sieg bei Mitwirkung in unteren Mannschaften. Ein frischgebackener deutscher Fußballmeister hat mit
seiner Stammelf schon einen Pokal-K.-o. in der ersten Runde gegen einen Amateurclub
erlitten. Warum sollte Ähnliches beim Wiederholungsspiel gegen Mariendorfer SV II nicht
möglich sein? Jegliche Annahmen sind insoweit Spekulation. Da das Wiederholungsspiel
erst in der neuen Spielzeit 2007/2008 eingesetzt werden konnte, hätten auf Seiten beider
Vereine wegen vollzogener Vereinswechsel, Wegzugs oder Beendigung der Laufbahn,
„alte" Spieler nicht mehr, „neue" aber spielberechtigt sein können oder formschwache
oder erkrankte Spieler wieder formstark oder gesund sein können oder umgekehrt. Zudem
könnte beim Spielen in der neuen Saison auf Seiten des Gegners jede Bereitschaft zum
Kämpfen und Siegen fehlen: Deshalb ist der Zustand vom 30. 6. 2007 nicht im Sinne der
Naturalrestitution (§ 249 BGB) wiederherstellbar, sodass auch nach der „BGB-Lösung" des
Landgerichts kein Anspruch besteht.

Um die fußballimmanenten Grundsätze festzustellen bzw. die Verbandsregeln zu ermitteln, hätte gegebenenfalls zur Anwendung der Vereinsautonomie ein Sachverständiger als
präsentes Beweismittel gehört werden können.

Fußballrechtlich unhaltbar ist die vorläufige Einordnung in die höhere Spielklasse A bei
einem Sieg im Wiederholungsspiel. Die dadurch entstehende ungerade Klassenzahl (17)
bietet überdies erhebliche Nachteile für die übrigen Vereine (ungerade Vereinszahlen haben
freie Tage für je eine Mannschaft und schiefe Tabellenlagen zur Folge). Diese Drittbetrof-
fenheit stellt bei Erlass einer einstweiligen Verfügung ein gewichtiges Gegenargument in
Eilrechtsschutzverfahren dar.

Eine gewisse Ironie liegt darin, dass das Wiederholungsspiel im Sinne einer höheren
Fußballgerechtigkeit von Mariendorfer SV II mit 2:1 gewonnen worden ist. Den gericht-
lichen Schlussstrich unter die Verfahrensserie des TuS Makkabi II setzte am 9. Juli 2008 das
Kammergericht, das den Antrag dieses Vereins auf Erlass letztinstanzlich zurückgewiesen
hat[436]. Das Kammergericht ließ offen, ob jemals ein Verfügungsanspruch im beantragten
Sinne bestanden hat. Ein etwaiger Verfügungsanspruch – abgeleitet aus § 280 Abs. 1 BGB,
§§ 823 Abs. 1 in Verbindung mit § 31 BGB – wäre jedenfalls spätestens mit Beginn der
Spielzeit 2007/2008 im September 2007 erloschen (§ 275 BGB). Der nachfolgende Satz der
Begründung des Kammergerichts ist bundesweit eine wichtige Klarstellung:

> *„Ab dem Zeitpunkt (Beginn der folgenden Spielzeit) war eine Durchführung von Wiederholungsspielen und
> die Berücksichtigung der darin erzielten Ergebnisse bei der Feststellung der aufstiegsberechtigten Mann-
> schaften sowie die Bestimmung des Spielplanes für die Saison 2007/2008 auch im Hinblick auf die Rechte der
> anderen Mannschaften nicht mehr möglich."*

Das Kammergericht kommt damit – obwohl es von der Vorschrift wohl keine Kenntnis
hatte – fast zu demselben Ergebnis, wie die DFB-Regelung in § 10 Nr. 3 RuVO kommt,
wonach auf Spielwiederholung bei Pflichtspielen nach Ablauf einer Saison (30. 6.) nicht

---

436 Az.: 11 U 29/07, n. v.

mehr erkannt werden kann. Gedanklich deckt sich dieser Lösungsansatz mit vorstehender Kritik an der LG-Entscheidung, dass ein Wiederholungsanspruch nach § 249 BGB nicht gegeben sei, weil der Zustand wie zuvor nicht mehr bestehe.

Schlussbemerkung zum Fall TuS Makkabi II:
Nach einem langen Richterleben konstatiere ich, dass der Ausgang von Rechtsstreitigkeiten, insbesondere beim Eilrechtsschutz, oft von vielen Imponderabilien abhängt, insbesondere von den handelnden Personen hinter der Richterbank und vor dieser. Ein namentlich nicht bekannter Diskussionsteilnehmer mit großer forensischer Erfahrung sagte auf einem Sportrechtsseminar zu jungen Advokaten: *„Hütet Euch vor einem Kaspar Hauser des Sportrechts als Richter!"*

Ich glaube, nicht durch die berühmte rosarote Vereinsbrille zu blicken, wenn ich die Anwälte und Richter in Verfahren über Vereinsstreitigkeiten zu erwägen bitte, dass ein Verfügungsanspruch nur bei gebührender Berücksichtigung der Vereinsautonomie besteht. In deren Licht ist jede Verfahrenseinleitung und jeder Urteilsspruch zu hinterfragen, wobei dieses Grundrecht meistens im Ergebnis den Vorrang verdient.

§ 22 RuVO
Eidesstattliche und ehrenwörtliche Erklärungen

Eidesstattliche und ehrenwörtliche Erklärungen sind als Beweismittel unzulässig.

Bedeutung der Vorschrift 74

§ 22 stellt die sich nach staatlichem Recht ergebende Selbstverständlichkeit klar, dass Versicherungen an Eides Statt nur rechtsgültig sind, wenn sie in einem Gesetz zugelassen bzw. gegenüber einer Behörde abzugeben sind (dann auch strafbewehrt nach § 156 StGB). Gegenüber DFB-Instanzen abgegebene Erklärungen an Eides Statt haben keinen gesteigerten Beweiswert. Sie wirken wie jede andere schriftliche Erklärung. Für die etwas pathetisch klingende „ehrenwörtliche Erklärung" gilt das Gleiche.

§ 23 RuVO
Rechtsmittelbelehrung

Jede Entscheidung eines Rechtsorgans muss eine Rechtsmittelbelehrung oder den Hinweis enthalten, dass ein Rechtsmittel nicht zulässig ist. In der Rechtsmittelbelehrung sind die Art des Rechtsmittels, die Rechtsmittelfrist und die Stelle für die Einreichung des Rechtsmittels anzugeben. Bei fehlender oder unvollständiger Belehrung wird die Entscheidung erst nach Ablauf von drei Monaten ab Verkündung oder mangels Verkündung ab Zustellung unanfechtbar.

Der DFB bietet für seine Gerichtsunterworfenen einen Service, den staatliche Gerichtsinstanzen nicht immer leisten (so nicht in Zivilverfahren, anders als etwa in Straf- oder

Arbeitsgerichtsverfahren), nämlich eine vollständige Rechtsmittelbelehrung bzw. den Hinweis, dass ein Rechtsmittel nicht zulässig ist.

Bei fehlender oder unvollständiger Belehrung wird die Entscheidung nach Ablauf von drei Monaten ab Verkündung bzw. ab Zustellung, falls keine Verkündung erfolgt ist, unanfechtbar, d. h. rechtskräftig.

75 Vorbemerkungen zum Berufungsverfahren
Zur Abrundung der Kommentierung über das Berufungsrecht des DFB soll das staatliche Berufungsrecht vergleichend herangezogen werden und daraus Vorschriften ausgewählt und untersucht werden, ob sie im Fußballstrafverfahren in der alltäglichen Praxis durch die Sportgerichte sinnvollerweise angewandt werden können.

Vorweg ist dabei klarzustellen, dass einige zivilprozessuale Vorschriften **nicht** auf das Sportstrafverfahren übertragbar sind:

- keine Berufungssumme (§ 511 a ZPO),
- keine Versäumnisurteile (§ 513 ZPO),
- kein früher erster Termin oder schriftliches Vorverfahren (§ 520 ZPO),
- keine Anschlussberufung (§§ 521 ff. ZPO) – sie gibt es im DFB-Verfahren nicht, dagegen kann ein Betroffener oder der Kontrollausschuss fristgerecht selbständig Berufung einlegen,
- keine Einzelrichterentscheidung (§ 524 ZPO),
- kein Ausschluss von neuem Vorbringen (§ 523 ZPO),
- keine Revision,
- keine Verwerfung der Berufung bei Ausbleiben des Angeklagten (§ 329 StPO).

Dagegen kann im Sportstrafverfahren, obwohl in der RuVO nicht ausdrücklich angesprochen, übernommen werden:

- die Regelung über die Devolutivwirkung – gilt als selbstverständlich auch im Sportstrafverfahren,
- das Erfordernis der Beschwer,
- die Zurückverweisung der Sache in die 1. Instanz, wovon aber aus prozessökonomischen Gründen höchst selten Gebrauch gemacht werden sollte.

§ 24 RuVO

Berufung

Gegen die Urteile des Sportgerichts, die nicht vom Einzelrichter erlassen sind, ist die Berufung zum Bundesgericht zulässig.

Gegen Sportgerichtsurteile, die von einem Dreiergremium erlassen sind, ist Berufung zum Bundesgericht zulässig.

§ 25 RuVO
Einlegung der Berufung

1. Die Berufung ist innerhalb einer Woche nach Verkündung oder mangels Verkündung nach Zustellung des angefochtenen Urteils schriftlich beim Bundesgericht einzulegen. Sie ist spätestens innerhalb von zwei Wochen nach Zustellung der schriftlichen Urteilsbegründung schriftlich zu begründen. Der Vorsitzende kann auf Antrag für die Begründung eine weitere Frist von zwei Wochen einräumen. In dringenden Fällen kann die erste Instanz die Berufungsfrist und die Berufungsbegründungsfrist bis auf 24 Stunden (Eingang beim DFB) abkürzen. Entsprechendes gilt für die Anberaumung einer Berufungsverhandlung. Fernmündliche und fernschriftliche Ladungen sind zulässig.

2. Versäumnis der Frist zur Einlegung oder zur Begründung des Rechtsmittels hat dessen Verwerfung zur Folge.

Berufungsformalien   76

Sie sind in Absatz 1 vorgegeben (Einlegungsfrist: eine Woche – Begründungspflicht binnen zwei Wochen nach Zustellung der schriftlichen Urteilsbegründung – Verlängerung der Begründungsfrist ist möglich). In dringenden Fällen (Vorsperren, bevorstehende Spiele, die sich auf den Streitgegenstand beziehen) sind die Berufungsfrist und die Berufungsbegründungsfrist bis auf 24 Stunden (Eingang beim DFB) abkürzbar. Auch die Einlassungs- und Ladungsfrist für die Berufungsverhandlung kann bis auf 24 Stunden abgekürzt werden. Ladungen können fernmündlich oder fernschriftlich erfolgen.

Fristversäumnis   77

führt jeweils zur Verwerfung des Rechtsmittels. Das Urteil ist dann mit diesem Beschluss rechtskräftig.

§ 26 RuVO

1. Zur Einlegung der Berufung sind die Betroffenen und der Kontrollausschuss sowie das Präsidium des DFB berechtigt, letzteres jedoch nur, wenn es Zweifel an der Rechtmäßigkeit einer Entscheidung des DFB-Sportgerichts hat.

   Sonderbestimmungen bleiben unberührt.

2. Das Recht zur Berufung haben auch zunächst nicht am Verfahren beteiligte Mitgliedsverbände, ihre Vereine sowie deren Einzelmitglieder und Tochtergesellschaften und Spieler, die ein unmittelbares berechtigtes Interesse an der Entscheidung nachweisen.

(Nr. 1): Berufungsberechtigt sind die Betroffenen und der Kontrollausschuss. Wenn es Zweifel an der Rechtmäßigkeit einer Entscheidung hat, ist auch das Präsidium des DFB zur Einlegung der Berufung befugt. Seit Einführung dieser Vorschrift vor 10 Jahren ist keine Anfechtung einer Sportgerichtsentscheidung durch das Präsidium erfolgt.

(Nr. 2): Es ist denkbar, dass Verbände, Vereine und deren Mitglieder durch die Entscheidung, die ohne sie ergangen ist, in einem unmittelbar berechtigten Interesse betroffen sind. Sie haben dann das Recht zur Berufung.

§ 27 RuVO

Die Berufung kann sich auch gegen einzelne Teile des Urteils oder nur gegen das Strafmaß richten, jedoch nicht allein gegen die Kosten- und Gebührenentscheidung. Einer Nachprüfung unterliegt das Urteil nur insoweit, als es angefochten ist.

Die Berufung kann sich gegen einen Teil des Urteils und – was in der Praxis häufiger vorkommt – gegen das Strafmaß richten, nicht aber allein gegen die Kosten- und Gebührenentscheidung. Wie im staatlichen Recht (§ 536 ZPO) kann das Urteil nur insoweit abgeändert werden, als es angefochten ist (ne ultra petita).

§ 28 RuVO
Verbot der Schlechterstellung

Legt ein von einem Urteil Betroffener Berufung ein, so kann das Bundesgericht auf seine Berufung hin weder eine höhere Strafe aussprechen noch eine Entscheidung fällen, die dem Berufungskläger Nachteile gegenüber der angefochtenen Entscheidung bringen würde.

78 **Verbot der reformatio in peius**
Dabei handelt es sich um einen tragenden Grundsatz unserer Rechtsordnung: Wenn ein Verurteilter Berufung eingelegt hat, so kann das Berufungsgericht, wenn nicht der Kontrollausschuss ebenfalls Berufung mit dem Ziel der Straferhöhung eingelegt hat, weder eine höhere Strafe verhängen noch einen sonstigen Nachteil über die erstinstanzliche Entscheidung hinaus aussprechen. Durch dieses Verbot der Verböserung soll niemand von einer Rechtsmitteleinlegung abgehalten werden, weil er zusätzliche Nachteile erwartet. Die UEFA ließ bis vor wenigen Jahren eine Verschlechterung zu und machte auch rege davon Gebrauch. Mittlerweile hat sie sich an die kontinentaleuropäischen Rechtsregelungen angepasst.

§ 29 RuVO
Wirksamkeit der Entscheidungen

1. **Die rechtzeitige Einleitung eines Berufungsverfahrens hindert die Wirksamkeit der erstinstanzlichen Entscheidung, es sei denn, die Vorinstanz hat die sofortige Wirksamkeit ihrer Entscheidung aus Gründen sportlicher Disziplin oder überwiegender Interessen des DFB angeordnet.**

2. **Sperrstrafen, die das Sportgericht gemäß §§ 8, 9 verhängt hat, sowie Aufenthaltsverbote und Sperren auf der Grundlage von § 30 Nr. 3 c) und d) der DFB-Ausbildungsordnung sind ohne besondere Anordnung sofort wirksam.**

3. **Erstinstanzliche Entscheidungen werden rechtskräftig,**

   a) **wenn Rechtsmittel nicht zulässig sind, mit ihrer Verkündung, mangels Verkündung mit ihrer Zustellung,**

b) wenn Rechtsmittel zulässig sind und diese nicht oder nicht rechtzeitig eingelegt werden, mit Ablauf der Rechtsmittelfrist oder mit dem Verzicht auf
Rechtsmittel.

Entscheidungen des Bundesgerichts werden mit ihrer Verkündung, mangels
Verkündung mit ihrer Zustellung rechtswirksam.

Suspensiv- oder Hemmungswirkung 79
(Nr. 1): Die Einlegung der Berufung hindert die Wirksamkeit der Sportgerichtsentschei-
dung, es sei denn, die Vorinstanz hat die sofortige Wirksamkeit ihrer Entscheidung aus
Gründen sportlicher Disziplin oder wegen überwiegender DFB-Interessen angeordnet.

Sofortige Wirksamkeit 80
(Nr. 2): Ohne eine ausdrückliche Anordnung sind Sperrstrafen nach §§ 8, 9 RuVO, Aufenthaltsverbote sowie Sperren nach der Ausbildungsordnung sofort wirksam.

Rechtskrafteintritt 81
(Nr. 3): Alle Entscheidungen der Rechtsorgane werden mit ihrer Rechtskraft wirksam.

Erstinstanzliche Entscheidungen werden mit der Verkündung bzw. Zustellung rechtskräftig, falls keine Rechtsmittel zulässig sind; falls Rechtsmittel zulässig sind und ein
solches nicht oder nicht rechtzeitig eingelegt wird, ist die Entscheidung mit dem Ablauf
der Rechtsmittelfrist oder mit dem Verzicht auf Rechtsmittel rechtskräftig.

Bundesgerichtsentscheidungen werden rechtswirksam mit ihrer Verkündung, mangels
Verkündung mit ihrer Zustellung.

§ 30 RuVO
Beschwerde

1. Gegen Beschlüsse des Sportgerichts, die über sein Verfahren abschließend entscheiden, ist die Beschwerde beim Bundesgericht zulässig.

2. Für Beschwerden, über die das Bundesgericht zu entscheiden hat, gelten die
Bestimmungen über die Berufung entsprechend, soweit nicht im Einzelfall etwas
anderes bestimmt ist; über sie kann ohne mündliche Verhandlung entschieden
werden.

3. Die verfahrensmäßige Behandlung anderer in der Satzung und den Ordnungen
vorgesehener Beschwerden richtet sich gleichermaßen nach den Bestimmungen
über die Berufung.

Beschwerdefähigkeit 82
(Nr. 1): Beschwerden, die das laufende Verfahren betreffen, sind aus verfahrensökonomi-
schen Gründen nicht statthaft. Zulässig sind aber Beschwerden gegen Beschlüsse des
Sportgerichts, die über das Verfahren **abschließend** entscheiden.

Verfahrensvorschriften 83
(Nr. 2 und 3): Für alle Beschwerdeverfahren gelten die Vorschriften über die Berufung
sinngemäß; über die Beschwerde kann ohne mündliche Verhandlung entschieden werden.

§ 31 RuVO

Legt ein Betroffener ein Rechtsmittel nicht oder nicht rechtzeitig ein, so gilt dies als Unterwerfung unter die erstinstanzliche Entscheidung.

Die Vorschrift enthält eine Fiktion: Wenn ein Betroffener ein Rechtsmittel nicht oder nicht rechtzeitig einlegt, gilt dies als Unterwerfung unter die erstinstanzliche Entscheidung. Dann ist mehr als bei einer rechtskräftigen Entscheidung auch ein endgültiges Anerkenntnis der Verbandsentscheidung gegeben, das die Anrufung des staatlichen Gerichts oder des Schiedsgerichts ausschließt. Da für letztere Anrufung keine Frist besteht, bewirkt die fingierte Unterwerfungswirkung nach § 31 auch eine Fixierung der Rechtskraft einer Verbandsentscheidung zu einem festen Termin.

§ 32 RuVO
Wiederaufnahme von Verfahren

1. **Ein Rechtsorgan kann ein von ihm durchgeführtes und durch rechtskräftige Entscheidung abgeschlossenes Verfahren wieder aufnehmen, wenn neue, bisher unbekannte Tatsachen oder Beweismittel vorgebracht oder bei Offizialverfahren dem Rechtsorgan bekannt werden. Ein Antrag auf Wiederaufnahme des Verfahrens kann von einer Partei, einem Bestraften, dem Kontrollausschuss oder dem Präsidium des DFB gestellt werden. Über den Antrag entscheidet das Rechtsorgan, das über den Fall rechtskräftig entschieden hat, durch Beschluss.**

2. **Der Antrag kann nur innerhalb von zwei Wochen nach Kenntnis der Wiederaufnahmegründe, höchstens jedoch zwei Jahre nach Rechtskraft der betreffenden Entscheidung, gestellt werden. Im Falle des § 17 Nr. 2., Buchstabe e) ist eine Wiederaufnahme mit dem Ziel der Spielwiederholung nur bis zum Vortag des viertletzten Spieltages und eine Wiederaufnahme mit dem Ziel der Spielwertung nur bis zum Ablauf des letzten Spieltages der Spielzeit, in der das betreffende Spiel stattgefunden hat, zulässig.**

84 **Voraussetzungen**

Die Wiederaufnahme des Verfahrens bezweckt, ein rechtskräftiges Urteil zu beseitigen und die Sache mit dem Ziel einer neuen Entscheidung nochmals zu verhandeln. Dafür müssen bestimmte, abschließend aufgezählte Anfechtungsgründe vorliegen, nämlich bisher unbekannte Tatsachen oder Beweismittel vorgebracht bzw. bei Offizialverfahren dem Kontrollausschuss/Gericht bekannt geworden sein. Antragsberechtigt sind eine Partei, ein Bestrafter, der Kontrollausschuss oder das Präsidium des DFB.

Zuständig zur Entscheidung über den Wiederaufnahmeantrag ist das Gericht, das über den Fall rechtskräftig entschieden hat. Die Entscheidung ergeht durch Beschluss.

85 **Fristen**

Binnen zwei Wochen nach Kenntniserlangung von den Wiederaufnahmegründen ist der Antrag zu stellen, höchstens jedoch zwei Jahre nach Rechtskraft der anzufechtenden Entscheidung. Bei Spielmanipulation (§ 17 Nr. 2 e RuVO) ist ein Antrag auf **Spielwieder-**

holung nur bis zum Vortag des viertletzten Spieltags einer Saison und mit dem Ziel der Spielwertung nur bis zum Ablauf des letzten Spieltags der Saison, in der das manipulierte Spiel stattgefunden hat, zulässig.

Bei Dopingfällen stellt sich die Frage der langen Fristen nicht, da die Spielwiederholung wegen Dopings nur bis spätestens zwei Wochen nach dem betreffenden Spiel beantragt werden kann.

§ 33 RuVO
Vorsitzender

Vorsitzender im Sinne dieser Ordnung ist der Vorsitzende des zuständigen Rechtsorgans, im Falle seiner Verhinderung der stellvertretende Vorsitzende. Sind beide an der Wahrnehmung ihrer Aufgaben nach dieser Ordnung verhindert, so bestimmt der Vorsitzende bzw. der stellvertretende Vorsitzende ein anderes Mitglied seines Rechtsorgans zur Wahrnehmung dieser Aufgaben.

Die Rechtsinstanzen haben je einen Vorsitzenden und einen stellvertretenden Vorsitzenden, der im Verhinderungsfall anstelle des Vorsitzenden handelt. Bei Verhinderung beider ist ein Mitglied des Rechtsorgans durch den Vorsitzenden/Stellvertreter zur Wahrung der Aufgaben zu bestimmen.

§ 34 RuVO
Verwendung der Geldstrafen

Die verhängten Geldstrafen werden für gemeinnützige Zwecke des DFB oder seiner Mitgliedsverbände verwendet.

Während bis vor einiger Zeit die eingehenden Geldstrafen in den DFB-Haushalt geflossen sind, ist nun festgelegt, dass sie für gemeinnützige Zwecke des DFB und seiner Mitgliedsverbände zu verwenden sind.

§ 35 RuVO
Gebühren und Kosten

Jede Entscheidung, die eine Instanz abschließt, muss einen Ausspruch über die Kosten enthalten und, wenn Gebühren zu erheben waren, auch hierüber.

§ 36 RuVO
Gebühren

1. Wird ein Verfahren vor den Rechtsorganen anhängig gemacht, so sind an den DFB Gebühren zu zahlen. Der Zahlungsnachweis ist innerhalb einer Frist von zwei Wochen zu führen. Erfolgt die Zahlung nicht innerhalb dieser Frist und einer vom Vorsitzenden zu bestimmenden Nachfrist, so wird das erstinstanzliche Verfahren durch unanfechtbaren Beschluss eingestellt oder das Rechtsmittel verworfen. Der DFB ist von der Gebührenpflicht befreit.

2. Die Gebühren betragen:

   a) in Verfahren der Lizenzligen und des DFB-Vereinspokals der Herren

vor dem Sportgericht	€ 300,00
vor dem Bundesgericht	€ 500,00

   b) in den übrigen Verfahren

vor dem Sportgericht	€ 150,00
vor dem Bundesgericht	€ 300,00

3. Unterliegt die gebührenpflichtige Partei, so sind die Gebühren verfallen; obsiegt sie ganz oder teilweise, so sind die Gebühren entsprechend zu erstatten. Eine Verrechnung mit den Kosten findet nicht statt.

§ 37 RuVO
Kosten

1. Die Kosten eines Verfahrens trägt in der Regel die bestrafte oder unterliegende Partei.

2. Ist ein Verfahren von einer DFB- oder Verbandsinstanz eingeleitet, so trägt im Falle der Einstellung oder des Freispruchs der DFB bzw. der Verband die Kosten.

3. Die Rechtsorgane können nach ihrem Ermessen eine andere Kostenentscheidung fällen.

4. § 5 Nr. 3. Abs. 1 und Nr. 4. gelten sinngemäß.

86 Gebühren und Kosten

In einer abschließenden Entscheidung ist über die Kosten und Gebühren zu befinden: Die in § 36 Nr. 2 RuVO betragsmäßig aufgeführten Gebühren sind nach dem Grad des Unterliegens aufzuerlegen bzw. zu verteilen.

Gleiches gilt hinsichtlich der Kosten eines Verfahrens.

Nach dem Ermessen der Rechtsorgane kann eine andere Kostenverteilung erfolgen.

Für gegen Spieler und Einzelmitglieder verhängte Geldstrafen haftet der Verein bzw. bei Länderpokalspielen der Verband (§ 5 Nr. 3 Abs. 1 und Nr. 4 RuVO).

§38 RuVO

1. Geladene Zeugen und Sachverständige jeder Partei haben Anspruch auf Kostenerstattung für Fahrt und andere Auslagen nach den Bestimmungen der Finanzordnung des DFB.

2. Die von den Rechtsinstanzen geladenen Zeugen und Sachverständigen haben Anspruch auf Erstattung des nachgewiesenen Verdienstausfalls. Es gelten die Obergrenzen des Gesetzes über die Entschädigung von Zeugen und Sachverständigen. Über die Höhe entscheidet der Vorsitzende der damit befassten Instanz.

3. Auslagen der Parteien (insbesondere Anwaltsgebühren) werden nicht erstattet.

Entschädigung Zeugen/Sachverständige   **87**

Von den Parteien geladene Zeugen und Sachverständige haben Anspruch auf Kostenerstattung gemäß der Finanzordnung des DFB. Nach deren §7 werden Reisekosten (bei PKW-Benutzung 0,30 € pro Kilometer, bei öffentlichen Verkehrsmitteln bis 100 km die Kosten der 2. Wagenklasse, darüber die der 1. Klasse) erstattet. Es werden außerdem die steuerlich zulässigen Verpflegungs- und Übernachtungskosten bezahlt.

Den von den Rechtsinstanzen geladenen Zeugen und Sachverständigen ist der nachgewiesene Verdienstausfall zu erstatten, wobei die Obergrenzen des Gesetzes über die Entschädigung von Zeugen und Sachverständigen (ZuSEG) gelten. Die in diesem Gesetz vorbehaltene Unterschreitung des tatsächlich angefallenen Betrags ist darauf zurückzuführen, dass die Zeugenpflicht eine Staatsbürgerpflicht ist, die beinhaltet, dass bei hohen Forderungen teilweise Einbußen hinzunehmen sind. Dieser Gesichtspunkt zieht beim DFB nicht, sehr wohl aber eine ähnliche Erwägung, wenn die Schiedsrichter als Zeugen erscheinen, die bei den Spieleinsätzen angemessene Entschädigungspauschalen erhalten, die mit dazu dienen, finanzielle Einbußen als Folge der Zeugenpflicht abzudecken.

Die Höhe der Entschädigung setzt der Vorsitzende der betreffenden Instanz fest.

Parteiauslagen, insbesondere deren Anwaltsgebühren, werden auch bei Obsiegen nicht erstattet. Eine solche Regelung ist durch die Autonomie des DFB zur Regelung seines Verfahrens abgedeckt.

§39 RuVO

Vollziehung von Entscheidungen

1. Entscheidungen der Rechtsorgane werden von der DFB-Zentralverwaltung vollzogen. §10 Nr. 2. gilt entsprechend, wenn der Betroffene nicht zivilrechtlich in Anspruch genommen wird.

2. Entscheidungen der Rechtsorgane des Deutschen Fußball-Bundes und seiner Mitgliedsverbände sind für letztere und deren Mitgliedsvereine sowie deren Tochtergesellschaften verbindlich.

Vollzug der Entscheidungen   **88**

Der Vollzug der Entscheidungen obliegt der DFB-Zentralverwaltung.

89 Verbindlichkeit der Entscheidungen
Kraft vereinsrechtlicher Wirkung sind die Entscheidungen für die Gerichtsinstanzen für die Mitgliedsverbände, deren Mitgliedsvereine sowie deren Tochtergesellschaften verbindlich, was in Nr. 2 nochmals ausdrücklich normiert ist.

§ 40 RuVO
Zeitpunkt der Wirksamkeit

Die vorstehende Fassung der Rechts- und Verfahrensordnung ist am 30. April 2001 in Kraft getreten.

Änderungen und Ergänzungen dieser Rechts- und Verfahrensordnung sind in den Offiziellen Mitteilungen des DFB zu veröffentlichen, um von diesem Zeitpunkt an wirksam zu werden.

Veröffentlichungsorgan für Änderungen der RuVO sind die Offiziellen Mitteilungen des DFB. Änderungen sind vom Zeitpunkt der Veröffentlichung in diesem Organ wirksam.

Schlussbemerkung zur Kommentierung der RuVO
Ein Rechtsanwalt, der zum ersten Mal eine Strafverhandlung bei den Sportgerichten des DFB wahrzunehmen hat, braucht sich nicht auf prozessuales Neuland einzustellen. Das Verfahren läuft ab wie im staatlichen Strafprozess – vom Aufruf der Sache bis zur Rechtsmittelbelehrung nach der Urteilsverkündung –, es fehlen lediglich die staatlichen Hoheitsbezeigungen wie Beeidigung oder Verkündung „Im Namen des Volkes!". Ein Rechtsanwalt, der im staatlichen Bereich Organ der Rechtspflege ist, kann mit dem Instrumentarium der RuVO fair, wie es dem Sport geziemt, um das Recht seines Mandanten kämpfen und dieses erreichen.

Teil IV: Zuschauerausschreitungen – Bekämpfung außerhalb der RuVO

Kapitel 1: Bestandsaufnahme

Repressive und präventive Maßnahmen   **1**

Der DFB bekämpft die Plagen des modernen Fußballs in Gestalt von Gewalt und Rassismus im Stadionbereich in erster Linie durch **repressive** Maßnahmen, nämlich durch Strafen wegen nicht ausreichenden Ordnungsdienstes bzw. mangelnden Schutzes des Schiedsrichterteams und des Gegners, und zwar durch Geldstrafen teils in drastischer Höhe und durch Total- oder Teilausschuss von Zuschauern in den Stadien („Geisterspiele") gemäß den §§ 7 Nr. 1 c, d, 4 und § 1 Nr. 4 RuVO (s. oben Teil II, Kommentierung zu diesen Vorschriften unter Rn. 54). Parallel zu diesen überlieferten Gegenmaßnahmen sind aber zwischenzeitlich darüber hinaus eine Reihe von **präventiven** Schritten entwickelt worden und werden neben diesen und weiteren sonstigen repressiven Maßnahmen angewandt. Im internationalen Vergleich liegt der DFB mit dem Erfolg seiner Gegenaktionen in Europa im Mittelfeld, wobei Italien am Ende rangiert mit der traurigsten und auch gefährdetsten Situation in seinen Stadien. Deutlich besser als in Deutschland sind aber die Verhältnisse in England, wo nach einigen gravierenden Vorkommnissen Anfang der 90er Jahre nunmehr durch entsprechende Stadiongestaltung und gezielte Überwachung der Zuschauer eine relative Sicherheit erreicht worden ist. Den am meisten Erfolg versprechenden Weg ist man beim DFB bisher bewusst noch **nicht** gegangen: Wenn man einen Teil der Fußballkultur, nämlich die Stehränge abschaffen würde, würde man nämlich den beliebtesten Bereich der Anhänger treffen. Die als Strafmaßnahmen verhängten Teilschließungen der Stehränge haben bewiesen, dass damit die größte Gefahrenquelle im Stadionbereich beseitigt werden könnte, da die Sitzplätze weit besser von den Ordnungskräften zu überblicken sind und weniger Tarnungsmöglichkeiten bei dem Werfen von Gegenständen aller Art bieten.

Zwischenzeitlich baut der deutsche Bundesligafußball seine weltweite Spitzenposition bei den Stadionbesuchen jährlich aus: Der Zuspruch der Fans war in der abgelaufenen Saison 2007/2008 so hoch wie noch nie. 17,5 Mio. bescherten dem Profifußball den siebten Besucherrekord in Folge. In der Bundesliga waren durchschnittlich 38.975 Besucher bei den 612 Spielen, wozu auch beiträgt, dass die Stadien die modernsten und komfortabelsten in Europa sind (in erster Linie die zwölf „WM-Stadien"). Im Verhältnis dazu ist die Zahl der Randalen und Gewalttäter minimal. Dabei hat sich in den letzten 15 Jahren ein Phänomen gezeigt, das eine gezielte Bekämpfung der Ausschreitungen erschwert. Folgenschwere Störfälle verlagern sich von den höchsten Spielklassen in den Amateurbereich, insbesondere nach Sachsen, Mecklenburg-Vorpommern und Brandenburg. Stadionsperren in diesem Bereich standen öfters zur Diskussion, z. B. als bei der sog. „Völkerschlacht von Leipzig" im Frühjahr 2007 nach dem Pokalspiel 1. FC Lok Leipzig gegen Erzgebirge Aue II 800 Randalierer Jagdszenen auf die Polizei machten und diese mit Steinen und Betonteilen bewarfen (Folge: 42 Verletzte). Die Polizei setzte sich mit Schlagstöcken und Pfefferspray zur Wehr. Die ordentliche Justiz hat nachgearbeitet. Wegen schweren Landfriedensbruchs wurde ein Rädelsführer zu einer Freiheitsstrafe von einem Jahr mit Bewährung verurteilt. Hier finden sich oft Kultvereine aus Dresden, Leipzig, Berlin fern vom Bundesligafußball in unteren Klassen wieder, wobei teils in Sportanlagen gespielt wird, die nur als Ruinen bezeichnet werden können.

Auffällig ist dabei, dass rassistische Äußerungen in Kombination mit Gewaltentfaltung gegen die Ordnungskräfte andere Exzesse wie das Entzünden und Werfen von Rauchbomben und pyrotechnischem Material etwas in den Hintergrund drängten. Gleichwohl sind die Begehungsformen der Zuschauerausschreitungen immer noch differenziert, sodass entsprechende spezielle Gegenmaßnahmen entwickelt werden müssen.

Im Stadion haben in erster Linie der Schiedsrichter, die Ordnungskräfte und der Stadionsprecher die Möglichkeit und die Pflicht, situationsadäquat zu reagieren. So sind, als trotz Durchsagen Schmährufe bzw. Gewaltmaßnahmen weiter andauerten, durch Spielunterbrechungen durch den Schiedsrichter mit dem Gang der Mannschaften in die Kabine jeweils Zeichen gesetzt und der Spielabbruch angedroht worden, der aber nur im äußersten Fall vorzunehmen sein wird. Im Anschluss durch die Sportgerichte angeordnete „eingeschränkte Geisterspiele" für den Heimverein schließen zwar auch die „Jubelzuschauer" von den Stehrängen aus, halten aber die aggressiven Schmährufe bzw. die pyrotechnischen Aktionen auf jeden Fall von den Arenen fern, was sich nach allgemeiner Erfahrung zusätzlich spezial- und generalpräventiv auswirkt.

Stets sind aber die „friedfertigen" Zuschauer in der Überzahl. Massenansammlungen von Zuschauern führen keineswegs immer zu Ausschreitungen. Auf der Berliner Fanmeile vor dem Brandenburger Tor hatten sich während der vier Wochen der WM 2006 über acht Millionen Teilnehmer eingestellt, beim Pokalfinale 2006 noch 300.000 Anhänger und bei der Rückkehr des Vizeeuropameisters 2008 immerhin 100.000 Fans versammelt, ohne dass in allen drei Fällen irgendwelche Ausschreitungen registriert wurden.

2   Rechtliche Möglichkeiten

Insoweit erscheint es anschaulich, diese anhand der Sicherheitsmaßnahmen für das Großereignis Fußballweltmeisterschaft 2006 in Deutschland vorzustellen, das zur Freude aller ohne jegliche Störfälle ablief. Als Vorwegdarstellung hat über diese *Marius Breucker*[437] berichtet, woraus auch im Nachhinein wertvolle Erkenntnisse gewonnen werden können:

Im Vorfeld der WM waren Diskussionen über bauliche Standards und Bundeswehreinsatz im Inland geführt worden, von denen unbeeindruckt die Polizei und das Organisationskomitee des DFB (OK) sich darauf einstellten, mögliche Anschläge und Ausschreitungen außerhalb und innerhalb der Stadien zu verhindern. Aus der Einsicht, dass sich Exzesse kaum noch unterbinden lassen, wenn sich Gewalttäter erst einmal vor Ort versammelt haben, versuchten OK und Polizei in abgestimmtem Zusammenwirken, bereits die Anreise der gewalttätigen Störer zu Veranstaltungen von vornherein auszuschließen.

Breucker bringt bei seinem Überblick über die Rechtsgrundlagen rund um die Weltmeisterschaft in Erinnerung, dass die Weltmeisterschaft ein **privatrechtlich organisiertes Fußballturnier** ist, für das primär demzufolge die privaten Veranstalter die Sicherheit zu gewährleisten haben, der Staat aber subsidiär zur Wahrung der öffentlichen Sicherheit und Ordnung einzugreifen hat. Deshalb ist eine trennscharfe Unterscheidung zwischen beiden Aufgabenbereichen vorzunehmen.

---

437 NJW 2006, 1233–1237.

Kapitel 2: Verantwortlichkeiten

Verantwortung des Veranstalters   **3**
Die Weltmeisterschaft wurde durch den Weltfußballverband FIFA veranstaltet. Die FIFA hat die Organisation an den Spielorten und sonstigen Begegnungsstätten durch Veranstaltervertrag vom Januar 2001 dem Organisationskomitee des DFB (OK) als „Ausrichter" übertragen. FIFA und DFB sind gemäß ihren Verantwortungsbereichen zivilrechtlich zu angemessenen Sicherheitsvorkehrungen verpflichtet und berechtigt:

a) Als Veranstalter hat der DFB gegenüber den Besuchern aus dem In- und Ausland als Nebenpflicht aus dem Besuchervertrag nach § 241 Abs. 2 BGB auf deren Rechte, Rechtsgüter und Interessen Rücksicht zu nehmen und dafür Sorge zu tragen, dass sie an Leib, Leben und Eigentum nicht gefährdet werden. Als gesetzliche Pflicht tritt kumulativ bzw. originär bei Unbeteiligten, die keine Eintrittskarten zu WM-Veranstaltungen erworben haben, die allgemeine Verkehrssicherungspflicht nach §§ 823 ff. BGB hinzu. Dafür war für das OK die Einschaltung einer genügenden Zahl von Ordnern zu engagieren, von denen zusätzlich Einlasskontrollen mit flughafenähnlichen Verhältnissen vor dem Stadionbesuch vorgenommen worden sind. Bei diesen Aktionen wurden qualifizierte Kräfte privater Wachdienste mit eingepasst. Bei den Kontrollen, die selbst noch keine Grundrechtseingriffe darstellen, werden Personen an den Toren des Stadions angehalten, um sie nach verbotenen Gegenständen zu durchsuchen (wie Waffen, Messer, Totschläger, abgesägte Stuhlbeine, Baseballschläger, pyrotechnisches Material aller Art). Bei Auffinden von solchen verbotenen Gegenständen werden diese sichergestellt. Die privaten Sicherheitskräfte handeln bei diesen Aktionen zur Entlastung der Polizeikräfte im Rahmen privater Hausrechte, da die öffentlich-rechtlichen Eingriffsbefugnisse beim Staat monopolisiert sind[438]. Erstaunlicherweise erstreckte sich in letzter Zeit zumindest bei Bundesligaspielen das Sicherstellen auch auf Obst (Bananen, Äpfel, Kiwis), da diese bei bestimmten Spielen, z. B. wenn *Oliver Kahn* im Tor stand, als Wurfgeschosse eingesetzt worden sind und zu einer empfindlichen Störung der Ordnung im Stadion beitrugen.

b) Mit den Ordnungskräften und deren Aufgabenbereich nicht zu verwechseln sind die bei der WM 2006 in großer Zahl in den Städten mit WM-Stadien eingesetzten Volonteers, die in etwa die Aufgaben von Hostessen wahrnahmen. Ihre Dienste galten den Massen der friedlichen Zuschauer und trugen zur Imagebildung des freundlichen Deutschlands mit seinem Sommermärchen 2006 bei.

c) Nach der herrschenden Meinung in Rechtsprechung und Literatur[439] hat das OK dabei die möglichen und nach Treu und Glauben zumutbaren Maßnahmen zu treffen. Wer eine Gefahrenquelle schafft, muss die notwendigen Vorkehrungen zum Schutz Dritter treffen[440]. Die Rechtsprechung ist insoweit so einsichtig, dass eine Verkehrssicherung, die jeden Unfall ausschließt, nicht erreichbar ist – sie liefe letzten Endes auf eine Gefährdungshaftung hinaus. Die Rechtsordnung verlangt somit nicht, dass für alle denkbaren, auch entfernten Möglichkeiten eines Schadenseintritts Vorsorge getroffen werden muss. Der BGH[441] fordert solche Vorsorgemaßnahmen, die nach den Sicherheitserwartungen der jeweiligen Kreise im Rahmen des wirtschaftlich Zumutbaren geeignet sind, Gefahren von Dritten tunlichst abzuwenden, die bei bestimmungsgemäßer oder nicht ganz fernliegender bestimmungswidriger Benutzung drohen. Dabei ist im Hinblick auf die Weite des Schutzbereichs die Delegierung der Verkehrssicherungspflicht auf sachkundige Dritte

---

438 *Nolte*, Sport und Recht, S. 142.
439 *Palandt-Sprau*, § 823 BGB Rn. 214.
440 BGH, NJW 1966, 1457.
441 NJW 1978, 1629; 1985, 1076.

zulässig, wobei der Übernehmende neben dem Ausrichter kumulativ deliktsrechtlich verantwortlich ist. Die Verkehrsicherungspflicht bezieht sich bei einer Fußballweltmeisterschaft auf die Gefahrlosigkeit der Baulichkeiten und deren Zu- und Abgang sowie die Bedienung derselben vor, während und nach in ihnen ausgetragenen Fußballspielen. Insoweit waren im Vorfeld der WM von dritter Seite Falschmeldungen verbreitet worden, die die DFB-Spitze sehr unpassend fand. Im weiteren Verlauf der WM zeigte sich, dass die Überwachungsmaßnahmen und Vorsorgehandlungen sachgerecht organisiert waren.

4 Pflichten der Besucher und Zuschauer

Als Kehrseite der Pflichten gegenüber diesen hat der DFB auch Rechte ihnen gegenüber: Beim Kauf der Eintrittskarten hat der DFB seine Allgemeinen Geschäftsbedingungen (ATGB) und die für alle Stadien geltende Hausordnung zur Grundlage der vertraglichen Beziehungen gemacht. Als wichtige Pflicht der Zuschauer ist darin verankert, dass diese die Einlasskontrollen über sich ergehen lassen und sich im Stadion nicht selbst sicherheitsgefährdend verhalten dürfen. Bei Verletzung dieser Vertragspflichten der Stadienbesucher kann der DFB – wie Nr. 12 ATGB und § 6 III b, c Hausordnung vorsehen – sie des Stadions verweisen und auch für andere WM-Spiele ausschließen. Gegen künftige Störer ergeben sich die Unterlassungsansprüche bereits aus dem BGB (§§ 861, 862 bzw. 1004 in Verbindung mit § 823 Abs. 1 BGB).

5 Verantwortung des Staates

Die Aufgabe des Staates und seiner Polizei ist – auch unabhängig von einem Fußballgroßereignis – der Schutz der öffentlichen Sicherheit und Ordnung. Falsche Vorstellungen herrschen dabei teilweise darüber, inwieweit die Polizei zum **Schutz privater Rechte** verpflichtet ist. Das ist sie nur, wenn gerichtliche Hilfe seitens des Privaten nicht rechtzeitig zu erlangen ist. Dieser Subsidiaritätsgrundsatz schließt aber nicht aus, Gefahren für die öffentliche Sicherheit abzuwehren. *Breucker*[442] weist in diesem Zusammenhang zutreffend darauf hin, dass die übliche Begleitung der Mannschaften und Schiedsrichter mit und ohne Blaulicht und Motorradeskorte gewährleisten soll, dass keine Verzögerung des Spielbeginns und damit verbundene Verkehrsprobleme und Zuschauerunruhen eintreten. „König Fußball" regiert insoweit bei großzügiger Interpretation der polizeilichen Aufgaben bereits bei der Anfahrt der Stars, die Abfahrt bei siegreichem Spiel fordert den Schutz umso mehr. Die Karawane der Autos zieht vorbei, der Verkehr ruht – alles wie bei einem Staatsbesuch.

Die Polizeibehörden haben im Rahmen ihrer gesteigerten Schutzpflicht während einer WM ihre Personaldecke auf den erhöhten Bedarf auszurichten und die Beamten auf die typischen Eingriffssituationen zu schulen. Dies umso mehr, als bei der Bewerbung des DFB um die Austragung der WM 2006 das Bundesministerium des Innern schriftlich gegenüber der FIFA eine „Sicherheitsgarantie" für die Weltmeisterschaft gegeben hat. Diese war letztlich nur deklaratorisch, denn die Bundesrepublik hat sich damit zur Wahrung der öffentlichen Sicherheit und Ordnung verpflichtet, nicht zu mehr, aber auch nicht zu weniger – was ohnehin rechtens ist.

Nach den Länderpolizeigesetzen ist die Polizei befugt, zur Gefahrenabwehr die geeigneten Maßnahmen zu ergreifen. Nach anerkannter Rechtsprechung des Bundesverfassungsgerichts[443] folgt aus Art. 2 (2) GG nicht der Schutz des Staatsbürgers gegen staatliche

---

442 AaO., S. 1234.
443 *Schleyer*-Urteil, NJW 1977, 2225; NJW 1981,
1655, 1656.

Eingriffe, vielmehr ergibt sich aus seinem objektiven Gehalt die Pflicht der staatlichen Organe, sich schützend und fördernd vor die Rechtsgüter des Bürgers zu stellen und sie insbesondere vor rechtswidrigen Eingriffen von Seiten anderer zu bewahren. Dabei kann der Staat ebenso wenig wie der Ausrichter einen absoluten Rechtsschutz gewährleisten. Als zusätzliche Rechtsgrundlage dienen Polizeiverordnungen für das jeweilige Stadiongelände. Darin ist der Besitz einer Eintrittskarte Voraussetzung einer öffentlich-rechtlichen Zutrittsberechtigung, deren Vorzeigen außer vom Ordnungsdienst auch von der Polizei verlangt werden kann, was die Verzahnung von öffentlich-rechtlichen und privatrechtlichen Maßnahmen dokumentiert: Der Besucher hat sich somit an die aus der Polizeiverordnung folgenden öffentlichen Pflichten wie auch an die Vorgaben der Stadionordnung zu halten, die für alle WM-Stätten einheitlich vom jeweiligen Stadioneigentümer in Kraft gesetzt worden sind.

Diese ist gleichsam der öffentlich-rechtliche Bruder der privatrechtlichen Hausordnung, die der Zuschauer beim Kauf der Eintrittskarte als Vertragsbestandteil akzeptiert hat. Beide Rechtsgrundlagen statuieren u. a. die Zutrittsvoraussetzungen und das Verbot des Mitführens gefährlicher Gegenstände sowie die Befugnisse der Ordnungskräfte und/oder der Polizei bei Zuwiderhandlung.

Im Rahmen der Innen- und Außensicherung des Stadions ist der Schutz ausgerichtet auf sicherheitsempfindliche Bereiche wie Rettungswege, Mannschafts- und Schiedsrichterräume, das Freihalten der Auf- und Abgänge im Zuschauerbereich. Er obliegt primär den privaten Sicherungskräften, wie auch insbesondere das Abhalten von Zuschauern vor dem Eindringen auf das Spielfeld. Daraus erforderlich werdende Eingriffs- und Zwangsrechte sind beim Staat monopolisiert, der teilweise informationelle Verwaltungshelfer in den behördlichen Apparat aufgrund eines öffentlich-rechtlichen Vertrags zwischen Staat und Veranstalter in zulässiger Weise einbinden kann, ohne dass das staatliche Gewaltmonopol berührt wird[444].

Kapitel 3: Bundesligaspielbetrieb

Vorbemerkung   6
In den Randnummern 2–5 sind die Aufgaben und Rechte des Staates, des DFB und der Zuschauer **während** des Großereignisses Weltmeisterschaft dargestellt, im Folgenden soll die Palette der Maßnahmen geschildert werden, die verhindern soll, dass Störer, Hooligans, Randalierer überhaupt bis in Stadionnähe gelangen können. Auch insoweit vollzieht sich wiederum eine gedeihliche Zusammenarbeit zwischen DFB und Staat, die jahrein, jahraus auch zur Gefahreneindämmung für den Bundesligaspielbetrieb nutzbar gemacht wird. Unabhängig davon beteiligen sich die Bundesländer zu einem Drittel an der Bezuschussung der präventive Arbeit leistenden Fanprojekte, ein weiteres Drittel bringen DFB und DFL auf, den Rest die Kommunen mit Sitz eines Bundesligavereins.

Bundesweite Stadionverbote   7
Gemäß Beschluss des DFB-Präsidiums vom 9. Mai 2003 sind die Richtlinien zur Verbesserung der Sicherheit bei Bundesspielen (DFB-Sicherheitsrichtlinien) – in Kraft seit 1. Juli 2003 – basierend auf dem nationalen Konzept Sport und Sicherheit von 1992 verabschiedet

---

444 *Nolte*, Sport und Recht, S. 141.

worden. Zuvor hatten sich auf Hinwirken des DFB der Verband und seine Vereine vertraglich auf die Sicherheits-RL geeinigt, insbesondere darauf, dass sie von den Vertragspartnern für ihren Bereich ausgesprochene „einfache Stadionverbote" übernehmen und damit ein „bundesweites Stadionverbot" herbeiführen. Zuletzt hat das DFB-Präsidium am 29. Februar 2008 die von der Kommission für Prävention und Sicherheit erarbeitete Neufassung der Richtlinien zur einheitlichen Behandlung von Stadionverboten beschlossen[445]. Nach ihrer Präambel wollen sie bei den Spielen der Lizenzligen des DFB und des Ligaverbands sowie künftig auch der dritten Liga *„Ausschreitungen unfriedlicher Personen verhindern bzw. reduzieren sowie den ordnungsgemäßen Spielbetrieb gewährleisten".* Der Erlass dieser Richtlinien beruht auf § 31 DFB-Sicherheits-RL. § 1 definiert das Stadionverbot als

- auf der Basis des Hausrechts,
- gegen eine natürliche Person,
- gegen sicherheitsbeeinträchtigendes Auftreten ...
- innerhalb und außerhalb einer Platz- oder Hallenanlage,
- vor, während und nach der Fußballveranstaltung,
- festgesetzte Untersagung,
- bei vergleichbaren zukünftigen Veranstaltungen,
- eine Platz- oder Hallenanlage zu betreten bzw. sich dort aufzuhalten.

Es wird in § 1 (2) Abs. 2 klargestellt, dass das Stadionverbot keine staatliche Sanktion für ein strafrechtlich relevantes Verhalten, sondern **eine Präventivmaßnahme auf zivilrechtlicher Grundlage ist.** Zweck des Stadionverbots ist, zukünftiges sicherheitsbeeinträchtigendes Verhalten zu vermeiden und den Betroffenen zur Friedfertigkeit anzuhalten, um die Sicherheit anlässlich von Fußballveranstaltungen zu gewährleisten [§ 1 (2)]. Ferner ist darauf hingewiesen, dass die Wirksamkeit des Stadionverbots nicht durch eine Eintrittskarte oder den Besitz eines anderen Berechtigungsscheins aufgehoben wird (Abs. 7). Dessen Festsetzung, Reduzierung, Aufhebung oder Aussetzung steht dem Eigentümer bzw. Besitzer der Platz- oder Hallenanlage **als originärem Hausrechtsinhaber** zu [§ 2 (1)]. Diese Befugnisse können auf einen geeigneten Beauftragten übertragen werden [§ 3 (2)].

Bei der Festsetzung des Stadionverbots, die möglichst zeitnah zum auslösenden Ereignis erfolgen soll, ist eine bereits vorliegende Stellungnahme des Betroffenen zu berücksichtigen, die Festsetzung kann jedoch ohne eine solche erfolgen [§ 3 (3)]. Wenn das Stadionverbot ohne oder nach Auffassung des Betroffenen ohne ausreichende Stellungnahme ergangen ist, kann er diese nachträglich abgeben [§ 5 a (1) n. F.]. Neben dem „einfachen Stadionverbot", das als örtliches nur für den Bereich der festsetzenden Instanz bei Verstößen gegen die Stadionordnung in einem minderschweren Fall gilt [§ 4 (2)], soll ein überörtliches Stadionverbot bei schweren Fällen – eingeleitete Ermittlungs- oder sonstige Verfahren wegen Straftaten unter Anwendung von Gewalt [§ 4 (3)] – ausgesprochen werden, ferner bei Verhaltensweisen diskriminierender Art im Sinne des § 9 RuVO sowie bei Sicherstellung von Waffen u. a.

Die Dauer des Stadionverbots beträgt mindestens eine Woche und läuft längstens – bei im Einzelnen aufgeführten Erschwerungsgründen (§ 5 a) bis Juni des dritten Jahres, das auf die laufende Spielzeit folgt. Es erlischt automatisch mit Ablauf der festgesetzten Dauer. Das Verbot kann aus einer Reihe von enumerativ aufgeführten Gründen reduziert, ausgesetzt oder aufgehoben werden (§§ 6, 7).

---

[445] Offizielle Mitteilungen des DFB vom 31. 3. 2008, S. 1–6.

Ihre Rechtsgrundlage finden die Stadionverbote hinsichtlich der gegen künftige Störer bestehenden Unterlassungsansprüche gegen Beeinträchtigungen des berechtigten Besitzers in §§ 861, 862 bzw. als quasinegatorischer Unterlassungsanspruch in § 1004 Abs. 1 in Verbindung mit § 823 Abs. 1 BGB[446]. Diese Ansprüche konkretisieren das Hausrecht. Die erforderliche Wiederholungsgefahr ist aus vorausgegangener Gewalttätigkeit abzuleiten. Die Adressaten der Stadionverbote können sich nicht darauf berufen, dass die Bundesligavereine grundsätzlich jedem Eintrittswilligen Zugang zu den Stadien gewähren. Es besteht deshalb kein Kontrahierungszwang der Vereine bzw. des Verbandes, da der Besuch eines Fußballspiels nicht existenznotwendig ist. Ein Betriebsinhaber kann den Zutritt zu seinen Räumen präventiv von bestimmten Bedingungen abhängig machen und denjenigen, der dagegen verstößt (wie hier der Störer), vom Zutritt ausschließen[447]. Wer gleichwohl eine Eintrittskarte erwirbt, muss sich entgegenhalten lassen, dass der Kauf bei ihm unter dem erkennbaren Vorbehalt stand, dass kein Stadionverbot gegen ihn besteht.

Das Stadionverbot wird nach Muster schriftlich festgesetzt. Es kann zuvor mündlich ausgesprochen werden, woraufhin es schriftlich zu bestätigen ist [§ 8 (1)].

Um auf fremden Plätzen Wirksamkeit erlangen zu können, übersendet der DFB (Zentralverwaltung) mindestens einmal monatlich eine aktualisierte Liste über die von Stadionverboten Betroffenen. Die Vereine informieren die örtlichen Polizeidienststellen [§ 9 (4 bis 5)]. § 10 gewährleistet durch nähere Regelungen die Einhaltung der Datenschutzbestimmungen.

Öffentliche Kritik   **8**
Nach der Änderung der Richtlinien über Stadionverbote zum 1. April 2008 hat der DFB „öffentliche Kritik" von Polizei und Politik erfahren. Im Rahmen seiner schon länger hinsichtlich der Fangruppen betriebenen Deeskalationsstrategie wurden nach Anhörung des Nationalen Ausschusses Sport und Sicherheit (NASS) die Stadionverbotsrichtlinien flexibler gestaltet, so u. a. hinsichtlich der maximalen Dauer von vorher fünf Jahren auf nunmehr drei Jahre herabgesetzt; dies sollte eine Geste an die Fanverbände im Rahmen der seit zehn Jahren laufenden Diskussion mit diesen um angeblich vereinzelte ungerechte Stadionverbote sein. Rein zufällig ereigneten sich unmittelbar nach Inkrafttreten der Änderungen in Frankfurt im Spiel gegen 1. FC Nürnberg und im Zweitligaspiel zwischen 1. FC Köln und Borussia Mönchengladbach jeweils massive Störungen. Brandenburgs Innenminister *Jörg Schönbohm* für die Innenministerkonferenz (IMK) und Vertreter der Polizei und der Polizeigewerkschaft kritisierten scharf die Verkürzung der Laufzeit der Stadienverbote. Sie forderten eine Rücknahme der Änderung, da die Reduzierung auf drei Jahre ein falsches Signal an die Gewalttäter sei. Die Fanvertreter hielten eine Erhöhung für ein ungeeignetes Mittel und verwiesen auf Italien, wo schärfere Maßnahmen zu weit größerer Eskalation der Zwischenfälle geführt hätten. Der DFB erwiderte, dass eine hektische Kehrtwende keineswegs sinnvoll sei. Auf dem ersten von DFB und DFL veranstalteten Fankongress im Juni 2008 waren etwa 300 Fußballfans aus allen Teilen der Republik in Leipzig auf exklusive Einladung des DFB-Präsidenten *Theo Zwanziger* zusammengekommen. Die Unterredung mit dem Gremium der Fans war von DFB-Seite im Rahmen von dessen gesamtem Sicherheits- und Präventionskonzept geführt worden und hat zu Konzessionen bei der Länge von Stadionverboten und der Form des rechtlichen Gehörs bei deren Ausspruch geführt. Der DFB sagte nunmehr der IMK zu, die Entwicklung in der zweiten Jahreshälfte 2008 im Auge zu behalten und gegebenenfalls einzugreifen.

---

446 *Breucker*, aaO., S. 1234.   447 BGH, NJW 1994, 188, 189.

9 Gerichtsurteile zu Stadionverboten

In den letzten Jahren sind mehrere Urteile von staatlichen Instanzgerichten zu Rechtsproblemen des Stadionverbots ergangen, die sowohl in der Fanszene auch bei den Lizenzvereinen Aufsehen erregten[448]. Einige die Aufhebung von Stadionverboten aussprechenden amtsrichterlichen Entscheidungen führten zu der provokativen Überschrift eines Fachbeitrags in der SpuRt: *„Stadionverbote nur noch per Paketpost?"*[449]. In dem besprochenen Urteil hat das Amtsgericht Frankfurt[450] die Unwirksamkeit eines bundesweiten Stadionverbots im Wege der einstweiligen Verfügung festgestellt – das Institut der Vereinsautonomie findet in der Entscheidung mit keinem Wort Erwähnung – siehe Kritik insoweit oben Teil III § 21 Rn. 71). Dem Antrag des Klägers, gegen den ein staatsanwaltschaftliches Ermittlungsverfahren wegen des Verdachts eines Schlags mit der geballten Faust gegen einen Ordner anhängig war, wurde stattgegeben und das gegen ihn ausgesprochene Stadionverbot gemäß § 174 Satz 1 BGB für nicht wirksam erklärt. Der Bundesligaverein Eintracht Frankfurt habe die erforderlichen Vollmachten **aller** dem DFB angehörenden Fußballvereine trotz unverzüglicher Rüge nicht im Original vorgelegt. *Räker*[451] kritisiert an dem Urteil, dass nicht hätte antragsgemäß erkannt werden dürfen, da der beklagte Verein (Eintracht Frankfurt) zwar eine wirksame Bevollmächtigung für das ihn betreffende Stadionverbot nachgewiesen habe, die übrigen Clubs aber nicht in diesem Verfahren verklagt gewesen seien, weshalb die Rechtskraft des Urteils sich auch nicht auf sie hätte erstrecken können, sodass diese sich weiterhin auf das bundesweite Stadionverbot berufen könnten. Der im Ergebnis anderen Meinung des Amtsgerichts Paderborn[452] zum Eingreifen von § 174 BGB könne auch nicht gefolgt werden. Danach sollen die Bundesligavereine hinsichtlich der bundesweit erstellten Stadionverbote im Rahmen der Mitgliedschaft beim DFB eine Gesellschaft des bürgerlichen Rechts im Sinne der §§ 705 ff. BGB gebildet haben, auf die § 174 BGB **keine** Anwendung finde. *Räker*[453] hält auch diese Auffassung für nicht haltbar und zeigt selbst einen Lösungsweg auf, wonach durch teleologische Reduktion des § 174 BGB, der auf ein klassisches Drei-Personen-Verhältnis ausgerichtet sei, auf die hier vorhandenen 36 Vereine der 1. und 2. Bundesliga nicht anwendbar sei.

Statt langwierige Instanzenwege zu durchlaufen, hat der DFB auf diese Gerichtsurteile umgehend bei der Handhabung des Ausspruchs der Stadionverbote reagiert: Noch im November 2007 wurden alle Bevollmächtigungen der Bundesligavereine auf der Internetseite von DFB und DFL zum Abruf bereitgestellt[454], die Möglichkeit zur Einsicht in die Originale begründet und in das Musterschreiben zur Verhängung der Stadionverbote entsprechende Hinweise aufgenommen. Falls entgegen vorstehender zutreffender Argumentation *Räkers* § 174 gleichwohl für anwendbar erklärt würde, könnte man den Klägern mit guten Gründen entgegenhalten, dass nach dieser umfassenden und jedermann zugänglichen Information vernünftige Zweifel an der Bevollmächtigung nicht geäußert werden können, sondern diese in Wahrheit ohne Wissbegierde aus Schikane vorgeschützt würden. Die gleichwohl erhobene Rüge nach § 174 BGB stellt angesichts dieser Transparenz eine unzulässige Rechtsausübung dar (§ 242 BGB)[455].

Ob dies auch für Altfälle (**vor** November 2007) gilt, erscheint fraglich. Es ist den Clubs zu empfehlen, diese aufzuheben und nach derzeitiger Sach- und Rechtslage neu zu erlassen.

---

448 Vgl. *Räker*, aaO., S. 99 f.
449 *Räker*, aaO., S. 99 f.
450 SpuRt 2008, 123.
451 Siehe Fn. 449.

452 SpuRt 2008, 134 ff.
453 AaO., S. 100.
454 Unter www.dfb.de/index.php?id=503930.
455 Im Ergebnis ebenso *Räker*, aaO., S. 101.

Entscheidungen zu dieser Problematik sind seit Änderung der Entscheidungsgrundlagen für die bundesweiten Stadionverbote in 11/2007 nicht bekannt geworden[456].

Im Zuge der Liberalisierung der Verbote gegen die Fans hat der DFB zwischenzeitlich auch in § 6 RL n. F. die Einstellung der Ermittlungsverfahren nach §§ 153, 153 a StPO als Aufhebungsgrund geschaffen, was zuvor, da die Einstellungen nach diesen Vorschriften Schuld voraussetzten, nicht galt.

Bei aller Kritik an den Richtlinien für ein Stadionverbot, sie seien durch feudale Willkür und eine vordemokratische Rechtsauffassung geprägt, kann man in diesen nachlesen (§ 7), dass das Stadionverbot zudem von Anfang an oder zu einem späteren Zeitpunkt gegen Auflagen ausgesetzt werden kann (vergleichbar der Bewährungsstrafe). Selbst bei Hooligans der Kategorien B und C (schwere bzw. bzw. mittelschwere Fälle) ist dies nach Ablauf der Hälfte der Verbotsdauer bei positiver prognostischer Einschätzung des künftigen Verhaltens zulässig. Als Auflagen kommen Meldepflichten, aber auch die Auferlegung „bedeutsamer sozialer Verpflichtungen" – wie z. B. Rollstuhlfahrer zum Fußball zu begleiten – in Betracht. Demokratisierungsbestrebungen und Flexibilität einerseits, möglichst enge Orientierung an rechtsstaatlichen Grundsätzen andererseits können ernsthaft den Richtlinien Stadionverbot in der jetzigen Fassung nicht abgesprochen werden. Die Übertragung von VIP-Plätzen für die Zukunft, um die Gewalttäter zufrieden zu stellen und von Wiederholungen ihrer Untaten abzuhalten, können diese wohl nicht erwarten.

Das Stadionverbot in der Praxis   10
Derzeit sind über 5.000 bundesweite Stadionverbote im Fußball in Kraft. Sie stellen für die davon betroffenen Fans die härteste Strafe dar, die sie sich vorstellen können. Sie nehmen ihnen das Liebste, was sie haben – das allwöchentliche Fußballspiel. Das Muster eines derzeit im Gebrauch befindlichen regionalen **ligaweiten** Stadionverbots, das bundesweit einen ähnlichen Text hat, lautet:

„Sehr geehrter Herr XY,

mit Schreiben vom … hat der Verein A gegen Sie wegen Sachbeschädigung und schweren Hausfriedensbruchs anlässlich der Paarung A gegen B ein örtliches Stadionverbot bis zum Ablauf des 30. 6. 2011 ausgesprochen.

Aufgrund der Ermächtigung des § 1 Abs. 5 der Richtlinien zur einheitlichen Festsetzung und Verwaltung von Stadionverboten in der Oberliga Südwest vom 1. 7. 2007 erstreckt das Präsidium des Fußball-Regional-Verbandes „Südwest" gegen Sie das Verbot auf alle Stadien mit Spielbetrieb der Oberliga Südwest (ligaweites Stadionverbot).

Ihnen wird untersagt, Anlagen, auf denen Spielbetrieb der Regionalliga Südwest stattfindet, zu betreten oder sich dort aufzuhalten. Das Verbot beginnt zeitlich 2 Stunden vor Spielbeginn und endet 2 Stunden nach Spielschluss.

Das Verbot gilt auch dann, wenn Sie eine Eintrittskarte oder einen sonstigen Berechtigungsnachweis erworben haben.

Sie haben Gelegenheit, sich binnen einer Woche, gerechnet ab Zugang dieses Schreibens, zu dem Verbot schriftlich zu äußern. Diese Frist ist nur eingehalten, wenn Ihre Äußerung innerhalb der Wochenfrist bei der Geschäftsstelle des Fußball-Regional-Verbands Südwest … eingeht."

Unterschrift des Präsidenten

Dieser Musterbescheid enthält bereits die zuvor nicht vorgesehen gewesene Gelegenheit zur Stellungnahme (rechtliches Gehör).

---

456 Siehe weitere frühere Entscheidungen: AG Freiburg, SpuRt 2005, 257; AG Frankfurt, SpuRt 2005, 172, die jeweils die Verbote für rechtens erklärten.

Ein bundesweites Stadionverbot ist eines der Mittel, das sich als wirksam erwiesen hat, um die Anwesenheit von Hooligans von den Bundesligastadien fernzuhalten. Es gibt aber auch Gruppierungen, die beim Fußball im Gegensatz zu den Hooligans nicht unbedingt eine Plattform für Gewalt suchen. So sehen sich die „Ultras" als die wahren und die besseren Fußballfans. Fast jeder Bundesligaverein hat zwischenzeitlich eine eigene Ultra-Gruppe. Es gibt über 3.000 Ultras in Deutschland. Der Großteil von ihnen kommt aus dem Bildungsbürgertum: Studenten, Gymnasiasten oder Realschüler, kein Arbeitsloser. Sie haben oft Abitur, darunter ist schon einmal ein Architekt, ein Buchhalter, sogar ein Arzt ist erkannt worden. Sie verstehen sich als Gegenstück zum unkritischen Fan; sie wollen die Szene mit ihrer Kreativität befruchten. Sie wehren sich gegen die „Versitzplatzung" der Stadien. Als Feind haben sie die Kommerzialisierung und die Macht des Fernsehens ausgemacht. Für sie ist Ultra-Sein ein Lebensgefühl, das Spiel der wöchentliche Höhepunkt. Sie organisieren Choreographien in Stadien, kreieren neue Gesänge, basteln Fahnen und malen Spruchbänder. Sie haben einen Kodex, an den sie sich halten. Seine Einhaltung wird überwacht. So ist es verpönt, gegen unbeteiligte Zuschauer vorzugehen oder aus schierer Lust an Randalen Sachbeschädigungen zu begehen[457]. Ihr Capo sitzt mit dem Rücken zum Spielfeld und dirigiert die homogene Masse. Oft genug sind sie aber auch ein Albtraum für die Vereine. Dabei fühlen sich die Ultras meist zu Unrecht belastet, können aber nicht negieren, dass sie Gewalttäter in ihren Reihen haben, die zu strafbaren Handlungen greifen. Ultra-Gruppierungen sind keine Klosterschüler[458]. Ein großer Streitpunkt zwischen Ultras und Clubs liegt im Einsatz der Pyrotechnik. Für Ultras gehören sie traditionell zur Choreographie: *„Was wäre Silvester ohne Feuerwerk?"*, so einer ihrer Anführer. Sie haben zum Teil Gentlemen's Agreements getroffen, dass sie bei Heimspielen keine Pyrotechnik zünden, sondern nur bei Auswärtsspielen.

Im Mai 2007 sorgte die „Schickeria", eine Ultra-Gruppe des FC Bayern, für Schlagzeilen. Auf einer Autobahnraststätte griffen sie Nürnberger Fans an, wobei eine Frau schwere Augenverletzungen erlitt. Für die „Schickeria" war es eine Tat Einzelner, der FC Bayern verhängte ein kollektives Stadionverbot. Bei den Vorfällen am 30. April 2007 im Spiel Rot-Weiß Essen gegen Hansa Rostock zündete eine Untergruppe der Rostocker Ultras durch weibliche Fans ins Stadion geschleppte Rauchpulver an; eine Stichflamme löste Panik aus: Am Ende: 14 Verletzte und 75 Festnahmen (s. oben Teil II, Rn. 89).

Den Anführern der Ultras sind die gewaltbereiten Teile ihrer Gruppierung, „die sich nicht an die Spielregeln halten wollen", ein Dorn im Auge. Sie suchen den Kontakt mit ihren Vereinen, akzeptieren sogar Konfliktmanager und meinen, wenn man nicht die Lösung von innen her suche und finde, bestehe die Gefahr, dass eine neue Stufe der Eskalation erreicht werde. Die Zentrale Informationsstelle Sporteinsätze (ZIS) zählt derzeit mehr als 8.000 Personen der Fankategorien B und C (gewaltgeneigt oder zur Gewalt entschlossen). Etwa die Hälfte davon gehört den Ultras an. Der Club hat im Anschluss an die Ausschreitungen in Frankfurt „Selbstreinigungsprozesse" (so Nürnbergs Manager *Martin Bader*) eingeleitet. Es ist in Erwägung gezogen, dass zu Auswärtsspielen nur noch reisen darf, wer sich registrieren lässt.

---

457 *Venutti*, CaS 2008, 213, 214.   **458** *Venutti*, aaO., S. 214.

Kapitel 4: Die Polizei vor, während und nach dem Spiel

Polizeieinsatz rund um das Stadion   **11**

Trotz des Grundsatzes polizeilicher Subsidiarität leistet zur Gefahrenabwehr im Fußball die Polizei sehr effiziente Arbeit zur Unterstützung des DFB. *Nolte*[459] untergliedert deren Aufgaben in vier Gebiete (Phasen):

- informationelle Vorfeldtätigkeit und Passbeschränkungen (a),
- Kontrollstellen und Aufklärungsgespräche (b),
- Datenerhebungen, Observationen, Bild- und Tonaufzeichnungen (c),
- Sicherstellungen, Platzverweise und Ingewahrsamnahmen (d).

a) In der Vorphase einer Großveranstaltung wie der WM 2006, aber auch eines allwöchentlichen Bundesligaspiels werden **Aufklärungsmaßnahmen** durch szenenkundige Kontaktbeamte (sog. Fan-Betreuer) durchgeführt. Die Planung und Durchführung einer Veranstaltung mit Gefährdungspotential basiert auf dem Vorhandensein zulässiger Planungsdaten. Die Erhebung personenbezogener Angaben über die Fanszene in dieser Phase stellt sicherlich einen Eingriff ist das Recht auf informationelle Selbstbcstimmung nach Art. 2 (1) in Verbindung mit Art. 1 (1) GG dar, wofür die erforderliche Ermächtigungsgrundlage sich in den Länderpolizeigesetzen findet: Diese fordern für eine Datenerhebung eine Gefahrenabwehr, insbesondere muss sie zur vorbeugenden Bekämpfung von Straftaten erforderlich sein.

Das Bayerische Staatsministerium des Innern hat bereits Anfang der 90er Jahre eine Arbeitsdatei mit dem Titel *„Straftäter bei Sportveranstaltungen und gewalttätigen Jugendgruppen"* errichtet. In dieser Datei werden Personen erfasst, die u. a. wegen Straftaten und Ordnungswidrigkeiten in Zusammenhang mit Ausschreitungen bei Sportveranstaltungen in Erscheinung getreten sind. Auf Bundesebene besteht zudem die durch Beschluss der IMK vom 14. 5. 1993 eingerichtete Datei *„Gewalttäter Sport"* als Fahndungs- und Abfragetatbestand des „Impol-Systems", die der Verhinderung gewalttätiger Auseinandersetzungen insbesondere bei Fußballspielen dient. Speicherungsfähig sind Personaldaten von Beschuldigten und Verurteilten nach der Begehung von Katalogstraftaten sowie Adressaten polizeilicher Maßnahmen zur Verhinderung anlassbezogener Straftaten. Die Zentrale Informationsstelle Sporteinsätze (ZIS) fasst für das gesamte Bundesgebiet Informationen vor und nach dem Spiel in sog. Lagebildern zusammen. Dabei erfolgt ein steter Informationsaustausch zwischen den Polizeibehörden des Bundes und der Länder, aber auch über die offenen Grenzen in Europa (zuletzt bei der EM 2008 in Österreich und der Schweiz) hinweg. Vor der Europameisterschaft im Jahre 2000 in Holland/Belgien wurde ein zuvor nicht vorhandenes passgesetzliches Eingriffsinstrumentarium durch Änderung des Passgesetzes und die verbotswidrige Ausreise bei einer zu diesem Zweck eingeführten (§ 24 Abs. 1 PassG) speziellen Eintragung im Pass durch die Novellierung strafbewehrt[460].

In der frühen Phase weist die Polizei insbesondere bei Großveranstaltungen wie der WM 2006, aber auch bei deutschen Pokalendspielen, potentielle Gewalttäter schriftlich oder mündlich darauf hin, dass sie im polizeilichen Fokus stehen und gegen sie bei Vorliegen der gesetzlichen Voraussetzungen vorbeugende oder strafverfolgende Maßnahmen ergriffen werden können. Eine solche reine „Gefährderansprache" hat keinen Eingriffscharakter und

---

459 AaO., S. 132 ff.
460 Zu Vorstehendem *Nolte*, Sport und Recht, S. 133–135.

bedarf keiner gesetzlichen Ermächtigungsgrundlage. In der Sprache des Sports wird den potentiellen Störern nochmals die „Gelbe Karte" gezeigt. Falls dabei dem Adressaten für das Fußballereignis konkrete präventive Maßnahmen mit dem Ziel angekündigt werden, ihn von der Teilnahme abzuhalten, wird aber Grundrechtsrelevanz erreicht, so wenn nach den individuellen Reiseabsichten oder geplanten Ausschreitungen gefragt wird. Die Meinungsfreiheit und die allgemeine Handlungsfreiheit sind tangiert: In Art. 5 (1) und subsidiär in Art. 2 (1) GG kann eingegriffen werden. Die Voraussetzungen für eine Datenerhebung, Datenspeicherung, Datennutzung bzw. eine Befragung müssen nach den jeweiligen Landesgesetzen vorliegen[461].

Polizeibeamte in der Gefährdungsphase mussten sich vor einiger Zeit darauf einstellen, dass die Szene ihre Taktik geändert hat. Viele Fans kommen nunmehr erst kurz vor dem Anpfiff zum Stadioneingang und setzen die Polizei mit lauten Rufen *„Wir wollen ins Stadion!"* unter Druck. Die Polizei darf sich dadurch nicht zu Zugeständnissen bereit finden, zumal sie durchschaut hat, dass das Zuspätkommen absichtlich gesteuert wurde. Die Qualität der Kontrolle der Ordnungskräfte des Veranstalters und der Polizei darf durch solche durchsichtigen Strategien nicht beeinträchtigt werden.

Gut zwei Wochen vor Beginn einer erneuten Bewährungsprobe der deutschen Datei *„Gewalttäter Sport"*, nämlich vor der Europameisterschaft in Österreich/Schweiz im Juni 2008, hat das Verwaltungsgericht Hannover[462] zur Überraschung vieler, die mit der Gewaltprävention haupt- oder ehrenamtlich befasst sind, einer Klage auf Löschung aus dem Register stattgegeben. An darin registrierte Personen waren schon Auflagen für das bevorstehende Turnier ergangen. Beim Landesamt für Zentrale Polizeiliche Dienste Nordrhein-Westfalen (LPZD) in Duisburg wird die Datei bundesweit gesteuert. Dem Urteil der 10. Kammer des Verwaltungsgerichts Hannover liegt die Argumentation zugrunde, dass das Register eine gemeinsame Angelegenheit von Bund und Ländern sei. Daher müsse der Bundesrat der Rechtsverordnung zustimmen, was nicht geschehen sei: deswegen sei die Datei rechtswidrig. Ein Polizeisprecher kommentierte das Urteil: *„Prophylaktische Polizeiarbeit ist ohne das Wissen, wen man eigentlich adressieren muss, nicht möglich."* Die Polizeidirektion Hannover hat angekündigt, in Berufung zu gehen. Polizei und DFB sehen dem weiteren Verfahren „in Ruhe" entgegen. Sie sind der Meinung, dass sich die Sicherheitslage durch das Urteil nicht entscheidend verändert habe. Der Sicherheitsbeauftragte des DFB *Helmut Spahn* ist ebenfalls nicht pessimistisch: *„Für polizeiliche Maßnahmen müssen über die Führung der Datei hinaus noch weitere Gründe vorliegen. Daher denke ich, dass es im Rahmen der geltenden Gesetze genug Raum für angemessene Maßnahmen im Hinblick auf die Europameisterschaft gibt."*

Die offenen Grenzen im Rahmen der EU haben nicht nur die allgemeine länderübergreifende Kriminalität ansteigen lassen, sondern erleichtern den planvoll vorgehenden Hooligans im Fußball auch die Tätigkeit. Da die Straftaten von deutschen Rowdys im Ausland dem Ansehen der Bundesrepublik erheblich schaden – erinnert sei an die lebensgefährlichen Verletzungen des französischen Gendarmen *Daniel Nivel* durch deutsche Gewalttäter in Lens während der WM 1998 –, liegt es im öffentlichen Interesse, Hooligans von vornherein am Verlassen Deutschlands zu hindern, um Ausschreitungen jenseits unserer Grenzen vorzubeugen[463]. Dabei kann das Ausreiseverbot nicht nur bei Spielen der Nationalmannschaft, sondern auch bei Spielen einer deutschen Vereinsmannschaft

---

461 *Breucker*, aaO., S. 1236.
462 Az.: 10 A 2412/07.
463 *Nolte*, Sport und Recht, S. 134; VG Stuttgart,

Beschluss vom 28. 9. 2005, SpuRt 2007, 77 mit Anmerkung *Breucker*.

ausgesprochen werden, und zwar auch gegen EU-Staatsbürger (§ 11 Abs. 1 Satz 1 FreizügigkeitsG/EU). Falls erhebliche Belange der Bundesrepublik Deutschland gefährdet sind, kann nach dem Passgesetz (§ 7 Absätze 1 und 2 PassG), falls Tatsachen aus den letzten zwölf Monaten die bisherige Gefährlichkeit eines Hooligan dokumentieren und Wiederholungsgefahr daraus abzuleiten ist, die Geltungsdauer und der Geltungsbereich des Passes beschränkt werden. Ist dies der Fall, kann dem Deutschen die Ausreise versagt werden (**Ausreiseverbot**). Das Grundrecht der freien Ausreise (Art. 2 (1) Satz 1 GG) wird durch das Passgesetz weder in seinem Wesensgehalt angetastet noch übermäßig eingeschränkt[464]. Bei einer Anreise zu einem UEFA-Cup-Spiel des VfB Stuttgart nach Slowenien wurde die konkrete Gefahr der Begehung schwerer Straftaten (Landfriedensbruch, Delikte gegen Leben, Gesundheit und Eigentum) u. a. auf das Bedürfnis nach einer Revanche der sechs Monate früher bei einem Länderspiel Slowenien gegen Deutschland „unterlegenen" Slowenen gestützt. Einwänden gegen die Passeintragungen im Klageweg, es handele sich um eine dauerhafte Stigmatisierung, begegnen die Verwaltungsgerichte mit dem Argument, dass nach dem Passgesetz (§ 7 Abs. 2 Satz 3 PassG) nach Ablauf der Geltungsdauer der Beschränkung auf Antrag ein neuer Pass ausgestellt werden könne[465].

Bei ihrer Prüfung der Voraussetzungen eines Ausreiseverbots, die zumeist in Eilverfahren stattfinden, stellen die Verwaltungsgerichte im Rahmen der dann gebotenen summarischen Prüfung einerseits die Erwägung an, welche Beschränkungen dem Adressaten konkret auferlegt wurden, und andererseits, welcher Schaden einträte, wenn sich die mit der Verfügung bekämpfte Gefahr durch gewalttätige Auseinandersetzungen bei dem zu schützenden Fußballspiel verwirklichen würde.

b) In der zweiten Phase der Nolteschen Gliederung werden im unmittelbaren Vorfeld einer Sportveranstaltung **Kontrollstellen** weit vor den Stadieneingängen, Bahnhöfen, Busabfahrtsstellen, bekannten Anmarschrouten bzw. Treff- und Sammelpunkten platziert, die Personen und Fahrzeuge überprüfen. Diese Einrichtung hat noch keine Kontrollrelevanz, führt jedoch bei positiven Feststellungen zum Anhalten von Personen, um diese nach gefährlichen Gegenständen zu durchsuchen. Das Anhalten schränkt die allgemeine Handlungsfreiheit und das allgemeine Persönlichkeitsrecht (Art. 2 (1), Art. 1 (1) GG) ein. Bei der Durchsuchung von Gegenständen ist auch das Eigentum (Art. 14 GG) tangiert, was jedoch durch die Landespolizeigesetze nach Voraussetzung und Folgen gedeckt ist. Die Feststellung der Identität einer Person bei Auffindung von verbotenen Gegenständen ist ein Eingriff in das Recht auf informationelle Selbstbestimmung (Art. 1 (1), Art. 2 (1) GG), das wie vor legitimiert wird. Wenn der Betroffene keine Ausweispapiere mit sich führt oder bei der Identitätsfeststellung nicht mitwirken will, kann er zur Dienststelle verbracht werden (Art. 104 GG), wo Polaroidfotos aufgenommen und Fingerabdrücke abgenommen werden können[466].

Weniger in den Grundrechtsbereich greifen polizeiliche **Aufklärungsgespräche** mit den Zuschauern ein, um diese von Gewaltanwendung abzuhalten und vor den Folgen zu warnen. Das Gespräch soll Empfindungen wecken und die Gewalt als verpönt und verwerflich vor Augen führen. Die potentiellen Gewalttäter nehmen jedoch gar nicht an solchen Unterhaltungen teil. Man führt sie aber gleichwohl durch, weil man eine Chance sieht, nicht gewaltbereite Fans davon zu überzeugen, den Gewalttätern ihren Schutz zu entziehen und deren Flucht in die Anonymität zu erschweren. Die Hooligans scheuen die persönliche Verantwortlichkeit für ihre Untaten und suchen bewusst die anonyme Mas-

---

464 VG Stuttgart, aaO., s. Fn. 463.
465 VG Gelsenkirchen, SpuRt 2001, 76 ff.

466 *Nolte*, Sport und Recht, S. 136.

se[467]. Zivilcourage der dort weilenden friedfertigen Zuschauer kann Gewalttaten auf den Rängen unterbinden und im Nachhinein mit zur Identifizierung der Gewalttäter beitragen. Die Bereitschaft dazu wird aber verständlicherweise aus Angst vor Racheakten gemindert.

c) Eine spürbare Wirkung erreichen die auf dem Anreiseweg zum Stadion vorgenommenen **Datenerhebungen** und **Observationen** (Phase 3). Diese Akte sind als Grundrechtseingriff ausdrücklich durch das Polizeigesetz parlamentarisch abgesichert. Dabei finden die offenen Observationen schon an den zur Phase 2 (oben b) aufgeführten Stellen sowie an den Stadioneingängen statt, während verdeckte Observationen kurzfristig durch Polizeibeamte in Zivil durchgeführt werden. Bei einer verdeckten Observation kann eine verdächtige Person bis zu zwei Tage lang unter Beobachtung gehalten werden. Bei drohenden Straftaten, aber auch von Ordnungswidrigkeiten von erheblicher Bedeutung können Bild- und Tonaufnahmen bzw. -aufzeichnungen von Personen gemacht werden. Dabei ist häufig unvermeidbar, dass unbeteiligte Dritte mit aufgenommen werden. Wenn diese das beanstanden, berührt dies die Zulässigkeit der Maßnahme nicht. Mit diesen Aufnahmen sollen Risikobereiche wie Fanblöcke sowie Zu- und Abgänge ständig unter Beobachtung stehen. Oft können dadurch gefährliche Aktionen im Keim erstickt werden. Die Gewalttäter fürchten die Filmaufnahmen der Polizei und unterlassen im Stadion oft, wenn sie die Kameras auf sich gerichtet sehen, geplante Maßnahmen; zudem können Täter mit großer Beweiskraft identifiziert werden.

Die aufgezeigten Maßnahmen nach dem Passgesetz wirken nicht bei Fußballgroßereignissen im Inland. Dort werden auf der Grundlage der polizeilichen Generalbefugnis **Meldeauflagen** und **Aufenthaltsverbote** ausgesprochen. Die Polizeigesetze verlangen hierfür eine konkrete Gefahr. Wenn aufgrund früherer Vorfälle bei Fußballspielen bei objektiver Betrachtung eine Wiederholungsgefahr bei einem bestimmten Spiel zu erwarten ist, kann gegen einen potentiellen Störer eine Meldeverpflichtung ausgesprochen werden, die die Adressaten von bestimmten Orten, an denen Gewalttaten von Hooligans drohen, fernhalten. Der Schadenseintritt braucht dabei nicht mit Gewissheit zu erwarten zu sein. Eine hinreichende Wahrscheinlichkeit einer Beeinträchtigung der öffentlichen Sicherheit und Ordnung genügt. Dabei ist der Grad der Wahrscheinlichkeit des Schadenseintritts abhängig vom Rang des Rechtsgutes, in das eingegriffen werden soll, sowie vom Rang des polizeilichen Schutzgutes (Verhältnismäßigkeitsgrundsatz)[468]. Bei der WM 2006 sind Gefahrensituationen auch teilweise bei den emotional gefärbten Live-Übertragungen von Fußballspielen auf Großleinwände (Public Viewing) aufgetreten.

Eine Meldeauflage ist im Normalfall auf der Polizeidienststelle am Wohnort zu erfüllen. Sie wird von der Behörde regelmäßig mit einer Zwangsgeldandrohung verbunden, die bei Verstößen gegen die Meldeverpflichtung zu einer Zwangsgeldfestsetzung führen kann[469].

Spiegelbildlich zur Meldeauflage hält das **Aufenthaltsverbot** Gewalttäter von einem bestimmten Gefahrenort bei einem aktuellen Spiel fern. Auch ist als Rechtsgrundlage eine konkrete Gefahr erforderlich. Dabei müssen Zeit und Ort des Aufenthaltsverbots genau bezeichnet werden. Der Eingriff in das Grundrecht der Freizügigkeit (Art. 11 (1) GG) ist nach früheren gewalttätigen Handlungen des Adressaten nach Art. 11 (2) GG gerechtfertigt. Auch hier, wie zuvor zu b), ist eine vorherige strafrechtliche Verurteilung nicht zwingend erforderlich.

---

467 *Nolte*, Sport und Recht, S. 136.
468 VG Stuttgart, Beschluss vom 9. 6. 2006, SpuRt 2007, 80 ff.

469 *Breucker*, aaO., S. 1234, 1237 – auch zu nachfolgenden Absätzen.

d) **Phase 4: Sicherstellungen, Platzverweise, Ingewahrsamnahme:**
Die Befugnis zur Sicherstellung von gefährlichen Gegenständen, die oben bereits den Ordnungskräften aufgrund des Hausrechts des Veranstalters zugestanden wurde, steht auch der Polizei zur Gefahrenabwehr zu, wobei sie an den Gegenständen ein öffentlich-rechtliches Verwahrungsverhältnis über die Sache begründet.

Mögliche Gewalttäter kann die Polizei in **Präventivgewahrsam** nehmen, der aber aufgrund seiner Eingriffsintensität Ultima Ratio ist. Er setzt voraus, dass vorangegangene Meldeauflagen oder Aufenthaltsverbote nicht eingehalten worden sind. Wenn die Polizei wegen Gefahr im Verzug den Störer in Gewahrsam nimmt, muss sie spätestens bis zum Ablauf des folgenden Tages einen richterlichen Beschluss erwirken[470].

Der **Platzverweis** kann alkoholisierte Besucher oder solche mit gefährlichen Gegenständen von vornherein aus dem Stadion fernhalten. Er kann auch ausgesprochen werden mit dem Ziel, eine Person oder eine Personengruppe zum Verlassen des Veranstaltungsorts zu bewegen. Als schärfere Maßnahme kann bei Begehung von Straftaten und/oder von Ordnungswidrigkeiten von erheblicher Bedeutung eine Person ohne oder gegen ihren Willen an einem fest umgrenzten Ort in Gewahrsam genommen werden. Auch hier ist die Zulässigkeit und Fortdauer einer polizeilichen Ingewahrsamnahme von einer unverzüglichen richterlichen Entscheidung abhängig.

Ein sportspezifisches Phänomen in diesem Zusammenhang ist das polizeiliche Bestreben, den Abmarsch eines ganzen Fanblocks nach dem Spiel zu verzögern. Damit soll in erster Linie das Zusammentreffen gegnerischer Fanblocks verhindert werden. Wenn Hinweise bekannt geworden sind, dass einheimische und Gästefans sich wechselseitig nach dem Spiel abpassen wollen, ist ein kurzfristiger Schutzgewahrsam möglich. Wie die Anreise/der Anmarsch bis ins Stadion polizeilich begleitet werden können, ist auch beim Rückmarsch der Gruppe bis zu ihren Abfahrtsorten bzw. den Parkplätzen „Begleitschutz" zulässig. Dieser erfolgt durch uniformierte Polizeikräfte nach dem Klettenprinzip[471].

Als Fazit zu den Gefahren rund um das Stadion kann festgehalten werden, dass im Hinblick auf die Spezialisierung von Ordnungskräften und die bundesweite Schulung von szenenkundigen Polizeibeamten, die jahrelang mit der Sachbearbeitung „aller Delikte rund um den Fußball" vertraut sind und seit langem die Hooliganszene und ihre Veränderung beobachten, die angerufenen Gerichte durchaus darauf vertrauen können, dass diese Beamten in der Lage sind, Problemfans und problematische Fangruppen einerseits und schlichte Mitläufer andererseits zu unterscheiden.

Aus der Beobachtung vieler Fußballumfelder soll von einem Ehrenmitglied des DFB der Arbeit der Polizei nur Hochachtung gezollt und ihr Dank gespendet werden.

Kapitel 5: Zivilrechtlicher Regress gegen Störer

Schadensersatzanspruch/Regress   12
Gegen Vereine kann bei schuldhafter Verletzung der Verkehrssicherungspflicht (§ 823 Abs. 1 BGB) im Einzelfall bzw. wegen Vertragsverletzung gegenüber einem Zuschauer

---

470 *Breucker*, aaO., S. 1237.
471 So anschaulich *Nolte*, Sport und Recht, S. 139.

(§§ 280 Abs. 1, 241 Abs. 2 BGB) ein Schadensersatzanspruch geltend gemacht werden, der bei Verschulden des Vereins bzw. seiner Erfüllungsgehilfen begründet sein kann. Außerdem können gegen den veranstaltenden Verein drastische Geldstrafen nach § 8 Nr. 1 d RuVO durch die DFB-Gerichte verhängt werden. Dann stellt sich die Frage des **zivilrechtlichen Regresses** gegen die Gewalttäter und sonstige Störer als Primärschädiger.

Einem zur Klage entschlossenen Rechtsanwalt ist dabei zu empfehlen, vorzeitig die Vollstreckbarkeit eines etwa erstrittenen Titels abzuklären: Es gibt Fälle gerade im Rowdybereich, wo Pfändungen auf lange Sicht fruchtlos bleiben. Bei der überwiegenden Zahl der Störer ist aber ein zivilrechtliches Vorgehen erfolgversprechend. Vereinssanktionen des DFB können diese sich durch Vereinsaustritt entziehen. Einen hartnäckigen Gerichtsvollzieher mit einem Regressanspruch in der Hand, der 30 Jahre lang Geltung hat, oder Lohnpfändungen fürchten sie weit mehr als die Ermahnung eines Jugendrichters oder die Verhängung einer Bewährungsstrafe.

13 Gerichtsentscheidungen

a) Das Landgericht und das Oberlandesgericht in Rostock[472] haben insoweit zu Vorfällen im Ostseestadion grundlegende und abschreckende Entscheidungen gefällt. Im sog. „Flitzerfall" sind drei Zuschauer beim Spiel FC Rostock gegen Hertha BSC Berlin auf das Spielfeld vorgedrungen, weshalb vom DFB gegen den Heimverein eine Geldstrafe von 20.000 € verhängt wurde. Das OLG verurteilte die Störer zum Schadensersatz wegen Verletzung der Rücksichtnahme, Sorgfalts- und Obhutpflichten aus dem Besuchervertrag mit dem Veranstalter, der diese verpflichtete, das Spielfeld nicht zu betreten und den Spielbetrieb nicht zu stören. Eine interessante Frage war dabei, wie sich der Gesichtspunkt, dass der Platzverein Rückfalltäter war und deshalb die Strafe des DFB deutlich erhöht worden war, auf die Regressforderung auswirkt. Das OLG nahm eine mittelbare Kausalität an, bei der zu prüfen sei, ob trotz bestehender Kausalität nach Wertungsgesichtspunkten eine Haftung nicht als zu weitgehend auszuschließen sei. Dies wurde verneint, da der eingetretene Schaden nicht außerhalb des Schutzbereichs des § 280 Abs. 1 BGB lag. Das OLG führte aus, „einerseits seien die Vorbelastung des Vereins, andererseits die Störung durch die ‚Flitzer' zu einer Gesamtursache verbunden. Nach ständiger Rechtsprechung entlaste eine besondere Schadensanfälligkeit eines Geschädigten den Schädiger nicht davon, den vollen Schaden zu tragen"[473]. In besonderen Fällen sei eine Begrenzung der Haftung nach dem Schutzzweck der Norm denkbar, was aber hier nicht geboten sei. Auf ein etwaiges Mitverschulden des Platzvereins wegen nicht ausreichender Sicherungsvorkehrungen könnten sich die Störer nicht berufen, da dessen fahrlässiges Mitverschulden gegenüber ihrem vorsätzlichen Verhalten zurücktrete.

Hinzuweisen ist auf ein obiter dictum des OLG, wonach es zu dem Vermögensschaden des Platzvereins gehöre, wenn es zu einem Spielabbruch gekommen wäre „und dem Verein finanzielle Einbußen in Form entgangener Eintritts- oder Fernsehgelder entstanden wären bzw. er dazu von den DFB-Gerichten verurteilt worden wäre, das Spiel vor leeren Rängen zu wiederholen. Auch diesen Schaden müssten die Störer ersetzen. Eine Haftungsbegrenzung dahingehend, dass der Geschädigte besonders hohe Schäden selbst zu tragen habe, sei § 280 BGB nicht zu entnehmen"[474].

Das Landgericht[475] hatte bereits mit Recht den Einwand zurückgewiesen, dass der Verein gegen die erstinstanzliche Verurteilung durch das DFB-Sportgericht den Instanzenzug

---

472 SpuRt 2006, 83 ff.; 2006, 249.
473 OLG Rostock, SpuRt 2006, 249, 250 mit Anmerkung *Kempf*.
474 OLG Rostock, siehe Fn. 473.
475 SpuRt 2006, 83, 85.

beim DFB hätte einschlagen müssen. Dies brauche ein Geschädigter nur zu tun, wenn hinreichende Erfolgsaussichten bestünden, wofür hier keine Anhaltspunkte vorlägen.

Die Entscheidung des OLG Rostock ist ein Meilenstein in der Rechtsprechung zum Schadensrecht im Fußball. Die zugelassene Revision zum BGH wurde nicht eingelegt, sodass das Urteil rechtskräftig ist. Sie ist ein Schritt dazu, die Sicherheit für die Spieler, Schiedsrichter und die Zuschauer im Stadion zu erhöhen. Es schreckt sicher auch etwaige potentielle „Flitzer", die für ein Unternehmen billig werben wollen (Guerilla-Marketing), vor Untaten. Das Risiko, mit Hilfe des Fernsehens entdeckt zu werden, ist groß, die Folgen können existenzvernichtend sein.

In einer der Entscheidung des OLG Rostock zustimmenden Anmerkung ergänzen *Cherkeh/ Schroeder*[476] einige praxisrelevante Punkte:

1) Der Regressanspruch könne zusätzlich auf § 826 BGB gestützt werden, da das Verhalten verwerflich im Sinne dieser Vorschrift sei.
2) Die Begründung des OLG decke auch sonstige Verstöße gegen die Loyalitätspflichten im Stadion ab: Körperverletzungen durch Hooligans, Abbrennen von Feuerwerkskörpern, Werfen von Gegenständen auf das Spielfeld, Verwendung von verbotenen Kennzeichen im Sinne des § 86 a StGB.
3) Bei Zuschauerausschreitungen größeren Ausmaßes müsste gegebenenfalls die Erleichterung des § 840 BGB (Haftung eines Störers für den gesamten Schaden) herangezogen werden.

b) Erst am Anfang eines Regressverfahrens stehen die Stuttgarter Kickers: Ein Zuschauer hatte am 25. Oktober 2006 bei einem Spiel dieses Vereins im heimischen Degerloch-Stadion einen halbvollen Becher mit Bier gegen die Wirbelsäule des Schiedsrichter-Assistenten geworfen, der mehr als eine halbe Minute bewusstlos war, was zum Spielabbruch führte. Der Täter ist mittlerweile rechtskräftig vom Stuttgarter Amtsgericht zu acht Monaten Freiheitsstrafe mit Bewährung verurteilt worden. Die Stuttgarter Kickers fordern von ihm die DFB-seitig verhängte Strafe von 10.000 €, 35.000 € für ein errichtetes Fangnetz und den Einnahmeausfall für das vom Sportgericht angeordnete „Geisterspiel". Der Täter lebt derzeit von Hartz IV und ist nicht Fan der Stuttgarter Kickers, sondern des VfB Stuttgart.

c) Weitere Regressverfahren von Bundesligavereinen sind in Vorbereitung bzw. bereits rechtskräftig.

Resümee zum Kampf gegen Zuschauerausschreitungen   **14**

1) In vorstehenden Kapiteln des Teils IV sind eine Reihe von verbandsrechtlichen und staatlichen Schritten zur Eindämmung dieser unschönen Begleiterscheinung des Fußballs dargelegt. Zum Schluss soll dabei angemerkt werden, dass bei allen Maßnahmen darauf zu achten ist, dass kein Übermaß und kein Untermaß, sondern Augenmaß praktiziert wird. Als abschreckendes Beispiel für die Risiken soll vor Augen geführt werden, dass ein Totalausschluss der Zuschauer in Dortmund, Berlin oder München zu Einnahmeverlusten des Platzvereins pro Spiel von ca. 1,5 Mio. € führen würde. Das de lege lata noch geltende Alles-oder-nichts-Prinzip des BGB wird bei solchen Fallkonstellationen in seiner Fragwürdigkeit aufgezeigt, die Rechtsprechung wird aber auch insoweit sicherlich Wege zu einem vernünftigen Ergebnis aufzeigen, wobei das OLG Rostock in seiner „Flitzer"-Entscheidung schon Ansätze aufgezeigt hat. Die Realisierungsmöglichkeit eines derartigen Schadens ist dabei ohnehin schwerlich gegeben.

---

476   CaS 2006, 400 ff.

2) Gerade das Thema „Zuschauerausschreitung und ihre Bekämpfung" zeigt, dass im Sport heikle, komplexe Rechtsfragen auftreten, die auch daraus resultieren, dass das Sportrecht nicht einer der klassischen Rechtsdisziplinen zuzurechnen ist und, wie die abgehandelten Probleme zeigen, dem Zivil-, Straf-, Polizei- und öffentlichen Recht, Europa- und natürlich dem Sportrecht zuzuordnen ist. Aufgrund des öffentlichen Interesses an manchen Themen schalten sich auch viele selbsternannte Sportrechtsexperten in die oft kontroverse Diskussion um Sportrechtsfragen ein. Stets ist aber dabei im Auge zu behalten, dass das Sportrecht sich aus der Autonomie der Sportverbände ableitet und nicht vorschnell beiseite geschoben werden darf.

Teil V: Externe Kontrolle der Vereinssanktionen durch staatliche Gerichte/Schiedsgerichte

Kapitel 1: Rechtliche Rahmenbedingungen

Allgemeines   **1**

Die Bundesrepublik gewährt nach ihrer Verfassung für alle Streitsachen Rechtsschutz, wobei die rechtsprechende Gewalt den Richtern anvertraut ist (Art. 92 GG), in Vereinssachen den ordentlichen Gerichten.

Gemäß Art. 62 (3) FIFA-Statuten haben die Nationalverbände aber „zwingend in ihre Statuten eine Bestimmung aufzunehmen, wonach ihre Klubs und ihre Mitglieder Streitfälle **nicht** vor ein ordentliches Gericht bringen dürfen, sondern jegliche Auseinandersetzungen den zuständigen nationalen und internationalen Instanzen unterbreiten müssen". Dieser Vorgabe ist der DFB in §§ 14, 17, 17 a Satzung nachgekommen, wobei die Einschränkung des Vorbehalts hinsichtlich entgegenstehenden nationalen Rechts dem Umstand Rechnung trägt, dass nach deutschem Recht ein Schiedszwang nicht zulässig ist. Die Entscheidung des Schiedsgerichts ist abschließend und ergeht nach endgültiger Entscheidung der Verbandsinstanzen.

§ 14 Satzung

Pflichten der Mitglieder

Die Mitgliedsverbände sind verpflichtet,

1. a)–e)

f) dafür zu sorgen, dass ihre Mitglieder und deren Einzelmitglieder sowie die Organe und Mitarbeiter der Kapitalgesellschaften sämtliche Streitigkeiten, die aus der Mitgliedschaft mit diesem Mitgliedsverband oder mit anderen Vereinen oder Kapitalgesellschaften erwachsen, nicht vor ein ordentliches Gericht zu bringen, sondern den zuständigen Verbands-Organen des Mitgliedsverbandes, des DFB, der UEFA oder der FIFA zur Entscheidung vorzulegen, soweit zwingendes nationales oder internationales Recht nicht entgegensteht oder die FIFA- oder UEFA-Reglemente Ausnahmen zulassen. Nach Ausschöpfung des verbandsinternen Rechtsweges ist anstelle der ordentlichen Gerichtsbarkeit eine Schiedsgerichtsbarkeit im Sinne der §§ 1025 ff. ZPO vorzusehen, soweit zwingendes nationales oder internationales Recht nicht entgegensteht.

Die gleiche Pflicht besteht nach e) für internationale Streitigkeiten hinsichtlich des CAS.

V. Schiedsgerichtsbarkeit

§ 17 Satzung

Schiedsgericht

1. Streitigkeiten zwischen dem DFB und seinen Mitgliedsverbänden und Streitigkeiten der Mitgliedsverbände untereinander, die sich aus dem Mitgliedschaftsverhältnis ergeben, werden nach Ausschöpfung des verbandsinternen Instanzenzuges unter Ausschluss des ordentlichen Rechtsweges durch ein Schiedsgericht entschieden.

249

2. Das Schiedsgericht besteht aus drei Schiedsrichtern, von denen mindestens der Vorsitzende die Befähigung zum Richteramt haben muss.

3. Jede Partei ernennt einen Schiedsrichter. Die Partei, die das Schiedsgericht anrufen will, hat dies der anderen Partei unter kurzer Angabe des Sachverhalts durch eingeschriebenen Brief mitzuteilen und gleichzeitig einen Schiedsrichter zu benennen. Die andere Partei hat spätestens zehn Tage nach Erhalt der Mitteilung ihrerseits einen Schiedsrichter zu benennen. Erfolgt diese Benennung nicht, hat die anrufende Partei eine Nachfrist von weiteren sieben Tagen zu setzen, nach deren Ablauf sie die Benennung des zweiten Schiedsrichters durch den Präsidenten des für den Sitz des Beklagten zuständigen Oberlandesgerichts beantragen kann.

4. Die beiden Schiedsrichter haben sich binnen zehn Tagen nach der Benennung des zweiten Schiedsrichters auf einen Vorsitzenden zu einigen. Kommt die Einigung innerhalb dieser Frist nicht zustande und einigen sich die beiden Schiedsrichter auch nicht innerhalb einer Nachfrist von fünf Tagen auf einen Vorsitzenden, so wird er auf Antrag einer Partei von dem Präsidenten des für den Sitz des Klägers zuständigen Oberlandesgerichts ernannt.

5. Bei Wegfall oder Verhinderung eines Schiedsrichters wird der Nachfolger ebenso ausgewählt wie der Vorgänger.

6. Die Schiedsrichter sind bei ihrer Entscheidung an die Satzung und Ordnungen des DFB und seiner Mitgliedsverbände sowie die Vorschriften des materiellen Rechts gebunden. Soweit in den Satzungen und in den Ordnungen zulässigermaßen nichts anderes bestimmt ist, gelten für das Schiedsverfahren die allgemeinen Vorschriften der Zivilprozessordnung.

§ 17 a Satzung

Ständiges Schiedsgericht, Court of Arbitration for Sport (CAS)

Der DFB verpflichtet sich, in den ihm unterstellten Spielklassen nach Ausschöpfung des verbandsinternen Rechtswegs anstelle der ordentlichen Gerichtsbarkeit eine Schiedsgerichtsbarkeit im Sinne der §§ 1025 ff. ZPO vorzusehen, soweit zwingendes nationales oder internationales Recht nicht entgegensteht.

Der DFB anerkennt den Court of Arbitration for Sport (CAS) mit Sitz in Lausanne (Schweiz) als unabhängige richterliche Instanz in internationalen Streitigkeiten und unterwirft sich den Entscheidungen des CAS, soweit zwingendes nationales oder internationales Recht nicht entgegensteht oder die FIFA-Reglemente Ausnahmen zulassen.

Der DFB anerkennt weiter, dass der FIFA und der Welt-Anti-Doping-Agentur (WADA) gegen verbandsintern endgültige Entscheidungen in Dopingangelegenheiten, die der FIFA und der WADA umgehend vorzulegen sind, ein Berufungsrecht beim CAS zusteht.

In den letzten 20 Jahren haben die staatlichen Gerichte und die Justizbehörden mit Wohlwollen gesehen, dass die Spezialmaterie des Sports von privaten, sportnahen Institutionen abgeurteilt wird, und dies durch ihre Repräsentanten gefördert. Insoweit ist aber anschließend eine externe Kontrolle der Vereinsstreitigkeiten unverzichtbar.

Der statuarisch vorgesehene Ausschluss der ordentlichen Gerichte nach Ausschöpfung des verbandsintern vorgesehenen Rechtswegs wird einzelvertraglich zwischen Spieler/Verein einerseits und DFL/DFB andererseits durch einen separaten Schiedsgerichtsvertrag umgesetzt. In dem dazu bereitgehaltenen Mustervertrag[477] zwecks Vereinbarungen des Wegs zum Ständigen Schiedsgericht für ... werden u. a. die Kompetenzkompetenz des Schiedsgerichts geregelt, ferner dessen Besetzung – jede Partei benennt zwei Beisitzer, der Vorsitzende wird von Verbandsseite und der Vereinigung der Vertragsspieler e. V. (VdV) ein-

---

477 In Handbuch: Satzungen und Ordnungen des DFB, Teil Ligaverband, S. 233 ff.

vernehmlich bestimmt –, ein Eilverfahren während oder vor Einleitung des Schiedsgerichtsverfahrens, eine salvatorische Klausel sowie einige Verfahrensvorschriften.

Die FIFA-Vorgabe und die darauf beruhende Weitergabe der Pflicht an die Verbände/Vereine sind bisher auf Landesebene noch nicht überall umgesetzt.

Die FIFA hat den Ausschluss der staatlichen Gerichtsbarkeit in erster Linie forciert, weil das Durchlaufen staatlicher Instanzenzüge häufig zu zeitraubenden, länger andauernden Verfahren führt, die den sportlichen Wettbewerb beeinträchtigen; ferner will sie eine besondere Nähe und Sachkunde der Richter zum Verfahrensgegenstand, dem Sport, anstreben[478]. Im nationalen Bereich gibt es derzeit vier **Ständige Schiedsgerichte** mit unterschiedlicher Besetzung, nämlich für Vereine und Kapitalgesellschaften der Lizenzligavereine, für Lizenzspieler, für Trainer und Fußball-Lehrer und für Vereine der Regionalliga[479]. Hinzugekommen ist ab der Saison 2008/2009 eine Instanz für Vereine der 3. Liga.

Es verbleibt den Vereinen, die auf Landesebene die vorgesehene Regelung noch nicht getroffen haben, die Möglichkeit, die staatlichen Gerichte anzurufen. Bei Nichtlizenzspielern in den DFB-Spielklassen sowie bei den Frauen- bzw. den Junioren-Bundesligen greift kein Ständiges Schiedsgericht ein, es kann vielmehr ein Ad-hoc-Schiedsgericht gebildet werden.

§ 17 Satzung regelt die Schiedsgerichtsbarkeit für **körperschaftsrechtliche** Streitigkeiten des DFB mit seinen Mitgliedsverbänden und der Verbände untereinander, was nach § 1066 ZPO zulässig ist. Dazu gehören Streitigkeiten zwischen zwei Vereinen beispielsweise über eine Ablöseentschädigung eines Amateurvereins gegen einen anderen Amateurverein, nicht aber etwa eine Forderung aus einem Mietvertrag über einen Omnibus.

FIFA und DFB haben somit die Vorarbeiten und die Vorgaben für **Streitschlichtungsmechanismen** geschaffen, die sich in der Vergangenheit sehr bewährt haben.

Die Abgrenzung zwischen Vereinsgerichten und echten Schiedsgerichten 2

Zwar hat das Schiedsverfahrens-Neuregelungsgesetz (SchiedsVfG, in Kraft seit 1. Januar 1998) viele Klarstellungen gebracht, aber nicht die ebenfalls erwünschte Definition des echten Schiedsgerichts und damit die Abgrenzung zu dem auf Verbandsebene oft auch Schiedsgericht genannten „unechten Schiedsgericht", das mannigfaltige Namen tragen kann[480], aber stets ein Vereins-/Verbandsorgan bleibt. Das echte Schiedsgericht untersteht den Regeln der §§ 1025 ff. ZPO; die von ihm geschaffene Entscheidung hat die Wirkung eines rechtskräftigen Urteils unter den Parteien. Das „unechte Schiedsgericht" (Vereinsgericht) „judiziert" kraft der aus der Vereinsautonomie abgeleiteten Disziplinargewalt und steht gegenüber den staatlichen Gerichten in einem Subordinationsverhältnis. Es ist der staatlichen Gerichtsbarkeit/Schiedsgerichtsbarkeit vorgeschaltet und handelt nach dem Vereins-/Verbandsregelwerk. Die Abgrenzung zwischen beiden Institutionen ist zu treffen nach der dem Spruchkörper zugedachten Funktion: Wenn er einen Rechtsstreit endgültig anstelle der staatlichen Gerichte entscheidet, ist er als Schiedsgericht zu qualifizieren[481]. Dies kann nie ein Organ eines Verbandes sein, da eine Partei nicht Richter im Sinne der §§ 1025 ff. ZPO und damit Entscheider in eigener Sache sein kann, vielmehr gelten insoweit strenge Unabhängigkeits- und Unparteilichkeitskriterien[482].

---

478 *Sengle*, FS-Schrift, S. 1210.
479 *Sengle*, aaO., S. 1216.
480 *Hilpert*, Organisation ..., BayVBl. 1988, 161 f.

481 *Haas*, Abgrenzung ..., aaO., S. 219.
482 BGH, SpuRt 2004, 159; OLG Dresden, SportR 10/16/6.

Ergebnis: Wenn eine Vereinsstrafe von einem Verbandsgremium erlassen wird, handelt es sich nicht um einen Schiedsspruch im Sinne des § 1055 ZPO, weil diesen ein Verbandsorgan nicht erlassen kann[483].

3 Materielles Recht

Bei aller Hochachtung vor der Vereinsautonomie sind die Vereinsakte primär, soweit nicht nachgiebiges Recht vorliegt, in die staatliche Rechtsordnung eingebettet. Dies stellt § 17 Nr. 6 DFB-Satzung klar, wonach die Schiedsrichter an das Verbandsrecht einerseits und die Vorschriften des materiellen Rechts andererseits gebunden sind sowie für das Verfahren, soweit nicht zulässigerweise anderes bestimmt ist, an die allgemeinen Vorschriften der Zivilprozessordnung. Zwingend gilt vorweg, dass eine Überprüfung der Verbandsmaßnahmen nicht von vornherein ausgeschlossen werden darf. Vielmehr ist eine Bestimmung, die eine externe Kontrolle (durch staatliches Gericht oder Schiedsgericht) zu Lasten des Betroffenen ausschließt, nicht durch die Verbands- bzw. Vereinsautonomie gedeckt[484]. Andererseits ist aber nicht jede minimale Ordnungsmaßnahme überprüfbar, vielmehr ist eine bestimmte Erheblichkeitsschwelle erforderlich[485]. Diese Regelungsgrundlagen gelten in gleichem Maße für die Überprüfung der Vereinsakte durch staatliche Gerichte wie durch echte Schiedsgerichte nach § 1025 ff. ZPO. Ob Richter in schwarzen Roben den Streitfall entscheiden oder in zivilen Anzügen – sie wenden das gleiche materielle Recht an.

Aus systematischen Gründen (formelles Recht vor materiellem Recht) soll nachfolgend die Inhaltsprüfung der Ordnungsmaßnahmen erst im Anschluss an die Erörterung der formellen Seite der Schiedsgerichtsbarkeit vorgenommen werden (s. Kapitel 3).

Kapitel 2: Das Schiedsgerichtsverfahren

4 Schiedsvereinbarung

Der DFB hat wie andere Sportverbände für die meisten der in seinem Bereich anfallenden Streitigkeiten (Ausnahmen oben Rn. 1) sog. **institutionelle** oder **ständige Schiedsgerichte** gebildet, die den Vorteil haben, dass sie sofort nach Auftreten eines Streitfalles zusammentreten können[486]. In den verbleibenden Streitsachen ist ein **Gelegenheitsschiedsgericht** (Ad-hoc-Schiedsgericht) vorgesehen. Der DFB hat sich insoweit an die ihm durch § 1066 ZPO eröffnete Möglichkeit der Schiedsgerichtseinführung durch privatrechtliche, nicht vertragliche Rechtsgeschäfte – dazu zählen u. a. die Satzung – gehalten. Inhaltlich muss es sich bei den Streitigkeiten um solche kooperativer Art handeln, die sich aus dem Mitgliedschaftsverhältnis ergeben, wozu insbesondere die Disziplinarmaßnahmen gehören[487]. Wie der BGH[488] es fordert, sind in die DFB-Satzung die Zusammensetzung und die Regeln über die Auswahl und Bestellung der Schiedsrichter aufgenommen.

§§ 1066, 1029 Abs. 1 ZPO schreiben eine **Schiedsvereinbarung** vor, wonach ein Schiedsgericht anstelle der staatlichen Gerichte entscheidet. Insoweit sind im DFB-Bereich deren beide Unterarten vertreten, die **Schiedsabrede**, d. h. eine selbständige Schiedsgerichtsvereinbarung wie zwischen DFB/DFL und Verein bzw. Lizenzspieler pp., und die **Schiedsklausel** wie in § 17 Satzung normiert. Für eine Schiedsabrede zwischen Lizenzspieler und

---

483 *Reichert*, Erstmalige Verhängung …, SpuRt 2004, 50 ff., 52.
484 *Haas*, SportR B II, Rn. 139.
485 *Haas*, SportR B II, Rn. 143.

486 Vgl. *Reichert*, Handbuch, aaO., Rn. 4858.
487 *Reichert*, Handbuch, aaO., Rn. 4870–4873.
488 BGHZ 88, 314, 316.

dem DFB als nicht wirtschaftlichem Verein ist die gesetzliche Schriftform des § 126 BGB einzuhalten, was parallel zu dem Abschluss des Lizenzvertrages durch einen gesondert abgeschlossenen Schiedsgerichtsvertrag (s. vorstehend Rn. 1) geschieht. Für statuarische Schiedsklauseln muss die Schriftform des § 1031 ZPO nicht eingehalten werden[489].

Anstelle der nach § 1025 Abs. 2 ZPO a. F. vorgeschrieben gewesenen „Freiwilligkeit" einer Schiedsvereinbarung ist im neuen § 1034 Abs. 2 ZPO eine Spezialregelung für den „Übergewichtsfall" getroffen, der nach h. M.[490] die Freiwilligkeit einer Unterwerfung nicht mehr erforderlich sein lässt. Überdies stellen sich die Bedenken hinsichtlich der Auswahl der Schiedsrichter bei Lizenzspielern und DFB nicht in der Form wie bei vielen anderen Sportverbänden, da die Vereinigung der Spieler des bezahlten Fußballs (VdV) die Hälfte der Beisitzer des Schiedsgerichts benennt, sodass dem Prinzip der „Waffengleichheit" durch paritätische Besetzung des Schiedsgerichts Rechnung getragen ist.

Persönliche Reichweite der Schiedsvereinbarung   5
Da der DFB bzw. seine Mitgliedsverbände und deren Einzelmitglieder (§ 14 der Satzung) an die DFB-Satzung gebunden sind, folgt daraus für sie alle, dass die Schiedsklausel verpflichtend ist[491]. Die Lizenzspieler sind für die Dauer ihrer vertraglichen Bindung für **Streitigkeiten mit DFB/DFL**, also in Disziplinarsachen, **nicht** aber für Streitigkeiten mit **ihrem Verein** (§ 101 Abs. 3 ArbGG) an eine Schiedsvereinbarung gebunden. Diese Bindung gilt gemäß Auslegung des Lizenzspielervertrags auch für Streitigkeiten, die bei einer Vertragsbeendigung vorher entstanden sind, für die danach geltend zu machenden Ansprüche. Aber auch bei Schiedsklauseln ist die Anordnung der Fortwirkung derselben grundsätzlich zulässig, da nach h. M.[492] darin keine unzulässige Erschwerung des Austrittsrechts nach § 39 Abs. 2 BGB zu sehen ist, die Regelung also gerade für die bei Beendigung der Rechtsbeziehungen besonders streitfördernden Situationen gelten soll.

Für die statuarischen Schiedsgerichte ist für die Schiedsklauseln in der Gründungssatzung erforderlich, dass ihr alle Gründungsmitglieder zugestimmt haben müssen, da eine Mehrheit nicht einer Minderheit den gesetzlichen Richter (Art. 101 (1) GG) aufzwingen kann. Wenn die Schiedsklausel nachträglich eingeführt wird, so sind diejenigen Vereinsmitglieder, die der Satzungsänderung zugestimmt haben, daran gebunden; die Übrigen können austreten[493], andernfalls sie grundsätzlich an die Schiedsklausel gebunden sind[494], was im Verhältnis DFB zu Lizenzspielern kein Problem ist, da gesonderte Schiedsverträge abgeschlossen werden.

Verfahrensvorschriften   6
Die grundsätzliche Bindung an die staatlichen Verfahrensvorschriften kann im Schiedsgerichtsverfahren auf eine großzügige Art und Weise gelockert werden, die den staatlichen Richtern fremd ist. Die Parteien haben nach § 1051 Abs. 3 ZPO die freie Rechtswahl in formeller und materieller Hinsicht, soweit nicht der ordre public verletzt ist (Art. 6, 34 EGBGB). So könnten sie durch beidseitige Vereinbarungen wirksam vorgeben, dass die Schiedsrichter in einem Verfahren nach ihrem Ermessen ex aequo et de novo Recht sprechen, d. h. nach Billigkeit unter Einbeziehung neuer Sachverhaltsfeststellungen judizieren. Es kann auch ein anationales Recht gewählt werden. Diese plein pouvoir können die

---

489 BGH, SpuRt 2008, 8, 9.
490 *Stein/Jonas/Schlosser*, § 1034 Rz. 2 – so auch Materialien in BR-Drucksache 211/96, S. 109, 110; a. M. *Monheim*, aaO., S. 8 ff., 10: Er fordert ein Wahlrecht des Sportlers.

491 BGHZ 132, 278, 284, 285.
492 *Haas*, SportR B II, Rn. 186 m. w. N.
493 BGH, NJW 2000, 1713.
494 Näher *Reichert*, aaO., Rn. 4867.

Parteien eines Zivilverfahrens ihrer Streitsache nicht übertragen bzw. überbürden. Von diesen besonderen, ja exotischen Befugnissen machen die Parteien normalerweise keinen Gebrauch, sondern wollen meistens die ZPO (so auch der DFB) und sehen im Rahmen ihrer Vereinsautonomie (§ 1042 Abs. 3 ZPO) eventuell noch einige Verfahrensbesonderheiten vor, wobei § 1042 Absätze 1 und 2 ZPO zwingende Schranken aufbauen (Gleichbehandlung – rechtliches Gehör – kein Ausschluss von Rechtsanwälten als Bevollmächtigte). Als Hilfsmittel bei ungeregelten Situationen greift das schiedsrichterliche Ermessen ein. Bei den DFB-Schiedsgerichten gelten natürlich in materieller Hinsicht in erster Linie zusätzlich die Regelwerke des DFB (Satzung und Ordnungen) sowie die Fußballregeln.

7 Erschöpfungsgrundsatz

Eine weitreichende Sonderregelung, die auch bei vielen Vereinen aus dem Sport oder aus anderen Rechtsgebieten vorgesehen ist, ist die Regelung in § 17 Nr. 1 Satzung, dass ein Schiedsgericht erst „nach Ausschöpfen des verbandsinternen Instanzenzuges" tätig werden kann. Wenn das Vereinsregelwerk noch ein vereinsinternes Rechtsmittel gegen den Disziplinarakt zulässt, folgt daraus der Wille, dass vor dessen Ausschöpfen die beanstandete Vereinsmaßnahme als nicht endgültig beschlossen geltend darf, weil der vereinsinterne Meinungsbildungsprozess noch nicht endgültig abgeschlossen ist[495]. Erst nach Rechtskraft der Vereinsmaßnahme steht zudem endgültig fest, ob der Betroffene sich nicht durch Nichteinlegung eines Rechtsmittels der erstinstanzlichen Entscheidung unterworfen hat (so § 31 RuVO). Der BGH[496] begründet den Erschöpfungsgrundsatz ferner damit, dass vermieden werden soll, dass die Gerichte unnötig angerufen werden und in die Selbstverwaltung eingreifen sollen, solange keine abschließende Entscheidung der zuständigen Vereinsorgane ergangen ist. Die Obliegenheit zum Abwarten der endgültigen Verbandsentscheidung entfällt, wenn die Anrufung einer weiteren verbandsinternen Instanz, insbesondere das weitere Zuwarten wegen ungebührlicher Verzögerung der Entscheidung oder wegen lebenswichtiger Interessen unzumutbar ist[497].

8 Staatsgerichtliche Zuständigkeit während des schiedsgerichtlichen Verfahrens[498]

Wenn sich die Beweispersonen weigern, vor dem Schiedsgericht auszusagen, kann dieses als private Institution deren Erscheinen und Aussage nicht erzwingen. Nach § 1050 Satz 1 ZPO kann das staatliche Gericht zur Unterstützung bei der Beweisaufnahme herangezogen werden. Über ein eventuelles Aussageverweigerungsrecht hat dabei dieses zu entscheiden; außerdem ist selbstverständlich das staatliche Gericht allein zur Beeidigung zuständig. Alle diese Unterstützungshandlungen werden vom Amtsgericht, in dessen Bezirk die richterliche Handlung vorgenommen werden soll, ausgeführt (§ 1062 Abs. 4 ZPO). Selbstverständlich sieht die ZPO (§ 1050 Satz 3) vor, dass die Schiedsrichter an der Beweisaufnahme des Amtsgerichts teilnehmen können, um sich ein unmittelbares Bild zu verschaffen und Fragen zu stellen. In der Praxis ist es üblich, dass der Amtsrichter nach Sitzungseröffnung und Einleitung durch ihn einen der Schiedsrichter in seiner Gegenwart die Beweisaufnahme durchführen lässt.

---

495 *Reichert*, aaO., Rn. 2920.
496 NJW 1967, 1268, 1269.
497 *Röhricht*, Sportgerichtsverfahren, S. 25; *Palandt-Heinrichs-Ellenberger*, aaO., § 25 BGB Rn. 19.

498 *Reichert*, aaO., Rn. 5091.

Kapitel 3: Die (schieds-)gerichtliche Prüfung von Vereinsakten

Der nachfolgende wichtigste Akt der externen Kontrolle der Disziplinarmaßnahmen soll untergliedert werden in

- **Tatsachenkontrolle** (Rn. 9),
- **Inhaltskontrolle** (Rn. 10) und als Unterart dazu
- **Subsumtionskontrolle** (Rn. 11),
- **Kontrolle per Eilrechtsschutz** (Rn. 12).

Im Rahmen dieser Kontrollbereiche soll der Sport seine Angelegenheiten selbst regeln und sein Haus sauber halten können.

Tatsachenkontrolle 9

Dabei ist zunächst klarzustellen, dass im Fußball wie in den meisten Mannschaftssportarten zwei Arten bzw. Stufen von Tatsachenentscheidungen auftreten:

Zum einen die **Tatsachenentscheidung des Schiedsrichters**, die unstreitig, falls sie nicht auch die Regelanwendung umfasst, verbands-, aber auch gerichtsfest ist; ihre Endgültigkeit für den Ablauf des Spiels (Spielentscheidung) und auch für die Geltung der darauf gestützten Spielerstrafe für den Rest des Spiels ist unerschütterlich (so auch die in der ganzen Welt geltende und anerkannte Regel 5 der Fußballregeln – s. auch oben Teil III Rn. 36).

Davon zu unterscheiden sind die **Tatsachenfeststellungen der Verbandsinstanzen** bei ihrer Urteilsfindung: Bis zum Jahre 1983 hat die höchstrichterliche Rechtsprechung (RG und BGH) entgegen der fast einhelligen Meinung im Schrifttum daran festgehalten, dass aus der Vereinsautonomie folge, dass die Vereinsorgane die Feststellung des zu beurteilenden Sachverhalts und dessen Subsumtion unter die anzuwendende Norm eigenverantwortlich treffen können. Der BGH[499] hat dann aber eine Kehrtwende vollzogen mit der Begründung, dass im Hinblick auf die freiwillige Unterwerfung unter die autonome Vereinsgewalt nicht angenommen werden könne, „dass die Mitglieder bei ihrem Eintritt damit einverstanden gewesen seien, für Taten verantwortlich gemacht zu werden, die sie nicht begangen haben"[500]. Insoweit dürfe es einen rechtsfreien Raum nicht geben, was – wie nachfolgende Entscheidungen[501] ergänzt haben – nicht nur bei den sozial mächtigen Verbänden gelte. Der BGH fährt fort, dass „die Subsumtion[502] des festgestellten Sachverhalts zu den Maßnahmen gehört, die ein Verein in Ausübung seiner Vereinsgewalt eigenverantwortlich zu treffen hat und die gerichtlich nur in engen Grenzen nachgeprüft werden kann"[503]. Dadurch werde gewährleistet, dass die interne Gestaltung des Vereinslebens und die Vereins-Politik nicht auf staatliche Wertvorstellungen festgelegt werden. Je wichtiger für die Betroffenen der angegriffene Vereinsakt ist (z. B. ein Ausschluss), desto mehr und desto enger sind dem zugestandenen Beurteilungs- und Ermessensspielraum des Vereins Grenzen gesetzt[504].

Die volle Sachverhaltskontrolle umfasst auch die Rechtswidrigkeit und das Verschulden[505]. Dabei kann entsprechend der Verteilung der Befugnisse zwischen Tatsachen- und Revisi-

---

499 Vgl. Nachweise in BGHZ 87, 373 ff. = NJW 1984, 919.

500 Siehe Fn. 499.

501 BGH, NJW 1997, 3368, 3370; NJW 1985, 1216.

502 Siehe unten Rn. 11.

503 BGHZ 87, 373 ff. = NJW 1994, 918, anknüpfend an BGHZ 47, 381, 384; BGH, NJW 1997, 3368, 3370.

504 BGH, NJW 1997, 3368, 3370.

505 BGHZ 71, 381, 386; PHB/*Summerer*, aaO., II 5, Rn. 329; *Reichert*, aaO., Rn. 3096.

onsinstanz der staatliche Richter seine Überzeugung etwa zur Frage der Schuld oder Nichtschuld nicht anstelle der des Sportgerichts setzen; er muss Letztere akzeptieren, auch wenn er selbst anders entschieden hätte[506].

Daraus folgt, dass neue Tatsachen, die im vereinsinternen Verfahren nicht festgestellt wurden, im (Schieds-) bzw. Gerichtsverfahren als neue Bestrafungsgründe nicht nachgeschoben werden dürfen, weil dadurch eine Umgehung der Vereinsinstanz eintreten würde[507]. Die Rechtmäßigkeit der Entscheidung ist grundsätzlich auf der Basis der Tatsachen zu prüfen, mit denen die Entscheidung des Verbandsorgans begründet worden ist[508], es sei denn, die Tatsachenentscheidung ist offenkundig fehlerhaft. Insoweit haben die staatliche Gerichtsbarkeit[509] und die Lehre[510] sich nach und nach dem von dem Bundesgericht des DFB entwickelten Kriterium „Offenkundigkeit der Fehlentscheidung des Schiedsrichters" angeschlossen.

10 Inhaltskontrolle

Seit Mitte der 70er Jahre hat der BGH unterstützt von der Lehre ein Schutzsystem bei der Überprüfung von Vereinsmaßnahmen entwickelt, das rechtsstaatlichen Anforderungen genügt und von Verbandsjuristen im Sinne der Akzeptanz und der Anerkennung ihrer Entscheidung wie auch von Kreisen außerhalb des Sports gebilligt wird. Er hat sich dabei von dem liberalen Leitbild des BGB über den Verein weitgehend abgekehrt. Dabei wird in Rechnung gestellt, dass im Gegensatz zu früher Vereine und Verbände insbesondere im Hinblick auf ihre Größe, wirtschaftliche Bedeutung und die angestiegene Mitgliederzahl (Bayern München hat weit über 100.000 Mitglieder) nicht mehr von den sonstigen sportausübenden Mitgliedern, sondern von der Führungsetage gelenkt werden (Fremdbestimmung). Nach den Vorstellungen des historischen Gesetzgebers war das Allheilmittel gegen „Sklaverei" der jederzeit mögliche Vereinsaustritt[511].

Diese scheinbare Freiwilligkeit der Vereinsmitgliedschaft schafft angesichts der monopolartigen Verbandsstrukturen im Sport – im Fußball gibt es nach dem Ein-Platz-Prinzip nur den DFB als Verband mit 6,5 Mio. (!) Mitgliedern – die Alternative zwischen Scylla und Charybdis: hier Gefahr des Machtmissbrauchs, dort Angewiesensein auf die Mitgliedschaft aus wirtschaftlichen und insbesondere aus sportlichen Gründen, da nur der DFB seine Talente fördern und spielen lassen kann.

Rechtsprechung und Lehre haben diese Situation ab Mitte der 70er Jahre – entstanden aus der Kommerzialisierung und Professionalisierung des Sports – erkannt und sich berufen gesehen, ein etwaiges Defizit an **„Richtigkeitsgewähr"** bei Vereinen und Verbänden **„mit überragender Machtstellung im wirtschaftlichen und sozialen Bereich"** Rechnung zu tragen, indem deren Regelwerke im Interesse und zum Schutz der Sportler besondere, über die allgemeinen Grenzen der Privatautonomie hinausgehende Schranken unterworfen wurden[512]. Als solche Verbände mit einer überragenden Machtstellung gelten insbesondere im sportlichen Bereich die Spitzenverbände sowie die Landesverbände[513], aber auch die Fußballbundesligavereine, außerhalb des Sports z. B. die Gewerkschaften.

506 Reichert, aaO., Rn. 3096; PHB/*Summerer*, aaO., II 5, Rn. 329, 695; so auch Ständiges Schiedsgericht des DFB, Urteil vom 21.4.2005 im Schiedsverfahren LR Ahlen gegen Wacker Burghausen (s. oben Fn. 395).
507 BGH, NJW 1990, 553; BGH, NJW 1990, 40, 41; *Stöber*, aaO., Rn. 715; PHB/*Summerer*, II 5, Rn. 329; *Haas*, SportR B II, Rn. 146.
508 BGH, NJW 1990, 40, 41.
509 OLG Saarbrücken, NJW-RR 1994, 251, 252.
510 PHB-*Summerer*, aaO.; *Reichert*, aaO.; *Haas*, aaO., B II, Rn. 249.
511 *Haas*, SportR B II, Rn. 36.
512 BGH, SpuRt 2000, 19, 20 ff.; NJW 1995, 583, 585 (*Reiter*-Urteil); *Haas*, SportR B II, Rn. 5.
513 Vgl. Rechtsprechungsnachweise bei *Haas*, aaO., B II, Fn. 88, 89.

Es ist deshalb bei Vereinsdisziplinarmaßnahmen (Bestrafungen und Ausschluss aus disziplinären Gründen) zu unterscheiden zwischen solchen Vereinen, die keine sozial mächtige oder monopolistische Stellung haben, und Vereinen, denen eine solche Position zukommt, weil die Mitgliedschaften für den Einzelnen aus beruflichen, wirtschaftlichen oder sozialen Gründen eine erhebliche Bedeutung hat.

Bei Ersteren ist seit den Zeiten des Reichsgerichts bis heute vom Gericht bzw. Schiedsgericht nachzuprüfen[514], ob

- der Betroffene der Vereinsgewalt unterliegt,
- die verhängte Maßnahme eine Stütze im Gesetz oder in der Satzung hat,
- das satzungsmäßig vorgesehene Verfahren beachtet worden ist,
- sonst keine Gesetzes- und Satzungsverstöße hinzugekommen sind,
- die Tatsachen der Disziplinarentscheidung zutreffend festgestellt worden sind,
- die Maßnahme nicht grob unbillig oder willkürlich ist.

Es gehört zur richtig verstandenen Vereinsautonomie, dass die Vereine und nicht die Gerichte darüber entscheiden, ob das Verhalten eines Mitglieds gegen die Richtlinien eines Sportverbandes verstößt[515]. Ausnahmsweise ist dabei bei der Beurteilung der groben Unbilligkeit neuer Tatsachenvortrag zu berücksichtigen[516]. Die dies ohne Bindungsrelevanz im konkreten Fall aussprechende BGH-Entscheidung ist nicht unbedenklich[517]. Bei sozial mächtigen Vereinen/Verbänden ist **zusätzlich** zu prüfen, ob die Maßnahme durch **sachliche Gründe** gerechtfertigt ist und in vollem Umfang der **Billigkeit** entspricht. Je wichtiger die Entscheidung für das Mitglied ist, desto engere Grenzen sind dem Beurteilungs- und Ermessensspielraum des Vereins/Verbands eingeräumt[518]. Mangels gesetzlicher Regelung sind die Beschränkungen der monopolartigen Verbandsstrukturen ein Ergebnis der höchstrichterlichen Rechtsprechung. Anknüpfungspunkt für die Kontrolle ist dabei die zivilrechtliche Generalklausel des § 242 BGB, die der Korrektur von „Ungleichgewichtslagen" zwischen Verband und Sportler dient[519]. Dabei sind die Gerichte verpflichtet, bei der Auslegung der Generalklauseln des BGB (außer § 242 auch § 138) die Grundrechte als „Richtlinien" zu beachten[520]. Bei sozial mächtigen Verbänden haben die Gerichte eine eingehende inhaltliche Überprüfung der sportlichen Regelwerke zum Schutz der Sportler vorzunehmen. Der den Verbänden gleichwohl einzuräumende Beurteilungs- und Ermessensspielraum darf aber nicht überschritten werden, was der Fall ist, wenn die getroffene Regelung grob unbillig oder willkürlich ist[521]. Die Gerichte prüfen dabei anhand der Wertordnung der Grundrechte, und zwar Art. 9 (1) GG einerseits und Art. 12 (1) und Art. 2 (1) GG andererseits. Ziel ist es, einen möglichst schonenden Ausgleich zwischen den kollidierenden Grundrechten zu finden[522], der sich zudem am Grundsatz der Verhältnismäßigkeit orientiert. *Haas*[523] verlangt unter Heranziehung des Rechtsgedankens des § 661 Abs. 2 BGB, dass eine gewisse Erheblichkeitsschwelle überschritten ist, was bei der Anwendung der sportspezifischen Spielregeln nicht der Fall ist (keine Überprüfbarkeit), bei der Kontrolle der Rechtsregeln (Überprüfbarkeit) aber doch, wobei die Grenzen zwischen beiden fließend sind[524]. Bei dieser Differenzierung

514 BGHZ 47, 381; 75, 1158; BGH, NJW 1997, 3368; *Reichert*, aaO., Rn. 3078.
515 BGHZ 87, 337; 128, 93, 110.
516 BGHZ 47, 381, 387; *Palandt-Heinrichs-Ellenberger*, aaO., § 25 BGB, Rn. 25.
517 Siehe *Reichert*, aaO., Rn. 3112.
518 BGHZ 93, 151, 158; BGH, NJW 1988, 553, 555; BGH, NJW 1997, 3368, 3370.
519 OLG Frankfurt, SpuRt 2001, 29; *Haas*, SportR B II, Rn. 40.

520 BGH, SportR 14/16/40.
521 BGHZ 102, 265, 273; BGH, NJW 1988, 552, 555.
522 BVerfGE 35, 202, 225.
523 SportR B II, Rn. 44, 45.
524 *Haas*, SportR B II, Rn. 45; *Palandt-Heinrichs-Ellenberger*, § 25 BGB, Rn. 9 und 14.

Rechtsregel/Spielregel klingt die von *Kummer*[525] entwickelte Doktrin an, die aber im deutschen Rechtskreis nie richtig Fuß gefasst hat[526]. Es ist aber nicht zu leugnen, dass bei der so umschriebenen Inhaltskontrolle durch die Gerichte/Schiedsgerichte eine gewisse Rechtsunsicherheit nie ganz auszuschalten ist, die erhebliche Prozessrisiken für beide Seiten in sich birgt. Der DFB hat sich jedenfalls auf die Inhaltskontrollen durch die Gerichte eingestellt, seine Rechtsorgane sind entsprechend sensibilisiert. Ob die geringe Aufhebungsquote der Urteile seiner Rechtsinstanzen darin begründet ist, möchte der Verfasser als jahrzehntelanger Teil des Rechtssystems und damit als Insider nicht abschließend beurteilen.

11 Subsumtionskontrolle

Die Meinungen in der sonst recht uneinheitlichen Sportrechtsliteratur und -rechtsprechung sind geteilt in der Frage, ob bei Vereinsmaßnahmen eine uneingeschränkte Subsumtionskontrolle zulässig ist oder nicht:

a) Diese Frage ist unschwer und eindeutig zu beantworten, wenn es um Vereine/Verbände geht, die **keine** sozial mächtige oder monopolistische Stellung innehaben. Die bei ihnen vorzunehmende Prüfung der Vereinsakte auf Gesetzesverstoß, grobe oder offenbare Unbilligkeit und Willkür führt zu klaren Ergebnissen, wenn man wie die h. M. dabei seitens der Gerichte die Achtung vor der Vereinsordnungsgewalt und der zugehörigen Vereinsgerichtsbarkeit als ein Stück außerstaatliche Rechtskultur auffasst. Die Gerichte sollen insoweit nur Missbrauch und Willkür bei der Ausübung der Vereinsgerichtsbarkeit unterbinden und dem Verein im Rahmen seines Ermessens ein Bewertungsvorrecht einräumen. Ihre Überzeugung und ihre Wertmaßstäbe sollen sie nicht an die Stelle des Verbandes setzen[527].

b) Bei sozial mächtigen Verbänden verschieben sich die Grenzen im Rahmen der Suche nach dem Urmeter im Sportrecht, nämlich dem Verhältnismäßigkeitsgrundsatz, also nach der Richtschnur, dass je wichtiger die Aufhebung der Maßnahme für den Betroffenen ist, je enger den Verbandsinstanzen bei deren Beurteilungs- und Ermessensspielraum durch die Gerichte Grenzen gezogen sind.

c) Ergebniskontrolle anhand von DFB-Streitfällen:

Eine lebenslängliche Sperre gegen einen Schiedsrichter, der sich bestechen ließ, um von ihm geleitete Spiele auf das von Wettern gewünschte Ergebnis zu pfeifen, ist wegen der auch von staatlichen bzw. Schiedsgerichten nicht zu bestreitenden groben Unsportlichkeit (Bewertungsvorrecht der DFB-Rechtsorgane!) dem Grunde nach und auch hinsichtlich der verhängten Höchststrafe zu akzeptieren, wobei auch hier die Subsumtionskontrolle letztlich hinter der reinen Ergebnisprüfung zurücktritt[528].

Ein deutscher Bundestrainer (*Jogi Löw*), der bei einem Zwischenrundenspiel um die Europameisterschaft 2008 seiner Mannschaft die Coaching-Zone verlässt und den Hinweisen des 4. Offiziellen, Platz zu nehmen, partout nicht Folge leistet, ist bei einem sofortigen Bankverbot und einem anschließenden Ausschluss aus dem Innenraum des Stadions für das nächste Spiel dem Grunde nach nicht zu Unrecht bestraft, da sein Verhalten unsportlich ist. Wenn viele Sympathisanten in Deutschland allenfalls eine Geldstrafe als die angemessene Reaktion – wenn überhaupt eine solche erfolgen soll – ansehen, ist das von der zuständigen Disziplinarkommission der UEFA verhängte Strafmaß vertretbar und nachvollziehbar,

---

525 AaO., S. 31.
526 *Röhricht*, Sportgerichtsbarkeit, S. 23.
527 PHB/*Summerer*, II 5, Rn. 330; OLG Dresden, SportR 13/24/31.

528 PHB/*Summerer*, II 5, Rn. 331.

jedenfalls nicht unverhältnismäßig. Ein Rechtsmittel im Verbandsweg war ohnehin nicht statthaft; eine Anfechtung beim CAS wäre aussichtslos gewesen.

Aus den Fallgruppen der DFB-Rechtsinstanzen sind in diesem Zusammenhang die Spielwertungsanfechtungen auszuklammern. Die Problematik dieser Fälle ist die einer Spielregelanwendung, die – wie oben (Teil III, Rn. 36) dargelegt – nur in ganz besonderen Ausnahmefällen durch die Verbandsinstanzen und anschließend durch die Gerichte korrigiert werden kann. Weltweit geltendes FIFA-Recht steht insoweit einer gerichtlichen Kontrolle entgegen. Wenn insoweit Gerichte mit völlig sportfernen eigenen Wertvorstellungen die Sonderethik des Fußballs beiseiteschieben würden, würde der innerste Bereich der Satzungsautonomie berührt[529].

Gerade die behandelten „Fußballfälle" (Teil III, Rn. 36 lit. f) cc) zeigen, dass die Subsumtionskontrolle letztlich auf eine Ergebniskontrolle hinausläuft[530]. *Röhricht*[531] weist überzeugend darauf hin, dass es bei der Subsumtionskontrolle nicht um „billig oder nicht billig" gehen könne, sondern ein kognitiver Vorgang gegeben sei, der nur mit dem Ergebnis „richtig oder falsch" enden könne. Er fragt konsequent, dass, wenn die Auslegung des Verbandsgerichts sich im Rahmen eines objektiv vertretbaren Textverständnisses hält, das Staatsgericht keinen Vorrang mit seinem Textverständnis in Anspruch nehmen kann[532]. Ein Eingriff wäre aber dann angebracht, wenn aufgrund eines nicht oder nicht mehr vertretbaren Vorverständnisses der Verbandsinstanzen nicht mehr vollziehbare Erkenntnisse der richterlichen Überprüfung unterzogen werden. Beispiel aus der Leichtathletik:

Wenn Verbandsrichter aufgrund eines längst überholten Vorverständnisses à la *Avery Brundage* einen Olympiakandidaten sperren, weil er exorbitant hohe Geldbeträge gefordert und erhalten hat, ist diese Entscheidung nach dem heutigen Verständnis des Sports antiquiert und falsch. Sie ist zu kassieren.

Zwei Grenzfälle: Der Dreispringer *Charles Friedek* hat an einem Tag, nämlich am 25. 6. 2008, in Wesel zweimal die Olympia-Norm von 17,00 m geschafft (17,00 und 17,04 m). Der DLV interpretiert die Ausschreibung „die Norm muss zweimal erzielt sein" dahin, dass dies an zwei verschiedenen Tagen sein muss. Das OLG Frankfurt bestätigte am 30. Juli 2008 in einem Eilverfahren den Standpunkt des DLV und des DOSB. In diesem Fall sind vom Text her zwei Meinungen vertretbar. Gerade bei Nominierungsfällen sollte man das Auswahlermessen des Verbands maßgeblich sein lassen. Dieser Tendenz dürfte man mit *Röhricht*[533] den Sportinstanzen den Vorrang vor einem abweichenden Verständnis des nachprüfenden staatlichen Gerichts/Schiedsgerichts einräumen. Ein fiktiver Fall aus dem Dopingrecht im Radsport darf nicht fehlen: Bei einem Sportler wurden an seinem Körper zahlreiche Einstiche festgestellt und in seinem Hotelzimmer eine Reihe von leeren Ampullen gefunden. Außerdem hat er eine Bergetappe mit großem Vorsprung vor seinen Konkurrenten gewonnen. Das Verbandsgericht schließt hinsichtlich „dieser aussagekräftigen Kriterien" bei dem leugnenden Radprofi auf eine Einnahme von verbotenen Mitteln. Das überprüfende Gericht sieht nach seiner Überzeugung den „sicheren Nachweis" des Dopings nicht als geführt an. Die Nähe der Verbandsentscheidung zu dem Sumpf im Radsport hätte wohl bei der Nachprüfung auf Gerichtsebene mehr Zurückhaltung angebracht erscheinen lassen, zumal im Sportrecht wie im staatlichen Recht die richterliche Überzeugung immer etwas Irrationales mit sich trägt; es geht dabei nicht um die Lösung einer mathematischen Gleichung. Das richtige Recht ist nämlich nicht nach logischen Prinzipien zu entwickeln.

529 *Röhricht*, Sportgerichtsbarkeit, S. 33.
530 PHB/*Summerer*, II 5, Rn. 32.
531 Siehe Fn. 529.

532 OLG München, SpuRt 1995, 131 ff.
533 Sportgerichtsbarkeit, S. 34.

Im nachfolgenden Schlussfall treten zu dem bekannten Streit um Grundrechte einerseits, Vereinsautonomie andererseits noch politische, weltanschauliche Gesichtspunkte hinzu, die die Lösung nicht leichter machen. Ein Kampf ums Recht wogte fast ein Jahrzehnt lang zwischen der Deutschen-Eislauf-Union (DEU) um den Star-Trainer *Ingo Steuer*, der das Eislaufpaar *Savchenko/Szolkowy* zu Deutschen Meisterschaften, zu einer Weltmeisterschaft und zu Olympia-Ehren geführt hat. Die Birthler-Behörde hatte in ihren Akten eine „tiefe Stasi-Verstrickung" des damals unter dem Decknamen *„IM Thorsten"* handelnden exzellenten Trainers *Steuer* gefunden. Deswegen wurde ihm von der DEU und vom DOSB die Akkreditierung zu internationalen Wettbewerben verweigert und der DEU die staatlichen Fördermittel für das von ihm betreute Eislaufpaar gestrichen. Bei den gerichtlichen Streitigkeiten ging es um den Vorrang zwischen Verbandsautonomie und Berufsfreiheit, wobei prinzipiell Art. 12 GG den Vorrang verdient, so auch das Landgericht München in drei Verfahren, die jeweils für *Steuer* die Eisbahn freigaben. Andererseits hat auch der Standpunkt der Verbände manches für sich, nämlich mit Trainerfunktionen einen erheblich vorbelasteten Ex-IM nicht auf Kosten der Bundesrepublik zu betrauen. Diese schwer mit einem Ja oder Nein zu beantwortende Konfliktsituation wurde im Mai 2008 auf dem Weg, der sich allein anbot, nämlich durch einen Vergleich zwischen DOSB und *Steuer* beendet. Die DEU sieht das vorläufige Verfahrensende gern, haben der Trainer und sein Paar als Weltmeister und A-Kader-Sportler viel Geld in die Kassen des finanziell nicht auf Rosen gebetteten Verbands gespült. Die juristischen Siege von *Steuer* führten in den Augen des Bundesinnenministers nicht zur Löschung seines persönlichen Schuldregisters. Jedenfalls war hier eine Schnittstelle zwischen staatlichem Recht und den selbstgesetzten Rechten der Verbände im Rahmen der Vereinsautonomie aufgetreten, wobei die Standpunkte beider Seiten nachvollziehbar und auf gute Argumente gestützt werden konnten. Man hätte König Salomon zur Konfliktlösung benötigt, der Vergleich ist die beste Lösung.

12 Kontrolle per Eilrechtsschutz

Oben (Teil III, Rn. 65 ff.) ist der Eilrechtsschutz im Sport bereits behandelt worden; dabei wurde die Frage des Verhältnisses zwischen staatlichem einstweiligen Rechtsschutz und der Eilentscheidungszuständigkeit des Schiedsgerichts zurückgestellt und insoweit auf den Teil V verwiesen. Die frühere h. M., dass allein die staatlichen Gerichte zur Gewährung von einstweiligem Rechtsschutz befugt sind, ist durch das Schiedsverfahrens-Neuregelungsgesetz vom 1. Januar 1998 überholt. Nach dessen § 1033 schließt eine Schiedsvereinbarung nicht aus, dass ein **staatliches Gericht** vor oder während eines Schiedsverfahrens auf Antrag einer Partei eine vorläufige oder sichernde Maßnahme hinsichtlich des Streitgegenstands anordnet. Der Zusammenhang des § 1033 ZPO und des im Wortlaut nicht ganz eindeutigen § 1041 Abs. 1 ZPO beschwören die Streitfrage nach dem Verhältnis des staatlichen Gerichts und des Schiedsgerichts im Eilrechtsschutz herauf: Sind beide Gerichtsbarkeiten originär, d. h. also parallel zueinander zuständig, oder ist eine Zuständigkeit zur anderen ausschließlich, ist sie subsidiär? Nach einer Meinung geht die Zuständigkeit des staatlichen Gerichts vor, weil der staatliche Rechtsschutz in der Phase der Konstituierung des Schiedsgerichts ein Bedürfnis sei[534]. Bei einem Ständigen Schiedsgericht – wie dies beim DFB für Lizenzspieler und Vereine der Fall ist – trifft diese Begründung nicht zu. Nach § 1041 Abs. 1 ZPO („kann") ist es in das Ermessen des Schiedsgerichts gestellt, eine einstweilige Maßnahme anzuordnen. Der weitere Einwand, der Schiedsrechtsschutz sei nicht vollwertig, denn einstweilige Verfügungen des staatlichen Gerichts seien aus sich heraus vollziehbar, ist nicht überzeugend, da es beim Ständigen

---

534 *Reichert*, aaO., Rn. 3205; LG Berlin, Urteil vom 6. 2. 2006, CaS 2006, 74 ff.

Schiedsgericht des DFB grundsätzlich keiner Vollziehbarerklärung bedarf (der DFB befolgt immer den Schiedsspruch, falls er verloren hat). Bei Abweisung der Klage des Fußballers/ Vereins ist eine Vollziehung ohnehin entbehrlich. Schließlich ist auch das Argument nicht zwingend, dass die staatlichen Gerichte rascher als ein Schiedsgericht eine einstweilige Anordnung erlassen können. Letzteres kann notfalls binnen 24 Stunden entscheiden. Als Ergebnis des Meinungsstreits bleibt die grundsätzliche Geltung des § 1033 ZPO konkurrierend neben § 1041 Abs. 1 ZPO bestehen, es sei denn, die Satzung des Verbands bedingt die Geltung des § 1033 ZPO ab und weist den einstweiligen Rechtsschutz **allein dem Verbandsgericht** zu[535]. Jedenfalls ist dieser differenzierende Weg, nach einer – positiven – Inhaltskontrolle, zu gehen[536]. Für ihn spricht schließlich, dass auch im Vereinsrecht ähnlich wie im Verwaltungsrecht das Verfahren der einstweiligen Verfügung meistens die Hauptsache vorwegnimmt bzw. die Streitsache schon endgültig beilegt, und ferner, dass in diesem Verfahren eine unerwünschte Publizität vermieden werden kann[537]. Es dürfte den Leser überraschen, dass angesichts des Pro für eine **alleinige** Zuständigkeit der Schiedsgerichtsbarkeit im Eilverfahren der DFB und die DFL (bisher) diesen Weg nicht in ihren Satzungen vorgesehen haben. Nach dem Schiedsvertrag ist eine einstweilige Anordnung zulässig, wenn glaubhaft gemacht wird, dass ansonsten wesentliche Beeinträchtigungen der Rechte der Parteien vermieden oder Nachteile für sie verhindert werden. Dagegen ist in der Satzung des Saarländischen Fußballverbandes der vorstehend befürwortete Weg vorgesehen. Der DFB kann, wenn sich der Meinungsstand im vorstehend bejahten Sinne gefestigt hat, gegebenenfalls folgen. Er vertraut derzeit noch darauf, dass das Ständige Schiedsgericht sich bei Eilfällen so schnell zur Hauptsacheentscheidung bereit finden kann, dass ein Eilrechtsschutzantrag überholt sein wird – wie im Schiedsgerichtsverfahren LR Ahlen gegen Wacker Burghausen (s. Fn. 395)[538]. Es bleibt die Schlussfolgerung, dass der schnelllebige Sport sich einen im nationalen Bereich schnellen Rechtsschutz und einen vorgeschalteten Eilrechtsschutz sichern kann, wenn er will – zum Wohl der Rechtsuchenden. Im internationalen Bereich kann der CAS auf Antrag einstweilige Maßnahmen anordnen, nachdem die Sache bei ihm anhängig ist[539], und zwar bei besonderer Dringlichkeit sogar durch den Präsidenten der zuständigen Kammer und bereits vor Ernennung der Beisitzer.

Kapitel 4: Grenzen der Parteiautonomie

Fall des LG Köln   13

Wenn das Gericht/Schiedsgericht eine Verbandsmaßnahme gemäß § 242 BGB für rechtswidrig hält, ist es öfters geneigt, den Vereinsakt anzupassen und etwa eine überzogene Sanktion zu mildern. So hat das LG Köln[540] unzulässigerweise eine von einem Verbandsgericht im Galopprennsport ausgesprochene Sperre ohne Bewährung von sich aus zur Bewährung, die in der Vereinssatzung vorgesehen war, ausgesetzt, da dies wegen günstiger Sozialprognose der Billigkeit entspreche. Dabei wird verkannt, dass das staatliche Gericht keine Rechtsmittelinstanz gegenüber einem Verbandsgericht ist. Eine gerichtliche Abän-

---

535 *Reichert*, aaO., Rn. 3138; *Zöller/Geimer*, aaO., § 1033 ZPO Rn. 16; *Engelbrecht*, Sportgerichtsbarkeit, AnwBl. 2001, 631.

536 *Haas*, SportR B II, Rn. 223.

537 Ebenso wie Verfasser *Weber*, aaO., S. 283 ff.

538 *Reichert*, aaO., Rn. 3138; *Zöller/Geimer*, aaO.,

§ 1033 ZPO Rn. 16; *Engelbrecht*, Sportgerichtsbarkeit, AnwBl. 2001, 631; a. M.: *Cherkeh/Schroeder*, aaO., SpuRt 2007, 101 ff.: § 1033 ist zwingend.

539 PHB/*Pfister*, aaO., VI 4 Rn. 165, insbesondere Fn. 590.

540 SpuRt 2007, 162.

derung hätte Rechtsgestaltungswirkung, was den staatlichen Gerichten im Vereinsordnungsbereich versagt ist; es muss sich darauf beschränken, auch im Falle des LG Köln, die Vereinsmaßnahme aufzuheben[541], anders nur, wenn die Parteien ausdrücklich dem Gericht die Befugnis zur „Durchentscheidung" einräumen[542].

Eine **geltungserhaltende Reduktion** ist bei fehlender Sondervereinbarung nach der ständigen Rechtsprechung[543] unzulässig, da die Verbände kraft ihrer Vereinsautonomie insoweit abschließend entscheiden.

Kapitel 5: Der Schiedsspruch

14 Gesetzeslage
Nach § 1054 ZPO ist der Schiedsspruch die endgültige Entscheidung über den Streitgegenstand, der schriftlich zu erlassen und durch den Richter zu unterschreiben ist. Im Schiedsspruch liegt der Sinn und Zweck des Schiedsverfahrens. Mangels abweichender Parteivereinbarung ist eine Begründung des Schiedsspruchs erforderlich.

Der Schiedsspruch hat unter den Parteien die Wirkung eines rechtskräftigen gerichtlichen Urteils (§ 1055 ZPO).

15 Die Anträge im Kontrollverfahren
Alle Vereinsmaßnahmen können zur gerichtlichen Nachprüfung gestellt werden. In der Regel ist dabei die Klage auf Feststellung der Unwirksamkeit zu richten (§ 256 Abs. 1 ZPO)[544], da es im Vereinsrecht keine kassatorische Anfechtungsklage gibt. Ist eine Vereinsmaßnahme nichtig, so tritt diese Wirkung kraft Gesetzes ein[545]. Die Klage ist grundsätzlich gegen den Verein zu richten, dem der Anfechtungstatbestand zuzurechnen ist.

Der Schiedsspruch befindet über die gestellten Anträge (ne ultra petita). Dem Schiedsspruch kommt keine „Totalwirkung" zu. Insoweit bedarf es einer Vollstreckbarkeitserklärung.

16 Kontrolle im postarbitralen Bereich
Auch nach Erlass des Schiedsspruchs besteht nochmals eine Querverbindung zur ordentlichen Justiz. Die staatlichen Gerichte haben dabei kontrollierenden Charakter, wobei die Kontrolldichte im Hinblick auf die befriedende Funktion der Schiedsgerichtsbarkeit eingeschränkt ist. In § 1059 Abs. 2 Nr. 1 und 2 ZPO sind die Gründe für eine **Aufhebungsklage**, die befristet ist, abschließend aufgezählt. Der wichtigste Aufhebungsgrund, der unabdingbar ist, ist der Verstoß gegen den ordre public, d. h. gegen die deutsche öffentliche Ordnung (vgl. § 328 Abs. 1 Nr. 4 ZPO, Art. 6 EGBGB). Dabei ist sowohl das deutsche Recht, aber auch das Recht der EU einzubeziehen[546]. Dazu gehören u. a. die Vertragstreue (pacta sunt servanda), das Gebot von Treu und Glauben, das Verbot des Rechtsmissbrauchs sowie der Anspruch auf rechtliches Gehör und das Diskriminierungsverbot.

Der Aufhebungsantrag ist keineswegs ein Rechtsmittel zur Überprüfung der sachlichen Richtigkeit des Schiedsspruchs[547]. In besonderen Ausnahmefällen ist jedoch ein Auf

---

541 So *Reichert*, aaO., Rn. 3113.
542 *Haas*, SportR B II, Rn. 197–199.
543 OLG München, SpuRt 1996, 132 ff.
544 *Palandt-Heinrichs-Ellenberger*, aaO., § 25 BGB Rn. 18.

545 *Reichert*, aaO., Rn. 2960.
546 *Haas*, SportR B II, Rn. 217.
547 OLG Stuttgart, SpuRt 2002, 207 ff.

hebungsantrag analog § 1059 Abs. 2 ZPO zulässig bei Urteilserschleichung oder Gebrauchmachen von einem sittenwidrig erschlichenen Schiedsspruch (§ 826 BGB). Ein zur 2. Bundesliga nicht zugelassener Absteiger hatte eine solche betreffend die Entscheidung des Ständigen Schiedsgerichts des DFB behauptet, aber vor dem OLG Stuttgart[548] nicht durchsetzen können.

Manchmal wird von einem einen Rettungsanker suchenden Kläger nach dem Schiedsspruch der Einwand der Unzuständigkeit des angerufenen Schiedsgerichts erhoben (§ 1059 Abs. 1 c) ZPO). Schon das RG[549] hat dieser Partei entgegengehalten, wer das Schiedsgericht selbst zur Entscheidung angerufen hat, müsse daran festgehalten werden, wenn der Schiedsspruch zu seinen Ungunsten ausgefallen sei (Arglist)[550].

Vollstreckbarkeitserklärungsverfahren   17
Der Schiedsspruch ist zur Zwangsvollstreckung für vollstreckbar zu erklären (§ 1060 ZPO), da es keine private Vollstreckung nach deutschem Recht gibt. Die Totalwirkung ist nur nach vorheriger gerichtlicher Prüfung des Schiedsspruchs verliehen (§ 1060 Abs. 2 ZPO), wofür das OLG und im Rechtsbeschwerdeverfahren der BGH zuständig ist (§§ 1062–1065 ZPO).

Rechtsmittel gegen Schiedsspruch   18
Grundsätzlich ist ein Schiedsspruch der DFB-Schiedsgerichte endgültig. Eine Ausnahme von diesem Prinzip bilden Streitigkeiten, die einen Verstoß gegen Anti-Doping-Bestimmungen zum Gegenstand haben. Bei diesen ist nach § 17 DFB-Satzung eine Anrufung des CAS durch die FIFA vorgesehen. Es sollen danach wohl grundsätzliche Fälle auf höchster Ebene und einheitlich entschieden werden, und zwar kann dies durch eine Partei, die nicht am Ausgangsverfahren beteiligt ist, initiiert werden.

Rückblick   19
Die Schiedsgerichtsbarkeit ist sicherlich in unserer heutigen, auch die schönste Nebensache der Welt (*Ortega y Gasset*) erfassenden Zeit, nicht zuletzt auch im Hinblick auf die enorme wirtschaftliche Bedeutung eine von der Sportseite durchaus zu begrüßende Institution. Solange die Schiedsgerichte den gleichen Standard erfüllen wie die staatlichen Gerichte, sind sie selbst bei imparitätischen Verhältnissen der Parteien (anders beim DFB) aus rechtsstaatlichen Gründen nicht zu beanstanden, vom Staat sogar aus Gründen der Entlastung seiner Justiz mit deren zeitraubenden Instanzenzügen zu begrüßen. Die Effizienz und Schnelligkeit, die fußballspezifische Sachkunde ihrer Richter und die Vertrautheit des Verfahrens sowie auch meist relativ günstige Kosten rechtfertigen, dass die externe Kontrolle der Fußballgerichtsentscheidungen der Schiedsgerichtsbarkeit anvertraut wird.

Bei aller Hochachtung vor der schiedsgerichtlichen Schnelljustiz will aber keiner, dass Fußballspiele in Gerichtssälen ausgetragen werden oder dass ein Amtsrichter auf der Tribüne nach einer Schwalbe mit Torfolge dem Spieler per einstweiliger Verfügung die Wiederholung untersagt. Der Sport lebt von der schnellen Entscheidung des Schiedsrichters auf dem Spielfeld, ohne Verkündungstermin im Sitzungssaal eines Gerichts[551]. Die Schiedsrichter sind Menschen mit Schwächen und Stärken, aber auch mit Irrtümern; sind dies unsere Berufsrichter nicht auch? Wenn man sich dessen bewusst ist, gilt auch der Einwand *Kummers* nicht, dass mit dem Einbruch des Rechts im Spiel das Spiel aufhöre, Spiel zu sein. *Röhricht*[552] bringt die Ambivalenz zwischen Sport und Recht auf den Punkt: *„Ein*

---

548 Siehe Fn. 547.
549 HRR 1931, 1489; so auch OLG München, SpuRt 2003, 199, 201.
550 So auch OLG München, s. Fn. 549.
551 *Fischer*, SpuRt 2005, 45, 46.
552 Sportgerichtsbarkeit, aaO., S. 27.

privater Freundeskreis mag beliebig darüber befinden können, wer zu ihm gehören solle und nach welcher Regel er miteinander spielt; für sozial mächtige Verbände müssen andere Regeln gelten." Die Meisterehrungen im Fußball sollen aber nach wie vor durch Repräsentanten des DFB vorgenommen werden, nicht aber durch Verlesen einer Urteilsformel „Im Namen des Volkes!" durch einen Richter.

Teil VI: DFB – FIFA – UEFA – CAS

Kapitel 1: Die Spitzenverbände im Fußballsport

Die Fédération Internationale de Football Association (FIFA)   **1**
ist ein eingetragener Verein im Sinne des Art. 60 ff. des Schweizerischen Zivilgesetzbuchs. Ihr Sitz befindet sich in Zürich (Schweiz). Sie hat mehr als 200 anerkannte Fußballverbände als Mitglieder – mehr als die UNO Staaten hat. Die Mitglieder der FIFA, die dem gleichen Kontinent angehören, sind in sechs Konföderationen zusammengeschlossen. An der Spitze der FIFA steht ein Präsident, derzeit *Joseph S. Blatter*. Das oberste und gesetzgebende Organ der FIFA ist der Kongress; das Exekutivkomitee und das Generalsekretariat sind die administrativen Institutionen. Zur Unterstützung und Beratung gibt es eine Reihe von Kommissionen, so u. a. die Organisationskommission für die FIFA Fußball-Weltmeisterschaft. Für den Rechtsprechungsbereich sind drei Rechtsorgane vorgesehen:

- die Disziplinarkommission,
- die Berufungskommission,
- die Exekutivkommission.

In Art. 55 der FIFA-Statuten sind die Disziplinarmaßnahmen aufgeführt und ist geregelt, dass das Exekutivkomitee ein Disziplinarreglement erlässt. Dieses ist als FIFA-Disziplinarreglement (FDC) in der Fassung vom 27. Mai 2007 in Kraft. Darin (Art. 151 Nrn. 2 und 3) ist für **unvorhergesehene** Fälle vorgesehen,

„dass die Rechtsorgane auf der Grundlage des Gewohnheitsrechts des Verbandes oder, wenn für den entsprechenden Fall kein solches existiert, nach den Bestimmungen, die sie als Gesetzgeber für den entsprechenden Fall aufstellen würden, entscheiden.

Bei ihrer gesamten Tätigkeit stützen sich die Rechtsorgane der FIFA auf die Erkenntnisse der Rechtslehre und der Rechtsprechung im Bereich des Sports.“

Für die **Verbände der FIFA** ist in Art. 152 vorgesehen, dass die FIFA-Vorschriften über Doping und Rassismus absolut zwingend sind. Die übrigen Vorschriften des FDC müssen von den Verbänden übernommen werden und binden diese auf das zu ersuchende Ziel der Harmonisierung im disziplinarrechtlichen Bereich. Die Wahl der Mittel und die Formulierungen, mit denen dieses Ziel erreicht werden soll, sind den Verbänden überlassen. Das Strafmaß ist im Resultat strikte zu übernehmen.

Die Union des Associations Européennes de Football (UEFA)   **2**
hat ihren Sitz in Nyon/Schweiz. Ihr gehören 53 Mitglieder einschließlich der Türkei und Israel an. Mitglieder sind die europäischen Verbände, die in einem von der UNO anerkannten Staat ihren Sitz in Europa haben. Das oberste Organ der UEFA ist der Kongress, Europas Fußballparlament. Weitere Organe sind das Exekutivkomitee und das UEFA Executive Office, das sind die Verwaltungsorgane der UEFA. Letzteres unterstützt den Präsidenten (derzeit *Michel Platini*), der die UEFA vertritt.

Die Rechtspflegeorgane sind

- die Kontroll- und Disziplinarkammer,
- der Berufungssenat und
- der Disziplinarinspektor (vertritt die UEFA in deren Rechtspflegeverfahren).

Die Disziplinartatbestände und die -maßnahmen sind in den UEFA-Statuten aufgeführt.

Die UEFA hat 19 Fachkommissionen. Art. 65 des UEFA-Statuts enthält eine Auffangvorschrift folgenden Inhalts:

> *„Das Exekutivkomitee der UEFA entscheidet über alle in diesen Statuten nicht vorgesehenen Fälle nach*
> *Massgabe der einschlägigen Bestimmungen der FIFA. Sind keine solchen Bestimmungen vorhanden,*
> *entscheidet es nach Recht und Billigkeit."*

– also eine Mischung nach FIFA- und allgemeinem Recht als Ergänzungsrecht.

Die formellen und materiellen Vorschriften zur Ahndung von Pflichtverletzungen und zur
Behandlung sämtlicher Disziplinarfälle enthält die Rechtspflegeordnung (RPO).

Kapitel 2: Die Gerichtsbarkeit der Spitzenverbände

3 Court of Arbitration for Sport (CAS)

FIFA und UEFA schreiben vor, dass die Verbände für ihre nationalen Streitigkeiten jeweils
den ordentlichen Rechtsweg – falls nicht zwingende staatliche Gesetze entgegenstehen –
ausschließen müssen und eine Schiedsgerichtsbarkeit vorsehen (Art. 62 (3) FIFA-Statut,
Art. 60 UEFA-Statut). Nur kurz hielt sich die Idee der FIFA, zur Beilegung von Streitigkeiten ein eigenes Fußballschiedsgericht (TAF) einzuführen. Vielmehr ist für die internationalen Streitigkeiten zwischen den Spitzenverbänden FIFA und UEFA und deren
Mitgliedern der CAS als unabhängige richterliche Instanz zuständig – der ordentliche
Rechtsweg ist ausgeschlossen (institutionalisierte Schiedsgerichtsbarkeit).

In den FIFA- und UEFA-Statuten (Art. 61 (3) FIFA – Art. 63 (1 a) UEFA) ist geregelt, dass der
CAS **nicht** zuständig ist für Streitigkeiten im Zusammenhang mit Verstößen gegen die
Spielregeln; die UEFA schließt zusätzlich „Angelegenheiten der technischen Modalitäten
eines Wettbewerbs" aus.

Mit der vorstehenden Ausnahme ist der CAS der Gralshüter des Sportrechts geworden. Er
ist bei FIFA und UEFA zuständig für alle Streitigkeiten der beiden Verbände mit Vereinen
und Spielern aus Wettbewerben der Champions League und des UEFA-Cups sowie für den
DFB und die Nationalmannschaften für deren Nationalspieler einschließlich der Offiziellen
bei Europa- und Weltmeisterschaften einschließlich der Qualifikationsspiele dazu. Diese
umfassende Fußballzuständigkeit war bei der Gründung des CAS (Court of Arbitration for
Sport) oder französisch TAS (= Tribunal Arbitral du Sport) unter Führung des IOC als
Schiedsgericht für Sportangelegenheiten im Jahre 1987 noch nicht angedacht, sondern ist
nach und nach verwirklicht worden. Es handelt sich beim CAS nach überwiegender Meinung[553] um ein **echtes Schiedsgericht**, da er den nationalen und internationalen Anforderungen durch die Beachtung rechtsstaatlicher Verfahrensgrundsätze und durch die
Unabhängigkeit und Neutralität seiner Schiedsrichter entspricht[554]. Seine Entscheidungen
sind Rechtsprechung im materiellen Sinne, die nur im engen Rahmen durch staatliche

---

[553] Schweizerisches Bundesgericht in mehre-
ren Entscheidungen (BGE 119 II, 271; BGE 129
III, 445, auszugsweise in SpuRt 2004, 38; OLG
München, SpuRt 2001, 64 f.; *Nolte*, Sport und
Recht, aaO., S. 24.

[554] OLG München, SpuRt 2001, 64; *Nolte*,
Schiedsgerichtsverfahren, aaO., S. 118.

Gerichte überprüft werden können, was abschließend in Art. 190 bis 192 Schweizerisches IPRG aufgeführt ist. Von den zwei Kammern des CAS ist eine für Streitigkeiten zwischen den Sportverbänden und deren Mitglieder zuständig, die andere für wirtschaftliche Streitigkeiten zwischen Verbänden und Sponsoren und Rechteerwerbern. Die großen Weltsportverbände und insbesondere das IOC haben die Zuständigkeit des CAS vereinbart. Dieses ist mittlerweile international anerkannt. Das Gericht hat seinen Sitz in Lausanne. Die Anerkennung und Vollstreckbarkeitserklärung der Entscheidungen des CAS wie deren Versagung richten sich nach dem UN-Übereinkommen[555]. Der CAS kann auch in einem sog. **Konsultationsverfahren** angerufen werden, in dem ihm von Sportverbänden grundsätzliche Rechtsfragen vorgelegt werden (sog. Advisory Opinion – Art. R 60 bis R 62). Wie bei einer allgegenwärtigen und mächtigen Sportinstitution nicht anders zu erwarten, werden vereinzelt Einwände hinsichtlich der Freiwilligkeit der Schiedsvereinbarung erhoben[556] und gerügt, dass die Richter aus einer geschlossenen Liste ausgewählt werden. Von maßgebenden Autoren, die die h. M. verkörpern[557], wird der Zwang zum Abschluss eines Schiedsgerichtsvertrags dann als unerheblich angesehen, wenn das Schiedsgericht „unabhängig", „das Schiedsverfahren fair angelegt ist" und „effektiver Rechtsschutz gewährleistet ist". Das sind entscheidende Kriterien. Überdies wird von Kritikern die finanzielle Abhängigkeit von den Spitzenverbänden behauptet. Der CAS ist dem International Council of Arbitration for Sports (ICAS) angegliedert und wird aus einer unabhängigen Stiftung Schweizer Rechts finanziert.

Das Verfahrensrecht des CAS   4

Das Verfahrensrecht vor dem CAS ist im Zweiten Teil des „Code of Sports – related Arbitration" geregelt (Art. R 27 bis Art. R 62 Code). Eine wichtige Sonderform des CAS ist die Ad-hoc-Kammer (Art. S 6 Nr. 8 Code). Eine solche Schiedsstruktur wurde erstmals für die Olympischen Spiele in Atlanta (USA, 1996) eingerichtet. In der Folgezeit waren Ad-hoc-Kammern bei allen großen weltweiten Sportereignissen bis hin zur Fußballweltmeisterschaft 2006 und Europameisterschaft 2008 vor Ort, wobei aber in rechtlicher Hinsicht wichtig ist, dass für diese Außenstellen unverändert der CAS-Sitz in Lausanne bestehen bleibt, weshalb das Schweizerische Gesetz über das Internationale Privatrecht (IPRG) anwendbar bleibt. Die Ad-hoc-Kammer ist mit drei Richtern besetzt, die grundsätzlich innerhalb von 24 Stunden nach Anhängigkeit der Streitigkeit entscheiden – die Frist darf verlängert werden. Die überragende Schnelligkeit der Entscheidung (keine „justice too late"), der Sachverstand der Schiedsrichter, deren profundes sportspezifisches Wissen werden von den Verbänden und den Athleten begrüßt – insbesondere auch der baldige Rechtsfrieden. Der staatliche Rechtsschutz wird auf der Außenbahn überholt[558] und eine endgültige Entscheidung in der Sache gefällt. Der CAS und seine Ad-hoc-Kammern als Feuerwehr vor Ort in aller Welt haben eine große Akzeptanz bei den Parteien, die bei ihm das Recht suchen, erreicht. Als Nebenprodukt können sich nach und nach aus den Einzelfallentscheidungen des CAS und den daraus abzuleitenden Rechtsprechungsgrundsätzen tragende Wertmaßstäbe herausschälen, die in ferner Zukunft in eine weltweite „lex sportiva" zusammenwachsen können, was von Sportseite höchst begrüßenswert wäre. Wenn man einem klagewilligen Sportler die segensreiche Wirkung des CAS vor Augen führen möchte, braucht man nur auf den Prozessmarathon der Sprintweltmeisterin *Katrin Krabbe* vor den ordentlichen Gerichten, der sich über acht (!) Jahre erstreckte, hinzuweisen. Der 5000-Meter-Olympiasieger *Dieter Baumann* stellte seinen Kampf ums Recht nach zahlrei-

---

555 *Hoffmann*, aaO., S. 9.
556 *König*, aaO., S. 137, 138.
557 *Stein/Jonas/Schlosser*, aaO., § 1029 Rn. 26;

Adolphsen, Internationale Dopingstrafe, S. 561; a. M. *Monheim*, aaO., S. 8, 11.
558 *Röhricht*, Sportgerichtsbarkeit.

chen Prozessen vor den staatlichen Gerichten in Eil- und Hauptsacheverfahren letztlich ebenfalls resignierend ein. Hätten beide den Weg zum CAS gewählt, hätten sie in wenigen Monaten statt vielen Jahren ihr Recht gefunden und letztlich schon allein wegen der Verfahrenslänge nicht nur Pyrrhus-Siege erringen können. Der CAS liegt demnach sehr wohl im Interesse der Sportler und schützt diese vor langwierigen Zivilverfahren.

Wenn FIFA und UEFA zwar eine Zuständigkeit des CAS für Streitigkeiten im Zusammenhang mit Verstößen gegen die Spielregeln ausgeschlossen haben (s. vorstehend Rn. 3), so kann gleichwohl auf ein gemeinsames ausdrückliches Begehren der Parteien der CAS ausnahmsweise auch Sanktionen wegen Verletzungen von Spielregeln überprüfen[559]. Nichts desto weniger hat der CAS in der Sache an seiner ständigen Rechtsprechung festgehalten – zuletzt im spektakulären Fall des unglücklichen Marathonläufers bei den Olympischen Spielen in Athen 2004 *Vanderlei Cordeiro de Lima* –, wonach der CAS nicht bzw. nur in Ausnahmefällen Verletzungen der Spielregeln richterlich überprüft, und zwar wenn das Verbandsgremium, das die Spielfeldproteste behandelt hat, seine Entscheidung gegen Treu und Glauben getroffen hat („... of bad faith")[560].

Der CAS zeigt von Zeit zu Zeit bei sportlichen Mega-Events segensreiche Effizienz: Zuletzt vor Peking 2008 wurden binnen weniger Tage rechtzeitig vor der Eröffnungsfeier Streitsachen über die Zulassung von Athleten zu den Olympischen Spielen in China abschließend entschieden und schnelle Rechtsklarheit für Verband, Verein und Sportler geschaffen. Bei den Spielen selbst sind die Ad-hoc-Kammern zu einer nicht mehr wegzudenkenden Institution geworden.

5 Aufhebung der CAS-Urteile

Wenn seit mehr als 15 Jahren der CAS in Sportsachen judiziert, verwundert es nicht, dass in der Fach- bzw. sogar in der allgemeinen Presse die Frage der Unfehlbarkeit des CAS angezweifelt wird. Die Negativkritik an der Glaubwürdigkeit des CAS gipfelte in dem Bibelzitat: *„Eher geht ein Kamel durch ein Nadelöhr, als dass ... das Schweizerische Bundesgericht einer Aufhebungsklage gegen ein CAS-Urteil stattgibt."*[561] Als dann in der bekannten *Cañas*-Entscheidung das Schweizerische Bundesgericht[562] fast sensationell – so einige Autoren – eine Dopingstrafe des CAS gegen einen bekannten Tennisspieler (*Cañas*) aufgehoben und zur erneuten Entscheidung an den CAS zurückverwiesen hat, war die Resonanz groß; die Süddeutsche Zeitung[563] sah sogar den CAS „als oberste Rechtsinstanz im Sport" bedroht. Von dem Urteil soll hier die Vorfrage des Rechtsmittelverzichts des Sportlers gegen Schiedsurteile des CAS nicht vertieft werden, obwohl einige Formulierungen betreffend den Sport durch das höchste Schweizer Gericht interessant sind. *„... Der Wettkampfsport ist durch eine stark hierarchische Struktur charakterisiert, und zwar sowohl auf der internationalen wie auf der nationalen Ebene ...". „Die Beziehungen zwischen den Sportlern und ihren Organisationen ... sind vertikal angeordnet und unterscheiden sich von den horizontal angeordneten Beziehungen von Vertragsparteien zueinander ...". „Solange sich die Parteien auf gleicher Augenhöhe gegenüberstehen, ist eine Partei nicht vom Wohlwollen der anderen Partei abhängig. Im Sport liegen die Verhältnisse jedoch anders."* Es wird dann daraus der Fall eines berühmten Weltstars im Sport, der seine Bedingungen diktiert und sich von der Mehrzahl von Sportlern abgrenzt, die nicht über dieselbe „Ellenbogenfreiheit" gegenüber ihrem Verband verfügt, präsentiert. Ein „norma-

559 CAS, Schiedsspruch vom 30.4.2006, SpuRt 2006, 162.
560 CAS, aaO., SpuRt 2006, 162, 164.
561 Anmerkung der Redaktion zum Bundesgerichtsurteil vom 4.8.2006, CaS 2006, 584.

562 Urteil vom 22.3.2007, SpuRt 2007, 113 ff. – vgl. Sachverhalt in SpuRt 2006, 169 mit Anmerkung *Netzle/Wenger/Plattner*.
563 Ausgabe vom 22.5.2007, S.36.

ler" Sportler kann demgegenüber entweder einer Schiedsgerichtsvereinbarung zustimmen oder seinen Sport „in seinem eigenen Garten" ausüben und die Wettkämpfe am Bildschirm verfolgen – eindeutige und in der Formulierung überraschende Worte eines höchsten Gerichts. Aus diesen und weiteren Gründen verneint das Gericht die Gültigkeit des Rechtsmittelverzichts des Tennisspielers *Cañas*.

Als Aufhebungsgrund wird die Verletzung des Anspruchs auf rechtliches Gehör als des prozessualen ordre public herangezogen. Daraus resultiere eine minimale Pflicht des Schiedsgerichts, sich mit den relevanten Fragen des Falles zu beschäftigen. Dies sei vorliegend im Hinblick auf das komplexe Vorbringen zur irrtümlichen Einnahme des Medikaments durch den Sportler nicht geschehen, sodass dessen Anspruch auf rechtliches Gehör verletzt sei. Das *Cañas*-Urteil ist eine einzelfallbezogene, mehr im Tatsächlichen als im Rechtlichen ruhende Aufhebungsentscheidung, die an der letztinstanzlichen Autorität des CAS in Sportsachen bei Olympia im Sommer wie im Winter, bei Welt- und Europameisterschaften, Commonwealth-Spielen pp. nicht rüttelt. Man kann wohl mit der Redaktion von Causa Sport[564] festhalten, dass die „Gutheißung einer Ordre-public-Beschwerde der internationalen Schiedsgerichtsbarkeit durch das Schweizerische Bundesgericht so selten bleiben wird wie „Schneefälle im Sommer".

Kapitel 3: Rechtsfälle der FIFA und der UEFA

Vorbemerkungen   6
Im Wesentlichen werden nachfolgende Entscheidungen der Fußballspitzenverbände – auch soweit sie bis zum CAS gelangt sind – mit DFB-Bezug dargestellt, bei bedeutsamen CAS-Entscheidungen auch solche von allgemeiner Bedeutung.

FIFA-Fälle   7
a) WM-Barrage-Spiel Türkei gegen Schweiz:
Im Qualifikationsspiel für die WM 2006 standen sich am 16. November 2005 die Nationalmannschaften der Türkei und der Schweiz in Istanbul gegenüber[565]. Sachverhalt: Unter anderem hat ein türkischer Offizieller einem Schweizer Spieler einen Tritt gegen das Bein versetzt, worauf ein anderer Schweizer dem Offiziellen einen Tritt ins Gesäß zufügte. Dies wurde entgegen der Einlassung des Spielers nicht als Putativnotwehr, sondern als Racheakt gewertet. Nach Spielende kam es zu Fußtritten und ringerartigen Aktionen beider Seiten. Spieler und Verbände wurden nach dem FDC empfindlich bestraft, die Türkei musste die drei nächsten offiziellen Heimspiele ohne Publikum und 500 km von der Türkei entfernt austragen. Beide Instanzen der FIFA und der CAS waren mit dem Fall befasst, bevor schließlich – die Türkei hatte sich zwischenzeitlich für die Vorfälle entschuldigt – die Strafen etwas herabgesetzt wurden und im vorstehenden Sinne rechtskräftig wurden.

b) Die „6+5-Regel":
Sie betrifft ein äußerst wichtiges Anliegen der FIFA, kann aber gleichwohl nicht beim CAS anhängig gemacht werden: Nach ihr sollen vom Jahre 2010 an in Europa mindestens vier für die Nationalmannschaft eines Landes spielberechtigte Profis in der Startformation einer Vereinself stehen; die Quote soll dann bis 2012 auf ein Minimum von sechs Einheimischen und maximal fünf ausländischen Spielern steigen. Die FIFA zeigt auf ihrem Kongress im

---

564 CaS 2007, 129.   **565** CaS 2006, 136 ff. und 506.

Mai 2008 in Sydney Feeling im Verhältnis zur EU, indem sie keinen dahingehenden Beschluss, sondern nur eine Resolution fasste. Sie will bei diesem sensiblen Thema kein Porzellan zertrümmern und **mit** der Europäischen Union eine gemeinsame Lösung finden. Die Probleme sind politischer, juristischer und europarechtlicher Art und folgen aus den EU-Gesetzen. Von der Europäischen Kommission ist bereits die „Rote Karte für die 6+5-Regel" angekündigt worden. Auch die Clubs sind überwiegend dagegen – jedenfalls die sog. Großen. Andererseits kann es nicht die Zukunft sein, dass in Deutschland eine Bundesligamannschaft ohne einen einzigen Deutschen aufläuft[566]. Bei einem normalen Bundesligaspieltag erfüllen die 6+5-Regelung allenfalls drei bis vier Mannschaften. Die Großclubs – vor allem in England, Italien, Spanien – holen sich die besten Spieler aus aller Welt, in ihren Mannschaften werden kaum noch Spieler aufgeboten, die für die eigene Nationalmannschaft spielberechtigt sind. Signifikant ist, dass Manchester United und Chelsea 2008 das Champions-League-Endspiel bestritten haben, gleichzeitig aber gleich ganz England weinte, dass die Nationalmannschaft sich nicht für die EURO qualifizieren konnte. Die FIFA will das Monopol der großen Clubs brechen, die zum Teil 25 Starspieler horten, obwohl sie nur 11 einsetzen können – allein damit diese nicht gegen sie Tore schießen können. *Joseph S. Blatter* vertritt die Rechtsmeinung, dass die „6+5-Regel" nicht gegen die EU-Rechte der Freizügigkeit und Dienstleistungsfreiheit verstoße. Seine Argumentation: *„Jeder Verein kann unter Vertrag nehmen, wen er will."* Er hält die vorgesehene Regelung für den einzigen Ausweg, zu einem fairen Wettbewerb zurückzufinden. Es dürfe nicht heißen: *„Geld statt Wettbewerb, die Reichen werden immer reicher."* Man wolle, dass die Starken sehr wohl stark bleiben, die Schwachen aber stärker. Außerdem sollen die heimischen Talente geschützt und die Identifikation zwischen Fans und Clubs erhöht werden. Gegenüber dem *Blatter*-Plan erklärte der für Arbeitsmarktfragen zuständige tschechische EU-Kommissar *Vladimir Spidla*: *„Der EU-Vertrag beauftragt uns, Diskriminierungen zu verhindern. Wenn die ‚6+5-Regel' eingeführt wird, muss die EU-Kommission ein Vertragsverletzungsverfahren einleiten."*

Blatter weiß um die Widerstände aus Brüssel. Wahrscheinlich ist der Plan nur in etwa durchzusetzen, wenn eine sportfreundliche Regelung vom Europäischen Parlament Gesetzeskraft erlangt. *Blatter* setzt auf die Mittel der Diplomatie: Sein erster Besuch kurz nach dem Kongress in Sydney galt dem Präsidenten des Europäischen Parlaments *Hans-Gert Pöttering*. Er argumentiert, dass der Sport kein Wirtschaftszweig wie jeder andere ist. Er habe seine Besonderheiten, seinen sozialen Aufstieg; die lokale Komponente sei bei ihm wichtig – bei den Nationalmannschaften sei dies vom EuGH bereits anerkannt. Es soll weiterhin ein Dialog mit der EU geführt werden, *„in reiner Konfrontation wird der Sport den Kürzeren ziehen"*[567]. Im Kampf zur Förderung der nationalen Talente, die Spielpraxis in ihren Vereinen haben sollen, unterstützt *Michel Platini*, der UEFA-Präsident, die FIFA. Er hält, falls die „6+5-Regel" nicht realisierbar sei, eine Beschränkung auf die Zahl X von den Clubs selbst ausgebildeten Spielern, die bis zum 18. Lebensjahr drei Jahre bei diesem Verein in Ausbildung waren, für realisierbar. Kritiker in der Presse: *„Platini macht Politik, Blatter macht die Show."*

c) **Der Fall** *Webster*[568] – **ein neuer Fall** *Bosman*?

8 Der Prozessverlauf

Die Medien fürchteten nach der CAS-Entscheidung zum Fall *Webster* „ein Erdbeben im Fußball" bzw. sprachen für den kommerziellen Fußball von einem „apokalyptischen Vorkommnis" oder einem „Torpedo in die Vereinsbilanz"[569]. Mitnichten: der Fußball

---

566 *Franz Beckenbauer* zum Sydney-Kongress.
567 So DFB-Präsident *Theo Zwanziger*.
568 Schiedsspruch des CAS vom 30.1. 2008, SpuRt 2008, 114 ff.

569 *Paepke/Zierold*, aaO., S. 46.

wird durch den Fall *Webster* nicht auf dem Altar des Rechts geopfert. Die ausgelöste Unsicherheit der Lizenzvereine war nicht gerechtfertigt. Es gibt auch nach CAS kein Recht des Spielers zum Vertragsbruch. Die Entschädigung ist nach deutschem Recht zu leisten. Gegenteilige Darstellungen waren Falschmeldungen.

Der Sachverhalt in Kürze 9
Der Fußballspieler *Andrew Webster* unterzeichnete 2001 kurz vor seinem 19. Geburtstag einen Arbeitsvertrag mit dem schottischen Fußballclub Heart of Midlothian, Edinburgh (im Folgenden *Hearts* genannt) mit einer Laufzeit bis 30. Juni 2005, der im Jahre 2003 einverständlich bis 30. Juni 2007 verlängert wurde. *Webster* errang zwischenzeitlich nationale und internationale Erfolge. Hearts wollte ihn deshalb auf längere Zeit verpflichten, woraus sich ein Vertragspoker mit einigen Dissonanzen entwickelte. Da eine Einigung nicht erzielt wurde, teilte *Webster* am 26. Mai 2006 den Hearts mit, dass er auf der Basis des Art. 17 des „FIFA-Reglements bezüglich Status und Transfer von Spielern" (= RSTS) seinen Arbeitsvertrag einseitig beende. Im August 2006 unterzeichneten *Webster* und der englische Club Wigan AFC Limited (im Folgenden: *Wigan*) einen neuen Vertrag für drei Jahre.

Hearts verlangte von *Webster* eine Entschädigung wegen Vertragsbruchs in Höhe von 5.370.311 £ (= ca. 7 Mio. €). Der von allen drei Parteien angerufene CAS stellte fest, dass kein „triftiger Grund" zur Vertragsaufhebung gegeben sei, und setzte eine Entschädigung in Höhe von 150.000 £ (= ca. 200.000 €) fest, die dem „Restwert des Arbeitsvertrages" des Spielers nach der Kündigung entspreche.

Rechtslage nach FIFA und nach deutschem Recht 10
Es handelt sich bei dem Fall *Webster* um einen Vereinswechsel in Großbritannien, von dem aus der Vergleich zu einem Wechsel eines Lizenzspielers **innerhalb** Deutschlands zur Feststellung der Rechtslage im DFB-Bereich zu ziehen ist. Dabei ist das Verhältnis von FIFA-Recht zum nationalen Recht (staatliches Recht und DFB-Recht) zu klären, wobei als Ausgangspunkt unverrückbar steht, dass **zwingendes nationales Arbeitsrecht** dem Recht der FIFA zweifelsfrei vorgeht.

Das Fußballrecht der FIFA und das des DFB gelten dabei durch die ausdrückliche Verweisung in § 1 Abs. 5 (Grundlage des Vertragsverhältnisses) des Arbeitsvertrags zwischen Spieler und Club, wozu die einschlägige Streitfrage, insbesondere die „Lizenzordnung Spieler" (LOS) der DFL einerseits gehört und andererseits der Spieler darüber hinaus „die Statuten und Reglemente der FIFA und der UEFA, insbesondere das FIFA-Reglement bezüglich Status und Transfer von Spielern (RSTS) ausdrücklich als für ihn verbindlich anerkannt hat". Der Sportler hat sich ferner den Entscheidungen der zuständigen Organe und Rechtsorgane der FIFA und der UEFA unterworfen.

Aus dieser Einbeziehung des RSTS in die Vertragsbeziehungen zwischen Verein und Spieler ergibt sich nach dessen Art. 1 Abs. 2 (Geltungsbereich), dass jeder Verband den „Transfer von Spielern zwischen den eigenen Vereinen – also für den nationalen Bereich – in einem verbandsinternen Reglement regelt. Dieses muss von der FIFA genehmigt werden, was bezüglich des Reglements des DFB am 18. Dezember 2004 und am 29. Oktober 2007 durch das FIFA-Exekutivkomitee geschah und in der jetzigen Fassung seit 1. Januar 2008 in Kraft ist (s. Art. 29 Abs. 1 und 2 RSTS)[570]. Nach Art. 1 Abs. 2 hat das nationale Reglement den Grundsätzen des RSTS zu entsprechen. In dessen Art. 1 Abs. 3 b) heißt es:

---

[570] RSTS, abgedruckt: DFB, Satzung und Ordnungen, Nr. 16.

> *„Das Reglement jedes Verbandes hat geeignete Maßnahmen zur Wahrung der Vertragsstabilität <u>unter</u> <u>Einhaltung zwingenden nationalen Rechts</u> ... zu enthalten. Insbesondere sollten die folgenden Grundsätze berücksichtigt werden ...*
>
> – *Art. 13: Einhaltung von Verträgen;*
> – *Art. 14: Verträge können aus triftigen Gründen von beiden Parteien ohne Folgen aufgelöst werden;*
> – *Art. 15: Verträge können von Berufsspielern aus sportlich triftigen Gründen aufgelöst werden;*
> – *Art. 16: Verträge dürfen während einer Spielzeit nicht aufgelöst werden;*
> – *Art. 17 Abs. 1 und 2: Im Falle einer Vertragsauflösung ohne triftigen Grund ist die vertragsbrüchige Partei zur Zahlung einer Entschädigung verpflichtet, deren Höhe vertraglich festgelegt werden kann.*
> – *Art. 17 Abs. 3 bis 5: Im Falle einer Vertragsauflösung ohne triftigen Grund können der vertragsbrüchigen Partei sportliche Sanktionen auferlegt werden."*

Von dieser den Inhalt der einzelnen Artikel in einer Kurzfassung übernehmenden Einführung ist die vom Verfasser unterstrichene Passage der Einleitung von b) *„... unter Einhaltung zwingenden nationalen Rechts ..."* sowie die Ausgestaltung als *„Soll-Vorschrift"* wichtig. Auffallend ist, dass in der Kurzfassung, wie aber auch in dem von dem FIFA-Exekutivkomitee genehmigten LOS (dort §§ 6 bis 8) **nicht** erwähnt ist der Begriff „Schutzzeit", der in den RSTS-Definitionen vor Art. 1 in Nr. 7 wie folgt umschrieben ist.

> *„7. Schutzzeit: ein Zeitraum von drei ganzen Spielzeiten oder drei Jahren, was zuerst eintritt nach Inkrafttreten des Vertrages eines Berufsspielers, sofern der Vertrag vor dessen 28. Geburtstag unterzeichnet wurde, oder ein Zeitraum von zwei ganzen Spielzeiten oder zwei Jahren, was zuerst eintritt, sofern der Vertrag nach dessen 28. Geburtstag unterzeichnet wurde."*

Die Frage, ob dieses **Schutzzeit-System** bei nationalen Vereinswechseln im DFB-Bereich gilt, kann bis zur Erörterung **der Höhe einer Zahlungspflicht** zurückgestellt werden, da sich nach RSTS (Art. 17) die Schutzzeit **allein** auf die Höhe der Sanktionen bei einem Vertragsbruch auswirkt, nicht aber darauf, ob ein Vertragsbruch **überhaupt** vorliegt.

11 Kollisionsrecht zur Vertragsbeendigung

Somit ist von der FIFA in ihrem „allgemein gültigen und verbindlichen" RSTS (so Art. Abs. 1) klargestellt, dass – was ja ohnehin selbstverständlich ist – die FIFA-Regelungen **nicht** gelten, **wenn zwingendes nationales Recht entgegensteht.** Deshalb ist die Rechtslage für den Lizenzfußball in Deutschland festzulegen, indem die vorgesehene FIFA-Regelung an deutschem Recht, insbesondere an deutschem Arbeitsrecht zu messen ist. Bei einer Kollision gilt nur das **deutsche nationale Recht**, falls dieses **unabdingbar** ist:

In prozessualer Hinsicht sind für Streitigkeiten aus dem Lizenzspielervertrag im DFB-Bereich die deutschen Arbeitsgerichte zuständig, da der hauptsächliche Arbeitsort in Deutschland liegt (§ 4 ArbGG, §§ 12 ff. ZPO, Art. 30 Abs. 2 EGBGB)[571]. Die Zuständigkeit des Arbeitsgerichts kann nicht ausgeschlossen werden. Art. 22 RSTS ändert hieran nichts, da er sich nicht auf nationale Vereinswechsel bezieht.

Der Lizenzspielervertrag zwischen Verein und Spieler stellt ein wirksam befristetes Arbeitsverhältnis dar, dessen Befristung wegen Vorliegens eines sachlichen Grundes (Verschleißtatbestand) nach BAG[572] gemäß § 14 Abs. 1 Nr. 4 TzBfG („nach der Natur des Arbeitsverhältnisses") zulässig ist. Der Vertrag endet gemäß § 620 Abs. 3 BGB, §§ 14 ff. TzBfG mit Zeitablauf. Ein wirksam befristeter Vertrag – wie hier – kann **nicht** ordentlich gekündigt werden, sondern nur außerordentlich nach §§ 626, 627 BGB[573]. Eine einseitige vorzeitige

---

[571] *Pfister:* Der „Fall Webster", aaO., CaS 2008, 19.
[572] SpuRt 1996, 21 ff.
[573] *Palandt-Weidenkaff,* § 620 BGB Rn. 10.

Beendigung erfordert einen „wichtigen Grund", was voraussetzt, dass „*Tatsachen vorliegen, aufgrund derer dem Kündigenden unter Berücksichtigung aller Umstände des Einzelfalles und unter Abwägung der Interessen beider Vertragsteile die Fortsetzung des Dienstverhältnisses bis zu dessen vereinbarter Beendigung nicht zugemutet werden kann"*. Vertragsreue, aber auch die Aussicht auf bessere Verdienstmöglichkeiten bei einem anderen Verein bzw. schlichte Veränderungswünsche reichen **eindeutig nicht** aus. Insoweit steht § 626 BGB mit seinen Voraussetzungen wie ein Fels in der Brandung des nationalen Kündigungsrechts, wobei für die Kollisionsfrage entscheidend ist, dass § 626 BGB zwingend ist[574].

Daraus folgt für Lizenzspielerverträge als **absolute Schranke**, dass diese **nur unter den Voraussetzungen des § 626 BGB einseitig vor Fristablauf gekündigt werden können.**

Wenn das FIFA-Recht als einseitige Beendigungsform eine Vertragsauflösung „aus triftigem Grund" (Art. 14, 17 Satz 1 RSTS) vorsieht, so führt dieser Beendigungsgrund nicht zur Vertragsauflösung in Deutschland, wenn unter „triftigem Grund" **weniger** zu verstehen ist als unter „wichtigem Grund". FIFA im RSTS und der CAS im *Webster*-Urteil, aber auch die DFL in § 8 LOS definieren den Begriff „triftiger Grund" nicht ausdrücklich – Ausnahme: Der Spezialbegriff „sportlich triftiger Grund" wird nach der Mindestzahl von Saisoneinsätzen des Spielers bei Einsatzfähigkeit definiert: 10% bzw. vier Pflichtspiele in der Lizenzspielermannschaft. Nach dem deutschen Sprachgebrauch bedeutet „triftig" „stichhaltig" bzw. „durchschlagend", was als Minus gegenüber „wichtiger Grund" zu verstehen ist, der insbesondere zusätzlich die Nichtzumutbarkeit der Fortsetzung des Arbeitsverhältnisses bis zum Zeitablauf umfasst. Beispiele: Ein Spieler erhält seinen Lohn verspätet und in Teilzahlungen – er erhält ihn monatelang nicht. Oder: Ein Spieler wird von dem Vereinspräsidenten unter vier Augen als „Faulenzer" tituliert – diese Beleidigung des Spielers erfolgt in der Vereinszeitung. Jeweils die ersten dieser beiden Begehungsvarianten sind wohl „triftige", aber keine „wichtigen Gründe", die beiden letzteren „triftige", aber **auch** „wichtige Gründe". Hier liegt wohl keine Wortspielerei zwischen beiden Begriffen vor. Vielmehr folgt aus einem Erst-Recht-Schluss, dass ein „wichtiger Grund" im Sinne des § 626 BGB immer auch ein „triftiger Grund" im Sinne des FIFA-Rechts ist. In der Literatur werden teilweise[575] beide Begriffe gleichgeschaltet.

Diese unterschiedliche Interpretation kann unaufgelöst bleiben, da nach deutschem Arbeitsrecht nämlich immer dann keine Vertragsauflösung eintritt, sondern der **Lizenzspielervertrag weiterhin wirksam bestehen bleibt,** wenn **kein wichtiger Grund** nach § 626 BGB zu bejahen ist – gleichgültig, ob nach FIFA-Recht der Sachverhalt als „triftiger Grund" zu werten ist.

Diese Erkenntnis wird zudem bestätigt durch die Umsetzung der FIFA-RSTS-Grundsätze (Art. 1 Nr. 3 b RSTS) in nationales DFB-Recht in § 8 LOS. Dieses erwähnt den „triftigen Grund" überhaupt nicht – die sportlich triftigen Gründe nach § 8 Nr. 3 LOS stellen eine nicht zu verallgemeinernde Spezialregelung dar. Die DFL hat den Begriff also **nicht** in ihr Regelwerk übernommen. Wenn sie sich damit nicht an die Sollvorgabe in Art. 1 Nr. 3 a RSTS gehalten haben sollte, ist dies für die Rechtsfolge unschädlich, da § 626 BGB zwingendes deutsches Arbeitsrecht darstellt und die DFL damit im Bereich der ihr für den nationalen Bereich eingeräumten Regelungsfreiheit geblieben ist: Sie sieht zudem in § 8 Nr. 2 LOS für den Abschluss eines neuen Vertrages durch den Spieler expressis verbis sowohl für die Wirksamkeit einer fristlosen Kündigung des Vereins wie die des Spielers

---

574 So h. M.: *Palandt-Weidenkaff*, § 626 BGB Rn. 2.

575 So *Breucker/Thumm/Wüterich*, aaO., S. 102, 104.

einen „wichtigen Grund" vor. Außerdem ist für beide Kündigungsformen eine **erhöhte Wirksamkeitskontrolle** vorgeschrieben, nämlich die Anerkennung der fristlosen Kündigung **im staatlichen Gerichtsverfahren** durch rechtskräftiges Urteil bzw. Vergleich bzw. fehlenden Widerspruch bei Vereinskündigungen als Voraussetzungen für den Neuabschluss eines Vertrages durch den Spieler. Klarzustellen ist im Hinblick auf das zwingende deutsche Arbeitsrecht noch, dass die FIFA-Regelung über den „triftigen Grund" nicht als eigenständige vertragliche Definition des Grundes zur vorzeitigen Beendigung eines Vertrags mit einem Fußballprofi verstanden werden kann. Es ist nämlich unzulässig, durch Einzelverträge bestimmte Gründe als wichtig über das gesetzliche Maß des § 626 BGB hinaus oder **minderwichtige Gründe** als Voraussetzung einer fristlosen Kündigung zu vereinbaren[576], was sich ohnehin aus dem zwingenden Charakter des § 626 BGB von selbst ergibt.

12 Zwischenergebnis

Als Zwischenergebnis der Synopse FIFA-/DFB-Recht und deutsches Arbeitsrecht zum Grunde der Beendigung eines Lizenzspielervertrages ist damit festzuhalten, dass

> **eine einseitige vorzeitige Beendigung eines Lizenzspielervertrages durch den Verein oder durch den Spieler nur zur Vertragsauflösung führt, wenn ein wichtiger Grund im Sinne des § 626 BGB vorliegt.**

Aus Vorstehendem folgt, dass der für internationale Vertragsbeziehungen geltende Art. 14 – Vertragsauflösung bei triftigen Gründen – nicht bereits allein deswegen zum Entfallen von Rechtsfolgen führt. Verbandsrechtlich bleibt dem Verein zudem ein wirksames Druckmittel: Er braucht nicht den internationalen Freigabeschein nach Art. 9 RSTS und auch nicht nach § 4 Nr. 6 a) und b) LOS den Antrag auf Aufnahme in die Transferliste zu stellen, sodass der Spieler im In- und Ausland die Mobilität ohne das Plazet seines bisherigen Vereins nicht ausüben kann.

13 Rechtsfolgen bei Vertragsbruch

Der Arbeitsvertrag besteht also bei Fehlen eines wichtigen Grundes fort; jede Nichterfüllung und insbesondere jeder Abschluss eines Arbeitsvertrags bei einem anderen Verein stellen einen **Vertragsbruch** dar, was der CAS im *Webster*-Urteil ebenso sieht. Entgegen den zeitweiligen Fehlinterpretationen dieses Urteils in den Medien stellt nämlich der CAS[577] klar, dass nach Art. 13 RSTS der Grundsatz „pacta sunt servanda" festgeschrieben ist und Art. 17 RSTS davon keine Ausnahme zulässt. Im Hinblick auf die Überschrift im Teil IV sei Art. 17 keine Vorschrift, die einem Spieler die einseitige Beendigung des Vertrags **ohne triftigen Grund** erlaube. Eine solche Vertragsbeendigung sei eindeutig als **Vertragsbruch** einzuschätzen.

Die Folge eines Vertragsbruchs nach deutschem Recht ist zum einen ein Erfüllungsanspruch, ferner ein Anspruch auf Unterlassung eines Vertragsschlusses bei einem anderen Verein sowie auf Schadensersatz bei Verschulden aus §§ 611, 280, 281, 252 BGB. Ein Anspruch aus § 628 Abs. 2 BGB besteht dagegen nicht, da diese Vorschrift nur bei wirksamer fristloser Kündigung gilt[578]. Der Lizenzverein kann überdies nach nationalem Recht eine einstweilige Verfügung gegen den Spieler erwirken. Es ist schon einige Male geschehen, dass Gerichtsvollzieher durch Zustellung von gerichtlichen Unterlassungsverfügungen das Training eines abgewanderten Spielers bei seinem neuen Verein abrupt beendeten[579]. Erzwungen kann die Rückkehr an den alten Arbeitsplatz aber nicht (§ 888 Abs. 3 ZPO).

---

576 *Palandt-Weidenkaff*, aaO., § 626 BGB Rn. 2.   **578** *Palandt-Weidenkaff*, aaO., § 611 BGB Rn. 14.
577 SpuRt 2008, 114 ff., 117.   **579** *Wertenbruch*, FAZ vom 7. 2. 2008, S. 27.

Auflösung der Konkurrenz zwischen BGB und RSTS   **14**
Die Vorschriften des RSTS über die Rechtsfolgen eines Vertragsbruches sind im DFB-Bereich nur anzuwenden, wenn

- sie durch den DFB für die nationale Ebene im LOS übernommen sind,

bejahendenfalls

- die RSTS-Bestimmungen Vorrang gegenüber deutschem Rechtsfolgenrecht haben.

Dazu ist vorweg zu klären, ob die BGB-Rechtsfolgenregelung und die spezifischen Rechtsfolgen für einen Vertragsbruch nach RSTS überhaupt zu **unterschiedlichen Ergebnissen** führen.

Die BGB-Lösung   **15**
Diese ergibt nach der vorstehenden Paragraphenkette einen Anspruch auf Schadensersatz wegen Nichterfüllung, der in der Regel auf Geldersatz geht, der auf der Grundlage von § 252 BGB (entgangener Gewinn) auch abstrakt berechnet werden kann[580].

Die FIFA-Lösung   **16**
Insoweit ist die einschlägige Regelung in Art. 17 Nr. 1 bis Nr. 4 RSTS getroffen: Nach Art. 17 Abs. 1 RSTS ist bei einem Vertragsbruch **in jedem Fall** von der vertragsbrüchigen Partei eine Entschädigung zu zahlen. Keineswegs führt Art. 17 RSTS, wie dies auch der CAS bestätigt, zu einem Recht auf Vertragsauflösung[581]. Die Höhe der Entschädigung richtet sich in erster Linie nach einer vertraglichen Vereinbarung, falls diese getroffen ist, sowie nach dem nationalen Recht, den Besonderheiten des Sports sowie nach „allen anderen objektiven Kriterien". Darunter fallen insbesondere die vertraglichen Bezüge und „andere Leistungen, die dem Spieler gemäß gegenwärtigem und/oder neuem Vertrag zustehen, ferner die verbleibende Vertragslaufzeit bis maximal fünf Jahre, die Höhe von Gebühren und Ausgaben, für die der ehemalige Verein aufgekommen ist ... sowie die Frage, ob sich der Vertragsbruch während der Schutzzeit ereignet hat".

Wenn der Vertragsbruch **während der Schutzzeit** erfolgt ist, kann nach Art. 17 Nr. 3 RSTS gegenüber dem Spieler zusätzlich zur Pflicht zur Entschädigungszahlung auch eine **sportliche Sanktion** in Form einer viermonatigen Spielsperre für offizielle Spiele – in besonderen Fällen eine Sperre von sechs Monaten – zusätzlich auferlegt werden, die mit Beginn der nachfolgenden Spielzeit für den neuen Verein in Kraft tritt. Diese sportlichen Sanktionen können beim einseitigen Vertragsbruch nach Ablauf der Schutzzeit **nicht** ausgesprochen werden (Art. 17 Nr. 3 Satz RSTS).

Auch einem Verein können bei einem Vertragsbruch oder bei Anstiftung zum Vertragsbruch innerhalb der Schutzzeit außer der Pflicht zur Entschädigungszahlung ebenfalls sportliche Sanktionen auferlegt werden, und zwar in Gestalt der Verweigerung der Registrierung von Spielern auf nationaler und internationaler Ebene für zwei Registrierungsperioden (Art. 17 Nr. 4 RSTS).

Diese Vorschriften sind durch die CAS-Entscheidung im Falle *Webster* erläutert und präzisiert worden. Dieses Urteil betrifft den Fall des Art. 17 Nr. 1 RSTS (Vertragsbruch außerhalb der Schutzzeit):

Dabei ist vorweg klarzustellen, dass die Inbezugnahme in Art. 17 Nr. 1 RSTS auf nationales Recht keine **Rechtswahlklausel** beinhaltet, sondern dass das nationale Recht nur ein

---

580 *Palandt-Heinrichs*, aaO., § 281 BGB Rn. 30.   **581** *Wertenbruch*, aaO., S. 27.

Element für die Höhe der Entschädigung darstellt[582]. Auch in Fällen mit deutschem Rechtsbezug würde sich dies **nicht** auswirken, da ebenso wie zum schottischen Recht der CAS wohl feststellen würde, dass die „atypischen Arbeitsverträge für Fußballspieler" und die Besonderheiten des Fußballarbeitsmarktes sowie die Organisation des Sports im deutschen Recht keine spezielle Regelung gefunden haben, wie dies Art. 17 RSTS erfordert[583]. Somit sei das nationale Recht nicht heranzuziehen, sondern allein die speziellen anderen Lösungen und Kriterien des Art. 17 RSTS.

Der CAS stellt dabei fest, dass *„die Besonderheit des Sports ein Meilenstein auf dem Weg dahin ist, besondere Lösungen für die Fußballwelt zu finden, welche die Anwender dieser Vorschrift instand setzen, eine vernünftige Balance zwischen dem Bedarf an Vertragsstabilität einerseits und den Bedürfnissen der Freizügigkeit der Spieler andererseits, also Lösungen zu finden, welche das Wohl des Fußballs dadurch begünstigen, dass die verschiedenartigen und manchmal auch widersprüchlichen Interessen von Clubs und Spielern auf faire Weise miteinander in Einklang bringen."* Diese Balance sei bei der Prüfung der einzelnen Kriterien im Auge zu behalten. Im Vordergrund werden dabei die Entlohnungshöhe beim bisherigen und dem neuen Vertrag und die verbleibende Laufzeit des alten Vertrages herangezogen. Dabei sei die Vorschrift in einer Weise auszulegen und anzuwenden, *„die eine Begünstigung der Clubs gegenüber den Spielern und umgekehrt vermeidet"*. Das besondere Interesse des Clubs an einer Vertragsstabilität werde dabei spezifisch angemessen durch die Schutzzeit und ihre Folgeregelungen aufgegriffen. Außerhalb der Schutzzeit haben die Entschädigungen keinen Strafcharakter und dürften nicht zu einer Bereicherung einer Seite führen, wobei die Clubs und die Spieler bezüglich der Entschädigung gleich zu sehen wären, ob sie diese nun beanspruchen können oder zu bezahlen haben. Einseitige Vertragsbeendigungen innerhalb der Schutzzeit führten dagegen zu *„verhältnismäßig schweren Sanktionen"*.

Konkret sei im Falle *Webster* der Schätzwert des Spielers auf dem Transfermarkt weder ganz noch teilweise in Betracht zu ziehen – nicht unter dem Gesichtspunkt des entgangenen Gewinnes, auch nicht unter dem des Wertes eines Ersatzspielers, da dies den Club bereichern würde. Es bestehe weder eine wirtschaftliche noch eine moralische noch eine rechtliche Rechtfertigung für einen Club, den Marktwert eines Spielers als entgangenen Gewinn zu beanspruchen, zumal im Falle *Webster* der Verein nicht bewiesen habe, dass er diesen überwiegend durch sein Training und seine Ausbildung geschaffen hat. Die Berücksichtigung des Marktwertes des Spielers würde zudem das System teilweise zurück in die Vor-*Bosman*-Zeit versetzen (Transferforderungen der Clubs in beträchtlicher Höhe).

Auch könne von Hearts jetzt nicht die bei der Verpflichtung *Websters* an dessen früheren Verein gezahlte Ablösesumme gefordert werden, da sich diese über die Laufzeit des Vertrages amortisiert habe.

17 Ergebnis des CAS
Zunächst stellt der CAS klar, dass trotz des missverständlichen Wortlauts des Art. 17 RSTS der Spieler kein Recht zur Vertragsauflösung – zum Vertragsbruch – hat. Ferner: Da beide Vertragsparteien ein ähnliches Interesse und eine ähnliche Erwartung haben, dass die Laufzeit des Vertrags eingehalten wird, ist der Club berechtigt – wie der Spieler den Vergütungsanspruch bis zum Ende der Vertragslaufzeit bei einseitiger Beendigung des Verein beanspruchen kann (vorbehaltlich eventueller Schadensminderung) –, ebenso einen gleichwertigen Betrag im Falle der Beendigung durch den Spieler zu erhalten. Dieses Kriterium habe den Vorteil, indirekt vom Wert des Spielers abhängig zu sein, weil die

---

[582] CAS-Urteil, SpuRt 2008, 114, B.   [583] CAS-Urteil, aaO., 117, C. a).

Höhe eines Vergütungsanspruchs üblicherweise seinem Wert als Spieler entspricht. Je früher dabei der Vertragsbruch durch den Spieler erfolgt, desto höher ist dessen Entschädigungsanspruch. Die Vergütungssumme ist in Höhe der Restvergütung, die vom Datum der einseitigen Vertragsbeendigung durch den Spieler noch geschuldet wäre (Restwert des Vertrages), zu bemessen, demnach im Falle *Webster* auf 150.000 £ (= ca. 200.000 €). Daneben sagt der CAS in einem obiter dictum, dass in Zukunft bei geeigneten Fällen auch höhere Entschädigungsregelungen anfallen könnten.

Der CAS verurteilt den neuen Verein FC Wigan zur gesamtschuldnerischen Haftung für die Entschädigung nach Art. 17 Nr. 2 Satz 2 RSTS, der kein Verschulden für die Haftung voraussetzt (Haftung ohne Verschulden – „strict liability").

Weiteres Zwischenergebnis   **18**
Zum Vergleich des Schadensersatzes nach BGB- und FIFA-Recht bleibt festzuhalten:

Die Regelung des Art. 17 RSTS enthält zwar eine Reihe von Gesichtspunkten zur Bemessung der Entschädigung für einen Vertragsbruch, die **auch** im deutschen Schadensersatzrecht in ähnlicher Form heranzuziehen sind. Das Schutzfristensystem des RSTS ist aber in § 8 LOS **nicht** übernommen, da darin weder eine Bezugnahme auf Art. 17 RSTS erfolgt ist und auch keine diesbezügliche Regelung inhaltlich enthalten ist. Dieses Schweigen des LOS und der Gesichtspunkt, dass das RSTS durch den Verband nur mit seinen „Grundsätzen" in den geeigneten Maßnahmen des Verbands zu berücksichtigen ist (zudem Sollvorschrift!), ergeben eine offene Regelungslücke mit Ausnahme des speziellen Falls des „sportlich triftigen Grundes". Diese Lücke ist sinnvoll zu ergänzen (oben Teil I Rn. 10). Eine reglementkonforme Auslegung ist hier nicht angebracht, da der von der FIFA in Art. 1 Nr. 3 b RSTS berufene nationale Verband (hier DFL) ein Sonderproblem („sportlich triftiger Grund") geregelt hat, weshalb aus seinem beredten Schweigen zur Entschädigung bei deutschen Vertragsbrüchen Schlüsse gezogen werden können[584]. Für den in § 8 LOS einzig geregelten Schadensfall des „sportlich triftigen Grundes" sieht § 8 Nr. 3 Abs. 2 Satz 1 LOS vor, dass „die besonderen Umstände des Einzelfalles" zu berücksichtigen sind. Da auch kein Verweis auf Art. 17 in § 8 LOS enthalten ist, verbleibt es damit bei der Geltung des nationalen Rechts zu den Folgen eines Vertragsbruchs. Bei der danach vorzunehmenden Bemessung der Schadenshöhe nach deutschem Recht kann zwar nicht nach der starren Form des Art. 17 RSTS vorgegangen werden, aber doch der Rechtsgedanke Berücksichtigung finden, dass die Restlaufzeit eines Vertrages bei einem Vertragsbruch ein wichtiges Kriterium bei der Bemessung eines **Schadensersatzes wegen Nichterfüllung** ist. Dieser Anspruch nach §§ 280, 281, 252 BGB erfasst den Ersatz aller unmittelbaren und mittelbaren Nachteile des schädigenden Verhaltens[585], wobei auch die konkreten Umstände des Einzelfalles (nach Art. 17 Nr. 1 RSTS „die anderen objektiven Kriterien") berücksichtigt werden können.

Ein entscheidender Unterschied besteht dabei darin, dass nach deutschem Schadensersatzrecht auch der **entgangene Gewinn**, d. h. der Betrag, „welcher nach dem gewöhnlichen Lauf der Dinge oder nach den besonderen Umständen ... mit Wahrscheinlichkeit erwartet werden konnte" (§ 252 BGB), umfasst wird.

Eine Gesamtwürdigung des Vergleiches der Rechtsfragen nach FIFA-Recht und nach deutschem Recht ergibt damit, dass eine teilweise Übereinstimmung der Schadensbemes-

---

584 Ebenso *Breucker/Thumm/Wüterich*, aaO., SpuRt 2008, 102 ff., 105, 4 b) für nationale Transfers.

585 *Palandt-Heinrichs*, aaO., § 280 BGB Rn. 32.

sung zu registrieren ist. Das RSTS-System hat im Streitfall den Vorteil, dass es klare Berechnungsgrundlagen für die Schadenshöhe vorgibt – in der Regel in Gestalt des Restlohns für die ausstehende Vertragszeit. Es steht deshalb bei einem Vertragsbruch auch in einem Fall mit deutschem Rechtsbezug den Parteien durchaus frei, sich **auf die Entschädigungsgrundsätze** des Art. 17 RSTS zu einigen. Für einen Spieler, der einen Anspruch hat, ist der „RSTS-Schaden" oft eine günstige Nachweismöglichkeit, um eventuell den Minderverdienst bei seinem neuen Club zu kompensieren. Für einen Verein als Schadensberechtigter hätte Art. 17 RSTS dabei einen im Einzelfall nicht zu unterschätzenden Vorteil, nämlich den, **mit dem neuen Verein einen Gesamtschuldner zu haben:** So nach Order de Mufti der FIFA, dass das Strict-liability-Prinzip gilt. Ein Verein sollte daher abwägen, ob die Vermögenssituation des Spielers und damit die Vollstreckungsaussichten diesen Weg empfehlenswert erscheinen lassen. Nach deutschem Recht tritt eine grundgesamtschuldnerische Haftung nur bei schuldhaftem Handeln des neuen Vereins ein (z. B. bei Anstiftung zum Vertragsbruch durch diesen, was meistens nicht nachzuweisen sein wird). Einen Fremdkörper für eine Vertragstreitigkeit nach deutschem Recht als rein zivilrechtliches Schuldverhältnis stellen die nach Art. 17 Nrn. 3 und 4 RSTS bei Vertragsbruch innerhalb der Schutzfristen vorgesehenen **zusätzlichen sportlichen Sanktionen** (Sperre für den Spieler bzw. Registrierungssperre für den Verein) dar. Nach dem FIFA-Verständnis sind diese zusätzlichen sportlichen Sanktionen eine weitere Rechtsfolge des Vertragsbruches, was im DFB-Bereich allenfalls völlig unabhängig von der Vertragsregulierung durch den Kontrollausschuss im Wege der Anklage vor den Sportinstanzen geltend gemacht werden könnte, nicht aber als Schadensposition inter partes des Arbeitsverhältnisses.

19 Lösung

Die entscheidende Frage ist an dieser Stelle, nachdem die Vor- und Nachteile beider Rechtssysteme aufgezeigt sind, welches von beiden im Nichteinigungsfall gilt: Das RSTS-Verfahren mit in erster Linie restlohnabhängiger Lösung **oder** das deutsche Schadensrecht mit dem Erfüllungs- bzw. dem vollen Schadensersatzanspruch einschließlich des entgangenen Gewinns?

Pfister löst diese Frage über § 276 Abs. 3 BGB, wonach die Haftung für Vorsatz nicht abbedungen werden kann. Ein Vertragsbruch erfolge in der Regel vorsätzlich. Auch wenn berücksichtigt wird, dass zum Vorsatz außer dem Wissen und Wollen der Tat auch das Bewusstsein der Rechtswidrigkeit gehört, ist dieses Kriterium nicht zweifelhaft. Wer einen auf Zeit abgeschlossenen Vertrag ohne Einverständnis des Gegners abbricht, weiß um den Verstoß gegen die Rechtsordnung. Die Folge hieraus ist wegen des zwingenden § 276 Abs. 3 BGB, dass deutsches Schadensersatzrecht gegenüber einem schlechteren FIFA-Recht vorgeht[586]. Damit gilt – unabhängig von den FIFA-Schutzfristen – deutsches Recht bei einem Vertragsbruch, worauf *Pfister*[587] abstellt mit dem Ergebnis, dass nach Ablauf der Schutzfristen keine rechtswidrige Vertragsverletzung gegeben sei.

Wie bereits dargelegt (s. vorstehend Rn. 18) ist Art. 17 RSTS **nicht** durch Verweis auf dieses Reglement im Arbeitsvertrag (§ 1 Abs. 5) Gegenstand des Lizenzspielervertrages geworden, da das RSTS **selbst keine Regelung** für die Entschädigung bei Vertragsbrüchen **auf nationaler Ebene** enthält, sondern nur vorsieht, dass das Reglement jedes Verbandes geeignete Maßnahmen zur Wahrung der Vertragsstabilität unter Einhaltung zwingenden Rechts zu enthalten hat. Von dieser Ermächtigung, wobei in einer solchen Regelung die

---

586 So zunächst *Pfister*, aaO., S. 31.
587 *Pfister*, Der „Fall Webster", aaO., S. 32; im Ergebnis ebenso *Wertenbruch*, aaO., S. 27 über den

Gesichtspunkt der Unterbindung des Vertragsbruchs durch einstweilige Verfügung.

Grundsätze der Art. 13 bis 17 enthalten sein „**sollten**", hat die DFL nicht im Sinne der Übernahme von Art. 17 RSTS Gebrauch gemacht.

Wer somit nach § 249 BGB als Schadensersatzpflichtiger den Zustand wiederherzustellen hat, der bestehen würde, wenn der Vertragsbruch nicht begangen worden wäre, d. h. die Herstellung des gleichen wirtschaftlichen Zustands, der ohne das schädigende Ereignis bestehen würde, hat den Betrag zu ersetzen, der dem Verein zugeflossen wäre, wenn er (z. B. der FC Wigan) um eine Vertragslösung des Spielers ersucht hätte – die hypothetische Ablösesumme ist deshalb eine Schadensposition und damit nach deutschem Recht auch der **Marktwert des Spielers**. Der CAS hat dies in dem *Webster*-Urteil grundsätzlich verneint und insbesondere darin auch das Bereicherungsverbot angeführt. Dieses Verbot ist nach deutschem Schadensrecht nicht zwingend und kann insbesondere durch die Zuerkennung des entgangenen Gewinnes durchbrochen werden. Nach § 252 BGB sind nämlich die Vermögensvorteile zu ersetzen, die im Zeitpunkt des schädigenden Ereignisses noch nicht zum Vermögen des Verletzten gehörten, die ihm aber ohne dieses Ereignis zugeflossen wären. Das vom CAS gebilligte System könnte dazu führen, dass ein sog. „Großer Verein" außerhalb der Schutzfrist einen Shootingstar mit seinem beim bisherigen Verein relativ niedrigen Gehalt zu sich locken könnte – bloß gegen Zahlung des Restlohnanspruchs. Wenn er sich mit dem bisherigen Verein über eine vorzeitige Vertragsauflösung hätte einigen müssen, wäre diesem wohl eine Entschädigung zugeflossen, die sich an der Größenordnung des Marktwertes des Spielers orientiert hätte. Das ist keine Rückkehr in die Vor-*Bosman*-Zeit, sondern, das Ergebnis der Vertragstreue nach deutschem Recht, das letztlich nach Art. 17 Nr. 1 RSTS durchbrochen wird, wozu eine Vertragslösung außerhalb der Schutzfrist **nur** die Entschädigungszahlung in Form des Lohns für die Restlaufzeit des Vertrages vorsieht, also ein – oft preiswert erkauftes – einseitiges Lösungsrecht für den Spieler. Natürlich ist zu sehen, dass die FIFA-Lösung einen Schritt zu auf die EU ist, die die in Art. 39 EG-Vertrag verankerte Freizügigkeit möglichst extensiv verstanden wissen will. In Deutschland ist eine Vertragsbindung des Spielers bis zu fünf Jahren nach § 624 BGB rechtens.

Zu berücksichtigen ist, dass nach dem deutschen Recht der Anspruchsteller die Nachweispflicht für seinen Schaden hat, wobei § 252 BGB beim entgangenen Gewinn eine Beweiserleichterung vorsieht.

In der bisher zur Problematik veröffentlichten Literatur wird teilweise[588] die Meinung vertreten, dass die Schadensfolgen nach Art. 17 RSTS zu bestimmen sind. Dabei bleibt der Regelungszusammenhang des § 8 LOS und Art. 1 Nr. 3 a RSTS für nationale Vereinswechsel außer Betracht. Die Grundsätze des Art. 17 gelten **nicht** bereits unmittelbar, sondern erst, wenn sie durch die DFL umgesetzt wären, was **nicht** der Fall ist.

Schlussbetrachtung												**20**

Die CAS-Entscheidung im Falle *Webster* ist für das Lizenzspielersystem des DFB **kein Meilenstein** für eine neue Welt der Schadensabwicklung. Die Synopse des FIFA-Rechts (RSTS) und des BGB-Rechts führt zu drei grundlegenden Erkenntnissen bei einseitiger Auflösung eines Lizenzspielervertrags durch den Spieler oder den Verein:

1. Eine wirksame Vertragsbeendigung tritt nur ein, wenn ein wichtiger Grund im Sinne des § 626 BGB die einseitige Vertragsauflösung rechtfertigt (wichtiger Grund ist dabei mehr als triftiger Grund).

---

588 *Pfister*: Der „Fall Webster", aaO., CaS 2008, 2931, wohl auch *Jenny*, aaO., CaS 2008, 128.

2. Spieler wie Vereine haben nach deutschem Schadensrecht den in den §§ 611, 280, 281, 249, 252 BGB vorgesehenen Schadensersatzanspruch, der **vollen Ersatz** der Beeinträchtigung der wirtschaftlichen Situation des Geschädigten umfasst, somit auch eines eventuell entgangenen Gewinns[589], wobei sich der Marktwert des Spielers niederschlagen könnte. Es empfiehlt sich für die Vereine, die Entschädigungssumme bereits im Vertrag festzulegen – eventuell gestaffelt nach Ausstiegszeiten, da dies vom CAS uneingeschränkt akzeptiert wird[590].

Die Bundesligavereine brauchen bei einem nationalen Vereinswechsel also nicht zu fürchten, ihre besten Spieler gegen eine geringe Entschädigung zu verlieren.

3. Bei einem Vertragsbruch können sich Spieler und Verein einverständlich auf die Schadensregulierung auf der Basis des Art. 17 Nrn. 1 bis 4 einigen (maßgebend im Wesentlichen der Restwert des Vertrages)[591].

Nach der Darstellung der derzeitigen Rechtslage im DFB-Bereich kann aber, wenn dies dem Willen der DFL/des DFB entspricht, de lege ferenda sicherlich in § 8 LOS eine Annäherung an Art. 17 RSTS erfolgen. Wenn man der Vorstellung der EU näherkommen will, könnte aber auch – was rechtlich unbedenklich ist – eine Höchstlaufzeit der Lizenzspielerverträge von längstens drei Jahren für **künftige Verträge** vorgesehen werden.

21 Kurzfassung der Rechtslage bei Vertragsbrüchen
nach dem CAS-Urteil im Falle *Webster*

1. Der Fall *Webster* ist **kein** Fall *Bosman* zwei!
2. Bei nationalen Wechseln bleibt es bei der Beurteilung des Vertragsbruchs und bei den Rechtsfolgen des Vertragsbruchs bei der Anwendung deutschen Rechts (wie bisher).
3. Bei einem Wechsel aus dem DFB-Bereich ins Ausland (= internationaler Wechsel) bleibt es bei der Beurteilung des einseitigen Vertragsausstiegs und der Folgeansprüche bei der Anwendung des deutschen Rechts, wenn ein vorsätzlicher rechtswidriger Vertragsbruch vorliegt (§ 276 Abs. 3 BGB); ist Letzteres nicht der Fall, richten sich die Rechtsfolgen nach Art. 17 RSTS.
4. Bei einem Wechsel aus dem Ausland in das Inland (= internationaler Wechsel) richtet sich die Beurteilung der Kündigung und der Rechtsfolgen nach dem Recht des Herkunftslandes bzw. nach Art. 17 RSTS.

d) **Abstellpflicht von Fußballern U 23 zu Olympia 2008?**

22 Die Situation
Aktuell vor den Olympischen Spielen 2008 in Peking weigerten sich die deutschen Bundesligavereine Werder Bremen und Schalke 04, ihre jungen Brasilianer *Diego* und *Rafinha*, die in den Olympia-Kader ihres Landes berufen waren, für die Spiele abzustellen – ebenso handelten berühmte ausländische Clubs, so z. B. FC Barcelona für seinen argentinischen Topstar *Lionel Messi*. Die FIFA räumte ein, dass das olympische Fußballturnier zwar nicht in den **internationalen Spielkalender** aufgenommen sei, jedoch eine Abstellpflicht für die Vereine **kraft Gewohnheitsrecht**[592] bestehe. Auf die Klagen, u. a. der beiden deutsche Vereine, entschied eine Ad-hoc-Kommission des CAS unter Vorsitz von *Ephraim Barak* (Israel) in Peking am 6. August 2008 knapp 24 Stunden vor dem ersten Spiel Brasiliens, dass eine **Abstellpflicht** nach den FIFA-Statuten für Spieler unter 23 Jahren für Olympia **nicht** bestehe, da dieses Turnier nicht im internationalen FIFA-Kalender verzeichnet sei

---

589 Im Ergebnis ebenso *Paepke/Zierold*, aaO., S. 847.
590 CAS-Urteil, SpuRt 2008, S. 117.
591 *Jenny*, aaO., CaS 2008, S. 26.
592 Das Gewohnheitsrecht ist in Art. 151 Nrn. 2 und 3 FDC als Rechtsquelle vorgesehen.

und auch kein dahingehendes Gewohnheitsrecht existiere. Sicherlich eine sportpolitische Niederlage der FIFA!

Die Rechtslage   23
In Art. 1 Nr. 4 RSTS heißt es, dass die Abstellung von Spielern sowie ihre Spielberechtigung für die Auswahlmannschaften ihres Verbandes in Anhang 1 zum RSTS geregelt sei, was für alle Verbände und Vereine Verbindlichkeit habe. Anhang 1 Art. 1 lautet:

> *„… Die Vereine sind nicht verpflichtet, Spieler für Spiele zu Terminen abzustellen, die nicht im koordinierten internationalen Spielkalender aufgeführt sind."*

Art. 75 FIFA-Statuten legt fest, dass das Exekutivkomitee einen internationalen Spielkalender erstellt, welcher für die Konföderationen, Mitglieder und Ligen verbindlich ist. Da der internationale Spielkalender jährlich aufgestellt wird, bestand in der Vergangenheit mehrfach Gelegenheit, eine versehentlich unterbliebene Nichtaufnahme des Olympia-Turniers in den Kalender aufzunehmen. Für die Entwicklung eines Gewohnheitsrechts nach deutschem wie insbesondere nach Schweizer Recht ist eine opinio iuris – d. h. eine Rechtsüberzeugung – und eine lang dauernde tatsächliche Übung erforderlich[593], sodass der CAS zu Recht ein von der FIFA in etwas schwammiger Form reklamiertes Gewohnheitsrecht nicht als Rechtsgrundlage für eine Abstellpflicht gewertet hat. Eher könnte aus der Nichtaufführung des olympischen Fußballturniers auf dem internationalen FIFA-Kalender in den vergangenen olympischen Jahren sogar ein Umkehrschluss abzuleiten sein.

Bremen und Schalke zeigten sich nach der CAS-Entscheidung zu ihren Gunsten bereit, die Spieler nicht zurückzubeordern, wenn gewisse Rahmenbedingungen vom brasilianischen Verband (Gehaltsübernahme für die Zeit der Abstellung, eine zusätzliche Abstellgebühr in nicht genannter Höhe und der Abschluss einer Unfallversicherung für die Spieler) erfüllt würden. FIFA-Präsident *Joseph S. Blatter* war über die – sonst eher seltene – Niederlage seines Verbands beim CAS „sauer", appellierte aber gleichsam als oberster Friedensrichter an die Vereine, „in einem Akt der Solidarität und in perfekter Harmonie mit dem olympischen Geist" ihre Spieler nicht von deren Traumerlebnis „Olympia" zurückzurufen. *Jacques Rogge* – IOC-Präsident – beschwor nach dem CAS-Urteil den Waffenstillstand bei Olympia. *Diego* und *Rafinha* spielten 24 Stunden nach der Entscheidung im ersten Spiel Brasiliens gegen Belgien (1:0). Auch Argentinien spielte mit *Messi* gegen die Elfenbeinküste – beim 2:1-Sieg war *Messi* unter den Torschützen. Alle Spieler verblieben in China.

Wirtschaftlicher Hintergrund des Streits   24
Natürlich ging es den deutschen Bundesligavereinen bei ihrem Abstellungsstopp in erster Linie darum, ihre brasilianischen Stammspieler zum Bundesligaauftakt zur Verfügung zu haben. An zweiter Stelle standen aber handfeste wirtschaftliche Überlegungen: So sehen die Vereine nicht ein, dass sie das Gehalt für *Diego* und *Rafinha* weiterbezahlen sollen, während diese in der Seleção um olympische Ehren für Brasilien kämpfen.

Seit einigen Jahren laufen insoweit verschiedene Gerichts- und Vorabklärungsversuche – teils von der zwischenzeitlich aufgelösten G-14 initiiert – darüber, ob bei erfolgter Abstellung eine lohnabhängige Kompensation seitens der FIFA für die Abstellzeit – zumindest für die für die FIFA lukrative WM und die Qualifikationsspiele dazu – erfolgen soll. Bei Olympia ist aber die FIFA nicht in einer etwaigen Pflicht, sondern schon eher die Nationalverbände für ihre Spieler. Bisher ist aber h. M. im FIFA-Bereich, dass bei einer bestehenden

---

593 *Palandt-Heinrichs*, aaO., Einleitung vor § 1, Rn. 22.

Abstellpflicht die Abstellung **entschädigungsfrei** ist. In Art. 2 Anhang 1 zum RSTS, der für die Vereine und die Spieler verbindlich ist, heißt es klipp und klar:

„Ein Verein, der einen seiner Spieler gemäß den Bestimmungen des Anhangs 1 abstellt, hat kein Anrecht auf eine finanzielle Entschädigung."

Der Stammverein muss weiterhin den Spieler für die Dauer seiner Abstellung gegen Krankheit und Unfall (bei Verletzungen im Länderspiel) versichern (Art. 2 Nr. 3 Anhang 1 RSTS).

Die **Entschädigungslosigkeit** besteht daher bei **bestehender Abstellpflicht**, nicht aber bei **freiwilliger** Entsendung wie hier nach dem CAS-Urteil. Dann ist alles **Verhandlungssache** zwischen den betroffenen Vereinen und dem Nationalverband, der den Spieler angefordert hat, und nicht primär eine Rechtsfrage, die hier zu lösen ist. Die Versicherung der Spieler ist zwischenzeitlich durch Vermittlung des DFB geklärt.

Die FIFA stellt im internationalen Spielverkehr auf drei Pfeiler ab: Abstellungspflicht der Clubs – verbindlicher internationaler Spielkalender der FIFA – Entschädigungslosigkeit der Abstellung[594]. Sie stützt die Entschädigungsfreiheit darauf, dass durch die Harmonisierung im internationalen Spielkalender die Clubs ihre Dispositionen langfristig auf die Abstellpflicht einstellen können, die wiederum für die Spieler eine Ehre und für die Clubs eine mögliche Steigerung des Marktwertes ihrer Spieler bewirke. Insbesondere fühlt sich der Weltfußballverband in rechtlicher Hinsicht auf sicherem Boden, da die EU-Kommission mehrfach die Abstellungsregelung des RSTS akzeptiert habe[595]. Die FIFA verweist darauf, dass Sportmärkte anders funktionieren als die anderen Wettbewerbsmärkte: Die Teilnehmer verhalten sich nicht antagonistisch, sondern kooperativ. Erst die Abstellpflicht ohne Entschädigung ermögliche einen finanziellen Solidaritätsausgleich der FIFA, damit auch weniger begüterte Länder Nationalmannschaften aufstellen können. Die wohlhabenden Nationalverbände müssten aus sportlichen Gründen ein Interesse an der Lebensfähigkeit ihrer Konkurrenten haben, damit die internationalen Großereignisse interessant bleiben.

Zusammengefasst baut die FIFA auf ein Organisationsprinzip (Abstellregel und Spielkalender) und das finanzielle Solidaritätsprinzip (Entschädigungslosigkeit) und ist entschlossen, dafür zum Wohl der Gesamtheit der FIFA-Familie zu kämpfen[596].

25 Werder Bremen und Schalke 04

haben ihren Erfolg beim CAS nicht ausgereizt und ihre Spieler unmittelbar vor dem Olympia-Start nicht aus Peking abberufen. Das Ergebnis der Verhandlungen zwischen jeweiligem Verein und begünstigtem Nationalverband ist nicht bekannt geworden.

26 Wie geht es weiter mit den olympischen Fußballturnieren?

Was auf den ersten Blick als juristischer Anfängerfehler der FIFA aussieht, ist schwerlich der FIFA anzukreiden, die es bisher verstanden hat, wasserdichte Paragraphen zu schaffen. Da das olympische Fußballturnier der Frauen sehr wohl auf dem Internationalen Rahmenterminkalender steht, ist die Nichtaufnahme des Männerturniers doch wohl eher als Teil des Bemühens des schlauen Fuchses *Joseph S. Blatter* zu verstehen, dadurch die Exklusivität seiner Weltmeisterschaften zu sichern. Die FIFA muss für zukünftige olympische Fußballturniere nun aber satzungsmäßige Klarheit schaffen, wozu Gespräche mit dem IOC nach den Spielen im Peking bald geführt werden sollen, um das zerbrochene Porzellan zu kitten.

---

594 *Tännler*, Rechtsdirektor der FIFA, aaO., CaS 2006, 316.

595 *Tännler*, aaO., s. Fn. 594.

596 *Tännler*, aaO., s. Fn. 594.

e) **FIFA-Sanktionen bei Nichtbezahlung von Bußen:**
Das Schweizerische Bundesgericht befasste sich in einer staatsrechtlichen Beschwerde mit einem Urteil des TAS vom 21. August 2006, das gegen einen spanischen Fußballclub eine Buße von 25.000 CHF festgesetzt und Punktabzug bzw. Zwangsabstieg angedroht hatte, falls der Verein nicht den von der FIFA festgesetzten Betrag von 375.226 € an den brasilianischen Club Z. zahlte. Mit der Beschwerde, die dem Antrag auf gerichtliche Aufhebung nach §§ 1059 ff. ZPO entspricht, war eine Verletzung des ordre public gerügt, weil FIFA und CAS gegen das Verbot der privaten Zwangsvollstreckung, das aus dem Vollstreckungsmonopol des Staates abzuleiten sei, verstoßen hätten. Das Bundesgericht ließ offen, ob ein Zwangsvollstreckungsmonopol des Staates zum ordre public gehöre, da es in dem angefochtenen Beschluss nicht darum gehe, sondern darum, dass im Vereinsrecht Sanktionen auf vereinsrechtlicher Grundlage wie Vereins- und Verbandsstrafen bei Verletzung von Mitgliedschaftspflichten verhängt werden können. Dies sei auch in privatrechtlichen Verträgen möglich – etwa bei der Konventionalstrafe. Diese Sanktionierungsmöglichkeit sei bei Verankerung in der Satzung nicht zu beanstanden und trete nicht in Konflikt zu dem Zwangsmonopol des Staates. Es gehe hier also nicht um eine „private Zwangsvollstreckung" einer Geldforderung.

UEFA-Fälle 27
a) **Der Fall OSC Lille gegen Manchester United:**
In der Champions-League-Saison 2006/2007 fand vorstehende Paarung statt. Ergebnis: 0:2. Der Platzverein rügte einen angeblichen Regelverstoß des niederländischen Referees *Eric Bramhaar*. Die UEFA-Rechtsgremien erster und zweiter Instanz stiegen in die Fallprüfung ein und zählten nicht wie die FIFA den gerügten Regelverstoß zu den unangreifbaren Tatsachenentscheidungen des Schiedsrichters (s. oben Teil III Rn. 36). Der OSC Lille wollte den Freistoßtreffer von *Ryan Giggs* in der 84. Spielminute aberkannt haben. *Giggs* hatte kurz nach dem Freistoßpfiff den Ball hingelegt und ins Tor geschossen. Torhüter *Tony Silva* (OSC Lille) stand zu diesem Zeitpunkt noch am rechten Torpfosten und dirigierte das Bilden der Mauer. Der Einspruch blieb ohne Erfolg, da der Ball mit dem Pfiff freigegeben und keine Unterbrechung durch den Schiedsrichter zum Stellen der Mauer erfolgt war. Der Vorgang war auch für die Fernsehzuschauer ungewöhnlich und überraschend. Es lag aber kein Fehler des Schiedsrichters vor – die FIFA hätte mit diesem Fall deshalb auch keine Probleme gehabt.

b) **Die Europameisterschaft 2008 in Österreich und der Schweiz:**
Sie beschwor naturgemäß für die beiden Veranstalterländer erhebliche Sicherheitsprobleme herauf, woraus hier nur die grenzüberschreitenden Fälle mit deutscher Beteiligung Erwähnung finden sollen. Die Prävention wurde als wichtig angesehen: Man setzte ab 1. Juni 2008 sogar das Schengener Abkommen in Österreich außer Kraft und führte die Grenzkontrollen wieder ein. Gruppierungen, die ihren Auftritt geplant hatten, waren aber bereits vorher eingereist, so u.a. 160 deutsche Fans, die anlässlich des Spiels Deutschland gegen Polen Nazi-Parolen und antisemitische Äußerungen in Klagenfurt skandierten. Es kam zu 144 Festnahmen von Deutschen und von 10 Polen. Die Vorbeugung wurde sehr ernst genommen, man fürchtete Wiederholungen der Vorfälle wie in Lens 1998. Auch die Sportler trugen etwas zur Deeskalation bei: Vor den Halbfinals verlasen die Teamkapitäne mäßigende Erklärungen. Die Gesamtbilanz war zwar nicht ganz so gut wie 2006 in Deutschland, aber vergleichsweise friedlich.

c) Große Fußballereignisse sind oft Hintergrund für rechtliche Vervollkommnungen der Fußballwelt. Dabei ist sicherlich die Vielfalt der unterschiedlichen Rechtssysteme unter dem weiten Dach der FIFA ein Hemmschuh. Nach und nach hat die FIFA ihr materielles

Recht und ihr Verfahrensrecht einem gehobenen europäischen Standard angepasst. Auf dem Gebiet des Europarechts sowie dem Wettbewerbs- und Kartellrecht besteht aber insoweit noch Nachholbedarf. Nach und nach sensibilisiert, führte die FIFA anlässlich der WM 2006 eine Versicherung für alle an der Weltmeisterschaft teilnehmenden Spieler zugunsten ihrer Vereine ein.

Im EM-Jahr 2008 unterzeichneten FIFA, UEFA und mehrere europäische Spitzenclubs eine Absichtserklärung, wonach die **UEFA** alle vier Jahre einen Teil des Gewinns der jeweiligen Europameisterschaft an die teilnehmenden Verbände abgibt, damit diese die Vereine, die Spieler abstellen, entschädigen, und zwar auf der Basis pro Tag und Spieler. So wurden für die EURO 2008 rund 44 Mio. €, für die WM 2010 über 50 Mio. € zugesagt. Das Einlenken von FIFA und UEFA ist nicht zuletzt auf kartellrechtliche Risiken in anhängigen Gerichtsverfahren zurückzuführen[597]. Die „große Fußballfamilie", wie Funktionäre alle unter dem Dach der FIFA Lebenden gerne umschreiben, hat eine interne Lösung gefunden.

Weitere kartellrechtliche Probleme treten nicht nur im Bereich DFB/DFL auf, sondern auch beim Sponsoring der Veranstaltungen von FIFA und UEFA können Kartellverstöße entstehen[598].

d) **Der Fall FC Porto:**
Allen Unkenrufen zum Trotz zögern die UEFA-Rechtsinstanzen nicht, die Verwaltungsentscheidung des Verbands wegen Rechtsfehlerhaftigkeit aufzuheben. So war der FC Porto, der wegen vor einigen Jahren erfolgter Schiedsrichterbestechung rechtskräftig verurteilt worden war, für die Saison 2008/2009 von der Champions League durch den nationalen Verband ausgeschlossen worden. Der Berufungssenat der UEFA hob diese Entscheidung auf und ließ den Club zu, weil nach portugiesischem Verbandsrecht zur **Tatzeit** die Nichtnominierung für internationale Wettbewerbe noch **nicht** vorgesehen war (Verstoß gegen das Rückwirkungsgebot).

---

597 *Heermann*, CaS 2008, 215.
598 Aufschlussreich *Heermann*, CaS 2008, 211, 213.

Teil VII: Ausklang
Das Recht in sonstigen Bereichen des Fußballs

Zur Abrundung zu den Teilen I bis VI und zur Ergänzung der abgehandelten Rechtsfragen sollen nachfolgend noch einige in der Breite des deutschen Fußballrechts angesiedelte Rechtsprobleme erörtert und einer Lösung zugeführt werden.

Kapitel 1: Das Recht der Fußballerinnen

Die Thematik   **1**
soll durch zwei Vorschriften präsentiert werden:

- Das FIFA-Reglement bezüglich Status und Transfer von Spielern (RSTS) enthält im Bereich seiner Definitionen vor Art. 1 unter NB folgende Regelung:

  „Beziehen sich die Begriffe auf natürliche Personen, sind Mann und Frau gleichgestellt ...“

- § 33 Nr. 3 DFB-Spielordnung lautet:

  „Fußballspiele zwischen Frauen- und Herrenmannschaften sind im Pflichtspielbetrieb nicht statthaft. Freundschafts- und Trainingsspiele gemischter Mannschaften oder zwischen Frauen- und Herrenmannschaften sind zulässig ...“

Ein Zyniker könnte diese Rechtslage dahingehend charakterisieren, ein Ja zur Gleichheit, nur nicht, wenn es um was geht!

Geschichte des Frauenfußballs   **2**
Im Jahre 1958 erfolgte noch auf einem Bundestag des DFB ein ausdrückliches Verbot des Frauenfußballs, das dann 1970 außer Kraft gesetzt wurde. 1974 durften die Damen, wie sie damals hießen, erstmals ihren deutschen Meister küren (TuS Wörrstadt). Das Länderspieldebüt wurde 1982 nach guter „männlicher“ Tradition gegen die Schweiz ausgetragen (Sieger: Deutschland mit 5:1). 1996 wurde als logische Folge dieser Entwicklung erstmals die Wahl einer „Fußballerin des Jahres“ durchgeführt (*Martina Voss* vom FC Rumeln-Kaldenhausen). Mittlerweile ist *Birgit Prinz* dreimal zur Weltfußballerin des Jahres gekürt worden. Der Frauen- und Mädchenfußball in Deutschland ist eine aktuelle Trendsportart (Zuwachsraten bis zu 10%). Die Frauen-Nationalmannschaft erzielt europa- und weltweit einschließlich bei Olympischen Spielen große Erfolge.

Die Praxis   **3**
Die deutschen Frauen sind selbstverständlich an die Fußballregeln gebunden – es gibt keine Sonderbestimmungen für Spielerinnen des weiblichen Geschlechts. So war die Weltfußballerin *Birgit Prinz* nicht dagegen gefeit, nach einer Revanchetätlichkeit durch das DFB-Sportgericht für vier Pflichtspiele nach § 1 Nr. 4 RuVO gesperrt zu werden.

Gemischte Mannschaften mit Frauen und Männern werden im Hinblick auf die erhöhte Verletzungsgefahr der in der Regel kräftigeren Männer und auf die Chancengleichheit grundsätzlich nicht befürwortet. Teams, bestehend aus Frauen und Männern, oder Spiele der Geschlechter gegeneinander werden meistens aus besonderen Anlässen (Fasching, Feste) ausgetragen, und dabei mehr zum Jux. Das gilt aber für fast alle Sportarten der Welt – mit wenigen Ausnahmen: So können im Polosport Männer und Frauen in einer Mannschaft spielen.

4 Der Versuch einer Integration
Im Jahre 2003 versuchte der um keinen PR-Gag verlegene Vereinspräsident des Serie-A-Clubs AC Perugia, *Luciano Gaucci*, der bereits eine weibliche Trainerin verpflichtet hatte, die Torschützenkönigin beim deutschen WM-Titelgewinn *Birgit Prinz* für seine Profimannschaft unter Vertrag zu nehmen. Mit dem Argument, dass Frauen auch am Fließband bei Fiat neben den Männern arbeiteten, beantragte er eine Spielerlaubnis für die deutsche Weltklassespielerin beim Italienischen Fußballverband Federcalcio (FIGC) und machte der Torjägerin ein Angebot in siebenstelliger Eurohöhe. *Prinz* lehnte ab und meinte: *„Als Glamour-Girl eigne ich mich nicht."* – Sie fürchtete um ihre weitere Karriere. Die FIFA zog nach: Ihre Exekutive schrieb am 16. Dezember 2003 an den FIGC: *„Die Trennung von Geschlechtern auf professionellem Fußballlevel ist in kontinentalen wie in FIFA-Wettbewerben* **absolut.**" Gaucci bedauerte und meinte, wenn er die Sache weiterverfolgt hätte, hätte spätestens der EuGH zu seinen Gunsten entschieden. Aber auch dort dürften die sportlichen Gesetze als Ausfluss der Vereinsautonomie den Vorrang haben und das sprichwörtlich schwache Geschlecht vor Ärger bewahren.

Auf Schiedsrichterebene scheint man insoweit anders zu denken. Die bereits in Zweitligaspielen eingesetzte *Bibiana Steinhaus* steht auf dem Sprung, Spiele der Bundesliga der Männer leiten zu dürfen.

Kapitel 2: Der Schiedsrichter und sein Recht

5 Geschichtliches
Als der Schiedsrichter zum ersten Mal in der Literatur als Entscheider auftauchte (1887), waren ihm zwei weitere Schiedsrichter unterstellt. Erkannte einer der beiden „Unter-Richter" auf eine Unkorrektheit, hob er die Fahne und gab Meldung an den Oberschiedsrichter. Wenn dieser anderer Meinung war, befragte er den weiteren Richter, dessen Entscheidung dann maßgeblich war – eine frühe Form der Überstimmung des Hauptschiedsrichters. Dieses umständliche und nicht immer stimmige Verfahren wurde nach zwei Jahren dahin abgeändert, dass der Schiedsrichter für die Entscheidung verantwortlich ist und die beiden anderen zum Linienrichter degradiert worden sind, die heute Schiedsrichter-Assistenten genannt werden. Zu den ersten deutschen Endspielen wurden keine Schiedsrichter bestellt. Man ging davon aus, dass am Spieltag genügend sachverständige Fußballer anwesend seien, von denen einer die Spielleitung übernehmen würde. So haben damals öfters Mitglieder des DFB-Vorstands – manchmal im Zivilanzug – als Unparteiische amtiert. Das hat sich zwischenzeitlich grundlegend geändert: Ich trete heute den Mitgliedern des DFB-Vorstands nicht zu nahe, wenn ich behaupte, dass – außer dem Schiedsrichterobmann – kein anderes Vorstandsmitglied des DFB sich zutrauen würde, das deutsche Pokalendspiel zu leiten. Immerhin wäre für den Ehrenamtler nach dem derzeitigen Salär eine Gage von 4.000 € zu verdienen. Das ist sicherlich heute eine Vergütung, die in angemessener Weise die Gegenleistung im Blickfeld hat. Ein Spitzenschiedsrichter, der ein Bundesligaspiel leitet, hat binnen sekundenschnelle Entscheidungen von manchmal enorm wichtiger

Bedeutung zu treffen und steht dabei unter großer psychischer Belastung – etwa unter dem Pfeifkonzert von 60.000 Zuschauern. Es stellt sich deshalb auch die Frage seiner Haftung bei seiner Schiedsrichtertätigkeit. Ein Fall: Ein Bundesligaspiel soll an einem Freitagabend in einem Stadion ohne Rasenheizung stattfinden. Obwohl die Spielfläche von Eis überzogen ist, lässt sich der Referee von dem Platzverein und einem Vertreter des Fernsehens, das eine Live-Übertragung geplant hatte, zur Spieldurchführung überreden. Ein Gästespieler erleidet einen Beinbruch, der Rasen ist völlig ruiniert: Wiederherstellungskosten: 100.000 €. Der BGH[599] hilft den Schiedsrichtern, indem er eine Haftungsfreistellung nach § 661 Abs. 2 BGB wie bei einem Preisausschreiben heranzieht. Zu denken ist auch an eine Parallele zum Spruchrichterprivileg nach § 839 Abs. 2 BGB. Durch diese Vorschrift soll die Entscheidungsfreude bei Richtern nicht aus Angst vor einem Regress eingeschränkt werden. Diese Privilegierung gilt selbstverständlich nicht bei Vorsatz des Referees (wie im *Hoyzer*-Skandal).

Auch die FIFA steht nicht zurück bei der Haftungsfreistellung des Schiedsrichters. Der IFAB legt dies in der Entscheidung Nr. 1 zur Fußballregel 5 ausdrücklich fest, und zwar für Personen- wie für Sachschäden aller Art, u. a. auch für seine Entschließung darüber, *„ob der Zustand des Spielfelds oder ... die Wettbewerbsbedingungen ein Spiel zulassen oder nicht"*. Über die Wirksamkeit dieses weitreichenden Haftungsausschlusses braucht man nicht länger nachzudenken, da die FIFA-Regelung ja der deutschen Rechtsprechung entspricht.

Sollte es gleichwohl zu einer Verurteilung eines Schiedsrichters wegen fahrlässiger Verwirklichung eines Haftungstatbestandes kommen – in dem Beispielsfall ist diese Verschuldensform im Hinblick auf die Gefährlichkeit der Spielfläche eventuell zu bejahen –, so ist ein Freistellungsanspruch gegen den DFB entsprechend den Rechtsprechungsgrundsätzen über die gefahrgeneigte Arbeit gegeben[600].

In einer anderen Prozesssituation, in die ein Schiedsrichter kommen kann, ist die höchstrichterliche Rechtsprechung gefestigt[601], und zwar eindeutig zugunsten des Schiedsrichters. Sie betrifft die Fälle von prozessfreudigen Rechtsanwälten – oft unterstützt durch eine Rechtsschutzversicherung –, die im Namen eines des Feldes verwiesenen Spielers den Schiedsrichter auf Unterlassung oder gar auf Widerruf seines den Spieler belastenden Berichts an die Verbandsgerichtsbarkeit in Anspruch nehmen. Als Justitiar eines Landesverbandes wundert man sich, wie oft dies geschieht – wohl zur Einschüchterung (?), obwohl Rechtsprechung und BGB-Kommentare **einhellig** bereits die Zulässigkeit solcher Klagen mangels Rechtsschutzbedürfnisses verneinen. In dem Verbandsverfahren wird die Richtigkeit der Schiedsrichterangaben geprüft. Abwehransprüche greifen in unerträglicher Weise in die Sportrechtspflege ein. Dort haben die Betroffenen ihre Darstellung abzugeben und zur Beurteilung der zuständigen Instanz zu stellen[602].

Die Richter in den schwarzen Roben schützen somit ihre „Kollegen" in den kurzen – manchmal bunten – Hosen vor Lästigkeiten mit prozessfreudigen Fußballern und deren Anwälten.

---

599 BGHZ 17, 366; *Palandt-Sprau*, aaO., § 661 BGB Rn. 2.
600 *Pfister*, Die Verantwortlichkeit des Schiedsrichters, aaO., S. 84.
601 BGH, NJW 1987, 3138 mit zahlreichen Nachweisen aus der BGH-Rechtsprechung.

602 So zum Schiedsrichter eines Fußballverbandes: LG Karlsruhe, NJW-RR 2003, 39; *Palandt-Sprau*, aaO., § 823 Rn. 104; s. ferner LG Nürnberg, SpuRt 16/16/31; Amtsgericht Lahr, SportR 16/16/34.

Kapitel 3: Die rechtliche Stellung eines Trainers

6 Arbeitsverhältnis

Trainer gibt es im Fußballbereich auf Vereins-, Verbands- bis hin zur DFB-Ebene – und dort von den Nationalteams der U-13 bis zur Frauen- und Herren-Nationalmannschaft. Ihr Vertragsverhältnis ist nach ganz h. M. als Arbeitsvertrag zu qualifizieren – ein bestimmter Erfolg, der zu einem Werkvertrag führen würde, war nicht einmal bei *Jürgen Klinsmann* Vertragsbestandteil, obwohl dieser bei seinem Amtsantritt sagte: *„Wir werden Weltmeister!"* Auch die oft reichlichen Entlohnungen in der Größenordnung der Bezüge der Spitzenmanager der Deutschen Bank oder von Daimler-Benz machen ihn nicht zum Selbständigen, auch wenn er oft schutzbedürftig wie ein typischer Arbeitnehmer sein mag. Ein Trainer ist persönlich abhängig, weil er in den Vereins-/Verbandsbetrieb eingegliedert ist: Zeit und Ort des Trainings und der Spiele stehen fest. Inhaltlich ist er in erster Linie Lehrer, aber auch Medienpartner, Betreuer, Motivationskünstler, Berater, Psychologe. Er ist in der Regel kein leitender Angestellter, da er höchst selten zur selbständigen Einstellung und Entlassung von Spielern befugt ist, wenn er auch oft dabei ein wichtiges Mitspracherecht hat.

7 Befristetes Arbeitsverhältnis

Ein Spitzentrainer wird oft mit einem Theaterregisseur verglichen. Er muss die Ausbildung als Fußball-Lehrer abgeschlossen haben, aber selbst nicht unbedingt ein Fußballstar gewesen sein: der erfolgreiche Trainer des AC Milano *Arrigo Sacchi* spielte nur in der B-Klasse.

Wenn die trainierte Mannschaft einer höheren Spielklasse angehört, ist es die Regel, dass der Arbeitsvertrag des Trainers befristet ist. Die Laufzeit liegt zwischen einem Jahr und fünf Jahren. Damit ist ein Rechtsproblem heraufbeschworen, bezüglich dessen bisher nicht einmal das Bundesarbeitsgericht für völlige Klarheit gesorgt hat. Wenn eine kalendermäßige Befristung über zwei Jahre hinaus getroffen worden ist, bedarf es nach § 14 Abs. 2 Satz 1 des Gesetzes über Teilzeit und befristete Arbeitsverträge (TzBfG) eines „sachlichen Grundes". Aus dem Katalog der insoweit im Gesetz (§ 14 Abs. 1 Satz 2 Nr. 4 TzBfG) aufgeführten Gründe ist bei Trainerverträgen in erster Linie die Rechtfertigung „durch die Eigenart der Arbeitsleistung" einschlägig. Bis zum Jahre 1998 schien man im Hinblick auf die höchstrichterliche Judikatur bei Trainerverträgen auf festem Boden zu stehen. Das BAG[603] hatte bei Fußball-Lehrern wie bei Künstlern, Schauspielern, Musikern oder Sängern den Gesichtspunkt des Verschleißtatbestands als „sachlichen Grund" herangezogen.

> *Aus den Gründen: „Bei der Arbeit des Trainers, der Sportler zu Hochleistungen führen soll, spielen viele Unwägbarkeiten eine Rolle. Es stellt sich bei dieser Tätigkeit oft eine Ermüdung oder ein Verschleiß ein, wobei zufällige oder irrationale Momente über Erfolg oder Misserfolg der Trainerarbeit entscheiden."*

Die Instanzgerichte folgten dieser Grundsatzentscheidung einhellig, und man glaubte sich im Sportbereich bei diesem Rechtskomplex am sicheren Ufer. „Aus heiterem Himmel"[604] hat der nach einer Geschäftsverteilungsplanänderung insoweit zuständige 7. Senat[605] sich von der bisherigen Rechtsprechung teilweise gelöst. Ein Verschleiß soll nunmehr nur noch im *„persönlichen Verhältnis zwischen dem Trainer und den zu betreuenden Sportlern"* liegen können, was bei der Fluktuation im Nachwuchsbereich, die meist in kürzeren Zeitabständen erfolgen, nicht zu bejahen sei. Die Sportjuristen fürchteten nunmehr, dass auch im Seniorenbereich bei Trainern, die in regelmäßigen Abständen immer wieder neue Sportler ausbilden, ein befristetes Arbeitsverhältnis nicht mehr zulässig sein könnte. Es bestand

---

603 Urteil vom 19. 6. 1986, SpuRt 1996, 21 ff.   **605** Urteil vom 29. 10. 1998, NZA 1999, 446.
604 So *Herrmann Latz* im Schreiben des DSB
vom 20. 4. 1999 an dessen Fachverbände.

aber die Hoffnung, dass das BAG bei einem Fall eines Jugendtrainers für den Kanu-Rennsport am 15. 4. 1999 die Gelegenheit zur Klarstellung nutzen würde. In der mündlichen Urteilsbegründung hat der Senatsvorsitzende überraschend dargelegt, dass die **Befristung** von Trainerverträgen **nur** in **Ausnahmefällen** zulässig sei. Der Senat habe kein Verständnis für ein „Sonderrecht des Sports". Dieser müsse sich in die allgemein gültigen Rahmenbedingungen einfügen. So lasse z. B. auch bei Lehrern im Laufe der Jahre die Motivationsfähigkeit nach, ohne dass deshalb befristete Arbeitsverträge mit ihnen geschlossen werden dürften. In den schriftlichen Urteilsgründen[606] wird ein **Verschleißtatbestand** verneint, wenn die Verweildauer der zu betreuenden Sportler in der Obhut des Trainers kürzer bemessen ist als die vorgesehene Vertragszeit des Trainers.

Wörtlich: „Der Befristungsgrund eines Verschleißes rechtfertigt sich nämlich nicht durch den Wechsel des Sportlers, sondern allenfalls durch das Bedürfnis, die auf Dauer im Kader verbleibenden Sportler mit den Anforderungen eines anderen Trainers vertraut zu machen."

Der 7. Senat des BAG betont aber, dass in jedem **Einzelfall** geprüft werden müsse, wie stark die Fluktuation bei den betreuten Sportlern sei. Rechtssicherheit besteht danach schwerlich. Es ist zudem doch richtigerweise auf den Zeitpunkt des Vertragsschlusses abzustellen. Bei Jugendsportlern mag der Jahrgangswechsel vorprogrammiert sein. Bei Bundesligavereinen hängt das Auswechselungsbedürfnis von vielen Umständen ab, die sich zudem erst **nach** Vertragsschluss ergeben – maßgeblich ist dabei oft der Erfolg oder Misserfolg des Trainers, auch dafür, wie früh bei ihm ein Burn-out-Syndrom auftritt. Grund zum Optimismus hinsichtlich einer höchstrichterlichen Prüfung des Vertrages eines Bundesligatrainers gibt jedoch der Kernsatz des Urteils, dass für den Trainerberuf eine „spezifische Verschleißgefahr" bestehe[607].

Fristlose Kündigung   8
Klar und konstant ist die Rechtsprechung zu einer Fallgruppe, die jahrein, jahraus hundertfach im Fußballbereich auftritt: die fristlose Kündigung eines Trainervertrages wegen Erfolglosigkeit. Sie setzt nach § 626 BGB einen „wichtigen Grund" voraus. Dieser wäre zu bejahen beispielsweise bei groben Pflichtverletzungen des Trainers, insbesondere bei Beleidigungen des Präsidenten oder des Hauptsponsors, bei einer Tätlichkeit gegen einen Spieler pp., wegen denen die Fortsetzung des Arbeitsverhältnisses bis Fristende unzumutbar ist. Der **sportliche Misserfolg** ist kein solcher Grund. Der Verein kann den Trainer allenfalls freistellen, muss aber die Vergütung abzüglich der ersparten Aufwendungen entrichten. Man bedenke: Fußballimmanent ist, dass pro Spielzeit zwei Mannschaften absteigen müssen – also zwei Trainer immer sportlichen Misserfolg haben müssen. Da es rechtlich nicht zulässig ist, den wichtigen Grund über das gesetzliche Maß des § 626 BGB hinaus zu definieren[608], hilft es auch nichts, wenn in dem Vertrag der Abstieg als Grund für eine fristlose Kündigung niedergeschrieben ist.

Kapitel 4: Die Haftung bei Sportverletzungen

Grundsatz   9
Der Sport kann grundsätzlich für seinen Bereich keine Sonderbestimmungen reklamieren, aber teilweise doch gewisse Abweichungen im Hinblick auf spezifische Eigenheiten der

---

606 SpuRt 1999, 254.
607 Urteil vom 15. 4. 1999, 2 a Abs. 2 = SpuRt 1999, 254.

608 *Palandt-Weidenkaff*, aaO., § 626 BGB Rn. 2.

Sportler untereinander fordern. Eindeutig ist vorweg klarzustellen, dass gegenüber unbeteiligten Dritten, denen Schadenszufügungen an Gesundheit und Eigentum durch Sportausübende erwachsen sind, die volle Einstandspflicht aus § 823 Abs. 1 BGB gegeben ist. Bei Personen, die sich zur gemeinsamen Sportausübung verbunden haben, kann dies anders sein.

10 Haftung bei Fußballunfällen

Personen- oder Sachschadensfälle ereignen sich beim Hobby-Sport wie auch beim Fußballspielen in einem Verein. *Fritzweiler*[609] unterscheidet

a) die Haftung des Sportlers gegenüber Mitspielern und Zuschauern sowie dem Veranstalter,
b) die Haftung des Veranstalters gegenüber den Teilnehmern und Zuschauern,
c) die Haftung von Zuschauern gegenüber dem Veranstalter und anderen Zuschauern.

Wegen der hierzu behandelnden Thematik wird zu den Problembereichen b) und c) auf die weiterführende Literatur verwiesen und lediglich die Haftung zwischen Sportlern dargestellt.

11 Haftung unter Sportlern

In erster Linie kommen insoweit deliktische Ansprüche in Betracht, wobei unterschieden wird zwischen Individualsportarten (Sport nebeneinander) und Kampfsportarten (Sport gegeneinander)[610]. Das Fußballspiel gehört zwar nicht zu den von der BAG-Rechtsprechung entwickelten sog. **gefährlichen Sportarten** (z. B. Hochalpinismus, Go-Kart-Rennen pp.), sehr wohl aber zu den **Kampfsportarten**. Es ist im Fußball nie völlig auszuschließen, dass ein Gefahrenpotential auch bei Einhaltung der Regeln oder bei geringfügigen Regelverletzungen besteht. Aufgrund dieser allgemeinkundigen Tatsache geht jeder Fußballspieler bei seiner Teilnahme am Spiel, ja auch beim Training davon aus, *„dass er Verletzungen, auch solche schwerster Art in Kauf nimmt, die auch bei Ausübung nach den anerkannten Regeln nicht zu vermeiden sind“*. Der BGH sieht in seiner Grundsatzentscheidung aus dem Jahre 1974[611] in der Inanspruchnahme des Schädigers ein widersprüchliches Verhalten. Verletzungen bei einem Spieler im Rahmen der Regeln würden von jedem Teilnehmer in Kauf genommen. In höchstrichterlicher Souveränität wird die dogmatische Begründung für eine Haftungsfreistellung dahingestellt gelassen, indem es heißt, es könne offenbleiben, *„ob die Inkaufnahme der Gefährdung etwa als ‚Handeln auf eigene Gefahr‘ oder als ‚sozial-adäquate Verhaltensweise‘ anzusehen ist und damit – je nach dem rechtsdogmatischen Ansatz des Betrachters bereits die Tatbestandsmäßigkeit oder doch die Rechtswidrigkeit der in § 823 Abs. 1 BGB kodifizierten Deliktstatbestände ausgeschlossen ist“*. In dieser frühen Rechtsprechung des BGH, die aber noch immer als Leitentscheidung herangezogen wird, wird das regelgerechte Verhalten des Verletzers noch sehr in den Vordergrund gestellt. Es wurde offengelassen, ob Gleiches bei geringfügigen Regelverstößen, z. B. aus Spieleifer, Unüberlegtheit, technischem Versagen, Übermüdung oder ähnlichen Gründen, gilt. Bei solchen Fällen dürfte häufig bereits das Verschulden entfallen. Die Spielstärke und die Routine des Spielers beeinflussen ebenfalls die Verletzungsgefahr bei einem Gegner. Der BGH führt aus, eine Gefährdung der sportlichen Unversehrtheit sei im Wesen des Fußballs begründet und werde durch die Teilnahme des Sportlers an einem Fußballspiel „gebilligt“. Jeder Spieler ist potentieller Schädiger und potentieller Verletzter[612]. Die Fußballregeln und insbesondere die häufig tangierte Regel 12 stellen jedenfalls keine Schutzgesetze nach § 823 Abs. 2 BGB dar[613].

609 PHB, V, Einführung Rn. 3.
610 PHB/*Fritzweiler*, V 2 Rn. 13 ff.
611 BGHZ 63, 140 = NJW 1975, 109.
612 BGH, NJW 1975, 109, 110.
613 *Thaler*, aaO., S. 180.

Eine Haftung des Verletzers besteht dagegen stets bei vorsätzlicher oder grob fahrlässiger Regelwidrigkeit.

Eine Auswertung der Rechtsprechung der Instanzgerichte und des BGH zeigt, dass die Gerichte Verständnis für die Spielsituationen beim Fußball haben und z. B. auch bei einem Hineingrätschen in die Beine des Gegners (*Sliding Tackling*, auch *Blutgrätsche* genannt) eine grundsätzlich zulässige Abwehrmethode im Rahmen einer gesunden Härte annehmen. Dies ist nicht immer durch die Regel 12 verboten, wenn Ziel des Angriffs der Ball ist[614]. Anders sah dies richtigerweise das OLG München in einem Fall, in dem der Torwart mit vorgestrecktem Bein in Kniehöhe „nach Art eines Weitspringers" gegen das rechte Bein eines angreifenden Spielers sprang und diesen verletzte[615]. Wichtig ist auch die Klarstellung des OLG Hamm[616], dass das Gericht die Verschuldensprüfung vorzunehmen hat, unabhängig von der jeweiligen Schiedsrichterentscheidung auf dem Spielfeld. Ob der Verletzer durch die Sportgerichte verurteilt wird, ist auch von sekundärer Bedeutung. Weitere Beispiele, in denen ein Grenzfall zwischen Haftung oder Nichthaftung erreicht wird, ist ein Angriff auf den Gegner mit beiden Beinen voran oder ein Schlag in Kopfhöhe des Gegners mit dem Fußballschuh bzw. bei Revanchefouls oder Tätlichkeiten fernab vom Ball[617], wobei in den beiden letzten Fällen je nach Tatausführung eine Haftung eher angenommen werden kann. Ein boxender Mittelstürmer weitab vom Ball verdient schwerlich eine Haftungsprivilegierung. Entscheidend ist aber auch wie in vielen Zivilprozessen die Beweislastverteilung. Der Anspruchsteller – das sind oft auch Krankenversicherungen oder Arbeitgeber kraft übergegangenen Rechts – hat die Anspruchsvoraussetzungen einschließlich der Voraussetzung für die Rechtswidrigkeit der Verletzungshandlung zu beweisen. Das Risiko der Unaufklärbarkeit des blitzschnellen Kampfgeschehens kann jeden Spieler treffen und darf deshalb nicht dem Verletzer überbürdet werden[618]. Die Rechtsprechung ist in den Ergebnissen ziemlich gefestigt, die Begründung ist aber noch nicht einhellig (Ansätze: Einwilligung, Handeln auf eigene Gefahr, § 254 BGB, Grundsätze der gefahrgeneigten Arbeit, Sozialadäquanz u. a.). Es bleibt aber bei dem Obersatz: Primär sind Sportler für erlittene Sportunfälle selbst verantwortlich. Seit der Leitentscheidung des BGH aus dem Jahre 1974[619] haben die Instanzgerichte, ohne dass deren Richter ein Fußballexamen absolviert haben, die Leitvorstellungen des BGH von damals fortentwickelt und einzelfallbezogene Grundsätze über die Haftung des Fußballers entwickelt. Wenn der dem Fußballsport immanente Grenzbereich zwischen Härte und Unfairness noch nicht überschritten ist, kommen sie in der Regel nicht zur Haftung des Spielers[620].

Ergänzend ist anzumerken, dass das bei sonstigen Körperverletzungen parallel zu dem Zivilverfahren oft durchgeführte Strafverfahren im Fußball höchst selten ist. Das Strafrecht hält sich insoweit weitgehend heraus und überlässt aus guten Gründen nach einem unglücklichen Verlauf eines Wettkampfs die Sportler unter sich.

---

614 So OLG München, VersR 1986, 247.
615 Nichtannahme der Revision zu OLG München, VersR 1977, 844.
616 SpuRt 1998, 156 mit Anmerkung *Fritzweiler*.

617 *Thaler*, aaO., CaS 2006, 173, 191.
618 BGH, NJW 1975, 109.
619 NJW 1975, 109.
620 Siehe *Thaler*, aaO., CaS 2006, 172.

Kapitel 5: Amateurspieler im Internet

12 Gegenwärtige Situation

Im DFB-Bereich spielen derzeit ca. 26.000 Mitgliedsvereine mit zumeist mehreren Mannschaften Woche für Woche Fußball. Diese Spiele, die wöchentlich die Zahl von ca. 90.000 erreichen, werden von 21 Landesverbänden organisiert.

Die „Hartplatzhelden GmbH" ließ seit einiger Zeit auf ihrem Internet-Portal Hobbyfilmer Spielszenen von Amateurspielen des Württembergischen Fußballverbandes (WFV) vorführen. Die Refinanzierung fand über Werbebanner statt. Argumentiert wird, dass Millionen Hobbykicker jede Woche aus Liebe zum Fußball ihre Leistung erbringen; ihnen gehöre der Fußball und sie sollten Videos zeigen können, wo immer sie wollen. Man wolle den Amateuren nur eine attraktive Plattform bieten.

13 Zur Rechtslage

Am 8. Mai 2008 verkündete die Kammer für Handelssachen des Landgerichts Stuttgart[621] in Sachen WFV gegen Hartplatzhelden GmbH, dass die Beklagte es zu unterlassen habe, Ausschnitte von Amateurspielen aus Württemberg zu zeigen – unter Androhung eines Zwangsgeldes bis zu 250.000 € bei Zuwiderhandlung. Dieses Urteil ist bisher nicht rechtskräftig – die Beklagte hat Berufung eingelegt; Verhandlungstermin: 20. 11. 2008.

> *Aus der Urteilsbegründung 1. Instanz: „... Die Kammer ist davon ausgegangen, dass dem Veranstalter von Sportereignissen wegen der erbrachten Leistungen ein ausschließliches Vermarktungsrecht an Spielen zusteht. Dieses wird verletzt, wenn Dritte im geschäftlichen Verkehr ohne Zustimmung des Berechtigten Filmausschnitte öffentlich zugänglich machen."*

Der WFB betont, dass es ihm darum gehe, dass mögliche Erträge aus Fußballspielen bei dem Verband als **Interessenwahrer der Vereine** landen. Der DFB argumentiert: Die Dienstleister der Vereine sind die Landesverbände. Deren Vereine finanzieren die Kosten des Spielbetriebs (Spielorganisation, Schiedsrichter, Sportrechtsprechung). Kein Dritter dürfe deshalb an Videoszenen von Amateurspielen zu Lasten des Clubs verdienen. Die in Zukunft zu erwartenden größeren Einnahmequellen aus Bewegtbildern seien exklusiv den Vereinen zuzusichern, nicht aber kommerzialisierten Unternehmen. Analog der Praxis im Profibereich müssten auch die vergleichbaren, in der Höhe aber recht geringfügigen Einnahmen im eigenen Kreislauf bleiben[622]. WFV-Präsident *Herbert Rösch* zu dem Stuttgarter Urteil: „*Dieses Feld durfte man nicht sehenden Auges kommerziell ausgerichteten Anbietern überlassen und untätig bleiben.*" Falsch ist in diesem Zusammenhang die Negativkritik, der WFV habe erreicht, dass der stolze Vater das Traumtor seines Sohnes nicht mehr auf einer von ihm bevorzugten Seite zeigen dürfe. Dies soll natürlich selbstverständlich im nichtkommerziellen Bereich uneingeschränkt zulässig bleiben, weshalb das Vorgehen des WFV keineswegs „ein klassisches Selbsttor" ist.

Das Landgericht Stuttgart[623] ist weitgehend dieser Auffassung beigetreten. „*Die alleinige Verwertungsmöglichkeit an Sportereignissen steht deren Veranstalter, hier dem WFV, zu. Dies rechtfertigt sich daraus, dass der Veranstalter das finanzielle Risiko des Ereignisses trägt und die organisatorischen Voraussetzungen für eine Veranstaltung trifft. Die Leistung des WFV besteht u. a. in der Organisation des Spielbetriebs, der Aufstellung der Spielpläne, der Ausbildung von Schieds-*

---

621 Az.: 41 O 3/08, SpuRt 2008, 166 ff.
622 DFB-Journal 2008, 38, 39.
623 SpuRt 2008, 166, 167 mit ablehnender Anmerkung von Stefan *Ernst*, CaS 2008, 289, der eine

Rechtsgrundlage für das Unterlassungsbegehren mangels eines immaterialgüterrechtlichen Veranstalterrechts der Sportverbände verneint.

*richtern und Ordnern und der Zurverfügungstellung einer Sportgerichtsbarkeit. Ohne diese Leistungen wäre der Spielbetrieb im Amateurfußball in der derzeitigen Form in Württemberg nicht möglich, weshalb der WFV **als Mitveranstalter** der einzelnen Fußballspiele anzusehen ist. Als solcher kann er gegen Dritte vorgehen, die das Leistungsergebnis in rechtswidriger Weise auswerten."*

Das von der „Hartplatzhelden GmbH" geschaffene Internet-Portal – auch wenn die darin gezeigten Videosequenzen Mitschnitte von Privatpersonen sind – greift in das Vermarktungspotential des WFV ein, weil die GmbH die von diesem geschaffenen Leistungsergebnisse übernimmt und damit wettbewerbswidrig handelt, was gemäß §§ 3, 8 UWG zu untersagen ist.

Kapitel 6: Kostentragung des Polizeieinsatzes bei Fußballspielen

Derzeitige Situation   14
Es ist ein gängiges Biertischargument, dass die reichen Bundesligavereine die Kosten der Polizei anlässlich eines Bundesligaspiels selbst tragen sollten. In ähnlichem Sinne äußern sich Vertreter der Gewerkschaft der Polizei, die auf ihren Tagungen die staatliche Subvention durch kostenlosen Polizeieinsatz kritisieren. Von Fußballseite weist man auf die hohen jährlichen Steuerleistungen der Vereine hin und möchte behandelt werden wie andere Veranstalter – z. B. bei Volksfesten, Parteitagen, Demonstrationen pp. In allen Fällen erfülle die Polizei ihren Auftrag zur Gefahrenabwehr. Wenn man sogar die Kosten der Polizeieinsätze bei den WM-Spielen 2006 fordere, so werde außer Acht gelassen, dass sich dieses sportliche Mega-Event für Deutschland als Gastgeberland sportlich, kulturell und politisch ausgezahlt hat: Der Imagegewinn und die erworbenen Sympathiewerte seien in Zahlen nicht messbar. Der finanzielle Erfolg der Tourismusbranche und für viele andere Wirtschaftsbetriebe in der Bundesrepublik sei ebenso immens gewesen wie die Steigerung des deutschen Ansehens in der ganzen Welt. Man sieht seitens des DFB und der Bundesligavereine eine Kostenbeteiligung, die trotz der immer wieder aufflammenden Diskussion **derzeit nicht besteht**, aus gesellschafts- und sportpolitischen Gründen für verfehlt an. Arbeitskreise auf der Ebene der Innenministerkonferenz haben sich in der Vergangenheit mit der Thematik befasst und letztlich eine Weiterverfolgung des Anliegens verneint.

Die Rechtslage   15
Die Kosten des Polizeieinsatzes bei einer sportlichen Großveranstaltung (z. B. bei einem Bundesligaspiel mit großer Zuschauerbeteiligung) können nach staatlichen Schätzungen bis ca. 50.000 € pro Spiel betragen. Hinzu kommen auf Seiten der Heimvereine erhebliche Aufwendungen für den Einsatz qualifizierter Wach- und Sicherheitsdienste. Das Zusammenwirken beider und ihre wechselseitigen Funktionen sind oben (Teil IV, Rn. 11) im Einzelnen dargestellt, wobei vier Phasen der Polizeitätigkeit aufgezeigt wurden.

Bei der rechtlichen Bewertung ist dabei vom **Grundsatz polizeilicher Subsidiarität** auszugehen, wonach der Schutz privater Rechte nur dann zur Gefahrenabwehr gehört, wenn gerichtlicher Schutz nicht rechtzeitig zu erlangen ist und ohne die Hilfe die Gefahr besteht, dass die Verwirklichung des Rechts vereitelt oder regelmäßig erschwert wird[624]. Im Umfeld des Stadions von Fußballgroßereignissen geht es dagegen im Regelfall um ein

---

624 *Nolte*, Sport und Recht, S. 131.

„öffentliches Interesse an polizeilichen Maßnahmen", nämlich um den Schutz Unbeteiligter sowie um die Funktionstüchtigkeit und Unversehrtheit der gesamten staatlichen Rechtsordnung. Dazu gehören von den oben untergliederten Phasen die ersten unzweideutig zur Wahrung der staatlichen Rechtsordnung im Allgemeinen. Erst beim Einsatz rund um das Stadion und seiner An- und Abfahrtswege vor, während und nach dem Spiel ist die kostenträchtige Präsenz großer Polizeikontingente erforderlich. In den 60er und 70er Jahren waren regelmäßig nur eine Handvoll Polizeibeamter der zuständigen Inspektion zur Gewährleistung der Sicherheit bei einem Bundesligaspiel im Einsatz, heute sind es oft eine oder mehrere Hundertschaften der Bereitschaftspolizei. *Nolte*[625] berichtet, dass bereits vor zehn Jahren in einer Saison bei insgesamt 716 Pflichtspielen der 1. und 2. Bundesliga und der Nationalmannschaft 844.000 Arbeitsstunden der Polizei erbracht worden seien, was der Jahresarbeitsleistung von 568 Beamten entspreche. Die auf dieser Grundlage ermittelten reinen Beamtengehälter beliefen sich auf über 15 Mio. € pro Jahr. Die Frage nach den Rechtsgrundlagen für einen – zumindest teilweisen – Erstattungsanspruch ist mit *Nolte*[626] zu erörtern

- unter dem Erfordernis einer parlamentarischen Erstattungsnorm,
- im Zusammenhang mit der Frage nach spezialgesetzlichen Kostenregelungen im Polizei- und Vollzugsrecht sowie
- nach allgemeinen Regelungen im Verwaltungskostenrecht.

Eine entsprechende Anwendung der Vorschriften über die Geschäftsführung ohne Auftrag (§§ 677 ff. BGB) kommt nicht in Betracht, da der rechtsstaatliche Grundsatz der Gesetzmäßigkeit der Verwaltung (Art. 20 (3) GG) entgegensteht. Insoweit ist vielmehr das Prinzip der Gebührenfreiheit in den Landespolizeigesetzen[627] für im öffentlichen Interesse vorgenommene Amtshandlungen zu beachten, sodass für einen Regress der Polizei gegenüber den Bundesligavereinen die spezialgesetzliche Grundlage fehlt.

Nach *Nolte* ist ferner der Gesichtspunkt der **Ersatzvornahme** zu diskutieren. Danach können die Kosten von Polizeieinsätzen von jemandem, der Störer im polizeilichen Sinne ist, u. U. eingefordert werden. Höchst fraglich sei aber, ob der Veranstalter eines Bundesligaspiels Verhaltensstörer in Gestalt des **Zweckveranstalters** sei. Für dessen Haftung ist nach einer Meinung erforderlich, dass dieser **subjektiv intendiert**, das störende Verhalten bewusst ausgelöst hat und zumindest billigend in Kauf genommen hat. Der Sportveranstalter hat jedoch kein Interesse an Ausschreitungen von Hooligans. Diese Krawalle sind zudem nicht die typische Folge der jeweiligen Sportveranstaltung. Falls man nach **objektiver Definition** des Zweckveranlassers zu einer Pflicht zur Kostentragung komme, so wäre dies aber nur rechtmäßig, wenn eine solche dem **Grundsatz der Verhältnismäßigkeit** entsprechen würde. Die Veranstalter können sich dabei auf ihre Grundrechte der Vereinsautonomie (Art. 9 (1) GG) und die Berufsfreiheit (Art. 12 (1) GG) berufen. *Nolte* meint, die öffentliche Hand könne sich Gefahrenabwehr nicht nur auf Minimalniveau leisten, sodass allenfalls eine nicht unverhältnismäßige Erstattungspflicht zu bejahen wäre, die auch ganz entfallen könne, wenn die Veranstaltung auch dem allgemeinen Unterhaltungsinteresse zugute komme, was zumindest bei nur kostendeckenden Spielen zu bejahen sei.

---

625 Sport und Recht, S. 143.
626 Siehe Fn. 625.
627 Eine Regelung für Ersatz der Polizeikosten bei privaten Veranstaltungen in § 81 Abs. 2 S. 1

Polizeigesetz von Baden-Württemberg wurde längst ersatzlos aufgehoben.

Schließlich besteht nach h. M.[628] ein Anspruch auf Ersatz der Kosten der „normalen" Präsenz hinzugezogener Polizeikräfte auch nicht unter dem Gesichtspunkt der **Verwaltungsgebühren**. Eine Kostentragungspflicht scheitert an einer den Anforderungen des Art. 80 (1) Satz 2 GG genügenden Ermächtigungsnorm für einen Gebührentarif für polizeiliche Amtshandlungen im Zusammenhang mit Sportveranstaltungen. Ohnehin ist aber – wie dargelegt – eine Erstattungspflicht bereits dem Grunde nach zu verneinen, da die Polizeieinsätze überwiegend dem öffentlichen Interesse dienen, da die Gemeinschaft getreu dem Motto panem et circenses ein Interesse an integrierenden Veranstaltungen hat. *„Auf diese Weise fungiert das öffentliche Interesse an der Durchführung der Veranstaltung als entscheidendes Abgrenzungsmerkmal zwischen privater Kostenpflicht und Gemeinlast."*[629] Die Kosten der **„normalen Polizeipräsenz"** sind **niemals** zu erstatten.

Fazit   16

Die staatlichen Aufwendungen für die Polizeieinsätze bei Fußballgroßereignissen wären allenfalls aufgrund einer zu schaffenden gesetzlichen und verordnungsrechtlichen Grundlage erstattbar. Wenn insoweit notwendige parlamentarische Schritte unternommen werden, sollten die vorstehend erörterten Rechtsfragen ausgeleuchtet werden. Sie sind als parlamentarische Hürden vor einer Kostenregelung zu überwinden. Für diese wird aber vor allem der politische Wille zur Rechtsänderung erforderlich sein.

Kapitel 7: Geld als Gefahr für den Fußball

„Schneller, höher, reicher!"[630]   17

ist in Angleichung an das römische „citius, fortius, altius!" ein Motto des Fußballes der Gegenwart. Wir haben – auch in Deutschland – im Fußball einen Boom ohne Grenzen: Zuschauerrekorde, explodierende Umsätze, Fernsehgelder, Sponsoreneinnahmen schnellen in schwindelnde Höhen. Der Rubel rollt in der Bundesliga – auch den Vereinen der 2. Liga geht es nicht schlecht; um die Aufnahme in die neu gegründete 3. Liga haben Traditionsvereine und solche, die in der jüngeren Zeit sportliche Erfolge aufzuweisen haben, heftig gekämpft.

Obwohl die Einnahmesituation der Bundesliga in den letzten Jahren erfreulich ist, konnten ihre Vereine in der Champions League seit dem Jahre 2001 nicht mehr zum Erfolg kommen – damals war Bayern München Champions-League-Gewinner. Zwei englische Vereine (Chelsea London und Manchester United) haben das Endspiel im Jahre 2008 unter sich ausgetragen. Im Kontrast dazu konnte sich die englische Nationalmannschaft nicht für die Europameisterschaft 2008 qualifizieren. Chelsea wird von dem russischen Multimilliardär *Roman Abramovich* finanziert und kontrolliert. In der Premier League verpflichten Clubs dank ihrer ausländischen Investoren Weltstars wie die deutschen Vereine A-Jugendspieler. Die Gehälter der Topstars in Europa – *Zlatan Ibrahimovic, Kaká, Ronaldinho, Cristiano Ronaldo, Michael Ballack* – bewegen sich zwischen 15 und 25 Mio. € pro Jahr: Das sind 60.000 € pro Tag, 400.000 € pro Woche, 2 Mio. € pro Monat! *David Beckham* hat 2007 bei dem Major-League-Soccer-Club Los Angelos Galaxy einen Vertrag für fünf Jahre über 250 Mio. $ unterschrieben, wobei für den Fußballfreund schleierhaft war, dass er von Real Madrid in die Soccer-League in den USA wechselte. Dort ist Fußball ein Teil der Unter-

---

628 *Würtenberger*, aaO., S. 196; *Nolte*, aaO.,   **629** *Nolte*, aaO., S. 149.
S. 148, 149.   **630** *Valerius*, aaO., S. 90 ff.

haltungsindustrie, sodass das horrende Gehalt nicht zuletzt auch im Hinblick auf *Beckhams* Frau *Victoria*, einem Mitglied der Spice Girls, gezahlt wird. Die Amis gucken beim Fußball – auch mit *Beckham* – hin, sagen einmal „nice" und schauen wieder Baseball. Der beste deutsche Verein (Bayern München) liegt in Europa in der Liste der umsatzstärksten Clubs an achter Steller (über 200 Mio. €) – Spitzenreiter ist Real Madrid mit über 300 Mio. € Umsatz. In die Bundesliga hat sich mit dem Geld des SAP-Gründers *Dietmar Hopp* der kleine Verein 1899 Hoffenheim katapultiert. Die Höhe seiner Zuwendungen an den Verein wird nicht bekannt gegeben. Die Transfersumme für neue Spieler in der Saison 2007/2008 in Höhe von 20 Mio. € wurden von *Hopp* getragen, ein Ausmaß, das alle Zweitligavereine zusammen nicht erreichten. Er bringt außerdem die Kosten für einen Stadionneubau in Höhe von 60 Mio. € auf. Er besitzt 96% der Kapitalanteile an der 1899 Hoffenheim Fußballspielbetriebs GmbH; seine Stimmanteile an dem Kontrollorgan der Gesellschaft sind aber auf 49% beschränkt. Die restlichen Kapitalanteile und Stimmanteile hält 1899 Hoffenheim. Lammert[631] sieht dies als rechtlich bedenklich an, dem aber nicht beizutreten ist, da gegen die 50+1-Regelung des § 16 c Nr. 2 Satzung eindeutig nicht verstoßen ist (s. oben Teil II Rn. 52 a. E.). Ein Slogan macht die Runde: Wer kann sich in Deutschland *Franck Ribéry* leisten? Bayern München und 1899 Hoffenheim. Dieser Verein baut aber – trotz der SAP-Millionen *Hopps* – (noch) nicht auf die großen Stars.

In Europa hat die Explosion der Spitzengehälter schon in vielen Ländern zu erheblichen finanziellen Schwierigkeiten bei Profivereinen geführt. In Spanien reklamieren vor Beginn der Spielzeit 2008/2009 850 Fußballer aus 103 Vereinen – oft seit Monaten – ihre Bezüge, davon sechs Clubs der höchsten Spielklasse, 16 der 2. Spielklasse – die Vereinsschulden belaufen sich z. B. im Sommer 2008 beim FC Valencia auf 650 Mio. €. Einige Clubs rufen den Konkursrichter an und wollen sich mit Hilfe des spanischen Konkursgesetzes sanieren. Die Vorstände der Clubs haben über ihre Verhältnisse gelebt. Man will ab 2009/2010 verbandsseitig das „englische Modell" anwenden, wo ein Administrator für die Schuldentilgung bestellt wird, der einen Tilgungsplan aufstellt. Wird eine Rate nicht pünktlich bezahlt, beginnt der Verein die nächste Saison mit zehn Minuspunkten. In England wird der Schuldenstand der Erstliga-Clubs auf 3,85 Milliarden € beziffert. Die UEFA will die Zulassung zu europäischen Wettbewerben von der Finanzlage der Clubs abhängig machen.

Otto Rehhagel pflegte in den 80er Jahren zu sagen: *„Geld schießt keine Tore."* Diesen Satz von „König Otto" greift FIFA-Präsident *Blatter* nicht auf, wenn er sich um die derzeitige finanzielle Situation der großen Vereine und deren Geldquellen Sorgen macht. Auch *Herbergers* Appell: *„Elf Freunde müsst Ihr sein!"* gehört der Nostalgie an. Deshalb kämpft *Blatter* bei der EU mit seiner „6+5-Regel" dafür, dass für einen Fußballclub und seine Spieler andere Regelungen als für die Mitarbeiter der Energiekonzerne oder Supermarktketten gelten sollen; er strebt eine Ausnahmeregelung „Sport" im EU-Recht an (s. oben Teil VI Rn. 7), Ziffer b). Er bedauert, dass die Top-Clubs kaum noch eigene Spieler ausbilden, und empört sich: *„Man kauft lieber zwölf-, dreizehnjährige Spieler mit Perspektive ein. Das ist Handel mit Kindern, moderne Sklaverei!"* Diese unbegleiteten Jugendlichen sind in der Fremde alleingelassen. Die EU hat den Schutz der minderjährigen Fußballer in ihrem Weißbuch Sport 2007[632] aufgenommen und fordert, dass die Einwanderungsvorschriften der Mitgliedsstaaten rigoros angewendet werden.

Die FIFA sieht in Art. 9 Abs. 2 RSTS einen internationalen Freigabeschein für Spieler unter **zwölf** Jahren nicht vor.

---

631 AaO., SpuRt 2008, 138.
632 Abgedruckt: SportR C II 3, S. 1 ff., 20: Figur des Home Grown Players.

Bei DFB und DFL versucht man, englische Verhältnisse zu verhindern. Man legt Wert auf ein strenges Lizenzierungsverfahren und die Wettbewerbsintegrität der Bundesliga; man vertraut auf das Vernunftgelübde der Vereine. Wirtschaftliche Fiaskos konnten bisher vermieden werden. Die Glaubwürdigkeit des Spitzenfußballs soll bewahrt werden. Insbesondere soll den Duodezfürsten aus Russland das Tätigwerden in der Bundesliga versperrt bleiben. Man versucht, durch die „50+1%-Klausel" (s. oben Teil II Rn. 52) externen Financiers aus dem Ausland den Erwerb der Mehrheit der Anteile bei Bundesligavereinen zu erschweren[633] – bisher mit Erfolg. Man hat bis jetzt fremdbestimmte Kapitalgesellschaften trotz der geltend gemachten Rechtsbedenken gegen das generelle Verbot[634] zu verhindern vermocht.

Angesichts der aufgezeigten Explosion der märchenhaften Gehälter der Spitzenstars im Fußball gerät man ins Grübeln, wenn man vergleicht, dass das Lebenswerk eines Nobelpreisträgers dagegen nur mit „schäbigen" 1,1 Mio. € honoriert wird, ein Betrag, den ein *Michael Ballack* in Chelsea im Monat (!) erhält. Mit *Steiner*[635], der oft visionäre Bilder für den Bereich Sport und Recht aufzeigt, möchte man im Hinblick auf den monetären Druck in Anlehnung an Goethes Zauberlehrling ausrufen: *„Die Geister, die der Sport durch das Geld gerufen hat, wird er nicht mehr los."* Hoffentlich bleiben solche Mahner nicht einsame Rufer in der Wüste[636].

---

633 *Heermann*, aaO., CaS 2007, S. 426 ff.
634 *Herrmann*, wie Fn. 633, S. 435.
635 Festschrift für Röhricht, aaO., S. 1237.
636 *Hilpert*, Sportrecht, VII 2, 2.

Teil VIII: Finale um die Gerechtigkeit

Laut einer dpa-Meldung ereignete sich am 3. Februar 2007 beim „Sun City Million Dollar Pigeon Race" in Südafrika Folgendes: In diesem hoch dotierten Brieftaubenwettbewerb kam nach 552 Kilometern und mehr als neun Stunden Flug die Taube *„Viktoria"* als Erste zum Ziel und ruhte sich zwei Meter vor der Ziellinie an einem Wassertümpel noch drei Minuten aus und putzte ihr Gefieder. Dies nutzte der Tauberich *„Viktor"* und lief in den Schlag ein, *„Viktoria"* kurz hinterher als zweite Siegerin. So war auch der Entscheid des Preisgerichts.

Im Sport gewinnt sicherlich nicht immer der Beste. Die Entscheidung des Preisgerichts war daher richtig – aber war sie auch gerecht? Summum ius – summa iniuria, meinte Cicero[637], frei übersetzt: das höchste Recht ist das höchste Unrecht. Dessen mögen sich auch Sportrichter bei manchen Fällen eingedenk sein.

Der Sport bietet ein Trostpflaster: Auch der zweite Platz ist ein Erfolg, und der Sportler kann sich mit dem Fair-Play-Gedanken trösten. Dabei ist noch eine verbriefte Nachbemerkung zu dem Brieftaubenfall – mit Fußballbezug – zu liefern:

Der zweite Sieger im „Sun City Million Dollar Pigeon Race" im Februar 2007 in Südafrika hieß in Wahrheit nicht *„Viktoria"*, sondern trug den traditionsreichen Namen *„Schalke 04"*

---

[637] De officiis 1, 10.

Stichwortregister

Veröffentlichungen des Verfassers zum Sportrecht

- *Organisation und Tätigkeit von Verbandsgerichten,*
  Bayerische Verwaltungsblätter 1988, S. 161 ff. und S. 198 ff.

- *Notwendigkeit einer Anklageinstanz,*
  Schriftenreihe Württembergischer Fußballverband, Heft 38, S. 43–49;
  ferner SpuRt 1996, S. 50 ff.

- *Sport und Arbeitsrecht,*
  Recht der Arbeit 1997, S. 92 ff.

- *Tatsachenentscheidung und Fernsehbeweis in Sportgerichtsverfahren,*
  Schriftenreihe Württembergischer Fußballverband, Heft 38, S. 25 ff.

- *Tatsachenentscheidung und Regelverstoß im Fußball*
  – Neuere Entwicklungen und Tendenzen,
  SpuRt 1999, S. 49 ff.

- *Sportrecht und Sportrechtsprechung im In- und Ausland,*
  Verlag de Gruyter, 2007

- *Eilrechtsschutz im Sport,*
  SpuRt 2007, 223 ff. und 2208, 18 ff.

www.ingramcontent.com/pod-product-compliance
Lightning Source LLC
Chambersburg PA
CBHW071534200326

41519CB00021BB/6477